# GOVERNING
## NONPROFIT ORGANIZATIONS
### Federal and State Law and Regulation

# GOVERNING
## NONPROFIT ORGANIZATIONS
### Federal and State Law and Regulation

# 非营利组织的治理

## 联邦与州的法律与规制

〔美〕玛丽恩·R. 弗莱蒙特－史密斯 / 著
Marion R. Fremont-Smith

金锦萍 / 译

社会科学文献出版社
SOCIAL SCIENCES ACADEMIC PRESS (CHINA)

# 非营利组织的治理：联邦与州的法律与规制

玛丽恩·R. 弗莱蒙特·史密斯

非营利部门是我们社会的一个至关重要的组成部分，其操作运营被赋予了极大的自由。一般公众自然认为既然非营利组织是为从事善举而建立的，那么从事非营利事业的人都是无私的，以前的非营利组织法的确也反映出公众的这种看法。但是，玛丽恩·R. 弗莱蒙特·史密斯认为，规制非营利组织如何运作的法律规则存在不足，且规则的执行机制有待改进。

由于管理上的疏忽，非营利组织的自我交易行为屡屡出现，慈善事业蒙受损失，甚至出现彻头彻尾的欺诈行为。尽管如此，非营利组织却仍然只受最低限度的政府规制。现今社会对其道德责任和公信力的呼声与日俱增，因此，加强对非营利组织的法律规制显然是非常必要的。弗莱蒙特·史密斯女士从历史、法律和组织结构等各个角度对慈善事业管理人员、理事和受托人行为的实体法规则进行概括和分析，自始至终贯彻了对这些规则的联邦和州法律制度的解释说明。弗莱蒙特·史密斯对非营利组织法律独特而详尽的历史研究是其对现行法律效果进行分析并提出改进建议的基础。对于为非营利组织工作的律师和管理者来说，本书将成为其案头必备之工具。

# 序　言

出版于 1965 年的《基金会和政府：各州及联邦的法律与监管》是我的处女作，本书是在其基础上的自然衍生。之所以如此说，一者是本书涉及了所有类型的非营利性慈善组织，而不仅仅拘囿于基金会；二者是本书几乎囊括了自 20 世纪 60 年代中期以来，促使非营利性慈善部门和相应政府的监管发生重大转变的所有事件。两本书在副标题上的细微差别也反映出以上变化：当时更为温和的"监管"概念如今被直接称为规制；联邦层面的规制现已居于首要地位，因为联邦税务局在各州（少数除外）都是唯一有效的监管机关。

20 世纪 60 年代，我一度认为规制慈善组织的职能理应属于州政府，并坚持此看法多年，甚至提出以下建议：联邦给各州发放补贴以支持各州实施符合联邦最低标准的规制措施，并依靠各州首席检察官对慈善组织进行规制。但现在，我不再提倡采取这些措施，原因有二。第一个原因是实践层面的：1964 年，有十个州积极规制慈善组织，然而在四十年后的今天，如此积极作为的州仅仅增加了一个。第二个原因更为根本：联邦规制的性质发生了重大变化，使其更适于对慈善组织进行监管。免税组织不再像"拖油瓶"一样受到联邦税务局的冷落；免税组织部门的组织结构已经发生了翻天覆地的变化，不再是一个让联邦税务局职员避之唯恐不及的部门。更为确切地说，税收豁免与政府机关部（TE/GE）由全国和各地区的专家们组成，他们以保证免税慈善组织能持续地为社会做贡献为己任，因为正是免税组织的社会贡献使这些组织得以在整个税收体系中享有特殊地位。

然而，单凭这一点是远远不够的，幸好国会也提供了目的明确的规制框架。国会的初步举措是颁布了私立基金会的相关规则，近期又颁行了超额收益限制规则，这两项举措都是通过直接对违法者以及其违法行为的批准者施加处罚来纠正"不当行为",而不仅是撤销慈善组织的免税待遇而放任违法者逍遥法外。而且,规制主体的职权功能也有所拓展,它们得以推行各种支持性计划以促进非营利组织遵守规制规范。

引起这些变化的原因众多:一者,无论是慈善部门还是政府部门都认识到,若把取消慈善组织的免税资格作为唯一的惩罚措施,这种规制方式存在固有的局限性;二者,慈善部门在经济领域中的规模不断增长并日益重要;三者,1966 年通过了《信息自由法》,这一变化带来的影响虽不那么显而易见,却是根本性的。美国历史上第一次,税收事务的决定权不再专属于为数不多的一群曾在政府机构任职的税务实践工作者。遍布全国的非营利组织共同体及其顾问都有可能去研究和了解其同行所面临的难题的本质,以及联邦税务局所做出的每一个裁决背后所依据的原理。律师协会的会员们也得以找出各种有待研究或修正的问题,并以律师协会这个群体的名义(而非以单独客户的代理人的名义)将这些问题提请联邦税务局予以重视。

我主张将联邦税务局作为主要的规制主体,但并不是说各州所起的作用就可以被忽视。州法院和州首席检察官具有独一无二的能力,使它们能够针对个案特殊情况采取不同的救济方式来纠正慈善组织的不当行为。在处理不合时宜的、不切实际的、造成浪费的慈善目的方面,以及在限制使慈善组织无法发挥其社会意义和功能的内部管理行为方面,州的规制所具备的能力,是联邦层面的管制所无法比拟的。目前,亟须解决且截止到 2003 年底仍未解决的问题在于,联邦和州层面的规制主体还无法在那些悬而未决事项上通过充分的自由交流使双方形成合力。由于联邦税务局和州税务局之间在信息共享方面从未有过这种紧张状态,因此我们很难理解这一形成合力的努力为何遭遇失败。但是,再好的信息共享机制也不能使州的规制变得更为容易;相反,信息共享更有可能使已经颇感压力的各州规制工作雪上加霜。而在某些不关注或者不太关注规制慈善信托行为(与之对应的是规制慈善募捐)的州,人们寄希望于联邦税务局所提供的不当行为信息会激励各州加强规制活动,尤其是加强运用州法院所独有的撤销受托人、裁定返还财产的衡平法权力,以联邦规制者无法运用的方式对慈善财产加以保护。

自我最初接触慈善法以来的 45 年间,一个新的法律领域出现在人们的视野中,并随着 2002 年美国法律协会的"非营利组织法原则"项目的启动而得到正式承认。学术界对非营利组织和慈善事业这一新领域的研究兴趣促使各学院和大学提供的相关课程的数量大幅度增加，范围也有了极大拓展，并且引发了对国际慈善事业的新研究。这必然推动慈善部门的运作和规制向前发展。

我曾经有过参与规制、评估慈善组织的经历，也担任过慈善组织的顾问，这些经历使我获得独一无二的机会，得以认识到慈善组织为我们的社会做出的不可或缺的贡献，并认识到有必要建立一个强有力的规范制度以向公众保证慈善部门的廉洁。如果无法保证廉洁性，慈善组织将无法继续获得目前来自政府和私人的大力支持。我希望，这本研究论著的出版，能够帮助人们更加深刻地认识到构建有效的慈善组织管理规范的重要性，这类规范在鼓励慈善组织自主运营的同时，将保障慈善组织不被私人目的所利用；此外，我也希望本书能使人们认识到政府在贯彻落实这类规范上的真正作用，以及应当如何改进目前的法律规范。

我要感谢很多人多年来的鼓励和帮助，首先是小爱德华·J.麦考马克，他1958~1962年担任马萨诸塞州首席检察官，并于1959年任命我为首席检察官助理，兼任其领导下的公共慈善部门部长，指示我创立州慈善组织规制模式。我要感谢F.艾默生·安德鲁斯——拉塞尔·塞奇基金会资料中心的创始人和主席、《基金会目录》的编辑、基金会的慈善事业项目的主管。当我在拉塞尔·塞奇基金会的资助下创作第一本关于企业慈善活动的论著以及后续作品的那段期间，安德鲁斯先生是我当之无愧的导师。我还要感谢"Choate，Hall and Stewart"律师事务所过去和现在的诸位合伙人给我提供了从多个不同角度研究慈善部门的难得机会，包括从执业律师的角度，从大大小小的慈善组织和为促进慈善事业而建立的机构中的受托人与理事的角度，以及从联邦和州政府顾问的角度来研究慈善部门。从我进入该律师事务所的第一天起，W.阿瑟·杜珀、杰西·费尔曼和G.迪阿德罗特·贝林就一直为我提供可靠的支持，对此我表示深深的感谢，他们的支持我将永远铭记于心。

哈维·戴尔教授和乔尔·弗勒希曼教授曾在一家当时名不见经传的组织分别担任理事长和主席，这家组织便是现在知名的大西洋慈善总会。两位教授建议我从事现在本书所涉的研究工作，我对两位教授深表谢意。还要感谢大西洋慈善总会慷慨资助这一研究项目。

我还要感谢哈维和乔尔把我引荐给马克·摩尔教授，即当时成立不久的哈佛大学豪瑟非营利组织研究中心的主任，摩尔教授在中心为我安排了位置，并为我所从事的研究提供了一个具有启发性和挑战性的环境。对于我在豪瑟中心的所有同事们，除马克·摩尔以外我还要感谢德里克·伯克、肖恩·博文、彼得·弗朗姆金、彼得·杜博金·霍尔、丽思·基廷、克里斯·莱茨、比尔·赖安和其他研究人员，以及后勤部门成员，特别是盖·基利和科琳·洛克。此外，能够在玛莎·迈诺教授的非营利组织研讨会中和丹·哈普林教授的哈佛法学院免税组织课程上，和这两位中心研究员一起工作，尤其令我深感荣幸。

我在哈佛的研究助理为我的工作提供了大力支持。在研究工作的最后一年半时间里，里安多斯·可萨拉斯是我实至名归的好搭档，他一丝不苟地整理引用资料和来源，并提出了一些关于非营利法律的深刻见解。他的前任，亚当·莫里斯、蒂姆·弗里尔穆斯和纳撒尼尔·欧康纳，都对本研究做出了极有价值的贡献。一群来自法学院的学生也以专注的态度给予我至为重要的协助：其中，特别要感谢迈克尔·阿林和乔纳森·列佛尔，迈克尔的全面研究是本书第四章和表格三的基础，乔纳森以同样全面的研究工作为本书第六章和表格一提供了材料。路易莎·格瑞罗－肖普和斯莱德·苏利文提供了对本研究非常重要的其他材料。我还要特别感谢我在 "Choate，Hall and Stewart" 律师事务所的助理杰基·柯立斯，他的帮助使我得以身兼两职而没有顾此失彼。感谢大西洋慈善总会的加利·艾珍曼一直给我鼓励。我在哈佛大学出版社有幸结识了迈克尔·阿朗逊，他一直心平气和而又热情洋溢地支持着我的工作，同时还要感谢理查德·奥德辛苦编辑本书手稿。

许多热衷于研究免税组织的同伴给予了我非常宝贵的帮助，其中既有学者也有法律执业者，对于我的工作，他们是最敏锐的批评家：约翰·西蒙和汤姆·特耶，他们和我的友谊可以追溯到 20 世纪 60 年代；伊夫林·布罗迪、吉尔·霍尔威茨、史蒂夫·施瓦兹、艾米·瑟格尔、凯瑟琳·威尔斯和纽约非营利论坛的其他成员们，他们对本书部分草稿做出了精辟的评议。创作本书的过程中，我还得到了联邦政府前任和现任官员们、几乎所有州的首席检察官助理、其他慈善事业规制单位及其工作人员的大力配合。他们在非营利部门监管制度的改进方面投入的兴趣和关注值得充分肯定。我特别要感谢华盛顿的伊夫林·佩特切克、马尔科·欧文、史蒂夫·米勒、德夫·琼斯、凯西·利文斯通、吉姆·麦克高文和苏珊·布朗，以及州立慈善事业监管机关的理查德·阿伦、卡尔·艾默生、凯伦·昆斯德·戈德曼、贝琳达·约翰斯、杰米·凯茨和丹·摩尔。

在对所有相关人士的致谢中，在结尾向那些最应该感谢的人致谢是一种惯例，在此我也沿袭这一做法。感谢我的家人在我研究期间表现出的耐心、幽默以及给我的启发。我的家庭成员众多：我的孩子们，贝茨·约翰瑟、基斯·米勒、布莱德·米勒；他们的配偶，鲍勃·约翰瑟、玛丽·米勒、珍妮弗·霍斯莫；我的孙子、孙女们，埃文、萨曼莎、卡洛琳、奥斯汀、劳伦和茱莉亚·米勒。我的继子女们，保罗、克里斯、南、黛博拉和弗朗西斯，以及他们的配偶和儿孙们充实了我的生命，并使我对他们的父亲和爷爷保罗·弗莱蒙特·史密斯的回忆历久弥新。从1961年我和保罗结婚直到2000年保罗去世，其间39年的漫长岁月里，他一直是整个大家庭的核心人物。他的关爱和理解，以及对我事业的始终如一的支持，是我至今取得的所有成就的坚强后盾。

# 目录
CONTENTS

# 第一章 21世纪的非营利部门

目前，在一般意义上被认为属于"非营利"部门①的慈善性、宗教性、科学性、教育性和文化性组织的总数已经达到140万，这些组织持有共计超过2万亿美元②的资产，每年接受来自个人、企业和基金会的资助约计2410亿美元。③ 不论是非营利部门的规模，还是其所获得的来自一般公众捐助的广泛程度，无不反映出非营利部门对社会所做的贡献已经得到广泛认可。

这种贡献在美国社会生活中随处可见——无论做出贡献的是宗教机构、中小学校或学院、公共和社会资源机构，还是文化艺术组织、医疗和科研单位、人道主义组织。除具体贡献之外，非营利部门还可以作为政府和私人领域的平衡力量，对各种政府公共活动和私人活动进行补充，填补政府和私人活动覆盖不到的服务领域，并利用非营利部门的特殊地位在为公众利益提供服务和设施方面进行创新。

非营利部门的一个显著特点在于其中各组织在运营方面所享有的自由。非营利部门内的大量组织（包括几乎所有的教会和收入不超过2.5万美元的组织）原则上没有向任何政府机关定期报告的义务。而其他非营利组织则在很大程度

---

① Table 22, "Tax-Exempt Organization and Other Entities Listed on the Exempt Organization Business Master File, by Type of Organization and Internal Revenue Code Section, Fiscal Years 1999 – 2002," 2002 *IRS Data Book*, Lester M. Salamon, *America's Nonprofit Sector: A Primer*, pp. 22, 44 (New York: Foundation Center, 2d ed., 1999).

② Paul Arnsberger, "Charities and Other Tax-Exempt Organizations, 1999," *IRS Statistics of Income Bulletin* (Autumn 2002); Melissa Ludlum, "Domestic Private Foundations and Charitable Trusts, 1999," *IRS Statistics of Income Bulletin* (Autumn 2002).

③ AAFRC（美国基金募集顾问协会，Association of American Fundraising Counsel）慈善信托，*Giving USA*, 2003年。

上不必受到任何州政府部门的监管，只受到联邦政府最小限度的监管，而且这种监管通常只限于确保这些组织符合免纳联邦税收的相关条件。政府既不要求非营利组织向其报告实现该组织自身宗旨的途径，也并不试图确保慈善财产得到实际有效的利用。

政府不提供针对性规制之所以具有正当性，一定程度上出于这样的逻辑：非营利组织之所以设立是为了"做好事"，而管理非营利组织的人士同样也会"做好事"；他们既不会利用非营利组织的钱财来谋取私利，也不会草率地管理组织的财产。一般公众对此坚信不疑，尽管不时有证据浮出水面，显示慈善基金被挪作私用，或者因管理不善、疏忽大意的冒险行为而遭到损失。但是，我们不能据此认为公众会一直忍受慈善组织的这些失当行为或管理不善。因此，应当对慈善组织进行充分的监管，从而向公众确保非营利部门的廉洁性，同时保证这种监管不会过分严苛限制其自由，使之难以适应不断变化的需求或发挥服务公众的功能，这才是明智的解决途径。

本书旨在探讨为促使非营利组织的受托人、理事和经理人承担责任所采取的法律框架，以及发展完善这种法律框架的路径。本书的首要前提是：认可非营利部门是我们民主社会的至关重要的组成部分，必须被赋予最大程度的运作自由，同时还须兼顾保障公众对其廉洁性的信心。法律传统上要求受托人忠诚、勤勉和谨慎地行事——他们须确保慈善基金不是仅仅拘囿于满足过去的需要上，而是也被用来解决当下问题，并为满足将来可能出现的需求而未雨绸缪。同时，法律业已建构了确保慈善组织符合法定标准的相关制度。美国采联邦体制，因此对于慈善组织的规制实行双轨制，即州政府和联邦政府分别制定行为规范并分别予以执行。相应地，本书将分别阐述这两种制度，当然也将介绍两者之间存在重合的情形，以及州和联邦的监管者可以或必须合作的情形。

本章包括对非营利部门现状的描述，特别指出其在最近几十年间是如何变迁的。第二章介绍规制慈善事业的法律的简要历史。其后几章介绍规范慈善受托人行为的法律。之后，本书介绍了州和联邦政府对这类法律的实施办法，以及个人有限的相关权利。最后一章是整体评价和对未来改进的建议。

# 慈善组织的法律含义

本书主要关注一类组织，即慈善组织。它们是非营利部门主要组成部分，其目的在法律意义上而言是"慈善的"。此语境中的"慈善"含义很宽泛，包括致力于提高或改进人类境况的各种活动，而"慈善组织"一词则用来形容为实现上述目的而成立的组织。"非营利"一词也用来区分慈善组织和与之相对应的营利组织，因为在非营利组织中，组织的财产和收益是没有"所有权人"的。虽然按照一般说法，慈善组织通常仅仅与帮扶贫困人群、帮助有特定需要的人群或者解救生活痛苦的人群相关联，但是慈善组织的法律意义无疑要宽泛得多，而且还在不断地扩展以呼应不断变化着的公共利益的含义。

慈善组织的概念很早以前已经存在，并且成为整个犹太基督教传统中的重要组成部分。早期的埃及、希腊和罗马文献中都载有慈善组织的内容。埃及托勒密王曾在亚历山大省捐赠了一家图书馆；柏拉图将遗产捐赠给其学院；在公元纪年开始后最初几个世纪，罗马涌现了一批以救济贫困为目的的私人社团、教育机构、医院、弃儿庇护所和养老院。为弱势群体利益而建立的基金会形式的慈善组织，是早期伊斯兰教传统的一部分。中世纪，教会成为慈善事业的主要施行者，并且至今一直在慈善领域占有最为显著的地位。在英国16世纪的宗教改革运动中，行业协会和商业团体取代了教会，成为众多慈善捐赠的管理者。新兴中产阶级中掀起的慈善事业浪潮使得永久性基金得以建立，这些基金通常采取信托形式，有着特定的慈善目的，并由私人或商业团体进行管理。在工业革命之后，慈善组织和协会发展迅猛并成倍增加，它们自美国建国之初就是社会的重要组成部分。

对包罗万象的"慈善组织"进行描述始终是一个难题。《国内税收法典》501（c）（3）条款列明了慈善组织的法律定义所包含的各大类别——宗教类、慈善类、科学类、文学类和教育类。根据州法，这些团体被视作"公共慈善机构"。其实，慈善组织的法律含义由两个要素构成。慈善组织的目的必须属于法律上所规定的目的，这类法定目的被宽泛地表述为"为公共利益之目的"；并且，这种利益必须惠及不确定的受益人群体，而非特定的受益人。此语境中的"公共"一词经常被误读。慈善组织之所以谓之公共的，是指它们的活动力图使普遍的公众得到利益。在法律上来讲不存在所谓的私人慈善组织，这是因为，使一个或少数几个特定个体受益的信托或法人不会被认为是一家慈善组织，即使其成立时的目的是减轻上述特定个体的痛苦或改善特定个体的精神状态（或任何其他法定慈善目的）。①

随着 1969 年《税收改革法》的通过，《国内税收法典》501（c）（3）条款规定的所有组织被分为两个截然不同的大类：私立基金会和该条款规定的所有其他组织，"公共慈善机构"一词的含义从而变得愈发模糊。私立基金会被单列出来并受到带有限制性的区别对待，其原因在于，私立基金会并不像教会、政府部门、学校、医院和主要依靠公众支持建立的组织——简而言之即该条款中规定的所有其他组织——那样需要对公众做出回应。

意欲用一个术语涵盖包罗万象的慈善组织的尝试使相关术语变得更加混乱。慈善组织已经成为美国经济中既不受私人商业部门也不受政府部门控制的独立部分，在承认这一点的基础上，慈善领域的名称五花八门，诸如"第三部门""独立部门""善施部门""慈善部门"等，乃至 20 世纪末出现的"民权组织"。在英美之外的其他国家，非营利组织通常被称为"非政府组织"或"NGO"，根据这一术语也发展出了非营利部门的定义。所有这些名称都抓住了这个部门的重要特征之一，但没有任何一个名称准确概括出组成该部门所有团体所进行的活动的所有方面。

## 非营利部门的规模和特征

通常认为，美国的"非营利"部门是由享有联邦税务局授予的所得税豁免权的企业、协会、信托和其他法律实体组成的。

《国内税收法典》中列出的免税实体共有 32 类，涉及大约 160 万个组织机构。② 但是，由于法律规定教会和收入不超过 2.5 万美元的组织不必申请就可以

---

① "人们有时会用'公共慈善机构'和'私人慈善组织'这两个术语……从慈善信托法规定的目的看来，这两个词的使用会令人产生困惑……'慈善的（charitable）'和'公共的（public）'是同义词。"George G. Bogert and George T. Bogert, *The Law of Trusts and Trustees*, §362（St. Paul: West Group, 3d ed., 1977）。

② Table 22, in 2002 *IRS Data Book*.

享受免税待遇，事实上的免税实体为数更多。1998 年，未被纳入联邦税务局总档案的教会数量据估计有 35.4 万个，而小型组织的数量目前还没有可靠的估计数据。① 尽管如此，大多数学者依然认为联邦税务局规定的领域为非营利部门做出了最为广义的定义。"非营利"一词也有其狭义的用法，意指《国内税收法典》501（c）（3）条款规定的"宗教类、慈善类、科学类、教育类"组织和501（c）（4）条款规定的"社会福利"组织。实际上，符合《国内税收法典》501（c）（3）条款规定的免税条件的组织被联邦税务局称为慈善组织（少数情况除外），从而承认这些组织几乎无一例外地符合规制慈善信托和慈善类法人的非税法法律中规定的慈善组织定义。② 国家慈善数据中心（National Center on Charitable Statistics）在其关于慈善组织这类免税组织下属实体的研究中，将"慈善的"和"非营利"这两个术语相互通用，本书遵循此先例的做法。③

莱斯特·萨拉蒙在其著作《美国的非营利部门：初步研究》中，将"非营利部门"与所有免税实体这一宽泛的类别等同，并把《国内税收法典》501（c）（3）和 501（c）（4）条款中的组织称为"公共服务型"非营利组织。④ 独立部门（Independent Sector）出版的《非营利年鉴》对"非营利部门"和较为狭义的"独立部门"进行了区分。⑤ 前者包括所有免税实体，后者包括"501（c）（3）和 501（c）（4）条款中的组织，以及宗教组织"，尽管宗教组织不必通过批准就能获得免税地位，却被规定于 501（c）（3）条款下，并根据 501（c）（3）条款的规定获得免税。

人们通常会依照慈善组织的目的，对之进行更细的分类。1985 年，国家慈善数据中心发布了《国家免税组织分类标准》（NTEE），目的是使慈善部门标准化，以便对其展开分析。⑥ NTEE 将非营利领域分为 10 大类共 26 小类，见表 1 - 1。

---

① Murray S. Weitzman and Linda M. Lampkin, *The New Nonprofit Almanac and Desk Reference*, Table 1.1, at 4 - 5 (New York: Jossey-Bass, 2002).

② See, for example, Arnsberger, "*Charities and Other Tax - Exempt Organizations*, 1999."

③ National Center for Charitable Statistics, available at www. nccs. urban. org。

④ Salamon, *America's Nonprofit Sector: A Primer*, pp. 22 - 25.

⑤ Weitzman and Lampkin, *New Nonprofit Almanac*, pp. xxvii, 7; Virginia Ann Hodgkinson etc., *Nonprofit Almanac 1996 - 1997*, pp. 23 - 25, 37 (New York: Jossey-Bass, 1996)。

⑥ National Center for Charitable Statistics, *Guide to the National Taxonomy of Exempt Entities* (NTEE), available nccs. urban. org/ntee - cc.

表 1-1　非营利领域分类

| 大　类 | 小类数量 |
|---|---|
| Ⅰ. 艺术、文化和人道主义 | 1 |
| Ⅱ. 教育 | 1 |
| Ⅲ. 环境和动物 | 2 |
| Ⅳ. 健康 | 4 |
| Ⅴ. 公共服务 | 8 |
| Ⅵ. 国际和外交事务 | 1 |
| Ⅶ. 公共、社会福利 | 6 |
| Ⅷ. 宗教相关 | 1 |
| Ⅸ. 互惠/会员福利 | 1 |
| Ⅹ. 未知，未分类 | 1 |

1995 年，联邦税务局将免税组织分类标准纳入政府经济分类系统，即"北美产业分类系统"（NAICS），希望促进分类方式的统一化。2002 年，在联邦税务局主档案中，除教会和小型组织之外，涉及 501（c）（3）和 501（c）（4）条款规定的组织数量达到 105 万个，占根据联邦税法规定享受免税待遇组织总数（158 万）的 66%。其中，符合 501（c）（3）条款规定的组织有 909574 个，符合 501（c）（4）条款规定的社会福利机构有 137526 个。[1] 在 1997 年的主档案中，符合 501（c）（3）和 501（c）（4）条款规定的组织数量分别达到 692524 个和 141776 个，在根据联邦税法获得免税资格的 132 万个组织中大约占 63%。[2] 再往前推 20 年，即在 1977 年，据估计有 27.6 万个符合 501（c）（3）条款规定的组织和 13 万个社会福利机构，在当时免交所得税的 79 万个组织中占到 51% 的比例。[3] 与之形成鲜明对比的是，1940 年联邦税务局文件公布的免税组织为 12500 个，而 1950 年公布的数量已达到 5 万个。

根据 2002 年的联邦税务局主档案，501（c）项下，不属于 501（c）（3）和 501（c）（4）条款所规定的免税组织数量如表 1-2 所示。[4]

---

[1]　Table 22, in *IRS Data Book*.

[2]　Table 22, "Tax - Exempt Organization and Internal Revenue Code Section, Fiscal Years 1997 - 2000," in 2000 *IRS Data Book*.

[3]　Weitzman and Lampkin, *New Nonprofit Almanac*, Table 1.1, at 4 - 5.

[4]　Table 22, in 2002 *IRS Data Book*.

表 1 - 2　501 (c) 项下不属于 501 (c)(3) 和 501 (c)(4) 条款规定的免税组织数量

| | |
|---|---|
| c1 联邦机构 | 88 |
| c2 纯粹控股公司 | 6998 |
| c5 劳动和农业机构 | 62246 |
| c6 贸易协会 | 83712 |
| c7 社会团体 | 68175 |
| c8 互助社团 | 80193 |
| c9 自发雇员受益协会 | 13173 |
| c10 互助会社和协会 | 23096 |
| C11 教师退休金基金会 | 15 |
| c12 慈善生命保险协会 | 6553 |
| c13 墓地公司 | 10424 |
| c14 信贷联盟 | 4471 |
| c15 小型互利保险公司 | 1608 |
| c16 资助农作物经营的公司 | 24 |
| c17 补充型失业人群补助信托 | 477 |
| c18 员工出资的养老金信托 | 1 |
| c19 退伍军人组织 | 35227 |
| c20 法律服务机构（目前已不再免税） | — |
| c21 黑肺病信托 | 28 |
| c22 多雇主养老金计划 | — |
| c23 1880 年以前成立的退伍军人协会 | 2 |
| c24 普通养老金信托 | 1 |
| c25 养老金控股公司 | 1274 |
| c26 高风险健康保险机构 | 9 |
| c27 劳工赔偿金分保机构 | 10 |

　　1997 年，美国的非营利部门占全国所有法律实体的 5.8%。公共部门和私人部门占法律实体总数的比例分别为 0.3% 和 93.9%。从 1977 年至 1997 年，501 (c)(3) 和 501 (c)(4) 条款规定的组织的数量以 4.7% 的年平均速度增加，超过了政府和商业部门的年平均增速（分别为 0.4% 和 2.9%）。[①]

---

　　① Weitzman and Lampkin, *New Nonprofit Almanac*, Table 1.1, Figure 1 - 2, at 4 - 5, 12.

应对通货膨胀的调整措施实行之后，从 1977 年至 1997 年，非营利部门的收入增长率为 144%——达到国内经济增长率（81%）的近两倍。① 至于非营利部门对国内生产总值的贡献，根据美国经济分析局（Bureau of Economic Analysis）发布的各部门收入和产值报告，截至 2002 年年底，主要为个人服务的非营利组织的雇员所得到的报酬总额达到 5000 亿美元，合计占 10.6 万亿美元国内生产总值的 4.7%，而商业部门 GDP 是 8.9 万亿（占 84%），公共部门的 GDP 是 1.2 万亿（占 11.3%）。②

非营利部门的收入主要有三种来源：私人付费、政府资金和私人捐赠。私人付费包括非营利组织的服务所得费用，以及会费、手续费和产品销售所得。私人付费构成了非营利部门收入的主体，占总收入比例在 1977 年的 46% 和 1997 年的 47% 之间略有波动。

1977～1997 年，非营利部门收入的最大增量来自于政府资金，政府资金通常是以拨款和合同的形式发放。1977 年，政府资金占非营利部门收入的 27%，1997 年则增加到 33%。政府对于非营利部门的资助增加了 195%，占非营利部门 1977～1997 年收入总体增量的 37%，而服务费用仅增加了 145%。尽管这一时期私人捐赠增加了 90%，但是其占总捐赠额的相对比例从 27% 降至 20%。③

自 1977 年以来，私人捐赠的构成也发生了重要转变。尽管个人捐赠一直是私人捐赠的最大来源，然而其比重却由 1977 年的 84% 降为 2002 年的 76%。与之相反，私人捐赠中的基金会捐赠却以捐赠总增量几乎两倍的比率增加。在 1977 年，基金会捐赠仅占所有私人捐赠的不到 6%，到了 2002 年，基金会的捐赠已占到私人捐赠总量的 11%。遗产捐赠在 1997 年占私人捐赠总量的 6%，2002 年提高到 8%。慈善机构收到的社团捐赠在 1977 年占私人捐赠的 4%，2002 年提高到 5%。因此，非营利部门所得的私人捐赠的相对减少几乎完全是个人捐赠上的减少导致的。④

———————————————

① Lester M. Salamon, "The Resilient Sector: The State of Nonprofit America" in *The State of Nonprofit America*, 31（Lester M. Salamon ed., Washington, D. C: Brookings Institution Press, 2002）.

② Table 1.7, "Gross Domestic Product by Sector," National Income and Product Accounts Tables, Bereau of Economic Analysis, available at www. bea. doc. gov.

③ Salamon, "The Resilient Sector," Table 1 - 6, at 31.

④ AAFRC Trust for Philanthropy, *Giving USA* 2003.

这些数据表明，政府支出的增加并不预示着非政府慈善活动的减少。正好相反，私人慈善事业一直在持续增长，主要的促进因素包括政府对慈善组织采取免税政策，向捐赠人和投资人提供税收优惠，并通过合同、拨款或更迂回的担保方式，来使这些组织得以开展各种由政府资助的活动。

私人支付费用的增加尤为重要。私人付费出现在19世纪90年代末期政府开支（尤其是社会福利方面的开支）一度减少之时。这一变化在某种程度上导致了慈善组织开始转向商业领域以补偿政府资金来源的短缺，这种转向体现在很多方面。慈善组织扩大了创收型活动的规模，譬如，扩充了博物馆内设商店的数量，增加了知识产权的许可协议数量，提升了"亲和卡"上组织的"信誉"，并促进了邮寄地址名单的销售和交易。当时的医院和其他慈善组织创设了应纳税的附属机构，用来从事与其母机构无关的应纳税活动，甚至从事那些如果由母机构进行则可免除所得税的活动。慈善组织通过设立附属机构可以获得吸纳资金的能力，否则别无他法，这是部分组织如此安排的隐藏动机。在其他情形中，这种设计则是为了以提高工资水平的形式向慈善组织的内部人员提供额外报酬，并使慈善组织得以分享利润。

## 非营利部门中的特定组成部分目前面临的挑战

### 宗教组织

根据联邦税务局1998年的估测，包括教会和其他宗教组织在内，当时已有大约35.4万家宗教组织。[1] 但是，不像其他慈善组织必须遵守登记制度，宗教组织在这方面享有豁免，因此，有关这些组织的规模和构成的确切数据无法查明。此外，联邦税务局对宗教组织的审计权受到国会的严格限制，因此这些组织的运作中的报告义务要少于其他团体。宗教性实体带给规制者的难题是，如何认定某个组织是合法有效的慈善组织，而非一个避税的伎俩，譬如，19世纪80年代就有家庭试图声明自己是教会，又如，1989年的吉姆和泰米·斐·巴克尔案中显示的宗教组织中的私人利益，以及最近的教会参与政治宣传活动的

---

① Weitzman and Lampkin, *New Nonprofit Almanac*, Table 1.1, at 4–5.

事例。[1]

## 医疗卫生机构

医疗卫生机构在非营利部门中占有比例最大的财产，并且收入超过整个部门总收入的一半，同时，它发放的工资和薪酬也占整个部门总支出的54.3%。[2]除医院之外，医疗卫生机构还包括看护所、健康维护组织、戒毒所和居家护理机构等。从19世纪90年代起，一方面营利组织开始介入一些非营利活动，特别是先前几乎仅由非营利组织进行的医院和其他医疗保健机构的运作，另一方面一些营利组织转型为非营利组织，这些因素使得医疗卫生机构的规模和构成不断出现重大波动。这一时期最引人注目的发展就是非营利型的医院和健康保险机构转变为营利性质机构，以及非营利机构和营利机构组成的合营企业数量激增。这些变化给非营利组织和试图确定非营利活动界限的规制者都带来了压力。州的规制者必须确保慈善组织财产是以公平价格出售的，不存在不正当的自我交易，以及慈善组织性质转变所产生的收益仍然用于公益目的。对于联邦的规制者来说，非营利向营利状态的转变给《国内税收法典》第4958条规定的超额利益禁止规则的实施带来了一定的问题，而非营利组织和营利组织组成的合营企业则使此种企业中的非营利组织能否继续享有免税地位存在疑问。

## 教育机构

非营利部门中的教育机构大约有3万所，它们为将近20%的大学和专科学院学生以及10%的小学和高中学生提供教育，另外，非营利教育机构还包括不计其数的提供各种各样专业化培训的机构。[3] 这些机构依靠学费收入、捐赠基金和捐款（尤其是毕业生的捐款）来维持运作。政府援助主要以发放奖学金和签订研究合同的形式进行。教育机构和州政府研究机构之间一向保持着竞争关系，最近又和营利组织相互竞争，在远程教育和继续教育方面竞争尤为激烈。教育领域也存在非营利组织向营利组织转变的情况，但是其规模远不

---

[1] 见本书第二章。

[2] Weitzman and Lampkin, *New Nonprofit Almanac*, Table 2.8 and Table 4.2, at 46 – 47、96 – 97.

[3] Donald M. Steward et al., "Education and Training," in *State of Nonprofit America*, 107.

及医疗卫生领域。对于负有信赖义务的州规制者来说，教育领域并不存在独特的问题，尽管由于教育机构持有的捐赠财产（endowment asset）在总的捐赠财产中所占比例最大，这些资金的管理和开支需要特别严格审查。在联邦层面上来说，招生歧视问题一直以来都十分突出，特定商业活动的纳税问题也同样紧要。

## 公众和社会服务机构

从19世纪60年代起，非营利组织提供的公众和社会服务在很大程度上一直依赖于政府扶持，因而此类服务的数量和规模随着政府政策变迁而起伏波动。而且，政府资金扶持的方式发生了变化，特别是在社会福利项目方面，从之前的直接向救助对象提供现金变为资助诸如儿童护理和职业培训等项目。这个变化反过来又导致了新设机构数量的激增，这些机构通常规模小、资金不足、缺乏私人捐赠者，当政府公共资助减少时，将无人帮其渡过难关。史密斯指出，既然目前政府依赖于新的社会机构提供至关重要的公共服务，那么这些机构是否有能力满足公众期待就成为一个重大的政策和管理上的问题。由于很多机构没有条件满足公众需求，这使得非营利治理的压力更为沉重。[1]

回顾2003年关于慈善财产受托人从事不正当行为的新闻报道，证实了某些人之所以新设立慈善组织，是想通过这些组织谋取私人利益，并且确也将此意图付诸行动，致使大量慈善财产流失。还曾发生过因受托人缺乏经验和不够谨慎导致慈善财产损失、慈善组织运行失败的事例。在这些事件中，州和联邦的监管者在界定犯罪行为或背信行为方面扮演了重要角色，这就要求政府介入从而维护慈善资金安全并制裁不正当行为人。[2]

## 文化艺术机构

此类慈善组织包括音乐、戏剧表演、展览、广播、平面媒体等组织，以及

---

[1]　Steven Rathgeb Smith，"Social Services," in *State of Nonprofit America*，pp. 149 - 186.

[2]　Marion R. Fremont - Smith and Andras Kosaras，"Wrongdoing by Officers and Directors of Charities：A Survey of Press Reports 1995 - 2002," 42 *Exempt Organization Tax Review* 25（2003）.

被迪马吉奥称为"演出机构"的团体，包括大学、教会、博物馆和不时赞助文化活动的地方艺术机构。[①] 在非营利部门的这一领域，传统上营利组织和非营利组织并驾齐驱，经常使得政策制定者若不考察其组织形式则很难对两者加以区分。除此之外，文化艺术机构没有给州规制者带来特别的难题。

在联邦税务局看来，对文化艺术机构实行免税政策的理由在于这类机构发挥着教育功能并且在收益方面受到禁止分配原则的限制。文化艺术机构存在的问题和其他靠收取服务费生存的机构所面临的问题没有什么不同。联邦税务局曾经对一家剧团的免税资格提出异议，质疑免税组织和营利组织共同设立合营企业的正当性。这一异议以败诉告终：税务法院于 1980 年判决该公司的免税资格不受合资活动影响。[②] 这一案例标志着一个新开端，几乎所有形式的慈善组织都开始采取以合营企业创造收入的模式，且愈演愈烈。

## 基金会及其他捐款者

有关基金会数量及资产价值增长情况的历史数据尚不完整。但是，自 1915 年起，从陆续公布的知名基金会目录中可窥见一些基金会发展的情况，尤其是大型基金会的发展情况。根据基金会中心（Foundation Center）的记录，截至 2003 年 1 月，创立于 1900 年甚至更早以前的基金会共计还有 130 家。[③] 美国财政部 1964 年关于基金会的研究显示，1962 年年底已有 15000 家基金会，持有财产总额达到 163 亿美元。[④] 1977 年共计有 22152 家基金会，持有财产总额达到 303.7 亿美元。截至 2001 年，基金会数量达到 61180 家，持有财产总额达到 4800 亿美元，捐款数额超过 305 亿美元。[⑤]

---

① Paul DiMaggio, "Nonprofit Organization in the Production and Distribution of Culture," in *The Nonprofit Sector: A Research Handbook*, 199（Walter W. Powell, New Haven: Yale University, 1987）.

② *Plumstead Theatre Society Inc. v. Commissioner*, 74 T.C. 1324（1980）, aff'd, 675 F.2d 244（9th Cir. 1982）；见本书第五章。

③ 与基金会中心工作人员的电话访谈（2003 年 1 月 15 日）；另见基金会中心, *The Foundation Center Tearbook* 第五章（2002 年）。

④ Staff of Treasury Department, *Report on Private Foundations*, 89th Cong., 1st Sess., 82（Senate Finance Committee, February 2, 1965）.

⑤ The Foundation Center, *The Foundation Center Yearbook*；（2002）；http://fdncenter.org/fc_stats/grantmakerinfo.html.

这些关于基金会捐款的数据并不包括通常被称为"捐赠基金"（gift funds）的一种由捐赠者建议资金用途的新型捐款。首家"捐赠基金"创办于 1992 年，是由富达投资公司（Fidelity Investment Company）建立的富达慈善捐赠基金（Fidelity Charitable Gift Fund），该基金由公众出资，其功能是使公司共有基金的投资者通过捐款即时得到足额的税务减免，并随之得以"建议"捐款应向哪家组织发放。早在很久以前，社区基金会就建立了由捐赠者建议用途的基金（donor advised funds），但是并没有引起多少关注。然而，富达慈善捐赠基金的概念展示出了极大的吸引力：2001 年和 2002 年，该基金获得了 10 亿美元的捐款，在当时来看，其接受私人捐赠的数量仅次于救世军（Salvation Army）；2002 年，富达慈善捐赠基金持有 24 亿美元资产，占 12 家由捐赠者建议用途的商营基金全部资产的 70%。[①] 这种新的慈善组织给监管者带来了一些难题，比如，这些组织以资助型基金会的方式运作却不受有关私立基金会规定的限制，此外，在某些情况下，"捐赠者建议资金用途"和"捐赠者指示资金用途"之间的区别很模糊，因此其减税的合法性受到质疑。

2003 年，对基金会的批评再度兴起，让人们回想起 19 世纪 60 年代曾出现过的类似顾虑，导致如今对基金会运营方式和公益支出额度的严格限制。批评的矛头直指州监管者和议员所披露的有关基金会向受托人支付过多的报酬和福利的现象；还有人呼吁上调《国内税收法典》中强制规定的 5% 的公益支出比例，理由是当前的公益支出比例导致了基金会将本应发放给受赠人的资金用来推进自身发展。捐赠人和受赠人之间的论战十分激烈，双方分歧不可能轻易解决，对此第二章中有更详细的阐述。

## 非营利部门中的不当行为有多普遍？

尽管慈善组织的批评者和政府监管者在新闻报道和公开声明中暗示，非营

---

① Nicole Lewis and Meg Sommerfeld, "Donations to Big Group Rose 13% in 2000," *Chronicle of Philanthropy*, November 1, 2001, at 35; Elizabeth Greene et al., "The Tide Turns: Donations to Big Charities Lag in Uncertain Economic Climate," *Chronicle of Philanthropy*, October 31, 2002, at 28; Marni D. Larose and Brad Wolverton, "Donor-Advised Funds Experience Drop in Contributions, Survey Finds," *Chronicle of Philanthropy*, May 15, 2003, at 7.

利的慈善组织中广泛存在管理者和理事的失职行为，然而这些不当行为的程度总是难以认定。部分原因在于几乎所有州（少数州除外）都缺乏对信托行为的有效监管。这种不作为以默认方式将监管责任推卸给联邦税务局，但是联邦税务局在纠正不当行为方面至今难有建树。

不当行为的相关资料匮乏的另一个原因在于监管过程的特点，即在调查阶段保障被调查者隐私，并且很多情况下监管者以起诉相威胁从而促成和解，而和解条件很少向社会公布。新闻机构也很少报道这类诉讼的最终结果，因此在起诉后以和解结案的大部分案件的和解条件也同样不为公众所知。

笔者和科萨拉于 2003 年发表的一项关于慈善受托人不当行为的研究展示了152 家受托人被指控有民事或刑事不当行为的慈善组织。该项研究考察了 Lexis Nexis 数据库上 1995～2002 年有关慈善受托人违反职责的新闻报道，该数据库可提供 13111 个英文新闻媒体中的文章，其中包括美国所有主要城市的日报的内容。[①]

在这 152 起涉及慈善组织的案件中，98 起涉及犯罪活动，48 起涉及违反忠诚和谨慎义务——自我交易、未能履行慈善组织的宗旨，以及对资产管理不善，还有 6 起案件同时涉及上述两个方面。这些案件包括艾德菲大学（Adelphi University）案、宾夕法尼亚州的阿勒格尼健康系统（Allegheny Health System）案、圣克拉拉市和华盛顿特区及周边地区的联合劝募协会案、新时代慈善事业基金会案、国际奥林匹克委员会及其在犹他州的分支机构案，以及毕舍普地产公司案，每起案件都曾经轰动全国。

尽管这项研究存在一定局限性，我们还是就慈善部门发生的不当行为的性质和政府监管措施的效果得出了若干结论。被报道出来的涉案机构数量并不多，在 7 年时间内，约 140 万家慈善机构中只有 152 家机构的案件被报道，这证实了我们的初步印象：关于此类案件严重缺乏媒体曝光，并且州和联邦的隐私法的相关规定导致了相当数量的案件未能进入公众视野。

触犯刑法的案件比违反信赖义务的案件多得多，这可以归因于对于犯罪行为的规制在手段上更为有力，以及州和联邦在控制犯罪方面的资金更为充足。[②]

---

① Fremont-Smith and Kosaras, "Wrongdoing by Officers and Directors of Charities."
② 在以下分析中，同时涉及犯罪和不当行为的六个案件在两种分类中都被计入。

就54起个人和机构涉嫌违反忠诚义务和谨慎义务的案件而言，这类案件整体数量偏少，而且由联邦层面处理的案件较少，这证实忠诚义务和谨慎义务一般是由州法律而非联邦法律规定，但是，除了极少数州外，大多数州既没有资金，也没有人手去查处此类案件。

公众服务机构深陷上述两种类型的不当行为中：在104起刑事案件中占54起，在54起违反忠诚和谨慎义务的案件中占20起。值得注意的是，只有一家宗教组织涉嫌违反信赖义务，但有7起教会或者宗教组织涉及刑事犯罪。而基金会中，只有4家牵涉到刑事案件，涉及民事案件的也只有5家，这些数据使人怀疑从2002～2003年国会提出基金会存在普遍的滥用职权行为这一指控是否有根据。①

相对较多的案件涉及慈善组织被指控滥用联邦和州提供的资金。在104件刑事案件中，32件涉及从联邦和州的项目中获得融资优势的慈善组织，而涉及民事案件的54家机构中有11家获得来自政府项目的资助。

另外，调查结果显示很多政府官员被指控有不正当行为，具体数字是132名，而被指控的理事和受托人只有38名。这些数字有助于证明基波曼（Gibelman）和格尔曼（Gelman）一项早期研究得出的结论：不正当行为的根本原因在于监管失灵。② 然而正如本书第四章所提到的，对违反信赖义务的民事案件而言，许多州为理事会提供过多保护，致使首席检察官很难成功起诉。同时，违反信赖义务的案件结果显示，州的规制在慈善资金保护方面可以扮演重要角色，其手段包括终止或者重整慈善组织，以及撤换违反信赖义务的受托人。

这项研究和其他类似研究并不能消除有关非营利部门内存在大量的不当行为的论断。然而，它有助于证明不正当行为并不像有些人声称的那么普遍，因此目前没有足够的正当理由用过于严苛的方式对之实施救济。

---

① Harvey Lipman and Ian Wilhelm, "Pressing Foundations to Give More," in *Chronicle of Philanthropy*, May 29, 2003, at 7; Grant Williams, "Making Philanthropy Accountable," in *Chronicle of Philanthropy*, June 26, 2003 at 23.

② Margaret Gibelman and Sheldon R. Gelman, "Very Public Scandals: Nongovernmental Organizations in Trouble," 12 Voluntas 49 (2001); Margaret Gibelman and Sheldon R. Gelman, "Should We Have Faith in Faith——Based Social Services?" 13 *Nonprofit Management and Leadership* 49 (2002).

# 20 世纪非营利部门面临的政策问题

21 世纪初，非营利部门面临的最重要的问题之一是非营利部门和营利部门之间的不断融合，这一问题是由韦斯布罗德（Weisbrod）最先提出的。[①] 汉斯曼（Hansmann）首先质疑单纯依靠服务费用维持运营的非营利组织的免税和其他特权，他指出将这类组织与营利部门的类似组织相区分的困难。[②] 在这个问题处于持续热议的同时，非营利部门对服务费用的依赖度显著提升。1986年，国会也加入到对这个问题的讨论中来，投票表决维持了蓝十字蓝盾医保公司（Blue Cross Blue Shield）和其他提供商业类保险的组织的免税特权。

1998 年，韦斯布罗德（Weisbrod）罗列了非营利组织从事的商业活动的增长情况，并指出这些商业活动增长对实现组织宗旨的影响是难以确定的。他得出结论如下：非营利部门的商业化并不必然意味着需要对非营利部门、其活动或其收入来源进行大刀阔斧的改革。相反，他提出一些改革的方向，尤其强调要对导致商业活动增加的有关拨款、合同或税收补贴的公共政策的修改所产生的影响加以考虑；他认为应该避免罔顾非营利部门多样性特点就对非营利组织的融资机制进行狂风暴雨式的改革，赞成对非营利部门的商业化转变进行细致的规制。[③]

希尔（Hill）和曼西诺（Mancino）也提出了对于免税部门和应纳税部门相互融合的疑虑，列举的例子包括医院由非营利向营利状态转变，为各年龄层的人群提供教育的营利性学校数量增加，非营利部门和私人投资者

① Burton A. Weisbrod, *The Voluntary Nonprofit Sector: An Economic Analysis* (Lexington, Mass.: Lexington Books, 1997).

② Henry Hansmann, "Economic Theories of Nonprofit Organization," in *The Nonprofit Sector: A Research Handbook*, 27–42; See also Henry Hansmann, *The Ownership of Enterprise* (Cambridge, Mass.: Belknap Press, 1996), Henry Hansmann, "The Role of Nonprofit Enterprise," *Yale Law Journal* 89 *Yale Law Journal* 835 (1980).

③ Burton A. Weisbrod, *To Profit or Not to Profit: The Commercial Transformation of the Nonprofit Sector*, 287–305 (Cambridge: Cambridge University Press, 1998); see also Burton A. Weisbrod, *The Nonprofit Economy* (Cambridge: Mass.: Harvard University, 1988); Burton A. Weisbrod, *The Voluntary Nonprofit Sector: An Economic Analysis* (Lexington, Mass.: Lexington Books, 1977).

的合营企业增多，以及免税机构和应纳税实体之间广泛订立各种活动的使用费协议，特别是在知识产权方面。[①]

关于免税慈善组织从事新型"商业"活动的规模目前尚无确切资料。从联邦税务局关于慈善部门收入来源的统计数据中可以收集到一些信息。史特力（Steuerle）2000 年发布了一份调查报告，该项调查涉及 1993 年和 1998 年提交 990 表的 6000 家非营利组织，报告显示这些组织的应纳税子机构的数量从 1993 年的 1449 家增加到 1998 年的 2244 家，而拥有一个或数个应纳税子机构的非营利组织的数量增加了 35%。史特力在调查报告中指出，无关宗旨商业活动的应税收入在调查期间并没有发生很大变化，大约 1/3 的组织声明自身出现应税净亏损，然而，史特力将其原因归结为慈善组织为了使应税收入保持在低水平而采取了特殊的收入支出分类方法。[②] 根据调查报告，1999 年慈善组织与宗旨无关的商业活动收入达到 40 亿美元，比起 1998 年下降了 1.25 亿美元。在扣除免税收入之后，4340 家慈善组织的应税收入共计 3.8 亿美元。这和史特力研究中使用的数据相差不远。[③]

此外，史特力还调查了另外 13 万家组织，它们都是 1993 年和 1998 年进行了 990 表纳税申报的组织，其中 66% 的组织在商业收入上有所增长，最为突出的是高等教育机构和医院，3/4 的这两类机构商业收入都有所增长。史特力认为此增长或许反映了以医疗服务费用为主要收入来源的医疗部门的范围正在飞速扩展。[④]

除此之外，20 世纪 90 年代末，有证据表明以下现象有所增多：非营利组织创办应税子机构来从事和母机构的慈善目标相关的活动，然而如果母机构直接从事这类活动则不会被征收所得税。免税组织作为应纳税主体从事的活动范围包括为低收入者提供和其他租赁房屋服务、远程教育和高层管理人员培训、

---

① Frances R. Hill and Douglas M. Mancino, *Taxation of Exempt Organizations*? 1.01 (New York: Warren, Gorham& Lamont, 2002); Frances R. Hill, "Targeting Exemption for Charitable Efficiency: Designing a Nondiversion Constraint," 56 *Southern Methodist University Law Review*, 675 (2003).

② Eugene Steuerle, "When Nonprofits Conduct Exempt Activities as Taxable Enterprises," in *Urban Institute-Hauser Center Emerging Issues in Philanthropy Brief* (November 2000).

③ Margaret Riley, "Unrelated Business Income Tax Returns, 1999," in *IRS Statistics of Income Bulletin* (Spring 2003).

④ Eugene Steuerle, "When Nonprofits Conduct Exempt Activities as Taxable Enterprises," in *Urban Institute-Hauser Center Emerging Issues in Philanthropy Brief* (November 2000).

生物技术、创业咨询、信息系统，以及由商业机构代理免税慈善组织进行的销售工作，特别是网络销售。史特力指出，如果这些活动大幅度增加，则会引起对非营利部门特定领域，乃至整个非营利部门的免税资格的质疑。他提出了一项可能的改进措施：改变目前根据实体性质赋予免税资格的做法，转而根据不同活动创造的社会价值高低安排不同的税收制度。[1]

萨拉蒙（Salamon）将这些变化形容为非营利组织向市场靠拢的趋势，并认为这些变化证明了非营利部门在日益激烈的竞争环境中体现出的适应力：它们有能力响应环境要求，对自身运作方式做出根本性改变。萨拉蒙提出，"虽然人们有时将这一现象描述为在非营利组织中引入了'商业方法'，但相关情况并不仅仅是这么简单"[2]。他观察到商业组织也吸收了非营利组织的管理办法，强调组织使命、服务客户的精神，以及激发员工追求超越"赚取最大利润"的更崇高目标的使命感。简要地说，非营利部门的商业化转变裹挟在非营利部门和营利部门的相互渗透中。

萨拉蒙指出非营利部门的适应性还表现在以下方面：非营利部门在 20 世纪后期取得的发展，在吸收公共资助方面的成就，募款技术的创新，在应对政治竞争方面取得的成功，以及有效的组织机构的出现。他认为，所有这些变化给非营利部门的持续生存带来了很大的风险，非营利部门的存续理由需要修正，公众需要更深刻地理解非营利部门因何种特质而值得持续下去，并需要对公共政策做出调整，以确保加强非营利部门对公共利益和慈善目标的投入。[3]

政府扶持非营利部门的基本途径有两种。第一种是向非营利部门的组成机构及其捐赠人提供特殊待遇，并以拨款和缔结合同的形式直接提供财政资助，从而确保非营利部门的生存能力。第二种途径是通过实施法律对非营利部门的组成机构及其管理人员的行为进行规制，并授权政府机关负责执行。非营利领域出现的变化要求对政府规制的有效性进行持续评估。本书接下来的章节试图为这些评估提供基础。

①　Steuerle, "When Nonprofits Conduct Exempt Activities."

②　Salamon, "The Resilient Sector," 6; see also Dennis R. Young and Lester M. Salamon, "Commercial-ization, Social Ventures, and For-Profit Competition," in *State of Nonprofit America*, 423 – 446.

③　Salamon, "The Resilient Sector," 45, 48 – 52; see also Steuerle, "When Nonprofits Conduct Exempt Activities"; Hill and Mancino, Taxation of Exempt Organizations, §1.01.

# 第二章　慈善法简史

本章概括介绍了有关慈善组织的设立、管理和规制方面的法律起源，以及慈善法从早期至今的发展历程。本书后面的章节将对这些法律进行详细阐述。在某些情况下，阐述增加了必要的历史背景，便于让读者懂得这类法律的渊源和影响。

## 引　言

美国法中并不存在界限清晰的被称为"慈善法"的法律部门。有关慈善的法律首先出现在信托法中，不过也散见于有关公司的法律、州和联邦的税法、继承法，以及整个财产法体系中。但是，慈善的法律概念起源于关于用益的法律（现代信托法的雏形）中，有关政府对慈善事业的法律规制的研究就得从上述法律部门切入。

从理论上来讲，从事慈善事业并不一定非要取得慈善组织的法律地位。然而，有组织的慈善机构逐渐发展壮大起来，原因在于社会将私营企业无法获得的一些特殊待遇赋予了符合特定条件的慈善组织。其中，最为人熟知的特殊待遇自然是税收减免；但从历史角度来看，起到同样重要作用的还有相关法律规范对私人持有财产的限制。于是，慈善组织被允许永久存续，得以积累收入，以及被允许对其已经不合时宜的宗旨进行修改。几个世纪以来，法律规定的作为慈善组织的条件一直处于不断发展变化之中。

### 慈善组织的早期演化

慈善组织作为法律实体的出现与宗教慈善事业紧密相连，也与遗嘱、遗产处分、法人等概念的发展密不可分。早在制定遗嘱权利产生之前，埃及和卡尔迪亚省（隶属古巴比伦王国）就出现了为了宗教目的，鼓励将永久性财产留给继承人以外的人的做法。[①] 希腊人率先发明了"健在的法定继承人"（living legal heir）的概念，这类继承人可以在被继承人尚在人世并且经其法定继承人同意的情况下永久性取得被继承人的财产。在公元前一世纪，罗马法修改了这个概念从而承认社团同时属于"有知觉和理智的存在"以及"永续存在的人"，到了公元一世纪，这些社团被允许接受遗赠财产。[②]

从公元 96 年到公元 180 年，这些社团，或曰基金会，在整个罗马帝国受到大力推崇。城市和小镇被赐予接受遗产的权利，渐渐地，这些捐赠背后的动机由敬神转变为对下层社会群体的救助。公元 192 ~ 324 年，即 30 位"军营皇帝"在位期间，这些基金会的资金被强制充公。君士坦丁大帝认识到国家有必要扶持原先由基金会资助的各种事业。因此他发布法令，重申了基督教教会的法定权利，即教会财产既不允许被任何个人挪用，也不允许在教会内部被用于捐赠人指示目的之外的其他用途。从那以后，教会就成为将公众捐赠的资金发放给社会弱势群体的媒介，国家鼓励所有人因慈善目的将财产捐献给教会。[③] 这些捐赠的财物被称为"慈善团体"（piae causae），由捐赠人所在地教会的主教负责管理。随着地方教会积累财富的增多，滥用管理权力和资金使用混乱的现象也愈演愈烈。

到了公元 550 年，亦即罗马法修订和《国法大全》（Corpus Juris Civilis，亦即《查士丁尼法典》）得以实施之时，罗马试图改变当时的混乱情况。改革目标是为教会基金会寻找更能适应当时社会变迁的法律基础。教会基金会被确认为具有教会性质的法人，其法律人格由教会衍生而来，但具有自己的权利能力。[④] 为了保护基金会并使其发挥社会功能，国家颁布了一系列复杂的保障措施。主教在管理资金的事务上享有任命权和监督权，并且必须做到"明察秋毫，

---

① Ernest W. Hollis, "Evolution of the Philanthropic Foundation," 20 *Education Record* 575, 578 (1939).

② Id., at 576.

③ P. W. Duff, "The Charitable Foundation of Byzantium," in *Cambridge Legal Essays* 83, 84 (Percy H. Winfield et al. eds., Cambridge: W. Heffer and Sons, 1926).

④ Hollis, "Evolution of philanthropic Foundation," 579.

开除疏于职守的人员，任命真正敬畏上帝的受托人"。① 主教对其上级负责，而整个管理集团的行为都须向公众公开，如果立遗嘱人的意愿得不到满足，那么公众有权提起诉讼。② 法律规定，对于原先的慈善目的已经不具有社会效用的捐赠，管理者必须为之依法选择近似的慈善目的，③ 国家对资金的投入和管理制定了法规，包括对财产的租赁和抵押的相关规定。如果一段时间内捐赠物没有被投入使用，那么该捐赠物将会被返还给捐赠人或其继承人，教会不得擅自将任何捐赠物违反捐赠者的意愿永久转让给他人。

管理者对于置于其监护之下的、依法不具有完全行为能力的人，享有监护人的权利，或者有权委任监护人并对其进行监督。这些特权使教会在整个中世纪拥有强大的权力。④

## 伊斯兰基金会

在 17 世纪，穆罕默德建议设立伊斯兰教慈善基金或信托。⑤ 这种机构被称为"教产"，尽管这种机构的发展完全独立于罗马法和盎格鲁—撒克逊法系中的慈善组织，不过与它们惊人地相似。教产的建立可以基于伊斯兰教或创办者信仰的宗教所推崇的目标，具有永久存续性的特征，但禁止积累收入。创办者可以指定自己为第一任穆泰瓦利（Mutawali，圣地管理人）或受托人，并给自己支付酬劳，通常为教产收入的 10%，且不得高于他指定的继任受托人所能获得的酬劳。

法律承认教产具有三类用途：满足自然人供养家庭的义务；根据伊斯兰教教义维护对神的崇敬；以及英文语境中的慈善，包括公用事业。第一种用途显然和慈善信托在西方的概念是相反的，反映了伊斯兰教哲学和文化的影响。然而，教产和慈善信托（或基金会）的主要区别在于：教产受到宗教的规制，它的社会地位没有受到类似于西方的那种世俗法律的约束。据报道，中东的伊斯兰国家现今仍然存在大量教产，而且据说其中一些拥

---

① Comment, "Supervision of Charitable Trusts," 21 *University of Chicago Law Review* 118, 119 (1953).

② Id..

③ Hollis, "Evolution of philanthropic Foundation," 580.

④ Id., at 581.

⑤ F. Emerson Andrews, "On the Nature of the *Vaqf*," *Foundation News*, September 1964, at 8 – 9.

有巨额财富。[①]

# 英国的慈善组织

罗马的慈善组织概念传到了英国，在当地发展起来的法律中有迹可循，尽管这些概念已经被烙上了宗教改革运动时期发展起来的盎格鲁—撒克逊法系的独特印记。撒克逊国王遵循罗马做法，赐予地方主教监督慈善捐赠和管理慈善捐赠的宗教机构的权力。

在撒克逊时代，"法人"一词开始被用来描述宗教机构、修道院和宗教群体。教区的神职人员或修道院的修道士按照惯例都可以被称为法人，并因此被视为永久存续的独立的法律实体。当今社会的法人概念滥觞于这种早期认知。

1066 年诺曼征服之后，宗教法庭体系得以在英国发展起来。起初，宗教法庭对慈善团体具有特定管辖权，发展到后来，它们逐渐掌握了在遗嘱事务上的普遍管辖权。这一时期，在宗教法庭的保护下，慈善捐赠取得了三个独特的、延续至今的特征：（1）无期限存续的特权；（2）即使捐赠是笼统意义上的，只要其具有慈善目的就具备有效性的特权；（3）如果慈善组织创办人制定的慈善目标无法继续执行，则得以选择新的慈善目标的特权，这一特权在今天被称为"近似原则"。

1066 年之后，在一场长达四个世纪的斗争中，教会和宗教法院的权力受到了挑战。虽然冲突在政治和经济方面，但是它对法律的影响导致了宗教法庭管辖权的最终消灭，以及教会占有的慈善财产的减少。亨利二世（1154～1189 年在位）颁布了法令，规定主教和修道院院长持有的财产"属于国王，并对国王的公正负责"。因此法律确认国王是所有主教职位空缺的教区收入的监护人，以及所有慈善资金的庇护人。教会组织以一种被称为"自由教役保有"（frankalmoign）的土地使用方式持有土地，无须向任何上级领主提供劳役。据估计，亨利八世在

---

① 关于教产在法律方面的详细信息，参见 Seymour Vesey-Fitz-gerald, *Mubammadan Law*（Cambridge：Oxford University Press, 1931）；另见，H. A. R. Gibb and Harold Bowen, *Islamic Society and the West*, Vol. 1, pts. 1 and 2（London：Oxford University Press, 1950）；Murat Çizakça, *A History of Philanthropic Foundations：The Islamic World from the Seventh Century to the Present*（Istanbul：Boğaziçi University Press, 2000）。

位期间，这些组织持有的土地达到了整个英国国土面积的三分之一到一半。①

为了削减教会的这种普遍权力，若干法规相继出台，首先是《大宪章》（1215 年）限制向慈善组织捐赠土地。这些法规被称为《不动产永续法》，因为其目的是防止土地发展为"永久管业"。《大宪章》的第 32 条禁止自由人转让"一定范围的土地，如果该转让导致剩下的土地无法保证该人完成其对领主应尽的劳役"。② 第 36 条禁止如下"规避"：佃户将土地交给宗教场所，因而免除其对上级领主的劳役之后，再将该土地以契约方式转让给该佃户。1279年颁布的教产法③从总体上禁止持有永久保管的土地，并且取消了领主给此类土地转让颁发许可的权力。这些法规并没有一概阻止土地转让，只是规定在捐赠者的领主主张土地权利时，法人没有权利持有土地；而且如果领主在一年内不行使该权利，则领主的主人可以在随后的半年内取走土地，如此持续下去，最终权利将被移交给国王。

## 信托的发展

将产权转让给宗教机构并不是慈善捐赠的唯一方式；在同一时期（诺曼征服之后），一种被称作"用益"（uses）的新产权转让形式出现了。这种产权转让方式是现代信托的前身，其起源尚不清楚。梅特兰（Maitland）认为，这种产权转让形式最早出现在 13 世纪，由于法律不允许修道院持有财产（无论是个人持有还是共同持有），土地就被转让给愿为圣方济会的修道士使用的目的而持有土地的人。④ 在这一时期，"用益"并不为法院所承认，因此并不具有执行效力，这种做法被认为并没有违反教义中的贫穷忠告。早期的没收法实施之后，这种将土地转让给个人而为宗教机构所使用的方式变得非常普遍。事实上，由于这种方式太过普遍，以至于议会在 1391 年颁布了一项新的没收法，有针对性地禁止将土地使用权授予宗教机构的做法。斯考特（Scott）指出："这些情况下的受益人（cestui que use，或称 beneficiary）对这些转让

---

① William A. Orton, "Endowments and foundations," in *Encyclopaedia of the Social Science*, Vol. 5, at 531 (New York: The Macmillan Co., 1931).

② Amherst D. Tyssen, *The Law of Charitable Bequests*, 2 (London: Sweet and Maxwell, 1888).

③ Stat. 7 Edw. 1 (1279).

④ Frederic William Maitland, *Equity*, 25 (Cambridge: The University Press, 2d ed., 1936).

财产并不享有可强制执行的利益，但是，不动产持有人（或称名义上的所有权人）不履行其道德义务的可能性极大，他们的做法被认为破坏了公共政策，议会认为有必要对其进行干涉。"①

用益和信托初步发展的第一个历史阶段是 1200 ~ 1400 年。② 用益权和慈善信托发展的第二个历史阶段是 15 世纪早期，当时英国衡平法院开始承认和执行用益权的转让。

斯考特论述道，如果没有 15 世纪英国或多或少的偶然性环境，如果不是在之后的四百年里普通法院和衡平法院彼此分离，那么就不可能产生和发展出当今的信托。③"衡平"一词的法律含义是指一种司法体系，以及这种体系所应用的原则和标准。这种标准建立在公平和正义的基础之上。梅特兰认为，这种标准在英国法律体系中的产生源于"一个古老的思想，即当普通司法制度无法适用时，国王可以实行一套备用的非常规性司法制度……民事案件的当事人在国王的大法官面前用令人哀怜的言辞乞求大法官'出于对上帝的爱并使用仁慈的方式'介入案件审判。当事人并非主张实体法存在缺陷，只是由于某些原因他们无法获得公道"。④

如今，美国已经不存在独立的衡平法院，但是还存在一些由衡平法院演变而来的特定形式的救济制度，被称为"衡平法"救济制度，它们以源于衡平法院的先例为基础，依照衡平法原则进行解释和运用。衡平法提供的救济包括解除合同，撤销或变更契约，强制履行合同，纠正欺诈性陈述、隐瞒或错误，以禁令方式预防非法行为，以及在信托法方面界定当事人的权利及行使权利的方式。

后来被称为"衡平"的审判权最初是由普通法法院行使的。然而在 14 世纪早期，普通法法院变得僵硬死板，其衡平法审判权也就消失了。当时，普通法法院实行严格的法律规则导致了不公平判决结果增多，因此法院向议会或王室

---

① Austin W. Scott and William F. Fratcher, *The Law of Trusts*, §1.3 (Boston: Little, Brown, 4th ed., 1987).

② Id., §1.2

③ Id., §1.

④ Frederic William Maitland, *Collected Papers*, Vol. 3, at 334 - 335 (H. A. L. Fisher ed., Cambridge: The University Press, 1911).

御前会议寻求解决之道。① 渐渐地，这些请求开始转为向大法官提出，大法官通常身为神职人员，大法官法院适时地开始行使衡平管辖，并在 1422 年成为国家承认的常设法院。大法官法院根据道德原则而非法律先例做出判决。它的审判程序比普通法法院更具有弹性；它无须遵守固定的诉讼形式，并且有权力强制被告履行义务，而不仅仅是支持原告行使权利，这些特征使大法官法院非常适合管辖用益权方面的案件。

15 世纪中期，大法官已经强制受托人履行其义务，以保护受益人的权利。用益权可以转让，也可继承。用益权的适用范围扩大：不仅为了避免对宗教组织的限制，还为了巧妙地规避债权人，甚至可以用来对抗封建领主对土地的权利请求，以及防止因重大叛国罪而导致财产被没收。议会及时采取措施预防这些规避行为，很快地，用益权的主要目的转变为保障土地遗赠的效果。②

英国封建时期的法律不允许在遗嘱中对土地进行处分，而是规定土地必须按照长子继承制进行继承。然而，希望遗嘱处分能有更大空间的大地主们采取了用益权的方式，通过用益方式将财产转移给其遗愿指定的人选，从而巧妙地规避法律限制。据说，在亨利五世统治时期（1413 ~ 1422 年），英国大部分的土地是以 "用益" 方式存在的。③ 当然，这一时期封建土地制度正在瓦解。广泛采取用益形式转让土地的做法引发了土地产权方面的混乱，从而加速了封建土地制度的消亡。

1535 年，亨利八世通过了《用益法》，企图扭转这种趋势，改变已经失控的用益权泛滥的混乱局面。④《用益法》的出台并没有将用益完全界定为非法行为，只是规定，名义上的所有权和受益权都转移给了受益人。这样做的用意是让用益权不再只是大法官保护下的衡平法上的利益，而成为由普通法法院管辖的普通法上的利益。此举措消除了土地遗赠的可能性，使得议会中大多数地主极为不满，他们在五年之后促成了《遗嘱法》的颁布，从而成功地改变了这一局面。⑤《遗嘱法》允许人们以遗嘱方式转让某些重要类型的土地，但是明文禁

---

① H. V. Holdsworth, "The Early History of Equity," 13 *Michigan Law Review* 293 (1915).

② Maitland, "Trust and Corporation," in *Collected Papers*, 335.

③ Scott and Fratcher, *Law of Trusts*, §1.3.

④ Stat. 27 Hen. 8, ch. 10 (1535).

⑤ Stat. 32 Hen. 8, ch. 1 (1540).

止将土地转让给政治组织或者商业组织。

《用益法》在英国法的发展过程中，尤其是在财产转让有关法律的发展过程中，占有极其重要的地位。它彻底荡清了之前几个世纪盛行的产权混乱现象；促成了《遗嘱法》的颁布，从而加速了封建社会末期的转变进程。然而，这并不表示作为财产处分方式的用益和信托就此销声匿迹。普通法法官和大法官都采取行动，力保不同于名义上所有权的受益权能够继续存在下去。《用益法》被严格地予以解释。与"消极信托"相对应的"积极信托"，是指受托人不仅仅持有名义上的财产权，还有执行的义务。"积极信托"一直为衡平法所承认，基于一个用益之上的二次用益也被衡平法承认为信托。从此，现代信托法的发展主线清晰起来，现代慈善信托法的发展也就此奠定了基础。

## 对慈善赠与的限制

信托的发展历程与国王和教会争夺权力的历史过程形影相随；那一时期的特点是人们对世俗化慈善活动的兴趣与日俱增。[1] 早在 1391 年，禁止将土地用益权转让给宗教组织的没收法就限制任何民间社团和自治市在未获得国王颁发的许可证的情况下持有土地。[2] 这一规定的理由在于：向行会、兄弟会和自治团体赠与土地的做法"被认为同样会对封建领主权力造成不利影响"。[3]

1300～1500 年，英国出现了修道院之外的慈善组织，比如，为促进教育而成立的牛津大学和剑桥大学，为挽救病人、贫苦人群和老弱人群而成立的医院。[4] 不少捐赠财物由行会进行管理。从亨利六世（1422～1460 年）统治时期起，作为慈善捐赠管理方式的慈善用益和信托就越来越盛行。

大法官法院接管了对于慈善捐赠的管辖，但是仍然保留诺曼征服时期宗教法庭授予的特权，这就从国家层面上鼓励了慈善行为。[5] 有关这一时期大法官法院的记载资料十分匮乏，然而可以确定的是，从 15 世纪早期开始，大法官就

---

[1] For a detailed, scholarly study of this subject, see W. K. Jordan, *Philanthropy in England*, 1480 – 1660 (New York: Russell Sage Foundation, 1959).

[2] Stat. 15 Rich. 2, ch. 5 (1391).

[3] George W. Keeton, *The Modern Law of Charities*, 171 (London: Sir Isaac Pitman and Sons, 1962).

[4] John P. Davis, *Corporations*, ch. 7 (New York: Capricorn).

[5] Keeton, *Modern Law of Charities*, 3.

为慈善用益的执行签发过传票。案件通常是由城镇或教区居民亲自或代表其他居民提起诉讼的。有时,他们以镇上或教区内的贫苦人民的名义起诉,在少数情况下首席检察官也会提起诉讼。① 在英国,"首席检察官"这一名称出现于1461 年,最初是由国王委任的,只负责处理特定事件,直至15 世纪,首席检察官开始固定地效命于国王。② 这类案件的处理方式包括,法院以命令的方式强制受托人返还被不当占用的财产,或者以禁令形式禁止受托人做出未经用益权协议授权的行为。

14 世纪中期,作为当时慈善财产主要管理者的修道院大多开始变得腐朽堕落,其漫长而不可逆转的衰败累积至宗教改革运动前夕已经到崩溃临界点。整个西欧皆是如此,不过英国的情况也许最具有典型意义,修道院体系在土崩瓦解之前经历了近30 年的衰落,捐款渐渐枯竭,基金会数量骤减以致无法继续供养修道院制度所规定的众多宗教职位。③

修道院体系在1541~1560 年正式消亡,愈发加重了英国在15 世纪以及16 世纪的贫困,而这段时期的贫困局面主要是由经济震荡、城镇发展、农业方法变更和商业扩张引起的。1414 年英国通过了一项重要法规,意图扭转和改善当时多家济贫类基金会的衰落和倒闭。④ 法规命令教会当局去调查此类机构的创办方式并试图进行补救。"然而,鲜有证据证明该项法规完全生效,也没有证据证明中世纪慈善机构已经非常突出的灾难性衰落有任何明显的缓解。"⑤

亨利八世在位期间,于1531~1532 年通过一项法规,对慈善信托的成立施加了限制。该法规重申了没收法原则,否认团体具有免许可证就可以持有土地的权利,并且禁止成立存续期限超过20 年的慈善信托。⑥ 乔丹指出:"从那之后,法律和政策的全部重心的确就落在了如何铸造英国世俗一端的慈善团体,以及如何帮助捐赠人创造一批伟大的、以改变英国社会结构为己任

---

① Scott and Fratcher, *Law of Trusts*, §348. 2; Jordan, *Philanthropy in England*, 119.

② "Attorney General," in *The New Encyclopedia Britannia* (15 th ed. , 1988); see also *Attorney General's Review of the Year* (2001/2002), available at www. lslo. gov. uk.

③ Jordan, *Philanthropy in England*, 58.

④ Stat. 2 Hen. 5, ch. 3 (1414).

⑤ Jordan, *Philanthropy in England*, 114 – 115.

⑥ Stat. 23 Hen. 8, ch. 10 (1532).

的慈善机构之上。"①

16 世纪深刻的社会变化对慈善法产生了深远而直接的影响。当时的宗教改革运动和社会经济剧变不仅对慈善信托和公共福利服务之间的关系产生影响，也对慈善法有着重大影响。当时失业和流浪景象随处可见，行会体系中的学徒制度日渐式微，宗教改革运动前教会提供的社会福利和教育服务也被中断。人们必须推陈出新。于是就有了重新建立的文法学校、伊丽莎白一世的《济贫法》，以及 1601 年"用来纠正慈善用益权人对获赠的土地、物品和款项的滥用"的《公益用益法》。《公益用益法》几乎是与《济贫法》同一时间通过的，构成了当时国家解决经济和社会问题计划的有机部分。②

## 《公益用益法》

颁布于 1601 年的《公益用益法》，也被称为《伊丽莎白法》，③ 被誉为是"现代慈善法的开端"。④ 毫无疑问的是，《公益用益法》对英美两国慈善目的的概念发展产生了深远影响，该法一经实施就促进了英国慈善信托的飞速发展。

《公益用益法》的立法宗旨在于：为鼓励慈善事业和慈善组织的发展创设法律规范。因此，该法有两个具体的立法目的。一者，为纠正立法之前已经非常严重的慈善捐赠管理上的失误提供途径；二者，"通过详细列举具体的慈善目的，消除宗教改革运动造成的疑惑"，⑤ 从而鼓励社会各界向慈善团体捐赠更多财物。

《公益用益法》的序言列举了慈善捐赠的目的：

> 老人、残疾人、病人和贫民的救济；伤病士兵和水手的救助；资助学
> 校教育、免费学校以及大学的学者；桥梁、港湾、避难所、堤坝、教会、

---

① Jordan, *Philanthropy in England*, 115.

② *Report of the Committee on the Law and Practice Relating to Charitable Trusts*, Cmnd. 8710, at 18 (London: Her Majesty's Stationery Office, 1952). This report, prepared under the chairmanship of Lord Nathan, and commonly referred to as the "Nathan Report," contained the results of a study made by a parliamentary committee of charitable trusts in England and its recommendations for new legislation.

③ Stat. 43 Eliz. 1, ch. 4 (1601).

④ Keeton, *Modern Law of Charities*, 10.

⑤ *Report of the Committee on the Law and Practice Relating to Charitable Trusts* 18.

海岸和公路的维修；孤儿的教育和辅导；感化院的维护、救助；贫困女子婚姻的协助；创业青年以及弱者的协助；囚犯、战俘的救济与更生保护；贫民的租税负担、出征费（安家费）的援助。①

亨利·海伦·蒙②曾指出上述罗列的慈善目的和 14 世纪诗人威廉·兰格伦的诗歌《农夫皮尔斯之梦》之间有雷同之处。这首诗描写了真理劝告焦虑的（并且富有的）商人用他们的财富去消弭原罪，并获得安详的死亡：

> 于是，
>
> 修复医院，
>
> 救死扶伤，
>
> 重修旧路，
>
> 重建坏桥，
>
> 助少女出嫁或出家为尼，
>
> 为囚徒和穷人寻找食物，
>
> 让学生学习知识或手艺，
>
> 扶持宗教，
>
> 并且，
>
> 减租减税。③

历史学家认为，不管《公益用益法》是否借鉴了威廉·兰格伦的诗，两者之间的吻合反映出 1601 年所确立的慈善目的的定义早在 14 世纪就为人熟知了，④ 15 世纪大法官法院审理的关于慈善信托的案件报告中可以找到支持这种观点的佐证。⑤

1601 年《公益用益法》忽略了宗教捐赠的内容，而没有忽略修缮教堂的内

① Stat. 43 Eliz. 1, ch. 4 (1601).

② Henry Allen Moe in a statement to the Select (Cox) Committee to Investigate Tax-Exempt Foundations, quoted in Jordan, *Philanthropy in England*, 112.

③ William Langland, *The Vision of Piers the Plowman*, 114 (W. W. Skeat et al. trans., London: Chatto and Windus, 1931).

④ Kecton, *Modern Law of Charities*, 4.

⑤ Scott and Fratcher, *Law of Trusts*, §1.

容，这一点反映出时代特征。同样，该法也很少提及教育方面的内容，这便引出一个结论，即《公益用益法》并不试图界定慈善的含义，而仅列举一些已经成为慈善事业范围的慈善目的。没有迹象表明 17 世纪的法院将该法的序言视作对慈善目的的全面罗列，只是在此后几个世纪中，法院才开始将该序言作为慈善目的的定义看待。"定义"的重要性并不存在于确切列举中，而在于其指出了某种公共利益存在的必要性。①

《公益用益法》的正文部分规定必须委任专门委员对疏于职守、管理不善和未按照捐赠人意愿使用、处分慈善财产的事实进行调查。委员由大法官任命，必须包括主教和主教教区的首席法官，以及其他品行良好的人士。委员们有权"询问 12 个具备法定资格并且宣誓的人"，以及以其他方式进行调查。他们相应的权利还包括从陪审员名单中确定陪审团成员，召集证人并听取证词，以及查阅特定区域内所有慈善财产的当前状况。委员们还有权做出决议，除非该决议被大法官撤销或改变。对该决议不服的人可以向大法官申诉。大法官应确保这些决议"基于捐赠人和慈善组织创办人的真实意图和想法，考量和体现了公平和道德良心"。②

一开始，专门委员会的成立十分频繁。该法颁布的第一年内就成立了 45 个委员会，到 1700 年已经完成 1000 多起调查；但到了 18 世纪就很少成立专门委员会了，到 1803 年，专门委员会已经名存实亡。③尽管如此，《公益用益法》的主要目标已经达成。《公益用益法》颁布后这段时间，慈善信托的发展被形容为"一次山洪暴发"。乔丹论述道：

> （专门委员会的工作）成果是使慈善资金总体上得到了十分惊人的正直而富有技术的管理，并很快建立起了最高忠实义务的传统。这一事实本身极大地鼓舞了很多人，在我们这个时代的最后两代人中，受其鼓舞进行捐赠的款项在整个巨额慈善财产中所占的比例绝非小数目。④

伊丽莎白一世时代，还有另两部法律继续促使慈善法按照国家意图被修改

---

① *Report of the Committee on the Law and Practice Relating to Charitable Trusts*, 18
② Scott and Fratcher, *Law of Trusts*, §348. 2.
③ *Report of the Committee on the Law and Practice Relating to Charitable Trusts*, 18.
④ Jordan, *Philanthropy in England*, 117.

和制定。1572 年，英国通过了一项法案，对希望建立医院和养老院的捐助人提供支持；该法案规定，即便作为捐赠对象的基金会存在"错误命名、错误列举或虚假命名、虚假列举的情况"，遗嘱中的捐赠物依然"在法律上是善意并且有效的"。[①] 1597 年，一项"为了给穷人修建医院或收容场所和工作场所的法案"规定捐赠者无须经王室特许或者议会法令批准成立法人，就有权将契约经在大法官法院简单登记之后，转让或遗赠其所有的自由继承地产，只要该捐赠物的年均值不低于 10 英镑。[②] 这项法案的序文包括了与 1601 年《公益用益法》序言如出一辙的慈善用途。

这两项法案的颁布被认为是当时处理社会经济问题的协同计划的一部分。背后的立法原理是私人慈善团体和国家之间存在的伙伴关系，"由国家填补慈善团体遗留的空白，而非相反；这种关系一直保持下来直到我们这个时代情况发生了变化"。[③]

1601 年《公益用益法》颁布之后的两个世纪里，慈善组织的数量急剧增加。根据法院的解释，《公益用益法》赋予衡平法上的以遗嘱方式设立信托或慈善法人的有效性，而在此之前这种行为一直为《遗嘱法》所禁止。[④] 然后，从 1695 年至 1696 年，没收法使国王得以给学校、学院，以及其他为了"其他慈善或者公共用途"的政治实体或登记为法人的实体发放许可证，允许它们拥有土地，免于被国王或领主征用。[⑤]

## 首席检察官和慈善委员会的作用

随着《公益用益法》规定的专门委员会作用的降低，首席检察官逐渐取代专门委员会，代表国王行使"国家亲权"（parens patriae）并享有特权，以保障所有的慈善信托。19 世纪之前的司法程序拖沓且花费昂贵，而且慈善团体的滥

---

① Stat. 14 Eliz. 1, ch. 11 (1572).

② Stat. 39 Eliz. 1, ch. 5 (1597).

③ *Report of the Committee on the Law and Practice Relating to Charitable Trusts*, 8; see also Keeton, *Modern Law of Charities*, 11; Lester M. Salamon, "The Resilient Sector: The State of Nonprofit America," in The *State of Nonprofit America*, 11 (Lester M. Salamon ed., Washington O. C.: Brookings Institution Press, 2002).

④ Scott and Fratcher, *Law of Trusts*, §362.2.

⑤ Stat. 7 & 8 Will. 3, ch. 37 (1695 - 1696); see also Keeton, *Modern Law of Charities*, 171.

用行为很少引起首席检察官或法院的重视。① 任何个人也不愿意向首席检察官举报不法行为，因为检察官发起诉讼程序并且败诉的话，举报的人就必须承担费用。

1786 年吉尔伯法案（*Gilbert's Act*）的颁布带来了极其有限的改进。这项法案规定，为了穷人的利益所设立的信托若获得收益，必须由信托所在教区的牧师或教堂看管员（church wardens）向国会秘书长缴纳罚金。② 尽管有部分信托获得收益，但是真正遵守吉尔伯法案的只是极少数。1812 年《慈善捐赠登记法》（*Charitable Donation Registration Act*）也遭遇了相似命运，③ 该法规定所有的慈善信托必须到受益人所在地的郡、市或镇的治安秘书处登记。但是，正如基顿所指出的那样，该法"被普遍忽视"。④ 1812 年的另一项法案同样试图简化由首席检察官提供信息引起的针对慈善财产管理不善进行的救济程序。⑤ 该法案仅仅适用于受益人起诉受托人的诉讼案件，并没有明显改善当时已有的救济途径。

19 世纪慈善法最重大的进展当属 1819 年议会创办的慈善委员会，该委员会最初被称为布罗汉姆委员会（Brougham Commission），负责调查和记录英格兰和威尔士所有的慈善信托。该委员会的建立归功于布罗汉姆勋爵及其同伴为改善公共教育所做的努力。根据布罗汉姆勋爵于 1816 年建立的调查委员会对下层社会的调查结果，很多与教育相关的信托被严重滥用或存在渎职行为。根据 1819 年的一项法案⑥，委员们被授权向首席检察官提交证据，首席检察官则提起纠正慈善机构滥用权力行为的诉讼。慈善信托的受托人有权申请法院对于未能赋予受托人充分权限的章程或者规则进行修改。布罗汉姆委员会及其后继机构在长达 19 年的调查中所制作的 60 卷报告记载了很多关于慈善资金贪污渎职的案件。

布罗汉姆勋爵为慈善委员会的建立提出的最初议案曾经在议会中遭遇某些

---

①　*Report of the Committee on the Law and Practice Relating to Charitable Trusts*, 19.

②　*Return of Charitable Donations Act*, Stat. 26 Geo. 3, ch. 58（1786）.

③　Stat. 52 Geo. 3, ch. 102（1812）.

④　Keeton, *Modern Law of Charities*, 13.

⑤　*Charities Procedure Act*, Stat. 52 Geo. 3, ch. 101（1812）.

⑥　Stat. 59 Geo. 3, ch. 91（1819）.

反对意见，政府成功地将大学和主要的公立学校从布罗汉姆委员会的调查范围中删除。然而，即使调查范围中有上述限制，委员会还是完成了很多富有价值的工作。慈善信托的管理水平提高了，[①] 而委员会报告让议会认识到有必要形成正规的监管方式。

1835 年，英国成立了特别委员会负责审查布罗汉姆委员会的报告，并就进一步立法提出建议。当时布罗汉姆委员会只完成了 28 个郡的调查工作。基顿指出："特别委员会提出了两个重要的立法建议：（1）建立一个由独立机关管理慈善信托的制度，但是不排除法院的最终管辖权；（2）修改法律以允许慈善信托对过于狭窄的业务范围进行扩充，在某些情况下，允许慈善信托将资金转移到更符合社会需要的慈善事业上。"[②] 第二项建议实际上是要求扩充"近似原则"的内容，该原则一向被法院以狭义方式适用。尽管如此，"某些重要的慈善机构对任何形式的控制所做出的顽固的、有影响性的、根深蒂固的抵抗"[③] 致使议会在 18 年中没能成功地修订任何法律，尽管其间议会曾提出 13 项议案。

慈善信托法案（the Charitable Trust Act）最终在 1853 年正式成为法律。[④] 该法案规定成立常设性的慈善委员会，该委员会有权检查英格兰和威尔士所有慈善组织的慈善目标、管理，以及慈善组织的财产价值，并有权要求所有受托人提供会计账簿和资产状况说明。[⑤] 全体委员不附属于任何政府部门。一般来说，其中两名委员为接受薪酬的全职专门委员，另一名委员通常是议会成员，负责回答议会提出的问题并代表委员会提起议案。慈善信托法案还规定成立两个新的机构，即"慈善土地受托人办公室"和"慈善资金受托人办公室"。后来，向受托人转移慈善资金所有权无须支付任何费用，以避免受托人变更带来的问题和费用。

1860 年，委员会的权力扩大到可以将"近似原则"应用到任何年收入低于

---

① Keeton, Modern Law of Charities, 15; *Report of the Committee on the Law and Practice Relating to Charitable Trusts*, 19.

② Keeton, *Modern Law of Charities*, 17.

③ Keeton, *Modern Law of Charities*, 18.

④ Stat. 16 8c 17 Vict, ch. 137（1853）.

⑤ Scott and Fratcher, *Law of Trusts*, §391.

50 英镑的慈善组织。① 这种准司法权力的行使受限于大法官法院提出的审查，在审查中，委员会权力被狭义地解释为一种仅用于执行立遗嘱人意愿的方法，而不能改变最初的慈善目的。举例来说，在威尔医院一案②中，法院驳回了委员会批准的一项方案，该方案安排伦敦的两家接受捐赠资金不足的医学院将资金合并管理。1899 年，慈善委员会对教育捐赠的管辖权被移交给教育委员会。③

慈善委员会遵照 1853 年法案和 1860 年法案运作了百年之久。委员们很少主动行使对受托人的监管权，主要任务是受理对慈善组织管理不善的投诉，委员在可能的情况下借助委员会自身权力纠正不适当的管理行为，并将处理不了的投诉转给首席检察官。但是，提交会计账簿的规定却被普遍地忽视了。

由于 1888 年和 1891 年的两部《没收和慈善用途法案》废除了大部分早期规定，在这一时期，有关永久保有的规定得以改变。④ 1888 年法案禁止任何团体通过永久保有的方式获得土地，除非持有君主颁发的许可证或者基于法律得到许可；该法案还规定，为慈善目的而设立的土地信托必须基于即时生效的契约，并且必须最晚在捐赠者去世之前 12 个月设立。1891 年法案允许以信托的方式将土地转让给慈善组织，前提是土地必须在捐赠者去世之后的一年中出卖，除非法院或慈善委员会在土地要被用于慈善目的的情况下允许延长期限或允许其继续保留。

## 1950 年后对慈善组织的管理

在 1950 年国会成立关于慈善信托的法律和实践委员会（Committee on the Law and Practice）之前，规范慈善组织的法律和监管制度基本上保持不变。由首相于 1952 年 12 月向国会做出的该委员会的报告，一般被称为内森报告。⑤ 内森报告对慈善法历史及委员会活动做了出色的总结和记录。内森委员会提出了大量的立法修改建议，其中大多数都被 1960 年法案所吸收，1960 年法案取代了

---

① *Charitable Trusts Act*, Stat. 23 & 24 Vict., ch. 136 (1860).

② [1910] 2 Ch. 124.

③ *Board of Education Act*, Stat. 62 8c 63 Vict., ch. 33 (1899).

④ Stat. 51 8c 52 Vict., ch. 42 (1888); Stat. 54 8c 55 Vict., ch. 73 (1891).

⑤ *Report of the Committee on the Law and Practice Relatin to Charitable Trusts*, 19.

1853～1939 年的慈善法案。[①]

　　除了废除先前的有关慈善的法律规则之外，该法案还废除了关于转让财产的某些技术性规定，以及先前的所有关于永久保有的立法，扩大了近似原则的适用范围。该法案确立了新的管理体制，扩大了慈善委员会成员的监督权，并在慈善委员会成员和国会之间建立起一种新的关系，有利于推动制定新法律。法案要求除了以下三类慈善组织外，其他所有慈善组织都要进行登记，这三类组织包括：小型慈善组织，也就是收入少于 1 万英镑的慈善组织；享有豁免权的慈善组织，包括男女童子军团体、武装力量团体和一些在其伞状组织或者支持组织之下登记的宗教性公益组织；免税类慈善组织，包括大学、住房协会和慈善事业互助协会，这些组织都收到大量的政府资金，因此被认为是受到资金提供机构严格监管的。[②]

　　1987 年，一个特别委员会在向国会提交的报告——伍德菲尔德报告——提出一项立法建议，1992 年，国会通过了以该建议为基础的新立法。伍德菲尔德报告[③]建议扩大须向慈善委员会进行注册的慈善组织的数量，同时要求慈善组织进行审计并向委员会出具年报。这些建议，连同促进小型慈善组织合并或终止的条款都被 1992 年慈善法接受并采纳。[④]

　　2002 年 9 月，内阁办公室战略部在首相的要求下召开会议，对规定慈善部门的法律法规进行审查，审查后发表了一份包含了 61 条法律修订建议的报告，鼓励慈善部门的发展，提出应当改进慈善部门的表现并强化政府监管。[⑤] 立法建议中有相当部分支持强化慈善委员会的职能。这包括将登记范围扩大，将大量的享有豁免权的慈善组织吸纳进来；同时提高登记标准以豁免大量小型的慈善组织；并要求经登记的慈善组织做出年度报告。内阁办公室战略部建议，同慈善部门共事的委员会应当分门别类地公布不同领域的业绩观察报告，开展信息查询服务以满足捐赠者和慈善服务使用者的需要，同时对慈善基金的募集进

---

① Stat. 8 & 9 Eliz. 2, ch. 58 (1960).

② Stat. 8 & 9 Eliz. 2, ch. 58 (1960).

③ Sir Philip Woodfield et al., *Efficiency Scrutiny of the Supervision of Charities: Report of the Home Secretary and the Economic Secretary to the Treasury* (London: Her Majesty's Stationery Office, 1987).

④ *Charities Act*, 1992, ch. 41.

⑤ Strategy Unit Report, Cabinet Office, *Private Action, Public Benefit: A Review of Charities and the Wider Not-for-Profit Sector* (Septembber 2002), available at *www. atrategy - unit gov. uk.*

行规范。报告还建议增加慈善委员会成员人数，以扩大所代表的利益相关者范围，为了进一步达到这一目的，慈善委员会应当更名为慈善监管局①（Charity Regulation Authority）。报告得到了首相的大力支持，其中的立法建议有望经一段时间商议后得到采用。

## 1601 年后慈善实体法的发展

自《公益用益法》制定以来，对英国慈善法律的描述主要集中在成文法律和规范体系上。但是在《公益用益法》通过之前，界定慈善信托和法人性质的法律原则就已经被确定和接受。这些原则包括：慈善组织得以永久存续的权利；慈善信托不因受托人的空缺、受益对象的不确定、信托运行模式或者由于信托条款不完整而无效；慈善组织的法律定义；近似原则。这些法律原则成为早期衡平法院的准则，其中大部分从教会法院的有关原则中发展而来。

16 世纪以后，衡平法法院与普通法法院逐渐趋同一致。"衡平法遵从法律"原则得到了发展，判决也主要依据先例做出。到了 19 世纪 70 年代，整个英国法律体系都发生了改革。衡平法法院和普通法法院（原有的）的区别被废除，若有必要，这两种法院都有权适用普通法和衡平法。在一个基于先例和"法官造法"的法律体系中，随着时代变迁，案件所涉问题的多样化必然导致特定概念的内涵有所变化，这种变化不仅不可避免，而且令人期待。在英国慈善法领域，变革朝着限制一些早期概念的方向发展，特别是慈善组织的定义和近似原则。

内森委员会在其 1952 年报告中批评法院和慈善委员会在对慈善目的效力的裁决上过于死板，其建议重新界定这一法律概念。该建议遭到了国会的拒绝，尽管 1960 年慈善法取代了仍然具有法律效力的 1601 年《公益用益法》序言。这样就将如何界定慈善组织这一权利完全交给法院行使。这一决定遭到基顿（Keeton）的严厉批评，他把法院对于这一领域的干预称为"在法律汇报中能够找到的最糟糕的司法先例操作技术的大展览"。② 在质疑新法案能否使审判人员在这一法律部门中坚持司法融惯性时，他表示："在判断是否为慈善组织时，法

---

① Id. , at 93 – 97.

② Keeton, *Modern Law of Charities*, 165.

院的判决基于公共政策，而在社会发生急剧变化的时代，公共政策的重要性越发凸显。因此对于何种组织属于或者不属于慈善组织的界定应该是频繁发生的，势必会引起批评。"①

2002 年，首相在报告中重申 1952 年报告对于慈善法规的批评，建议将原来慈善组织定义中的四类首要目的扩展为十类，从而更加准确地反映具有或应当具有慈善性的组织范围。四类首要目的是指 1891 年帕姆萨尔上诉案中所述的四类目的，② 也就是扶贫救困（尤其包括老弱、残疾人士和穷人），促进教育事业发展，促进宗教事业发展，以及其他有利于社会发展的目的。新的范畴最终包括了促进社会和社区发展，促进文化、艺术及遗产发展，促进业余体育发展，促进人权进步，冲突解决和调解，以及促进环境保护和改善。另外，扶贫还进一步扩大到包括"防止贫困发生"。对于兜底条款中的"有利于社区发展的其他目的"，报告强调，符合公共利益的原则应当作为慈善法案的首要目的。③ 每一个新界定的目的慈善委员会都花费了很长的时间才认识清楚；相反，根据美国联邦和州的法律，这些都是有效的慈善目的。

2002 年报告中指出了几个在美国国内也存在争议的问题。其中一个问题是那些对其所提供服务进行收费的组织能否界定为慈善组织。报告认为收取大部分人都能够负担的费用不影响慈善组织的公共性，但该组织必须为那些由于无力支付费用而将被排除在外的群体提供帮助途径，例如，一个收费很高的私立学校为无力支付学费者做出特别规定。基于在注册后就不对慈善组织进行审查的现状，报告建议慈善委员会应当对现有的慈善组织进行定期审查，通过公益性质测试④保证这些机构保有公益性质。另外两个在美国也同样引起争议的建议是：（1）应当允许慈善组织进行大规模的无关宗旨商业活动，也就是"交易"，这种交易无须慈善组织另行设立子机构来从事；并且（2）（应当）允许慈善组织参与政治活动，作为其实现公益目的的途径之一。⑤

---

① Keeton, *Modern Law of Charities*, 165.

② *Commissioners for Special Purposes of Income Tax v. Pemsel*, 1891 App. Cas. 531.

③ Strategy Unit Report, *Private Action*, *Public Benefit*, 36 – 43.

④ Strategy Unit Report, *Private Action*, *Public Benefit*, at 41 – 42.

⑤ Strategy Unit Report, *Private Action*, *Public Benefit*, 43 – 44.

近似原则起源于罗马，随后被英国普通法法院采纳。这一术语出自法语，本意为与所称对象"接近"（icipres）或"尽可能近的"（aussi‐pres comme possible）。

在英国法院的长期实践中，近似原则被适用在以下情形：在明示慈善目的的情形下，捐赠者具体指明的管理方式或慈善目的已经或者将要无法实现。19世纪的法院拒绝适用该原则，除非慈善目的无法实现的情形十分明显。1869年的《捐赠学校法》（Endowed Schools Act）① 对于教育信托适用近似原则的规定相对比较宽松，该法授权独立的委员会（也就是后来的慈善委员会）采用新机制，使得教育捐赠能够对儿童教育事业的发展做出建设性贡献，当然，委员会的做法要受到司法审查。1899年该委员会的权力转移给了教育理事会，教育理事会现在从属于教育部。

在苏格兰，国务卿在为政府和教育捐赠管理构建框架方面享有更大的权力。② 然而，慈善委员会为教育性信托之外的其他捐赠做出策略的权力最初由1860年慈善信托法案赋予，法院对于这种权力做出了狭义的解释，而对于"慈善目的不切实际"和"慈善目的不可能"的解释也十分严格。③ 法律文献中频频可见要求扩大该原则适用范围的倡议，尤其是在1857～1894年的慈善委员会委员的报告中，但国会直到1960年才迟迟做出行动。

有些情况下，应用近似原则的权力由国王而非法院行使。这种权力称为国王特权，基于王权对于所有慈善组织的监督权而产生。通常认为其源于元首对其所有臣民正义的保障。随着时间的推移，这种权力成为宫务大臣行政职权之一。④ 应用近似原则的国王职权适用于以下三种情形：（1）直接赠与慈善组织却没有进一步指明具体慈善目的的；（2）无偿赠与慈善组织的特定机构，而由于遗赠人死亡时该机构不存在或者随后停止经营致使捐赠不成功，但是有证据证明存在支持慈善组织的一般慈善目的的；（3）捐赠目的因违反法律或公序良俗而无效的（通常指宗教上有所禁忌的捐赠）。依据国王特权适用近似原则的

① Stat. 32 8c 33 Vict. , ch. 56 (1869) .

② Stat. 45 & 46 Vict. , ch. 59 (1882) , now Stat. 9 &10 Geo. 6, ch. 72, § § 115‐134 (1946) .

③ Keeton, *Modern Law of Charities*, chs. 9, 10.

④ L. A. Sheridan and V. T. Delany, The *Cy Pres Doctrine*, 65 (London: Sweet and Maxwell, 1959) .

财产由法院根据国王的指示处理，同时要听取首席检察官的建议。[①] 尽管近似原则至今仍然存在于英国法律当中，但其应用范围被大大缩小，且只有在少数情况下被引用作为法庭判决的依据。[②]

内森委员会大力支持放松对近似原则的限制以拓展其适用范围，该建议为1960年慈善法所采纳。1987年，对慈善法进行审查的另一委员会提到，"尽管近似原则应当以一种更加灵活的方式适用，尤其是适用于小型慈善组织"，但没有立即进行立法的紧迫性。当时慈善委员会更急于审查判例制度及其给予职员的指引意见，以实现促进"灵活而富有想象力的途径，并充分考虑捐赠者意愿"的目的。[③] 然而1992年慈善法的第43、44条采纳了允许对小型信托适用近似原则的提议。[④]

## 慈善法人

英格兰早期的教会、慈善组织、城市、行会以及大学是现代商业法人的前身。宗教改革以来，信托成为在英国从事慈善活动的主要组织形式并延续至今。究其原因，部分是由于英国法人发展的性质。尽管这些早期的慈善组织与今天的法人有一些共同属性，但直到16世纪中期现代法人的重要特性才开始显露出来。英国第一个大型企业法人是对外贸易公司，形成于16世纪和17世纪的大航海和殖民时代。这些公司经过皇家特许状或国会的特殊法令创设，被授予航海和同海外进行交易的特权。1600年特许设立的东印度公司，以及1670年特许设立的哈得逊湾公司就是这一时期的典型例子。

18世纪，设立法人的特权，通常和垄断权一起，通过国会的特殊法令授予某些团体，从而保护或促进对改进后的流程和新发明的运用，或鼓励对地方自然资源进行开发。[⑤] 股份公司成为商业组织的普遍形式，随之而来的是可转让

---

① Tyssen, *Law of Charitable Bequests*, 211 – 214; see also George G. Bogert and George T. Bogert, *The Law of Trusts and Trustees*, §432 (St. Paul: West Group, 3d ed., 1977); Scott and Fratcher, *Law of Trusts*, §399.

② Sheridan and Delany, The *Cy Pres Doctrine*, 65.

③ *Charities*: *A Framework for the Future*, Comd. 694, *at* 37 (White Paper prepared by the Secretary of State for the Home Department) (London: Her Majesty's Stationery Office, 1989).

④ *Charities Act*, 1992, ch. 41.

⑤ Davis, *Corporations*, 260.

股份概念的出现。

19 世纪，蓬勃发展的经济活动要求立法允许设立股东承担有限责任的公司形式。自 1855 年起，国会通过一系列法案允许为特定目的设立普通公司。由此实现了一种转变：从政府特许的概念和为公共利益目的设立法人的特许，到允许广大个人自由地为其个人利益进行结社。与这种转变相伴随的是个人主义作为政治观念的兴起和国家集权的衰落。

在这一发展过程中，慈善事业的空间受到商业动机的极大挤压。1867 年的公司法允许为非营利目的设立公司。然而，既然设立公司需要经政府同意，而设立慈善信托享有更大的自由，因此人们更愿意采用信托方式。另外，设立公司并不具有减少慈善委员会或法院对慈善基金管理人监督的优势。[①] 与美国慈善法不同的是，英国慈善法没有就公司和信托财产所有权的性质做出不同规定。蒂森（Tyssen）在讨论一个给予慈善法人的遗赠的性质时描述了一种情形：一块土地被遗赠给一个法人，没有任何设立信托的意思表示。"但是只要该法人只为慈善目的而存在，则认为这一遗赠与以慈善信托方式设立并无二致。"[②] 1960年慈善法做出了如下界定：

• "慈善组织"是指任何为慈善目的而设立的机构、法人或非法人，并且受到有管辖权的高等法院关于慈善组织方面的管辖。

• "慈善组织受托人"是指对慈善组织进行控制和管理的人。

• "信托"，若与慈善组织相关，是指建立慈善机构，并规范其宗旨和管理的规定，无论这些规定是否通过信托方式生效。若与其他机构相关，则其具有相应含义。[③]

可以说，英国一直有"慈善法"。然而由于历史事件的偶然影响，给这个国家带来了与其他国家不同的情况。

同美国的情况不同，慈善法人在英国很少出现。也没有特别的立法为其设立做出规范；少量的慈善法人在商业法人的相关法律框架下产生，但这种法律适用往往并不恰当。另外，慈善法人还受到两种监管，即受到慈善委员会和英

---

① Ernst Freund, "Legal Aspects of Philanthropy," in *Intelligent Philanthropy*, 156, 175（Ellsworth Fans et al. eds., Chicago: University of Chicago Press, 1930）.

② *Incorporate Society* v. *Richards*, 1 Dr. War. 258, cited in Tyssen, *Law of Charitable Requests*, 10.

③ Stat. 8 8c 9 Eliz. 2, ch. 58, §§45（1），46（1）（1960）.

国公司登记处的管理，这是一种被评论者称为"不受欢迎的监管负担"的做法。① 公司法检讨督导小组对立法授权具体慈善组织以法人形式的可行性进行了讨论。在该小组 2001 年的最终报告中建议立法授权新的法人形式。② 该提议后来得到了由慈善委员会专员组成的顾问小组的采纳，顾问小组建议采取立法授权新的公司形式，称为慈善法人组织（CIO），与公司法提案有着细微的差别。③ 2002 年 9 月，策略小组出具的报告称，内阁批准了慈善委员会的建议，批准成立慈善法人组织作为另一种形式的担保有限公司。作为 CIO 的法人成员承担有限责任，但要做出一项对于受托人信赖义务的明确声明，与慈善信托中的受托人相一致。④

2003 年 6 月 16 日，政府公布了其对于内阁办公室战略部审查的回复，包括经过由志愿机构和其他各方进行磋商得出的 1100 条答复意见。⑤ 内阁办公室战略部的所有提议除一个以外全都被采纳，尽管政府建议做出三处修改：在原来十项慈善目的的基础上增加"促进动物福利"和"提供社会化住房"，并将"科学"加入原来对文化、艺术和遗产的促进之列。政府还提议将慈善委员会登记的门槛定在 5000 英镑而非 1 万英镑，那些未达到该标准的慈善组织可以自愿登记。唯一一个被否决的提议是内阁办公室战略部提出允许慈善组织直接从事商事活动，而无须按照现行法律规定需要通过设立专门的子机构来进行。政府表示这样的变化会"破坏私有领域商业的公平竞争原则"。⑥

虽然得到了进行改革的强烈支持，但政府并没有为实施这些建议列出明确的时间表。而在政府做出回应之前，慈善委员会在 2003 年 6 月 23 日起草了一

---

① Debra Morris, "A Step Closer to a New Legal Structure for Charities," 34 *Exempt Organization Tax Review* 235 (2001).

② The Company Law Review Steering Group, *Modern Company Law: For a Competitive Economy*, 86 – 88 (June 2001).

③ Advisory Group to the Charity Commission, *Charitable Incorporated Organisation* (Spring 2001), available at www. charity – commisnongov. uk/enhancingcharities/incorporg. asp.

④ Strategy Unit Report, *Private Action*, *Public Benefit*, 57 – 58.

⑤ The Home Office, *Charities and Not-for-Profits: A Modern Legal Framework* (July 2003), available at www. homeojficegov. uk/docs2/charitiemotforprofits. pdf.

⑥ Id., §3. 34.

份声明，对其在规范慈善组织活动中的角色和方法进行了阐述，阐明了慈善委员会工作的七项指导原则：问责制、独立、均衡、公平、连贯、多样性以及平等透明。[①] 声明这七项原则的目的在于在现行法律框架内对法规进行更新，同时"期待即将生效的新慈善法为本部门的发展提供更多机会"。[②]

# 美国的慈善组织

源于英国法对慈善活动的鼓励、教会对慈善事业的宣传，以及创办者设立慈善组织的需要，在殖民地美国弥漫着有利于催生慈善信托和机构的氛围。米勒指出：

> 殖民者对于公共责任和私人责任没有任何争论……公共慈善事业和私人慈善事业完全交织在一起，使之几乎难以区分。法律本身反映了一种通过慈善事业解决社会问题的务实态度。殖民地议会想尽办法为慈善组织排除障碍。法院将社会改良放在比法律技术更重要的位置上，对慈善组织发展采取放任原则，即使其计划制定不够清晰完美，也对捐赠者的善良意愿给予支持。[③]

独立革命过后，民族主义盛行，对英国的一切产生对立情绪。这一思潮对于这个新生国家法律的影响体现在各州宪法和法律在吸纳英国判例法框架时，"清除被（立法者）认为最不好的元素"，尤其是国王权力和特权行使的残余。[④] 这些法律通常规定采纳那些帮助或弥补 1607 年（英国在弗吉尼亚州建立第一个殖民地的时间）之前的普通法缺陷的英国法律，而又不与新民主主义基本原理相抵牾。

---

① Charity Commission, *The Charity Commission and Regulation* (June 2003), available at www. charity – commission. gov. uk/tcc/pdfs/regstance. pdf.

② Charity Commission, "Charity Commission Re – defines Its Role as Regulator," PR/40/ 03 (June 23, 2003), available at www. charity – commission. gov. uk.

③ Howard S. Miller, *The Legal Foundations of American Philanthropy*, 1776 – 1844, xi (Madison: State Historical Society of Wisconsin, 1961).

④ Id. .

### 慈善信托法的发展

在大多数州，这些法律规定对慈善信托的适用不会受到质疑，虽然近似原则被拒绝适用，但是大多数州的法律仍然承认慈善信托的效力。新的州加入联盟后，就追随早期加入的州，例如，马萨诸塞州宪法规定允许采纳普通法和英国法律，[①] 又如，康涅狄格州在 1702 年特别立法以承认慈善信托。[②]

慈善信托得以免除缴纳地方税，法院对慈善组织的法律界定也采取了宽容的态度。根据特别立法设立学校、医院、宗教团体，以及其他慈善机构是通常的做法。由于担心教会力量的崛起会导致对慈善组织（特别是宗教法人）持有财产的限制，一些州的立法时常不愿意授予这些宗教组织特权。[③] 鼓励慈善组织的政策占据了主导地位，同时，随着营利目的法人不断增加，各种类型的慈善法人也发展起来。

然而，美国慈善用益的发展并没有与英格兰同步，有八个州拒绝了慈善信托制度。在这些州，将资金投入慈善事业的唯一途径就是通过赠与，即赠给已经设立的慈善法人或赠与受托人，受托人负责在禁止永久规则允许的期间内（within the period of the Rule Against Perpetuities）设立一个法人。[④]

弗吉尼亚州最先出现困难，该州特意于 1792 年废止了所有的英国法律和国会法案。问题始于联邦最高法院做出的错误决定，在该决定中，联邦最高法院认为慈善信托制度起源于 1601 年的《公益用益法》并以其为基础，而弗吉尼亚州在 1792 年废止了该法，这样，所有没有确定受益人的慈善信托都是无效的。此观点由首席大法官马歇尔在 *Trustees of Philadelphia Baptist Association* v. *Hart's Executors*[⑤] 一案中提出。这种看法所依据的历史证据是不完整甚至是虚假的，其所援引的某些英国案例中的格言产生误导，致使人们认为在《公益用益法》实

---

① Mass. Const, ch. 6，§ 6 (1780).

② Conn. Gen. Stat. § § 45a－514，47－2；see also Peter Dobkin Hall, *Inventing the Nonprofit Sector*, 13－25 (Baltimore：John Hopkins University Press, 1992).

③ Miller, *Legal Foundations of American Philanthropy*, 19.

④ For a detailed discussion of this history, see Thomas E. Blackwell, "The Charitable Corporation and the Charitable Trust," 24 *Washington University Law Quarterly* 1 (1938)；Edith L. Fisch, *The Cy Pres Doctrine in the United States* (New York：Matthew Bender, 1950).

⑤ 17 U. S. (4 Wheat.) 1 (1819).

施之前，英国不存在无确定受益人的信托。<sup>①</sup> 斯考特（Scott）将这一事实定性为"历史性错误"，随后又评论说："令人震惊的是，法院常常依赖其他法院的判词，不仅仅将其作为适用法律的指引，而且还作为事实性证据。事实上法官说出的言语常常缺乏充分的历史研究作为基础。"<sup>②</sup>

长达一个多世纪里，哈特（Hart）案作为判例在弗吉尼亚州、马里兰州、哥伦比亚特区和西弗吉尼亚州等地都得到了遵循；这对纽约州、密歇根州、威斯康星州和明尼苏达州的慈善信托的发展带来了很大影响。这种影响十分深远，尽管联邦最高法院在 25 年后的 *Vidal v. Girard's Executors*<sup>③</sup> 案中改变了先前的观点，认为无论英国法律是否被废除，慈善信托在美国应当得到承认。

联邦最高法院对上述两个案件的判决在美国和英国都引起了人们的兴趣，并带动了对早期衡平法司法管辖权的进一步研究。研究结果表明，早在 1601 年以前，慈善信托就得到了英国法院的承认。Girard 一案中，联邦最高法院要对为了完成 Stephen Girard 意愿，以在费城为孤儿设立学校或大学为目的而设立的慈善信托是否有效的问题做出判决。判决应当在宾夕法尼亚州的法律基础上做出，而宾夕法尼亚州法律原先规定废止《公益用益法》的效力。法院宣布虽然在宾夕法尼亚州，《公益用益法》缺乏效力，但这无关紧要，衡平法司法管辖权是独立于《公益用益法》的，也无须通过特别授权维持这种管辖。同时还认为这一信托的目的是慈善目的，否则也无效。沃伦（Warren）认为："很少有案件能如此关注一般公众的利益，或是将公众利益同法院如此紧密联系起来。"<sup>④</sup> 但公众利益显然不足以说服弗吉尼亚州、马里兰州、哥伦比亚特区或西弗吉尼亚州的法院或立法部门，这些州仍然坚持依据 Hart 案确定的规则做出判决。

在纽约州，慈善信托被宣布无效，因为信托法的司法解释于 1789 年做出。<sup>⑤</sup>

---

① Scott and Fratcher, *Law of Trusts*, §348.3.

② Id. .

③ 43 U.S. （2 How.） 127 （1844）.

④ Charles Warren, *The Supreme Court in United States History*, Vol. 2, at 398 （Boston：Little, Brown, 1926）, quoted in Miller, *Legal Foundations of American Philanthropy*, 38, who added that this interest in the case was due more to the fame of counsel than to the points of law at stake. These noted counsel were Daniel Webster for the heirs of Stephen Girard, and Horace Biuney representing the city of Philadelphia.

⑤ *Jones and Varrick Laws of New York*, 1789.

这一部法案不包括英国成文法规定，意味着《公益用益法》被废止。经第二次编撰的该法于 1829 年实施，取消了一切土地信托和用益，得到特别授权或在当时做出改变①的除外。这部法律对慈善信托完全没有提及，对于其有效性也没有做出明确规定。衡平法院在 1844 年指出，1829 年法案并没有对慈善信托做出禁止性规定。② 然而这一决定在六年后受到了纽约州高等法院严厉的批评。纽约州高等法院认为，除非法律特别授权，③ 其他任何信托都不能得到承认。1853 年，在 *Williams v. Williams*④ 案中，一个以私人财产设立的慈善信托得到了支持，支持的理由在于，对慈善信托的管辖权独立于法律规定，但该案并没有得到遵循。措尔曼（Zollmann）将其形容为"月全食前最后一缕光明"。⑤

纽约州的法院在接下来半个世纪里的态度可以在 1866 年的一个判决⑥中得到总结，判决指出，立法不支持慈善信托的意图，这从废止《公益用益法》以及 1829 年法律修订时将慈善目的予以忽略的做法中可以清楚看到。法院认为，与允许"每个公民为他自己看起来合适的慈善目的创设一个永久存续的实体，并赋予其大于法人的权力和豁免的权利"⑦ 的做法相比，限制只能将财物捐赠给那些由法律规范的慈善法人是一个更好的政策。

1891 年，塞缪尔·J. 蒂尔登（Samuel J. Tilden）州长留下近 400 万美元的遗产欲在纽约建设免费图书馆，⑧ 这一慈善信托被宣告无效的判决引发了公众对禁止慈善信托的反对浪潮，并最终令众议院在 1893 年通过了《蒂尔登法案》。⑨ 该法案宣布，慈善信托自此有效。后来的修正案改变了纽约关于慈善信托的规定，法院在此之后的判决也颇具建设性。⑩ 然而，由于密歇根州、威斯康星州和明尼苏达州都照搬了 1828 年的纽约法案，所以直到 20 世纪早期，慈

---

① Rev. Stat, of New York, 1829, at 727.

② *Shotwell v. Mott*, 2 Sand. Ch. 46（N. Y. 1844）.

③ *Yates v. Yates*, 9 Barb. Ch. 324（N. Y. 1850）.

④ 8 N. Y. 525（1853）.

⑤ Carl R. G. Zollmann, *American Law of Charities*, 31（Milwaukee：Bruce Publishing Co., 1924）.

⑥ *Bascom v. Albertson*, 34 N. Y. 584（1866）.

⑦ Id., at 615；sec also Scott and Fratcher, *Law of Trusts*, §348. 3.

⑧ *Tilden v. Green*, 28 N. E. 880（N. Y. 1891）.

⑨ *Acts of 1893*, ch. 701, codified at *N. Y. Real Prop. Law*, §113；*N. Y. Pers. Prop. Law*, §12.

⑩ Zollmann, *American Law of Charities*, 35.

善信托的有效性才在这些州逐渐得到承认。[1]

今天，慈善信托在各州都得到了认可，无论是法院的判决还是立法。但早期的判决影响了这个国家慈善法律的整体发展，特别是在慈善法人持有财产的法律地位和近似原则的适用问题上，影响尤为明显。早期拒绝慈善信托法律规定的判决还可能加大对信托这种形式的偏见，基于对信托管理规则和受托人及其责任的误解，这种偏见将进一步加深。将信托法描述为"极其严厉，受托人责任过于严苛"毫不为过，尤其是与法人的理事权限及其宽松的义务标准相比较。这是 20 世纪初信托法的状况。

然而信托法发生了巨大变化，特别是在 1959 年信托法第二次重述之后。委托人有了为受托人开脱的权力，放松了对自我交易的规制，扩展了受托人的投资权限，允许受托人进行转委托，同时在许多司法管辖区，减少了法院对受托人的干涉。事实上，生前慈善信托所承担的报告义务比慈善法人承担的报告义务少，而且慈善信托不受公司相关程序规定的约束。[2] 然而，不幸的是，偏见依然存在，而且在许多判例中可以找到痕迹。卡斯特（Karst）对此做出如下评价：

> 基于组织形式而非运作模式的不同而给予如此大的差别对待，为其正当性带来了极大负担，而这一负担至今没有解除……仅仅因为两个大基金会，一个采取法人形式，另一个采取信托形式，就对其管理者适用差异如此之大的规定难以自圆其说。法律应当认识到，与其各自对应的私益组织相比较，慈善信托和慈善法人之间存在的共同点更多。对慈善组织做出区分的关键不在于其形式，而在于其功能。在信赖义务领域，慈善法必不可少。[3]

40 多年后，慈善法仍没有成形。但美国法学会于 2002 年批准了一个起草非营利组织法原则的项目，任命伊夫林·布罗迪（Evelyn Brody）和艾伦·菲尔

---

[1] Peter Dobkin Hall, "A Historical Overview of the Private Nonprofit Sector," in *The Nonprofit Sector：A Research Handbook*, 3（Walter W. Powell et al., New Haven：Yale University Press, 1987）.

[2] 见第三章和第四章对这些法律的详细陈述。

[3] Kenneth L. Karst, "The Efficiency of the Charitable Dollar：An Unfulfilled State Responsibility," 73 *Harvard Law Review* 433, 436（1960）.

德（Alan Feld）教授作为报告人，并任命了顾问委员会。显而易见，信托法与公司法协调适用于慈善组织是本项目的一个重要课题。

## 慈善目的

美国判例法对"慈善目的"的理解经过了一段时间的发展以适应不断变化的"公共利益"理念。美国各州的法院比同级英国法院更加秉持自由主义，因此也就减少了许多通过成文法扩展"慈善目的"法律定义的争议和动力。2001年通过的第三次信托法重述明确了慈善目的包括英国法所界定的四类首要目的，即关于贫困、教育、宗教和其他有利于社区的目的，[①] 同时增加了推进健康和市政目的。[②]

一些评论家质疑各州法律定义慈善组织的重要性，指出了免税是最重要的考量因素，从而捍卫美国联邦税法典对于慈善目的的定义。州税法也越发重要，尤其在财产税减免的问题上更是如此。[③] 对于判断向慈善法人和慈善信托的捐赠和遗赠是否有效的问题，慈善目的的定义颇为重要，而在判断是否适用近似原则或偏差原则时，这一问题就更加意义重大。

第二次世界大战后，一个问题曾经引起广泛关注：为特定种族、性别或宗教的团体利益而成立的慈善组织是否有效？以及这些组织是否会因为违反公共政策而需要修正？根据信托法原则，只有当这些组织实行了不公平的歧视行为，才有对此进行限制的必要。基于这一原理，法院在近几年一致声明，基于种族和民族出身的排除行为是无效的，一些判决也对基于性别的歧视采取了相同的立场。尽管在某些情况下，支持反歧视的行为被认为具有慈善性质，但到20世纪90年代后期，这些观点开始受到抨击，直到2003年底相关争论仍硝烟未尽。[④]

为慈善组织发展带来深远影响的还有另外两部实体法律。一部是1972年通过的《统一机构基金管理法》（*UMIFA*），以及随后各州采纳该法的相关立法。另一部是1990年美国法律学会（ALI）《第三次信托法重述》，该重述在编撰中吸收了现代谨慎投资人规则，而法律统一委员会于1994年在《统一谨慎投资人

---

① *Commissioners for Special Purposes of Income Tax* v. *Pemsel*, 1891 App. Cas. 531.

② *Restatement（Third）of the Law of Trusts*, §28.

③ 见第三章。

④ *Restatement（Third）of the Law of Trusts*, §28, Reporter's Notes, cmt. f; see also Chapter 3.

法》中也吸纳了其主要原则。*UMIFA* 对信托法的下述规则做出了修订：对慈善法人的捐赠资金的投资和管理方面允许采取完全收益方式，扩大"机构"在使用捐赠资金时的权力，并减轻了受托人在投资中的法律责任。《统一谨慎投资人法》也反映出法律对现代投资理论和实践的吸收，放松了对受托人转委托的限制。这些变化将在第四章中进行详细阐述。

20 世纪末，近似原则及与其相伴的偏差原则已经被 49 个州的成文法、判例法或法官意见所接受。判例法中拓宽了可以适用近似原则的情形，并在制度框架内排除了严格遵循捐赠者原意的限制。同样，偏差原则也适用于原先目的仍然可达到，但实现方式缺乏可行性，而法院又拒绝适用近似原则的情形。事实上，有证据表明两者常被混淆，有些法院适用了近似原则的案情，其实更适合按照偏差原则做出判决。这两项原则对于 20 世纪 90 年代产生重大影响，在此期间，大量慈善性医院将其财产出售给营利性法人，然后向法院寻求许可得以使用这些收益。

## 慈善法人

与英国不同的是，受纽约州和弗吉尼亚州对慈善信托态度的影响，随着商法人在美国商法中逐渐占据了首要地位，在美国从事各类慈善活动必然更多地采用法人形式。

在法人的发展方面，美国与英国同步，但随着北美大陆的发展和美国经济的繁荣，美国法人的发展很快超过了英国。在殖民地，通过特许证书或王室和皇家总督的特许，组织被授予法人权利，这种许可权在有些情况下还被下放给一些殖民地议会。

在殖民地，多数私法人为宗教团体。慈善机构和教育机构常常在宗教保护下获得特许，尽管有些机构是以私人遗产设立的。最早的法人执照之一是由马萨诸塞州普通法院于 1756 年做出的，授予伊普斯维奇（Ipswich）镇的文法学院的不动产委托人为公共教育的目的管理私人遗赠。类似的情况还可以在弗吉尼亚州、新泽西州，以及康涅狄格州[①]的州议会记录中找到。在有些情况下，规

---

① Joseph S. Davis, *Essays in the Earlier History of American Corporations*, Vol. 1, at 75（Cambridge: Harvard University Press, 1917）.

范慈善目的法人的法律甚至先于规范商业法人的法案出现。例如，1784 年纽约州通过了一部普通公司法，对宗教目的法人做出了规范；但是直到 1811 年，美国才首次通过允许设立以商业为目的的普通法人的法律。[①]

到 1850 年，普通公司法在美国得到普遍适用，19 世纪后半叶，对于法人规模和活动的法定限制逐渐被废止。由特别法令设立法人的情形逐渐消失，以至于到了 1900 年，除四个州之外，其他州都通过了宪法修正案，禁止以特别法令的方式设立商业公司。[②] 今天，虽然允许以特别法令方式设立商业法人，但仅适用于特定形式的法人，而且这种情况很少发生。

慈善法人被认为与商业法人有着明显区别。有评论者根据英国的判例将慈善法人描述为对慈善信托进行管理而建立的组织：

> 慈善法人仅仅是受托人或由慈善组织的捐赠者挑选的代理人，管理为慈善目的而捐赠的资金，其受益人通常为公众或者法人外部的各方当事人。因此，适用于慈善法人的法律原则与适用于普通商业法人的有所不同。[③]

然而，对那些拒绝承认慈善信托效力的各州而言，就有必要对慈善法人财产的性质确立有所不同的理论。一些倾向于支持慈善捐赠有效的法院，不厌其烦地主张向慈善法人进行捐赠的行为并没有设立信托，而是向慈善法人做出的要求其严格按照约定目的使用的完全的捐赠。

当立遗嘱人遗赠给慈善法人的财产只能限制用于该法人章程规定的目的之一时，或当立遗嘱人限定慈善法人必须永久性地持有其遗赠的财产，只能动用其收益时，问题就会显现出来。认为这种赠与在性质上属于信托的观点将会导致赠与不成立。此外，如果该赠与被宣布为完全的，那么立遗嘱人的限制就不能强制执行，因为财产的完全所有人在使用其财产时不该受到任何限制。因此，在有些案例中，法院认为信托并不存在，并认为立遗嘱人的限制只是不具约束力的恳求。其他观点认为并没有设立真正的或是技术上的信托，对于遗嘱的执行并不依赖信托的成立，法院能够执行财产使用的限制性规定。这是目前得到

---

①　1811 N. Y. Lawsch. 67.

②　Abram Chayes, "Introduction," in Davis, *Corporations*, xi – xii.

③　Victor Morawetz, *A Treatise on the Law of Private Corporations*, §4 (Boston: Little, Brown, 1886).

大多数州接受的通说。①

对于这种类型的所有权如何定性的问题，各州仍然没有达成一致意见。对有关案件的处理有两种做法：认为存在信托关系或者不认为存在信托关系，两种做法各占一半。② 在第一次信托法重述第二章关于慈善信托的介绍性说明中如此表述："将财产赠与给慈善法人时，慈善信托并不随之设立。"这一说明在1959 年第二次信托法重述中不再提及，反而插入了以下注释：

> 向慈善法人赠与财产时，特别是捐赠者附加限制条件的情况下，法院有时认为慈善信托就此设立，而该法人作为受托人存在。然而有时法院又认为慈善信托并没有设立。这不过是一个用词问题。关键在于适用于慈善法人的原则和规则是否以及多大程度上适用于慈善信托。③

不幸的是，这个问题往往不被仅仅当作一个用词上的问题来对待。某些情况下，那些不承认慈善信托的州的法院判决中的语句，在承认慈善信托有效的某些州被作为权威观点引用。

《第三次信托法重述》关于慈善目问题的阐述包含对此做出不同区分的基础：

> 向非专有的医院或大学和其他慈善机构做出的无保留的遗赠或捐赠，明示或暗示指明用于一般目的，这样的遗赠或捐赠具有慈善性，但按照重述中的规定并没有信托随之设立。对上述机构的特定目的捐赠，例如，旨在支持针对特定疾病的医学研究，或设立资助特定领域研究的基金，这时则要设立慈善信托，该机构是秉持重述中规定目的和规则的受托人。④

遗憾的是，这种安排会引起进一步的混淆，尤其是在一些州的非营利法人

---

① *St. Joseph's Hospital v. Bennett*，22 N. E. 2d 305（N. Y. 1939），rev'g 8 N. Y. S. 2d 922（1939）；Zoll-mann，*American Law of Charities*，326；Scott and Fratcher，*Law of Trusts*，§348. 1.

② See Scott and Fratcher，*Law of Trusts*，§348. 1，for citations.

③ *Restatement（Second）of Trusts*，§348 cmt. F.

④ *Restatement（Third）of Trusts*，§28 cmt. A.

法或其他法律需要从信托法中援引对慈善目的的定义时。[①]

　　除了信托法在适用于慈善法人和在慈善目的界定这两方面有所变化之外，在第二次世界大战末期，规范慈善法人的法律也有了两大发展。其一是对设立和管理法人的规范进行法典编撰，其二是对法人管理层和理事责任的限制。第一个发展始于1952年《示范非营利法人法》的形成，该法由美国律师协会商业组编订，包括其后1987年的修订（RMNCA）。[②] 修订很大程度上是在加利福尼亚州非营利法人法的基础上进行的，它将非营利组织划分为三类：公益组织、互益组织和宗教机构，同时根据其不同性质对于其组织、终止和理事的责任进行了不同的规定。[③] 对注意义务和忠实义务的规定与各州关于商业法人的规定相似，并且更为严格。截至2002年年底，RMNCA或基于类似理念制定的法律被23个州所采纳。该法案的相关条文以及其他州的规定将在第三章和第四章详细进行阐述。

　　第二个发展中，最显著的莫过于对追究理事责任——基于注意义务和忠实义务——的标准做出了更宽松的规定，法院和州立法最终选择了公司标准和商业判断准则。Stern v. Lucy Webb Hayes National Training School 一案（一般称为Sibley医院案）[④] 标示了这一变化趋势。该案中，联邦地区法院做出裁决，哥伦比亚特区慈善法人理事的行为受到商业公司法而非信托法的规范。这一判例在很多审判中得到遵循，并被一些州的立法纳入其中。随着对信赖义务要求的降低，大多数州还允许慈善组织对其管理人员和理事进行补偿，支付合法报酬，针对可能提起索赔的事项为其购买责任保险等。最后，国会和州都接受了大量的保护慈善志愿者免于诉讼的法律规范。综合两者来看，这些措施营造了这样一种环境：除非在特别严重的情形下（通常是指有犯罪行为发生），否则在慈善组织中几乎不可能发生受托人承担违反信赖义务的责任的情形。第四章将对这些发展和现行

---

[①] See, for example, *Banner Health System v. Long*, 663 N. W. 2d 242 (S. D. 2003); In re Roxborough Memorial Hospital, No. 555, 17 Fiduciary Rptr. 2d 412 (Pa. CP., Orphans' Ct. Div., September 30, 1997).

[②] *Revised Model Nonprofit Corporation Act* (1987) (*RMNCA*); see also Lizabeth A. Moody, "The Who, What, and How of the Revised Model Nonprofit Corporation Act," 16 *Northern Kentucky Law Review* 251 (1989).

[③] *Nonprofit Corporation Law*, Cal. Corp. Code, div. 2.

[④] 381 F. Supp. 1003 (D. D. C. 1974).

法律进行详细说明。

## 各州法律对慈善组织的规定

美国慈善事业曾被一位作家描述为"我们最自由的企业",① 这一说法的确反映了殖民时期以来联邦政府和各州对慈善活动的主要政策。除了上文提及的对于慈善信托排除适用立法中的一些限制性规定之外,一些州也颁布了法律以防止为了慈善组织的利益而完全或无理剥夺继承人的继承权,并对慈善法人持有财产进行较少的限制,大量立法和法院判决都倾向于取消对慈善资金的使用限制,并支持赋予这些资金的管理人和理事尽可能大的自由。

在联邦税收法律于 20 世纪早期出台以前,对于慈善组织的规制属于各州行政区管辖的事务。保障慈善基金得以合理使用的权力掌握在各州首席检察官手中,早期有报告显示,首席检察官参与了一些关于慈善捐赠有效性和近似原则适用问题的案子。州务卿或其他官员负责监督法人的设立,同时享有决定某一特定法人是否符合慈善法人法定条件的权力,在有些州,他们还有权限制设立慈善法人的数量。② 但在第二次世界大战前,鲜有机构享有纠正受托人不当行为的权力。美国没有像英国一样设立布鲁厄姆(Brougham)委员会或慈善委员会那样的机构,直到 20 世纪中期,才有一些州的官方机构试图对慈善活动进行积极的监督。

正如第六章将全面阐释的那样,在 20 世纪 50 年代末 60 年代初,有少数几个州通过了立法,要求特定慈善组织进行登记并向首席检察官提交年度财务报告。理由在于,首席检察官如果不了解其管辖的慈善组织及其财务经营的范围和性质,就难以充分行使其监督慈善资金的法定职责。到 1965 年,有 10 个州设置了监管程序,其中一些是基于 1954 年③由统一州法委员会通过的统一法典做出的。

尽管联邦对慈善组织的监管在 1950 年后有所发展,但各州和联邦的监管

---

①　Edward C. Jenkins, *Philanthropy in America*, 5 (New York: Association Press, 1950).

②　Norman I. Silber, *A Corporate Form of Freedom: The Emergence of the Modern Nonprofit Sector*, 20 – 23 (Boulder: Westview Press, 2001).

③　See Marion R. Fremont - Smith, *Foundations and Government*, chs. 8, 9 (New York: Russell Sage Foundation, 1965), for descriptions of these state programs as constituted in 1964.

活动之间缺乏协调。1969 年的《税收改革法》（*Tax Reform Act*）中包含了三项旨在鼓励和加强州法对慈善组织监管的规定。国会认识到州衡平法院比联邦税务局更能胜任纠正慈善受托人行为的任务。国会认为，税收部门所能做出的处罚只能是取消慈善组织的免税资格，但是这种处罚在有些情况下是毫无意义的，并且无法阻止违法者继续管理慈善组织。1969 年《税收改革法》的第一项规定就是允许联邦税务局将免税慈善组织的信息向政府慈善主管机构公开。第二项规定是如果私立基金会能够证明州政府已经采取措施保护慈善财产的，允许减免其终止税。第三项规定是要求所有基金会向州政府提供适当的 990 表复印件。

这些规定都未能符合法案起草者的预期；很多情况下，主要关注基金会活动的日常监管被缩减，而在爱荷华州和华盛顿州，这些监管活动甚至已经中断。在几乎所有的州，对慈善组织的监管重点都转向了那些向公众募集资金的慈善组织。这种监管活动随着首席检察官和州务卿对消费者权益保护力度的加大而更加频繁，涉及的问题包括从误导公众和虚假宣传到慈善捐款的使用。

1974 年，有 31 个州都对慈善组织以慈善目的向社会募集资金的行为以及营利性组织以慈善组织形象出现在公众面前的行为进行了严格规制。到了 2003 年，施行这种规制的州的数量增加到了 39 个。[①] 与此对比，1970 年只有 10 个州要求特定慈善组织登记并对其所有活动进行汇报，而不仅仅限于募集资金的慈善组织，这 10 个州的首席检察官对受托人的利益冲突和玩忽职守的行为进行了不同程度的规制。到了 2003 年，仍然只有 11 个州要求慈善组织予以登记并提交年度报告，尽管其他几个州的首席检察官试图规制受托人行为，并积极寻求变化。这 11 个州包括纽约州、加利福尼亚州、伊利诺伊州和俄亥俄州，也就是说全国范围内的大多数慈善组织都受到规制。尽管如此，各州规制制度的差异鼓励了当事人进行诉讼地选择的行为，以便于其逃避监管，这使得这些州对很多违法行为的规范受到限制。

20 世纪 80 年代早期，随着美国首席检察官协会（于 1907 年设立）和美国州政府慈善协会（NASCO，1979 年设立）的代表们开始就其活动进行协调一致

---

① See Appendix, Table 1, Column 15.

并寻求同联邦税务局发展更紧密的关系，各州的监管有了明显的改善。NASCO开发出针对募集社会资金的慈善组织的统一登记表格并支持该类组织予以采用；该协会还同联邦税务局合作改善了联邦信息报表；对此有兴趣的一般公众被邀参加相关年会中的开放环节，讨论共同的问题；该协会还有一个与各州政府的慈善主管机关建立链接的网站。①

### 慈善组织的联邦法规范：国内税收法典

第一部联邦所得税法于 1894 年颁布，其中规定了以宗教、教育或慈善为目的而成立的法人或协会可以享受免税待遇。② 尽管这一规定被联邦最高法院在 1895 年宣布违反宪法，③ 但随后的所得税立法都根据这一法条做出了免税的规定。1909 年的《法人货物税法》有这样的规定，该税不适用于"专门以宗教、教育或慈善为目的而成立的法人或协会，其净收入一律不能用于任何私人股东和个人的利益"。④ 此次立法背后的历史几乎无处可查。戴尔（Dale）认为这一规定首次由乔治亚州的参议员奥古斯塔斯·O. 培根（Augustus. O. Bacon）于 1909 年 7 月 2 日在修法案中提出。培根认为《法人货物税法》的规定"不应当适用于以宗教、教育或慈善为目的而组织和经营的法人或协会，如果其利润一律未用于任何私人股东和个人的利益，同时其所有收入都如实地用于其所宣称的宗教、慈善和教育事业中的"。⑤ 尽管此次修正案被搁置一边，而在几天后又以同样的措辞被提出。1909 年 7 月 6 日，该提议经培根参议员建议做出了一处修改后获得通过，修改之处是在"组织和经营"前增加了"专门"一词。在修正案生效之前，参议员又建议在禁止利益分配的语句中以"净收入"来代替"利润"，并删除了最后那句条件。会议委员会报告中对此修改没有做出任何解释，在其他资料中也无从寻找。

1913 年关税法案⑥在 1909 年法案中又增加了"科学"一词，并为 1916 年

① See www. nasconet. org.

② *Internal Revenue Act of 1894*, ch. 349, § 32, 28 Stat. 509, 556 (1894).

③ *Pollock v. Farmers' Loan & Trust Co.*, 158 U. S. 601 (1895)

④ *Corporation Tax Act of 1909*, ch. 6, 36 Stat. 11 (1909), codified at I. R. C. § 501 (c) (3)

⑤ Harvey Dale, "Reflections on Inurement, Private Benefit, and Excess Benefit Transactions" (2001) (on file with author).

⑥ *Tariff Act of 1913*, ch. 16, § Ⅱ (G) (a), 38 Stat. 114, 172 (1913).

关税法①和1918年的税法法案②所采纳。在1921年的税收法案中，"文学"被添加到允许免税的目的列表中，③ 1918年④又添加了"防止虐待儿童或动物"的表述。1934年，立法第一次对游说做出限制性规定，⑤ 尽管在此之前这就被政府法规和法院判决作为否定免税资格的依据。直到1954年，禁止干预竞选活动的规定才被添加到法典中，由参议员林登·B. 约翰逊（Lyndon B. Johnson）作为税收法典修正案提出，反映了他对于慈善基金会的资金用于资助候选人初选中的反对者的主张。⑥ 1987年通过增加"反对"任何候选人的短语⑦对这一表述又进行了完善。

直到1976年，501（c）（3）条款的免税目的列表才又做出增加，新增了"或为发展国内或国际业余体育竞技（但只有当其活动不涉及体育设施和器材的供应时才适用）"。⑧ 增加这些限制旨在使501（c）（3）条款规定的免税不适用于为其会员提供设施和器材的社会俱乐部及类似组织。⑨ 这一限制有效地防止了为支持参加奥林匹克运动会和其他国际竞技活动而募集资金建立组织的行为。为了回应公众的抗议，国会于1982年在法案中增加了501（j）条款，这一条款将501（c）（3）条款的规定改为允许"适格的业余运动组织"免税，⑩ 这类组织是指主要为进行国内或国际的体育竞赛以及以支持和发展业余运动员参加国内或国际竞赛为目的而设立并经营的组织，即便这些组织提供设施或器材。⑪

---

① *Revenue Act of 1916*, ch. 463, 39 Stat. 756 (1916).

② *Revenue Act of 1918*, ch. 18, § 231 (6), 40 Stat. 1057, 1076 (1918).

③ *Revenue Act of 1921*, ch. 136, § 231 (6), 42 Stat. 227 (1921).

④ *Revenue Act of 1918*, ch. 18, § 231 (6), 40 Stat. 1057, 1076 (1918).

⑤ *Revenue Act of 1934*, ch. 277, § 101 (6), 48 Stat. 680, 700 (1934).

⑥ 100 Cong. Rec. 9604 (1954).

⑦ Omnibus Budget Reconciliation Act of T987, Pub. L. No. 100 – 203, § § 10711 (a) (2), 101 Stat. 1330, 1330 – 1464 (1987).

⑧ *Tax Reform Act of 1976*, Pub. L. No. 94 – 455, § 1313 (a), 90 Stat. 1520, 1730 (1976).

⑨ Joint Committee on Taxation, *General Explanation of the Tax Reform Act of* 1976, 94th Cong., 2d Sess., 423 – 424 (1976).

⑩ *Tax Equity and Fiscal Responsibility Act of 1982*, Pub. L. No. 97 – 248, § 286 (a), 96 Stat. 324, 569 – 570 (1982).

⑪ IRC. § 501 (j) (2); see also Gen. Couns. Mem. 39, 775 (July 15, 1988).

与 501（c）（3）条款规定相类似的税收豁免情形在 1916 年和 1926 年①的遗产和赠与税法②以及 1924 年的消费税法征收"许可"③中也有所体现。如今，这些规定在 1986 年的国内税收法典④中都可以找到：第 170（c）条款规定了享受慈善捐赠税前扣除所得税资格的组织类型；第 642（c）条款关乎所得税豁免，第 2055、2016、2532 和 2601 条则分别涉及遗产税、赠与税和隔代财产转让税的豁免。

501（c）（3）条款规定，根据法律规定具有"慈善"目的的组织可以享受税收豁免。但根据法案 501（c）（4）条款规定享有免税的组织，也就是专为提高"社会福利"的组织，或市民组织以及当地雇员协会也可根据州法律认定为慈善组织。⑤ 两个条款的重要区别在于社会福利机构没有接受免税捐款的资格，但其游说不受限制。1976 年颁布的 504 条款禁止由于过度游说而依 501（c）（3）条款失去豁免的组织再根据 501（c）（4）条款享有税收豁免的资格。⑥

另外还有其他 20 多种组织获得了税收豁免权。据此，501 条（c）（1）款规定了美国国会下的国家机构；（c）（2）款赋予了持有其他享有豁免权组织的财产的组织以豁免；（c）（4）款，如上所述，规定了为发展社区福利、慈善、教育和娱乐目的而设立并运营的公民联盟、社会福利机构，以及本地雇员协会；（c）（5）款则规定了劳工、农业和园艺组织；（c）（6）款规定了商业联盟、商会和不动产理事会以及其他寻求改善商业环境的组织；（c）（7）款赋予社会和娱乐俱乐部以豁免；（c）（8）款至（c）（12）款以及（c）（14）款至（c）（17）款规定了为各种群体设立的收容所、互助会、合作银行以及保险公司；（c）（13）款适用于特定的公墓公司；而（c）（19）款和（c）（23）款则适用于退伍军人协会。其余几个条款规定了其他类型的组织：为失业人员提供就业机会和其他福利以及退休金的机构，还包括特定种类的产权持有公司。

20 世纪 40 年代中期，免税组织大量涌现，同时也不断爆出此类组织滥用

---

① *Revenue Act of 1916*, ch. 463, 39 Stat. 756, 777（1916）.

② *Revenue Act of 1926*, ch. 27, 44 Stat. 1, 69（1926）.

③ *Revenue Act of 1924*, ch. 234, § 500, 43 Stat. 253, 320（1924）.

④ I. R. C. § 170（c）；§ 642（c）；§ 2055；§ 2016；§ 2532；§ 2601.

⑤ I. R. C. § 501（c）（4）；see also Treas. Reg. § 1. 501（c）（4）－l.

⑥ 1. R. C. § 504, codified by *Tax Reform Act of 1976*, Pub. L. No. 94－455, § 1307（a）（2）, 90 Stat. 1520, 1721－1722（1976）.

免税地位的报道，因此国会进行调查，并颁布法律对受托人的慈善行为进行限制。第一次限制性法律颁布于 1944 年，但这部法律仅仅要求特定免税组织，主要是基金会，就其财务事项进行汇报。① 规定这种要求的目的在于向联邦税务局和国会提供信息作为进一步立法的依据。②

第二次世界大战后的一段时期，慈善组织大量出现，主要原因在于个人收入所得税率的提高，这些变化衍生了税务规划师这一职业，寻求多种方式减少纳税，操纵慈善组织达到私人目的。通过这些方法在慈善组织和企业之间进行交易。此类税务规划服务包括三项业务：（1）设立通常被称为"供给者"的公司，从事经营但将其所有收入捐赠给某一慈善组织，并以其收入的"目的"为基础要求免税；（2）进行免税活动使组织获得免税，但同时从事与其慈善目的无关的营利性活动；（3）为慈善目的设立组织，但受到私人利益不同程度的控制，慈善组织所增加的收入和收益因而用于商业利益或个人利益。③

1950 年以前，联邦税务局曾经开展对慈善组织的监管活动，确保获得免税的基本要求在组织设立时得到满足。联邦税务局曾经质疑：当一个组织通过与免税目的无关的商业活动赚取资金，并且将其慈善活动只限于向其他慈善组织分配其净收入时是否可以获得免税。1924 年，联邦最高法院判决认为一定数量的商业活动不足以构成撤销免税资格的基础，无论这些商业活动是否与该组织的免税活动相关，只要其收益全部由该慈善组织来获得即可。④ 直到 1950 年国会颁布税收改革法，其中第 502 条否认"供给者"公司享有税收豁免权，法律才有所改变。⑤ 这次修订是对部分法院判决坚持为"供给者"公司提供税收豁免的回应，特别是一个税务法院判决给予一个经营面条厂的慈善组织以税收豁免，而该组织唯一的慈善活动就是将其商业活动的净收入全部分配给纽约大学。⑥

20 世纪 40 年代后期，国会开始收到来自私人部门的申诉，称小型企业受

---

① *Revenue Act of 1943*, ch. 63, §117, 58 Stat. 21, 36 (1944).

② H. R. Rep. No. 871, 78th Cong., 1st Sess. (1944).

③ Norman Sugarman and Harlan Pomeroy, "Business Income of Exempt Organizations," 44 *Virginia Law Review* 424, 427 (1960).

④ *Trinidad v. Sagrada Orden de Predicadores*, 263 U. S. 578 (1924).

⑤ I. R. C. §502 (1954), codified by *Revenue Act of 1950*, ch. 994, §301 (b), 64 Stat. 906.

⑥ C. F. Mueller Co., 13 T. C. 922 (1950), rev'd, 190 F. 2d 120 (3d Cir. 1951).

到所谓"供应者"公司不公平竞争的损害，而且私立基金会有被用于私人利益的现象。随后，州际和外国商业委员会（Interstate and Foreign Commerce Committee）公布了对某些商业组织活动的调查结果，这些商业组织通过控制基金会免税地位累积大量收入，更有条件对其他企业进行收购和融资交易。①

这一调查导致了 1950 年对免税慈善组织活动的四项限制性规定：

1. 对于慈善组织定期进行的且与免税目的无本质联系的活动而产生的收入征收税款。②

2. 以交易或商业利润为首要目的供应组织，无论其收入是否全部捐赠给慈善组织，都不再享有税收豁免。③

3. 特定慈善组织如果不合理地累积收入，或对累积收入进行投资而危害其对慈善目的的执行④，将失去税收豁免。

4. 某些慈善组织若与其设立单位以及其重要捐赠者或利益相关方进行自我交易，将丧失税收豁免。禁止的交易包括非以市场公平价格进行的贷款、销售，以及向非适格个人支付超额补偿。⑤

第三段和第四段所述限制仅仅适用于一类免税慈善组织，这类组织后来在第 509 条中被称为"私立基金会"。⑥ 根据 1950 年法案，教堂、学校、医院以

---

① Investigation of Closing of Nashua, N. H. Mills and Operations of Textron, Incorporated: Hearings before the Senate Subcommittee of the Committee on Interstate and Foreign Commerce, 80th Cong., 2d Sess., pts. 1 and 2 (1948, 1949). Comment, "The Modern Philanthropic Foundation: A Critique and a Proposal," 59 *Tale Law Journal* 477 (1950), contains a summary of this investigation and of the activities of Royal Little and Textron, Inc., that served to bring the problem before Congress. See also "A Correction to the Textron Story," 59 *Yale Law Journal* 1121 (1950).

② 1. R. C § §512－514 (1954), codified by *Revenue Act of 1950*, ch. 994, §301 (a), 64 Stat. 906, 948 (1950).

③ I. R. C. §502 (1954), codified by *Revenue Act of 1950*, §301 (b).

④ I. R. C. §504 (1954), codified by *Revenue Act of 1950*, §301 (a) (repealed by *Tax Reform Act of 1969*, Pub. L. No. 91－172, §101, 83 Stat. 487, 527 ((1969))).

⑤ I. R. C. §503 (1954), codified by *Revenue Act of 1950*, §301 (a) (repealed by *Tax Reform Act of 1969*, §101).

⑥ I. R. C. §509, codified by *Tax Reform Act of 1969*, Pub L. No. 91 172, §101, 83 Stat. 487, 527 (1969).

及由公众捐款支持的慈善组织不受这些新规定的限制。① 从实际操作层面来看，意味着相关规定只适用于那些通常说法中被定义为基金会的组织。

1964 年的税收法案另外增加了一系列对私立基金会的限制，这些私立基金会是某些捐赠者的潜在受赠者，而这些捐赠者由于在此之前的十年里做出大量捐赠而获得无限制性的慈善捐赠税前扣除优惠的资格。② 在新出台规定的限制下，当受赠者是一家私立基金会且该基金会在捐赠年度及其前后三年内从事了"令其丧失资格的交易"时，则不再享有慈善捐赠税前扣除的优惠。此类交易包括对捐赠者的任何贷款，向相关捐赠者销售或购买证券（数额较小的除外），以及向捐赠者支付超额补偿或提供服务的行为。

1954 年之前，一个组织要申请税收豁免的法律地位并不需要获得联邦税务局的同意。尽管如此，在实际操作中，除了教堂以外的几乎所有依靠个人或公司捐助的组织，都需要从税务部门获得准予其免税的裁决，这是为了保证其捐赠者确有资格享有公益捐赠税前抵扣。1954 年，财政部颁布法规要求免税组织在进行税收免除实际操作前必须先提出申请并获得免税资格的批准。③ 正如 1950 年颁布的法律所规定的那样，"公共慈善机构"受到比私立基金会更宽松的对待。因此，一些新成立的运作型组织，包括宗教组织、学校、医院和公共支持的慈善组织，被预先授予免税的临时资格，但是，要求基金会在被授予临时资格之前必须已经"运营"一年以上。另外，如果这一年的所得税申报已经到期，新设立的基金会也须以一个纳税主体进行所得税申报，即使免税申请一旦获得通过就可以溯及设立之日，同时其第一年所收到的捐赠也将可以进行税前抵扣处理。

这一裁决使得免税检验分为两个独立的部分，成为后来我们所熟知的"组织"检验以及"运营"检验。这两项检验同 1959 年规定税收豁免要求的法规有着密切联系。④ 这些检验为根据 501（c）（3）条款⑤的规定获得免税资格提

---

① IRC. § 503（1954）.

② I. R. C. § 170（g）（4），codified by *Revenue Act of 1964*，Pub. L. No. 88 272，§ 209（b），78HI9（1964）.

③ Treas. Reg. § 1. 50I（c）（3）－1（b）（6）.

④ Treas. Reg. § 1. 501（c）（3）－1（a）（T. D. 6391）（1959）.

⑤ 参见本书第五章。

供了基础。

基金会在获得税收豁免前必须运营一年以上的要求后来证明对某些捐赠人难以实行，这些捐赠人不愿看到自己的捐赠被驳回，只是等到第一年年末再为组织提供资金，这样基金会在成立第一年将少有甚至没有活动。1963 年 12 月，联邦税务局宣布废除 12 个月的运营期限的要求，只要该组织在申请中能够肯定地表明且有足够证据证明其（并且提交相关文件）符合法律关于税收豁免的要求。①

### 捐款税前抵扣

在 501（c）（3）条款中区分私立基金会和其他组织的做法最初出现在 1943 年国家税收法案中，该法案包含了要求免税组织每年提交年度报告的条款。② 该法案免除了教堂和其他宗教组织、学校和大学以及特定公众支持组织提交年度报告的义务。1950 年的国家税收法案的 503 条款和 504 条款的禁止自我交易和不合理积累收入的规定同样将上述慈善组织排除在外，同时也未增加其信息报告义务。③

公共慈善机构和私立基金会之间的区别还表现在是否适用税收法案中慈善捐赠税前抵扣的规定。④ 1939 年法案的第 23 条限制了可税前抵扣的公益捐赠的总额，规定其不得超过调整后总收入（AGI）的 20%。⑤ 1954 年法案保留了这一限制，但增加了一个条款，允许向下述三类组织进行的捐赠得以享受 30% 的比例限制：（1）教堂和教会；（2）教育机构，但限于有学生、教员、课程和校园的学校，如 503（b）条款所述；（3）医院。⑥ 委员会报告中给出的理由是这个条款可以帮助上述机构"更多地获得它们所需要的资金，鉴于它们的运作成本不断增长，而从大学基金会中获得的回报率相对较低的现实"。⑦ 1956 年，

---

① Rev. Proc. 63 – 30，1963 – 2 C. B. 769（1963）.

② *Revenue Act of 1943*，ch. 63，§117，58 Stat. 21，36（1944）；see also H. R Rep. No. 871，78th Cong.，1st Sess.，24 – 25（1944）.

③ *Revenue Act of 1950*，ch. 994，64 Stat. 906（1950）.

④ I. R. C. §170.

⑤ I. R. C. §23（0）（1939）.

⑥ I. R. C. §170（1954）（as amended by H. R. 8300，83d Cong，. 2d Sess.（（1954）））.

⑦ S. Rep. No. 1622，83d Cong.，2d Sess.，29（1954）；H. R. Rep. No. 1377，83d Cong.，2d Sess.，25（1954）.

医学研究机构也被加入到优惠目录中，但是仅适用于那些受赠者自捐赠日起五年内将捐赠用于医学研究目的的情况。[1] 1962 年，为资助州立学院或大学而设立的基金会也被列入优惠目录中。[2]

1964 年国会再次增加了享受最高达调整后总收入 30% 的公益捐赠税前抵扣资格的组织种类，其中包括政府机构和那些名义上从政府机构以及直接或间接地因公众支持获得实质资助 [不包括这些组织因从事慈善的、教育的或其他符合 501（a）条款中免税条件活动而获得的收入] 的组织。[3] 与先前授予此种优惠的理由不一致的是，这次修订是为了鼓励捐赠者将捐款更多地捐赠给那些立即将捐款用于公益目的的组织，而不是捐赠给基金会，因为基金会在一定时期内将持有捐赠的资产并将其予以投资。[4] 解释这一修订的相关法规于 1966 年颁布。[5] 这些法规规定了根据个案事实和状况予以判断的规则，这一规则随后为第 509 条所采纳（这一条款是由 1969 年的《税收改革法》所加入的，界定了私立基金会的定义）。[6]

1964 年，对第 170 条款也进行了修改，允许捐赠者向公共慈善机构的捐赠若超过当年扣除额的现金和增值财产，可享有五年延期。[7] 一直到了 1984 年，类似的延后抵扣政策才被适用到向私立基金会的捐助上。[8] 对于捐赠者来说，最重要的是可以按照增值财产在捐赠当日的公平市场价值来予以抵扣，而不是它们的成本（如果这成本更低的话）。[9]

除了界定私立基金会的含义，1969 年的税收改革法案也包括了将给予公共慈善机构的现金捐赠的减免限制比例提高到调整后净收益的 50%，并将其他两

---

[1] *Act of August 7, 1956*, Pub. L. No. 84 - 1022, § 1, 70 Stat. 1117, 1117 - 1118 (1956).

[2] *Act of October 23, 1962*, Pub. L. No. 87 - 858, § 2 (a), 76 Stat. 1134 (1962).

[3] I. R. C § 170 (b) (1) (A) (v), (vi), codified by *Revenue Act of 1964*, Pub. L. No. 88 - 272, § 209 (a), 78 Stst. 19 (1964).

[4] S. Rep. No. 830, 88th Cong., 2d Sess., 58 (1964).

[5] T. D. 6900, 1966 - 1 C. B. 72.

[6] Treas. Reg. § 1. 509 (a) - 3.

[7] I. R. C. § 170 (b), amended by *Revenue Act of 1964*, Pub. L. No. 98 - 369, § 301 (c) (1), 98 Stat. 494, 779 (1984).

[8] I. R. C. § 170 (b) (1) (D), codified by codified by *Deficit Act of 1984*, Pub L. No. 91 - 172, § 201 (a) (1), 83 Stat. 487 (1969).

[9] LO 1118, Ⅱ - 2 C. B. 148 (1923); see also Treas. Reg. § 1. 170A - 1 (c) (1).

类组织也加入了受惠者的行列：（1）私人运营的基金会①；（2）在接受捐赠的纳税年度将等额的捐赠移交给公共慈善机构的私立基金会。② 第170条款也同样对比做了修改，允许向"公共慈善机构"捐赠的增值财产享有相当于捐赠者捐赠本金30%的税收扣减，③ 而对于捐赠给私立基金会的增值财产，仍然适用捐赠人可享有的抵扣比例，并且可以扣减的总额限制在捐赠本金的20%之内。④ 这个对于增值财产的20%的限制在1984~1994年间被提高到30%，⑤ 并在1998年被永久确定下来。⑥ 除此之外，基金会的捐赠者还被允许扣除股票捐赠的全部市场价值，只要这些股票的市场报价在股票捐赠的总额不超过所有公司已发行股票价值的10%。⑦

和来自个人的捐赠不同，来自商业公司的捐赠最多可享有纳税收入10%的抵扣，而且并不区分受赠人是否为私立基金会。⑧ 在2003年9月众议院通过的一项草案中，包括了在以2004年为纳税起始年度的12年的期限内将上述范围提高到20%，尽管在该年春天通过的参议院的法案版本中并没有相对应的条款。⑨

## 联邦报告和信息披露要求

在1942年财政部发布了所有免税组织都要提交年度信息的命令以前，免税

---

① I. R. C. § 170（b）（i）（A）（vii），§ 170（b）（1）（E）（i），codified by *Tax Reform Act of 1969*，Pub. L. No. 91 – 172，§ 201（a）（1），83 Stat. 487（1969）.

② I. R. C. § 170（b）（i）（A）（vii），§ 170（b）（1）（E）（i）–（ii），codified by *Tax Reform Act of 1969*，§ 201（a）（1）.

③ I. R. C. § 170（b）（1）（C）（i），codified by *Tax Reform Act of 1969*，§ 201（a）（1）.

④ I. R. C. § 170（b）（1）（D）（i）.

⑤ I. R. C. § 170（e）（5），codified by *Deficit Reduction Act of 1984*，Pub L. No. 98 – 369，§ 301（b），98 Stat. 494，778（1984）.

⑥ I. R. C. § 170（e）（5）（D），replaced by *Act of October 21*，Pub L. No. 105 – 277，§ 1004，112 Stat. 2681（1998）.

⑦ I. R. C. § 170（e）（5）.

⑧ I. R. C. § 170（b）（2），amended by *Economic Recovery Tax Act of 1981*，Pub L. No. 97 – 34，§ 263（a），95 Stat. 172，264 – 265（1981）. 在1981年以前，这个限制是5%。

⑨ *Charitable Giving Act of 2003*，H. R. 7，§ 103，108th Cong.，1st Sess.（2003）；*Care Act of 2003*，S. 476，108th Cong.，1st Sess.（2003）.

组织并没有被要求提交年度报告。① 这个两页的表格反映了 1941 财政年度的基本情况，包括三个问题、一个收入情况说明和一个资产负债表，尽管在某些栏目下还要求有清单。有些慈善组织对于财政部发布这一命令的权力表示质疑和抗议，并不愿意配合。1943 年财政部找到特定的法定机构来发布命令，要求绝大部分属于免税机构类别的组织报告财务状况。②

现在的 990 表格包括 6 页纸、一份 45 页的指导书和两个清单。清单 A 包括 6 页纸和 14 页指导书，清单 B 包括 7 页纸和 2 页指导书。这个表格在慈善部门的参与下经历了许多次的修改。2002 年，税务部门开始启动一个重点项目使电子化的提交存档成为可能，预计在 2004 年（2003 财政年度）达到这个目标。③ 这些年来对于表格变化的回顾反映了法典中对于免税要求的变化，也同样反映了税务部门的持续推进。因此，关于相关组织的问题在 20 世纪 90 年代出现了。2002 年税务部门宣布，将会要求提供比以前更详细的关于资金筹集活动的信息。④ 对于超额利益交易的中间制裁的立法进一步扩展了税务部门所要求的信息。从 20 世纪 80 年代起，越来越多的州开始允许各免税组织向联邦报告的文件本身就满足州的报告要求，税务部门开始和州监管部门合作来满足他们的信息需求。⑤

免税组织的信息申报在 1950 年 990 - A 表格发布时第一次向公众公开。⑥ 该表格长达 4 页，前两页包括了财政部为其自身目的而要求的信息，后两页包括了国会要求的面向公众公开的信息。不向公众公开的信息是那些关于"其他收入"详细列表、贬值、损耗、各种开销、受赠者的名字和就一系列关于组织和组织运营问题的答复。1950～1962 年期间对于该表格进行了修改，主要反映了财政部根据 1950 年和 1954 年税收法案获得其所要求的基金会信息的意图。

---

① T. D. 5125，1942 - 1C. B. 101；T. D. 5177，1942 - 2 C. B. 123.

② *Revenue Act of 1943*, ch. 63, §117, 58 Stat. 21, 36 (1944)；see also Michael McGreeevy, "Review of Rulings and Forms for Reporting," in *Proceedings of the New York University Sixth Riennial Conference on Charitable Foundations*, 191 (1963).

③ Carolyn Wright LaFon, "IRS Director, Staff Hold Press Conference to Discuss EO Division Initiatives," 2002 *Tax Notes Today* 50 - 3 (March 14, 2002).

④ Ann. 2002 - 87, 2002 - 39 I. R. B. 624.

⑤ 参见本书第六章和第七章。

⑥ *Revenue Act of 1950*, ch. 994, §341, 64 Stat. 906, 960 (1950), codifying I. R. C. §6033 (b).

1962 年末，随着第一次帕特曼（Patman）报告的公布和财政部对私立基金会的研究，税务部门断定其有法定权力来向公众披露所有 990 - A 表格要求的信息，除了捐赠者的名字。这个决定于 1962 年 12 月 29 日在联邦公报上第一次公布，[①] 之后很快生效，表格也进行了修改来体现这一变化。[②] 许多新的问题被添加到表格中，反映了帕特曼调查的影响，特别是要求拥有 10% 以上任何种类的公司股票的基金会披露持股的详细信息。一些评论者认为，此时这些增加的报告要求常常被忽略，许多报告提供的信息其实都是不充分的。[③]

那时，信息申报是公开的，不合格的报告会导致最高一年监禁和 1 万美元罚款的刑事处罚。[④] 但是税务部门并不愿意去启动如此严厉的制裁。1965 年，财政部向国会建议制定一个条款，该条款规定了每天 10 美元，总额不超过 5000 美元的延迟罚款，并适用于下列情形：如果税务部门通知信息申报不合格、需要重新做出完整报告并及时提交后，依然未能在特定时间内修正报告缺陷的，该组织的管理人员、理事或是有责任报告的受托人就得受到上述处罚。[⑤]

其他表格是税务部门为了适应法典的变化而花了数年设计的。因此 990 T 表是为了获取无关宗旨商业收入的信息，并且由于这是所得税的一种，这类申报并不属于信息申报，因此也无须遵守信息披露的相关要求。

## 1969 年以前国会对于慈善组织的调查

前述的国内税收法典及其实施条例中的条款被逐渐采纳的编年史中包含了一些特殊时期，在这些时期，国会对于慈善组织运营的关注导致了联邦税务局对慈善组织规制方式的改变。在这些相同时期内，国会各委员会开展了对慈善

---

① 27 Fed. Reg. 12, 953 (1962).

② Treas. Reg. § 1.6033 - 1 (a), amended by T. D. 6645, 1963 - 1 C. B. 269.

③ National Council of Community Foundations, Inc., Memorandum to Members, at 3 - 4 (New York, September 5, 1962); McGreevy, "Review of Rulings and Forms for Reporting," 175, 199; Mitchell Rogovin, "Tax Exemption: Current Thinking within the Service," in *Proceedings of the New York University Twenty - second Annual Institute on Federal Taxation*, 248 (1964).

④ I. C. R. § 7203 (1954).

⑤ Staff of Treasury Department, *Report on Private Foundations*, 89th Cong., 1st Sess. (Senate Finance Committee, February 2, 1965).

组织的其他调查，这些调查在媒体中得到了很好的报道，并因此影响了公共舆论，尽管它们并不必然导致立法上的变化。

在第二次世界大战以前，只在一个短暂的时期里，国会表明了对慈善活动的特别兴趣。但是 1910 年，当提议将洛克菲勒基金会法人化的草案被提交给参议院的时候，国会的注意力似乎第一次被牢牢吸引在这一领域里。在 1889～1907 年之间，国会通过特别法案授予了 34 家慈善组织法人执照，包括华盛顿的卡耐基研究院和普通教育委员会。尽管授予洛克菲勒基金会以法人执照的情形几乎在所有方面都与 1903 年授予普通教育委员会法人执照相同，这一提议草案还是连续三次在国会会议中引起争论。它被认为是一个含糊其辞的方案，其目的仅仅是使巨大的财富在一个人的名义下永久存续，而这个人的公司财产在当时正受到来自联邦政府的非法垄断的指控。该争论如此白热化，以致洛克菲勒基金会的利害关系人最终放弃了获得联邦执照的意图，于 1913 年 4 月毫无争议地在纽约州登记为法人。①

## 沃尔什委员会（The Walsh Commission）

洛克菲勒基金会法人执照争论的两年之后，国会设立了一个劳资关系委员会（Commission on Industrial Relations），对基金会在经济中的角色展开调查。这个委员会由劳工代表、劳工雇主和国会成员组成，全部由总统根据参议院的建议和批准任命，其也被称为沃尔什委员会。正如大家所知的，该委员会在 1916 年公布了一份报告，指控在例如卡耐基和洛克菲勒这样的大型基金会中，聚集的财富被工业大资本家用于获取大学的控制权，并进而控制美国人在社会和教育方面的生活。② 大部分成员都建议制定联邦法律，以此要求拥有两个以上功能及 100 万美元以上资金的非营利组织进行法人登记；限制其规模、收入及其存续期间；设立严格的监督程序。③

---

① Marion R. Fremont-Smith, "Governance Models for the Digital Opportunity Investment Trust," in *A Digital Gift to the Nation*, 95, 101（Lawrence K. Grossman and Newton N. Minow eds., New York: Century Foundation Press, 2001）.

② Commission on Industrial Relations, Industrial Relations: *Final Report and Testimony*, S. Doc. No. 415, 64th Cong., 1st Sess.（1916）.

③ Id..

提出此次建议的理由包括：担忧洛克菲勒基金会提出的一个调查劳资关系的项目将会成为大公司对自己劳工方面争议的粉饰；此次建议也是对于基金会资助方式改变的反应。由于基金会改变了其资助方式，从资助设立机构转变为资助教育研究，对社会科学方面的资助更是如此；以及普通工业企业对于业已导致的反托拉斯和工会斗争的不安。[1] 对于以卡耐基、洛克菲勒为标记的垄断和高额财富聚集的反对情绪非常高涨。因此，自由主义者们谴责基金会作为这种财富的载体以及其治理结构，这种反应也是非常自然的。[2]

这一引起国会兴趣的短暂时期在历史上是独一无二的。国会面对沃尔什委员会的建议没有采取任何行动。对于大型基金会的质疑不时浮出水面，但是无论税法还是其他任何限制慈善活动的条款的制定方面都没有发生任何变化，直至"二战"后。

1942 年，财政部代表向国会赋税委员会（the Ways and Means Committee）提出建议限制基金会的商业活动，但是委员会在那个时候没有进行任何行动。[3] 1947 年，在一系列聚焦于基金会商业活动的听证会中，慈善活动被委员会所关注，然而国会仍然没有采取任何行动。[4]

1948 年，作为对新罕布什尔州的纺织工业经济情况调查的一部分，参议院的州际和外国贸易委员会（the Senate Committee on Interstate and Foreign Commerce）调查了被指控利用自己所设立的免税基金会资助几项商业投机的工业家罗亚尔·里特（Royal Little）的商业活动。[5] 委员会报告中描述了里特先生以超

---

[1] Joseph C. Kiger, *Operating Principles of the Larger Foundations*, 85 – 86（New York：Russell Sage Foundation, 1954）.

[2] Harold M. Keele, "Government's Attitude toward Foundations," 33 *Michigan State Bar Journal* 9, 18（October 1954）.

[3] Revenue Revision of 1942：Hearings before the House Committee on Ways and Means, 77th Cong., 2d Sess., Vol. 1（1942）.

[4] Revenue Revisions, 1947 – 1948：Hearings before the House Committee on Ways and Means, 80th Cong., 1st Sess., pt. 5（1948）.

[5] Hearings before the Senate Committee on Interstate and Foreign Commerce, 80th Cong., 2d Sess.（1948）；Committee on Interstate and Foreign Commerce, *Report*, S. Rep. No. 101, 81st Cong., 1st Sess.（1949）. 摘要可参见 "The Modern Philanthropic Foundation：A Critique and a Proposal," 59 *Yale Law Journal* 477（1950）。

乎寻常的低价购买他希望得到的特定公司的股票和固定资产的方式获取了某些投机的风险资金。指控也包括他参与了在其他财产上设定的售后回租安排，其中高额的租金可以被商业公司扣除，以及为基金会对其他风险活动进行再投资提供额外的资金。

委员会报告建议修改国内税收法典，增加任何信托都不能享受税收减免的规定，"除非在纳税年度内已经向慈善受益人实际支出了85%的此纳税年度的总收入"，以此防止这类安排的再次出现。[①] 增加了这一条款的法案在1949年会议中被提交给国会，但是没有被采纳。[②] 这次调查的注意力聚焦于慈善活动，慈善活动税收减免在1950年成为税收改革法案修改时的焦点，当时该焦点被作为该法案修改的主要部分而被规定，特别是无关宗旨商业所得税、中转公司的税收，以及限制收入累积和禁止基金会自我交易的条款。

## 柯克斯和里斯委员会（The Cox and Reece Committees）

尽管在1950年税收法案修订中包含了一些影响深远的修正，基金会依然是在1952~1956年所实施的三个范围广泛的国会调查的直接目标。第一个调查是由众议院在1952年设立并以它的主席，乔治亚州的众议员 E. E. 柯克斯（E. E. Cox）的名字命名，其目的是调查和研究教育类和慈善类基金会，以及其他类似的联邦免税组织。这个委员会负责调查这些组织是否使用它们的资源来"追求它们设立宗旨之外的其他目的，特别是确定哪一个基金会或组织在使用它们的资源来从事反美的破坏性的活动，或是不符合美国的利益或传统的目的"。[③]

柯克斯委员会向超过1500家的组织发放调查问卷，访问了200人，通过信件的方式与另外200人取得联系。委员会在1952年11月18日到12月30日举办了18天的公开听证会，有39名证人进行了证明陈述。有54个大型基金会回应了特殊的调查问卷，提供了前所未有的基金会信息，这些信息后来成为1954

---

① Committee on Interstate and Foreign Commerce, *Report*, S. Rep. No. 101, at 23 – 24.

② S. 1408, 81st Cong., 1st Sess. (1949).

③ Select (Cox) Committee to Investigate and Study Educational and Philanthropic Foundations and Other Comparable Organizations Which Are Exempt from Federal Income Taxation, *Final Report*, H. R. Rep. No. 2514, at 2, 82d Cong., 2d Sess. (1953).

年公布的一项基金会运营原则的研究基础。[①]

柯克斯委员会的最后报告是支持基金会的，将它们形容为"在我们的发展中是重要而关键的因素"。[②] 尽管委员会发现了破坏分子渗透其中的证据，但大部分可归咎于缺乏足够知识而导致的错误。委员会总结基金会的总体记录是好的，并在问责制方面仅提出了两个建议：（1）所有的基金会都应当建立公共会计制度；（2）国会赋税委员会应当重新审查相关税法，确保它们的起草可以鼓励"通过私人捐赠这些有价值的组织来获取回报的自由企业制度"。[③] 国会对于这些建议并未采取任何行动，部分是因为基金会的公共信息披露已经规定在1950 年税收法案[④]中，并且通过后来的财政部对 990 - A 表格的修改来执行。

1953 年 7 月国会采纳了建议，设立了另一个特别委员会来调查基金会，这一委员会由田纳西州的国会议员 B. 卡罗尔·里斯（B. Carroll Reece）领导，他是柯克斯委员会的成员和这次建议的发起人。[⑤] 这个特别委员会调查了免税基金会和类似的组织，提出了和柯克斯委员会类似的审查问题，但增加了调查政治目的、宣传或试图影响立法等方面的问题。1954 年春天，里斯委员会举办了16 次公众听证会，获得了来自五个一般证人和三个委员会职员的证词。[⑥] 他们指控美国在社会主义和集体主义方向上已经有了巨大的转变，而这些转变得到了"基金会和特定教育研究组织的'魔鬼的共谋'"的支持。[⑦] 委员会成员根据他们对听证内容的态度以及他们的行为截然分成两派，在最后的报告上只有五名成员中的三名签署，其中一名实际上提交了一份重申他在柯克斯委员会报告中表述过的观点的陈述书，以此否决了他自己的签署行为。[⑧]

报告总结了 14 项调查结果，指控基金会拥有巨大的权势和影响力以至于它

---

① Kiger, *Operating Principles of the Larger Foundations.* 书的附录中包括了调查文件的副本。

② Select（Cox）Committee, *Final Report*, 4 – 5.

③ Select（Cox）Committee, *Final Report*, 13.

④ I. R. C. §6033（b），由 1950 年税收法案制定，ch. 994，§341，64 Stat. 906，960（1950）。

⑤ H. R. Res. No. 217, 83d Cong., 1st Sess.（1953 年 7 月 23 日通过）。

⑥ Special（Reece）Committee to Investigate Tax – Exempt Foundations and Comparable Organizations：Hearings before the House of Representatives, 83d Cong., 2d Sess., pts. 1 and 2（1954）.

⑦ F. Emerson Andrews, *Philanthropic Foundations*, 345（New York：Russell Sage Foundation, 1956）.

⑧ Statement by Congressman Angier L. Goodwin of Massachusetts（reprinted in Andrews, *Philanthropic Foundations*, 346）.

们控制了美国经济的一大部分，并且它们以专业管理者实施连锁控制为特征。尽管委员会承认基金会的行为在促进自然科学以及为宗教、教育、科学和其他学术受益者提供直接资助的方面是可取的，但其也发现基金会在社会科学方面的行为导致了恐慌，与理论研究不同，基金会资助的研究是实证性的，因此威胁到国家的基本道德、宗教和政府的基本原则。委员会指出，基金会已经明显表现出了支持左翼政治理念的倾向，导致教育趋于集体主义的倾向，影响国际事务中的外国政策和教育，并且最终直接支持"颠覆"。①

报告包括了对听证中收集的证词的回顾，同时附有 189 页的附录，包含一份按照字母表顺序排列的个人和机构的详细讨论，而这些个人和机构，"其名字在报告中作为特殊类别出现，表明他们曾被美国检察官或者其他政府机构特别关注过，因为他们具有令人怀疑的特性"。②

多数派的结论就调查结果而言表现得相对温和。③ 尤其是他们并没有建议取消所有的基金会或取消它们的免税资格。他们建议就他们认为还没有完成的工作继续调查。他们尤其建议联邦税务局增加人手，以强化对基金会活动的监测；应当有完善的允许公众使用 990 - A 表格的途径；所有基金会的存续年限应当有 10 ~ 25 年的限制。他们还建议，国内税收法典的累积条款应当修改，应给予基金会 2 ~ 3 年的时间来分配每年的收入，但要求所有的收入都要在这个时期内花光，并且所有的资金收益都将视为收入，都须遵循累积的规则。他们建议应当对公司控制的基金会予以限制，对于豁免从事颠覆性的或是政治性的活动的资格取消也将是具有溯及力的，除非受托人和理事毫不迟延地立即辞职。④

国会对于里斯委员会的建议没有采取任何行动，也没有任何证据显示这些建议被公众认真考虑并接受。⑤ 1962 年，瓦尔德马·A. 尼尔森（Waldemar A. Neilsen）写道，20 世纪 50 年代的两次国会调查"收获甚微"。他将里斯委员会描述为"在

---

① Special (Reece) Committee to Investigate Tax - Exempt Foundations and Comparable Organizations, *Report*, H. R. Rep. No. 2681 (1954).

② Id., 227.

③ Andrews, *Philanthropic Foundations*, 345.

④ Special (Reece) Committee, *Report*.

⑤ Andrews, *Philanthropic Foundations*, 346 - 347.

麦卡锡时代最极端的完全被错误领导的国会调查"，导致了那些大基金会在它们的项目运作中变得极其小心翼翼，而这是他强烈批评的一种情形。①

## 帕特曼（Patman）委员会

国会对基金会进行的第三次调查起始于 1961 年，在里斯委员会报告发布六年后，这次调查的推动力来自得克萨斯州的国会议员赖特·帕特曼（Wright Patman），他是众议院的小型企业选拔委员会（the Select Committee on Small Business）主席，因为向国会说明了关于免税基金会对美国经济所造成影响的调查的必要性，他在 1961 年曾作为个人成员对基金会活动进行初步调查。他调查的核心部分包括超过 500 家基金会和联邦税务局的财务信息，以及他的工作人员在 1962 年所做的数据分析。他指控联邦税务局的存档是不充足的，并且已经很难获取基金会的信息。

这次初步调查的结果在 1962 年 12 月发布的中期报告中予以披露，包括 534 家基金会的详细财务数据和与福特基金会持有的特定股份相关的信息。报告指控联邦税务局懈怠和不负责任；许多基金会违反法律和法规；从 1951 年到 1960 年有将近 70 亿美元的税款被退回，而这一数据只体现了约 45124 家基金会中的 534 个基金会的全部收据；经济力量已经加速集中在基金会，而这比以往任何经济力量的集中都更加危险；那些基金会控制的拥有充足资金和竞争优势的财产将会危害小型企业。报告同时指出，可能有数以千计的基金会在财政部毫不知情的情况下运行。②

作为总结，报告呼吁立即中止基金会的免税待遇；制定 17 条法律措施来限制基金会的商业运营；通过限制基金会 25 年的存续期限和建立即时分配收入制度，来充分确保在 25 年期间终止时收入被全部分散输出，以此来控制基金会收入的累积；限制捐助的可抵扣程度以及限制私人获益。③

---

① Waldemar A. Neilsen, "How /solid Are the Foundations?" *New York Times*, October 21, 1962, at 27.

② Select House Committee on Small Business, Chairman's (Patman) Report, *Tax Exempt Foundations and Charitable Trusts: Their Impact on Our Economy*, First Installment, 87th Cong., 2s Sess., at 2 (December 31, 1962).

③ Select House Committee on Small Business, Chairman's (Patman) Report, *Tax Exempt Foundations and Charitable Trusts: Their Impact on Our Economy*, First Installment, 87th Cong., 2s Sess., at 2 (December 31, 1962).

同时，国会议员也建议采取措施以加强联邦监管，包括考虑建立独立的管理机构负责监督基金会，涉及资助、取消免税的所有信息都需要公开，花费在游说、政治活动、广告上的资金数额的信息公开需要更为充分，扩大现场审计的适用范围，因为不当或不充分报告所受的处罚应更加严厉，还可以对其取消免税资格。[①] 其中一些建议与里斯委员会的很相似，这些建议中的大部分从1962 年起就只是流于表面。

帕特曼委员会的初步调查结果在媒体上得到了广泛的传播，并导致了白宫专责小组（a White House Task Force）被任命去调查联邦税务局内部是否有必要做出改变，或是否需要制定新的立法。[②] 在 1963 年夏天，财政部提名了一个咨询小组，由对私立基金会感兴趣并直接相关的个人组成，来为财政部的运营和投资实践提供信息。

联邦税务局内部也有即时反应。1961 年，在帕特曼报告第一部分公布前，但已可以明确预期其公布时间之时，税务部门设立了一个项目来鼓励和促进自愿达标，包括修改报告表格和增加审计。对于 990 - A 表格的修改在 1962 年和1963 年继续进行，对免税机构的定期审计也从每年 2000 家增加到每年 1 万家，免税机构的主文件的编写也从"提倡"变成"要求"向所有税务登记的组织发放问卷。税务部门也建立了由各分支机构代表组成的免税机构委员会，根据免税组织的管理状况向委员提供建议。

帕特曼报告的第二部分在 1963 年 10 月公布。[③] 这一部分有 407 页，其中有324 页是大量基金会有关商业交易的介绍、展示、信函和文件，包括三个由某纽约工业家控制并实际处在解散过程中的基金会。紧接着，1964 年 3 月，帕特曼报告的第三部分公布。[④] 这次报告包括 3 页描述"给我们的税收基础造成破坏性影响"的 Alfred I. DuPont 和 Nemours 基金会财产处置的文件，以及

---

① Select House Committee on Small Business, Chairman's（Patman）Report, *Tax Exempt Foundations and Charitable Trusts: Their Impact on Our Economy*, First Installment, 87th Cong., 2s Sess., at 2（December 31, 1962）.

② *Foundation News*, November 1962, at 5.

③ Patman Committee, *Tax-Exempt Foundations and Charitable Trusts*, Second Installment, 88th Cong., 1st Sess.（Comm. Print, October 16, 1963）.

④ Patman Committee, *Tax-Exempt Foundations and Charitable Trusts*, Third Installment, 88th Cong., 2d Sess.（Comm. Print, March 20, 1964）.

长达 326 页的相关表格和文件，都是用来说明基金会财产如何逃避税收的方式。

帕特曼委员会在 1964 年夏天举办了公众听证会。在听证会上，财政部长、前联邦税务局专员和证券与交易委员会（Securities and Exchange Commission）的临时主席作为证人被传唤。作为结论，分委员会发布了一个报告，总结了前期报告的调查结果和建议。①

帕特曼委员会报告第四部分在 1996 年 12 月公布。② 第五部分在 1967 年 4 月公布，③ 委员会在下年的 10 月和 11 月举行了一系列的听证会，关注点几乎全部集中在一个称为美国人宪法化建构（Americans Building Constitutionally）的组织的活动上，该组织的目的就是减税。④ 此后，另外三个部分的国会议员报告相继于 1968 年 3 月⑤、1969 年 6 月⑥、1972 年 8 月⑦发布，由银行与货币委员会的国内财政委员会在 1969 年税收改革法案通过之后发布，包括限制私立基金会等内容，报告中的许多内容都是帕特曼委员会曾建议的。

帕特曼的调查体现了国会调查权力的最好和最差的运用。联邦税务局关于处理免税组织事宜的程序改革已经拖延了很久，尽管税收部门的人员在调查之前已经认识到改革的必要性，但听证会和报告所引发的公众注意的确加速了他们对改革的执行。同时，这些报告、国会议员的陈述和在公众听证会上的一些指控超出了分委员会的授权范围，而这个范围本应拘囿于考虑基金会对小型企

---

① *Tax – Exempt Foundations——Their Impact on Small Business*：*Hearings before the Subcommittee No. 1 on Foundations of the Select House Committee on Small Business*, 88th Cong., 2d Sess.（1964）.

② Patman Committee, *Tax-Exempt Foundations and Charitable Trusts*, Fourth Installment, 89th Cong., 2d Sess.（Comm. Print, December 21, 1966）.

③ Patman Committee, *Tax-Exempt Foundations and Charitable Trusts*, Fifth Installment, 90th Cong., 1st Sess.（Comm. Print, April 28, 1967）.

④ *Tax – Exempt Foundations——Their Impact on Small Business*：*Hearings before the Subcommittee on Small Business of the Select House Committee*, 90th Cong., 1st Sess.（1967）.

⑤ Patman Committee, *Tax-Exempt Foundations and Charitable Trusts*, Sixth Installment, 60th Cong., 2d Sess.（Comm. Print, March 26, 1968）.

⑥ Patman Committee, *Tax-Exempt Foundations and Charitable Trusts*, Seventh Installment, 91th Cong., 1st Sess.（Comm. Print, June 30, 1969）.

⑦ House Committee on Banking, Finance, and Urban Affairs, Subcommittee Chairman's（Parman）Report, *Tax-Exempt Foundations and Charitable Trusts*, Eighth Installment, 92d Cong., 2d Sess.（Comm. Print, August 1972）.

业的影响。分委员会的一名成员甚至拒绝承认未能给基金会提供公开机会反驳指控，或基于记录提起诉讼，这相当于"一份甚至没有提醒当事人正在被起诉或有可能将被起诉的起诉书"。[①] 此外，所提出的建议是前后矛盾和令人困惑的，在很多情形下是基于事实错误，最离谱的声明是宣称 1960 年年底有 45124 家基金会，[②] 而事实上这是当时所有使用 990 - A 表格的组织提交的表格总数。财政部和基金图书馆中心都估计在 1961 年年底大约只有将近 15000 家基金会存在。[③]

# 1965 年财政部关于私立基金会的报告

1964 年 1 月，部分是为了回应帕特曼报告，参议院财政委员会和众议院筹款委员会要求财政部做一份报告，以调查 1950 年对《国内税收法典》所做的修改是否足以消除免税组织的权利滥用，以及是否出现新的权利滥用行为而需要制定新的法律。对此，财政部以随机抽样的方式选择了大约 1300 家基金会作为样本进行调研以涵盖所有的基金会，它们拥有的财产达 1000 万美元或者更多，从拥有财产 100 万到 1000 万美元的基金会中抽取 25%，从拥有 10 万到 100 万美元的基金会中抽取 10%，从不属于上述范围的基金会中抽取 5%。从联邦税务局和基金会中心获得的信息被用来识别调查中的参与者，他们被问及财产性质，理事会组成，基金会与其理事会、工作人员、捐赠者、关联方之间的自我交易的细节等一系列问题。

这次调查的结果在 1965 年 2 月公布。[④] 报告中包括了调查的结果，对国内基金会的地位和价值的评价以及对税法改革的分析和建议。为了回应利用基金会分配资金导致在将资金惠泽到社会公众时的不适当迟延的指控，财政部认为这一点具有"相当的说服力"，但有能力通过特别指定和限制范围的立法措施

---

① 108 Cong. Rec. 16, 996 (1962) (Representative William H. Avery).

② Chairman's (Patman) Report, *Tax - Exempt Foundations and Charitable Trusts*, Third Installment, at v.

③ McGreevy, "*Review of Rulings and Forms for Reporting*," 175, 200.

④ Staff of Treasury Department, *Report on Private Foundations*, 89th Cong., 1st Sess. (Senate Finance Committee, February 2, 1965).

来得到解决。① 而就基金会正在变成国家经济中一个大得不成比例的部分的指控，则是缺乏现实基础的，正如声称基金会的存续时间应当受到限制一样。②

报告回应了对于基金会的第三种批判，即所谓认为它们代表了一种危险的经济和社会力量的聚集，导致了基金会自身所常常遇到的问题。报告总结了六种特定的问题并提出建议，但认为没有必要设立一个独立的管理机构，因为只要对税法做出合适的修改就能解决有关问题。③

财政部列出的六类问题分别是：（1）自我交易；（2）给予慈善组织的利益迟延；（3）基金会涉足商业活动；（4）家族利用基金会控制公司或其他财产；（5）与慈善无关的财务交易；（6）需要加强对基金会的管理。财政部建议，（1）对于实质上的捐赠人和基金会的管理者，应当彻底禁止自我交易；（2）在捐赠人和利益相关者控制财产的情况下，不得享受所谓税抵扣，直至基金会处置了这些财产，或将这些财产用于积极的慈善活动，或者捐赠人不再控制这些财产；（3）应当禁止基金会持有超过20%的与基金会的慈善行为无关的商业股票。（4）财政部还建议应当进一步限制捐赠人的影响力，如果一个基金会已经存续了25年，它的捐赠者和关联方在理事会中的席位不能多于25%，并且新组成的理事会可以被授权解散基金会和分配财产。而对于收入的累积，报告建议基金会应当被要求在不晚于获得收入的第二年将所有收入支出，假如资产中包括无收入的财产，那么要求支出等额的收入。报告并没有涉及违反相关规则的制裁措施，尽管这个问题在咨询委员会的会议中已经被提出。④

# 1969 年税收改革

1969 年年初，税收改革是国会议程中的一个大项目。筹款委员会在 2 月就一项法案举行了听证会，⑤ 这一法案包括借此减少基金会权利滥用的条款，这些条款很大程度上借鉴了 1965 年财政部报告中的建议。第一个证人是国会议员

---

① Id. , at 13.

② Id. at 13 – 14.

③ Id. at 14.

④ Id. at 14 – 18.

⑤ H. R. 13270, 91st Cong. , 1st Sess.（1969）.

帕特曼，他呼吁对基金会收入课以 20% 的税，限制私立基金会拥有 3% 以上的任何公司的已发行股份以及限制所有基金会收入的年度分配。众多大型基金会的代表和基金会中心、基金会委员会的代表也提供证言，有些同意国会的相关举动，也有人主张将这个问题留给各州来解决。而对于许多证人来说，重要的是建议限制基金会开展商业活动。

帕特曼委员会和财政部的建议都指向对基金会控制商业和没有立即将利益惠泽社会方面的规制，1969 年的听证会也涉及了特定基金会的政治活动。如特洛伊（Troyer）所描述的："关于基金会的忧虑，至少已经在 1963 年就提交给筹款委员会了……随着听证会的进行，筹款委员会委员的不信任感日益加深。"[1] 特洛伊指出了在某些证词陈述之后激发的愤怒，譬如国会议员约翰·鲁尼（John Rooney），他的对手利用其所控制的基金会在竞选中排挤他。[2]"没有人比一个现任国会议员直接承受更多的恐惧；那些反对任何基金会使用经费来影响任何特定政治选举结果的规则，毫无疑问都获得了巨大的信任。"[3]

特洛伊将国会采纳的其他对于基金会拨款的限制，"至少主要是"归因于委员会对麦克乔治·邦迪（McGeorge Bundy）关于福特基金会拨款方面的质询，特别是其向参议员罗伯特·肯尼迪（Robert Kennedy）的职员拨款，旨在支持种族平等大会对克利夫兰一次竞争激烈的市长选举进行选民登记，和支持对于在纽约市举行的特定筹款实施宽松监管的主张。[4]

邦迪在筹款委员会的听证中出现，无疑加深了委员会成员对于基金会的反感。他比绝大多数人更聪明，表述得更清晰，更为高明——如果他在

---

[1] Thomas A. Troyer, "The 1969 Private Foundation Law: Historical Perspective on Its Origins and Underpinnings," in *Conference: Private Foundations Reconsidered——Policies and Alternatives, Old and New*, 26 (New York University School of Law, National Center on Philanthropy and the Law, 1999).

[2] Id., 27.

[3] Thomas A. Troyer, "The 1969 Private Foundation Law: Historical Perspective on Its Origins and Underpinnings," in *Conference: Private Foundations Reconsidered——Policies and Alternatives, Old and New*, 26 (New York University School of Law, National Center on Philanthropy and the Law, 1999).

[4] Thomas A. Troyer, "The 1969 Private Foundation Law: Historical Perspective on Its Origins and Underpinnings," in *Conference: Private Foundations Reconsidered——Policies and Alternatives, Old and New*, 26 (New York University School of Law, National Center on Philanthropy and the Law, 1999).

作证时对于其能力稍作掩饰的话，效果将大为逊色。

但是，将委员会对于基金会逐渐上升的不信任感和敌意归因于邦迪一个人是非常错误的。委员们都知晓财政部报告中详细描述了大量关于基金会并不热衷和并不专注于慈善事业的详细例子，并且他们也被告知财政部的报告揭示了更多类似例子。此外，无论他们对帕特曼议员的个人感觉如何，截至 1969 年，帕特曼的调查和报告所带来的广泛关注毫无疑问也加深了他们对于基金会"一无是处"的强烈感觉。①

西蒙（Simon）在他对 1969 年立法的回顾性分析中确认了这些观察，然而将他的分析置于国会行动的大背景下，以及就他所描述的对私立基金会的攻击问题，他受到了各方的抨击，包括以帕特曼和田纳西州的参议员埃尔伯特·戈尔（Albert Gore Sr.）为代表的平民主义者左翼，乔治·奥莱士（George Wallace）在内的种族一体化的反对者，以及一些学者。②

参议院财政委员会批准了一个众议院法案的修正版本，这个版本包含了影响基金会的大部分条款，但加入了一条将任何基金会的存续年限限制在 40 年以内的规定。③ 在参议院进行的辩论中，这一条款被取消，代之以要求一个初始设定为 6% 的强制性支出，并将做出阶段性调整来反映财政部政策在此领域的变化。相对于帕特曼提出的对基金会收入课以 20% 的税收，或是在原始账单上课以 7.5% 的消费税的建议，最终的版本是在基金会的净收入上课以 4% 的消费税，被视为"审计费"来支付联邦税务局对于免税组织审计活动增加的成本。④

税收改革法案中对于"私立基金会"产生影响的实质性条款将会在本书的第五章阐述。这些条款在政府对慈善组织的管理史上树立了一座里程碑，包括直达基金会管理核心方面的严格限制。而对所有慈善部门具有更广泛重要性的是，这个法案修改了对违法行为的制裁，不仅对慈善组织自身开征了消费税，而且对它们的受托人也有制裁，在自我交易的情形下，对交易的获益人而非基

---

① Id., 28 – 29.

② John G. Simon, "The Regulation of American Foundations: Looking Backward at the Tax Reform Act of 1969," 6 *Voluntas* 243, 243 – 244 (December 1995).

③ S. Rep. No. 91 – 552, 91st Cong., 1st Sess. (1969).

④ Joint Committee on Taxation, *General Explanation of Tax Reform Act of* 1969 (JCS 1670), 29 (December 3, 1970).

金会本身加以处罚，以此保证慈善性资产用于未来的公共利益。

出现在 1969 年税法起草过程中的一个最有争议的启示是，慈善部门内部缺乏凝聚力。基金会群体发现自身分为两个部分，一部分反对更高级别的联邦管制，而另一个更大的团体则认识到的确有一些滥用权利的行为需要得到纠正，而国会需要允许联邦税务局来进行这些纠正行为。此外，慈善部门自身出现分化：一边是基金会，另一边是其余所有的那些通常被称为"公共慈善机构"的慈善组织。在法案通过的过程中，公共慈善机构领域中的一大部分机构的态度是自卫，同时许多组织也向国会表达，可以像对待私立基金会那样对待它们，但应当留下这个部门中的其余部分，且暗示地表达仅留下那些好的部分。就在法案刚刚完全生效之后，公共慈善机构就认识到，加诸在所有基金会净收入上的 4% 的税主要为了减少基金会可以接受的捐赠数额，并且意识到强制性支出义务条款对公共慈善机构的运营也施加了限制。总之，慈善组织整体被迫承认一种对慈善抱有敌意的环境在多年的发展过程中已经成形，并且认识到只有这个领域的各个组成部分团结一致，并积极投身于为了共同利益的游说活动中，才会有成功的反击。

## 非营利部门对税收改革法案的反应

### 彼得森（Peterson）委员会

1969 年 4 月，一个最开始由约翰·D. 洛克菲勒三世（John D. Rockefeller Ⅲ）发起的市民小组，形成了一个关于基金会和私人慈善的私人委员会［非正式地被称为彼得森委员会，以其主席贝尔和霍威尔公司的理事长（Peter G. Peterson）的名字命名，来处理那些国会所考虑的问题］。这个委员会有 16 个成员，与基金会没有直接联系，还有一个 5 人的工作组。研究工作被委托给学者和非营利领域的业内人士，最初的设想是，在参议院财政委员会定于 1969 年秋天举行的听证会之前相关研究工作能够完成。尽管委员会那时并没有打算做一份报告，但彼得森在如期举行的听证会上陈述了意见，表明支持对基金会持有商业进行限制，并支持基金会的年度最低支出应当在其资产价值的 6% 到 8%。除了能督促基金会及时提供公共福利之外，这也被看作一种改善基金会投资实践的方式。①

1970 年，彼得森员会的最终建议及其引发的研究成果被公布在税收改革法案文本的后面。② 这些建议被整合为两大类：向基金会提出改善运作和加强彼此之间交流的建议，向政府提出有关税收政策和监管的建议。建议呼吁建立一个全国性的慈善咨询委员会，由总统任命 10 ~ 15 个人组成，并授予行政权力来获取与慈善相关的信息。这个全国性委员会的作用是评估慈善组织和政府治理的行为表现，激励慈善捐助和慈善部门完善自身。由于该报告在 1969 年税收改革法案通过之后发布，因此并未引起广泛关注。但是，在法案的审议过程中，彼得森委员会起到了代表部门发言人的重要作用，并毫无疑问地在国会面前缓解了建立全国性慈善咨询委员会的建议本应受到的激烈反对。

## 菲勒（Filer）委员会

1973 年，国会再次准备审议降低慈善捐助税收激励的提案，于是再次由约翰·D. 洛克菲勒三世发起，组建了另外一个委员会。委员会的主席由国家人身保险公司的理事长约翰·菲勒（John Filer）担任，由 26 名委员组成，成员包括来自学术界和市民界的代表、商界的领袖、一个工会的代表、一名法官以及一个大型私立基金会的理事长。委员会工作组的领导人是伦纳德·希尔弗斯坦（Leonard Silverstein），他是华盛顿州的税务律师，在免税组织和私人慈善相关的事务处理方面具有丰富的经验。有超过 81 个组织和个人向委员会提交了报告，这些报告与建议几乎全部被联邦税务局作为研究论文发表了。这些研究涉及了非常广泛的主题，展示了这个部门前所未有的全景，包括历史、活动范围、优势和弱点。这些资料对于历史学家、公共政策专家和税收规划者而言都是不可估价的资源。

菲勒委员会的建议是影响深远的。③ 这些建议涵盖了以下几个领域。

---

① Commission on Foundations and Private Philanthropy, *Foundations*, *Private Giving*, *and Public Policy* (Chicago: University of Chicago Press, 1970).

② Id., 126 – 168.

③ "Commission on Private Philanthropy and Public Needs Commentary on Commission Recommendations," in Department of Treasury, Commission on Private Philanthropy and Public Needs, *Research Papers*, Vol. 1, pt. 1, at 3 – 48 (1977).

（1）通过制定法律确认未详细记载者（nonitemizers）的捐赠税前扣除资格，并赋予年收入低于 1.5 万美元的个人以双倍扣除的资格来拓宽慈善基础，并因此提高对于公益捐赠的税收优惠激励。

（2）改善慈善程序性规定，包括要求除教堂之外的其他所有慈善组织公布年度报告；将基金会的 4% 消费税修改为根据管理成本确定的审计费；放松对私立基金会的强制性支出的要求，将其一律更改为 5%；对公共基金会的游说限制援引适用商业和贸易组织的规则。

（3）联邦税务局仍然作为免税组织的主要管理机构；确立对州际募款的联邦层面的管理，同时敦促各州对跨州筹集资金实施更有效率的管理；修改国内税收法典，设定比取消免税资格更为适当的制裁方式，同时为现有的主要制裁方式即取消免税资格，提供行政或司法上的重新审查；建立永久性的准政府性质的国家非营利部门委员会，并授予其监督和支持非营利部门的权力，在国会、执行机构和公众面前作为非营利部门的发言人。

在菲勒委员会的审议过程中，很多受资助组织，包括大量倡导者团体的代表，反对成立委员会，特别是委员会的组建没有体现被剥夺选举权的群体的利益。这些代表称自己为受赠人小组，与菲勒委员会进行了会面，并从委员会处获得资助来独立开展他们的研究。受赠人小组最终也提出了自己的一组建议，作为菲勒委员会的最终报告的一部分发表。这些建议包括对菲勒委员会允许捐赠适当财产者享受税前扣除的提议提出异议，以及呼吁限制捐赠人对基金会的控制，限制资金筹集的成本，以及建立慈善组织的全国性管理机构以取代联邦税务局的管理角色。①

正如在本章接下来的几个部分中将要描述的那样，菲勒委员会和受赠人小组的许多建议都被国会或是慈善部门自身所采纳。然而，菲勒委员会的最终建议——设立永久性国家委员会来代表和主张慈善部门，却被害怕和反对任何政府规制扩张的许多慈善部门领袖拒绝了。② 尽管如此，这些建议还是有助于不断加深相关理解，即在政策制定中非营利部门需要一个全国性的声音和更加宽

① "Private Philanthropy: Vital and Innovative or Passive and Irrelevant——The Donee Group Report and Recommendations," in *Research Papers*, Vol. 1, pt. 1, at 49 – 85.

② Eleanor L. Brilliant, *Private Charity and Public Inquiry: A History of the Filer and Peterson Commissions*, 130 – 131 (Bloomington: Indiana University Press, 2000).

泛的公共支持基础。

在菲勒委员会建立准政府性机构来监督和鼓励非营利部门的建议遭到普遍反对时，这个建议也为设立一个新的非政府组织提供了动力，这个组织的目的就是承担国会所设想的对于慈善部门的支持性角色。这个新的组织，即于1980年成立的独立部门（Independent Sector），是将两个原已存在的非营利组织——国家慈善委员会（National Council on Philanthropy）和国家志愿者组织联盟（Coalition of National Voluntary Organizations）合并之后设立起来。

在主席约翰·加德纳（John Gardner）和理事长布赖恩·奥康奈尔（Brian O'Connell）的领导下，独立部门开始变成非营利部门的发言人，并开始领导改善慈善实践、促进捐赠和志愿活动。从最初的50个成员，到五年之后拥有了600多个成员，它的资金也得到了保证。到2000年底，会员数量已经达到了700个，包括几乎所有的代表慈善部门内各组成部分的全国性组织。独立部门的游说工作也超乎寻常的成功。它向联邦最高法院提交了关于慈善劝募问题的法院之友理由书，并开展了全国性的教育培训来增加公益捐赠的数额。

在独立部门形成的同时，受赠人小组的角色也由国家慈善回应委员会承担起来，由曾担任受赠人小组首席发言人的巴勃罗·艾森贝格（Pablo Eisenberg）领导。这个委员会继续开展受赠人小组作为基金会批评者的核心工作，在200多名成员的支持下，整合了捐助项目，成立了联合劝募组织。

在1969年之前，已经有许多全国性组织代表了慈善部门的各个不同组成部分。这些组织包括基金会委员会（Council on Foundations）、支持与促进教育委员会（Council for Advancement and Support of Education）、美国医院协会（American Hospital Association）、国家健康委员会（National Health Council）、天主教慈善组织（Catholic Charities）、美国路德教会服务所（Lutheran Service in America）。这些组织大部分都更为积极地参与游说项目，作为独立部门的成员一起工作；相比于1970年以前，它们已经在构建影响这个部门的法律体系方面起到了更有影响力的作用。在本章接下来陈述的活动中，这一点将表现得很明显。

# 1969 年税收改革法案之后的国会行动

　　任何一个关于免税组织运作方面的问题都不如帕特曼调查所引发的问题引起国会的兴趣和注意。也没有任何一个问题持续了这么久或产生了这么多的信息。在 1970～2002 年听证会主题的问题清单中，私立基金会一直榜上有名，与其他许多问题，包括政治和游说活动、与小型企业的竞争以及对教堂的审计放在一起予以考量。

## 私立基金会

　　1969 年税收改革法案对私立基金会的影响，是 1974～1976 年参议院财政委员会的基金会分委员会广泛听证的议题，① 并导致了对税法 4940 条款的修改，将对基金会收入征收的消费税的税率从 4% 降低到 2%，② 同时也将基金会的年度公益支出最低比例调整为资产价值的 5%。③ 1983 年众议院也重新考查了 1969 年税收改革法案对私立基金会的影响，但并没有进一步立法，④ 没对基金会活动继续进行调查，普遍认为 1969 年法案的条款已经纠正了国会在那时察觉到的权利滥用问题，除了一直被争论的公益支出最低比例问题。1984 年，为了回应对基金会的最低支出中行政成本支出过高的指控，法案被重新修改以限制这类支出的数额，将本可以计入 5% 最低支出中的这类支出限制为只能占到基金会资产价值的 0.65%。⑤ 这个

---

① Private Foundations: Hearings before the Subcommittee on Foundations of the Senate Committee on Finance, 93d Cong., 2d Sess. (1974); Impact of Current Economic Crisis on Foundations and Recipients of Foundation Money: Hearings before the Subcommittee on Foundations of the Senate Committee on Finance, 93d Cong., 2d Sess (1974); Tax Reform Act of 1975, Part 5: Hearings before the Senate Committee on Finance, 94th Cong., 2d Sess. (1976).

② *Revenue Act of 1978*, Pub. L. No. 95 – 600, §520 (a), 92 Stat. 2763, 2884 (1978).

③ *Tax Reform Act of 1976*, Pub, L. No. 94 – 445, §1303, 90 Stat. 1520, 1715 (1976).

④ Tax Rules Governing Private Foundations, Part 1: Hearings before the Subcommittee on Oversight of the House Committee on Ways and Means, Serial 98 – 32, 98th Cong., 1st Sess. (1983); Tax Rules Governing Private Foundations, Part 2: Hearings before the Subcommittee on Oversight of the House Committee on Ways and Means, Serial 98 – 33, 98th Cong., 1st Sess. (1983).

⑤ I. R. C. §4942 (g) (4), 由 1984 年削减赤字法案制定，Pub. L. No. 98 – 369, §304, 98 Stat. 494, 782 – 783 (1984)。

限制有五年的试验期,[1] 财政部和联邦税务局负责研究它的运作,并做出建议是否要延续这个措施。[2] 1990 年年初公布了研究结果,建议这种限制可以被永久化,其最终被立法所采纳。[3]

2003 年春天,国会再次提出了基金会的行政成本是否过高并应当予以限制的问题。在一项众议院法案中,包含了将基金会的消费税从 2% 减少到 1%,并将行政支出不计入合格支出的条款。[4] 慈善部门中对于这一计划有截然不同的意见,但是各方努力达成妥协。[5] 而众议院在 2003 年 9 月通过的版本中对于行政支出采取了限制而非减少的态度,要求能被计入合理支出的行政支出数额应当遵循支出规则,该规则规定一般行政管理费用不属于合理支出,并对管理层薪酬和额外差旅费设置了最高限额。[6] 该方案为了达成妥协存在大量缺陷,较为突出的有:能够计入合理支出的数额以及最高限额的适用都难以确定。显然没有任何一方对此结果完全满意。捐赠人和受赠人之间的分歧也折射出菲勒委员会审议过程中的冲突。

## 公共慈善机构的游说

政治活动和游说在 20 世纪 70 年代中期引起了国会的注意。对于游说的限制成为参议院在 1972 年与 1976 年的听证会,[7] 以及参议院在 1976 年听证会的主题。[8] 问题在于法案禁止公共慈善机构参与实质性游说的条款并不准确。对

---

[1] I. R. C. § 4942(g)(4)(F).

[2] H. R. Conf. Rep. No. 861, 98th Cong., 2d Sess., at 1087(1984).

[3] Department of Treasury, *Grant - Making Administrative Expenses Study*(January 1990), reprinted in 90 *Tax Notes Today* 31 - 16(February 7, 1990).

[4] *Charitable Giving Act of 2003*, H. R. 7, § 105, 108th Cong., 1st Sess.(introduced May 7, 2003).

[5] Michael Klausner, "For Foundation Payout Rates, Time Isn's Money," Stanford Social Innovation Review(Spring 2003), at 51; Harvey Lipman and Ian Wilhelm, "Pressing Foundations to Give More," *Chronicle of Philanthropy*, May 29, 2003, at 7; Fred Stokeld, "Foundation Reps Look for Compromise on Administrative Expenses Dispute," 2003 *Tax Notes Today* 157 - 2(August 14, 2003).

[6] *Charitable Giving Act of 2003*, H. R. 7, § 105, 108th Cong., 1st Sess.(September 17, 2003).

[7] Legislative Activity by Certain Types of Exempt Organizations: Hearings before the Subcommittee on Oversight of the House Committee on Ways and Means, 92d Cong., 2d Sess.(1972); Influencing Legislation by Public Charities: Hearings before the Subcommittee on Oversight of the House Committee on Ways and Means, 94th Cong., 2d Sess.(1976).

[8] *Tax Reform Act of 1975*, Part 7: Hearings before the Senate Committee on Finance, 94th Cong., 2d Sess.(1976).

这一问题进行争论的结果是 501（h）条款的实施，该条款允许除了教堂以外的其他公共慈善机构选择适用与"实质性"检验相一致的支出检验。① 这个法案也试图填补一个漏洞：禁止依据 501（c）（3）条款失去免税资格的组织，却根据 501（c）（4）条款再次获得免税资格。②

1987 年，参议院下属监督委员会重新审议对公共慈善机构的游说活动施加限制的效果，以及 501（h）条款的实施效果。③ 国会内部达成如下共识：上述限制和条款对于部分游说活动的约束是不够有效的，而且在一些情况下仅因为进行了政治竞选活动就取消组织的免税资格，这种制裁太过严厉；此外，对于一些组织而言，这种制裁是没有任何意义的，因为它们设立起来支持或反对的竞选活动结束之后，组织就会被解散。这一共识导致的结果是在 4912 条款中规定，如果组织因从事实质性游说而被取消免税资格的，在当年度对该组织及其管理层征收消费税。④

## 与小型企业的不公平竞争

在慈善组织与小型企业间存在不公平竞争的说法在 20 世纪 80 年代引起了国会的注意。这个说法在小型企业管理局（Small Business Administration）关于慈善组织正在不正当地从小型企业的支出中获益的报告中得到体现。1986 年 9 月，筹款委员会主席要求国会议员，监督委员会的主席 J. J. 皮克勒（J. J. Pickle）对免税组织的商业和其他产生收入的活动进行一次全面调查。监督委员会提出了 16 个系列问题，确立了此次调查的框架，并委托总审计署（General Accounting Office，GAO）就竞争问题提供信息。

1987 年 2 月，总审计署的研究结果在《简要报告》（*Briefing Report*）中被

---

① I. R. C. § 501（h），由 1976 年税收改革法案制定，Pub. L. No. 94 – 4555，§ 1307（a），90 Stat. 1520，1720 – 1721（1976）。

② I. R. C. § 504，由 1976 年税收改革法案制定，Pub. L. No. 94 – 4555，§ 1307（a）（2），90 Stat. 1520，1721 – 1722（1976）。

③ Lobbying and Political Activities of Tax – Exempt Organizations：Hearings before the Subcommittee on Oversight of the House Committee on Ways and Means, Serial 100 – 15, 100th Cong. , 1st Sess. （1987）.

④ I. R. C. § 4912，由 1987 年综合预算调和法案制定，Pub. L. No. 100 – 203，§ 10714（a），101 Stat. 1330，1330 – 470 to 1330 – 472（1987）。

公开。① 此研究结果也成为 1987 年 6 月监督委员会举行的为期五天的听证会的资料来源。② 将近一年之后，1988 年 3 月 31 日，监督委员会公布了一组关于无关宗旨商业所得税（unrelated business income tax）的初步讨论选项并向公众征求意见。③ 它们包括了以"直接相关"的测试来取代现行的"实质性相关"测试，以确定每种单独的产生收入的活动是否能免税；或保留现有的测试方法，但对 12 种特定的"在性质和范围上都具有内在商业属性，而不是慈善属性"的活动征税，这 12 种活动中的任何一种都是商业领域中的一个部门所致力的目标。有十项处理无关宗旨商业所得税条款的其他方面问题的建议性报告被提出来，包括如何满足增加了的报告事项和如何适应改善之后的联邦税务局管理。监督委员会报告透露，收到了公众 400 多条意见建议。④

皮克勒分委员会的最终报告包含了对现行法律的详细回顾，总结了听证会和公众建议中的相关内容，并对财政部的下列建议予以特别关注：保留现有税收形式并同时加强联邦税务局监督，对立法中的与支出分配、控股子公司的定义，以及来自研究活动和合伙的收入排除等问题相关的条款进行修改。⑤

这份报告总结了"实质性相关"测试，来确定应当保留哪些免予征收收入税的商业活动，并且在法律的大规模修订以前，还需要基于更好的报告及有意义的数据进行进一步的研究，但同时一些特定的领域应当被明确和强化。在这些活动中值得注意的有礼品店、书店、编纂目录和整理邮件列单的活动、有关医疗器械和药物销售的活动、实验室测试、健身活动、旅行和游览服务、副食品销售、兽医活动、旅店设施活动、房屋销售、慈善信用卡和类似商品销售、主题或娱乐公园活动。此外，分委员会还建议取消简易豁免、修改版权排除规

---

① General Accounting Office, Competition between Taxable Businesses and Tax – Exempt Organizations（GAO/GGD – 87 – 40BR）（February 1987）.

② The Unrelated Business Income Tax, Parts 1 – 3: Hearings before the Subcommittee on Oversight of the House Committee on Ways and Means, Serial 100 – 26, 100 – 27, 100 – 28, 100th Cong., 1st Sess.（1987）.

③ Subcommittee on Oversight, House Committee on Ways and Means, Press Release No. 16（March 31, 1988）; Subcommittee on Oversight, House Committee on Ways and Means, *Report on Recommendations on the Unrelated Business Income Tax*, 100th Cong., 2d Sess.（1988）.

④ Subcommittee on Oversight, *Report on Recommendations on the Unrelated Business Income Tax*.

⑤ Subcommittee on Oversight, *Report on Recommendations on the Unrelated Business Income Tax*.

则以及扩展控股子公司收入税目的的定义。其他方面的修改还涉及支出分配和广告收入计算。联邦税务局修订过的监管规定、增加和完善了的关于报告义务的条款，以及要求未详细记载者作为捐赠人享受退税进行精确信息披露的规定也得到了支持。①

尽管对于竞争和无关宗旨商业所得税条款的效力问题已经有了很多关注，国会依然没有采取即时行动来回应分委员会的建议。在接下来的几年中，通过立法修改了涉及公司赞助与邮件列表出售和交换的规则。然而，一直到1997年，确定对可征税子公司的控制标准才根据皮克勒分委员会的建议而被修改。② 其间，正如下文将要描述的，联邦税务局对几乎所有分委员会提出的其他问题都做出了回应。

公司赞助。20世纪90年代，联邦税务局认为赞助某些大学体育活动（包括德拉斯市棉花杯橄榄球赛和约翰汉考克杯橄榄球赛）的支出属于广告费用性质，应该受无关宗旨商业所得税调整，而并非捐赠者所主张的慈善捐赠之后，③ 企业向慈善组织赞助以赢得公众认可的现象引起了广泛注意。受此决定影响的企业和慈善组织纷纷转向国会吁请立法对于上述支出赋予免税待遇，但1992年制定的有类似效力的条款被否决了。④ 接着，联邦税务局发布了建议指导书，来明确捐助支出可被征税的情形，并在指导书上提出了建议立法的条文，即1.513-4条款，在大多数方面都与建议指导书是一致的。在相关法规被最终制定之前，国会出台了一个新的513（i）条款，包含了确定免税的更宽松的标准。⑤ 1993年1月22日，反映了修改意见的新法规建议得以公布，但又一次遭到严厉批评。⑥ 最终的法案直到2002年4月才公布出来，该法案回应了受影响组织的反对意见。⑦

---

① Subcommittee on Oversight, *Report on Recommendations on the Unrelated Business Income Tax*.

② I. R. C. § 512（b）（13）（D），由1997年纳税者救济法案修订，Pub. L. No. 105-34, § 1041（a），111 Stat. 788, 938-939（1997）。

③ Priv. Ltr. Rul. 91-47-007（August 16, 1991）; Priv. Ltr. Rul. 92-31-001（October 22, 1991）.

④ H. R. 11, § 7303, 102d Cong., 2d Sess.（1992）（vetoed on November 5, 1992）.

⑤ I. R. C. § 513（i），由1997年纳税者救济法案制定，Pub. L. No. 105-34, § 965, 111 Stat. 788, 893-894（1997年12月31日后生效）。

⑥ 58 Fed. Reg. 5687（1993）.

⑦ 67 Fed. Reg. 20, 433（2002）（T. D. 8991）（2002年4月25后生效，用于1997年12月31日后申请或取得的支付）。

许可使用费。另一个引起国会关注的并在立法通过后得到解决的问题是对邮件地址名单出租和出售予以征税。就像对赞助支出一样，联邦税务局的态度是这些收入并不具有知识产权的性质，因而也不能免于征收无关宗旨商业所得税，它们应该是服务支出。为了回应受到影响的慈善组织的抗议，国会在1986年纠正了联邦税务局就慈善组织和退伍军人组织交换和出租他们的成员、捐助人名册问题的立场。[①] 联邦税务局继续试图对慈善组织和其他组织的交换和出租行为征税，在经历一系列法庭上的失利后，直到1999年12月才宣布不再追究这个问题，并指定一些机构来处理比较突出的几个案件。[②] 不过，许可使用费的定义和随后的豁免范围问题，对联邦税务局来说一直是一个困难，也影响到如何对待来自"亲和信用卡"的收入。

商业保险。1986年国会制定了法案的501（m）条款，否决了对以提供商业类型的保险为实质性活动的组织的免税。[③] 这一条款主要着眼于美国蓝十字蓝盾协会（Blue Cross Blue Shield）及与之类似的健康保险提供者，而对它们的免税的取消，导致了大量在州法下被认为是慈善组织的组织基于联邦的税收目的而被认为是可以完全征税的商业公司。

## 医院的免税标准

联邦税务局在设定医院免税资格的条件方面遇到了困难，特别是在联邦医疗保险和医疗救助（Medicare and Medicaid）制度建立起来以后，这些制度改变了医院的收入基础：从依靠公众捐款、政府拨款和有支付能力人群的服务收费转为几乎完全依靠第三方机构的支付。在早期管理中，免税资格被有条件地适用于医院对无支付能力的人群提供的免费医疗的情形。[④] 1969年，联邦税务局采纳了一项社区利益标准，医院不需要提供免费医疗就可以符合该标准，只要

---

① I. R. C. §513（h）（1）（B），由1986年税收改革法案修订，Pub. L. No. 99 – 514，§1601（a），100 Stat. 2085，2766 – 2767（1986）。

② 参见第五章；亦参见1999年12月16日，免税组织部门部长给Acting EO Area管理人员的备忘录。

③ I. R. C. §501（m），§833，由1986年税收改革法案修订，Pub. L. No. 99 – 513，§1012（a），（b），100 Stat. 2085，2390 – 2394（1986）。

④ Rev. Rul. 56 – 185，1956 – 1 C. B. 202.

该医院设有向所有人开放的急诊室。① 这个规定于 1983 年被修改，允许医院声明所运营的急诊室同时也在为社区提供其他紧急服务。②

1991 年 7 月，筹款委员会举行听证会调查医院的免税基础，③ 并考虑制定两个法案，对免税资格赋予更多要求并对于违反规定的行为施以新的制裁做出规定。④ 财政部代表作证说，与以医院所提供的慈善性医疗的数量或者其他更多特殊规定作为基础的标准相比较，社区利益标准是一种确定免税资格的更为适当的标准。也有人反对建议中的基于与医院免税的价值相联系的机械测试的新制裁，或是在实施某些中间制裁的同时临时剥夺其免税资格的制裁。财政部建议，与对私立基金会的制裁相似的中间制裁将是更适当的，并更容易执行。⑤这两个法案都没有被通过，国会在随后几年也没有再触及这个问题。但是，在接下来的几年，联邦税务局公布了新的医院审计指引意见，表明其增加了对于立法建议中所表达问题的关注。⑥

## 教会活动的规制

教会的审计对教会和教会附属组织的管理于国会而言是个特别困难的问题，对联邦税务局也是如此，很大程度上是因为宪法上的考虑，即国会对于宗教事务比较敏感，结果就是适用于教会的规则比所有适用于其他慈善组织的规则都更为宽松。例如，决定教会是否免税的问题本质上是自愿的，教会没有义务提交免税的申请并获得一个免税资格的决定书。此外，教会免予提交年度报告，

---

① Rev. Rul. 69 – 545, 1969 – 2 C. B. 117.

② Rev. Rul. 83 – 157, 1983 – 2 C. B. 94.

③ Tax – Exempt Status of Hospitals, and Establishment of Charity Care Standards: Hearing before the Sub-committee on Oversight of the House Committee on Ways and Means, Serial 102 – 73, 102d Cong., 1st Sess. (1992). 在这次听证之前审计总署曾对五个州的健康护理提供的情况做了调查，结论是，如果国会希望鼓励医院来提供慈善护理和其他社区服务，那么免税的标准应当进行修改。General Accounting Office, *Nonprofit Hospitals: Better Standards Needed for Tax Exemption* (GAO/HRD – 90 – 84) (May 1990).

④ *Charity Care and Hospital Tax – Exempt Status Reform Act of 1991*, H. R. 790, 102d Cong., 1st Sess. (1991); H. R. 1374, 102d Cong., 1st Sess. (1991).

⑤ Tax – Exempt Status of Hospitals, and Establishment of Charity Care Standards: Hearing before the Sub-committee on Oversight of the House Committee on Ways and Means, Serial 102 – 73, 102d Cong., 1st Sess. (1992).

⑥ *Audit Guidelines for Hospitals*, Ann. 92 – 83, 1992 – 22 I. R. B. 59.

在 1969 年以前免予交纳无关宗旨商业所得税。1969 年国会制定了 7605（c）条款，用来保护教会免受不必要的审计。① 此后，在 1983 年，作为保护教会免受联邦税务局在审查教堂中的过度侵扰的结果，参议院下属监督委员会对联邦税务局的宗教组织审计程序进行了审查。② 这导致了 7611 条款的制定，这一规定包含了 7605（c）条款的一部分，并对联邦税务局对教会的审计权力设置了新的限制。③

电视传教。1987 年 10 月，众议院筹款委员会的下属监督委员会就适用于从事电视传教的宗教组织的联邦税收规则举行了听证会。④ 一些"电视传教士"的活动引起了媒体的广泛注意，他们拥有大量的跟随者，据报道接受了大量捐赠，而这些捐赠并不都用于他们的慈善目的。媒体的焦点聚集在名为 PTL（Praise the Lord）Ministry 的组织及其领导人 Jim Bakker 和 Tammy Faye Bakker 的活动上。这两位领导人是 PTL Ministry 正在南加州建设的一个度假公园和静居处的合伙人。⑤

听证会的焦点集中在以下几个方面：牧师自我治理的有效性上，特别是在防止资金流入牧师个人方面；联邦税务局在对教会的审计和要求教会报告信息的要求受到限制的同时监督牧师依法纳税的困难；以及联邦税务局正在对牧师进行的调查。听证结束时，联邦税务局同意向分委员会提供每季度关于电视传教士审计活动的现状报告。第一次报告在 1988 年 2 月提交，涵盖了 1987 年第四季度的活动。⑥ 国会议员皮克尔（Pickle）在 1988 年 11 月 2 日要求对上年情

---

① I. R. C. §7605（c），由 1969 年税收改革法案制定，Pub. L. No. 91 – 172，§121（f），83 Stat. 487，548（1969）。

② Church Audit Procedures Act：Hearing before the Subcommittee on Oversight of the Senate Finance Committee，S. Hrg. 98 – 481，98th Cong.，1st Sess.（1983）.

③ I. R. C. §7611，由 1984 年削减赤字法案制定，Pub. L. No. 98 – 369，§1033（a），98 Stat. 494，1034 – 1039（1984）。

④ Federal Tax Rules Applicable to Tax-Exempt Organizations Involving Television Ministries：Hearing before the Subcommittee on Oversight of the House Committee on Ways and Means，Serial 100 – 43，100th Cong.，1st Sess.（1988）.

⑤ See William E. Schmidt，"TV Minister Calls His Resort 'Bait' for Christianity，" *New York Times*，December 24，1985，at A8.

⑥ "Service Recommends Prosecution of Television Evangelists，" 88 *Tax Notes Today* 51 – 1（March 7，1988）（reprinting letter from IRS to Chairman Pickle）.

况做一个摘要总结，联邦税务局在 1988 年 12 月 5 日提交了这一总结。[①] 总结涵盖了从 1987 年 10 月到 1988 年 10 月期间的情况。报告的结果由国会议员公布，指出联邦税务局对于涉及突出问题的电视传教士进行了六次调查，其中两次涉及刑事讯问。在大部分情况下，他们只是涉及将资金从组织转向内部人士，而没有把这种支出作为收入进行报告。Jim Bakker 涉及的案子并没有在报告中指明，而他在 1989 年 10 月被指控犯有通信和电信欺诈罪，罚款 50 万美元，并判处 45 年监禁，这一处罚此后被减为 8 年。他于 1994 年出狱。[②]

1988 年 6 月联邦税务局修改了《国内税收手册》（*Internal Revenue Manual*），来履行为监督分委员会提交季度报告而收集信息的程序。[③] 在 1988 年第四季度的报告公布之后，就再也没有公开报告发布。[④] 在 1994 年再也没有提出联邦税务局须向监督分委员会提交报告的要求。

教会对公共机构候选人的支持。有关禁止教会参与政治竞选的争议在 1995 年年底变得尤为突出，此时联邦税务局取消了一家教会的免税资格，因为该教会在 1992 年选举的前四天，于《今日美国》和《华盛顿时报》上投放了整版的广告号召公众不要为比尔·克林顿投票，并提示说若捐赠此广告费便可获得税前扣除。教会对取消免税资格的决定进行上诉，但联邦税务局在地区法院获得了支持，且此后在上诉法院也获得了一致的判决。[⑤]

作为回应，2001 ~ 2002 年间，有几个法案被提交到国会，这些法案允许教会参与政治竞选，支持或反对任何政治派别的候选人，只要这种参与不构成教

---

① "Pickle Releases IRS Televangelist Report," 88 *Tax Notes Today* 245 – 8 （December 7, 1988）（reprinting IRS report）.

② Ronald Smothers, "Ex-Television Evangelist Bakker Ends Prison Sentence for Fraud," *New York Times*, December 2, 1994, at A18.

③ Internal Revenue Service, "Quarterly Activity Reports on Evangelist Related Cases," MS CR 7 （10） G – 56, Manual Transmittal 7 （10） 00 – 148 （June 1, 1988）; also see "Reporting Guidelines on Evangelist – Related Cases Provided," 91 *Tax Notes Today* 109 – 62 （May 17, 1991）（reprinting Internal Revenue Manual）.

④ "Pickle Releases IRS Report on Tax – Evading Televangelists," 89 *Tax Notes Today* 59 – 16 （March 15, 1989）（reprinting IRS report）.

⑤ *Branch Ministries, Inc. v. Rossotti*, 40 F. Supp. 2d 15 （D. D. C. 1999）, aff'd, 211 F. 3d 137 （D. C. Cir. 2000）.

会活动的实质部分。① 尽管这样的立法得到了大量保守组织的大力支持，但据称有许多牧师反对。只有一个法案被提交到了众议院，但该法案在 2002 年秋天没有获得通过。②

## 对"9·11"恐怖袭击受害者的救济

可获得免税的范围在"9·11"之后一段时期成为公众和国会关注的一个主题。用来帮助受害者的捐助达到了一个前所未有的程度，慈善组织也面临着迫切的问题，即捐助在何种情况下给予何人。联邦税务局在 1995 年的俄克拉何马市爆炸事件中为救助受害者发布的规定主张国内税收法典的受益人必须为"不确定"群体中的一部分，并且对"受难者"的救济只能在有经济需要证明的情况下才能给予。③ 这些指导意见在联邦税务局 1999 年的《专业继续教育文本》（*Continuing Professional Educational Text*）中被重述并进行了扩展。④

对于这些指导意见的批评指出，联邦税务局显然依赖国内税收法典 170 条款规定中有关"贫穷"的定义，这个定义限制了商业机构向为病人、穷人或婴儿提供救助的合格慈善组织捐赠库存和其他设备时的可抵扣程度。科曼（Korman）提醒应注意这一条的不当适用，以及以"有需要"为标准对受助阶层进行错误归类。⑤

在"9·11"恐怖袭击发生之后，联邦税务局立刻发表了一个声明，总结了现行规定，以及开通了为解决那些为救灾而新设立组织的免税问题的快速通道。2001 年 11 月 8 日，筹款监督委员会召开了听证会来调查对于这次灾难的反应。⑥ 联邦税务局免税组织部部长反复强调了现行标准，特别是给予受害者及

---

① *Houses of Worship Political Speech Protection Act*, H. R. 2357, 107th Cong., 1st Sess. (2001); Bright - Line Act of 2001, H. R. 2931, 107th Cong., 2d Sess. (2001).

② *House of Worship Political Speech Protection Act*, H. R. 2357, 107th Cong., 1st Sess. (2001).

③ Internal Revenue Service, *IRS Guidance Letter for Relief Efforts in Oklahoma City* (August 25, 1995).

④ Ruth Rivera Huetter and Marvin Friedlander, "Disaster Relief and Emergency Hardship Programs," 1999 *IRS Continuing Professional Education Text*, 219 - 242.

⑤ Rochelle Korman, "Charitable Class and Need: Whom Should Charities Benefit?" in *Conference: Defining Charity——A View from the 21st Century* (New York University School of Law, National Center on Philanthropy and the Law, 2002).

⑥ Response by Charitable Organizations to the Recent Terrorist Attacks: Hearing before the Subcommittee on Oversight of the House Committee on Ways and Means, Serial 107 - 47, 107th Cong., 1st Sess. (2001).

他们家庭的款项必须基于他们的需要，并且说资金按比例分配是不适当的。① 这个说法受到了来自媒体的广泛批评，以及一些已经在受益人中按比例分配款项的救灾组织的批评。② 2001 年 12 月 10 日，国家税务委员会宣布了一项相当于新的指引意见的指示，称款项的分配如果是基于对合理目标的善意信赖，那么就是适当的。③

2001 年《恐怖主义受害者税收救济法案》（*the Victims of Terrorism Tax Relief Act of* 2001）通过允许慈善组织资助"9·11"事件的受害者或炭疽病人，只要"善意地持续使用合理和客观的方式"，从而在 104 条款中规定了对于现行规则的排除适用。④ 联合税收委员会（Joint Committee on Taxation）给出的解释更加具体，即在此条款下做出的拨付捐款，慈善组织无须做出具体需求的评估，而只要满足善意的要求，以及受害者及其家庭确实属于慈善性阶层，其一次性的拨款比例将不考虑具体的经济需求。⑤ 法案的 104 条款也规定了私立基金会向袭击中受害的与基金会相关联的商业雇员拨付捐助的权利，这是需要得到澄清的另外一个问题。

有关救灾资金的支出问题，公众争议并没有得到缓和，争议集中在比例支付的适当性上，同时还有慈善组织间的受害者名单的协调，以及捐助是否应当立即分配，或是留存一部分用于未来的需要或是未来的灾难等问题。⑥

作为这些问题的调查的一部分，参议院财政委员会的少数派成员（the

---

① Id.. （testimony of Steven T. Miller, Director, Exempt Organizations, Tax Exempt/ Government Entities Division）.

② See Diana B. Henriques and David Barstow, "A Nation Challenged: Charity; Victims' Funds May Violate U. S. Tax Laws," *New York Times*, November 12, 2001, at B1.

③ Notice 2001 – 78, 2001 – 50 I. R. B. 576.

④ *Victims of Terrorism Tax Relief Act of 2001*, Pub. L. No. 107 – 134, §104 （a）（1）, 115 Stat. 2427, 2431 （2002）.

⑤ Joint Committee on Taxation, Technical Explanation of the "*Victims of Terrorism Tax Relief Act of* 2001 *as Passed by the House and Senate on December* 20, 2001 （JCX – 93 – 01）（December 21, 2001）.

⑥ Victoria B. Bjorklund, "Reflections on September 11 Legal Developments," in *September* 11: *Perspectives from the Field of Philanthropy*, 11 （FoundationCenter, 2002）; Susan Rosegrant, "Giving in the Wake of Terror: The Charitable Response to the Attacks of September 11" （Case Study, Practice of Philanthropy and Nonprofit Leadership, JohnF. Kennedy School of Government, Harvard University, 2002）; Robert A. Katz, "A Pig in a Python: How the Charitable Response to September 11 Overwhelmed the Law of Disaster Relief," 36 *Indiana Law Review* 251 （2003）.

Ranking Minority Member of the Senate Committee on Finance）要求审计总署调查并报告慈善组织对"9·11"袭击的反应。审计总署在 2002 年 9 月公布了一个临时报告。① 报告发现，有 35 家大型慈善组织报告在袭击后筹集了约 27 亿美元的资金，但值得注意的是超过 300 家的慈善组织参与了资金的筹集，而更为精确的数据则难以得到了。审计总署也发现由大型慈善组织筹集来的资金有三分之二被用于救济那些死者或伤者的家庭、帮助那些失去工作或住所从而受到间接影响的人和受到灾难影响的工人。在大量的例子里，直接统一的拨款都给了经鉴定过的受害者，红十字会报道说每个家庭获得的平均拨款为 5.4 万美元。

尽管在联邦、州、地区的层面都采取了措施来应对欺诈问题，但还有相对较新的案例报道。审计总署总结认为现在确定欺诈发生的全部范围还为时过早。调查也发现，尽管最初救灾机构间没有协作，但现在已经有了一定程度的协调。报告最后总结了在未来需要关注的两个问题：（1）有关慈善资金的信息，包括筹集和支出的总额，以何种目的拨付给了何人；（2）救灾工作的更好协调，包括联邦政府在救灾工作中的作用以及需要何种权衡，例如，慈善部门的灵活性和独立性的削弱。②

慈善组织对恐怖袭击的反应是国会调查的另一个主题，这次调查还与慈善组织资助恐怖组织的说法联系在一起。参议院银行业、住房与城市事务委员会的国际贸易与财政分委员会（the Subcommittee on International Trade and Finance of the Senate Banking, Housing, and Urban Affairs Committee）分别在 2001 年与 2002 年举行了听证会。③ 在 2002 年秋天，有三个法案被提交给参议院和众议

---

① General Accounting Office, September 11: *Interim Report on the Response of Charities* (GAO – 02 – 1037) (September 3, 2002); General Accounting Office, September 11: *More Effective Collaboration Could Enhance Charitable Organizations' Contributions in Disasters* (GAO – 03 – 259) (December 2002).

② General Accounting Office, September 11: *Interim Report on the Response of Charities* (GAO – 02 – 1037) (September 3, 2002); General Accounting Office, September 11: *More Effective Collaboration Could Enhance Charitable Organizations' Contributions in Disasters* (GAO – 03 – 259) (December 2002).

③ The Role of Charities and NGOs in the Financing of Terrorist Activities: Hearings before the Subcommittee on International Trade and Finance of the Senate Committee on Banking, Housing, and Urban Affairs, 107th Cong., 2d Sess. (2002); Hawala and Underground Terrorist Financing Mechanisms: Hearings before the Subcommittee on International Trade and Finance of the Senate Committee on Banking, Housing, and Urban Affairs, 107th Cong., 1st Sess. (2001).

院，这些法案中止了那些与根据行政命令、移民与国籍法被认定为恐怖分子或与恐怖分子相关的组织的免税资格，并禁止对其捐赠实行税前抵扣。[①] 这些法案也规定了任何团体都不能使用任何司法程序来挑战恐怖分子的认定、免税资格的中止及税前抵扣的禁止。这个条款也被包含在参议院 2003 年 4 月通过的 CARE 法案，以及众议院 2003 年 9 月通过的 H. P. 7 法案中。[②]

## 联邦税务局作为管理者的有效性

联邦税务局作为免税组织的管理者的有效性已经成为国会关注的一个单独的问题，特别是在与 1998 年制定的联邦税务局改革和重组计划相联系的方面，尽管这一点在 1974 年，由一个助理国会议员领导的新的雇员计划与免税组织办公室（Office of Employ Plans and Exempt Organizations）作为雇员退休金保险法（the Employee Retirement Income Security Act）规定的一部分而被建立起来的时候就得到了国会的注意。这标志着在慈善组织管理上的重大变化，由精通税收的人员管理转而由专注于保持免税部门完整性的人员来管理。[③]

在 1995～1997 年间，国会考虑对联邦税务局进行改革和重组，也考虑取消对免税组织的单独的管理规则。然而，事实并非如此，如同在第七章详细描述的那样，设立助理国会议员的免税组织和政府部门机构（Tax Exempt and Government Entities）就是为了设立一个独立的专门机构来规范免税组织和雇员计划活动。第七章对于这个机构的组成和慈善组织有关的活动进行了描述。

国会也指出了免税组织管理中的政治影响问题。在 20 世纪 70 年代，有三个关于为政治和意识形态的目的而试图滥用联邦税务局权力的调查。这些调查的一个摘要曾在 1975 年为菲勒委员会准备的一个研究报告中出现过，总结如下：

---

① H. R. 5603, 107th Cong., 2d Sess. (2002); S. 3081, 107th Cong., 2d Sess. (2002); S. 3082, 107th Cong., 2d Sess. (2002).

② CARE Act of 2003, S. 476, § 208, 108th Cong., 1st Sess. (2003); *Charitable Giving Act of 2003*, H. R. 7, § 201, 108th Cong., 1st Sess. (2003).

③ David Ginsburg et al., "Federal Oversight of Private Philanthropy," in Department of Treasury, Commission on Private Philanthropy and Public Needs, *Research Papers*, Vol. 5, pt. 1, at 2575, 2621 (1977); 亦参见第七章。

联邦税务局从来没有完全避免不适当的政治或政党影响，但总的来说，联邦税务局对这种影响的抵抗——即使是来自白宫的影响——也似乎是异常有力的。对于任何政府机构，都不能实际期待它们能在强势的国会和白宫压力面前表现得完美。但是，除了早期冷战时代的失常状态像对国家施加影响一样影响到联邦税务局时，联邦税务局被公正地认为屈从于党派或是意识形态的偏见的例子都很少。此外，联邦税务局对自己在水门事件相关调查中连续继任的委员不顾强大的反对力量而坚持非党派的客观性的传统的公众证据感到骄傲，而这种骄傲加强了这种传统在制度上的力量。[1]

联合委员会根据 1998 年《重组与改革法案》（the Restructuring and Reform Act）在 2000 年公布的一个关于联邦税务局受到的不当影响的研究报告中发现，还没有可靠的证据表明：（1）联邦税务局延迟或加快了对免税组织的既有观念的性质的决定书的发布；（2）促进向国家机构进行特定的申请是联邦税务局雇员的刻意行动，使组织接受那些反对克林顿政府而受到更严格监督的观点；（3）挑选免税组织来进行审查，或联邦税务局根据组织的意见改变执行审查的方式；（4）克林顿的行政官员干预对免税组织的挑选，或没有成功地选择特定的免税组织以供审查；（5）联邦税务局有组织地使用媒体报道、来自国会成员或纳税者的信件等来识别那些拥护或反对克林顿政府政治观念的免税组织并进行审查。[2]

联合委员会同时也被指控在调查雇员在免税组织相关方面的不当行为时不太妥当。有八个被指称联邦税务局雇员行为不当的例子被确认，但没有实质性的证据表明有不适当的影响在其中。报告包括一个关于联邦税务局处理决定和审计程序的有价值的描述，还包括联邦税务局内部控制运作的描述，本书附件 B 罗列了关于限制政治竞选活动和游说议员方面的法律。[3]

---

[1]  Ginburg, "Federal Oversight of Private Philanthropy," 2618.

[2]  Joint Committee on Taxation, *Report of Investigation of Allegations Relating to Internal Revenue Service Handing of Tax - Exempt Organization Matters* (JCS - 3 - 00)（March 2000）.

[3]  Joint Committee on Taxation, *Report of Investigation of Allegations Relating to Internal Revenue Service Handing of Tax - Exempt Organization Matters* (JCS - 3 - 00)（March 2000）.

## 联邦管理的重大扩展：对超额利益交易的中间制裁

1996 年国会对受托人可能从其服务的组织处获取的经济利益设定了限制。[①] 这些限制代表了在第一所得税法授予慈善组织免税资格之后通过的规制慈善组织运营的最影响深远的条款，被称为 "中间制裁"。尽管 1969 年制定的私立基金会条款在这一类慈善组织的管理上已经有了深刻的作用，但私立基金会只占慈善部门的 6.5%。[②] 与此相反，中间制裁却适用于 501（c）（3）条款项下的所有其他免税组织，这些组织构成据联邦税务局 2002 年估算包括 91 万个组织的广袤领域。[③] 中间制裁也适用于在 501（c）（4）条款下的免税组织，包括特定的在州法中被视为慈善组织的组织。正如有关私立基金会的条款在组织运营的道路上所面临的巨大变化一样，也可以预料对超额利益交易的禁止将强迫公共慈善机构的受托人和理事修改他们的运营程序，以及让他们高度重视任何包含自我交易的交易行为。

"中间制裁" 意味着对特定交易行为处罚的性质。更为适当的描述是 "超额利益交易"，即法律所要排斥的交易行为。超额利益交易是指，在这种交易中，利益冲突人从慈善组织中获得了大于公平市场价值一定数额的金钱或其他财产。这个规则适用于慈善组织和利益冲突人之间的买卖或交换，以及给予利益冲突人的报酬或补偿。利益冲突人包括所有的受托人和其他处在对组织相关问题有实质影响力的位置的人员。这种制裁与适用于私立基金会的自我交易规则相似，即对利益冲突人和特定情形下的慈善组织管理人员征税。这种制裁被命名为 "中间"，指明它处于没有制裁与 "最终" 取消免税资格的制裁之间的位置。

制定这些超额利益交易条款的动力来自联邦税务局自身，特别是来自联邦

---

① I. R. C. § 4958，由纳税人权利法案二制定，Pub. L. No. 104 – 168，§ 1311，110 Stat. 1452，1475 – 1749（1996）。

② Murray S. Weitzman and Linda M. Lampkin, *The New Nonprofit Almanac and Desk Reference*, 125, Table 5.1（New York：Jossey-Bass, 2002）.

③ Murray S. Weitzman and Linda M. Lampkin, *The New Nonprofit Almanac and Desk Reference*, 125, Table 5.1（New York：Jossey-Bass, 2002）.

税务局在 1987 年设立的处罚工作组的建议，该工作组建议联邦税务局应当寻找与第 42 条中规制私立基金会相似的提供制裁的法律条款，可在免予取消免税资格的同时达到纠正目的。[①] 1993 年，国内税收委员（Commissioner of Internal Revenue）在筹款委员会的监督分委员会召开听证会期间向国会建议制定这类性质的法律条款。[②] 财政部起草的条款在 1996 年提交给国会，并在许多慈善部门领导人的支持下，法案作为 1996 年的纳税人法案的一部分被通过。这些条款的基本内容和在立法过程中的更多细节会在第五章中予以介绍。

　　导致超额利益条款最终被立法吸纳的过程是比较独特的，相对来说几乎没有受到来自公众和国会内部的反对，尽管在这些条款最初被建议的时候，某些慈善部门表示了反对，特别是将这些条款扩展适用于私人获益的所有情形，而不仅仅是自我交易的可能性。尽管联邦税务局在最终接受这些条款之前也发布了临时性和建议性的规定，公众的建议也只集中在技术方面。[③]

# 1970 年后实体法的其他变更

　　以上论述了直接来自国会调查而对慈善组织发生影响的立法修改以及实施。然而，行政规则和法院判决也是创设联邦税法的途径。这一部分将阐述形成于判例、财政部规定和联邦税务局行政规则的规定，并非来自国内税收法典修正案，却影响着慈善组织的联邦税法的发展。

## 慈善目的定义的参数变化

　　慈善目的的定义和那些确定慈善组织免税资格条件的参数不时给联邦税务局提出很难解决的问题。定义中的条件包括慈善组织的受益人要来自不确定的

---

① Executive Task Force, Commissioner's Penalty Study, Internal Revenue Service, *Report on Civil Tax Penalties*, ch. 9, sec. Ⅲ (1989).

② Tax Administration of Public Charities Exempt under Section 501 (c) (3): Hearings before the Subcommittee on Oversight of the House Committee on Ways and Means, Serial 103 – 39, 103d Cong., 1st Sess. (1993).

③ 63 Fed. Reg. 41, 486 (August 4, 1998) (proposed regulations); 66 Fed. Reg. 2144 (January 1, 2001) (temporary regulations); 67 Fed. Reg. 3076 (January 23, 2002) (final regulations).

群体，并且慈善组织的目的假如是非法的或是违反基本公共政策的就不能认为是慈善性的。基于对干预公共机构竞选的禁止和对游说议员的限制已经被纳入基本的普通法规则中，对免税资格的确定就变得更加复杂。

1959 年，根据 501（c）（3）条款发布的规定创设了免税目的定义参数。这些规定采纳了那些被特别阐述的、作为普通法上的慈善组织定义的内容，来确定在该条中被援引的每种目的的含义。① 而最重要的是，这些条款整合了这样的观念，即慈善组织的含义不是静态的，而是随着时间变化不断发展的，以反映不断变化的环境和对公共利益的看法。除了采纳普通法中有关慈善组织的定义，1959 年的这些规定实际上通过允许授予那些在"通过致力于达到任何传统目的的组织，或通过缓解邻邦的紧张状态、减少偏见和歧视、维护法律保护的人权和民权，或防止社区堕落和青少年犯罪，从而促进社会福利"的名义下参与各种形式的社会实践的团体以免税资格，从而扩展了慈善活动的范围。② 在这种规定之下，在 1969 年以前，一个投票人登记组织和一个从事与项目有关投资的组织也获得了免税资格。1969 年以后，慈善目的的范围被拓宽，与之相关联的是医院、环保组织、法律援助与公益律师事务所、人权和民权组织以及范围广阔的艺术组织的免税条件的明确。③ 联邦税务局对于慈善目的的敏锐反应与英国慈善组织委员会相比反差悬殊，后者对扩展慈善组织的内涵过分严格，以至于在 2002 年，广泛的社会支持被激发出来，只是为了在慈善组织定义的大致类别中加入新的特定目的。④

## 公共政策原则在慈善目的定义上的应用

毫无疑问，自 1970 年以来关于慈善组织定义的最重要发展，是在联邦税务局拒绝授予那些种族歧视的私立学校以免税资格时，应用了"慈善目的因违反公共政策而无效"的普通法规则。这个决定引发了激烈的公共辩论，直到 1983 年由联邦最高法院判决所一锤定音。⑤

---

① Treas. Reg. §1.501（c）（3）–1（d）（2）（T. D. 6391）（1959）.

② Treas. Reg. §1.501（c）（3）–1（d）（2）（T. D. 6391）（1959）.

③ 参见第五章。

④ Strategy Unit Report, *Private Action*, *Public Benefit*, 36 – 43, available at www. strategy – unit. gov. uk.

⑤ *Bob Jones University* v. *United States*, 461 U. S. 574 (1983).

    这些争论在 1967 年废除种族歧视的骚乱期间开始出现，此时联邦税务局发布了一项声明，称拒绝授予任何接受州资助的实施种族歧视政策的私立学校以免税资格。[①] 作为回应，密西西比州的黑人公立学校的学生家长起诉，要求禁止联邦税务局向州内任何一所歧视性学校授予免税资格或不允许其接受公益捐赠，无论其是否受到州的资助。[②] 在这个诉讼还未判决前，联邦税务局宣布将这种禁止扩展到与教会相关的学校。[③] 联邦税务局的立场在 *Green v. Connally* 一案中得到了支持，[④] 在这个案件中，由三个法官组成的地区法院判决禁止联邦税务局对任何在密西西比州实行种族歧视政策的私立学校授予免税资格，理由是免税资格不能授予从事非法或违反公共政策活动的组织。

    联邦税务局在一个新的声明里宣布遵循这一法院判决，[⑤] 之后很快公布了一个税收规定，重申了基于法院判决基本原理的新立场。[⑥] 1975 年，这个规定中禁止的范围被扩展到基于肤色和原始国籍的歧视。[⑦]

    1978 年，联邦税务局宣布了一项试行税收规定，其中对免税资格设定了更严格的标准，不仅对那些有歧视性政策的学校拒绝授予豁免资格，也同样拒绝给予那些在社区公立学校废止种族歧视时开始招收或扩招少量少数族裔学生的学校以免税资格。[⑧] 国会通过立法，根据 1980 年预算法案拒绝了为该试行税收规定的制定或执行提供资金，以此回应联邦税务局的这个建议。[⑨] 这个措施有效防止了联邦税务局去执行试行规定中的程序，避免那些可能陷入僵局的问题

---

① IRS News Release（August 2，1967）.

② *Green* v. *Kennedy*，309 E. Supp. 1127（D. D. C），appeal dismissed sub nom. *Cannon* v. *Green*，398 U. S. 956（1970）.

③ Rev. Rul. 75 – 231，1975 – 1 C. B. 159.

④ 330 F. Supp. 1150（D. D. C），aff'd sub nom. *Coit* v. *Green*，404 U. S. 997（1971）.

⑤ IRS News Release（July 7，1970）.

⑥ Rev. Rul. 71 – 447，1971 – 2 C. B. 230；see also Rev. Rul. 75 – 231，1975 – 1 C. B. 158.

⑦ Rev. Rul. 75 – 50，1975 – 2 C. B. 587.

⑧ 43 Fed. Reg. 37，296（1978）.

⑨ *Treasury Appropriations Act of 1980*，Pub. L. No. 96 – 74，93 Stat. 559（1979）. Darnan 修正案中也规定了"在此法案下的任何资金都不能用于执行联邦税务局的提议"。同上，§615，93 Stat. 559，577. Ashbrook 修正案规定资金不可以用于"制定或执行任何将导致私立的、宗教的或教会运营的学校的免税资格减损的规则、政策、程序、指导意见、法规、标准或措施。"同上，§103，93 Stat. 559，562。

的发生。①

同时，法院正在宣判一些案件，包括撤销了两个教育性组织，Bob Jones U-niversity 和 Goldsboro Christian Schools Inc. 的免税资格，理由是它们实行种族歧视。1980 年第四巡回上诉法院支持了联邦税务局撤销免税资格的决定，② 最高法院合并审理了这两个案件，并发出案卷调取令。③ 1982 年，在这个案件辩论之前，刚刚上台的里根政府宣布联邦税务局在没有国会授权的情况下不应再撤销或拒绝授予种族隔离学校的免税资格。④ 同时，司法部撤回了其在 Bob Jones University 一案中的起诉书，并要求法院以未决事项名义撤销此案。⑤ 面对公众对这些行动的强烈反对，里根政府随即向国会提交了解决方案，建议制定法律来授予联邦税务局执行它已宣布的政策的权力。⑥ 虽然预期这些措施不会被国会采纳，但是仍然制定了这一法律。⑦ 随着司法部对 Bob Jones University 一案的撤回，上诉法院禁止联邦税务局对任何实行种族歧视的学校恢复免税资格，并任命了独立的法庭，在法院的诉讼程序上支持了联邦税务局的最初立场。

联邦最高法院的判决在 1983 年 5 月 24 日公布。这个判决再次确定了联邦税务局依据普通法中慈善组织的定义来认定那些实行种族歧视的学校，无论是否与教会有关，都没有免税资格的合法性。判决认为，《国内税收法典》中的"慈善性"这一词语中包含了教育，同时要求慈善组织服务于公共目的，因此排除了那些违反公共政策的组织。这个判决搁置了国会关心的其他问题，尽管税收监管者在禁止种族歧视问题上的胜利还有待商榷。⑧

联邦税务局和法院也被呼吁对歧视的其他方面予以规制，即支持弱势群体

---

① Thomas McCoy and Neal E. Devins, "Standing and Adverseness in Challenges of Tax Exemptions for Discriminatory Private Schools," 52 *Fordham Law Review* 441, 461 – 462 (1984).

② *Bob Jones University* v. *United States*, 639 F. 2d 147 (4th Cir. 1980).

③ 454 U. S. 892 (1981).

④ IRS News Release (January 8, 1982).

⑤ *Bob Jones University* v. *United States*, 461 U. S. 574, 585 (1983).

⑥ Letter from President Ronald Reagan to the President of the Senate and the Speaker of the House Transmitting Proposed Legislation, 18 *Weekly Comp. Pres. Doc.* 37 (January 18, 1982).

⑦ 128 Cong. Rec. S111 (daily ed. January 28, 1982) (remarks of Senator Bradley); Id., S108 (remarks of Senator Hart).

⑧ Frances R. Hill and Douglas M. Mancino, *Taxation of Exempt Organizations*, 17. 02 (New York: Warren, Gorham & Lamont, 2002).

措施的有效性。联邦税务局已经规定，对美洲原住民的优待不能成为拒绝给予免税资格的理由，尽管联邦税务局也声称这种立场不应被解释为对平权运动（affirmative action）基本原理的赞同。① 与此立场相一致，联邦税务局还规定，尽管公共支持的教育组织被禁止运作种族歧视的奖学金项目，但包含这种目的的独立信托和基金会并不必然被排除在免税资格之外。② 联邦税务局也规定，仅让白人血统的学生受益的信托不能获得免税资格。③ 然而，在 1983 年，联邦税务局却偏离了这个立场，其拒绝适用自己的规则而采纳了事实与情形测试来确定任何一个特定的信托或基金是否违反了公共政策。④

而就 2002 年的法律而言，公共政策是否禁止在教育领域非基于种族和原始国籍的歧视方面仍然保持了不明确的态度。值得注意的是，性别歧视的问题也没有得到解决。Hill 与 Mancino⑤ 认为在这个问题上的法律进路可以因联邦最高法院 1996 年 *Untied States v. Virginia* 一案的判决很好地勾勒出来。⑥ 在这个案件中，法院认为排除女性进入弗吉尼亚陆军军官学校构成了对平等保护条款的违反。然而在该案中，这个学校是一所州立大学，因而州的行为规则是在公共政策原则之下起作用的。

### 州立法在慈善目的上的局限：津贴理论

除了公共政策原则的道德性施加在慈善目的上的限制之外，对于免税资格的拒绝给予也可能发生在特定的情形之下，包括对第一修正案下的言论自由、集会自由，以及第十四修正案下的正当程序条款所派生的法律平等保护等宪法权利的非法剥夺的情形。然而这些宪法性禁止只扩展到州，因而若要主张权利被侵犯，只能先证明被指控的行为有州政府参与其中。在上面提到的州立大学，即弗吉尼亚陆军军官学校的案例中，州的行为是显而易见的。

然而，州的行为也可以表现为不太直接的方式，其中一种为制定对非政府

---

① Gen. Couns. Mem. 36, 363 (August 7, 1975).

② Gen. Couns. Mem. 39, 117 (January 13, 1984).

③ Gen. Couns. Mem. 37, 462 (March 17, 1978).

④ Gen. Couns. Mem. 39, 082 (December 1, 1983). See also Gen. Couns. Mem. 39, 117 (January 13, 1984).

⑤ Hill and Mancino, Taxation of Exempt Organizations, I7.05 [3].

⑥ 518 U. S. 515 (1996).

组织给予津贴的条款。而免税资格本身的授予，以及对某些组织捐赠的税收抵扣所推论出的对于组织的资助是否构成政府津贴的问题，已然成为法学和经济学学者们激烈讨论的主题，但还没有取得共识。然而，就 1983 年联邦最高法院在 *Regan v. Taxation with Representation of Washington* 一案的判决中有关国会规制免税组织权力方面的陈述而言，这个问题已经得到解决。① 法院所面临的问题是，501（c）（3）条款针对游说议员的限制是否构成对一个组织言论自由宪法权利的侵犯。为了说明这种限制是合法的，法院认为：

> 免税和税收抵扣都是通过税收体系管理的津贴形式。免税与给予组织根据其收入应当缴纳的税款同等数额的现金，效果是相同的。可抵扣税款的捐赠与给予个人捐赠部分等比例的现金是相似的。国会制定的这个体系向非营利的社会福利机构普遍提供了这一类津贴，并且向那些不参与实质性游说的慈善组织提供了额外津贴。总而言之，国会选择不像资助那些非营利法人致力于促进公共福利的其他活动那样去资助游说。②

法院注意到被告组织并没有被剥夺行使其言论自由的权利，因为它可以在两个组织间区分它的活动，一个组织开展教育活动，可以根据 501（c）（3）条款获得免税资格，并有资格获得捐赠的税收抵扣；而另一个在 501（c）（4）条款下得到免税资格的组织来开展不受限制的游说活动，尽管不能获得捐赠的税前抵扣。

被告声称，对于游说的限制违反了平等保护条款，因为纳税人被承诺从那些允许游说不受限制的资深免税组织的受赠中获得税收抵扣，但不能从对于那些在 501（c）（4）条款下获得免税资格的组织的捐赠中获得税收抵扣。为了反驳这种主张，法院支持了国会关于不资助基本权利的行使并不构成对权利的侵犯的决定。"在这个案件中，问题并不是被告是否必须被允许从事游说活动，而是国会是否要为它提供用于游说的公共资金。"③

---

① 461 U. S. 540（1983）.

② Id. , 544.

③ 461 u. s. , 551（1983）.

## 游说

对游说的限制在国会之外也引起了争议。501（h）条款于 1976 年制定，这个条款允许公共慈善机构选择机械性的测试来决定游说支出的数额，但直到 1986 年 11 月 5 日，财政部才公布了试行规则。[①] 这次的迟延是由于大量重要的税收立法比游说的规制要求更受关注，且各方在相关问题上达成一致极为困难。[②] 无论如何，这个试行规则很快受到了严厉的批评，特别是就间接游说的定义与在所承诺的教育活动和法定限制范围内的项目之间支出的分配规则。McGovern 指出，有将近 200 个组织签署了一份由独立部门（Independent Sector）提交的立场声明，要求立即撤回那些试行法规。大量其他的全国性组织也提出了类似的要求，同时联邦税务局收到了超过 5000 份的个人意见。[③]

就在试行规则公布不久，国会议员 Pickle 开始了另一个关于游说和政治活动的调查。他在 1987 年 3 月举行的听证会上以一份分委员会的报告总结道，《国内税收法典》中的限制反映了良好的税收政策，但是这些规定太过复杂，有时不够精确。[④] 其他的国会议员质疑法典中的这些规则，包括筹款委员会的主席 Dan Rostenkowski，他要求撤回这些规则，并要求联邦税务局与公共和私人部门的代表就法律修改的事项进行协商。[⑤]

为了回应 Rostenkowski 的建议，在 1987 年建立了一个免税组织咨询组（Commissioner's Exempt Organizations Advisory Group）。这个咨询组在 1987 年 9 月和 1988 年 2 月举行了会议，尽管讨论了一些范围非常宽泛的影响免税组织的事项，主要的焦点还是集中在游说的规制上。新的试行规则在 1988 年 12 月 23

---

① 51 Fed. Reg. 40，211（November 5，1986）.

② James J. McGovern et al.，"The Revised Lobbying Regulations——A Difficult Balance," 41 *Tax Notes* 1425，1427（1988）.

③ James J. McGovern et al.，"The Revised Lobbying Regulations——A Difficult Balance," 41 *Tax Notes* 1425，1427（1988）.

④ Subcommittee on Oversight，House Committee on Ways and Means，Report and Recommedatons on Lobbying and Political Activities by Tax – Exempt Organizations，WMCP 100 – 12，100th Cong.，1st Sess.（1987）.

⑤ Lobbying and Political Activities of Tax – Exempt Organizations：Hearings before the Subcommittee on Oversight of the House Committee on Ways and Means，Serial 100 – 15，100th Cong.，1st Sess.（1987）.

日公布，包括了不少修正，以与在第一次试行时遇到的许多严重的反对意见相协调。① 1990 年 8 月，最终的规定公布了。② 尽管迟延了很久，联邦税务局和免税部门对此结果都反映良好，2000 年，新的咨询委员会作为联邦税务局改革和重组的一部分而建立。③

## 无关宗旨商业所得税与商业活动

尽管国会没能成功地改革无关宗旨商业所得税，但筹款委员会的分委员会（即"Pickle 委员会"）的 1988 年报告很清楚地对联邦税务局对无关宗旨商业所得税条款的执行产生了影响。在 Pickle 报告公布以后的几年，联邦税务局审计了所有分委员会建议实行严格规则的领域，特别是在博物馆商店、大学书店、旅行团和许可使用协议等方面。然而，具有更广泛重要性的是联邦税务局对免税组织日益增多的商业活动所产生问题的回应。这些问题都被 Pickle 委员会指出过且迅速增多。④

1997 年，占据慈善部分总收入 49% 的卫生保健业⑤是传统服务部门中扩展到"商业性"活动的第一个领域。这些商业性活动中的部分与免税目的有关，其他部分则可归为无关商业所得税的范围，或为那些免税的子机构所实施，或为营利性的子公司实施，在 20 世纪 90 年代由营利组织实施的活动越来越多。这些发展给监管者提出了问题：（1）在免税组织和其共同投资者之间安排的性质，是否对慈善组织施加了与其应当排他性地服务于公共利益的要求不相吻合的义务，或导致了不被允许的私人利益或私人福利；（2）是否应当对商业活动的数额施以限制，无论是与宗旨相关或是无关的商业活动，只要超出了额度，就构成了对组织的免税资格的损害，因为这个组织不再主要地从事免税的活动。

对于税收监管者提出的第一个问题出现在 20 世纪 80 年代，那时免税组织正寻找途径来增加收入，在政府资助减少的情况下转而投向私人投资

---

① 53 Fed. Reg. 51，826（December 23，1988）.

② 55 Fed. Reg. 35，579（August 31，1990）（T. D. 8308）.

③ 参见第七章。

④ See Burton A. Weisbrod，ed.，*To Profit or Not to Profit*：*The Commercial Transformation of the Nonprofit Sector*（Cambridge：Cambridge University Press，1988）.

⑤ Weitzman and Lampkin，*The New Nonprofit Almanac and Desk Reference*，125，Table 4. 2.

者来寻求扩展活动的经费。这时大量医院开始重新调整它们的治理结构，设立一个母组织来控制大量的子公司和合伙，子公司和合伙的活动有些是免税的，有些则不是，在可征税的风险投资事业中由一些私人投资者担任股东或合伙人。最初，联邦税务局规定如果一个慈善组织在营利实体或私人之间的合伙关系中成为主要的合伙人，那么它将失去免税资格。这个立场在 20 世纪 80 年代早期就被废弃了，但联邦税务局仍然认为，如果一个慈善组织与营利实体结成了联合风险投资事业将失去免税资格，除非联合风险投资的活动促进了慈善组织的免税目的，且慈善组织保持了对纳税实体的控制。在 20 世纪 90 年代的中后期，政府向法院提起的大量诉讼涉及联合风险投资协议的有效性，特别是那些涉及医院和医疗保险的协议。结果可以在其对卫生保健领域的影响方面细致地观察到，正如对那些联合风险投资早已被用于资助低成本住房的更大的免税部门，但越来越多地被大学和艺术组织使用，同时有更大范围的慈善组织使用这种方式，通过网络活动增加它们的收入。①

管理者面临的第二个问题部分源于《国内税收法典》对是否限制商业活动数额的不确定性。尽管批评者和来自小商业的代表们一直在批评免税部门开展的商业性活动的数额，暗示了这需要受到限制，但这种立场还没有得到法律上的支持。到 2002 年年末，国会和联邦税务局都没有直接解决这个问题，而这个问题因为"商业性活动"的持续增加而持续受到关注。②

## 2002 ~ 2003 年对上市公司和审计所的监管

上市的商业公司董事和工作人员违反信赖义务活动大量的曝光——在一些例子中甚至是犯罪的行为——在 2002 年开始出现，但没有对慈善组织产生直接的影响，然而显而易见的是，这将在接下来的几年中影响慈善组织的监管者以及这个部门自身。国会对这种曝光的反应是迅速的，并以 2002 年 7 月 30 日签署的《萨班斯—奥克斯利法案》（*Sarbanes-Oxley Act*）的形式表现出来。③ 这部

---

① 参见第五章。

② 参见第五章。

③ *Sarbanes-Oxley Act of 2002*, Pub. L. No. 107 – 204, 116 Stat. 745（2002）.

法案对公司的职员和理事施加了新的义务，增加了证券和交易委员会的披露要求，增大了主管部门的权力，对违反规则的公司职员和董事施加了新的和加重的刑事处罚，并且建立了一个新的结构，在证券和交易委员会的监管下监督公共会计事务所。这些规定中的一个条款可在将来适用于慈善组织，尤其是那些超过一定规模的慈善组织，即要求首席执行官员和首席财务官员确保每个季度报告和年度报告中不包含不真实陈述或隐瞒，确保这些材料公正地反映公司的状况，并确保职员的签署已设置了内部控制来保证适当的信息能够被提供。这个法案也要求只能由独立董事在审计委员会里任职，这些董事设置程序以保证他们个人可以及时回应那些对公司行为有疑问的职员的质询，同时，审计委员会被授权保持独立决策。

同时，这个法案设立了一个在证券和交易委员会的监管下的，由五个成员组成的机构，所有为上市公司提供审计服务的机构都要向其登记。机构的理事会被授权建立审计的标准，检查公司的遵守情况，以及应要求开展调查和惩戒性诉讼（disciplinary proceedings）。它也被授权实施范围广泛的制裁措施，包括临时中止或永久撤销对公司及其官员的注册，对子公司或人员活动的临时性或永久性限制，以及处以 10 万美元到 1500 万美元的民事罚款。①

这个法案的其中一个条款最初是被众议院批准但在会议委员会批准的最终版本中被删除，该条款是为了规定公司与免税组织的关系而特别制定的。该条款规定了公司及其执行官员须向证券和交易委员会报告它们与"慈善性组织"的关系。如果董事和执行官员及二者的家庭成员担任非营利法人的理事或官员，或者上述人员在最近五年向非营利法人的捐助超过了 1 万美元，或向非营利法人提供了物质性的利益，包括对其利益的游说，这些情况也需要披露。②

2003 年 1 月，纽约总检察官 Eliot Spitzer 公布了他起草的一个法案的文本，这个法案将《萨班斯—奥克斯利法案》的特定条款适用到纽约的所有慈善组织。法案要求慈善法人设立独立的审计委员会，并且除非议事规则禁止，还须设立一个执行委员会。法案也规定了新的财务报告条款和确认要求，减小了非

---

①　*Sarbanes-Oxley Act of 2002*，Pub. L. No. 107 – 204，116 Stat. 745（2002）.

②　H. R. 3763，§7（2）.（众议院 2002 年 4 月 24 日通过）

营利团体在诉讼中对其职员及理事的保护范围。① 为了回应来自慈善部门的反对，这个建议性方案在 2003 年 8 月进行了修改，使之减少对小型慈善组织造成的负担。② 2003 年 9 月，总检察官宣布他认为在法律制定以前还需要进一步的研究。③

## 财政部反恐财务指南

在"9·11"之后，政府关闭了美国五个最大的国际伊斯兰教人道主义组织中的三个，并冻结了它们将近 800 万美元的资产。④ 政府也寻求国会的行动来允许它将这种努力扩展到禁止转移资金到恐怖组织。2001 年 12 月通过的《恐怖主义受害者税收救济法案》，修改了《国内税收法典》的 6103 条款，允许披露纳税申报表和财政部以外的政府执法机构为了调查或应对恐怖事件、恐怖威胁或恐怖活动可以查询纳税申报表的信息。⑤ 在法案通过的同时，财政部宣布正在考虑是否需要更大的权力来制止慈善组织为恐怖组织所利用。在 2002 年 8 月 1 日，财政部宣布将不再要求更大的权力，也不再做出任何修改《国内税收法典》的建议来阻止恐怖分子通过慈善组织进行资金活动。⑥

财政部对两个基金会资产处理的有效性受到了质疑，在这两个案件中，这些质疑获得了上诉法院的支持。⑦ 其中一个慈善组织的创立者，在被拘留了一

---

① Office of New York Attorney General, Press Release, "Spitzer Proposes Reforms of State Corporate Accountability Laws," January 23, 2003; see also S. 4836, 2002–2003 Reg. Sess. (2003).

② Fred Stokeld, "Legislation to Apply Sarbanes-Oxley to New York Nonprofits Revised," 2003 *Tax Notes Today* 152–1 (August 7, 2003).

③ National Association of Attorneys General and National Association of State Charity Officials, 2003 Annual Charitable Trust and Solicitations Seminar (Brooklyn, September 15, 2003).

④ Hanna Rosin, "U. S. Raids Offices of 2 Muslim Charities; Groups Accused of Funding Terror," *Washington Post*, December 16, 2001, at A28.

⑤ *Victims of Terrorism Tax Relief Act of 2001*, Pub. L. No. 107 134, § 201, 115 Stat. 2427, 2440 (2002).

⑥ The Role of Charities and NGOs in the Financing of Terrorist Activities: Hearing before the Subcommittee on International Trade and Finance of the Senate Committee on Banking, Housing, and Urban Affairs, 107th Cong., 2d Sess. (2002) (statement of Kenneth W. Dam, Deputy Secretary, Department of Treasury).

⑦ *Holy Land Foundation for Relief and Development* v. *Ashcroft*, 333 F. 3d 156 (D. C. Cir. 2003), *Global Relief Foundation, Inc.* v. *O' Neill*, 315 F. 3d 748 (7th Cir. 2002).

年半之后，于 2003 年 7 月因签证过期而获释。① 另一个伊斯兰教慈善组织是 Benevolence 国际基金会，其资产 2001 年被冻结，该组织领导人 Enaam Arnaout 在 2002 年 10 月被指控诈骗，且指称这个慈善组织为奥萨马·本·拉登的恐怖活动提供资金支持。② 在 2003 年 2 月，被告 Enaam Arnaout 同意进行辩诉交易，承认非法将捐赠资金用于支持车臣和波斯尼亚的叛乱分子，同时公诉人员取消了所有关于他和"基地"组织或恐怖主义相联系的指控。③ 在判处 Arnaout 因欺诈捐赠人而获 11 年零 4 个月监禁的同时，法官也被提示公诉人从来未能证明被告人资助恐怖分子，但被告人曾将高达 40 万美元的资金用于为士兵购买制服、靴子以及帐篷，从而误导了慈善组织的捐赠人和受赠人。④

2002 年 11 月，财政部发布了一个《给在美国的慈善组织降低慈善资金被用于资助恐怖活动可能性的自愿实践最佳指南》。⑤ 财政部在与这个指南一起发布的出版物中称，该指南已根据伊斯兰团体有关未来政府行动的关注和面临捐助减少困境的一些疑问进行了修改完善。⑥ 这个指南分为三个主要的部分，分别为"治理结构""披露/透明度"和"反恐财务程序"。治理结构部分包含了涉及理事会组成（要求至少由三名成员组成，每年至少有三次大多数成员亲自出席的会议）和利益冲突管理方案的具体条款。此外，指南还规定理事会应当是一个独立的治理机构，特别指出当慈善组织直接或间接向超过 1/5 的理事会

① Rachel L. Swarns, "Threats and Responses: A Michigan Case——U. S. Deports Charity Leader in Visa Dispute," *New York Times*, July 5, 2003, at A11.

② Eric Lichtblau, "Threats and Responses: The Money Trail——U. S. Indicts Head of Charity in Qaeda Financing," *New York Times*, October 10, 2002, at A6.

③ Eric Lichtblau, "Threats and Responses: The Money Trail——Charity Leader Accepts a Deal in a Terror Case," *New York Times*, February 11, 2003, at A1.

④ John Mintz, "Head of Muslim Charity Sentenced; Ⅲ. Man Diverted Funds to Militants; No Proof of Terror Link, Judge Says," *Washington Post*, August 19, 2003, at A2.

⑤ "U. S. Department of the Treasury Anti – Terrorist Financing Guidelines: Voluntary Beat Practices for U. S. based Charities" (November 7, 2002), available at www. treas. gov/press/releases/docs/tocc. pdf.

⑥ Office of Public Affairs, U. S. Department of the Treasury, "Response to Inquiries from Arab American and American Muslim Communities for Guidance on Charitable Beat Practices," PO – 3607 (November 7, 2002); see also Alan Cooperman, "In U. S., Muslims Alter Their Giving; Those Observing Islamic Tenet Want to Aid Poor but Fear Prosecution," *Washington Post*, December 7, 2002, at A1.

成员或执行委员会成员支付报酬时，就不能认定其具有独立的管理机构。

在有关披露的部分里，财政部建议慈善组织向公众公开理事会成员的名单及他们的薪酬，以及前五位薪酬最高的雇员的名单以及他们的工资及间接收入。指南"建议"慈善组织提交年度报告和年度财务报告，以及募集款项时要进行报告，重申了《国内税收法典》中要求的条款和许多州的法律。相似地，对于年度总收入超过 25 万美元的慈善组织，有关财务活动的条款也要求普遍采纳审计程序，但是对于其发布审计财务报告并接受公众监督的要求进行了除外规定。此外，这个公开条款在许多州的法律中有相对应的规定，但是其门槛不同。

最后一个部分包括了用来识别潜在受资助方的详细程序，包括采用合理的公共信息检索来确定潜在受资助方是否与任何可疑的活动有牵连，并查证确保潜在受资助方没有出现在任何政府标示为与恐怖主义或洗钱活动有联系的人名列表中，同时要求外国受赠人确保其与政府人名列表中的任何一个人都没有关联。①

指南和联邦税法之间的关系被联邦税务局免税组织部的一个前任部长描述为是"模棱两可的"，特别是因为这些指南是财政部发布的，而财政部也同样发布联邦税务局的管理规定。② 其他人指出指南中的一部分援引了现行法律中适用于所有慈善组织的要求，而其他部分是为了重申私立基金会的强制性公益支出责任（expenditure responsibility），在效力上将该责任推广适用于所有公共资助的慈善组织。因此，为保持最少的误导性，该指南被标示为"自愿的"。③该指南也反映了针对目前仅在三个州的法律中有规定的对理事会组成和理事会工作程序加以限制的一个趋势，尽管这已逐渐作为联邦税务局和州检察部门的规定而出现在调解书中。财政部发布这些指导意见的行为确认了限制慈善组织选择其营和行为标准规则的趋势。

2003 年 5 月 5 日，联邦税务局就有关怎样在不削弱世界范围内慈善组

---

① "U. S. Department of the Treasury Anti-Terrorist Financing Guidelines. "

② "Guidelines for Charities on Terrorist Funding May Be Costly, Impractical, Say EO Reps," 2002 *Tax Notes Today* 224 – 5 (November 20, 2002).

③ "Guidelines for Charities on Terrorist Funding May Be Costly, Impractical, Say EO Reps," 2002 *Tax Notes Today* 224 – 5 (November 20, 2002).

织的重要角色的同时，预防慈善性资产用于非慈善性目的问题征求公众意见。征求意见的公告称这个请求是为了认定慈善组织向恐怖分子提供重大资助的情形。联邦税务局要求反馈者指明具体的措施和已经用于防止资产流失的保卫措施，包括在 2001 年 9 月 11 日以后采用的措施，以及关于慈善组织在监督国际捐助方面所遇到困难的意见。联邦税务局也就财政部反恐财务指导意见征求意见。①

在这些反馈中，互动与独立部门（Inter Action and Independent Sector）与基金会委员会一起，呼吁撤回全部的财政部指导意见，前者强烈要求继续依靠现有的法律法规，而在报告形式上不做改变，由政府来负责制作一个经核实被屏蔽的组织和个人的名单，慈善组织将依赖这个名单来拨款。② 美国律师协会税法委员会提交的由其免税组织委员会给出的意见要求提供与财政部提供的指南类似的程序性指导，来协助慈善组织避免资助恐怖分子或其他形式的欺诈，以及发布可以保护那些遵守条款的慈善组织的程序。③

# 结　论

这部分简要说明了几个世纪以来法律的灵活性使之不断调整来适应持续变化的环境需要，同时保留了基本理念，例如，慈善活动的重要性。同样引人注目的是英国和美国慈善法的平行发展，更多的是相似而非不同，同时，这两国在今天遇到的挑战也是非常相似的，尽管事实上在美国法上是通过税法去激励和规制慈善组织，而在英国法中，税收上的考虑仅处于次要地位。

今天，税法主导了慈善组织的规制，相比于那些法律以及法律实施的方式

---

① Ann. 2003 – 29, 2003 – 20 I. R. B. 928.

② Independent Sector and Inter Action, "Public Comment on 'International Activities and International Grantmaking by Domestic 501 (c) (3) Organizations,'" 2003 *Tax Notes Today* 141 – 17 (July 23, 2003). 在它向法院提出的意见中，交互作用被认定为一个在每一个发展中国家从事反贫困、反排挤和反苦难的国际发展与人道主义事业的超过 160 个非政府组织的联盟。独立部门被描述为是一个超过 700 个非营利法人的联合，其任务是促进、加强和推进非营利组织和慈善社区来培养个人对公共利益的主动精神。

③ Section of Taxation, American Bar Association, "Comments on International Charitable Activities," 2003 *Tax Notes Today* 137 – 37 (July 17, 2003).

在 20 世纪早期所得税法制定之后发生的变化，这已经不那么令人惊奇。事实上，令人惊奇的是联邦税务局从一个征税机构转变为一个拥有广泛权力来规制受托行为的机构。通过在《国内税收法典》包含的普通法中发展出来的受托人行为标准来确保忠诚，以及防止持有慈善财产组织的疏忽大意，国会向联邦税务局施加了一系列在 1950 年之前从来没有被视为税收功能的目标。在某种程度上，这也是由于州在规制慈善组织方面履行其传统角色的失败而导致的。但更多地，税法的发展与慈善部门的成长密切相关，而慈善部门的成长很大程度归因于给予慈善组织及其捐赠人的税收优惠。这些变化发生在 20 世纪 90 年代末，特别是对于公共慈善机构的超额利益限制，使管理职能发生了完全转变，这种转变直到 21 世纪开始以后才被认识到。

这段法律史中另一个重要方面是国会在指导慈善组织规制进程中的主导角色，这种影响比任何执行机构的创新都要大得多。相似地，国会的影响也远远大于法院，但一个重要的例外是，法院在慈善目的的定义方面对公共政策准则的应用。关于这个问题，国会、法院以及总统对于联邦税务局取消实行种族歧视政策的私立学校的免税资格的决定的回应，值得学者关注，因为在其中，三股力量互相抵触，显示了国会想要通过其拨付预算的权力来试图推翻法院判决。

具有指导意义的是追溯这些年来对慈善组织指控的性质的变化。这些变化反映了公众的态度，但某些主题在不断重现——大众对于大额财产在脱离公众控制的情况下被用于公共目的的不信任，保守人士对于慈善资金被用于资助自由主义事业的担忧和自由主义者们与之相反的担忧，以及商界对于慈善组织在支出时获得不公平利益的忧虑。在评价慈善组织的法律法规以及考量如何使这些法律法规更有效率时，不应低估这些观点的普遍性。

# 第三章　慈善组织的设立、管理及终止

通常，慈善组织的设立有两种方式：法人或信托。20 世纪中期开始，法人成为美国最普遍的慈善组织设立方式。慈善组织也可以以非正式的志愿社团形式设立，但是这种方式很少被采用，因为如合伙一样，这种社团的每一个成员都将为社团的债务承担个人责任。[①]

20 世纪 90 年代起，一种被称作有限责任公司（LLC）的新的法律形式发展起来，并在 20 世纪 90 年代末被各州立法所承认。它提供了公司责任形式的保护以及同合伙一样被视为管道的税收优惠。由于 LCC 适用的实质性规则与公司是相同的，本书对此不作区分。[②]

有关慈善组织的法律渊源滥觞于英国衡平法院的信托法。这是一个界定明确的法律部门，慈善信托构成了其独立的一部分。法人作为独立于信托的一种法律形式得以发展起来，但信托中调整信赖义务的许多原则已经适用于慈善法人，因而若要理解慈善法人法，就有必要理解信托原则。

慈善信托和慈善法人的设立和管理分别由不同的法律来调整，并分别予以

---

① 这一普通法规则已经在 11 个采用《统一非法人非营利社团法案》（*Uniform Unincorporated Non-profit Association Act*）的州不再适用了。在这个法案中，志愿性组织被授予持有财产、以组织名义承担责任的权利能力，成员则只承担有限责任。*Uniform Unincorporated Nonprofit Association Act*, § §4, 6 (1996).

② 1999 年联邦税务局（Internal Revenue Service）规定有限责任公司如果完全由另一个免税组织所有，则也享有税收豁免资格，但在此种情形下这些公司可能不被认为是免税目的。Ann. 99 - 102, 1992 - 2 C. B. 545. 在 2000 年，税务局进一步规定符合 12 个条件的有限责任公司也有资格获得豁免，这些条件要求公司的组织和运营仅仅是为了免税的目的而设计的。为了税收的目的，这些有限责任公司被看作法人。Richard A. McCray and Ward L. Thomas, "Limited Liability Companies as Exempt Organizations," 2000 *IRS Continuing Professional Education Text*, 111.

规定。然而，作为早期信托法的一个部分而发展起来的关于慈善目的的定义，对这两种组织形式都适用。相应地，本章的第一部分将描述州法中慈善组织定义的考虑因素，包括州的税法规定。[①] 而后，本章将阐述调整信托形式的慈善组织设立、管理和终止的一些要求，以及与之相应的对慈善法人的要求。所有慈善组织的受托人和理事都被要求担负一定的义务，来促使他们管理组织，并为自己的行为承担责任。本章将阐述这些调整管理运作事宜的义务，而忠实义务和注意义务则是第四章的主题。本章的最后部分将阐述近似原则和偏差原则，在这些原则下法院可以修改慈善的目的，或是修改不再可行及已经废弃的管理方式。

# 慈善目的

## 州法对慈善目的的定义

慈善组织的章程或是信托文件中有关宗旨的陈述会详尽罗列慈善组织可能具有的功能。它们由一些被称为慈善处置法的法律来调整。这类法律出现在各州的法院判决以及调整慈善法人成立和信托设立的制定法中。在历史上，英国的慈善处置法必须遵从皇家颁布的严格的公共政策标准。但是在美国，这些规范慈善目的的法律为捐赠者在选择受益对象方面提供了广泛的自由。这一态度背后的原理被认为是美国殖民地基本政治哲学的自然结果，即认为政府的职能在于保护自由而非强加责任。正如克拉克（Clark）所言："高居于自由列表之上的是每个所有者所享有的不受行政干扰的对自己财产进行控制的权利。"[②] 尽管这种对财产权利的绝对观点在 17 世纪后又有很大的修正，但是慈善信托委托人的至高地位还是被保留下来。直到今天，这种地位也依然具有合理性，这并非基于所有者对财产的自然权利，而是基于慈善事业实践能为社会带来益处。[③]

---

[①] 授予慈善组织税收豁免的条款使用了与州法律中相同的却由联邦法院所解释的普通法定义。这个法律的实体部分将在第五章介绍。

[②] Elisa Clark, "Charitable Trusts, the Fourteenth Amendment and the Will of Stephen Girard," 66 *Yale Law Journal* 979, 995 (1957); see also Howard S. Miller, *The Legal Foundations of American Philanthropy*, 1776–1844, at xi (Madison: State Historical Society of Wisconsin, 1961).

[③] Clark, "Charitable Trusts," 996.

构建法律上有效的慈善目的定义的过程，清晰反映了法律赋予捐赠者的自由度。第二章详细地阐述了广为认可的判例法中该定义的发展起点，即《公益用益法》序言。该序言包含了对慈善目的的列举，财产资助被用于这些目的，而这些目的此后受到州法的保护：

> 老人、残疾人、病人和贫民的救济；伤病士兵和水手的救助；资助学校教育、免费学校以及大学的学者；桥梁、港湾、避难所、堤坝、教会、海岸和公路的维修；孤儿的教育和辅导；感化院的维护、救助；贫困女子婚姻的协助；创业青年以及弱者的协助；囚犯、战俘的救济与更生保护；贫民的租税负担、出征费（安家费）的援助。[1]

一些早期的判例认为，某个目的如果没有在以上制定法中予以特别规定，就并非有效。[2] 但是从 18 世纪早期开始，英国和美国的法院一般都将这种列举视为描述性或者例证性的。今天流行的解释规则是在决定何种目的为慈善性时，法院并不刻板遵循《伊丽莎白法案》的字面意思，而是基于其显而易见的精神和理由；法院并不拘囿于词语本身的用途，而是考虑文字的意义和目的中所蕴含的深意。[3]

法官们不时地会尝试去界定慈善组织和慈善目的的定义。这一任务存在的内在问题，麦克诺滕（Macnaghten）勋爵在英国重要判例 *Commissioners for Special Purposes of Income Tax v. Pemsel* 一案中就有明确阐述：

> 毋庸置疑，"慈善组织"和"慈善性"的通俗含义与它们的法律含义并不一致；而且毫无疑问的是，从文献中收集一些把法院遵行的规则推向极端的裁决以及从一种几近荒谬的视角去比较两种含义的区别的做法是非常容易的。但是确定这两种含义的分歧点依然是困难的，没有人能成功地定义"慈善组织"的通行含义。……那么，可能有人会问，"慈善组织"的通行含义在多大程度上与其法律含义相符合呢？"慈善组织"在法律意义上包含了四项主要内容：为消解贫困的信托，为发展教育的信

---

① 43 Eliz. 1, ch. 4 (1601).

② *Sanderson v. White*, 35 Mass. (18 Pick.) 328, 333 (1836)

③ *Drury v. Inhabitants of Natick*, 92 Mass. (10 Allen) 169, 177 (1865).

托，为发展宗教的信托，以及并不包含在前几项中但有利于社区福利目的的信托。在法律上看来，最后提到的信托在"慈善性"上并不逊色，尽管它们在为穷人提供福利的同时偶尔也惠及富人，但事实上每个名副其实的慈善组织都会直接或间接地这样做。[①]

在美国判例中，一个被普遍引用的慈善信托的定义来自 *Jackson v. Phillips* 一案中 Gray 大法官的判决：

> 为了与现行法一致，慈善组织，就法律意义而言，可以被更加完整地定义为一种为了不特定多数人的利益而为的捐赠，其形式可以是使他们接受教育和宗教的熏陶，减轻他们身体的病痛和压力，帮助他们实现自我，或通过建设和维护公共建筑、工程以及其他方式来减轻政府负担。[②]

美国法学会 1959 年通过的《信托法第二次重述》声明慈善信托是致力于慈善目的的信托组织，然后详细解释道："若某一目的是维护社区的社会利益，以至于用于该目的财产的永续存在是正当的，它就是慈善性的。"[③] 2001 年对这一条款进行修改时加入了"并使慈善信托被允许适用的其他各种特殊规定具有正当性时"，这涉及对禁止永久存续和收入累积的相关规则的放宽，以及解释法律上的放宽。[④]

《信托法第二次重述》和《信托法第三次重述》都列举了五种宽泛的行为，和 Gray 法官的定义类似，但是其结论认为"没有一个确定的标准来决定什么目的有关社区的社会利益（从而使这些目的被认为是慈善性的）；社区的利益随着时间和地点的变化会有所不同"。[⑤]

Scott 说过："事实是，形成一个完美的慈善目的定义是不可能的。没有一

---

① 1891 App. Gas. 531，583.

② 96 Mass.（14 Allen）539，556（1867）.

③ *Restatement（Second）of the Law of Trusts*，§368 cmt. b（1959）.

④ *Restatement（Third）of the Law of Trusts*，§28 cmt. a（2003）.

⑤ *Restatement（Second）of Trusts*，§368 cmt. b；*Restatement（Third）of Trusts*，§28 cmt. a；also see Austin W. Scott and William F. Fratcher，*Law of Trusts*，§368（Boston：Little，Brown，4th ed.，1987）.

个确定的标准来决定何种目的是慈善性的。"① 然而，Clark 的描述体现了美国法院有关慈善性用途的观点，这一观点存在于 1960 年至 20 世纪末：

> 法院发现无法［对有效的慈善目的］做出一个有效的分类。值得社区支持的目的就像风一样分散，它们总随时间变化……因为这种持续的变化，想将社区福利公式化为抽象规则的努力就不可避免地会降格为一系列临时性的、对特定情形的回应。法院已经清楚地意识到这种危险，并且已经转变为接受这样的观点：只要一个信托的受益人范围超出了受托人直接的家庭与朋友，而且不那么荒诞可恶、不违法、不过分自私或是明确冒犯相当部分人群，那么该信托就是慈善性质的。②

两次信托法重述都列举了五类特定的目的和第六类"兜底"条款。这五类目的分别是消除贫困、资助教育、资助宗教、发展医疗和市政。第六类表述为"其他使社区受益的目的"。③ 然而，对《信托法第三次重述》的解释扩张了它们的范围，以体现《信托法第二次重述》出版后的司法判决和美国法学会关于法律的解释意见。④ 因此对（b）条款的评注使之从"资助教育"变成了"资助知识或教育"，并且以设立图书馆、博物馆，印发出版物和提供市民培训为例。⑤《信托法第二次重述》（b）条款⑥中有关体育促进的内容，被移到（f）条款"其他使社区受益的目的"。⑦ 在第六类兜底项中，《信托法第二次重述》包括了为女工提供休假和质优价廉的住处的例子，⑧ 在《信托法第三次重述》中则引用了提供廉价房屋和借贷以帮助人们从事特定职业或进入特定行业创业的例子。⑨

---

① Scott and Fratcher, *Law of Trusts*, §368.

② Clark, "Charitable Trusts," 997 – 998; see also Elias Clark, "The Limitation on Political Activities: A Discordant Note in the English Law of Charities," 46 *Virginia Law Review* 439, 443 (1960).

③ *Restatement (Second) of Trusts*, §368; *Restatement (Third) of Trusts*, §28.

④ *Restatement (Third) of Trusts*, §28.

⑤ Id., §28 cmt. h.

⑥ *Restatement (Second) of Trusts*, §370 cmt. e.

⑦ *Restatement (Third) of Trusts*, §2 cmt. l.

⑧ *Restatement (Second) of Trusts*, §374 cmt. g.

⑨ *Restatement (Third) of Trusts*, §28 cmt. l.

非法的或是包含违法行为的目的不被认为是慈善性的。因此《信托法第二次重述》认为散播违反制定法的信息是非慈善性的，所举的例子包括为推翻政府和计划生育提供指引。① 《信托法第三次重述》将这条评注修改如下：

> 指导或引诱犯罪的信托是非慈善性的，然而一个信托如果资助散播宣传一些文献，而这些文献宣传和解释非法行为、程序的性质、社会利益，一般可以认为该信托是教育性的，从而具有慈善目的。②

散播有争议的思想和不受欢迎的理念的信托，如果其设立的一般目的被合理地认为是促进社区公共利益，那么这个信托就是有效的，即便多数人认为这个特定目的是不明智的或与要达到的社会目标不太吻合。《信托法第三次重述》提出了法院在这类案件上适用的标准是"不试图去决定相互冲突的有关社会或社区利益的观点中哪一方更加有利或合适，而是决定信托的目的或支持的观点，包括在思想影响上来看，对社区的福利或利益而言是否足够有用或者合理，而使永久存续和其他被赋予慈善信托的特权正当化"。③ 《信托法第三次重述》认为，不合理目的和有效目的之间的界限可能是很难划定的，而且那条界限"可能在不同时间和不同地点也迥然不同"。④

有一类目的可能违反了公共政策标准，虽不为刑事法律所禁止，但仍可能被置于有效的慈善目的范畴之外。20 世纪后半叶以来，此类目的引发了最大的兴趣和最多的案件。这些案件中的信托包含了有效的慈善目的，如教育或消除贫困，但基于国籍、血统、信仰、性别、性取向、年龄、团体、政治派别或其他特征和背景而限制受益人群。法院用于确定有效性的标准在于：这些目的的实施是否包括了国家行为，或当不包含国家行为时信托是否包含不公平的歧视，符合上述任何一种情形的，该信托无效。⑤

国家行为标准源于对于慈善信托也适用美国宪法第十四修正案关于禁止国家基于种族和信仰的歧视的规定。种族歧视为联邦最高法院 1957 年和 1966 年

---

① *Restatement（Second）of Trusts*，§ 370 cmt. h.

② *Restatement（Third）of Trusts*，§ 28 cmt. h.

③ *Restatement（Third）of Trusts*，§ 28 cmt. a（2）.

④ *Restatement（Third）of Trusts*，§ 28 cmt. a（2）.

⑤ See *Restatement（Third）of Trusts*，§ 28 cmt. f.

的两个案件对无效慈善信托的挑战奠定了基础。在第一个案件中，法院认为宪法第十四修正案禁止费城作为斯蒂芬·吉拉德（Stephen Girard）的信托受托人而为贫困的白人男性孤儿建立、运营一座学校。[1] 宾夕法尼亚州法院承认该信托包含国家行为，因此免去城市官员的受托人身份，转而指定私人受托人来执行信托。此判决得到了宾夕法尼亚州最高法院的支持且联邦最高法院也拒绝接受上诉。[2]

第二个案件。在1911年执行的一个对乔治亚州梅肯市市长及市委员会的遗赠中，安排将一块土地用于一个"仅供白人"的公园，并将这项信托置于一个由七名白人组成的管理委员会控制之下。[3] 这项限制一直被执行，直到20世纪60年代，市政府以公共设施为由向所有人开放这座公园。作为回应，该信托管理委员会成员起诉要求法院免去市政府的受托人地位并将权利移交给法院指定的受托人委员会，来执行遗嘱最初设计的条款。立遗嘱人的继承人也加入了诉讼，要求将财产予以返还。下级法院接受了市政府的辞任，并指定了三名私人受托人根据捐赠条款来运营公园，这一判决得到了乔治亚州最高法院的维持。在上诉审中，联邦最高法院否定了这一判决，认为城市运营公园的行为是城市行为必要组成部分，不能仅仅由于指定了新受托人否认这一点。[4] 这一判决导致乔治亚州初审法院最终裁决原计划的信托不能被执行，此信托无效，因而信托财产应返还继承人，并且否决了州检察长及当地市民关于适用近似原则来突破种族限制的申请。这一判决被乔治亚州最高法院所确认，[5] 最后又被联邦最高法院在 *Evans v. Abney* 一案中予以确认。[6]

*Evans* 案有一个预料之外的却很重要的反响，影响到前案的吉拉德信托（Girard Trust）。在 *Evans* 案判决后，第三巡回审判区联邦巡回法院在其后的一个诉讼中认为，根据公正的可比较的事实、学校和公园的受托人职责的历史沿革、*Evans* 案是这一问题的先例，并且适用近似原则，要求学校应当在接受申请

① *Pennsylvania v. Board of Directors of Cith Trusts*, 353 U. S. 230 (1957).

② In re Girard College Trusteeship, 138 A. 2d 844 (Pa. 1958), cert. denied and appeal dismissed, 357 U. S. 570 (1958).

③ *Evans v. Newton*, 382 U. S. 296 (1966).

④ *Evans v. Newton*, 382 U. S. 296 (1966).

⑤ *Evans v. Abney*, 165 S. E. 2d 160 (Ga. 1968).

⑥ 396 U. S. 435 (1969).

者时不考虑他们的种族。① Evans 案的判决结果反映了在近似原则适用上的严格态度。Girard 案的结果说明了补救性的行动在排除违反公共政策的限制上是可以适用的，即使国家行为在一开始就牵涉其中。②

有关国家行为由何构成的问题持续出现在诉讼中，平权运动政策受到挑战，这些挑战在 1994～2002 年联邦地区法院和上诉法院的一系列案件的判决中得到支持。③ 其中两个案件的上诉中密歇根大学的入学政策受到质疑，联邦最高法院于 2003 年 6 月进行了判决。一个案例涉及法学院的入学政策，其中，种族被认为是在"高度个人化的，对每个申请者条件的整体考核"的系列因素中的一个。在五比四通过的判决中，法院支持了这一政策的合宪性，有效地裁定在教育上保持种族多样性方面需要强制服从国家利益。④ 第二个案件是关于研究生院的入学政策。这一政策中使用了部分基于种族因素的计分系统，其效果是在拒绝了许多合格的白人学生的同时录取了几乎全部合格的少数族裔的学生。法院认为这种政策没有达到被第一个案件所采纳的合宪性要求，因为第一个案件是针对每个申请者的个人化的考核而非一个机械的规则。⑤

《信托法第三次重述》提到"人们至今很少意识到这种可能性：'国家行为'固有地出现在慈善信托中，这是由于它们对州政府和州法律、联邦法律赋予的特权的依赖"。⑥ 在那些没有涉及国家行为的案件中，给予少数族裔优惠的限制性规定已经被认为是为弱势阶层扩大机会的补救性措施。大部分这类案件都涉及入学政策和财政资助，尽管也有一些涉及为老人和穷人提供的便利。因

---

① *Pennsylvania v. Brown*，392 F. 2d 120（3d Cir. 1968），cert. denied，391 U. S. 921（1968）.

② *Restatement（Third）of Trusts*，§ 28，Reporter's Notes，cmt. f；See also David Luria，"Prying Loose the Dead Hand of the Past: How Courts Apply cy Pres to Race, Gender, and Religiously Restricted Trusts," 21 *University of San Francisco Law Review* 41（1986）.

③ *Podberesky v. Kirwan*，38 F. 3d 147（4th Cir. 1994），*Hopwood v. Texas*，78 F. 3d 932（5th Cir. 1996）；*Texsa v. Lesage*，528 U. S. 18（1999）；*Smith v. University of Washington Law School.* 233 F. 3d 1188（9th Cir. 2000）；*Wooden v. Board of Regents of the University of Georgia*，247 F. 3d 1262（11th Cir. 2001）；*Johnson v. Board of Regents of the University of Georgia*，263 F. 3d 1234（11th Cir. 2001）；*Gratz v. Bollinger*，135 F. Supp. 2d 790（E. D. Mich. 2001），cert. granted，123 S. Ct. 617（December 2，2002）；*Grutter v. Bollinger*，288 F. 3d 732（6th Cir. 2002）. Cert. granted，123 S. Ct. 617（December 2，2002）.

④ *Grutter v. Bollinger*，123 S. Ct. 2325（2003）.

⑤ *Gratz v. Bollinger*，123 S. Ct. 2411（2003）.

⑥ *Restatement（Third）of Trusts*，§ 28，Reporter's Notes，cmt. f.

此，信托法并没有禁止如性别、宗教信仰或种族等标准的适用，只要"它是委托人慈善目的和慈善动机的一个合理元素"。[①]

与种族限制和一些案例中的性别限制不同，有关宗教信仰的限制获得普遍支持。在 1977 年的一个案件中，康涅狄格州法院撤销了一项奖学金对于受益人种族和性别的限制，但是保留了宗教信仰的限制。[②] 相似地，1986 年南卡罗来纳州的一个法院在废止了一项种族限制的同时保留了宗教信仰限制。[③]

对歧视的挑战也涉及结社自由问题。其中，最为著名的案例是 2000 年 6 月判决的关于慈善组织 Boy Scouts of American 的 *Boy Scouts of America v. Dale* 一案，挑战了其政策中关于禁止同性恋会员的规定。[④] 新泽西州法院认为这种政策违反了州的《公共设施法》（*Public Accommodation Law*）。在上诉中，联邦最高法院以五比四通过判决认定新泽西州对《公共设施法》的解释违反了原告基于宪法第一修正案享有的表达性结社的权利。简言之，这一判决认定 Boy Scouts 是一个表达性社团，其委员会有权决定会员资格。

## 捐赠者的动机

捐赠者的慈善信托动机并不是法院在决定一个慈善目的是否有效时经常考虑的因素。捐赠的效果，而非捐赠者想达到什么目的，才是关键因素。[⑤] 在建筑物上冠以捐赠者姓名的要求，或者基金名称中总是包含捐赠者姓名的规定，[⑥] 或者其他旨在为后世人指明委托人姓名的相关规则都不影响捐赠的有效性。[⑦]

## 慈善或非慈善目的的赠与

通常，一项对慈善组织的赠与都不会因为不确定性而无效。如果这项赠与是"为了慈善组织"，无论是否为信托，法院都将为此财产的处置设立方案。

---

① Id., §28, cmt. f; Einat Philip, "Diversity in the Halls of Academia: Bye – Bye Bakke?" 31 *Journal of Law and Education* 149（2002）.

② *Lockwood v. Killian*, 375 A. 2d 998（Conn. 1977）.

③ *Grant Home v. Medlock*, 349 S. E. 2d 655（S. C. App. 1986）.

④ 530 U. S. 640（2000）.

⑤ Restatement（Third）of Trusts, §28 cmt. a.

⑥ *Taylor v. Columbian University*, 226 U. S. 126（1921）.

⑦ *Massachusetts Institute of Technology v. Attorney General*, 126 N. E. 521（Mass. 1920）.

如果赠与是"为了由某某选定的慈善目的",而该人未做选择时,法院将指定一个新的受托人来选择,或是为此项信托的管理而批准方案。①

当一个赠与含有慈善目的和非慈善目的的选择时,法院在对待涉及这类赠与的案件时态度并不一致。这些案件的情况很复杂,因为某些目的如果不被认为是慈善性的,并不适宜作为私益信托中的目的。因为在大部分情况下,慈善信托无法满足私益信托关于受益人有能力执行信托的要求。特别是在英国——美国在某些程度上也是如此——历史上法院曾经拒绝支持在同一信托中捐赠者将一个有效的慈善目的和其他目的结合在一起,法院看来,那些其他目的更为宽泛,而且难以认定为"慈善性"目的。最普遍的案件是包含了"慈善的"(charitable)这个词语以及被普遍接受的同义词,如"善意的"(benevolent)、"公共的"(public)、"应得的"(deserving)、"博爱的"(philanthropic)和"爱国的"(patriotic)。法院在这些案件中认为,在法律上这些词并不是同义的,尽管这种目的足够宽泛,也包含"慈善性"在内,却未能将赠与的目的仅仅限制为法律意义上的慈善目的。

在美国,一些案件遵循了严格的英国规则,② 但在大部分案件中法院认为涉及其他目的的财产处置是为了慈善目的,因而支持了这类信托。③《信托法第三次重述》指出其更倾向于支持慈善信托,因此一项为了"慈善和善意的目的"或甚至为了"慈善或善意的目的"的信托可能被解释为意图仅包含慈善目的。④ 这种开明态度的智慧是不言自明的。大量使用"善意的"(benevolent)有关慈善性处置的制定法,以及认定"慈善的"(charitable)与"善意的"(benevolent)为同义词的法院解释⑤,为这种态度提供了进一步支持。

当一项赠与被指明是为了特定的目的,而这一目的部分是慈善性的,部分明确是非慈善性的,如果非慈善目的被法律所承认,且此项信托没有包含违反禁止永久存续规则的内容,那么此信托通常不会无效;必要时,法院会对赠与

---

① Scott and Fratcher, Law of Trusts, § § 396 - 397.4; *Kirwin v. Attorney General*, 175 N. E. 164 (Mass, 1931).

② In re Hayward's Estate, 178 P. 2d 547 (Ariz. 1947).

③ 参见 Scott and Fratcher, Law of Trusts, § 298.1, 注释。

④ Restatement (Third) of Trusts, § 28 cmt. a.

⑤ Id., § 28, Reporter's Notes, cmt. a.

进行分割。然而，当非慈善目的没有被法律认可为私益信托的合适目标，或该信托违反了禁止永久存续规则，不同法院对财产的适当处置产生了分歧。在一些案件中，财产分割时根据慈善性和非慈善性的目的划分；那些被认定有效目的的部分会得到支持，而剩下的部分就会被宣布归还给立遗嘱人的继承人。在另外一些案件中，除非能够证明为非有效目的所需财产的最高限额，从而判令信托在此数额范围内部分失效，法院会将所有财产都适用于慈善目的。在一些案件中，全部的处置都被归于是慈善性的，而在另外一些案件中所有的赠与都被宣布无效。在这些情形中，决定因素常常是财产处置的性质和法院适用开明解释规则的意愿。①

## 非营利法人的慈善目的

定义慈善法人合法目的的法律渊源最初出现在规制法人设立的制定法中。许多早期的用于规制非营利组织的一般法人法中都包含了一系列法人设立的目的。例如 1986 年的《伊利诺伊州非营利法人法案》（*The Illinois General Not - For - Profit Corporation Act*），就规定非营利法人可以为了一个或多个"下列或与之相似的目的"而成立，然后列举了 32 项目的，最后两项涉及《国内税收法典》501（c）和（d）条款以及 170（c）条款。② 相似地，马萨诸塞州的制定法允许法人可以为了所列的 13 种目的中的一个或多个目的而设立。③ 纽约州对非营利法人进行分类，规定 B 类适用于根据《国内税收法典》501（c）条款确定为"非营利"目的的组织。④

相对于上述制定法，《示范非营利法人法（修订版）》（*the Revised Model Nonprofit Corporation Act*，RMNCA）中规定"根据本法设立的法人可以具有从事任何合法行为的目的，除非在设立章程中对此目的加以限制"⑤。这项法案随后将法人分为三种类别：宗教、公益和互益。法人所属类别必须在社团章程中注

---

① See Scott and Fratcher, Law of Trusts, §398.2。

② 805 Ⅲ. Comp. Stat. 105/103.05。

③ Mass. Gen. Laws ch.180, §4；亦参见 Fla. Stat. ch.617.0301。

④ N. Y. Not-for-Profit Corp. Law §201.

⑤ *The Revised Model Nonprofit Corporation Act*（*RMNCA*）, §3.01（a）（1987）.

明。① *RMNCA* 并没有给出目的的定义，而是像上面已经讨论过的一样，由法院根据慈善性财产处置的法律，去鉴别一个法人是否具有法律意义上的"慈善性"。②

## 不确定受益人的要求

信托法重述关于慈善信托的定义中没有包括"受益人"（beneficiary），③ 而这一点在慈善信托和私益信托上具有重要的区别。对于一个有效的私益信托而言，必须有指明的或是能够确定的受益人，他能够持续监督受托人行为，并能够提请法院修正滥用行为。而慈善信托的受益人则相反，是在最宽泛意义上的广大公众。没有任何个人来实施私益信托中受益人的权利，否则该慈善组织无效。

即便个人从一个慈善信托中获得直接的利益，如奖学金、食物、衣物或其他直接的资助，他们被认为是"社会福利流向大众的管道，而并非是信托的实际受益人"。④ 这并不意味着在特定的时刻和特定的环境下，不能由个人享有类似于私益信托受益人的权利去请求执行。例如，为了某一特定教堂的牧师设立的慈善信托获得了支持，尽管对于某一特定的期限而言，直接受益人是一个具体可确定的个人，但这项信托潜在的和主要的目的是促进宗教，而且在信托持续的长时期内受益人的总数是不确定的。⑤

相同的推理也可用于支持将信托的收入用于奖励或报酬⑥：给满足特定条件的个人以研究资助或奖学金、⑦ 给竞赛获胜者的奖金，或给予受托人特定数量的个人年度奖励。⑧ 另外，捐赠者可以指定特定的个人为首选受益人，只要

---

① RMNCA，§2.02（2）.

② "The test of a charitable gift or use and a charitable corporation are the same," Matter of Rockefeller's Estate, 165 N. Y. S. 154（App. Div. 1917），aff'd，119 N. E. 1074（N. Y. 1918）

③ *Restatement（Second）of Trusts*，§348.

④ George G. Bogert and George T. Bogert，*the Law of Trusts and Trustee*，§362（St. Paul：Weat Group，3d ed.，1977）.

⑤ *Gurtis v. First Church in Charlestown*，188N. E. 631（Mass. 1934）；see also Scott and Fratcher，*Law of Trusts*，§375.1.

⑥ Powell's Estate，71 Pa. D. &C. 51（1950）.

⑦ *Hoyt* v. *Bliss*，105 A. 699（Conn. 1919）.

⑧ *Sherman* v. *Shaw*，137 N. E. 371（Mass. 1922）.

这样做的主要目的被认为是符合公共利益的。例如，一个为穷人设立的，但附有说明优先考虑捐赠者的穷困亲属的信托在 *Bullard v. Chandler* 一案中获得支持。[①] 但是，一个单纯为了捐赠者可能处于穷困的后代而设立的信托，一般不被看作一个有效的慈善捐赠。[②]

而就确定慈善目的而言，法院对于不确定性要求的解释已经发生了很大的变化。英国法院倾向于排除只用于帮助特定群体而非对广大公众开放的信托，美国法院则一般认为这样的信托是有效的。举例来说，一个为了某一有 11 万名雇工工厂的工人福利设立的英国信托被判定是无效的，因为其仅仅使一个范围有限的团体获益。[③] 但在美国，即便是为了更小群体的雇工而设立的信托也被认为是有效的。[④] 联邦税务局局长（Commissioner of Internal Revenue）对于这类信托的有效性裁决一般较法院判决更为严格；但是对税收豁免的驳回一般基于捐赠者获得私益的事实，而非受益的群体过于确定。[⑤]

为灾难受害者提供救济而设立的信托在州法和联邦税法上都引起了一些问题。商业公司为在其雇用期间去世人员的家庭提供救济而设立信托的情形相当常见。大部分情况下，这些信托都不满足慈善信托的条件。这里，法律上的困难在于根据《慈善信托法》决定可确定受益人群体和不确定受益人群体之间的分界线，而这样的决定往往更多地基于感性而非遵照一个严格的法律定义。[⑥]

一些慈善信托的条款要求受托人管理运营资金，并且将所有的收入交给慈善法人或慈善组织来实现它的一般目的或是一个具体限定的目的。在这些情形下，第一个信托的受益人是一个明确的可确定的法律实体。但是，这样的信托是有效的慈善组织，因为最终的利益将整体归属于社区。

要求慈善信托致力于公共目的的规则也同样适用于慈善法人，并且在解释时不因慈善组织的形式不同而不同。信托法所要求的受益人必须由一个不

---

① 21 N. E. 951（Mass. 1889）.

② *Kent v. Dunham*，7 N. E. 730（Mass. 1886）；see also Scott and Fratcher，*Law of Trusts*，§ 375. 3.

③ *Oppenheim v. Tobacco Securities Trust Co.*，［1951］A. C. 297.

④ In re Fanelli's Estate，140 N. Y. /s. 2d 334（Surr. Ct. 1955）；In re Schller's Estste，169 A. 2d 554（Pa. 1961）.

⑤ 见第五章。

⑥ 见第五章中关于为灾难受害者，包括在"9·11"中受害者家庭在内，提供救济的组织的税收待遇的相关内容。

确定的群体组成的问题，在慈善法人成立时并不会出现，这和慈善信托不同，因为慈善信托只有当受益人群体的不确定性得到满足时，才能永久存续。事实上仅仅使有限群体获益的组织往往根据《示范非营利法人法》设立；这样的例子包括互惠组织、联谊会或是商会。法人的慈善性质，以及由此产生的关于它的受益人性质的问题将由税务官员考虑，法院在组织破产和合并的诉讼中决定其财产处置时也会加以考虑。而受益人群体的不确定性是否足够的问题也可能会在慈善组织依法履行向州提交报告义务时出现，比如马萨诸塞州适用于所有在州①内成立的"公共慈善机构"的法律或是加利福尼亚州用于监督受托人慈善目的的制定法：二者将慈善法人定义为"任何根据州法，为了慈善性或救济性的目的而设立的非营利法人，或任何相似的为了此种目的而在本州从事经营或拥有财产的外国法人"。②

## 州税法上的定义

关于慈善目的的另一组定义来自赋予慈善组织在各州享受继承税、不动产税、所得税和财产税上豁免的法律。各州法院关于征税的判决参照了关于税收豁免的制定法。而这些税收的制定法中的相关规定很少有一致的时候。

一些州的宪法授予慈善组织各种税收的豁免权。在另外一些州，这种豁免是强制性的。如果宪法对此保持沉默，那么豁免将由立法确定。③ 不动产税的豁免往往仅针对被慈善组织实际占有以及为其慈善目的使用的财产，而且这种豁免很少允许以此财产获得收入，即便所获收入是为了慈善目的。④ 如果没有证明部分实质活动是在本州进行，这种豁免往往不适用于外国公司。在一些司法管辖区，还有进一步的区分：当财产为慈善法人所有时，享有税收豁免；而

---

① Mass. Gen. Laws ch. 12, §8（f）.

② Cal. Gov. Code § 12582. 1.

③ Janne Gallagher, "The Legal Structure of Property – Tax Exemption," in *Property – Tax Exemption for Charities: Mapping the Battlefield*, 3，4，Ecelyn Brody ed. , Washington, D. C. : Urban Institute Press, 2002.

④ 关于州财产税法和慈善机构的商业活动的讨论，参见 Andras Kosaras, Comment, "Federal and State Property Tax Exemption of Commercialized Nonprofits: Should Profit – Seeking Art Museums Be Tax Exempt?" 35 *New England Law Review* 115（2001）.

当财产为慈善信托享有时，可能不享有税收豁免。[1]

在制定法中规定有资格获得税收豁免的机构之目的的措辞，在州与州之间也是不同的。一般来说会采用罗列方式，譬如纽约州制定法，豁免了为 22 种慈善目的而设立的法人或组织的财产税。[2] 而宾夕法尼亚州只豁免纯公共慈善机构的相关税收。[3]

当然，即使法院根据其他方面判定一个特定组织是有效的慈善组织，其财产也很有可能没有资格获得税收豁免。有关这一特征的经典案例是关于波士顿管弦交响乐团（Boston Symphony Orchestra）的一起诉讼。马萨诸塞州法院认为，管弦乐团应为其演奏厅缴纳财产税，因为它要求付费入场，并发行特定的可更新的月票。[4] 这一判决被史考特所批评，因为付费才能进入的事实并不足以否认一个组织的慈善性质。[5] 1961 年，马萨诸塞州法院判决管弦乐团不是民事侵权责任的主体，因为它是有效的慈善组织。[6]

相比于涉及解释税法的案件，州法院在涉及慈善组织有效性的案件中往往表现得更加开明。[7] 俄亥俄州财产税法条款授予豁免权时，只要求这项财产适用于慈善目的。[8] 在 *Wehrle Foundation v. Evatt* 一案中，[9] 俄亥俄州法院认定一个仅为其他慈善组织提供资助的基金会用于办公的财产在制定法的含义中并非属于用于慈善目的的财产。

1985 年，对于卫生保健组织税收豁免的挑战成为犹他州和宾夕法尼亚州的一个主要问题。在犹他州，医院和护理机构联合州税务委员会一起制定了免税资格认定的标准。标准要求提供慈善护理、公开护理的可得性，以及证明对社区提供的无偿服务的价值超过了免税的金额。这些标准在 1994 年被犹他州最高

---

[1] Mass. Gen. Laws ch. 59, § 5; N. Y. Real Prop. Tax Law § § 402, 438.

[2] N. Y. Real Prop. Tax Law § 402.

[3] Pa. Stat. Ann. Tit. 72, § 3244.

[4] *Boston Symphony Orchestra, Inc. v. Board of Assessors*, 1 N. E. 2d 6 (Mass. 1936).

[5] Scott and Fratcher, *Law of Trusts*, § 375, 2 n. 28.

[6] *Boxer v. Boston Symphony Orchestra, Inc.*, 174 N. E. 2d 363 (Mass. 1961).

[7] *Rivers Oaks Garden Club v. City of Houstion*, 370 S. W. 2d 851 (Tex. 1963); see also *Samarkand of Santa Barbara v. County of Santa Barbara*, 31 Cal. Rptr. 151 (Cal. Ct. App. 1963).

[8] Ohio Rev. Code § 5709. 12.

[9] 49 N. E. 2d 52 (Ohio 1943).

法院认定是合宪的。①

在宾夕法尼亚州，州法规定税收豁免适用于"纯公共慈善组织"。② 共有的医院辅助设施的销售税豁免问题引起了争议。在判决中法院建构了一个五步测试法来决定一个组织是否符合宪法确定的定义。这五个要求是：组织具有慈善目的；存在捐赠或无偿提供大部分服务；使一个数量可观的、不确定的、合法的群体受益；减轻政府某一方面的负担；完全为了非私人受益的动机而运营。③根据盖拉格（Gallagher）的报道，下级法院在一系列的判决中将每条要求尽可能地做了狭义的理解，从而拒绝给予几乎每一个来到法院的慈善组织以免税的待遇。④ 1994 年，州最高法院推翻了一个下级法院拒绝给予一个拥有大量公共医疗补助的病人护理室以免税待遇的判决，并对五个条件进行修正。⑤ 在 1997年的第二个判决中，州最高法院维持了一个下级法院授予一个独立小学校以财产税豁免的判决，认为对所有人开放的教育机构使一个慈善性群体受益。⑥ 就在这个判决做出不久前，立法机关通过了一项制定法，旨在放宽关于医院利用项目（Hospital Utilization Project）判决中的五项标准，从而以一个有利于慈善组织的方式解决了争议。⑦

在不动产税豁免方面，最值得关注的案例是 1997 年由最高法院判决的 *Camps Newfound/Owatonna*，*Inc. v. Town of Harrison* 一案。⑧ 此案的争议点是缅因州财产税的合宪性，这项财产税规定给予主要服务于本州居民的组织以税收上的优惠，而惩罚主要从事州际事业的组织。参加本案中夏令营的儿童大多数来自外州，而根据制定法的限制性规定，这些夏令营没有资格获得税收豁免。法院认为这个制定法违反了休眠的贸易条款，因而是违宪的。2002 年，依据这项判决，明尼苏达州认为州法中一项为了州的可选择低额税（alternative minimum

① *Howell* v. *County Board of Cache County*，881 P. 2d 880（Utah 1994）.

② Pa. Const. art. Ⅷ，§2（a）（vi）.

③ *Hospital Utilization Project v. Commonwealth*，487 A. 2d 1306（Pa. 1985）.

④ Gallagher，"The Legal Structure of Property——Tax Exemption，"13.

⑤ *St. Margaret Seneca Place v. Board of Property Assessment Appeals and Review*，640 A. 2d 380（Pa. 1994）.

⑥ *City of Washington v. Board of Assessment Appeals*，704 A. 2d 120（Pa. 1997）.

⑦ *Institutions of Purely Public Charity Act*，Pa. Stat. Ann. Tit. 10，§371 et seq.

⑧ 520 U. S. 564（1997）.

tax）而拒绝授予非明尼苏达州的慈善组织以捐赠抵扣资格的条款违宪。[1]

州继承税、赠与税和所得税的问题对于许多慈善组织也很重要，而且各州之间制定法的规定有很大差别。有一段时间，通行的法则是，税额的抵扣只适用于对位于州内的机构或是法人的财产转让，并且所有享受免税的信托财产必须被限制在州内使用。这种限制常常并非基于制定法的明确表述，而是法院判决的结果，认为有关免税的制定法应当被严格解释，以及各州不应给予那些与本州居民的福利只有极少或根本没有任何联系的组织以免税待遇。如果根据外地慈善组织所在州的法律，该慈善组织不必纳税，或者那个州给予本州互惠待遇的，也可以授予那些对非本地的慈善组织的遗赠以税收豁免。然而，20世纪后半叶以来，这个问题变得毫无实际意义，因为除了很少的几个州，大多数州都以等额的财产税来取代个人所得税规定，可以抵扣的数额得根据《国内税收法典》的相关规定来予以确定。[2]

# 慈善组织的信托形式

私益信托是一种为了处置财产所做的设计，将普通法上的所有权和管理的职能授予受托人，委托其来管理财产和为指定的受益人利益使用这些财产。享用这些财产或是从财产中获益的权利属于受益人，他们可以通过适当的诉讼行使自己的权利来抗衡受托人和捐赠人。[3]

慈善信托与私益信托的相似之处在于它们都是由一个受托人持有和管理财产，但是不同之处在于：慈善信托并非为了特定个人的利益，而是为了被认为有利于一般大众的某些确定的目的。《信托法第二次重述》将慈善信托定义如下：

---

[1] *Chapman v. Commissioner of Revenue*，651 N. W. 2d 825（Minn. 2002）.

[2] 所有州的规定参见 Inheritance Estate and Gift Tax Reporter，State（CCH），Vol. 5，at 70，111 to 70，633（2002）。

[3] 信托在英美法中是很独特的，尽管在其他法系中也有类似制度，但是无一具有信托这般的灵活性。梅特兰曾说过，"如果要问什么是英国人在司法领域创造的最重大且最具独特性的成就，我想不会有比这更好的答案，即几个世纪以来发展的信托理念。" Frederic W. Maitland，*Equity*，23（Cambridge，University Press，2d ed.，1936）.

> 慈善信托是一种有关财产的信任关系，产生于一种设立信托的意思表示，它使一人持有财产并负有衡平法上的义务，必须为慈善目的而处理该财产。①

这个定义明确了法律所规定的慈善信托设立的具体条件，以及由法律保障实施的受托人法定义务的性质。

## 慈善信托的设立

设立慈善信托有三个要求：（1）即将成为信托标的的财产；（2）设立信托意图的证明；（3）经信托设立地的州法院认定为慈善性的目的。

设立慈善信托意图的证明通常是一个书面的声明或是契约，被称为信托文书或信托契约。如果信托财产是土地，并且该土地所在地的州制定有《防止欺诈法》以要求有效土地流转具备书面形式的，此时法律可能会要求具备书面文件。除此之外，慈善信托设立没有书面文件的要求，正如也没有对价要求一样。个人也可以通过口头宣布自己作为受托人为了一些具体的慈善目的而持有特定的具体财产来创设一个慈善信托。不过这样的情形很少出现，因为证据问题通常难以满足，特别是与税收相关的问题；而且捐赠人也通常希望将管理信托的规则具体化。

捐赠人在有生之年创设的生前信托无须依靠法院或州政府即可设立。在一些州，捐赠人可在当地法院将信托文件予以备案，尽管很少有人这样做。与此相反，遗嘱信托是由遗嘱创设的，并仅当捐赠人去世时才生效。证明遗嘱信托的创设文件必须符合遗嘱执行所在州的关于遗产处置的相关规定。其后，遗嘱信托会在遗嘱人死亡时住所地的州法院监督下设立。法院将监督遗嘱人全部财产的处置，并且在许多情形下保留在信托存续期间的监督权。

## 慈善遗赠数额的限制

普通法对于遗嘱人为了慈善目的而以遗嘱方式处置财产的数额没有限制。然而，在英国和美国的一些州，有些制定法限制了立遗嘱人进行慈善处置的

---

① *Restatement（Second）of Trusts*，§348.

权利，无论是否采取信托的形式。特别是在英国，早期制定法如此规定是为了防止财产被永久地排除在商业之外。美国制定法的限制则主要是为了防止立遗嘱人通过所谓的临终条款来剥夺他或她的家人对其财产的继承。这样的立法有两类。第一类是在一些州，在遗嘱人死亡之前特定期限内以遗嘱方式对慈善组织的赠与是无效的。① 第二类是限制仍有在世近亲属的遗嘱人可以捐赠给慈善组织的财产的比例。②

## 存续期间及其限制

在存续期间方面，私益信托与慈善信托有所不同。私益信托一般受到所谓的禁止永续规则的限制。Gray 教授有关这个规则的经典描述是："一种利益，只有当其在被创设时存活之人的死亡后不晚于 21 年内确定归属的，才是适当的。"③ 这个规则的潜在目的是防止从流转的商业领域内抽取和冻结财产。慈善性财产处置中的公共利益让所有州都通过判例法或制定法，免除慈善信托受此规则约束。④

从 20 世纪 90 年代开始，一些州开始修改禁止永续规则，允许信托存续长于一百年或禁止永续规则所允许的期限。1997 年，南达科他州、阿拉斯加州和特拉华州立法废除这一规则。⑤ 自此以后，这个规则被其他 12 个州废除或修改为非强制性规则。⑥

当一项对慈善组织的赠与以未来某一不确定事件的发生为条件时，这属于

① See Bogert and Bogert, *Law of Trusts and Trustees*, §326, and Scott and Fratcher, *Law of Trusts*, §362.4, for citations and further discussion.

② In re Estate of Moore, 219 Cal. App. 2d 737 (1963).

③ John Chipman Gray, *The Rule Against Perpetuities*, §202 (Boson: Little, Brown, 4th ed., 1942).

④ "支持这一主张的案例数量如此之多，已经无须来援引它们，确实，大部分慈善信托都没有一个确定的存续期间。" See Scott and Fratcher, *Law of Trusts*, §365 n.1，这个部分也包括了一部分的引用列表，*Restatement (Third) of Trusts*, §28 cmt. d。

⑤ Joel C. Dobris, "The Death of the Rule Against Perpetuities, or the Rap Has No Friends——An Essay," 35 *Real Property*, *Probate and Trust Journal* 601 (2000).

⑥ 到 2003 年 6 月为止，这个规则已经在下述的其他几个州被废止：亚利桑那、佛罗里达、爱达荷、伊利诺伊、缅因州、马里兰、新泽西、俄亥俄、罗德岛、弗吉尼亚、华盛顿、威斯康星。"Dynasty Trusts and the Rule Against Perpetuities," 116 *Harvard Law Review* 2588 (2003); T. P. Gallanis, "The Future of Future Interests," 60 *Washington and Lee Law Review* 513 (2003).

非慈善性的财产处置，禁止永久存续规则将予以适用。如果这项对慈善组织的赠与在规则要求的期间未能确定，该赠与就无效。若意图设立一个存续期间长于禁止永续规则要求的期间的慈善信托，该期间结束时财产归于个人的赠与也是无效的。然而，一个慈善组织给另一个慈善组织的赠与是有效的，受益人变更发生在何时则在所不问。

除了禁止永续规则对信托存续期间的限制以外，许多州也通过制定法禁止中止绝对所有权或在特定时间段内限制转让权。这些制定法中规定的期限常常与禁止永续规则的计算方式如出一辙，不过其目的在于防止对所有权人财产处置权的限制，而不是解决在特定期间内某一利益是否确定的问题。

当然，无限存续并非慈善信托有效的必要条件。一些美国的基金会，例如罗森瓦德（Rosenwald）基金会和艾尔顿·琼斯（Alton Jones）基金会，在设立时就有明确的意思表示，将在确定的期间内把它们的所有资金都用于资助。一些作者认为，基于公共政策考量，应该对慈善信托的存续期间有所限制。[①] 然而，法律对于慈善信托永久存续还是有期间限制这一问题并无明确表态，而是允许两者并存。

## 终止

慈善信托设立者的意愿是慈善信托存续期间的决定因素。当可能违背设立者的意愿时，法院并不主动命令终止慈善信托。因此，在一些交由受托人持有财产而将收入用于资助慈善法人的案例中，法院拒绝了将信托转由该慈善法人予以管理的请求。[②]

有关这个规则的一个有趣的例子是由本杰明·富兰克林（Benjamin Franklin）在遗嘱中设立的信托。富兰克林指定这项资金要积累两个一百年的期限，在此期间将向满足特定条件的年轻发明家提供贷款，期限届满之后，本金和收益将移交给马萨诸塞州和波士顿市。在 20 世纪早期，根据遗嘱规定来实施贷款变得不可行，这笔资金被用于投资。1959 年，州立法机关和市政府都同意将它

---

① Arthur Hobhouse, *The Dead Hand* (London: Chatto and Windus, 1880); Courtney Stanhope Kenny, *Property Given for Charitable or Other Public Use* (London: Reeves and Turner, 1880); Julius Rosenwald, "Principles of Public Giving," *Atlantic Monthly*, Vol. 143, at 599 (1929).

② *Winthrop v. Attorney General*, 128 Mass. 258 (1880).

们在这项赠与中的利益转移给富兰克林基金会，该基金会是在第一个百年期限届满后为了管理在信托之下的财产分配而成立的。之后，基金会以唯一受益人的身份提起诉讼，要求终止信托。但是法院否决了这一诉讼请求，认为遗嘱人的目的不仅仅是资助受益人，而且还旨在在一百年内的期限内为州和波士顿市积累资金。[①]

慈善信托部分终止的案例中，终止的相关规则同样适用。然而，当信托存续的原因不再有效时，法院可能会允许信托终止。*State Historical Society v. Foster* 一案是此中经典案例。[②] 在这个案件中，遗嘱人以其遗产设立信托，用来给他的儿子及其妻子（如果他结婚的话）支付年金，同时明确如果他儿子去世时无子女的，这些财产将捐赠给慈善组织。后来他儿子去世了，没有留下子女，但是其妻子依然在世。法院允许慈善组织要求受托人将信托财产转移至其名下，但须以该组织承担向儿子的遗孀支付年金的义务为条件。[③]

在伊利诺伊州 2003 年判决的一个案件中，法院需要对一个慈善信托中的条款做出解释。该条款明示该信托在不晚于其设立之日的 50 年后终止，所有剩余的资金将用于该信托最初宽泛的慈善目的。受托人希望获得法院判决确认他们有权将信托财产转移给一个慈善基金会，该慈善基金会的受托人部分由他们担任。州首席检察官对此提出质疑，认为这一行为违反了信托条款的规定。法院对受托人意欲实施的行为予以支持，认为信托条款并未排除这种行为，而且担任接受财产的慈善组织的受托人这一事实并不意味着受托人有不当行为。[④]

慈善信托在设立时可以附有条款指明在未来某一特定事件发生时信托终止，信托财产返还给捐赠人或其继承人。这样的条件或限制必须是明示条款，不能是暗示的。除非对于条件予以明示，否则仅仅对信托的违反并不导致财产的返还。而且，法院对此类限制做严格解释，遵循信托条款中的条件会导致不平等的话，法院可能会无视此种条件的存在。[⑤] 如果一项捐赠具有将财产将返还给

---

① *Franklin Foundation v. Attorney General*, 163 N. E. 2d 662 (Mass. 1960). 根据法院在这个案件中做出的一个建议，这个基金会在 1962 年成功通过诉讼取得了近似原则在贷款条款上的适用，因此贷款可以给予贫困的医学生和其他科技学校的研究活动。

② 177 N. W. 16 (Wis. 1920).

③ Armstrong Estate, 29 Pa, D. & C. 2d 220 (1963).

④ *Brown v. Ryan*, 788 N. E. 2d 1183 (Ill. App. Ct. 2003).

⑤ Scott and Fratcher, *Law of Trusts*, § §401 – 401. 4.

捐赠人或其继承人的条件或限制，禁止永续规则并不适用。[①]

## 收入累积

正如禁止永续规则一样，信托财产的收入累积不允许长于禁止永续规则时限的规则也是公共政策的体现。在英国和美国大部分州的私益信托中，此乃普遍规则。然而，就慈善信托而言，英国和美国的规则略有差异。在英国，慈善信托中的有关在固定期限内累积收入的条款是无效的，无论其目的何在，法院都会立即命令向受益人支付信托利益。[②] 在美国，法院更倾向于尊重捐赠人的意愿，因而发展出一个规则：只要不一直持续到一个不合理的超长期限，累积收入的条款会得到支持，[③] 即使这一期限可能长于禁止永续规则所规定的期限。因此，在一个案件中，联邦上诉巡回法院支持了一个信托的有效性，该信托规定收入累积五百年，此后本金和累积的收入会为在单一政府下聚集世界财富的目的而被支付给宾夕法尼亚州。法院认为，收入累计的条款，并未使整个信托无效，应仅在公共政策允许的范围内肯定其有效性。[④] 在那些制定法禁止私益信托在特定时间内累积收入的州，慈善性财产处置获得例外对待。[⑤]

## 受托人的管理责任

在所有州的制定法和判例法中，都有规定受托人义务的法律规则。这些规则至关重要，不仅因为它们决定了慈善信托的性质，而且因为它们限制了州对慈善信托受托人的强制执行权力。有些义务是以管理为特性的，而另一些则是信托概念以及信赖关系的基础。对于确保受托人的忠实行为而言是基础性的忠实义务和注意义务，将在本书第四章中讨论。

---

① 参见本章中有关近似原则在终止时适用的讨论。

② *Wharton v. Masterman*, [1895] A. C. 186. 如今在英国，关于财产累积的条款将不会使一个有效的慈善信托归于无效，但是法院可能会根据检察官的申请而强制受托人立即使用信托财产，尽管捐赠人指明了财产的使用要延迟一段时间以累积收入。Scott and Fratcher, *Law of Trusts*, § 401. 9.

③ *Restatement* (*Second*) *of Trusts*, § 442.

④ *Holdeen v. Ratterree*, 292 F. 2d 338 (2d Cir. 1961), rev'g 190 F. Supp. 752 (N. D. N. Y. 1960).

⑤ Pa. Stat. Ann. Tit. 20, § 6106; Note, "Accumulations in Charitable Trusts," 41 *Harvard Law Review* 514 (1927).

受托人主要的管理性义务如下：

转委托中的义务。在普通法中，受托人对于管理信托负有个人责任。[①] 尽管他可以将行政性事务的执行授权给他人，也可以聘请顾问、律师、会计师或是股票经纪人来协助他，并将信托财产委托给他们，但他不能授权他人"从事那些有理由要求受托人亲自从事的行为"。受托人授权他人进行投资就被明确禁止。这是《信托法第二次重述》中所采纳的规则，受到了严厉批评。正如法律委员会就《统一谨慎投资人法》的评注中所指出的那样，"这一规则会导致需要更经常地区分受托人的不可转委托的自由裁量权限和被认为可以转委托的管理权限，而这种区分往往很主观"。[②]

1964 年通过的《统一受托人权利法》有力地推翻了普通法中不能转委托的规则，该法第 3（c）（24）条款允许受托人可以转委托他人进行行政性事务，可以在没有经过独立调查的情况下依照代理人的建议行事，可以允许代理人从事包括自由裁量的任何管理事务。[③] 然而，这个法案的第 4 条禁止受托人将信托的全部管理事务授权给任何共同受托人。[④]

1990 年《信托法第三次重述》采用了谨慎投资人规则，规定除了那些一个审慎的人可能委托给他人的权限之外，受托人有责任亲自履行受托人职责。[⑤] 在 2003 年 5 月 23 日通过的《信托法第三次重述》的第六修订草案中，这一条款被修订并成为第 80 条。[⑥] 在这一草案中，谨慎投资人规则被吸纳成为《信托法第三次重述》扩展部分的第 90 条。[⑦] 第三次重述中的第 80 条列举了有关转委托的下列规则：

1. 除非一个具有相当知识与技能的审慎的人会将这种职责委托给他人，否则受托人有亲自履行受托人职责的义务。

2. 在决定将信托管理中的信托权限以何种方式授予何人以及其后监管或监督代理人时，受托人对受益人负有审慎行为的义务，以一个在相似情形下具有

---

① *Restatement（Second）of Trusts*，§ 171.

② *Uniform Prudent Investor Act*，§ 3 cmt.（1994）.

③ *Uniform Trustees' Powers Act*，§ 3（c）（24）（1964）.

④ Id.，§ 4.

⑤ *Restatement（Third）of the Law of Trusts*：*Prudent Investor Rule*，§ 227（c）（2）（1992）.

⑥ *Restatement（Third）of the Law of Trusts*，§ 80（Preliminary Draft No. 6，2003）.

⑦ Id.，§ 90.

相当技能的审慎人的标准来行事。[1]

《统一谨慎投资人法》（1994 年）的第 9 条将《信托法第三次重述》中的规则以立法形式固定下来，授权受托人将投资和管理的职能授予他人，这些职能限于一个具有相当技能的审慎受托人在相似情形下能适当地授权的情形：受托人的责任是在选择代理人、确定授权范围和定期考核代理人的表现中运用合理的技能，尽到合理的注意义务。[2] 法律委员会对这个新定义的评注指出，这个规定反映了这样一种企图：缓解确保受托人管理信托的灵活性和保护受益人不受受托人滥用权限损害之间的张力。新规则起草者所选择的解决方式是：依靠受托人的忠实义务及注意义务来避免过于宽泛的授权。包含免责条款的投资管理协议被认为是不适当授权的例子，这一条款使信托在由疏忽大意导致的管理不当时束手无策，这一安排与注意义务相抵牾。[3]《统一信托法》第 807 条关于"受托人转委托"的规定就是来自《统一谨慎投资人法》的这一条款。[4]

制作和呈递账目的义务。一般来说，受托人有义务制作和提供清晰、完整和准确的账目，并且就信托财产和信托管理方面做记录，[5] 还应根据受益人的请求每隔一段合理时间向其呈递账目或报告。[6] 这些记录包括：所有收入及支出、收益和损失以及本金和收入的分配。

如果对信息的合理要求被拒绝，法院可命令受托人向其受益人做出说明。在慈善信托的情形下，除非指定的受益人是另一慈善组织，责令履行报告义务的诉讼只能由州首席检察官提起或由法院依职权提出。*State v. Taylor* 一案讨论了报告义务的必要条件，[7] 此案涉及 1939 年创设的一个为了建立和捐助慈善组织的慈善信托。信托条款要求受托人制作完整、准确的账目，在每个会计年度末对其账目进行独立审计，并随后立即在当地报纸上公布有关信托状况和信托财产的简要报告。1958 年华盛顿的首席检察官曾书面要求受托人出示信托的完整历史报告，包括收入和分配、信托财产和管理变迁的记录，与信托有关的诉

---

① Id. , §80.

② *Uniform Prudent Investor Act*，§9. 参见第四章关于忠诚和审慎义务的讨论。

③ *Uniform Prudent Investor Act*，§9 cmt.

④ *Uniform Trust Code*，§807 cmt.

⑤ *Restatement（Third）of the Law of Trusts*，§83（Preliminary Draft No. 6，2003）.

⑥ Id. , §82.

⑦ 362 P. 2d 247（Wash. 1961）.

讼行为和目前状况。他同时也要求若以后管理事务发生变化，应及时予以通知。受托人拒绝提供其要求的信息，首席检察官就受托人的报告义务提起了诉讼。首席检察官的起诉书中没有陈述受托人未能按照信托文件的要求履行有关账目方面的报告义务的事实。法院驳回了首席检察官的起诉，认为首席检察官的书面要求并未构成一个合理适当的请求，不足以构成全面报告的合理要求，而这是向法院提起诉讼的前提条件。但法院也拒绝接受受托人所主张的抗辩，不认为有证据表明受托人存在管理不当或违反信托的情形是提起诉讼前提条件。

报告义务可能会延伸到与信托财产有关联的受托人的个人事务和行为。这一义务也会延伸到由受托人运营的商业公司的管理事务中。例如，1961 年纽约州法院认定，当受托人个人拥有两家公司的 56% 股权，并作为慈善信托的受托人拥有决定权时，他应向首席检察官就商业公司的管理事务进行报告。法院陈述说信赖义务不仅要适用于信托资产，也要扩展到公司的整体运营中。[1] 当一个慈善组织拥有一家闭锁公司的股份时，这个规则尤为重要。

信托条款可以免除受托人的报告义务。在某些情形下，这些条款会被解释为表明捐赠人将全部利益给予受托人的意图，并因此否定了信托的设立。在另外一些案例中，法院拒绝承认这些条款的有效性并要求受托人履行报告义务。[2]

其他义务。除了涉及授权和报告的义务之外，受托人也承担其他一些源于信托关系的特定义务。《信托法第二次重述》以不同条款列举了九项义务：管理信托事务的义务，管控财产的义务，使信托财产保值的义务，提出权利请求的义务，诉讼中进行抗辩的义务，使信托财产增值的义务，保证管理信托财产独立性义务，将信托财产与受托人个人财产相分离的义务，谨慎选择适当银行存放信托资金并指明存款专项用途的义务。[3]

2003 年的第六号修订草案第 76 条简化了上述内容，删除了分散的条款，将其抽象为根据信托条款管理信托事务的单一义务。这个条款具体规定如下："受托人有义务为了受益人的利益，勤勉、善意地根据信托条款和

---

① Matter of Luce, 224 N. Y. S. 2d 210 (1961), aff' d, 230 N. Y. S. 2d 45 (App. Div. 1962). See also In re Hubbell's Will, 97 N. E. 2d 888 (N. Y. 1951); Note, "The Trust Corporation: Dual Fiduciary Duties and the Conflict of Institutions," 109 *University of Pennsylvania Law Review* 713 (1961).

② Scott and Fratcher, *Law of Trusts*, § 172.

③ *Restatement* (*Second*) *of Trusts*, § § 169, 175 – 180.

相关法律管理信托事务。"① 这被界定为作为义务，意味着未能适当作为就将构成对信托的违反。② 因此，管理信托事务的义务也包括了《信托法第二次重述》中予以分别列举的基本管理职责，尽管在这次修订中，这些职责仅仅在评注中被提及。③ 这一阐释与《统一信托法》第 801 条款的规定也是吻合的。④

不得混同信托财产的义务（与不得转委托义务一样）存在一种例外情形：几乎所有的州都通过了制定法，授权受托人投资于所谓的共同信托基金。这些基金免纳联邦所得税，而且当由国家银行进行管理时，必须遵守联邦储备委员会关于基金管理和投资限额方面的规则。1952 年统一州法委员会批准了《统一共同信托基金法》，此后有 35 个州立法予以通过。统一共同信托基金是促进和确保投资多元化，以及简化小额信托财产管理的有效方式。⑤

在英国，根据 1960 年《慈善法》的规定，所有慈善目的信托的受托人须承担一项新的义务，即"在允许或要求全部或部分信托财产适用近似原则的情形下，采取措施让信托财产得以适用这一原则来保证信托财产有效使用于慈善事业"。⑥ 美国并无相似的立法，尽管从管理信托的义务以及忠实义务能够推导出这一项义务。

对于慈善信托的受托人而言，尤为重要的是：受托人是否承担保证不以自己的行为危害信托免税资格的积极义务。一些评论者认为这种义务隐含在信托概念中，但并没有为立法或法院判决所认可。由统一州法委员会全国会议于 1964 年起草并批准的已在 11 个州生效的《统一受托人权利法》中包含以下条文：

> 在行使包括由本法授予的权限时，受托人有义务在行为时充分注意到他的信赖义务，包括不得以导致信托丧失其本应获得的税收抵扣或者税收减免资格的方式行使本法授予权限的义务。⑦

---

① *Restatement*（*Third*）*of Trusts*，§ 80（Preliminary Draft No. 6, 2003）．

② Id.，§ 76 cmt. b。

③ *Restatement*（*Third*）*of Trusts*，§ 76 cmts. b – g．

④ *Uniform Trust Code*，§ 801（2001 年修订）。

⑤ Annotation，"Construction of the Uniform Common Trust Fund Act，" 64 *American Law Reports* 2*d* 268（1959）．

⑥ Stat. 8 & 9 Elizabeth 2，ch，58，§ 13（5）（1960）．

⑦ *Uniform Trustees' Powers Act*，§ 3（b）．

如委员会会议执行主席所解释的，这一条款的目的是"避免普通信托因特殊管理条款的存在而无意地触犯税收法律某些条款的可能性"。[1] 这一条款对慈善受托人的影响可能更为深远。[2]

## 受托人的管理权力

信托法不仅规定了消极限制，也授予受托人权限来履行他们的义务。只要不与法律或公共政策相抵触，受托人可以实施信托条款授予他的任何权限。法律也会规定受托人享有对于信托目的的实现来说必要且合适的其他权限，尽管信托委托人可能会在信托条款缺乏明确表述时禁止受托人实施那些正常情况下可以从信托性质推导出来的权限。[3] 然而，在一些案例中，根据偏差原则（doctrine of deviation），如果这种禁止会影响信托目的的实现，法院可能不认可这种禁止性规定。

通常法律授予的权限与受托人义务紧密相关。例如，受托人必须使信托财产增值。相应地，他有权进行投资和再投资。同样，他有权支出费用、出租或出售财产、谈判妥协、进行仲裁、和解，甚至投资股票，只要不与受益人的利益相抵触。[4]

在有些情形下，由于慈善信托存续期间不确定，慈善信托受托人的权限比私益信托受托人更为宽泛。这一点在长期出租土地的权限方面尤为突出。当慈善信托的财产是土地时，即便信托条款明确禁止，法院也可以授予受托人出卖土地的权限。然而，如果没有明示或暗示的条款表明可以出卖土地，需要由法院来授权，通常检察官就成为诉讼中必要的一方。[5]

一般来说，抵押或质押有价证券的权限或并不像出卖或出租那样宽泛。受

---

① Allison Dunham, "Uniform Laws on Estates," 103 *Trusts and Estates* 818 (1961).

② 在法案的第一部分中，有关信托的定义指出信托必须是为了指定的或以其他方式确定的收益受益人或本金受益人，或二者兼顾。这看来排除了慈善信托和慈善法人。这一问题有待说明。

③ *Restatement（Second）of Trusts*，§ 380.

④ 同上，§ 227；§ § 188－193；§ § 380（b）－（d），（f）－（g）。

⑤ *Congregational Church Union of Boston v. Attorney General*，194 N. E. 820（Mass. 1935）；*Trustees of Sailors' Snug Harbor v. Carmody*，105 N. E. 543（N. Y. 1914）. 如果信托的指示中明确表示在出售的情形下财产将归还捐赠人或其继承人，即使情况已经改变，法院也将禁止这种出售。*Roberds v. Markham*，81 F. Supp. 38（D. C. C. 1948）. 然而，这种类型的条件往往被严格地解释。

托人抵押或质押财产是不当的行为，除非根据信托目的或特定条款可以明确推断出这种权限，例如信托授权受托人根据自己的判断处理财产。[1]

和买卖权限的情况一样，如果这种行为对信托目的的实现是必要的，法院可能会无视明示的禁止条款而允许财产的抵押。例如，《纽约州不动产、权限与信托法》允许纽约州最高法院授权受托人买卖或抵押为了慈善目的持有的不动产，只要这些财产已经/或者可能变得没有增值能力，已经/或者可能贬值，或者当筹集资金在原有财产上进行改善或新建更为有利，或者因为其他原因进行这种处置比较适当。[2]

由于信托已经被用于日益增多的不同目的，受托人的权限也随之扩展，以使信托的设计更好适应现代需要。一些州已经可以通过立法授予受托人超过传统的由衡平法院授予的权限。这些法律一般来说适用于慈善受托人，也适用于私益信托受托人。[3] 然而，即便在立法生效的州，一个趋势非常明显：信托条款规定处理信托财产的广泛权限，同时限制受托人可能承担的责任范围。

## 受托人的自由裁量权

信托条款常常授予受托人广泛的自由裁量权来管理信托和使用信托资金，尤其是在关于慈善目的履行的事务上。法院并不干涉这种自由裁量行为，除非这种裁量行为明显超出了合理判断的范围。法院的责任不是以自己的判断取代受托人的判断，而是考虑受托人的行为是否出于善意，是否有合适的动机以及在法院看来那些判断的界限是否合理：

> 在决定受托人是否在合理判断范围内行事时，下列情况可能具有相关性：（1）信托条款意图授予的自由裁量范围；（2）一个可以判断受托人行为合理性的外部标准是否存在且明确；（3）权限行使的周边环境；（4）受托人行使或不行使裁量权的动机；（5）是否存在受托人的利益与受益人的

---

[1] Annotation, "Powers of Trustees of Charitable Trusts to Mortgage Trust Property," 127 *American Law Report* 705（1940）.

[2] N. Y. Est. Powers & Trusts Law, §8·1.1; see also Scott and Fratcher, *Law of Trusts*, §§191, 191.2.

[3] William F. Fratcher, "Trustees' Powers Legislation," 37 *New York University Law Review* 627（1962），包含了一系列这些法律条款的列举和讨论。

利益相抵触的事实。①

无论信托条款授予受托人多么宽泛的自由，法院都不会放弃监督受托人的权力。例如，在 *Conway v. Emeny* 一案中，立遗嘱人为了一个博物馆的利益而设立信托，给予受托人在决定特定事项上的"绝对的"自由裁量权。法院认为："从'绝对的'这个词可以明显看出立遗嘱人意图授予受托人相当大的自由裁量权。然而，这一授权性形容词的使用并不能真的给予无限的自由裁量权，这样宽泛的授权也并不必然使受托人免于司法监督。"②

在 1964 年和 1965 年的两个判决中，③ 马萨诸塞州最高法院重申了这样的立场——即便是最宽泛的自由裁量权的行使也要在衡平法原则之下受到监督：

> 的确，即使受托人被授予极其宽泛的自由裁量权，"衡平法院也可以控制受托人在信托执行中的自由裁量，如果这些行为超出了合理判断的范围，或不合理地漠视了通常的信托原则或信托目的，或者没有遵守所适用的信托条款中明确指示的判断标准"。这些信托权限不能被专断、任意或恶意地行使，必须"在严肃且合理的考虑之后，审慎地根据信托标准行使"。④

在 1965 年的案件中，马萨诸塞州最高法院对美国第一巡回上诉法院在 *State Street Bank and Trust Company v. United States* 一案⑤中依据马萨诸塞州法律做出的判决公开表示异议，认为该案中的信托授予受托人的权限过于宽泛，以至于排除了有效的法院监督，甚至允许受托人转移信托的经济利益。

## 由多数受托人行使的权限

慈善信托的管理与私益信托有非常重要的区别。在私益信托中，在所有受托人同意的情形下方可行使权限；而在慈善信托中，多数受托人的同意就

---

①　Scott and Fratcher, *Law of Trusts*, §187.

②　96 A. 2d 221（Conn. 1953）；亦参见 In re James' Estate, 119 N. Y. S. 2d 259 and 130 N. Y. S. 2d 691（App. Div. 1953），与一个慈善基金会有关。

③　*Copp v. Worcester County National Bank*, 199 N. E. 2d 200（Mass. 1964）；*Boston Sage Deposit and Trust Company v. Stone*, 203 N. E. 2d 547（Mass. 1965）.

④　*Boston Safe Deposit and Trust Company v. Stone*, 203 N. E. 2d 547（Mass. 1965）.

⑤　263 F. 2d 635（1st Cir. 1959）.

足够了，除非在信托条款中规定须经受托人一致同意的。① 对于违反信托的情形，拒绝加入多数人意见的受托人对于多数人的行为结果不承担责任，但是他有责任向法院申请阻止该行为。②

## 受托人薪酬

所有信托的受托人都有权获得合理报酬，作为其管理信托期间提供服务以及支付相应费用的回报。受托人薪酬数额通常在信托文件中予以约定。英国法律更规定当信托文件未约定受托人的薪酬数额时，受托人无权获得报酬。美国法律虽无此类限制，但是基本上各州都制定了法律来规制这一问题。此类法律绝大多数仅仅规定法院应判断受托人薪酬数额的合理性，但有些法律还规定了合理薪酬的明细清单。在某些州，原本仅适用于遗嘱执行人的法律，被法院用来规制受托人。③

通常在慈善信托中，法人受托人的报酬同私益信托受托人相比应当具有可比性。直至20世纪90年代末期，慈善信托的自然人受托人很少收取报酬，仅仅报销会议和差旅的支出。但是到了2003年，一些实例表明至少在基金会中上述情况发生了变化。2003年9月，乔治敦公共政策研究所下属的公共及非营利组织中心发布了一份由其进行的调查报告，调查对象为176家大型资助型基金会的1998份信息申报，研究表明64%的调查对象都向受托人支付报酬。一份针对62家小型基金会的类似调查显示，79%的调查对象都支付报酬给受托人。两次调查中报酬数额都相差很大。④ 但是由于没有公开调查信息，我们无从知晓除基金会外的其他慈善组织是否也发生了类似变化。

## 免责条款

现在的信托文件中最常见的条款之一便是所谓的免责条款了，意在免除受

① Scott and Fratcher, *Law of Trusts*, §382；*Restatement（Second）of Trusts*, §383（1965）；*City of Boston v. Doyle*, 68 N. E. 851（Mass, 1903）；*Morville v. Fowle*, 10 N. E. 766（Mass. 1887）.

② *Sheets v. Security First Mortgage Co.*, 12 N. E. 2d 324（Ⅲ. App. Ct. 1937）；*Heard v. March*, 66 Mass.（12 Cush.）580（1853）；*Comstock v. Dewey*, 83 N. E. 2d 257（Mass. 1949）.

③ 各州制定法规定总结可参见 Scott and Fratcher, *Law of Trusts*, S242。

④ Christine Ahn, Pablo Eisenberg, and Channapha Khamvongsa, *Foundation Trustee Fees: Use and Abuses*（Center for Public and Nonprofit Leadership, Georgetown Public Policy Institute, September 2003）.

托人违反某些信托条款时的责任。法院对此类免责条款做严格解释。而且，当受托人违反信托条款是出于恶意、故意、漠视受益人的利益或为一己私利时，任何免责条款都不能为其开脱责任。[①] 纽约州已经通过法律进一步明确：在遗嘱信托的条款，如果免除遗嘱执行人或受托人在不尽注意义务、勤勉谨慎义务之时的信托责任，将被视为违反公共政策，从而无效。[②] 此法律已经适用于斯希特遗产案。[③] 该案中，一个出于宗教目的的信托在其条款中规定，受托人不必为给信托财产造成损失负责，也不必对财产分配进行说明。该条款因为违反公共政策而被宣布无效。[④] 但是，免责条款的出现确实使受托人免于承担在管理信托过程中产生的严格的个人责任，为其提供了与慈善法人理事同样的保护。[⑤]

## 第三人责任

成立信托形式的慈善组织有一个缺点：受托人个人要对其管理信托的所有行为负责，并可能成为起诉对象。直到 20 世纪 60 年代，法院都主张管理信托过程中的违约或侵权责任全部且仅由受托人个人承担。如果受托人个人没有过错，他有权要求用信托财产赔偿或补偿，但是法律诉讼仅可针对受托人提出。从 20 世纪 50 年代起，法院裁判和立法都明显体现此规则逐步得以放宽。所以现在在很多情形下，原告都有可能在衡平法院直接针对信托财产提起诉讼。[⑥] 在 16 个州生效的《统一遗嘱检验法》第 7 - 306（a）条款规定如下：

> 除非合同另有约定，受托人个人不对在管理信托财产的过程中根据其权限恰当订立的合同承担责任，除非他未能在合同中披露其作为受托人的权利能力以及未能明示信托财产。[⑦]

---

[①]　*Restatement（Second）of Trusts*, §222; Scott and Fratcher, *Law of Trusts*, §§222 - 222. 3.

[②]　N. Y. Est. Powers & Trusts Law, §11 - 1. 7

[③]　229 N. Y. S. 2d 702（Surr. Ct. 1962）.

[④]　Scott and Fratcher, *Law of Trusts*, §222; Bogert and Bogert, *Law of Trusts and Trustees*, §542.

[⑤]　Trusteeship of Williams, 591 N. W. 2d 743（Minn. 1999）; *Petty v. Privette*, 818 S. W. 2d 743（Tenn. 1989）.

[⑥]　*Restatement（Second）of Trusts*, §262; Scott and Fratcher, *Law of Trusts*, §262.

[⑦]　*Uniform Probate Code*, §7 - 306（a）（1969）.

如果合同中特别约定，受托人有可能免于承担个人责任。通常此类条款都包括在信托文件之中，但是法院要求合同的相对方知悉此条款。①

如果受托人在管理信托的过程中实施了侵权行为，其是否承担个人责任取决于他个人有没有过错。直到 20 世纪中期，许多州都规定受害方不可以直接要求信托财产来赔偿侵权所致损失。其基本原理部分建立在信托是准公共财产的观念之上，与不可起诉政府部门相类似。到 20 世纪末期，马萨诸塞州是唯一一个还肯定此规则效力的州。在其他不允许慈善组织享有豁免权的州，受害方可以从信托财产中获得赔偿。②

### 法院对信托的监督

很多州要求遗嘱信托受托人必须定期将账户信息报送行使监督权的法院以获得信托费用。例如，俄亥俄州法律规定，受托人至少每两年提交一次账目明细，详细列出收入、支出、分配、资产及投资情况。③ 另一些州规定受托人有权自己决定是否提交账户信息以获得信托费用，但当受托人辞去委托或被解除委托以及信托终止时，必须提交明细账户信息。只有四个州没有此类规定。已被内华达州接受的《统一受托人会计法》规定遗嘱信托及非遗嘱信托的受托人必须每年向遗嘱检验法院呈递账户信息明细。④ 此类账户明细报告还要提供不存在自我交易的证明、未支付赔偿的清单，以及法院要求提供的其他材料。此法还特别强调其适用于慈善信托。

## 慈善组织的法人形式

以法人形式设立慈善组织的普遍性在很大程度上要归因于法人这一组织形式在美国商业活动中的广泛适用，以及慈善组织设立人对法人运营模式的熟悉。在美国，法人之所以如此普遍，是因为法人可以从投资者手中募集大量资本，并且使投资者的所有权与管理职能和企业债务相互分离。

---

① Scott and Fratcher, *Law of Trusts*，§ 262. 2.

② Id. , § 402. 2

③ Ohio Rev. Code Ann. , § 2109. 30.

④ Nev. Rev. Stat. , § § 165. 010 – 165. 250.

引用率最高的"法人"定义出自首席大法官马歇尔，他在 *Trustees of Dartmouth College v. Woodward* 一案中，将法人界定如下：

> 法人是人为拟制的存在，看不见也摸不着，仅仅存在于法律的构想当中。由于法人仅是法律的创造物，它仅拥有其创立时的特许状所赋予的特权，或有明文规定，或是因其存在而附带而来。这些深思熟虑后赋予法人的特权是用来实现其创立目标的。所有这些特性中，最重要的便是永久性和个体性：这些特权，使得连续存在的许多个人可以被看作是同一的，并能像单一的独立个人一样行动。如此一来，法人可以独立管理自己的事务，拥有自己的财产，而不必纠结于复杂的窘境，或身陷危险和为了在不同人之间转手而不断转移权利的无休无止的麻烦之中。创造法人并且在实践中予以应用的首要目的在于为关联存在的人们披上法人的外衣，使其具备资格和权利能力。这意味着个体为了实现特定目的，可以借助法人这个形式而获得永久延续和存在。[①]

同营利法人相比，此定义似乎更适合慈善法人。因为营利法人采用法人形式的首要原因在于使股东取得有限责任。

此定义最重要的两个要素：一是法人仅仅是法律的创造；二是它作为独立个体具有从事许多法律活动的权利能力。只有州才有权批准法人成立。正如之前所提及的一样，最初的"特许权"由国王授予，之后由国会授予。这些特许权都附带特权，如在特定区域的垄断权，经营渡轮一类地方性"公共事业"的权利，免税待遇等。公权授权背后隐含着这样一个假设：允许法人设立可为公共利益累积收益。随着规制营利法人法律的发展，法人组织获得更广泛的认同，立法逐渐放宽对法人设立的条件要求。

在法律放宽设立法人条件的这段时期，各州法律在营利法人设立的规定上基本一致，但慈善组织和其他非营利组织的法人设立的规定方面却未能统一。一些州的营利法人法也适用于非营利法人，而在另一些州，宗教法人和教育法人则独立于其他非营利组织单独立法，还有一些州根本没有针对非营利组织的法律。特拉华州至今仍属于最后一种情况，其在营利法人法方面的发展处于领

---

① 17 U. S. （4 Wheat.）518，636（1819）.

军地位，但却尚无规制非营利法人创设和运营的法律。[1]

## 《示范非营利法人法》的发展

如今全美除两个州外，都通过了一般制定法来规制非营利组织的创设和运营。20世纪80年代前，这些一般性规定五花八门。但在1981年，美国律师协会成立了一个专业委员会，带头对全美各州规制营利法人的法律进行了修订，并于1984年通过了《标准公司法（修订版）》。此举为非营利法人法的相应修订注入了催化剂。[2]

《示范非营利法人法》由美国律师协会公法人法专业委员会和非营利法人法专业委员会于1952年联合颁布，并于1957年和1964年进行了小幅修订。1987年，美国律师协会商法部非营利法人法委员会下属的一个分会对《示范非营利法人法》进行了大幅修订。此次修订大规模参照了1985年颁布的修订版《加利福尼亚州非营利法人法》行政管理条款，特别是有关州务卿权力的条款，忠实沿用了《标准公司法（修订版）》的规定。[3]

1987年《示范非营利法人法（修订版）》最主要的变化在于：将非营利法人分为公益性法人、互益性法人和宗教性法人三类，将首席检察官的强制执行权以成文法的形式做出了明确规定。尽管当时一些州的法律已采用信托法中对受托人行为标准的规定，但是1987年《示范非营利法人法（修订版）》的起草者仍决定弃用该标准，转而采纳了《标准公司法（修订版）》条文中对理事行为标准的规定。然而，三类非营利法人之一的公益法人囊括了除宗教法人外的所有慈善法人，所以其在利益冲突方面的标准要高于营利法人。[4]

截至2003年1月1日，全美48个州和哥伦比亚特区已拥有了非营利法人法。其中23个州的非营利法人法都是直接使用1987年《示范非营利法人法（修订版）》或在其基础上修订的版本。还有七个州使用的是1952年《示范非

---

① 见附录，表格三。

② Lizabeth Moody, "The Who, What and How of the RMNCA," 16 *Northern Kentucky Law Review* 251 (1989).

③ Id., at 306.

④ 详见本书第四章对《示范非营利法人法（修订版）》中忠实义务和谨慎义务的讨论。

营利法人法》中的条文。① 全美只有特拉华州和堪萨斯州没有非营利法人法。这两个州的慈善法人依据营利法人法中的相关条文设立，只是非营利组织的章程中必须特别声明成立法人的目的并非出于私利，且不得向股东分配利润。

## 慈善法人的设立

与信托不同，法人非经州政府的批准不得设立。也就是说，设立法人必须经过有权机关的特别批准。现今在美国几乎所有司法辖区，若想获得此类批准，首先须按制定法要求准备一系列文件，然后在该州负责法人设立的官员（通常是州务卿）处进行备案。有些州还要求将这些文件在法人办公场所所在地的区或郡的负责官员处备案。许多州仅要求设立申请中包括至少一名发起人以及一些基本信息，如设立目的、权限划分、理事的姓名和地址、成员名单（如有的话）。②

递交申请并在要求缴纳费用的情况下缴纳了备案费用后，该州具体负责的官员会直接向公司发起人或其代表人颁发许可证或执照（特拉华州和堪萨斯州除外），③ 法人即宣告成立，并依其设立目的开展活动。有一些州的制定法要求具体负责的官员依法审查公司章程的合法性，如章程不合法，其有权拒绝发放执照。但章程合法性的审查通常是比较粗略的。尽管州务卿或法人管理局可能保有一些剩余权力，但此类权力本质上不属于真正的监管性权力。

宾夕法尼亚州④和密歇根州⑤的非营利法人有权发行股票，这与没有特别适用于非营利法人的成文法的特拉华州和堪萨斯州一样。尽管如此，这些州在实务中也像特拉华州和堪萨斯州一样，要求非营利法人特别声明其非营利性。只有进行这样的特别声明，才能获得免除联邦所得税的待遇。

## 立法机关修改法人章程的权力

一些州除了可以依照一般法人法设立非营利法人外，还可以通过立法机关

---

① 见附录，表格三。
② 见附录，表格一，第5栏。
③ 特拉华州和堪萨斯州要求在另一些州政府机关备案后才能颁发执照。
④ Pa. Stat. Ann. Tit. 15，§5306.
⑤ Mich. Comp. Laws，§450. 2303.

的特别立法设立非营利法人。事实上，在19世纪大部分时间里，立法机关的特别立法是设立非营利法人的唯一途径。但随着一系列关于法人行政管理方法成文法的颁布，此种途径被弃用并为许多州的宪法所禁止。如果州立法机关仍然保有通过特别立法的途径设立法人的权力，那么该州当局必然有权扩大对慈善目的的解释。如果一个法人是通过特别立法的方式设立的，那么其存续、权限、权利能力、运行模式依据的是创设它的特别立法，而不会依据该州有关慈善法人的一般法律规定行事。只有该特别立法没有明文规定时，才会遵守该州关于慈善法人的相关法律规定。①

尽管如此，立法机关的权力并不是绝对的。一旦一个慈善法人已经设立，任何立法机关都不得改变其最初的设立目的和法人章程中载明的治理方式。此限制源于美国《宪法》第1条第10款的规定。该款禁止任何州通过干预契约义务的法律。此宪法条文在 *Trustees of Dartmouth College v. Woodward* 案中首次适用于法人。② 达特默斯学院（Dartmouth College）是一个通过特别立法方式设立的慈善法人，新罕布什尔州的立法机关试图改变其法人章程。联邦最高法院认为，一旦通过特别立法方式设立了慈善法人，在州当局和为该法人捐钱的捐助者之间就产生了一个默示契约。没有经过受托人的同意就擅自单方面改变法人章程是一种违约行为，从而违反宪法。

现在成文法规定法人管理方式时，保留了相关机关修订依法承认的法人章程的权力。虽然此举最大程度地削弱了达特默斯学院案所确立判例的影响力，但法院判决相关规定只适用于法人治理方式的修改方面，对企图从根本上改变或废止法人目的的章程修订并不适用。无论如何，只要一个立法机关在法人设立时试图为自己保留某种权力，此种保留都是违宪的。③ 当然，如果慈善法人的管理层也同意修订法人章程，那么宪法上的限制就自然消除了。④

_____

① *Penobscot Boom Corporation v. Lamson*, 16 Mc. 224（1839）.

② 17 U. S.（4 Wheat.）518（1819）.

③ *Board of Regents of the University of Maryland v. Trustees of the Endowment Fund of the University of Maryland*, 112 A. 2D 678, 684（Md. 1955）, cert. denied, 350 U. S. 836（1955）.

④ Matter of Mr. Sinai Hospital, 164 N. E. 871（N. Y. 1928）; see also Marion R. Fremont - Smith and Jill R. Horwitz, "The Power of the Legislature: Insurer Conversions and Charitable Funds," Seminar on State Authority over Charitable Assets（Milbank Memorial Fund, New York, November 2002）.

即使没有立法机关的特别立法，慈善法人的设立和存在形式并不影响法院判断其慈善目的的有效性。一旦法院认可其有效性，该慈善法人可以同慈善信托一样，享受联邦和州政府特定税费免除的待遇，当然也可以适用近似原则和强制执行程序。

### 对慈善法人的财产规制

英国《没收法》限定了慈善法人所能拥有的财产数额。美国最初的法人法案也受到了其影响：无论其是否为慈善法人，都不能依遗嘱取得不动产，除非有立法机关的特别立法或法人章程的特别授权才能突破这种限制。[①] 但现在各州都取消了此类限制。

此外，也可以通过成文法限制慈善法人所能拥有的财产数额。现今只有罗德岛一个州还存有此类限制。该州法律规定慈善法人的财产如果超过限额，需要满足如下条件：在获赠财产之日起一年内获得立法机关对其取得并保有该财产的授权。[②]

### 存续

法人的一大特点是其永久存续性。这意味着禁止永续规则不适用于对慈善法人的财产赠与，除非该赠与附有条件，使其实现时间可以晚于禁止永续规则规定的时间。在赠与附有条件情形下，其违反禁止永续规则的法律后果与慈善信托相同。

如果财产赠予人在进行捐赠时提出条件，要求受托人在某个特定时间或未来某件事情发生之后成立一个慈善法人，此时间或事件必须发生在禁止永续规则规定的时间段内。[③] 但是如果此项财产赠与被认定为是出于向未来的慈善法人捐赠的慈善目的而赠与受托人的，法院就不会适用禁止永续规则，而会认为最初的财产赠与成立了一个有效的慈善信托，不受禁止永续规则的约束。[④]

---

① N. D. Cent. Code, §10 - 33 - 21; Okla. Stat. tit. 18, §588.

② R. I. Gen. Laws, §7 - 1 - 17; see also Scott and Fratcher, *Law of Trusts*, §362.4.

③ Note, "The Charitable Corporation," 64 *Harvard Law Review* 1168, 1170 (1951).

④ *Brigham v. Peter Bent Brigham Hospital*, 134 F. 513, 518 (1st Cir. 1904).

### 变更、合并和解散

在变更慈善法人组织章程及允许其合并和解散的权力方面，州的权力与法人理事或成员的权限是非常不同的。作为通行规则，慈善法人一旦设立，就在法人与该州之间形成了默示契约，对法人目的、特定管理方法和程序、章程的限制性条款的变更均被视为对该契约的变更，立法机关不得单方面做出此种更改。然而，对于理事会或者会员是否有权变更上述事项的问题，在这些事项适用于法人的一般性资产时，和适用于与法人目的直接相关的专项资产或附有限制性条件的特别捐款时有所区别，因而尚未达成共识。一些案例认为非营利慈善法人的所有资产（附有限制性条件的特别捐赠除外）可通过法人在非营利法中所被赋予的一般变更权而被自由地改变用途、方式、解除限制。另一些案例则认为此种变更权只适用于在实现法人目的过程中取得的资金，如社会服务机构提供社会服务获得的资金、学校收取的学费等。此观点在 2003 年北达科他州的一个判例中获得了支持。[1] 该案涉及出售医院所得收益的处置问题。与该案形成鲜明对比的是南达科他州的一个判例，其也涉及一项医院出售计划，且该医院还与前案的医院同属一个医疗系统，法院却持英国法观点，即认为所有法人财产，不论其来源如何，都要受信托原则的约束。[2] 在此种变更权被限制的州，法院有权判定是否适用近似原则改变法人的目的，或适用偏差原则改变法人的管理方式。

修改法人最初成立目的之外的其他事项的变更可由该法人根据非营利法人法的规定而做出。此方面法律的规定是很明确的：绝大多数法律规定，变更遵循法人最初的设立程序即可，只不过还要求过半数或 2/3 的理事或有投票权的成员投票通过。有些法人的章程细则可能规定比法定要求更高的票数。

《示范非营利法人法（修订版）》要求 2/3 以上有投票权的成员表决通过后，才可对公益法人的章程做出修改；如果无成员或成员无投票权，理事会的多数决也可对章程做出修改。[3] 纽约州规定成员投票过半数就可以修改章程，[4]

---

[1]  *Banner Health System v. Stenehjem*，2003 WL 501821（D. N. D. 2003）．

[2]  *Banner Health System v. Long*，663 N. W. 2d 242（S. D. 2003）．

[3]  RMNCA，§§10.21，10.21．

[4]  N. Y. Not – for – Profit Corp. Law §802．

而得克萨斯州和伊利诺伊州要求成员投票数超过 2/3，如无成员，则理事会投票过半数才可修改章程。①

营利法人的吸收合并和新设合并程序会涉及法人资产和股权收购方面的许多问题，而这些问题在慈善法人的合并过程中通常不存在。慈善法人的吸收合并和新设合并程序，由州法律明文规定了与修改章程类似的方式。如果合并申请涉及附有限制性条件的财产或者法人目的的变更，法院必须适用近似原则。②《示范非营利法人法（修订版）》规定，除非法院已同意该合并，并且州首席检察官也在该程序中收到通知，或在合并前该法人的资产已经转让给其他公益法人或宗教法人，否则公益法人或宗教法人兼并后形成的法人还须是其原有形态。③ 马萨诸塞州法律规定，吸收合并或新设合并后形成的法人必须是依非营利法人法组建的公共慈善团体。④

上述讨论仅适用于不变更慈善法人目的的章程修改。对变更慈善法人目的的修改限制并非来自成文法，而来自该法人对获赠财产的规定，不论该财产是限定了特定用途的捐赠，还是在修改章程前已获得的非限定性捐赠。⑤

与信托不同，慈善法人的解散可以同其创设一样，由管理其事务的人员申请州当局批准。提案通常由理事会表决通过即可，但在有些案例里还要求有成员的同意。直到 20 世纪 70 年代早期，大多数州要求解散后资金的使用要遵循近似原则，但绝大多数情况下，没有有效的行政程序来确保此要求的实现。尽管如此，财政法规要求，解散时慈善法人的资产要转移给《国内税收法典》第 501（c）（3）条款下的其他免税组织。⑥

与修改章程或合并的法定程序一样，解散决定和财产分配方案要求理事或成员过半数（也有的要求过 2/3）同意。只有六个州没有进一步的限制性规定。⑦ 大多数州要求在向州务卿或其他管理官员（有些情况下是郡书记官）提

① Tex. Rev. Civ. Stat. art. 1396 – 4. 02；805 Ill. Comp. Stat. 105/110. 15.

② Note，"The Charitable Corporation，" 1179 – 1180.

③ RMNCA，§ 11. 02.

④ Mass. Gen. Laws ch. 180，§ § 10，10 A.

⑤ *Attorney General v. Hahnemann Hospital*，494 N. E. 2d 1011（Mass. 1986）.

⑥ Treas. Reg.，§ 1. 501（c）（3）–1（b）（4）；see also Chapter 5.

⑦ 见附录，表格一，第9栏和第10栏。

交协议备案时，还要附有债务情况说明及法人财产分配方案。有十个州还要求向法院备案，其中只有三个州规定要获得法院的批准。纽约州和马萨诸塞州还进一步要求法院批准时必须举行听证会，并通知首席检察官参加。这两个州还规定慈善法人财产的分配必须出于类似的慈善目的。[①] 明尼苏达州规定：对法人自愿解散申请的批准权由地区法院行使，而首席检察官出于公共利益的需要有权介入相关诉讼程序。[②] 尽管近似原则同样适用于慈善法人，可是该州法律并未明文规定要求在此种情况发生时通知首席检察官。[③] 罗德岛和宾夕法尼亚州的批准程序与明尼苏达州类似。[④]

得克萨斯州规定理事对破产法人的财产分配或某项将导致法人破产的财产分配负有个人责任，除非其决策时符合勤勉、善意的要求，或是基于对理事长、管理法人账簿者及注册会计师所出具的合格财务报告的善意信赖做出决策的，才能免除其个人责任。该州法律还规定对律师出具的书面法律意见书的善意信赖也是责任免除事由之一。[⑤]

慈善法人也可能在州首席检察官或其他官员发出的权利开示令状听证中，被强制解散。举行此种听证要求发生了有损公共利益的行为或是其备案文件不符合法律要求。

## 收益累积

对慈善法人收益累积条款有效性的判断标准与慈善信托相同。一些州的法律规定规制收益累积的制定法适用于所有对慈善财产的处置。1963 年，亚利桑那州明确规定慈善法人出于慈善目的的累积收益可以保存 21 年。[⑥] 1961 年，纽约州法律限制慈善法人累积收益的数额。但该规定随后被废除，现在累积收益的条款有效，尽管要受到法院的监督。[⑦]

---

① N. Y. Not – for – Profit Corp. Law，§1005；Mass. Gen. Laws ch. 180，§11A.

② Minn. Stat.，§317A.

③ 详见本章关于近似原则的讨论。

④ R. I. Gen. Laws，§7 – 6 – 50；Pa. Stat. Ann. tit. 15，§5971.

⑤ Tex. Rev. Civ. Stat. art. 1396 – 2. 26.

⑥ Ariz. Rev. Stat.，§71 – 118，repealed by 1963 Ariz. Sess. Laws ch. 25.

⑦ N. Y. Est. Powers & Trusts Law，§8 – 1. 7.

## 内部管理

一个法人从某种意义上说就是人的集合体，这些个体与法人之间的关系导向了特定的权利义务。营利法人的成员资格通过购买股份而取得。每一股都代表一定的法人财产利益，股票持有人有权分享利润、参与管理，在法人解散时还有权按比例分得法人的财产。

慈善法人的治理方式最初由发起人决定，并在章程中详细规定法人治理的基本框架结构。除决定法人慈善目的外，治理框架中最重要事项是决定将法人的控制权交给理事会，或是由理事会和法人的成员共同行使。慈善法人多数由一个永久存续的理事会（通常称为受托人）来治理。少数拥有会员的慈善法人，其会员与理事大都重合，当他们丧失其中一个身份，另一个身份也就终止了。

在慈善法人的会员与理事并不完全重合时，会员的身份以及与该身份相关的权利与股东类似，不同的只是会员对法人的资产及收益没有经济利益。章程和章程细则会具体规定会员的任期和资格，以及除法律规定的选举理事和批准修改章程细则的权利以外，其还享有哪些权利。法律通常赋予会员查阅账簿和档案的权利。2002 年，佛罗里达州的一个案例支持会员在丧失资格后或法人修改章程废除会员身份后，会员仍然享有此项权利。[①]

在 20 世纪 80、90 年代，全美绝大多数大型医疗机构进行了重新整合，一些组成部分分立为若干独立法人，每一分立后的法人只有一个“家长级”会员，要么是分立前的原初法人，要么是新成立的慈善法人。该“家长级”会员除享有选举理事、批准修改章程细则的会员固有权限外，还有批准预算，委任或选举管理人员，对改变法人活动范围、解散、处置财产进行批准的权限。[②]

非营利法人中的非慈善组织大部分都有会员，如果按参照《示范非营利法人法（修订版）》规定的制定法设立的话，它们是互益法人，而非公益法人。其会员在绝大多数情况下有权在法人终止时分享其财产。私益法人的会员资格

---

① *Raffinan v. Philippine Cultural Foundation*, *Inc.*, 821 So. 2d 1272（Fla. Dist. Ct. App. 2002）.

② Dana Brakman Reiser, "Decision – Makers without Duties: Defining the Duties of Parent Corporations Acting as Sole Corporate Members in Nonprofit Health Care Systems," 53 *Rutgers Law Review* 979 (2001).

与营利法人的股东相似。法人章程中会规定该法人是否有会员，会员是否分为不同类别，以及分类时各类会员的权利与义务。

曾经有一段时期，法人（无论是否为慈善法人）会发放可转让的会员资格证明，这些证明可以继承，但其流转被有些州的法律明文禁止。1963 年，伊利诺伊州颁布法律禁止买卖会员资格。[①] 通过成文法明确禁止此类交易的需要为大众所关注是由于一个税务案件，在该案件中，联邦政府起诉一个医院的会员，因为他们将会员资格以 71 万美元的价格卖给他人，而买家以该医院的财产作为抵押物融资获得了交易价款。[②]

很少有法律规制理事的身份和权利。加利福尼亚州《非营利法人法》对公益法人的规定是个例外。其规定在任何公益法人理事会中任职的“利害关系人”不得超过 49%。“利害关系人”是指：（1）在前 12 个月内由于其向法人提供服务而正在接受其薪酬（不论其为全职或者兼职的雇员、独立承包人或者其他）的人，但是因其担任理事职务而获得合理报酬的人不包括在内。（2）理事的家庭成员，如兄弟姐妹、直系血亲、理事或其他前述家庭成员的配偶。[③]

2002 年，缅因州要求公益法人理事会成员中“经济利害关系人”不得超过49%。“经济利害关系人”是指：（1）在前 12 个月内由于其向法人提供服务而正在接受或者有权接受薪酬（不论其为全职或者兼职的雇员、独立承包人或者其他）的人，但是因其担任理事职务而获得合理报酬的人不包括在内。若营利法人为公益法人提供服务获取报酬，有权从该营利法人获得净收益的人也是“利害关系人”（以上市公司股票持有人身份获得收益的人除外）。（2）上述人员的家庭成员，如配偶、兄弟姐妹、父母、子女等。[④]

新罕布什尔州也规定了理事身份的限制：为了广纳众言、维护公共关系、保护公众信心，慈善法人的理事会至少由五名有投票权的理事组成，且他们之间不是直系亲属，也不能存在其他血亲及姻亲关系。[⑤]

---

① 805 Ill. Comp. Stat. 105/107. 03.

② *Grace Sharf's Estate v. Commissioner*, 316 F. 2d 625 (7th Cir. 1963), aff'g 38 T. C. 15 (1962).

③ Cal. Corp. Code §5227.

④ Me. Rev. Stat. Ann. tit. 13 - B, §713 - A.

⑤ N. H. Rev. Stat. §292：6 - a.

但是，此类限制可因州首席检察官的批准而取消。① 《新罕布什尔州非营利法人法》第 7 条第 19 款第二项及第 292 条第 6 款第一项规定：慈善法人的理事、管理人员、受托人任职于理事会时，只能为法人的慈善目的而服务。如果有其他明示或默示目的，则不得任职于理事会。②

司法很难针对法人内部事务进行审查。如果有违反法律规定的事项，司法当然会介入阻止。但是如果争议涉及法人内部事务，例如，开除成员、剥夺成员投票权或参与权等，除非穷尽章程规定的法人内部纠纷解决机制，或者该法人内部出现延期或拒绝听证及申诉的情形，司法一般是不会介入的。如果所有救济途径都穷尽了，法院会根据衡平法原则，让欺诈、误解、意外或其他非公平行为归于无效。③

## 理事的管理义务

慈善法人的理事职责散见于成文法和判例法之中，并包含在《信托法第二次重述》之内，截止到 2003 年年底正在进行修订。④ 和受托人的义务一样，理事义务被分为两大类：第一类是忠实义务和勤勉义务，第二类是管理义务。第一类义务要求理事和管理人员严格遵照法人目的而行为，我们将在第四章中详细讨论。现在，我们首先讨论理事的管理义务。

委托中的义务。在营利法人的管理中，董事会的许多职能不仅可以而且必须分配给其管理层和雇员行使。早期的法人治理规则，允许理事将法人绝大部分的管理职责委托给他人行使，自己只保留一般监督权。尽管如此，理事也不能放弃他们管理法人事务的职责，如法人因理事的不作为而遭受损失的，理事还要对此损失负个人责任。⑤ 理事不能将权力集中委托给一个人或一个团体行使，也不能只当名义理事。即使法律没有明文规定，每个法人都有任命执行委

---

① Id. .

② N. H. Rev. Stat. § 7：19（Ⅱ）

③ Ralph Boyer, *Non-Profit Corporation Statutes：A Critique and A Proposal*（Ann Arbor：University of Michigan Law School, 1957）

④ *Restatement（Third）of Trusts*（Preliminary Draft No. 6, 2003）.

⑤ Henry Winthrop Ballantine, *Ballantine on Corporations*, § 46（Chicago：Callaghan Press, rev. ed., 1946）.

员会的固有权限，以便在理事会闭会期间履行其职能。① 实践中通常由法人的总裁享有签发票据和签署商务合同的权限。但此规则并不适用于非营利法人。要想判决非营利法人承担责任，必须有证据证明个人行使权限有理事的明确授权。②

慈善法人理事作为管理层成员所要遵循的准则在 *Ray v. Homewood Hospital, Inc.* 一案中得到了明确阐述。③ 法院认为慈善法人不能存在挂名理事会或名义理事会，因此理事会治理法人的终极职责不可委托他人代为行使。在马萨诸塞州的一个案例中，此原则也被明确认可。该案涉及的慈善法人理事会成立了一个独立于该法人的信托，并将基于法人的一般目的而获赠的法人财产转移到该信托名下运作。法院宣布因为法人章程规定法人是其资产的唯一合法保管者和管理者，所以此委托非法。④

在慈善法人的日常运作中，围绕委托权最常产生的问题是慈善法人资金的投资运作。直到 20 世纪晚期，除非信托文件明确授权，否则受托人不得将投资运作资金的权力委托他人行使，但受托人做出决定前可以就其投资决策征求投资顾问的意见。与此形成对比的是，慈善法人通常可以将投资决策权委托给财务委员会行使，有些州的法律还允许其将此权限交给外部投资顾问行使。《信托法第二次重述》将投资决策委托权作为慈善信托受托人义务和慈善法人理事义务的区别之一。⑤

1969 年，《捐赠基金的法律和伦理》报告促使《统一机构基金管理法》得以通过，报告中的一个主要建议便是在捐助基金的管理中，采纳投资决策委托授权的"法人标准"，特别是允许将投资决策权委托给外部投资管理者行使。⑥此建议被规定在《统一机构基金管理法》第 5 条中。五年之后，后续研究发现捐赠基金管理实务中有了显著变化，大学和学院强烈要求将此法规定的适用范

---

① 例如，可参照 N. Y. Not-for-Profit Corp. Law §702。

② Ballantine, *Ballantine on Corporations*, §52; see also *People's National Bank v. New England Home for Deaf Mutes, Aged, Blind & Infirm*, 95 N. E. 77（Mass. 1911）.

③ 27 N. W. 2d 409（Minn. 1947）.

④ *Massachusetts Charitable Mechanic Association v. Beede*, 70 N. E. 2d 825（Mass. 1947）.

⑤ *Restatement（Second）of Trusts*, §379（D）.

⑥ William L. Cary and Craig B. Bright, *The Law and the Lore of Endowment Funds*, 61（New York：Ford Foundation Press, 1969）（a report to the Ford Foundation）.

围扩大，尤其在未采用《统一机构基金管理法》的各州。[①] 但这些进展也遭遇了一大困难：《统一机构基金管理法》只适用于"机构基金"，而非法人的所有基金，有些功能上与捐助基金相似的基金或者"准限制型"基金通常被慈善法人视为永久性基金，法律未对其做出任何限制。这就让慈善组织承担了一项异常的义务：仅仅根据资金是否符合"机构基金"的定义而做出截然不同的管理上的安排。

《统一受托人权利法》《统一谨慎投资人法》和《信托法第三次重述》的第六稿草案中所体现的普通法对权限转委托的限制遭到否决后，慈善信托有关受托人的委托权限已与慈善法人的基本一致（仅有若干州除外）。允许普通信托投资共同信托基金的法律也已在所有州适用于慈善法人。[②]

制作并呈递账目的义务。《示范非营利法人法》并不要求理事递交年度报告，但规定法人必须制作正确且完整的账目及保存所有会议记录，以便其会员和代理人出于任何合理目的在任何时候查看、监督。[③]《示范非营利法人法（修订版）》沿用此规定，并在此基础上进一步规定：经会员或理事要求，法人应提供最新财务报告，并提供注册会计师、总裁或财务执行官的说明，阐明报告是基于通行会计准则制作的，并列明报告与以往年度报告的不同之处。[④] 当法人作为受托人管理信托资金时，还负有报告义务。宾夕法尼亚州法律规定慈善法人的理事会应将信托资金区别于法人的其他财产单独记账。除信托条款另有规定外，理事会应向有关成员做信托年度报告。[⑤]

遗嘱赠与、基于法人概括性慈善目的的赠与、虽附有限制条件但在法人权限之内的赠与通常不要求法人向法院证明其具有受托人资格，也不需要签订契约。这个问题最先在 American Institute of Architects v. Attorney General 一案中提出。[⑥] 马萨诸塞州的一个居民将其剩余遗产留给了美国建筑业研究院（该研究院为纽约州的公益法人），设立信托向满足条件的建筑师和建筑专业学生提供深

---

① William L. Cary and Craig B. Bright, *The Developing Law of Endowment Funds*, 48 – 49（New York：Ford Foundation Press, 1974）（a report to the Ford Foundation）.

② 见第四章对理事投资职责的讨论。

③ *Model Non-Profit Corporation Act*, §25（rev. 1964）.

④ RMNCA, §16. 02.

⑤ Pa. Stat. Ann. tit. 15, §5548.

⑥ 127 N. E. 2d 161（Mass. 1955）.

造奖学金。法院认为该法人未将财产实际置于正式信托之下，没有得到马萨诸塞州遗嘱检验法院的任命和资格认定，因而不符合马萨诸塞州法律的规定。其他州也有类似判决。[①] 只有在宾夕法尼亚州的一个案子中，孤儿法院认为，捐赠给一个具有法人资格的学校的资金，应当直接支付给作为受托人的学校，以便法院获得管辖权。[②]

不论慈善法人是否在一定情况下声明其为正式信托受托人，他都受衡平法院的管辖；在州首席检察官或其他相关方的合理要求下，也可能需要其像一般受托人一样履行报告义务。[③] 法律也可能赋予法院强制其报告的权限。

其他义务。其他一些规制受托人的义务也对理事同样适用，包括根据信托条款进行管理，管控信托财产，使信托财产保值，起诉和应诉，使信托财产增值等义务。个人财产与信托财产分离的要求对理事来说并不适用，因为公益法人的财产在该法人名下，而且合同缔结也以法人名义而非以理事个人名义进行。

## 理事的管理权限

法人作为独立的法律主体有权获得宪法保护。未经法定程序不得剥夺法人的自由，也不得否认其获得法律平等保护的权利。在达特默斯学院案中，联邦最高法院将宪法禁止损害契约义务的规定适用于慈善法人。这说明，其认可法人作为缔结契约的一方所具有的独立人格。

除了成文法、联邦和州宪法与法人章程明确禁止法人享有的那些权利，法人依法享有自然人权利中为实现其合理目的所必需的所有权利。各州公司法的一般性规定赋予法人以特定权限。法院还默认了一些其他因法人存在这一事实而自然获得的权限。这些权限的获取仅须基于法人设立的事实。许多州的非营利法人法参照营利公司法规定了这些权限，并删去了不适用于非营利法人的权限，如股票发行权。[④]《示范非营利法人法（修订版）》第3.02条规定：每个法人可以以其名称永久存续，享有同自然人一样的，开展其业务活动所必需的或

---

① In re Estate of Bicknell, 160 N. E. 2d 161 （Mass. 1955）.

② Wanamaker Trust, 7 Fiduciary Rptr. 486 （Pa. 1957）.

③ *Healy v. Loomis Institute*, 128 A. 774 （Conn. 1925）；*Brown v Memorial National Home Foundation*, 329 P. 2d 118 （Cal. Ct. App. 1958）, cert. denied. 358 U. S. 943 （1959）.

④ 参见 Mass. Gen. Laws ch. 180。

者合理的权限，并明确规定了 17 项权限（但不限于此），其中包括：

1. 起诉和应诉；

2. 持有并使用法人印章；

3. 制定或修改章程细则；

4. 自由取得所有类型的财产及财产权益，包括抵押或保证的权限；

5. 缔结契约，贷款，提供担保，向他人（理事和管理人员除外）提供借款；

6. 在州内外开展业务活动；

7. 选举或者委任理事、管理人员、雇员、代理人，并规定其报酬；

8. 支付养老金；

9. 从事慈善捐赠；

10. 规定接收会员条件，向会员收取会费和其他费用；

11. 进行商业活动。[①]

上述权限都属于非营利法人典型权限，在不是直接采用《示范非营利法人法（修订版）》的其他州的非营利法人法中也规定了这些权限。这些法律和《示范非营利法人法（修订版）》的一个明显不同之处在于，它们将非营利法人对理事进行赔偿的权限在法条中专门进行了规定，[②] 而其他许多州法将其视为一种选择性权限，法人只有在章程或章程细则中有规定时，才能享有此权限。[③]

财税法规规定，慈善法人若想获得联邦免税待遇，章程中就不能有明示条款授权法人在实质上参与任何与促进免税目的无关的活动。而且，这些法律规定不得授予法人任何与免税目的相悖的权限。[④] 此类规则有力告诫理事们，在成立慈善法人时应注意其权限范围只能限制在促进该法人慈善目的之内。在判断理事未经授权进行活动是否应承担责任时，这一规则可能就会限制理事以无心之失作为辩解理由的可能性。

《国内税收法典》第 508 条对私立基金会类组织的权限还另有限制。[⑤] 该条

---

① RMNCA, §3. 02. 营业法人的典型权限参见 Ballantine, *Ballantine on Corporations*, §§82 - 88。

② RMNCA, Subchapter E.

③ 例如，参见 Mass Gen. Laws. Ch. 180, §6; N. Y. Not-for-Profit Corp. Law §722。

④ Treas. Reg. §1. 501 (c) (3) -1 (b) (i) (b).

⑤ I. R. C. §508 (e) (1); Treas. Reg. §1. 508 -3 (d).

款于 1969 年生效，要求如果法律禁止该类组织从事某类交易，私立基金会的管理文件条款中应明文禁止其进行此类交易。但是如果州制定法对所有基金会都施加了此类限制，那么此义务可被免除。尽管在 1969 年《税收改革法》通过后不久，各州都通过立法规定了对所有基金会的限制，但是按照惯例，基金会的设立文件中还会将此限制纳入其中。《示范非营利法人法（修订版）》第 E 分章"私立基金"第 1.50 条也做了相同规定。此规定是为了授权州首席检察官通过州法院对私立基金会实施制裁，作为对剥夺其联邦免税资格的补充。

通过对比理事职责和受托人职责可以发现，在慈善组织的实际运营中，二者并没什么区别。所以，涉及投资和再投资、支出费用、出租和出售、谈判妥协、仲裁或和解争议、投资股票等一系列问题的权限均源于实现慈善组织目的的初衷。通常法律会限制营利法人成为某合同的保证人或担保人，将信用出借给第三方去实现他人的利益或需求，[①] 除非有证据表明此举是为了法人利益或有章程的特别授权。对慈善组织来说，保证或担保的正当性得到认可的可能性更小了。

有些州的法律曾限制慈善法人出售、出租、抵押不动产的权限，通常要求理事会或会员以 2/3 的多数票通过，才可进行抵押或租赁。[②] 《纽约州非营利法人法》要求所有不动产的买卖、抵押或租赁都要 2/3 多数票通过才可进行。[③] 在 Emmerglich v. Vogel 案[④]中，法院认为，除非是为其交易的价金提供担保，否则经营墓地的慈善信托法人不能抵押财产。只在极少数情况下，当其依据的是法人法而非信托原则时，这类处置不动产权限案件的判决结果会有所不同。

许多州的非营利法人法限制非营利法人处置其所有或大部分财产的权限。通常在交易之前，该法人必须将交易事项告知州首席检察官或其他负责官员；经过一段等候期间后才可进行交易。此规定是对营利法人相关规定的修改，营利法人在此情形下需要告知股东。20 世纪 90 年代，许多医疗机构将其财产卖

---

① Ballantine, *Ballantine on Corporations*, §87.

② Ala. Code § 10 – 3A – 120（two – thirds of members or majority of directors）；Pa. Stat. Ann. tit. 15, § 5546.

③ N. Y. Not-for-Profit Corp. Law §509.

④ 24 A. 2d 861（N. J. Ch. 1942）.

给以营利为目的的实体，要求出卖方告知州首席检察官是非常有用的，可以使州首席检察官确保交易建立在公平价格基础之上。①

## 理事的自由裁量权

和信托中的情况一样，衡平法院对法人受托人的自由裁量权享有广泛的控制权。在大多数州，慈善法人的理事同受托人一样，当其就某具体事项存有疑问时，可以申请法院就其义务与权限做出明确指示。② 尽管纽约州的一个案子显得该辖区对此类做法的态度不甚明确，但是这种态度可以被视为此请求不符合法院的一般要求，因而不能获得明确指示；也就是说，当事人未向法院提出未决问题。③

与慈善信托的受托人一样，即使章程、章程细则或成文法有不同规定，慈善法人理事会的多数决也可以作为其行为的依据。④

## 理事薪酬

尽管法律没有明文规定将慈善法人理事的酬金和明细固定下来，但理事的报酬同受托人报酬遭遇的问题一致，习惯做法也一样。一般来说，经营某具体慈善机构的慈善法人，其理事人没有报酬，报酬只支付给负责机构日常运营的执行官。通常并不禁止执行官同时担任理事。有关报酬的所有问题的核心是：报酬必须与其提供的服务的合理价值相当，而不是分配利润的粉饰。⑤

## 越权契约

当法人做出某行为或订立契约超出其明示或默示权限时，此项行为或契约

---

① Marion R. Fremont‑Smith, "The Role of Government Regulation in the Creation and Operation of Conversion Foundations," 23 *Exempt Organization Tax Review* 37（1999）.

② *Arkansas Baptists State Convention v. Board of Trustees*, 189 S. W. 2d 913（Ark. 1945）；*Trustees of Princeton University v. Wilson*, 78 A. 393, 395（N. J. Ch 1910）.

③ *Trustees of Sailors' Snug Harbor v. Carmody*, 137 N. Y. S. 968（Surr. Cr. 1912），rev'd on other frounds, 144 N. Y. S. 24（App. Div. 1913），aff'd 105 N. E. 543（N. Y. 1914）.

④ 参见 N. Y. Not‑for‑Profit Corp. Law §708，和理事订立合同需要 2/3 特别多数通过。

⑤ Bogert and Rogert, *Law of Trusts and Trustees*, §364. 参见第五章关于《国内税收法典》§4958 中对超额收益限制（通常称为"中间制裁"）问题的论述。

便属于越权（即"超越授权范围"），有时可能因此受到挑战，这是法人法的特有原则。以往当法人订立了一个越权契约时，缔约的任何一方均可免除契约义务并拒绝履行。但是现在，绝大多数法院限制以此作为辩护理由。如果契约已经履行，任何一方均不得拒绝履行己方义务。如果有一方当事人尚未履行，则各方均不得继续履行或请求损害赔偿。然而，就只有一方履行了契约义务时应如何处理的问题，法院并未形成一致意见。多数州认为契约应被撤销，双方当事人均回到缔结契约前的原初状态。而另一些州的法院则认为契约应继续履行。[①]

## 为管理慈善信托而成立的法人

某些情形下，慈善法人是在慈善信托成立后由受托人设立的。除非有悖于委托人的初衷，受托人通常有权成立法人。[②] 法人的章程必须符合信托条款的规定，且受托人将依据信托原则管理财产。[③] 在马萨诸塞州的一个案例中，由于法人章程导致受托人对信托失去控制权，法院禁止受托人成立法人。[④] 本杰明·富兰克林为了波士顿的繁荣发展，通过遗嘱成立了一个信托。该信托受托人成立了富兰克林基金会有限公司，此例成为若干法院诉讼的争论焦点。在上述案例中，马萨诸塞州最高法院并不关心法人实体问题，"因为其最终目的是促进信托的管理和执行，而非使成立该法人实体的个人逃避作为管理信托的受托人所要承担的忠实义务"。[⑤]

当慈善信托受托人将信托财产转移至成立的法人名下进行管理后，受托人就可以免除其作为受托人所要承担的对法院的报告义务，而且下任受托人的任命也可依据法人章程进行，免受法院监督。[⑥] 此情况适用于赠与中明示要求成立慈善法人，或明确允许受托人于随后的某个时期在其认为必要时成立法人的情形。当没有此种明示时，此情况也可能同样适用。一些州有独立的成文法条

① Ballantine, *Ballantine on Corporations*, § 92.

② *Nelson v. Cushing*, 52 Mass. (2 Cush.) 519 (1848).

③ Appeal of Vaux, 109 Pa. 497 (1885); Curran Foundation Charter, 146 A. 908 (Pa. 1929).

④ *Shattuck v. Wood Memorial Home, Inc.*, 66 N. E. 2d 568 (Mass. 1946).

⑤ *City of Boston v. Curley*, 177 N. E. 557, 562 (Mass. 1931).

⑥ *Attorney General v. Olsen*, 191 N. E. 2d 132 (Mass. 1963).

规范慈善信托的受托人设立法人的问题,[①] 另一些州则规定非营利法人的法定权限包括接受慈善信托（不论该信托是通过遗嘱还是信托文件成立）资金的权限。[②]

## 不适用于法人的信托规则

就慈善法人所享有的对其财产的利益属于何种性质这一问题, 不同判决之间产生了冲突。现在, 慈善法人的理事通常被视为准受托人。他们被赋予了受托人的绝大部分权限, 但遗嘱检验法院对受托人的严格监督权几乎不能约束他们, 特别是在受托人的任命和财务管理等方面。

此区别在 *Brigham v. Peter Bent Brigham Hospital* 这个重要案例中得以体现。受托人受托管理一笔剩余遗产, 并在未来 25 年累积收益, 期满后成立一个法人以管理一家医院。法院认为一个有效信托已经成立, 但随后提到:

> 我们应该看到, 从技术意义上说, 该遗嘱所构想的法人并不是通过信托管理其所收到的财产。该慈善法人管理财产以实现其目的, 就如同任何慈善机构持有、管理自己的财产一样。虽然此类管理有时被称为准信托, 类似于本案中的机构也都受州的监督, 但是此种情况并不是真正意义上的信托。当财产依照第十四条的规定按预期那样转到法人名下时, 所有正式信托便不复存在。[③]

有关慈善法人财产利益本质的讨论提出了一个基本问题: 当法人利益被认为具有绝对性时, 信托原则应该在多大程度上被排除适用。有评论认为:

> 看来终极困难来自语义学: 尽管信托的一些后果有必要进行调整, 使用"信托"这个词将导致全部适用信托规则这一危险是否如此巨大, 以至于适用这个一般有效的术语的经济性价值被忽略了?[④]

---

① See Mich. Comp. Laws § 450. 158.

② See Mo. Rev. Stat. § 352. 030.

③ 134 F. 513, 517 (1st Cir. 1904).

④ Note, "The Charitable Corporation," 1173.

当涉及的具体财产利益不同，法院对这一问题的答案也不同。这在是否可以用资产偿还债权人债务的问题上表现得十分突出。例如，内布拉斯加州的一个案子中，普通债权人想请求法院用一所高校的资产偿还债务，但法院认为捐赠资金尽管不是正式信托，但是依然不能用来还债，只有未限制用途的捐赠可以用来还债。[1]

1963 年特拉华州最高法院在一个案例中，就法人型基金会管理中出现的上述问题进行了判决。[2] 基金会的两名会员起诉基金会和另外两名会员，这两名被告会员同时也担任基金会的理事和管理人员。原告诉称理事会同意将基金会的财产一分为二，并将 55% 的财产捐给另一个具有相似目的的新设基金会，这一做法是不合适的，因为该决定未经会员投票，且违背信托资金不得脱离受托人的一般原则。此举实际已经征得多数理事同意，是为了解决基金会运营过程中的分歧，这一分歧在捐赠人去世后已持续七年之久。

本案中，法院认为对下述事实的判断有时候非常重要：一项对慈善法人的捐赠是一个可用于一个或多个慈善目的的绝对捐赠，还是仅仅将法人作为慈善信托的受托人。如果对资产的处置不存在信托关系和其他限制的约束，法人使用该资产时只要不违背其目的或超越权限即可。法院认为本案中不存在信托关系，从而应适用法人法。

法院认为，从广义上讲，慈善法人的资产是信托基金，但信托的范围和管理方法取决于该法人的执照和章程。[3] 法院认为法人的执照和章程只赋予其会员除名老会员或接纳新会员的权限。而且，根据法人的执照，理事有权将财产赠给其他慈善组织，所以从法律上讲，他们拥有足够的权限做出本案的赠与。关于赠与数额的争议，法院强调这属于理事会按照"公司法类似原则"做出判断的问题，本案的赠与数额并未显示其滥用该权利。

如果信托文件包含与法人执照相类似的赠与授权，则该案的审理结果与运用信托规则审理的结果没有什么实质上的不同。

马萨诸塞州法院在一起涉及非营利性大学资产管理的案件中认为：

---

[1]  *Hobbs v. Board of Education*, 253 N. W. 627（Neb. 1934）.

[2]  *Denckla v. Independence Foundation*, 193 A. 2d 538（Del. Ch. 1963）.

[3]  Del. Code Ann. tit. 8, §141（e）.

大学是慈善法人，以信托形式持有所有财产，服务于其成立的目的……不论赠与是基于某些特定目的做出，还是无条件基于大学的概括性目的而做出，法人都应在自愿接受的信托条款和条件下管理信托资产。如果捐赠者没有提出限制性条件，则法人必须在法人成立的目的范围内管理和使用信托财产。[①]

《信托法第三次重述》对此问题规定如下：

如果一项对非私立的医院、大学或其他慈善机构的公开遗赠或赠与，明示或暗示服务于该非营利组织的概括性慈善目的，这种遗赠或赠与属于慈善行为，但并不成立本法所规制的信托。然而对此类机构的某个特定目的的赠与或遗赠，如帮助某种特定疾病的患者，或建立奖学金支持某个特定领域的科研活动，则成立慈善信托。该机构为受托人，适用和遵守本法的规定。[②]

## 报告义务

25 个州设立慈善法人的法律规定了报告义务，要求法人定期向州管理人员报告法人运行状况。[③] 其中，14 个州要求报告内容包含该法人住所、现任管理人员或理事名单等内容；有七个州要求报告必须包含财务状况；其他四个州要求报告包含向州首席检察官提交的详细财务报告。其余 25 个州及哥伦比亚特区没有规定慈善法人的报告义务。但是，有 39 个州要求募集资金行为要有详细报告。[④]

# 近似原则和偏差原则

## 近似原则

近似原则最初形成于 11 世纪，其目的是从法律角度解决允许慈善机构永久

---

① *Wellesley College v. Attorney General*, 49 N. E. 2d 220, 223 (Mass. 1943); see also *Banner Health System v. Long*, 663 N. W. N. 242 (S. D. 2003); In re Roxborough Memorial Hospital, No. 555, 17 Fiduciary Rptr. 2d 412 (Pa. C. P., Orphans' Ct. Div., September 30, 1997).

② *Restatement (Third) of Trusts*, § 28 cmt. a. See also *Tauber v. Commonwealth*, 499 S. E. 2d 839 (Va. 1998); *Blocker v. Texas*, 718 S. W. 2d 409 (Tex. 1986).

③ 见附录，表格一，第 6 栏。

④ 见附录，表格一，第 15 栏。

存续所产生的一系列固有问题。从其适用历史来看，只有满足三个条件后，才能适用近似原则：（1）存在有效慈善信托、慈善法人或为有效慈善目的而实施的赠与行为；（2）实现捐赠者最初目的已变得不可能和不切实际；（3）捐赠者施惠于特定的慈善目的之外还有概括性慈善目的。[①] 如果上述条件都满足，衡平法院就有权改变最初的目的以回应现实需要，将捐赠施用于与捐赠者最初目的最接近的慈善事业。

现在此原则已经广泛被各州普通法和成文法所接受（除了阿拉斯加州和北达科他州）。在夏威夷州和内华达州，该原则仅在法官附带意见中被认可。南卡罗来纳州采用偏差原则替代近似原则。此规则在 30 个州由成文法规定。马里兰州、俄克拉荷马州、佛蒙特州采用了 1944 年美国统一州法委员会推荐的《标准慈善信托、不动产遗赠、动产遗赠法》中的相关表述。[②] 亚拉巴马州采用标准法的表述，并进行了一些修改。堪萨斯州和北卡罗来纳州成文法也有类似规定。[③]

《信托法第三次重述》第 67 条对此规则进行了最新表述：

> 如果建立信托之初的特定慈善目的原本就违法、不能实现、不可行，或者变成此种状况，或是将所有财产用于该目的会造成对资源的浪费，慈善信托并未失效，法院可以将财产的全部或一部分用于与最初慈善目的最相接近的另一个慈善目的，除非信托条款另有规定。[④]

2000 年由统一州法委员会所制定的《统一信托法》与《信托法第三次重述》表述相同。[⑤] 截止到 2003 年 9 月，《统一信托法》中的这一条款被四个州

---

① Edith L. Fisch, *The Cy Pres Doctrine in the United States*, 128 – 201（New York：Matthew Bender, 1950）；*Restatement（Second）of Trusts*, §399；Scott and Fratcher, *Law of Trusts*, §§399, 399.4.

② 统一州法委员会制定的标准法包括了委员会认为各州之间不必统一，也不可能统一的事项，而标准法的颁布反而会促进州法统一。

③ 见附录，表格一第 11 栏及表格二。

④ *Restatement（Third）of Trusts*, §67.《信托法第二次重述》的相关条款（第 399 条）中如此定义近似原则："假如对信托的财产捐赠是为了特定慈善目的，而该目的原本就不切实际、违反法律，或是变成此种情况，并且赠与人表示出将该财产献给概括性慈善目的的意图，那么信托就不会失效，法院会判决将信托财产用于包括在赠与人概括性慈善目的之内的其他目的。"

⑤ *Uniform Trust Code*, §413（amended 2001）.

所采纳——亚利桑那州①、内布拉斯加州②、新墨西哥州③和怀俄明州④。特拉华州于 2002 年也颁布法律规定了近似原则，与《统一信托法》的表述本质上是一样的。⑤

为了援引近似原则，受托人或州首席检察官需要向法院申请许可或判决，以修改信托条款或制定财产使用方案。通常受托人或州首席检察官会提出一个方案供法院批准。如果情况复杂，法院会指派一位专家，听取所有利益相关方的意见后，向法院出具一份建议书。这些程序必须有州首席检察官的参与。在遵循近似原则传统规定的州，还要通知捐赠人的继承人。马萨诸塞州近似原则法律条文规定，捐赠人的继承人或近亲属不必参加诉讼，一般也不必通知他们，除非信托条款明确表示捐赠人没有概括的慈善目的，或者概括性慈善目的被马萨诸塞州立法认定为不适宜的，或者在捐赠者逝世 20 年后提起的诉讼中，法院无法找到捐赠者明示的概括性慈善目的。⑥

伊利诺伊州进一步允许受托人在得到州首席检察官的同意后终止信托，省去了诉诸法院的程序。⑦ 适用于慈善组织捐赠基金的《统一机构基金管理法》规定，如果捐赠人在世并同意，或者如果法院认为该限制是"不合时宜、不恰当或不现实的"并且州首席检察官也同意，可以解除捐赠人对使用资金和投资规则的限制。⑧

在 *Jackson v. Phillips* 一案中⑨，信托中的一笔遗赠的目的是通过各种手段"获得社会舆论支持，终结美国的黑奴制度"。受托人想就此遗赠的有效性获得法院的确认，法院引用了有效慈善目的的经典定义。另外，慈善信托还获赠一笔钱去帮助逃亡的奴隶。立遗嘱人于 1861 年逝世，而 1865 年美国宪法第十三修正案获得通过。立

---

① S. B. 1351, 46th Leg., 1st Sess. (2003), to be codified at Ariz. Rev. Stat. § 14 – 10413.

② 2003 Neb. Laws, L. B. 130, § 39, To be codified at Neb. Rev. Stat. § 30 – 3839.

③ N. M. Stat. Ann. § 46A – 4 – 413.

④ Wyo. Stat. Ann. § 4 – 10 – 414.

⑤ Del. Code Ann. tit. 12, § 3541. 堪萨斯州接受了除去近似原则外的《统一信托法》规定。2002 Kan. Sess. Laws ch. 133, § 34, codified at Kan. Stat. Ann. § 58a – 413.

⑥ Mass. Gen. Laws ch. 214, § 10B; ch. 12. § 8K.

⑦ 760 Ill. Comp. Stat. 55/15.5; see also discussion below.

⑧ *Uniform Management of Institutional Funds Act*, § 7 (1972).

⑨ 96 Mass. (14 Allen) 539, 556 (1867).

遗嘱人的继承人声称信托目的无法实现。但法院认为应当适用近似原则，因为"立遗嘱人的短期目标是对人们进行道德教化，终极目标是让在美国的非裔生活得更好，这两个目标都没有通过废除奴隶制度得到彻底实现"。此案交由一位专家处理，马萨诸塞州最高法院在对其报告进行了细微修改后，批准了该报告。根据该报告，受托人有权将该笔遗赠保留于信托之中，以获得社会舆论支持，终结奴隶制度，并有权在其认为恰当时，决定向自由民管理局新英格兰分局财务主管支付恰当数额的捐助，或用该笔遗赠援助《解放宣言》或第十三修正案中废除奴隶制各州的被解放奴隶。援助逃亡黑奴的钱将被用于帮助波士顿及周边的贫困非裔，尤其是逃亡的奴隶。

20世纪后期，适用近似原则的上述三个条件均受到批评，《统一信托法》和《信托法第三次重述》承认了对之进行修改的需求。某些批评建议信托必须有概括的慈善目的这一要求应被彻底废除。[①] 批评人士认为任何基于慈善目的的捐赠已经意味着是为了慈善事业而捐赠。如果捐赠人想要避免此种潜在假设，就必须对捐赠施加条件或限制，明确表示当特定目的不能实现时，信托终止。[②] 另外，他们还建议对条件或限制规定一个有效期间，如30年或35年，或是禁止永久存续规则规定的期间，超出该期间后，条件或限制归于无效。[③] 但是，20世纪90年代，禁止永久存续规则的年限扩张以及一些州废除了该规则的现实，使此建议不再具有现实意义。[④]

波斯纳在《法的经济学分析》一书中就支持慈善目的推定展开了以下论述："没有人能够预见未来，一个理性捐款人应当知道其初衷最终会因某种无法预见的情况受到阻碍，从而可以假定其默示接受近似规则，同意当发生未能预见的变故导致其初衷不能实现时，修改其遗赠条款。"[⑤]

---

① Alex M. Johnson, Jr., "Limiting Dead Hand Control of Charitable Trusts: Expanding the Use of the Cy Pres Doctrine," 21 *Hawaii Law Review* 353 (1999); Rob Atkinson, "Unsettled Standing: Who (Else) Should Enforce the Duties of Charitable Fiduciaries?" 23 *Journal of Corporation Law* 655 (1998); Kenneth L. Karst, "The Efficiency of The Charitable Dollar: An Unfulfilled State Responsibility," 73 *Harvard Law Review* 433 (1960); Lewis M. Simes, *Public Policy and the Dead Hand*, 139 (Ann Arbor: University of Michigan Press, 1955).

② Karst, "The Efficiency of the Charitable Dollar," 433; Simes, *Public Policy and the Dead Hand*, 139.

③ Simes, *Public Policy and the Dead Hand*, 139.

④ 见本章禁止永久存续规则的论述。

⑤ Richard A. Posner, *Economic Analysis of Law*, 520 (New York: Aspen Publishers, 6th ed., 2003).

20 世纪后半期，法院通过推定涉案赠与存在概括的慈善目的，在一些案子中扩张适用了近似规则，尤其是在该赠与涉及立遗嘱人的剩余遗产时。1964 年，马萨诸塞州最高法院在一个案子中适用了近似规则。一个女性立遗嘱人将家宅和资产用于为老年妇女在市区建立一个容身之所，但限定只有 65 周岁以上、不吸烟、不喝酒的女性才可入住。剩余财产条款并没有对此项遗赠做出规定。法院认为：

> 因此，我们认为立遗嘱人在信托文件中规定剩余财产条款，并将其近亲属作为剩余财产受赠人的事实并不重要。剩余财产条款本身并不意味着立遗嘱人希望，如果信托不能按照遗嘱所规定的方式执行的话，剩余财产受赠人就能就信托财产受益。相反，遗嘱中没有规定信托失败情况下的转赠条款，这是反映其概括性慈善目的重要标志。[①]

法院认为，立遗嘱人对于入住条件的限制以及要求房子以其名字命名，并不能成为缺乏概括性慈善目的的证据。

在康涅狄格州的一个案子中，因法院拒绝探究捐赠存在概括性慈善目的而使信托终止。该案涉及 1936 年成立的两个慈善基金会，其目的是为有需要的波兰的 charrish 地区的犹太人提供食物和无息贷款。但是 1942 年的犹太人灭绝使信托无法实现目的，因而法院认为该信托失效。[②]

概括性慈善目的的推定被《统一信托法》和《信托法第三次重述》所采纳。[③] 二者反映了一些州法的发展变化。例如，到 2003 年 6 月，乔治亚州[④]、马萨诸塞州[⑤]、弗吉尼亚州[⑥]以及采纳《统一信托法》的各州[⑦]均有案例，推定

---

[①] *Rogers v. Attorney General*, 196 S. E. 2d 855（Mass. 1964）.

[②] *Connecticut Bank & Trust Co. v. Coles*, 192 A. 2d 202（Conn. 1963）.

[③] *Uniform Trust Code*, §413 cmt.（amended 2001）; *Restatement（Third）of Trusts*, §67 cmt. b.

[④] *Trammell v. Elliott*, 199 S. E. 2d 855（Mass. 1964）.

[⑤] Mass. Gen. Laws ch. 12, §8K（enacted in 1979）.

[⑥] *United States, on behalf of the U. S. Coast Guard v. Cerio*, 831 F. Supp. 530（E. D. Va 1993）.

[⑦] Arizona, S. B. 1351, 46th Leg., 1st Sess.（2003）, to be codified at Ariz. Rev. Stat. §14 – 10413; Nebraska, 2003 Neb. Laws, L. B. 130, §39, to be codified at Nev. Rev. Stat. §30 – 3839; New Mexico, N. M. Stat. Ann. §46A – 4 – 413; Wyoming, Wyo. Stat. Ann. §4 10 414.

慈善信托或赠与一旦有效成立，就存在概括性的慈善目的。在特拉华州①和宾夕法尼亚州②，要求信托必须有确切证据表明其存在概括性慈善目的的限制已经被彻底废除。在其他 15 个州，如果捐赠人几乎将其全部财产捐给慈善组织，或者文件中的类似证据表明其有此意向时，法院会以此为据推断其存在概括性慈善目的。③ 而且，赠与文件中没有规定信托失败情况下的转赠条款或归复条款，也会被视为存在概括性慈善目的的证据。例如，在纽约州遗嘱检验法院 2000 年审理的一个案件中，遗嘱人将其万贯家财基本全部捐给了众多慈善团体，只留下了微不足道的一小部分，法院据此推断其有概括性慈善目的。④《统一信托法》中有一特别条款，有效限制了在慈善信托终止后向非慈善受益者分配财产的行为，除非将财产归复给在世的信托委托人，或者是信托成立后不足 21 年即告终止。⑤

还有众多批评指向第二项要求——捐赠者的目的不可能实现或者实现起来不切实际。建议做出修改的人认为，能证明捐赠者在信托中表明的目的与公众利益相悖或不妥当即足以适用近似原则。此建议是当今英国法上的做法。

在美国，仍有 46 个州将不可能实现最初的捐赠目的或实现起来不切实际作为适用近似原则的标准，但其中有 10 个州通过各种方式扩大了标准的适用。在四个采用《统一信托法》近似原则条款的州⑥和特拉华州⑦，只要最初的捐赠目的"违法、不切实际、不可能实现或是浪费资源"，⑧ 就可能适用近似原则。在新罕布什尔州，此标准还包括"实现捐赠目的有损公共利益"的情形。⑨ 而在

---

① Del. Code Ann. tit. 12，§ 3541.

② Pa. Stat. Ann. tit. 20，§ 6110（A）（enacted 1947）.

③ 见附录，表格二。

④ In re Estate of Othmer, 710 N. Y. S. 2d 848（Surr. Ct. 2000）.

⑤ *Uniform Trust Code*，§ 413（b）（amended 2001）；see also Ronald Chester，"Cy Pres of Gift Over：The Search for Coherence in Judicial Reform of Failed Charitable Trusts，" 23 *Suffolk University Law Review* 41（1989）.

⑥ Arizona, S. B. 1351, 46th Leg.，1st Sess.（2003），to be codified at Ariz. Rev. Stat. § 14 – 10413；Nebraska, 2003 Neb. Laws, L. B. 130，§ 39，to be codified at Neb. Rev. Stat. § 30 – 3839；New Mexico, N. M. Stat. Ann. § 46A – 4 – 413；Wyoming, Wyo. Stat. Ann. § 4 – 10 – 414.

⑦ Del. Code Ann. tit. § 12，§ 3541.

⑧ *Uniform Trust Code*，§ 413（amended 2001）.

⑨ N. H. Rev. Stat. Ann. § 498：4 – a.

明尼苏达州①和南达科他州②，此标准还包括"不妥当"的情形。

1997 年颁布的伊利诺伊州法律规定，如果情势变更，对一个或多个慈善目的产生不利影响，受托人认为继续管理信托已不现实可行时，可以通过终止信托并转移信托财产的手段适用近似原则。③ 所谓"情势变更"是指受托人经过判断后认为，一个或多个慈善目的已变得不合法、不必要、不能实现、与社会公众的慈善需求不符。④ 爱达荷州的法律规定和伊利诺伊州的法律规定一样使用了这一表述，但未对其进行明确界定。⑤

伊利诺伊州法律明确规定受托人不需要获得任何法院的许可，但要经过州首席检察官的同意。⑥ 该州法律规定："州首席检察官只有在审查后认定由于情势变更，终止信托并转移信托财产是必要且合理时，才能同意相应的终止和转移，以实现捐赠者在信托文件中表明的概括性慈善目的。"⑦ 爱达荷州也需要州首席检察官的同意。⑧ 南达科他州法律则要求受托人同意，而且如果捐赠者仍然健在且精神正常的话，还要经过捐赠者的同意。⑨

如果资金规模太小以致其不能有效运作，也会产生实现捐赠者目标不切实际的问题。有 14 个州，包括采纳《统一信托法》的各州，已经意识到此问题，并且以成文法形式规定了简易程序，对小型慈善信托进行改革。⑩ 《统一信托法》第 414 条规定，如果受托人认为信托资产的价值已经不足以为其管理成本提供正当性时，有权变更或终止资产少于 5 万美元的信托。⑪ 但是，变更或终止前必须通知州首席检察官，以及信托条款中明确规定的接受其捐赠的慈善组织。⑫ 如果法院认为信托资产的价值已经不足以为其管理成本提供正当性时，

---

① Minn. Stat. § 501 B. 31.

② S. D. Codified Laws § 55 – 9 – 4.

③ 760 Ill. Comp. Stat. 55/15. 5.

④ Id., 55/15.5（b）.

⑤ Idaho Code § 68 – 1204.

⑥ 760 Ill. Comp. Stat. 55/15.5（a），（e）.

⑦ Id., 55/15.5（a）.

⑧ Idaho Code § 68 – 1204.

⑨ S. D. Codified Laws § 55 – 9 – 4.

⑩ 见附录，表格二。

⑪ *Uniform Trust Code*，§ 414（a）（amended 2001）.

⑫ Id., § § 110（b）–（c）.

也可变更或终止信托。①

康涅狄格州法律规定，在继续运作会导致不经济的情况下，可以终止资产少于15万美元的慈善信托。② 而伊利诺伊州法律规定，当慈善信托的费用超过其收入的25%时，就属于小型慈善信托；如果因为其规模过小致使继续管理不现实时，可以变更信托。③ 纽约州法律规定，如果公益信托的市场价值在10万美元以下，并且对之进行管理从经济角度说不切实际或者不符合受益人的最大利益，则可以终止或变更信托。④ 宾夕法尼亚州法律有两条适用性规定。一条适用于资产少于1万美元的公益信托，受托人在获得州首席检察官和受益人同意后可以将其终止。⑤ 另一条是当管理费用和其他负担与慈善收益明显不成比例时，可以通过司法手段终止。⑥ 威斯康星规定当信托资产少于5万美元时即可适用此规则。⑦

新罕布什尔州法律规定，遗嘱检验法院的法官在单个信托面临困难或费用有损其目的时，有权委任公共受托人管理这些小型公益信托，⑧ 但要经过原受托人的同意。⑨ 如果信托文件没有明令禁止，公共受托人有权建立共同信托基金，将其管理下的小型信托归集起来予以管理。此立法规定与英国法相似。20世纪50年代至60年代，几乎所有州都颁布法律允许受托人通过共同信托基金的手段进行投资，这些法律的颁行使得私益信托的受托人可以自发集中资金进行投资。⑩ 但是，在大多数州，是否强制归集取决于法院如何解释近似规则，以及是否愿意扩大偏差规则的适用。

近似原则的第三个要求是财产要用在与最初赠与目的最相接近的其他目的。此要求也受到了强烈批评。修改提倡者建议，应放宽该标准，不必严格

---

① Id.，§414（b）.

② Conn. Gen. Stat. §45a – 520.

③ 760 Ill. Comp. Stat. 55/15. 5.

④ N. Y. Est. Powers & Trusts Law §8 – 1. 1（c）（2）（i）.

⑤ Pa. Stat. Ann. tit. 20，§6110（B）.

⑥ Id.，§6110（C）.

⑦ Wis. Stat. §701. 10（2）（c）.

⑧ N. H. Rev. Stat. §564：2 – a to §564：2 – c.

⑨ Id.，§564：2 – a.

⑩ *Uniform Common Trust Fund Act*（amended 1952）.

遵守最初的捐赠目的，只要符合捐赠目的的精神实质即可。在某些情况下，可以拟订方案，允许使用赠与某个机构的资产，以实现最初受赠者的其他目的。1955 年俄亥俄州的一个案例中三个信托初始目的是为克利夫兰艺术博物馆购买艺术品，法院允许将其收入用于博物馆扩建。[①] 1949 年新泽西州也有类似案例，一个立遗嘱人规定将财产用于出版他的科学著作，但这些著作并无科学价值。所以，法院将这些财产交由普林斯顿大学管理，用于支持其哲学系的研究工作。[②]

20 世纪 90 年代，一大批慈善医院被卖给营利性组织，法院被要求做出判决对这些销售收入（几乎都是以资助型基金会的形式存在）直接适用近似原则。因此，在适用近似原则时，应该在多大程度上尊重捐赠者最初的慈善目的这一问题引起了各方的极大关注。加利福尼亚州首席检察官认为，出售医院资产之后存续的基金会只能用于支持医院的发展。[③] 相反，路易斯安那州的图伦大学医院被卖掉之后的资产最初是作为对大学的捐助，为医学院的新项目提供支持。佛罗里达州法院允许杰克逊维尔市卖掉医院以修建一所高中和进行设备改建。[④] 在处置弗吉尼亚州蓝十字蓝盾协会的财产时，弗吉尼亚州立法机关则通过立法，要求交易收益归弗吉尼亚州财政所有，而不是捐给一个新的慈善组织，这一安排与组织成立初衷相去甚远。[⑤] 因此，在州首席检察官同意后，弗吉尼亚州从此转让中获得了 1.75 亿美元的财政收入。[⑥] 纽约州立法机关于 2002 年颁布立法，使纽约州可以从帝国蓝十字蓝盾协会的转让中获得 20 亿美元的收

---

① *Cleveland Museum of Art v. O'Neill*, 129 N. E. 2d 669（Ohio C. P. 1955）.

② *Wilbur v. Owens*, 65 A. 2d 843（N. J. 1949）, *aff'g Wilbur v. Asbury Park National Bank & Trust Co.*, 59 A. 2d 570（N. J. Ch. 1948）.

③ Robert Kuttner, "Columbia/ HCA and the Resurgence of the For‐Profit Hospital Business（part 2）", 335 *New England Journal of Medicine* 446, 447 – 448（August 8, 1996）; see also Jill R. Horwitz, "Why We Need the Independent Sector: The Behavior, Law, and Ethics of Not‐for‐Profit Hospitals," 50 *UCLA Law Review* 1345（2003）.

④ General Accounting Office, *Not‐for‐Profit Hospitals: Conversion Issues Prompt Increased State Oversight*（GAO/HEHS – 98 – 24）, 21（December 1997）.

⑤ Va. Code Ann. § 38. 2 – 1005. 1B3, 4.

⑥ Prehearing Brief of the Division of Consumer Counsel Office of the Attorney General, Application of Blue Cross and Blue Shield of Virginia for Conversion from a Mutual Insurance Company to a Stock Corporation（August 30, 1996）（No. INS950103）.

入。① 2003 年年末，这一行为的效力正在法院接受审查。②

对《信托法第三次重述》第 67 条的解释强调，替代性或补充性目的 "不必与最初目的最接近"，只需相当类似或接近捐赠者的最初目的，或是包括在赠与人概括性慈善目的之内即可。③ 这符合主流观点，反映了现代英国法的立场。

同慈善信托失败相关联的一个问题便是如何处理剩余资产。在 1986 年加利福尼亚州最高法院审理的有关玛琳县的 *In re Estate of Buck* 案中，此问题表现得尤为明显。④ 本来预计在捐赠人死亡时，本案涉及的捐赠的价值大约为 700 万美元至 1000 万美元，但是由于不可预见的外部原因，该笔捐赠在捐赠人死亡后突增至 3.04 亿美元。该捐赠最初的目的是惠及玛琳县的贫困者，或者供该县的其他慈善目的、宗教目的、教育目的使用。捐赠的受托人是圣弗朗西斯科社区基金会，其向法院申请适用近似原则，允许其在更广泛的地域范围内进行捐助活动。此举引发了圣弗朗西斯科社区的广泛关注，并最终得到了州首席检察官、玛琳县政府、玛琳县代理人委员会的首肯。随后该基金会退出，新受托人接任，然而根据法院判决，地域限制仍适用于一定比例的收入，该收入用于玛琳县管理的全国性或国际性重大项目。⑤ 正如西蒙所说，法院拒绝基金会适用近似原则请求的同时，以自己的方式适用了近似原则。⑥

到 20 世纪末，适用近似原则最主要的问题是如何处理带有歧视性条款的信托。捐赠者的意图和禁止歧视的公共政策存在冲突，尤其是在无明确先例可循时。⑦ 对挑战 "平权运动" 相关政策案件的处理，以及对慈善信托和慈善法人

① *Health Care Workforce Recruitment and Retention Act*, S. 6084/ A. 9610, 2002 N. Y. Laws ch. l.

② *Consumers Union of U. S.*, *Inc. v. State*, No. 118699/02（N. Y. Sup. Ct. February 28, 2003）; see also Consumer Union, Press Release, "Consumers Union Files Amended Complaint Challenging Constitutionality of Empire Blue Cross Deal"（March 31, 2003）.

③ *Restatement*（*Third*）*of Trusts*, § 67cmt. d.

④ In re Estate of Buck, No. 23259（Cal. Super. Ct. 1986）, reprinted in 21 *University of San Francisco Law Review* 691（1987）.

⑤ John G. Simon, "American Philanthropy and the Buck Trust," 21 *University of San Francisco Law Review* 641（1987）; see also Frederick D. Schrag, Comment, "Cy Pres Inexpediency and the Buck Trust," 20 *University of San Francisco Law Review* 577（1986）.

⑥ Simon, "American Philanthropy and the Buck Trust," 660 – 661.

⑦ *Restatement*（*Third*）*of Trusts*, § 67, Reporter's Notes, cmt. c; David Luria, "Prying Loose the Dead Hand of the Past: How Courts Apply Cy Pres to Race, Gender, and Religiously Restricted Trusts," 21 *University of San Francisco Law Review* 41（1986）. 参见本章关于慈善目的的讨论。

的管理是否因其享受联邦免税待遇而涉及国家行为这一问题的回答，预示着未来立法的方向。

## 偏差原则

偏差原则是对近似原则的补充。当遵从信托条款变得不可能或违法时，或者出现捐赠者不可能知道或预见的情况，致使继续遵从信托条款会从根本上损害信托目的的实现时，衡平法院有权允许对原有信托条款一定程度上的偏离。[1]偏差原则最常适用于买卖作为信托财产一部分的不动产的情形，或是消除投资限制的情形。此外，法院也用之消除种族或性别的限制。[2]

法院的该项权力与近似原则有相似之处，但不应混同。后者适用于信托目的不能实现的情况。偏差原则通常不涉及信托目的，只限于信托管理过程中产生的问题。但是在南卡罗来纳州，由于没采纳近似原则，法院适用偏差原则来变更信托目的，在其过程中需要讨论概括性慈善目的的存在与否、信托目的是否能实现、目的的实现是否切合实际、补救目的与初始赠与目的是否相似等问题。[3]

宾夕法尼亚州的一个案子本应适用偏差原则进行裁判，却被认定为是根据近似原则做出判决。1909 年，米尔顿和凯瑟琳·哈西设立了一个信托。该信托的目的是帮助哈西工业学院解决贫困白人男性孤儿的住宿问题。多年以来，该信托条款已被修改，消除了种族和性别的限制，扩展了其教育使命。1963 年，该信托还拿出 5000 万美元的累积收入，用于在哈西建立一个由宾夕法尼亚大学运营的医学院，并为之提供援助。到 1999 年，信托累计收入已将近 6 亿美元，受托人请求宾夕法尼亚州孤儿法院适用近似原则，准许其每年花费 2500 万美元的累计和近期收入，用于支持一家儿童发展机构。[4] 州首席检察官本已批准了此申请，后来却认为原信托没有失效。法院认为捐赠人的主要捐赠目的是在收入允许范围内帮助尽可能多的在校学生，而受托人提出的计划与捐赠目的相悖，

---

[1] *Restatement (Third) of Trusts*, §66.

[2] 案例汇编参见 Scott and Fratcher, *Law of Trusts*, §§167, 381。

[3] *South Carolina National Bank v. Bonds*, 195 S. E. 2d 835 (S. C. 1973).

[4] Milton Hershey School, No. 712, Year of 1963, slip op. (Pa. C. P., Orphans' Ct. Div., December 7, 1999) (Warren G. Morgan, J.).

故拒绝适用近似原则，没有批准此申请。法院的决定没有考虑到，该学院每年花费 9.3 万美元为 1200 名学生免除学费、提供全面帮助后，还剩下 8.5 亿美元的累积收入可供使用。[①] 这与现今近似原则和偏差原则的发展趋势不符，法院也因裁判此类案件时运用权力不当而饱受诟病。[②]

## 对慈善法人的适用

《信托法第二次重述》和《信托法第三次重述》都明确表明近似原则适用于所有基于慈善目的而捐赠的资金，因此也适用于慈善法人所获赠与及所拥有的财产。[③] 这意味着，如果法人所获的捐赠是基于特定目的而非其一般目的，而法人又不能实现该目的，可将赠与转移给满足条件限制的另一家机构。[④] 但是，此问题在很多州仍悬而未决。允许近似原则适用于慈善法人一般性财产的有下列 11 个州：阿肯色州、加利福尼亚州、肯塔基州、伊利诺伊州、马里兰州、马萨诸塞州、明尼苏达州、密苏里州、纽约州、宾夕法尼亚州、得克萨斯州。[⑤]

早期普通法规定，法人解散时，不动产归资助人所有，动产归王室所有。美国的案例中，未对营利法人适用此规定，[⑥] 但是一些涉及非营利法人的案例遵循了此规定。[⑦] 约翰·奇普曼·格雷认为，此项所谓的普通法原则源于 15 世纪一个案件的法官附带意见，与英国法规定不符。并且仔细研究就能发现，这一陈词滥调不但"不合时宜和让人生厌"，而且实际上根本不是法律。[⑧] 这一观

---

① Steven Pearlstern, "A Bitter Feud Erupts."

② Evelyn Brody, "Whose Public? Parochialism and Paternalism in State Charity Law Enforcement" (on file with author); see also Ilana H. Eisenstern, Comment, "Keeping Charity in Charitable Trust Law: The Barnes Foundation and the Case for Consideration of Public Interest in Administration of Charitable Trusts," 151 *University of Pennsylvania Law Review* 1747 (2003).

③ *Restatement* (*Second*) *of Trusts*, § 348 cmt. f; *Restatement* (*Third*) *of Trusts*, § 67 cmt. e.

④ *Restatement* (*Third*) *of Trusts*, § 67 cmt. e.

⑤ 见附录，表格二。

⑥ Note, "The Charitable Corporation," 35 *Harvard Law Review* 85 (1921). Ballantine 指出，法院是否有权对营利法人适用归复原则值得怀疑，但他也指明该原则的适用可见于某些关于非股份公司的美国案例。Ballantine, *Ballantine on Corporations*, § 314。

⑦ *Mott v. Danville Seminary*, 21 N. W. 927 (Ill. 1889).

⑧ Gray, Rule Against Perpetuities, § 51.

点引发了关于此问题的"学术争论"。1911 年南卡罗来纳州 *McAlhany v. Murray* 案设法解决此争论。① 涉案法人是为推动戒酒而成立，具有互益性慈善社团的特征。法院判定其解散时，财产归会员所有，而非归捐赠者所有。此案例被认为是向"现代"观念的转向，法院拒绝承认捐赠人的权利，但是本案事实上仅仅表明法院更偏爱捐赠人（比会员）的程度。

最近的大多数案例倾向于遵循宾夕法尼亚州的一个早期判决，该案判令慈善法人的财产在解散时要转移给另一个目的相近的慈善法人。② 在 *In re Los Angeles County Pioneer Society* 案中，③ 法院明确表示，由于慈善法人会员从未享有接受该法人财产的权利，将慈善法人的财产转移给另一个相似目的的机构并不是对会员财产的没收，也就并不违反美国宪法第 14 修正案。法院也拒绝承认捐赠人及其继承人有权接受财产。④

有 23 个州已通过特别立法的方式，解决了慈善法人解散后财产处理时适用近似原则的问题。⑤ 其中，绝大多数州不要求存在概括性慈善目的，但如果法人章程明确表示解散时财产复归捐赠人所有，法院也承认捐赠人的此项权利。⑥ 斯科特提出，当解散发生在最初捐赠人去世若干年后时，会导致行使归复权面临技术困难；⑦ 这一困难可通过将财产归复权限制在禁止永久存续规则规定的期间内得到解决。⑧ 根据《国内税收法典》中关于免税要求的规定，慈善组织解散或终结时，必须将其财产转给另一个组织，该组织必须也享有该法典 501（c）（3）条款规定的免税特权。

最初的《统一机构基金管理法》中，包含了放松对慈善捐赠限制的条款，

---

① 71 S. E. 1025（S. C. 1911）．

② In re Centennial and Memorial Association，83 A. 683（Pa. 1912）．

③ 257 P. 2d l（Cal. 1953）．

④ 亦参见 *Kansas East Conference of the United Methodist Church*，*Inc. v. Bethany Medical Center*，*Inc.*，969 P. 2d 859（Kan. 1998）．

⑤ 见附录，表格一，第 11 栏。

⑥ *McDonough County Orphanage v. Burnhart*，125 N. E. 2d 625（Ill. 1955）．

⑦ Scott and Fratcher，*Law of Trusts*，§ 399. 3 n. 19.

⑧ 维持归复权的案例包括：*Industrial National Bank v. Drysdale*，114 A. 2d 191（R. I. 1955），aff'd，125 A. 2d 87（R. I. 1956）；*Tounsend v. Charles Schalkenbach Home for Boys*，Inc.，205 P. 2d 345（Wash. 1949）。

经捐赠人同意，可以免除相应限制。[1] 2003 年 8 月临时通过的该法案修订版顺应上述趋势，放松了近似原则和偏差原则适用条件的限制。特别是第 9 条新增了（b）条款，规定如果受限制的基金（该法将其定义为"机构基金"）价值较小，并且慈善组织认为该限制违法、不切实际、不可能实现或浪费资源，而将来使用财产的目的也可以与最初的赠与目的在相当程度上接近，那么慈善组织可以自行解除或修改对资金使用的限制。此条所适用资金规模的上限，留给各州立法自主决定，其建议数额为 5 万美元。[2] 解除或修改限制的适用标准与《统一信托法》相同。

社区基金会是接受公共支持的慈善组织的一个分支，其从特定社区获得捐赠并为其利益开展服务。此类社区基金会的优点是可以确保捐赠者的捐赠一定会用于该社区的未来需要。此优点是通过受托人的"变更权"实现的，基于这一权利，如果受托人基于特定标准做出判断（此标准的限制条件比传统近似原则的限制条件要宽松），认为出现了情势变更，则受托人有权改变附限制条件捐赠的目的。2000 年，纽约州的一起诉讼讨论了"变更权"的界限问题。法院在该案中确认了其所拥有的审查权，但诉讼时效阻却了该诉讼。[3]

---

[1] *Uniform Management of Institutional Funds Act*，§7（1972）.

[2] *Uniform Management of Institutional Funds Act*，§9（b）（Draft，August 2003）.

[3] *Community Service Society v. New York Community Trust*，713 N. Y. S. 2d 712（N. Y. App. Div. 2000）；also at Mark Sidel，"Law，Philanthropy and Social Class：Variance Power and the Battle for American Giving，" 36 *U. C. Davis Law Review* 1145（2003）.

# 第四章 信赖义务：各州法律的标准

本章主要讨论如何通过法律确保对慈善法人或受托负有法律责任的管理人致力于实现慈善组织之目的，不因一己之私利损害慈善组织利益或在管理过程中疏忽失职。慈善法人的受托人和理事负有的这种职责在法律上被称为"信赖关系"。在信赖关系下，受托人负有为委托人方追求利益最大化的职责。[1] 信赖义务本质上是忠实义务，从而也就必然推出受托人不能以牺牲他人利益为代价而使己方获利。信赖关系还要求受托人在管理信托财产的过程中达到特定标准要求，履行与忠实义务并行不悖的另一职责——注意义务。

尽管信赖关系在信托中表现得尤为强烈，但是仍广泛存在于合伙人之间、律师和客户之间、代理人和委托人之间、法人的理事和股东之间。在非法律语境下，"信托"事实上几乎与信赖关系画等号了。虽然大多数慈善组织采用法人形式，但法人理事的职责却源自信托法。因此，对受托人义务进行简要阐述将有助于我们理解法人中理事职责的发展演变，便于我们总结掌握适用于信托形式慈善组织的相关规则。

## 受托人的信托义务：忠实和谨慎

受托人的特征对受托人了解其义务的范围和界限具有重要意义。信托一旦设立，就赋予受托人某些义务。这些义务有两个来源：信托文件或者捐赠契约中的条款；一套适用于所有受托人、完备的法律规则。

---

[1] *Restatement (Third) of the Law of Trusts*, §170 cmt. b (1996); Austin W. Scott, "The Fiduciary Principle," 37 *California Law Review* 539 (1949).

慈善信托的委托人可以排除或限制这些法律规则的适用。但是法院会对这些条款进行严格解释，并且对表述不清楚的语言不会作任何推论。此外，捐赠人不得将不可能实现的义务强加在受托人身上，也不能要求受托人从事违法或违反公共政策的行为。如果受托人实施上述行为，信托文件并不能免除其责任，即使受托人是依照信托文件从事，他也违反了信托。例如，如果信托文件中有条款约定受托人可以不承担法院所判决的任何法律责任，这一条款会被视为违反公共政策，在一些州甚至会被认为违法。①

现在的信托文件总是既包含免除受托人严格的注意义务和忠实义务的条款，又包含免除受托人在违反上述义务时的责任的条款。相应地，现实中鲜有法院严格适用信托法让受托人承担严厉责任的情形。这些严格的标准要求都只是法律想确保受托人适当行为的重要途径。

## 谨慎义务

谨慎义务的现代表述规定在《信托法第三次重述》第六号草案初稿中："受托人管理信托时对受益人负有职责，他应该根据信托目的、条款及其他情况谨慎行事。谨慎义务要求他具备合理的注意和水平，以及与信托目标、主客观情况、整体管理规划相适应的谨慎程度。"②

在前两次信托法重述中，谨慎义务要求受托人具备普通人在管理自己财产时所应有的合理的注意和水平。上述表述出现在 1990 年的《信托法第三次重述》的《谨慎投资人法》第 227 条中③，在 2003 年经过重新编号后，该表述变为第 90 条。④《统一谨慎投资人法》第二章⑤和《统一信托法》第 804 条也对此进行了规定。⑥

---

① Austin W. Scott and William F. Fratcher, *The Law of Trusts*, §172（Boston: Little, Brown, 4th ed., 1987）; George G. Bogert and George T. Bogert, *The Law of Trusts and Trustees*, §973（St. Paul: West Group, 3d ed., 1977）; *Restatement（Second）of the Law of Trusts*, §§165, 166（1959）; *Restatement（Third）of Trusts*, §187.

② *Restatement（Third）of the Law of Trusts*, §77（1）（Preliminary Draft No. 6, 2003）.

③ *Restatement（Third）of Trusts: Prudent Investor Rule*, §227（published 1992）.

④ *Restatement（Third）of Trusts*, §90（Preliminary Draft No. 6, 2003）.

⑤ *Uniform Prudent Investor Act*, §2（1994）.

⑥ *Uniform Trust Code*, §804.

谨慎义务最初适用于慈善信托和私益信托。在 1830 年的 *Harvard College v. Amory* 案中，法院提出受托人必须像管理自己事务那样注意、小心、用心地考虑资产的长远安排，而非投机取巧，同时，投资时不仅要考虑收益，也要考虑潜在的风险。[①]

谨慎义务要求受托人具备普通谨慎人所应具备的最起码的水平。但是，如果受托人比他人更有能力，他就有义务去充分发挥其能力。在一些案例中，诸如银行这样的受托人因其特殊能力而被赋予更高的标准，因为与大众相比，它们具有更出色的技术并因此获得更多的酬劳。[②]

捐赠人可能会在信托证书中放松或修改对受托人注意程度和水平方面的要求。此类条款使受托人免除了本应承担的相应责任。而免责条款是在受托人违反信托约定时免除其责任的，因此这类条款与免责条款还是不同的。

## 信托基金投资：现代谨慎投资人法

在大多数州，信托基金投资的标准一般由法规进行规定，而大部分的法规将这种标准称为谨慎人规则。[③] 但是在 1950 年以前，许多州会列出一个"合法清单"[④]，要求受托人只可以投资清单上的证券，而有些州的法律将这种合法投资清单与谨慎标准相结合。即使按上述规定进行投资，受托人在未能忠诚、公正、注意、谨慎地履行职责、发挥能力并进行多样化投资时，也不能必然免除其责任。[⑤] 这些法律对信托基金投资的规定各异。有一些规定适用于除银行和信托公司外所有受托人。另一些规定则允许委托人扩大或限制投资条款，委托人的声明是有约束力的。

在实践中，法律关于投资的规定给受托人预留了足够的余地，授权其根据投资的实际情况与其谨慎判断进行购买与投资。但是，由于法院对这

---

① 26 Mass. （9 Pick.）446, 461（1830）.

② *Restatement（Third）of Trusts*, §77（2）（Preliminary Draft No. 6, 2003）. Scott and Fratcher, *Law of Trusts*, §174.1, 包含了对职业受托人的普遍标准的相关讨论。See also Bogert and Bogert, *Law of Trusts and Trustees*, §541.

③ See, for example, *Cal. Civ. Code*, §2261.

④ See, for example, *Iowa Code*, §682.23.

⑤ *Restatement（Third）of Trusts*: *Prudent Investor Rule*, §228（a）.

179

些法律规定的最终解释，许多谨慎人规则原有的概括性、适应性作用便随之丧失了。对具体事实做出的裁判，通常也是为了给其他法院和受托人在面临类似情况时提供指引。个案裁判结果以及弹性规则经常被进一步的详细规定加以细化明确，确定受托人可以投资的类型和这些投资的特征等。[①]

## 投资标准

学者和实务界人士意识到这些法规是对投资的限缩，也认识到法律和当代资产管理实践存在冲突，因此，美国法学会对谨慎人规则进行了较大修改。最具影响力的举措便是美国法学会于 1990 年采纳了谨慎投资人规则，该规则现已成为《信托法第三次重述》中关于信托基金投资的第五个主题。如《信托法第三次重述》引言所述，"《信托法第三次重述》规定的谨慎投资人规则内容涵盖广泛，既包含允许专业受托人在适当情形下进行有挑战性、有回报性、非传统投资的规定，又包含为普通受托人提供合理清晰的指导以帮助其切合实际、适当、易判断、有益地运用安全港的规则"。[②]

修订者说，此次新修订的规则仅以达成普遍共识的原则为基础，这些原则是从众多理论中选择出来的，适用于不同种类的信托、不同类型的受托人，以满足它们的需要和目标。[③] 第 389 条的修改又强化了谨慎投资人规则。"慈善信托投资人在做出有关信托基金投资的决策和行动时，其受托人的职责与私益信托受托人的职责相似。"[④]

引言还包括对谨慎原则的总结，从而为受托人和法官提供指引：

（1）通常受托人需要进行多样化的合理投资；

（2）市场风险在投资中是不可避免的，所以受托人要谨慎评估和判断，根据信托和受托人的具体情况，将风险和收益控制在合理水平，最重要的是，"对投资和行动的判断决定应结合具体信托的投资组合和策略，而不应

---

① Id. , §227 cmt. k.

② *Restatement（Third）of Trusts*：*Prudent Investor Rule*，at Introductory Note.

③ Id. .

④ *Restatement（Second）of Trusts*，§389（revised）.

孤立判断";①

（3）受托人应避免与信托投资项目需要和现实目标不符的不必要花费和成本；

（4）信赖义务的公正性要求受托人在创造收益与保护购买力不受通胀影响之间保持平衡；

（5）为履行谨慎投资职责，需要对投资进行授权。②

《信托法第三次重述》修改后的第 227 条是对谨慎投资人规则的表述。③ 此版第 228 条是修改前的第 227 条，规定受托人履行谨慎投资职责要以遵守法律和信托条款为前提。④

随着《信托法第三次重述》的通过，美国统一州法委员会在此基础上又通过了《谨慎投资人法》。该法规定了一个基本原则："对某项资产的投资和管理决策不应孤立考虑，而应结合信托投资组合整体把握，作为适合信托风险回报目标的投资策略的一部分。"⑤ 该法规定了受托人投资管理资产时应考虑信托及其受益人的八种情形，其中包括：通胀或紧缩的可能影响、决定或决策的税务后果、投资组合中每个投资的作用、从收益和增值中所得的预期总回报、该资产与信托目的的特殊关系或存在的特殊价值。⑥

该法还列举了若干对授权的表述方式，信托文件中有这些表述的，除非信托文件对其进行修改或限制，否则即可解释为对投资或决策的授权。这些表述包括"运用信托基金进行法律允许的投资""合法的投资""经授权的投资""像管理自己事务一样发挥智慧、审慎小心、做出判断、不投机、从基金的长远部署把握。既考虑资本的收益，又要考虑资本的安全""谨慎人原则""谨慎受托人规则""谨慎管理者原则"和"谨慎投资人原则"。⑦

2003 年 1 月，《统一谨慎投资人法》被 35 个州采纳。亚拉巴马州和肯塔基州仍然以清单形式限制投资范围。新罕布什尔州、俄亥俄州、威斯康星州对某

---

① *Restatement（Third）of Trusts：Prudent Investor Rule*，Introductory Note.

② Id. .

③ Id. ，§ 227.

④ Id. ，§ 228.

⑤ *Uniform Prudent Investor Act*，§ 2（b）.

⑥ Id. ，§ 8（c）.

⑦ Id. ，§ 10.

些信托资产的比例构成设有限制。北达科他州为受托人列出了若干要求和投资比例限制。[1]

2002 年，宾夕法尼亚州一个备受关注的案件便包含对信托投资多样化的要求。此案涉及 1909 年米尔顿和凯瑟琳·哈西创立的一个信托，该信托收入用于帮助哈西工业学院贫困男性白种人孤儿解决住宿问题。1999 年，州首席检察官发函询证受托人，问其持有哈西食品公司股票的行为是否有违投资多样性职责。2001 年 7 月，信托资产总价值为 26 亿美元，其中对哈西食品公司的持股占总价值的 52%。其持有股票的数量占哈西食品公司股票总量的 32%，享有该公司 77% 的投票权。一年后，也就是 2002 年夏天，哈西信托声明将出卖其持有的哈西食品公司的股份，这一声明遭到了学校校友会、镇居民、该公司雇员、宾夕法尼亚州首席检察官的反对。

州首席检察官认为其有责任保护公众免受公共慈善机构在活动和履行职能过程中产生的对社会和经济的不利影响，因此立即提起诉讼要求哈西信托中止交易。这导致了初步强制令的发出，且允许该信托上诉。[2]

在对初步强制令进行听证的过程中，首席检察官承认现行信托法要求受托人在做出决策时要以慈善组织的最大利益为出发点，但他正寻求通过立法手段要求慈善受托人考量其投资决策对社会的影响。哈西基金会的受托人立即放弃了出售股票的计划，并同意如果今后计划实施类似项目，会通知州首席检察官并在征得法院的同意后进行。[3] 2002 年 11 月 6 日，州首席检察官提出的相关议案在立法机关获得通过。此举修改了《宾夕法尼亚州谨慎投资人法》和《宾夕法尼亚州联合法典》第 203 条第 20 款，加入了对受托人的新要求，即受托人在决策时除了考虑资产与信托目的或受益人的特殊关系或特殊价值外，还要考虑以下事项：

> 慈善信托的信托受益人生活在社会之中，因为涉及社会重要的商业

---

① Bogert and Bogert, *Law of Trusts and Trustees*, §§ 613, 670; Scott and Fratcher, *Law of Trusts*, § 227. 13.

② In re Milton Hershey School Trust, 807 A. 2d 324 (Pa. Commw. Ct. 2002).

③ Evelyn Brody, "Whose Public? Parochialism and Paternalism in State Charity Law Enforcement" (on file with author).

企业，信托资产和其经济影响力要加以考虑。信托资产存在于社会之中，受益人的行为与社会的契合也要加以考虑。①

尽管这一条文无法被普遍适用，但它标志着对受托人投资选择的干涉，更是对多数捐赠人捐赠目的的干涉。

信托文件中的条款对受托人的投资权力或限制或扩张。因此，如果信托文件中包含"受托人有权决定其投资""受托人认为可行即可投资"之类的条款，此条款的效力部分取决于该州法律的规定。如果像《信托法第三次重述》一样对投资限制进行了比较严格的规定，那么出现上述信托条款就意味着要适用谨慎人投资规则。适用谨慎人投资规则意味着受托人的权力不会因信托条款的规定而扩大。② 然而，信托条款可以特别允许投机性的投资或通常情形下不适合受托人的投资。但是在此情况下，法院会解释该条款，虽然如斯考特（Scott）所说公共政策并未禁止捐赠人特别授权受托人进行投机性投资。经常被用来支持此建议的案例是一个捐赠人与受托人为同一人的案例。该案中，捐赠人保留了直接投资的权力，法院将这项权力与信托目的相联系，而投资推断能力是其重要的一部分。③

## 信托资金投资：多样化

《谨慎投资人法》的一个重要组成部分就是考量是否应进行多样化的信托投资以将风险最小化。1969 年起，联邦税收法规对私立基金会持有股票施加限制。对于私立基金会来说，投资多样化是一个非常重要的问题，特别是当其作为受捐赠人而持有闭锁型公司大量股票时，此问题就更加突出。遗憾的是，这些案例并未明确受托人应在何种程度上对投资多样化的失败承担责任。一些州法院已经特别要求投资要多样化，④ 另一些州的法律也做了明确要求。⑤ 《信托

---

① H. B. 2060（Pa. 2002），amending Pa. Stat. Ann. Tit. 20，§ 7203（C）（6）. See Chapter 6 relating to the provisions of the act requiring court approval, after notice to the attorney general, prior to sale of certain control stock.

② Scott and Fratcher, *Law of Trusts*, § 227. 14；Appeal of Davis, 67 N. E. 604（Mass. 1903）.

③ In re Greenhouse's Estate, 12 A. 2d 96（Pa. 1940）.

④ Appeal of Dickinson, 25 N. E. 99（Mass. 1890）；Pennsylvania Company for Insurance on Lives and Granting Annuities v. Gillmore, 59 A. 2d 24（N. J. Ch. 1948），*Knox County v. Fourth & First National Bank*, 182 S. W. 2d 980（Tenn. 1944）.

⑤ Scott and Fratcher, *Law of Trusts*, § 229.

法第三次重述》中，第229条明确要求信托要考虑投资多样化问题。[1]《统一谨慎投资人法》第三章也做了相同规定："受托人的信托投资应多样化。除非情况特殊，受托人有合理理由认为非多样化投资比多样化投资能更好地实现信托目的。"[2]

通常，投资多样化规定在信托初期的适用要求并不如其在信托发展壮大过程中那么严格。但是，《信托法第三次重述》确定的第229条对受托人增加了一项职责：在信托设立后一段合理时间内，受托人要随时审查信托财产的构成以及投资组合的结构，以确保符合第227条和第228条对谨慎性的规定。如果信托条款特别准许受托人可以持有一定数量的证券，那么多样化规定将不适用。在一些州的法律中确实存在允许保留设立初期财产的规定。有一个州对投资做了概括性限制，其《信托法第三次重述》规定受托人的授权和职责由《谨慎投资人法》第227条规定，而在其他州，受托人授权和职责仍由第227条和第228条共同规定。[3] 此外，如果信托条款规定受托人有权持有捐赠人投资的证券或捐赠给信托的证券，若此持有随后被证明为不谨慎，该信托条款不能用以证明受托人持有证券的合理性。[4]

## 忠实义务

忠实义务体现在信托关系之中。[5] 对其范围的经典表述来自卡多佐大法官：

> 许多在平常生活中被允许且被认为是公平的行为方式，在信托关系中是被禁止的。受托人的道德标准要比市场中的道德标准更加严格。受托人的行为不仅要诚实，而且要谨慎处理各种细节。此行为标准要求已成为坚定不移、根深蒂固的传统。衡平法法院在遇到违反忠实义务的诉讼请求时，会采取不妥协的严格态度加以对待。只是，忠实义务在信托行为中的标准

---

[1]　_Restatement (Third) of Trusts: Prudent Investor Rule_, §229 cmt. g.

[2]　_Uniform Prudent Investor Act_, §3.

[3]　_Restatement (Third) of Trusts: Prudent Investor Rule_, §229 cmt. g, 另见本章对 Henrshey Trust 的讨论。

[4]　Scott and Fratcher, _Law of Trusts_, §230.3.

[5]　_Restatement (Third) of Trusts_, §78 (1) (Preliminary Draft No. 6, 2003), _Restatement (Second) of Trusts_, §170, and Scott and Fratcher, _Law of Trusts_, §§170 – 170.25, 详细探讨了这个问题。

要高于其对公众的要求。①

在实践中，受托人禁止与信托进行自我交易。受托人不可买卖信托财产、不能侵吞本属于信托的机会，其利益应永远低于受益人的利益。

疏忽、善意、授权范围不清等借口是无法让受托人免除责任的。根据信托原则理论，受益人是否实际受到了损失并不重要。受托人应对因自我交易行为导致的任何信托财产损失承担责任。不论交易是否蒙受损失，其因自我交易而所得利益或利润应全部归信托所有。该规定同样禁止受托人的配偶和亲属从受托人的信托关系中获益，作为受托人的信托公司和银行同样受此约束。但在私益信托中，此规定存在两个例外。一是私益信托条款的特别规定可以优于此规定，二是当受托人直接与受益人交易、向受益人完全披露交易信息、未利用其受托人优势地位、获得受益人同意且交易完全公平合理时，此规定的限制可以被解除。但在以慈善为目的的信托中，受益人无权做出同意的意思表示。如卡斯特（Karst）所说：

> 准确说来，受托人对自我交易负有责任是指其交易行为没有获得受益人批准（在慈善组织中，受益人无权批准），因此其对信托所受损失和自己所得利益负有责任。②

对自我交易绝对禁止的例外规定在《信托法第三次重述》第六号草案初稿中，它包括：受托人因其服务获得的合理报酬；谨慎管理信托所需的合理的特别服务，如律师服务、房地产中介服务；为了管理和保护信托资产委托人提供的贷款。③

有很多州明文禁止受托人的自我交易。④ 例如，加利福尼亚州《遗嘱检验法》规定："受托人不得因一己私利或其他与信托无关的目的，而用任何方法与信托财产进行交易或使用信托财产。"⑤ 俄亥俄州法律规定即使信托条款约定

---

① *Meinhard v. Salmon*, 164 N. E. 545, 546 (N. Y. 1928).

② Kenneth L. Karst, "The Efficiency of the Charitable Dollar: An Unfulfilled State Responsibility," 73 *Harvard Law Review* 443, 449 (1960).

③ *Restatement (Third) of Trusts*, §78 cmts. C (4) – (6) (Preliminary Draft No. 6, 2003).

④ See Scott and Fratcher, *Law of Trusts*, §170，法规参考。

⑤ Cal. Prob. Code, §16004 (a).

允许自我交易，该自我交易也必须经过法院的批准。① 2000 年通过的《统一信托法》第 802 条也遵循了《信托法第二次重述》的一般规则。②

如本章开头所述，捐赠人可以通过信托条款免除忠实义务对受托人的影响，并允许受托人与信托财产进行交易并自己承担责任（除非法律明令禁止）。但是不论自我交易的权力有多大，也不论信托文件中的责任免除条款有多慷慨，捐赠人都不能在受托人出现蓄意违反信托义务、发生重大过失、出现恶意或不诚实行为、进行个人渔利时免除其责任。法院将公共政策作为此规则适用的基础。③

# 受托人违反信托约定的责任

当违反信托约定时，法律救济途径随违约性质的不同而有所不同。极端情况下法院会应州首席检察官的要求或者共同受托人的要求（如果存在的话）将受托人解职。此外，如果受托人未全部履行其职责，或者未达到应有的注意义务标准，法律倾向于让受益人实现原本可能得到的预期利益。让有过错的受托人承担责任就是为了达到这一目的。④ 因此受托人要对信托财产及其收益负责。他要为因违反信托约定而导致的任何信托财产损失承担责任。违反信托约定可能包括受托人对受益人所负义务的违反，通常是由于受托人个人存在过错；还可能包括即使受托人已经尽自己最大努力却仍未能尽到普通谨慎人的注意和水平而导致损失的情形。

如果受托人对其权力或职责存在疑问，法律允许其向法院寻求指引。若根据指引行事，受托人可在被控诉违反职责时受到法律保护。受托人可以就任何问题请示法院，要求对信托文件给予合理说明或者就彼此矛盾的主张给予定夺。请示法院的主要限制是问题亟待解决且必须具有现实性，而非理论性问题。如

---

① Ohio Rev. Code Ann., §2109.44.

② *Uniform Trust Code*, §802 cmt. (amended 2001).

③ *Browning v. Fidelity Trust Co.*, 250 F. 321 (3d Cir. 1918); Matter of Andrus, 281 N. Y. S. 831 (Surr. Ct. 1935).

④ Charles E. Rounds, *Jr.*, *Loring*, *A Trustee's Handbook*, §7.2 (New York: Aspen Publishers, 2003).

果此问题涉及自由裁量，法院通常也不会给予指引。[①] 慈善信托受托人申请指引时，州首席检察官可以参加该程序，而在许多州，州首席检察官是必要的一方。[②]

当违反信托约定时，私益信托受益人有三个可以选择的经济补偿方式：（1）要求受托人赔偿违约所导致的损失；（2）要求受托人交出从违约中获得的利益；（3）要求受托人赔偿预期利益（不违约能够获得的利益）。支付利息不是对受托人的惩罚而是将本应取得但尚未取得的收益返还给受益人。在慈善目的信托中，受托人所付的利息将作为信托基金的一部分，并根据信托目的进行分配。在大多数情况下，受托人支付单项利息即可。但在涉及蓄意欺骗、违反指示的情形下，法院会要求受托人支付复合利息。[③]

受托人要承担责任的情形不限于违反信托约定。忠实义务要求受托人有义务避免可能的利益冲突，即使受托人并未因其故意或过失犯错，抑或其没有意识到任何道德缺陷。所以，如果他从管理信托中获得了个人利益，就有义务将此利益全额交还。例如，如果受托人从买卖信托财产中（买卖本身是合理合法的）获得了奖金或回扣，他有义务将这些利益归入信托。如果他使用自己的资金但通过依附信托财产手段获利的话，他有责任将从中所获利益交出。[④]

在慈善信托中，对违反信托约定的救济是公正合理的。除了赔偿和查账，这些救济还包括特殊行为命令、下达禁令、指定信托接收人或将受托人解职。受托人也可能因贪污、盗窃等行为触犯刑法。有些州的法律规定受托人向公众筹集资金用于慈善时，要有官方注册或许可，否则也是违反刑法的行为。[⑤]

在某种意义上，法院判定将受托人解职是最严厉的救济方式。法院运用合理判断决定将受托人解职时，要综合各方面因素全面考虑。仅有受托人违反信托条款的事实并不必然导致将其解职。但是若受托人严重违反信托约定，即便

---

[①] See Scott and Fratcher, *Law of Trusts*, §394; Kirwin v. Attorney General, 175 N. E. 164 (Mass. 1931).

[②] See Appendix, Table 1, Column 1 and 2, and Charpter 6.

[③] *Lewis Prichard Charity Fund v. Mankin Investment Co.*, 189 S. E. 96 (W. Va. 1936); see also Scott and Fratcher, *Law of Trusts*, §207. 1.

[④] Restatement (Second) of Trusts, §203; Russell Niles, "Trustee Accountability in the Absence of Breach of Trust," 60 *Columbia Law Review* 141 (1960).

[⑤] See, for example, Mass. Gen. Laws ch. 68, §17, N. J. Rev. Stat. Ann. §2A：111. 30.

并未违反忠实义务，也会导致解职的发生。拒绝遵守或漠视法院的命令、有意违约、不胜任、长期缺席、滥用受托人权力，这些情形都可能导致解职。[①] 许多州以立法形式规定了将受托人解职的情形，但大多仅概括规定了法院解职的权力。[②] 此问题将在第六章涉及州首席检察官作为慈善信托受益人代表启动强制程序的部分再进行深入讨论。

## 免责条款

如今，免责条款是信托文件中最常见的条款之一，可免除受托人在违反信托条款时的责任。但此类条款是受法院严格解释的。而且，信托文件中没有任何条款能够在受托人恶意违反信托条款、无视受益人利益或从违约中渔利时还能有效免除其违约责任。[③] 纽约州在通行标准之上又进一步通过立法宣布：意图通过免责条款免除遗嘱信托执行人或受托人的忠实义务，使其在未能履行合理注意义务、疏忽大意、不审慎时免责，此免责条款是与公共政策相违背而无效的。[④] 这一立法已经应用于 *Schechter's Estate* 案,[⑤] 该案涉及的信托条款规定，出于宗教目的，受托人不对财产损失或损害负责，也不对财产分配负责，法院认定该条款因为违反公共政策而无效。[⑥] 即便如此，免责条款确实可以免除受托人因受委托而随之产生的严厉的个人责任，其作用在某些情形下使受托人的责任承担方式与公司董事的责任承担方式类似。

## 理事的信赖义务：注意

信托关系虽然在信托中表现得最为典型，但仍存在于许多其他情况之中，如理事和管理人员与相关主体之间也存在信托关系。他们的法定职责与受托人

---

① *Attorney General v. Garrison*, 101 Mass. 223 (1869)；*Restatement（Second）of Trusts*, §107. See Scott and Fratcher, *Law of Trusts*, §§107, 387.

② See Scott and Fratcher, *Law of Trusts*, §§107, 387.

③ *Restatement（Second）of Trusts*, §222；Scott and Fratcher, *Law of Trusts*, §§222 – 222.3.

④ N. Y. Est. Powers & Trusts Law, §11 – 2.3.

⑤ 229 N. Y. S. 2d 702（Surr. Ct. 1962）.

⑥ Scott and Fratcher, *Law of Trusts*, §222；Bogert and Bogert, *Law of Trusts and Trustees*, §542.

责任的渊源相同。事实上，早期案例表明，当时所有法人理事以信托资产收益受益人的身份，对法人都负有的责任义务与信托受托人对受益人所负责任相似。① 但是，相比信托，商业活动在某些情况下需要赋予理事更大的自由，尤其是理事为公司经营办理贷款时，因此，相关限制逐渐被放宽。

法院试图通过阐明某些规范以界定法人理事的职责，使他人资金得以保存并合理使用的同时，保证理事的行为受股东监督（理事与股东间存在共同的营利动机）。慈善法人理事是否可以因其公德心与不计报酬的服务而承担比普通法人理事更为宽松的注意义务呢？这仍是一个有争议的话题。② 有少许案例的判决采取了适度宽松的做法。③ 但大多数案件并非如此，法院认为为了公众的利益而非个人的利益，从资金的保管角度来说，慈善法人的理事负有更严格的审慎义务和忠实义务是必要的。

信托法与公司法适用性的问题直到 20 世纪后半期才得以解决。虽然这个问题在有些州至今仍未解决，但大多数州都选择对慈善法人适用更宽松的商业公司标准进行规制。④ 但是，正如歌德希特一针见血指明的，企业使命的不同让非营利法人的理事和管理人员在做决策时相比营利法人的同行更困难也更复杂。"营利法人的理事和管理人员关心的首要问题是如何实现长期盈利最大化，而非营利法人的理事和管理人员同样考虑经济利益之外，更重要的是关心能否有效实现非营利法人的使命。"⑤ 而在现行法律中，法院在裁判违反注意义务和忠实义务的案件中似乎忽视了这一不同。关于这一点我们将在以下部分讨论。

---

① *Burden* v. *Burden*，54 N. E. 17（N. Y. 1899）；A. A. Berle，"Corporate Powers as Powers in Trust，" 44 *Harvard Law Review* 1049（1931）；Lawrence E. Mitchell，"Fairness and Trust in Corporate Law，" 43 *Duke Law Journal* 425（1993）.

② Frederic J. Taylor，"A New Chapter in the New York Law of Charitable Corporations，" 25 *Cornell Law Quarterly* 382，398（1940）；Note，"The Modern Philanthropic Foundation：A Critique and A Proposal，" 59 *Yale Law Journal* 447，483（1950）.

③ *Murdoch* v. *Elliot*，58 A. 718（Conn. 1904）；*George Pepperdine Foundation* v. *Pepperdine*，271 P. 2d 600（Cal. Ct. App. 1954）.

④ Bogert and Bogert，*Law of Trusts and Trustees*，§ 395.

⑤ Harvard J. Goldschmid，"The Fiduciary Duties of Nonprofit Directors and Officers：Paradoxes，Problems，and Proposed Reforms，" 23 *Journal of Corporation Law* 631，639（1998）.

## 注意义务

注意义务的标准是指理事在处理企业事务时应达到普通理性人在相似情形下为己办事时所保持的注意与审慎勤勉。[1] 关于此标准还有其他表达方式。但Ballantine 解释说，这些表达方式的不同只是在字面上，而实质并无不同。[2]

某法院阐述道，审慎勤勉义务要具体情况具体分析。"某些事项中的细微疏忽在另一些情况下就会构成大的疏漏。"[3] 此规则适用于所有理事，不论其是否领取报酬。

> 任何人自愿担任理事时，便与被代表人或被代理人建立起一种信赖关系。理事应具备最起码的知识和技能，以使其能够履行职责。这与接受报酬与否并无关系。[4]

因此，法院判断理事是否违反注意义务所适用的标准与判断受托人是否违反谨慎义务的标准并无本质区别。法院根据具体情况和不同的企业性质，可以灵活适用此标准。对商业企业董事的注意义务，法院仅以较严重失职来衡量，相比受托人要为其所有失职行为承担责任，董事的失职方面的要求并没有特别严格。[5]

但在判断银行或类似机构的董事是否尽到注意义务时，因其职能涉及对他人财产的管理，此标准在适用时更加严苛一些。因此，许多人评论道，涉及慈善基金时，理事和受托人的终极目标是相同的，所以，适用的注意义务标准也是相同的。[6] 宾夕法尼亚州法院在 *Groome's Estate* 案[7]中就此问题进行过讨论，法院认为受托人并不具备企业法人股东的属性，但仅是其受托人的地位便足以使法院用注意义务标准要求受托人。

---

[1]  George D. Hornstein, *Corporation Law and Practices*, §445（St. Paul：West, 1959）.

[2]  Henry Winthrop Ballantine, *Ballantine on Corporations*, §63（Chicago：Callaghan, 1946）.

[3]  *Hun v. Cary*, 82 N. Y. 65, 71（1880）.

[4]  Id.；see also *The Charitable Corporation* v. *Sutton*, 26 Eng. Rep. 642（1742）.

[5]  Hornstein, *Corporation Law and Practice*, §445；*Spiegel v. Beacon Participation*, 8 N. E. 2d 895（Mass. 1937）.

[6]  Note, "The Charitable Corporation," 64 *Harvard Law Review* 1168, 1174（1951）.

[7]  11A. 2d 271（Pa. 1940）.

直到 20 世纪 80 年代中期都很少有州颁布法律以阐明非营利法人理事的注意义务。根据一项调查，1987 年时只有十个州用法律形式定义了理事的行为标准。[1] 20 世纪 80 年代中期以前，判案都是以普通法中注意义务的标准为依据，而这些标准通常都是不可预测的或不确定的。[2] 法院要面对的主要问题是：对非营利法人的理事适用慈善信托受托人的注意义务标准还是适用商业法人董事的注意义务标准。[3] 对这一问题的区分又引发了新的问题：非营利法人的理事是否应像受托人一样为普通的过失负责，还是像商业法人的董事那样只对较大过失负责。[4] 法院和学者都花费大量时间争论应当适用何种标准。[5]

1974 年哥伦比亚联邦地区法院在 Stern v. Lucy Webb Hayes National Training School for Deaconesses and Missionaires 一案中采用企业法人标准界定非营利组织理事的注意义务与忠实义务。[6] 此案通常被称为"Sibley Hospital"案，是采用企业法人标准界定非营利组织理事注意义务的标志性案件。不久以后，纽约州和加利福尼亚州正式立法确定非营利组织理事的行为标准应被限缩，在个案中都适用了企业法人标准进行判断。[7] 1987 年美国律师协会公布的《示范非营利法人法（修订版）》采纳的也是法人标准。[8]

《示范非营利法人法（修订版）》中注意义务采法人标准，要求理事履行职责时遵守以下三项注意义务要求：

---

[1] Thomas H. Boyd, Note, "A Call to Reform the Duties of Directors under State Not – for – Profit Corporation Statutes," 72 *Iowa Law Review* 725, 735 n. 98 (1987).

[2] Lizabeth Moody, "State Statutes Governing Directors of Charitable Corporations," 18 *University of San Francisco Law Review* 749, 753 (1984).

[3] See, for example, *Lynch v. John M. Redfield Foundation*, 9 Cal. App. 3d. 293, 298 (1970); *Beard v. Achenbach Memorial Hospital*, 170 F. 2d 859, 862 (10th Cir. 1948).

[4] *Restatement (Second) of Trusts*, §174; see also Bennet B. Harvey, Jr., "The Public – Spirited Defendant and Others: Liability of Directors and Officers of Not – for – Profit Corporations," 17 *John Marshall Law Review* 665, 679 (1984).

[5] See, for example, Note, "The Fiduciary Duties of Loyalty and Care Associated with the Directors and Trustees of Charitable Organizations," 64 *Virginia Law Review* 449, 454 (1978); Harvey, "Public – Spirited Defendant," 675.

[6] 381 F. Supp. 1003 (D. D. C. 1974).

[7] Moody, "State Statutes," 762.

[8] *Revised Model Nonprofit Corporation Act (RMNCA)*, §8. 30 (1987). In contrast, *the Model Nonprofit Corporation Act*, first promulgated in 1952, was silent on this issue.

（1）怀有善意；

（2）以处于相似地位的普通谨慎人在类似情形下所应有的谨慎履行其职责；

（3）以理事有理由相信的为了法人最佳利益的方式行为。[①]

注意义务是否全部包含上述三项要素仍然存有争议。有的认为怀有善意和使法人利益最佳是忠实义务的要求。但在实践中，以违反信赖义务为由提起诉讼时，违反忠实义务还是违反注意义务在结果上并没有什么不同。[②]

《示范非营利法人法（修订版）》第八章第30条的官方解释说：此标准之所以宽泛而基础是为了保留其适用的灵活性，让法院在案件中裁判其确切的含义。法院和学者随后所做的诠释进一步详述了这一点。[③]

法人标准注意义务的第一个要素——"善意"，要求目的正当光明、公平交易，因此也蕴涵了忠实义务要求。[④] 在判断理事是否善意时，法院会根据他行为时的思想状态判断其是否诚实正直地履行理事的职责和义务，还是恰恰相反地去意图利用法人。[⑤]

"普通谨慎人"要求非营利法人的理事在履行职责做出决策时，必须权衡潜在风险与可能的回报。[⑥] 理事并不能确保每次决策都有好的回报，但只要他的决策符合常理并基于有根据的判断，他就不会为判断错误或失策承担责任。[⑦] 理事必须在法人的事务上投入足够的时间以熟悉其应当关注的事务，至少应参加相关会议并审阅了解递交给理事会的材料。当理事有理由认为公司事务存在问题时，必须对相关事实和情况进行合理调查以解决问题。[⑧]

第二项要素中"相似地位"要求法院在评价理事的行为时，应依据特定机

---

① RMNCA，§8.30（a）；see also *Principles of Corporate Governance*，§4.01（1992）.

② See, for example, *RMNCA*，§8.30 cmt. pt. 4.

③ *RMNCA*，§8.30 cmt. pt. 1.

④ Daniel L. Kurtz and Paula B. Green，"Liabilities and Duties of Nonprofit Directors and Officers," in *New York University Sixteenth Conference on Tax Planning for the Charitable Sector*，11－9（New York：Matthew Bender，1988）.

⑤ *RMNCA*，§8.30 cmt. pt. 5.

⑥ Id.，Pt. 2..

⑦ James J. Fishman，"Standards of Conduct for Directors of Nonprofit Corporations," 7 *Pace Law Review* 389，399（1987）.

⑧ *RMNCA*，§8.30 cmt. pt. 2.

构的目标和资源而非假设实体进行判断，这一点赋予法院在判断注意义务时一定的自由裁量权。非营利法人不同的目标和资源会影响理事在平衡潜在风险与回报时的具体判断。① "相似地位" 也要求法院认识到非营利法人和营利法人在评价理事行为时的差异。例如，非营利法人的理事通常都以公益事业的发展为目的，而不是追求法人利益的最大化。马萨诸塞州非营利法人法通过如下规定试图解决这一问题，即规定理事在履行职责时的注意义务要与 "普通谨慎人在相似地位（任职于适用本章法律进行管理的企业）上行为时应具备的注意程度" 相当。②

第二项要素中的 "类似情形" 要求法院在衡量理事的行为时关注具体背景、资质限制、理事个人的经验及其在法人中发挥的具体作用。③ 法院在判断理事是否履行了注意义务时，会考虑其当选理事的原因，如筹集资金能力、市场运作经验等。④

许多法院以 "类似情形" 为依据认定无报酬的非营利法人理事相比领取报酬的法人理事应承担较低的注意义务。⑤ 例如，在 *George Pepperdine Foundation v. Pepperdine* 案中⑥，法院判定无报酬却志愿管理的理事不应因其失职、疏忽而受法律责罚，否则是极其不公的。但是，大多数法院拒绝此观点，认为不论理事是否获得报酬，其注意义务标准应当相同。⑦

注意义务最后一项要素要求法院判断：（1）理事是否内心确信其行事符合公司的最佳利益；（2）理事的内心确信是否合理。⑧

美国法学会《公司治理规则》阐释了公众持股公司的理事会最低职责，第三章第 2 条（a）款规定："理事必须：1. 确定重要高级管理人员的聘任、考核、薪酬与适当时的人事变动；2. 监督公司的经营行为以评估公司

---

① Kurtz and Green, "Liabilities and Duties," 11 – 10.

② Mass. Gen. Laws, ch. 180, § 6C.

③ *RMNCA*, § 8. 30 cmt. pt. 2.

④ Id. .

⑤ Kurtz and Green, "Liabilities and Duties," 11 – 10.

⑥ 271 P. 2d 600, 604（Cal. Ct. App. 1954）.

⑦ See, for example, In re Neuschwander, 747 P. 2d 104（Kan. 1987）; *Lynch* v. *John M. Redfield Foundation*, 9 Cal. App. 3d 293, 301（Ct. App. 1970）.

⑧ *RMNCA*, § 8. 30 cmt. Pt. 6.

管理是否恰当；3. 审阅并在适当时批准公司的财务计划及公司重要规划和行动；4. 审阅并在适当情形下批准公司财务报告准备过程中涉及的审计、会计准则和实务操作内容的变更与争议；5. 履行法律、公司规范赋予理事会的其他职能。"①

虽然第三章第2条（a）款仅适用于商业法人，但其理念可以很好地适用于非营利法人的理事会。

## 信赖

在所有采用公司标准确定非营利法人注意义务的州，理事可以依据其他理事、管理人员、法人雇员或外部专家提供的信息、报告及陈述履行其职责。② 此权力在美国《示范非营利法人法（修订版）》第八章第30条中进行了详细阐述：

（b）理事在履行职责时，有权信赖下列人员准备或展现的信息、意见、报告、陈述（包括财务报表和其他财务数据）：

1. 一名或数名法人管理人员或雇员，理事凭前述人员提供的资料有理由相信其可以信赖且称职；

2. 法律顾问、公共会计师或其他个人，理事有理由相信其职业技能或专业能力足以胜任该工作；

3. 含该名决议理事的其他理事会，该理事依据理事会在其职权内处理的事务有理由相信理事会值得信赖；

4. 针对宗教法人，宗教权威、牧师、神父、拉比或在宗教组织中任职或履行职责的其他人员，理事依前述人员的职责、职位或经手的事务有理由相信其值得信赖且称职。

如理事掌握的有关信息证明上述人员不能信赖却仍为之，使第二款赋予的信赖变得毫无根据，该理事不能被认定为善意。③

成文法或普通法中类似上述授权理事信赖他人的条款可以在理事合理信赖

---

① *Principles of Corporate Governance*，§3.02（a）.

② Id.，§4.02 cmt. pt. A.

③ RMNCA，§8.30（b），（c）；see also *Principles of Corporate Governance*，§§4.02，4.03.

他人而被诉违反注意义务时使其获得法律有效保护。[1] 理事必须有合理的依据相信其信赖的信息提供方能胜任该工作，只有这样理事才能从法律安全港中受益。[2] 但是当理事怀疑或有理由怀疑其信赖的一方不能胜任时，其有义务进一步对该方展开质询。[3] 此外，如若理事已确实知道存在使信赖变得毫无保证的事由却仍为之，就不能获得法律保护。[4] 此外，若理事声称其信赖的信息是由他人提供的，则他必须在实际中应用该信息。[5]

慈善组织对注意义务持有的另一个重大分歧是出现疏忽时如何处理的问题。《公司治理规则》规定商业判断规则（将在之后讨论）只有在理事有意识地进行商业判断的前提下才能提供保护。举例来说，如果理事不考虑建立有效的审计环节对公司商业行为进行监督，或者在一段时期内连财务报告都不审阅而任由公司受人掠夺和盘剥时，此规则绝不会保护他免于承担责任。《公司治理规则》规定："当然，辨别一个判断是有意识的决定还是不可饶恕的疏忽有时可能并不容易。"[6]

## 对当前法律的回顾

1987 年一项调查显示只有 10 个州规定了非营利法人理事的行为标准。从那时起，各州陆续立法规定了非营利法人理事的注意义务。[7] 到 2003 年 1 月 1 日，共有 37 个州在其非营利法人法中规定了注意义务。[8] 仅有 13 个州外加哥伦比亚特区没有在其非营利法人法中规定注意义务或者根本没有非营利法人法。[9] 另外，还有 6 个州在商业法人法中规定了注意义务。在非营利法人法缺少注意义务的相关规定时，法院会借鉴商业法人法的相关规定。[10] 因此，总共有 43 个

---

[1] *Principles of Corporate Governance*, § 4.02 cmt. pt. C.

[2] RMNCA, § 8.30 (b); *Principles of Corporate Governance*, § 4.02, 4.03.

[3] RMNCA, § 8.30 cmt. pt. 7.

[4] RMNCA, § 8.30 (c).

[5] RMNCA, § 8.30 cmt. pt. 7; *Principles of Corporate Governance*, 4.02 cmt. pt. C.

[6] *Principles of Corporate Governance*, § 4.01 (c).

[7] Boyd, "Call to Reform," 735 n.98.

[8] See Appendix, Table 3.

[9] 特拉华州和堪萨斯州是仅有的没有非营利法人法的两个州。

[10] Harvey, "Public‐Spirited Defendant," 670; Moody, "State Statutes," 757; Goldschmid, "Fiduciary Duties," 641; see also *Louisiana World Exposition* v. *Federal Ins. Co.*, 858 F 2d 233 (5th Cir. 1988).

州的法律规定了注意义务。

从法条规定的具体权利义务看，上述43个州中有25个州都采用了《示范非营利法人法（修订版）》第八章第30条（a）款的标准，认为理事的注意义务有三项要求：怀有善意；以处于相似地位的普通谨慎人在类似情形下所应有的谨慎履行其职责；以理事有理由相信的为了公司最佳利益的方式行为。《标准商业法人法》第八章第30条（a）款以及《公司治理规则》第四章第1条（a）款都体现了相同的规定。其余各州注意义务标准与《示范非营利法人法（修订版）》存在一个或多个不同，大致可分为三种情况：（1）缺少注意义务标准三项要素中的一项或多项；（2）三项要素全部具备，但其中一项或多项与《示范非营利法人法（修订版）》存在本质区别；（3）缺少三项要素中的一项或多项，且已具备的要素含义与《示范非营利法人法（修订版）》也存在重大不同。

上述43个州中，有40个州都以法律形式明确规定了《示范非营利法人法（修订版）》第八章第30条（a）款规定的注意义务中的"善意"要求，而另外三个州对此没有明确要求。但没有一个州提出用其他构想替代"善意"要素。

《示范非营利法人法（修订版）》第八章第30条（a）款注意义务中的"普通谨慎人"要素在上述43个州中的38个州都有明确的法律规定。大多数州完全承袭了《示范非营利法人法（修订版）》的规定，其余各州的规定也只是存在形式上的差别但在实质上完全相同。其余州中，有4个州的成文法中没有此项注意义务要素；只有得克萨斯州采用了一个替代性标准，要求理事履行职责时要具备"一般程度的注意"，但该表述的含义是含糊不清的。

关于《示范非营利法人法（修订版）》第八章第30条（a）款注意义务中的"最佳利益"要素，上述43个州有过半数都明确体现在法律中，有4个州没有此项要求，其余各州的规定有所差异。一些州没有明确要求理事客观合理地相信其行为是为了法人的最佳利益，其中有的州采用了更加宽松的标准，仅要求理事主观相信其行为是为了法人的最佳利益，或者顶多要求理事能表明其信任是正当的、善意的。一些州对理事的此种信赖是以客观标准还是以主观标准评价持缄默态度。而另一些州采纳不同且更宽松的标准，未将"以法人最佳利益行为"规定为董事的作为义务。还有一些州只要求理事不与法人最佳利益相悖即可，或仅要求其行为要考虑"法人利益"，这类模糊的规定似乎要将"以法人最佳利益行为"规定为理事的作为义务。

上述 43 个州在全部规定了注意义务标准的同时，也规定了理事有权信赖其他理事、管理人员、雇员及外部专家提供的信息、报告和陈述。但与此相反，特拉华州、堪萨斯州、密苏里州的法律规定了信赖条款但没有规定注意义务标准。①

上述 43 个州只有约 1/4 规定了《示范非营利法人法（修订版）》第八章第 30 条（b）款和（c）款的信赖标准。但是该条（d）款允许信赖宗教权威的规定，多数州都予以遵从。其余没有遵从的州，一些是不要求理事对信息来源可靠性的信赖达到客观合理的水平。相反，这些州规定了更加宽松的标准，只要求理事主观上相信其所采纳的信息来源是可靠的或可信的。6 个州采纳的信赖标准相比其他各州存在重大不同。例如，特拉华州的商业法人法规定"理事可以善意信赖该法人的记载并善意信赖由其管理人员、雇员、理事会下属委员会向企业提供的信息、意见、报告或陈述，理事也可以善意信赖其他有专业能力的人提供的前述资料，但此人应经过特别筛选并代表公司利益"。②

## 商业判断规则对责任的限制

商业判断规则是普通法的一项原则，这一原则被称为注意义务的"司法安全港"（judicial gloss），可以保护理事不因对其失败决策的审查而承担责任。③ 如果理事的决策属于"商业判断"，法院适用商业判断规则时，不会以公司的注意义务标准衡量理事的决定，而是以更宽松的标准审查理事的决定，仅要求理事理性地相信其决策是为了法人的最佳利益。如果一个决策不属于商业判断，法院会用更严格的注意义务标准衡量理事的决策，要求理事必须有证据证明他是有理由相信其决策是为了法人的最佳利益。理性审查与合理审查之间有着巨大区别——前者赋予理事更加宽泛的判断权力。④

商业判断规则要求理事的决策必须出于善意、不存在利益冲突且在合理可

---

① See Appendix, Table 3.

② Del. Code Ann. Tit. 8, § 141（c）.

③ *Principles of Corporate Governance*, § 4.02 cmt. pt. D. In the nonprofit context, the business judgement rule is sometimes called the "best judgement rule," See, for example, Fishman, "Standards of Conduct," 400.

④ *Principles of Corporate Governance*, § 4.01 cmt. pt. D.

信的基础上做出。① 实践中，此要求可以囊括理事履行职责时做出的绝大多数决策。挑战理事决策的一方须承担决策不符合商业判断规则标准，不能获得保护的证明责任。例如，可以证明理事做决策时缺乏谨慎与合理性或决策根本没有被执行，或者证明理事没有基于善意行为、对法人利益漠不关心或没有合理根据就做出行为。作为最后手段，主张者还可以证明理事其实不相信或不是理性地相信他的决策有利于法人的最佳利益。实际上如果法人的决策属于商业判断，那么几乎可以保证他不会因违反对企业的注意义务而承担法律责任。②

在非营利背景下，商业判断规则是否应当适用是存有争议的。有的认为非营利背景下适用商业判断规则是过当的，因为非营利法人理事的决策本就缺少股东的监督。对理事决策进行更透彻的司法审查可以让公众相信慈善组织管理的合理有序，增加公众对非营利产业的信心。③ 但这似乎只是少数人的观点。大多数人认为对非营利法人理事的决策适用商业判断规则是正确而且合理的。因此美国《示范非营利法人法（修订版）》官方评论认为该规则与第八章第30条是一致的。④ 这些评论指出非营利法人和营利法人理事决策是相似的，对非营利法人理事决策适用商业判断规则有利于鼓励理事理性冒险加强创新，有利于减少诉讼、限制潜在责任从而避免打击理事担任的积极性，避免出现不带薪理事担责的不公平现象，也有利于阻止司法对企业治理的不合理干涉。⑤

实践中，法院适用商业判断规则处理非营利法人理事的案例很多。例如1989年的 *John v. John* 案，法院认为理事的行为受商业判断规则的保护，除非原告能证明理事存在重大过错从而使法院行使法定解任权。⑥ 在更早的 *Beard v. Achenbach Memorial Hospital* 案中⑦，法院认为理事会向一个非营利医院雇员发

---

① *Principles of Corporate Governance*，§4.01（c）.

② *Principles of Corporate Governance*，§4.01 cmt. pt. D.

③ Note，"The Modern Philanthropic Foundation," p. 464.

④ RMNCA，§8.30 cmt. pt. 3.

⑤ See，for example，Goldschmid，"Fiduciary Duties," pp. 644 – 646；Kurtz and Green，"Liabilities and Duties," p. 11.

⑥ 450 N. W. 2d 795, 801 – 802（Wis. Ct. App. 1989）.

⑦ 170 F. 2d 859, 863（10th Cir. 1948）.

放奖金的决定适用商业判断规则。其他法院也有类似案例。[1] 但在有些州（包括纽约州），商业判断规则对非营利法人理事是否适用仍没有定论。[2] 最新的肯定非营利法人适用商业判断规则的案例是明尼苏达州最高法院 2003 年 5 月做出的，该案件涉及特别立法委员会的决定。[3]

# 投资方面的注意义务

## 现代谨慎投资人规则

除法律另有规定，谨慎投资人规则适用于慈善法人的资金投资。[4] 有的州没有遵循谨慎投资人规则，但采用产业目录的形式限制受托人投资，在这些州，限制投资的法律规定是否适用慈善法人取决于法院的解释。Scott 主张如果慈善法人不受上述法律的限制，那么应受谨慎投资人规则的约束。[5] 例如，俄亥俄州法院认为慈善法人不适用法律对受托人投资的限制，但应受谨慎投资人规则的约束。[6] 人们常引用 *Graham Brothers v. Galloway Woman's College* 案[7]来说明这一规则的运用。由于当时大萧条的特殊背景，该案法院判定投资不违反谨慎人规则，虽然通常情况，该投资理应被认定为不合理。

《信托法第三次重述》对第 389 条关于慈善信托投资规定的评论：

> 法律没有相反规定，或未允许适用公司法一般标准时，慈善法人用于实现总体目标的投资资金在运作时应遵循第 227 条的谨慎投资人规则，这

---

① See, for exmple, *Yarnall Warehouse & Transfer, Inc. v. Three Ivory Bros. Moving Co.*, 226 So. 2d 887, 890（Fla. Dist. Ct. App. 1969）；*Beard v. Achenbach Memorial Hospital*, 170 F. 2d 859, 862（10th Cir. 1948）.

② *Scheuer Family Foundation v. 61 Associates*, 582 N. Y. S. 2d 662（App. Div. 1992）；see also *ACTS for Children v. Galioto*, 2002 WL 31525568（Cal. Ct. App. 4th Dist. 2002）；*Summers v. Cherokee Children & Family Services, Inc.*, 2002 WL 31126636（Tenn. Ct. App. 2002）.

③ *Janssen v. Best & Flanagan*, 662 N. W. 2d 876（Minn. 2003）.

④ *Restatement（Second）of Trusts*, §389 cmt. b.

⑤ Scott and Fratcher, *Law of Trusts*, §389.

⑥ *Freeman v. Norwalk Cemetery Association*, 100 N. E. 2d 267（Ohio Ct. App. 1950）.

⑦ 81 S. W. 2d 837（Ark. 1935）.

一点在有些州更是如此。这些州的慈善信托和私益信托投资人的投资权力受到法律或其他规定更严格的限制，而这些限制对慈善法人受托人并不适用，第 227 条的谨慎投资人规则恰好可以填补空白。

与此类似，评论（b）的报告人说道，有些捐赠涉及附条件约定只能用于特定目的或除收益外永远不能动用的资金，除转让条款另有规定，对该资金的使用不受法律对慈善信托和私益信托投资的限制。[①]

若客观情况发生变化，必要时法院的衡平权足以改变对作为慈善法人构建基础的信托投资的限制或赠与条款对慈善法人投资的限制。[②] 还有一些法律特别授权慈善法人，允许其投资共同信托基金或进行集合投资。[③]

慈善法人持有的独立资金在投资过程中可否与其他资金混合，资金的份额和收益是否应当根据不同的捐赠目的分配，是学者们特别感兴趣的问题。对此，《信托法第二次重述》认为除赠与条款另有规定，这种资金的混合并无不妥。[④]《信托法第三次重述》再次肯定了此观点，规定慈善法人在投资过程中可以混合相互独立的捐赠资金，可以分配混合资金的份额，也可以根据不同捐赠目的使用混合资金的收益。[⑤]

## 《统一机构基金管理法》（UMIFA）

许多公益法人，尤其是学院、大学、博物馆、医院，获得的资金是附条件的捐赠，要求资本应永远投入，法人只能支配收益以实现其总体目标或某些具体目标。此类资金的法律术语叫作"捐助基金"，在特征上类似于准信托资金，意味着公益法人在实现其总体目标时有义务不滥用本金。20 世纪 60 年代末期，普通股收益率下降，投资人开始更加关注资本价值的增值，而不是流动资金的股息。考虑到此种投资和开支方式不能适用于持有捐助基金的公益法人，福特基金会委托他人开展关于公司法规则中有关资本增值使用的研究。此项研究成

---

① *Restatement（Third）of Trusts*，§ 389 cmt. b.

② *John A. Creighton Home for Girls' Trust v. Waltman*，229 N. W. 261（Neb. 1941）.

③ See，for example，Cal. Corp. Code § 10250；Pa. Stat. Ann. Tit. 15，§ 5548.

④ *Restatement（Second）of Trusts*，§ 389.

⑤ *Restatement（Third）of Trusts*，§ 389 cmt. b.

果最后命名为《捐助基金的法律规制及相关问题研究》，结论是公司法规则应当适用于捐助基金，允许资产增值的开支。[1] 该研究还建议各州通过立法特许使用已实现和将要实现的捐赠资产的增值收益。此观点在《统一机构基金管理法》中有所体现，并在1972年被统一州法委员会采纳。现在48个州都是这样规定的。

《统一机构基金管理法》可以适用于一类新界定的慈善实体——"机构基金"。该法规定"机构基金"可以是法人也可以是非法人机构，但只从事教育、宗教、慈善或其他慈济目的的事业，也可以是只为上述事业提供基金的政府组织。[2] 它还规定"机构基金"不同于为机构利益而设立的信托，也不同于受益人为非公益组织的基金，"机构基金"只为其特定用途、利益与目标服务。[3]《统一机构基金管理法》还将"捐助基金"看作机构基金，或是某种因捐赠协议条款限制而不能由机构支配全部资本的基金。[4]

《统一机构基金管理法》的一大特色便是允许机构理事会基于基金成立的目的使用一定比例的净增值，而不必在衡量资产价值时考虑基金的历史货币价值，只要理事会依据该法行为标准谨慎行事即可。[5] 此标准实际上就是谨慎商业投资人标准，要求理事会"在做出行为和决定时具备一般商业投资人的谨慎和判断能力"。[6] 即"在实现机构基金目的时，需要同时考虑短期和长远的需要、现在和将来的财务要求、可期待的总投资回报、物价水平趋势以及普遍的经济环境"。[7]

除了该行为标准，《统一机构基金管理法》授权理事会将机构基金投资于被视为有投资价值的不动产和个人资产，而不论当下是否产生了回报。只要理事会认为可行，可以持有捐赠资产，也可以将基金混入机构其他基金或其他投

① William L. Cary and Craig B. Bright, *The Law and the Lore of Endowment Funds* ( New York: Ford Foundation, 1969) ( report to the Ford Foundation); William L. Cary and Craig B. Bright, "The 'Income' from Endowment Funds," 69 *Columbia Law Review* 396 (1969).

② *Uniform Management of Institutional Funds Act*, § 1 (1) (1972).

③ *Uniform Management of Institutional Funds Act*, § 1 (2).

④ Id., § 1 (3).

⑤ Id., § 2.

⑥ Id., § 6.

⑦ Id..

资公司的资产池。①

《统一机构基金管理法》比《统一谨慎投资人法》早颁布 21 年有余，因其投资标准不同于机构其他的基金投资标准，《统一机构基金管理法》便具有一定疑惑性和不确定性。而对于被《国内税收法典》界定为私立基金会的法人而言，情况就更加复杂。因为 1969 年《税收改革法》规定私立基金会要受《国内税收法典》第 4944 条约束，禁止从事"高风险投资"。

《统一机构基金管理法》允许使用未实现增值，因为当时处于资产价值猛增的时代。他们没有考虑在投资组合的价值跌破历史价值时是否有责任维持资本价值的问题。主张这一责任似乎就是对法律不恰当地运用。马萨诸塞州统一机构基金管理法在《统一机构基金管理法》的基础上又增加了一条，即在客观条件要求谨慎行为时，受托人有权保存一定合理数额的收益。②

2000 年，统一州法委员会成立了一个学术委员会，讨论《统一机构基金管理法》是否应当修改，如果需要修改，应在多大程度上修改。该学术委员会征求了捐赠领域专业人士以及《统一信托及不动产法》联合编委会的意见后，对《统一机构基金管理法》的修改做出了如下建议：投资规定与《统一谨慎投资人法》保持一致；修改近似原则以符合《统一信托法》的规定；解决《统一机构基金管理法》与《统一信托法》之间关于捐赠人执行赠与条款的权限方面规定的冲突；明确"机构"和"机构基金"的定义以解决法院判定的难题；明确"增值"的定义以消除法律规定与会计实务之间的分歧。③ 2003 年 8 月统一州法委员会的讨论会上，除了授权捐赠人对机构基金施加限制的条款外，其余建议全部被接受，最终批准需要通过 2004 年大会的赞成表决。

# 法人理事的信赖义务：忠实义务（公平交易）

## 忠实义务（公平交易）

传统上，法人理事与受托人一样受忠实义务的约束，其"必须在个人利益

---

① Id. , §4.

② Mass. Gen. Laws. Ch. 180A, §4.

③ *Uniform Management of Institutional Funds Act*, §8（Draft, August 2002）; see also Memorandum from Susan Gary, Reporter to UMIFA Drafting Committee（October 20, 2002）.

及私利与法人利益冲突时，将法人利益置于优先位置"。① 早先案例中，因为受托人和理事都是受益者，禁止受托人自我交易的规定同样适用于理事。② 这是英国法的做法。③ 然而，美国法放松了对理事自我交易的绝对禁止。法院适用的判断标准被称为"公平检验"，或者采纳美国法学会《公司治理规则》④ 和现行法中的称呼，即"公平交易职责"。具体来说，如果理事会中无利害关系理事过半数同意且交易本身公平，那么理事可以进行自我交易。⑤ 如果涉及自我交易的理事参与投票，则有两种处理方式：一是不论交易本身是否公平都归于无效；二是该理事要证明交易的公平性。如果通过欺诈手段获得投票通过，或交易本身不公平，则交易无效。⑥

*Kenney Presbyterian Home* v. *State* 一案是引用率最高的将公平检验适用于公益法人的案例，⑦ 当时的法律没有这方面的明确规定。这个案例涉及一个为管理信托而成立的公益法人，其中两名理事会成员要与该公益法人进行交易。一人向法人提供抵押贷款，另一人要向法人出售火险。法院发现由于此交易已获得其他理事的批准，且交易过程不存在疏忽或草率，该法人并未因此多支付任何费用，也未遭受损失。法院允许两位理事保留其在交易中所得的佣金。该法院依据的是早前华盛顿一个案例的判决理由——当受托人提供的服务属于法人的经常性费用且收费合理，则无理由不付费。⑧

在 *Gilbert* v. *Mcleod Infirmary* 案中⑨，公益法人的两个成员针对法人将部分财产转让给理事长一事向法院提起诉讼。法院认为尽管没有任何欺诈迹象或欺诈意图，但理事长的行为不满足信赖关系产生的高标准要求，因而判定转让行为无效。尽管法院引用了理事与法人间存在信托关系这一规定，但其判决完全是

---

① 　*Winter* v. *Anderson*, 275 N. Y. S. 373（App. Div. 1934）.

② 　In re Taylor Orphan Asylum, 36 Wis. 534（1875）；*State* v. *Ausmus*, 35 S. W. 1021（Tenn. Ct. Ch. App. 1895）.

③ 　*The Charitable Corporation* v. *Sutton*, 26 Eng. Rep. 642（1742）.

④ 　*Principles of Corporate Governance*, §5.

⑤ 　Note, "The Fairness Test of Corporation Contracts with Interested Directors," 61 *Harvard Law Review* 335（1948）；Ballantine, *Ballantine on Corporations*, §67.

⑥ 　Ballantine, *Ballantine on Corporations*, §68.

⑦ 　24 P. 2d 403（Wash. 1933）.

⑧ 　Id., at 418（citing In re Cornett's Estate, 173 P. 44（Wash. 1918））.

⑨ 　64 S. E. 2d 524（S. C. 1951）.

依据公司法进行的。因此，无论是依据公司法判定还是用信托标准判定，该案结果都一样。

在1950～1960年的一些案例中，法院仅从信托标准出发讨论理事的职责。例如在 *Eurich v. Korean Foundation* 案[1]中，涉案理事长企图用特别手段选出一个理事会，以允许其将法人财产投资到自己的产业之中，从信托标准看，此举违反了受托人应避免自我交易的职责。因此伊利诺伊州最高法院为了防止该理事长"非法且压迫"的行为，解散了该公益法人。在 *Voelker v. St. Louis Mercantile Library Association* 案中，[2] 图书馆成员以违反信托条款为由起诉，但密苏里州法院认为被告是公共慈善法人，对其应适用慈善信托的规则，因此驳回了原告的诉讼请求。

反对者认为上述规则创设的这些障碍不利于非营利组织的有效运营，也不符合法律对法人理事日渐放松的行为标准。在讨论注意义务时提及的1974年 *Sibley Hospital* 案，同时也涉及理事违反忠实义务的行为，因为该理事在明知医院和公司有利益关联，却在未向理事会披露的情况下，与该公司建立经常性业务往来。[3] 另外，一些理事主动参与、投票赞成理事会或委员会的决定，允许医院与其存有私利的实体进行交易，这些实体主要是银行和其他控制医院财务的机构。在综合审查信托标准和法人标准对忠实义务的要求后，法院采用了法人标准。

在信赖义务的严格标准下，因为理事熟悉法人事务加之其法人理事的特殊地位，理事不得参与自我交易。此禁令与受托人不得凭其与信托的特殊关系而渔利相似。威斯康星州法院在判案时适用了此规则。该案中，一非营利法人对其受托人提起诉讼，主张因受托人的操纵该法人与其作为董事会主席和大股东的公司间进行了数次买卖交易。对原告能提出证据证明的一笔交易，法院要求被告将个人所得佣金退还给法人。但是，因无证据证明该理事从中渔利或企业因此受损，法院拒绝支持因该理事为大股东和管理人员而向其要求更多赔偿的请求。[4]

---

① 176 N. E. 2d 692（Ill. App. Ct. 1961）．

② 359 S. W. 2d 689（Mo. 1962）．

③ 381 F. Supp. 1003（D. D. C. 1974）．

④ *Old Settlers Club of Milwaukee County，Inc. v. Haun*，13 N. W. 2d 913（Wis. 1944）．

　　自我交易还表现为侵占公司机会，尽管不是法律特别禁止的行为，但被许多法院认为违反了忠实义务。因此，如果非营利理事意识到一个机会对其所尽职的法人有利，忠实义务要求其在自己取得该机会前，应向法人披露并为其提供这一机会。如果在无利害关系理事审慎考虑后，法人拒绝了此机会，理事才可以自己获得该机会。[①]

　　上述普通法规则适用于何种机会仍是个未解问题。对营利法人，一些法院对机会的限定较为严格，仅指法人的既得利益或已有权利产生的期待利益。[②] 另一些法院采用"商业界限"这种更宽泛的方式界定"机会"，认为理事必须将所有与法人现有活动相关的机会都提供给法人而不能据为己有。[③] 还有一些法院适用公平标准，要求法院结合实际情况和客观条件评估如果理事将机会提供给法人是否公平。[④]

　　在一些有关非营利法人的案例中，法院适用多种判断标准去判定是否适用公司机会规则。例如，在 *Valle v. North Jersey Automobile Club* 案中，法院认为适用该规则的机会应可由法人操控，与法人生产相关且能产生利益或合理期待。[⑤] 在 *Mile – O – Mo Fishing Club v. Noble* 案中，某理事在未确定法人是否有意图取得某不动产前就将其买下，法院判定理事应对此行为负个人责任。[⑥]

## 法律对公平交易的规定

　　20 世纪 80 年代中期以前，几乎没有州通过规定法律程序让理事和非营利法人间存在利益冲突的交易有效。一项调查显示，1986 年时只有 12 个州有相关程序的规定。[⑦] 然而自 2003 年 1 月 1 日，已有 36 个州在其非营利法人法中规定了忠实义务。其余 14 个州外加哥伦比亚特区没有规定忠实义务或者根本没有

---

① *Principles of Corporate Governance*，§ 5. 05.

② See, for example, *Lagarde* v. *Anniston Lime & Stone*, *Inc.*, 28 So. 199 (Ala. 1900).

③ See, for example, *Guft* v. *Loft*, *Inc.*, 5 A. 2d 503, 511 (Del. 1939).

④ *Principles of Corporate Governance*，§ 5. 05.

⑤ 359 A. 2d 504, 507 (N. J. Super. Ct. App. Div. 1976).

⑥ 210 N. E. 2d 12 (Ill. App. Ct. 1965); see also *Northeast Harbor Golf Club* v. *Harris*, 661 A. 2d 1146 (Me. 1995). Cal. Corp. Code, § 5233.

⑦ Fishman, "Standards of Conduct," 442 n. 232.

非营利法人法,① 但其中有 12 个州在其商业公司法中规定了忠实义务,在无法律规定可适用于非营利法人时,这些适用于商业公司的相关条款可以为其提供借鉴。② 所以截止到 2003 年 1 月,48 个州通过各种形式都规定了忠实义务,③ 其中有 4 个州遵循了美国《示范非营利法人法(修订版)》对忠实义务的规定。④

### 利益冲突的界定

极少有法条会使用"忠实义务""公平交易义务"的表述方式,一般使用"利益冲突"。因此美国《示范非营利法人法(修订版)》在第八章第 31 条(a)款中规定:"利益冲突交易是指法人交易时,其理事有直接或间接的利益牵涉其中。"有 26 个州的定义与之类似,而亚利桑那州、肯塔基州和乔治亚州的法律将"利益冲突"界定为理事与非营利法人或与该法人控制的分支机构间的所有交易。⑤ 加利福尼亚州公司法适用于公益法人且规定了若干不属于利益冲突的例外:理事从交易中获得固定的酬劳;交易是法人公益活动或慈善活动的组成部分;利益相关理事对交易并不知情且该交易不超过法人上一会计年度收入总额的 1% 和 10 万美元二者中的较少者。⑥

### 批准利益冲突的程序

在批准利益冲突的程序上,各州规定各不相同。根据 48 个州对忠实义务的规定及美国《示范非营利法人法(修订版)》,交易一旦获得批准就不可由法人撤销。此外,有 18 个州及美国《示范非营利法人法(修订版)》规定交易一旦获得批准,理事对法人由此所受损失不负赔偿责任。⑦ 另外 30 个州无此规定,即使利益冲突交易获得批准,理事仍要就法人由此所受损失负赔偿责任。

---

① 见附录,表格三。
② See, for example, *Oberly v. Kirby*, 592 A. 2d 445, 467(Del. 1991)(applying Del. Code Ann. tit. 8, §144, to nonprofit corporation).
③ 只有哥伦比亚特区、马萨诸塞州和南达科他州没有忠实义务的相关立法。
④ RMNCA, §8. 31. Montana, Nebraska, South Carolina, and Vermont have adopted this standard.
⑤ 见附录,表格三。
⑥ Cal. Corp. Code, §5233.
⑦ *RMNCA*, §8. 31.

典型的忠实义务条款规定了至少三个方法以批准理事与非营利法人间的利益冲突交易。所有州的法律都禁止自我交易，美国《示范非营利法人法（修订版）》规定理事会在利益冲突理事信息披露后可以投票批准该交易。在理事会不可能事先批准时，48 个州中有 45 个州都允许法院在认定交易公平后进行事后批准。[①] 有 9 个州的法律和美国《示范非营利法人法（修订版）》都规定了州首席检察官或法院的事先批准权。有两个州（加利福尼亚州和内华达州）规定若利害关系理事在交易获批时未意识到与其存在利益冲突，该交易也有效，但加利福尼亚州法律同时要求交易金额应是小额的。第三种批准利益冲突交易的程序只适用社团法人且要求法人中的无利害关系成员投票同意。大多数州的非营利法人法允许慈善组织没有成员，这也是更为常见的组织形式。这就意味着使交易有效的方法之一对大多数慈善组织并不适用。

## 理事会批准利益冲突交易

投票及法定人数方面的要求。关于利益冲突交易被披露后理事会的投票批准权，各州法律对投票及法定人数的特别规定各有不同。有 35 个州的法律及美国《示范非营利法人法（修订版）》要求无利害关系理事投票过半数通过。而且，其中近半数的州及美国《示范非营利法人法（修订版）》还进一步规定无利害关系理事的多数票不得少于两票。[②] 亚利桑那州采用更严格的标准，要求投票的无利害关系理事必须占理事会人数的一半以上。除两个州以外，其余 33 个州及美国《示范非营利法人法（修订版）》为了使交易获得批准而放弃对法定投票人数的要求。明尼苏达州和北达科他州对赞成票的法定人数有所要求，且利害关系理事不计算在内，因此当整个理事会大多数都是利害关系理事时，法定人数的要求便让利益冲突交易无法通过。约一半的州要求交易有理事会"足够"数量的赞成票才能通过，具体数量由非营利法人议事规则确定。所有这些州的法律都要求法定人数以赞成票计数，但利害关系理事也可计入其中。几乎上述所有州都不允许将利害关系理事的投票计入实际有效票数，但其余的

---

① 只有阿肯色州、加利福尼亚州和肯塔基州缺乏相关程序性规定。

② *RMNCA*，§8.31.

州则允许利害关系理事的投票计入实际有效票数。

对法人公平交易方面的要求。35 个州规定利益冲突交易必须由无利害关系理事的多数决通过。其中，有 5 个州还要求无利害关系理事的赞成票必须是善意的。[1] 有 7 个州及美国《示范非营利法人法（修订版）》进一步要求无利害关系理事必须善意且有理由相信交易是"公平的"或"不是不公平的"，抑或"根据重大事实判断是正确的"。

其中，有两个州要求交易由理事"足够"多数赞成票才能通过，且"利害关系理事的投票计入法定票数"，但理事对交易的赞成投票必须是基于善意的。有一个州还要求理事会确定法人是为了自己的利益才订立契约，且经法人合理努力后没有更好的交易选择。加利福尼亚州和阿拉斯加州采用更严格的标准，要求即使理事会同意，利害关系理事也必须承担证明交易公平的举证责任。

披露义务方面的要求。为避免违反忠实义务，理事应履行的披露义务有两种：一种是披露理事在交易中的利益，另一种是披露交易本身的情况。[2] 举例来说，披露理事在交易中的利益要求理事应告知理事会他将从法人正洽谈购买的一笔不动产交易中获利 25%。48 个州都规定理事会在批准利益冲突交易的投票前，理事必须履行披露义务。交易的本身要被披露，例如，有消息表明该市要修一条高速公路，而该不动产会被拆除，此时理事有告知理事会这一消息的责任。有 38 个州规定了此类披露义务。

两种披露义务都仅限于"重要事实"。那什么是重要事实呢？重要事实是指一个理性人在决策时认为重要的事情。[3]

责任免除。如前所述，48 个州中有 30 个州规定了忠实义务，这 30 个州的法律规定即使交易已经合理披露并获得理事会批准，即使无利害关系理事认可交易的公平性，但只要交易在事实上未达到公平标准，理事就要为法人在利益冲突交易中受到的损失负责。但是，严格适用此项要求并不容易，法院可以通过商业判断规则放松此要求的适用。如果理事交易时完全符合商业判断规则要求，他就不会被认为违反了忠实义务。此规则的适用几乎总是可以保护利害关

---

[1]　Id. .

[2]　*Principles of Corporate Governance*, §1.14; *RMNCA*, §8.31.

[3]　*Principles of Corporate Governance*, §1.14 cmt.; *RMNCA*, §8.31 cmt. pt. 4.

系理事免于承担责任，因为主张理事行为不符合商业判断规则的一方必须证明该理事没有合理理由相信交易是为了公司的最佳利益。[①]

一些法院设置了比商业判断规则更严格的要求。纽约上诉法院曾经拒绝适用商业判断规则，而采用更严格的标准对自我交易进行详细审查。与原告不同，法院不认为商业判断规则不能适用于非营利法人，但也没有回答如果无利害关系理事不占多数时，是否应信赖该交易符合商业判断规则。[②] 依据普通法标准，法院要求有利害关系的理事承担交易公平性的举证责任。[③]

田纳西州上诉法院在 2002 年的一个案例中拒绝适用商业判断规则。该案中，州首席检察官请求解散两个公益法人，因为它们背离了自己的公益目的转而投身私利活动。[④] 尽管被告试图用商业判断规则保护自己，法院认为虽然商业判断规则适用于非营利法人，但是当理事滥用法人财产谋求私利而被要求解散法人或被指控违反忠实义务时，该规则不能作为理事的保护伞。法院评述如下："当理事善意做出诚恳判断时，商业判断规则反映的是以理事判断取代法院判断的司法政策。但当公益法人背弃公益目的转而追求私利时，该司法政策就不再适用了。"[⑤]

还有一类法院在纯粹的商业判断规则和实质公平规则之间选择中间路线。此调和标准首现于 *Oberly v. Kirby* 案，[⑥] 特拉华州最高法院在判断利益冲突交易有效与否时采用了调和标准，这一标准比商业判断规则的合理审查要更仔细，但比公平审查要宽松许多。法院还要求主张理事在利益冲突交易中违反忠实义务的一方承担举证责任。在理事会批准的效力上，Oberly 案法院的处理方式与《公司治理规则》5.02 条规定相类似。该条规定任何主张不应批准已通过的利益冲突交易的一方，应举证证明交易条款已经明显超出"合理边界"，

---

① Deborah A. DeMott, "Self-Dealing Transactions in Nonprofit Corporations," 1993 *Brooklyn Law Review* 131, 134 (1993); Goldschmid, "Fiduciary Duties," 639; Kurtz and Green, "Liabilities and Duties," 11 - 9.

② *Scheuer Family Foundation v. 61 Associates*, 582 N. Y. S. 2d 662 (App. Div. 1992).

③ In effect, this is the rule adopted by Cal. Corp. Code § 5233.

④ *Summers v. Cherokee Children & Family Services, Inc.*, 2002 WL 31126636 (Tenn. Ct. App. 2002).

⑤ 73 F. 3d 429 (1st Cir. 1996).

⑥ Id., at *32.

以至于投赞成票的理事都不能合理说服自己得出交易对法人是公平的合理结论。[1]

## 外部批准利益冲突交易

在某些情形下，利益冲突交易不可能通过理事会获得批准。例如，无利害关系理事的投票人数没有达到法律规定。此时便需要第二种方式来解决此问题，即法院的批准。48 个州中有 45 个州像美国《示范非营利法人法（修订版）》一样规定了此种方式，具体来说，如果法院认为利益冲突交易对法人是公平的，那么法院可以批准该交易。[2] 但是判断交易公平与否的标准各州并不一致。有 2/3 的州法律要求法院必须确定交易是"公平的"才可批准，另一些州的法律则要求交易是"公平且合理的"，而有一个州的法律要求交易"不是不公平的"。我们不能清晰看出这些标准有何实质性不同。45 个州中有 2/3 的州判断交易公平与否的时间点是理事会批准交易之时，而其余各州对此没有相关法律规定。

45 个州的法律几乎都明确要求利害关系理事对公平性承担举证责任。相反，有一个州却将此举证责任赋予主张交易不公平的一方，要求其提出明确有说服力的证据。在对此没有相关法律规定的州，大多都由法院通过解释法律规定利害关系理事承担交易公平性的证明责任。

在利益冲突交易公平与否的判断上，法院必须结合所有客观情况评估交易是否经过了"公平协商"，[3] 包括程序公平和实体公平两个方面的判断。这种判断有时被称为"完全公平""实质公平""本质公平"。[4]

程序公平。程序公平与理事会批准交易的程序相关，需要探究的问题如下：

> 公司是否建立了批准利益冲突交易的相关程序，这些程序在特定交易中是否得到了遵守；理事会在表决时是否公正客观；利害相关理事是否充分披露了有关交易的所有信息；利害相关理事是否向决策人充分披露其在

---

[1] *Principles of Corporate Governance*，§5.02（a）（2）（A）cmt.

[2] 见附录，表格三。

[3] *Pepper v. Litton*，308 U. S. 295，306（1939）.

[4] *Principles of Corporate Governance*，§5.02（a）（2）（A）cmt.

交易中的利益。[①]

若理事未向法人披露交易中的利益冲突，此时法院足以依据这一行为认定交易程序存在不公正。例如，在 *Boston Children's Heart Foundation v. Nadal-Ginard* 案中，[②] 被告理事在理事会决定其薪资时未披露与薪资相关的重要信息。因此，尽管该报酬是公平合理的，法院仍判决被告理事将报酬全额退还法人。*Marist College v. Nicklin* 一案也得出相同的结果，[③] 该案中因理事未能披露其雇员与其向学院推荐聘用的投资顾问间存在经纪业务关系，法院判决理事应当为此负责。

程序公平还可以通过另一种方式实现：理事会可以委任独立缔约人代表法人与利害关系方洽谈交易。[④] 例如，*Oberly* 案中，法院赞同非营利法人聘用律师充当独立缔约人角色。独立缔约人在交易中必须以法人最佳利益为行为准则，理事会也不能向独立缔约的人暗示其先入为主的预判结果。缺乏特定条件时，独立缔约人为追求法人利益最大化，应当有权进行市场调查并考虑与其他人进行交易。[⑤]

实质公平。实质公平涉及法人在交易中所得对价的公平性。该对价应至少等于无关联第三方在正常交易情境下所提出的对价要求。[⑥] 虽无明确法律规定，但在大型复杂交易中，法院会倾向于支持那些向有资质的外部评鉴人咨询公平交易意见的理事。[⑦] 除了对价公平，实质公平还要求法院判断交易是否符合非营利法人的最佳利益。[⑧] 例如，法院可能认定法人从理事手中购买的不动产交易价格合理，但对实现法人目的无任何帮助。

## 交易未获批准时法律的保护

从 20 世纪 80 年代起，对理事违反忠实义务的判断标准变得宽松起来，

---

[①] Fishman, "Standards of Conduct," 424.

[②] 73 F. 3d 429 (1st Cir. 1996).

[③] 1995 WL 241710 (Tex. App. 1995).

[④] *Principles of Corporate Governance*, § 5.02 (a) (2) (A) cmt.

[⑤] 592 A. 2d at 455.

[⑥] *Principles of Corporate Governance*, § 5.02 (a) (2) (A) cmt.

[⑦] Oberly, 592 A. 2d at 472.

[⑧] *Principles of Corporate Governance*, § 5.02 (a) (2) (A) cmt.

法律甚至在交易被认定为无效的情形下，依然明确地减轻了理事承担的责任。此外，法院在规定损害赔偿的同时还规定理事及管理人员有权购买责任险，这也极大程度地减少了非营利企业理事承担责任的情形，当然极端情况不包括在内。

### 理事的"天职"和近似原则

Kurtz 认为除忠实义务和注意义务外，公益受托人又被赋予了一项新的时代义务——服从义务。[1] 他认为受托人按信托条款履行的责任让其有义务遵从捐赠人的特定目的。但是，私益信托受托人的忠实义务是对受益人来说的，受益人同指定继承人一样都有权取得本期收入，因此受托人有义务在二者间保持公正。对于永久存续的慈善信托来说，受托人的职责是对现在和将来的受益人而言的，这就暗示了受托人的一项职责，即保证能够实现信托目的且一直在有效地实现信托目的的过程中。因此，如果客观情况变化导致目的不能实现，或者目的本身变得过时、不切实际，受托人对最终受益人的忠实义务包括对基金适用偏差原则或近似原则，使永久存续的慈善信托能够继续为公益服务。英格兰将这一职责规定为慈善信托受托人的一项义务。[2] 在某种程度上，服从义务不要求确保信托符合时代需求，对此也没有一个合理的标准可以适用。

### 禁止向理事提供贷款

向理事提供贷款是一种过分的自我交易，因此有 37 个州都特别制定了单行法规制此种行为。其中，28 个州同美国《示范非营利法人法（修订版）》一样绝对禁止此种行为，[3] 其余各州规定法人向理事提供贷款必须符合特定情形，例如，"公司日常事务"中的贷款，"合理期待有利于法人"的贷款，为理事居住地提供经费的贷款。

---

① Daniel L. Kurtz, *Board Liability: A Guide for Nonprofit Directors*, 84 – 85（Mt. Kisco, N. Y.: Moyer Bell Ltd., 1989）.

② 见第二章。

③ *RMNCA*, §8. 32.

# 法定责任免除情形

## 商业判断规则

许多州的法律都规定了商业判断规则，在此情形下理事除非基于恶意、自我交易或重大过失，否则不会因为违反忠实义务而向法人负责。[①] 至 2003 年 1 月 1 日，有 31 个州都制定了此类法律条款，但其中 16 个州的法律规定商业判断规则仅适用于不领取报酬的理事。有一个州规定此规则仅适用于年薪少于 5000 美元的理事，有两个州强制非营利法人购买责任保险。[②] 但美国《示范非营利法人法（修订版）》没有相似规定。

尽管各州的法律规定有较大不同，但理事有限责任的例外一般有如下三种原因——恶意、重大过失、自我交易，这与排除适用商业判断规则的原因相同。在有法律限缩理事责任的州，几乎都规定了"恶意"这一例外情形。此情形有若干表现形式："故意荒唐的不正当行为""恶意""明知违法""欺诈""蓄谋""有意不正当行为"及其他相类似的情形。

几乎有一半的州以法律形式规定在"重大过失"和"疏忽大意"情形下不对理事提供保护。有一些州法也排除了对理事自我交易（包括"不正当个人利益""违反忠实义务"）提供的保护。这些法律还规定了种种不予保护的行为：有些法律不保护理事在职责范围外的行为；有些法律不保护因机动车辆运行而产生的责任。还有一些法律不保护犯罪行为、不法分配和向理事提供贷款的行为。

一些州更进一步限缩了非营利法人理事的责任。截至 2003 年 1 月，19 个州规定可以通过非营利法人的章程或议事规则缩小甚至完全消除理事的责任。[③] 但没有一条法律保护理事的恶意行为和自我交易行为。恶意包括"明知违法""有意不正当行为"及其他类似情形。"自我交易"包括"不合理个人利益"

---

[①] Kurtz and Green，"Liabilities and Duties，"p. 11. 这些法规并不会与在第三人诉理事时保护理事免于承担责任的法规相混淆。See，for example，*Cal. Corp. Code*，§ 5047。

[②] 见附录，表格三。

[③] 见附录，表格三。RMNCA § 2. 02（b）（5）is an alternative provision authorizing such limitations on liability。

"违反忠实义务""利益冲突交易"等因素。但是，只有两个州不保护非营利法人理事的重大过失行为。因此，即便理事在行为时"明显缺乏普通谨慎人在同样情况下应具备的警觉和注意，也都可以通过大多数法律完全免责"。① 美国《示范非营利法人法（修订版）》规定法人可以通过议事规则消除或限制理事在违反忠实义务、恶意行为或失职时，对法人及其成员应承担的个人法律责任。②

### 补偿、保险和责任庇护

31 个州的法律规定，若理事违反注意义务而被法人或其代表起诉，非营利法人可以选择补偿该理事。③ 22 个州和美国《示范非营利法人法（修订版）》将补偿范围限定在律师费和理事需要为自己辩护时的相关诉讼费用，但是加利福尼亚州法律规定只有州首席检察官首肯后，才能补偿理事因解决可能的或未决的诉讼所需要的费用。将近一半的州都立法允许法人补偿理事因解决诉讼问题而产生的所有花费。一些州允许法人补偿理事因判决和罚款导致的花费。所有州的法律以及美国《示范非营利法人法（修订版）》都要求法人在理事胜诉并被法院判定无责任时，补偿理事的律师费和相关诉讼费用。

法律对适用补偿的前提条件相当统一。在理事被判定违反信赖义务时，美国《示范非营利法人法（修订版）》和几乎所有法律都规定没有法院批准不得补偿该理事，同时规定理事只有在善意的情形下才能获得补偿。有一多半的州法律和美国《示范非营利法人法（修订版）》要求理事能证明有理由相信其行为是为了法人最佳利益。其余州的要求要宽松得多，只要求理事合理相信其行为符合或不背离法人最佳利益。但有一个州的法律规定：只有理事的行为具备普通谨慎人在类似职位、类似情形下应有的注意时，才允许补偿该理事。

有三个州的法律强制要求补偿理事，其中的两个州将补偿范围扩大为：律师费、诉讼费、解决诉讼的其他所有支出、判决和罚款费用。当然，前提是理事基于善意并合理相信其行为符合法人的最佳利益且未获得不合理的个人利益。另一个州规定除非理事是因"有意不正当行为"或攫取个人利益而违反注意义

---

① *Black's Law Dictionary*，1033（6th ed. 1990）.

② *RMNCA*，§2.02（b）（5）（alternative provision）.

③ 见附录，表格三。

务，否则法人必须补偿理事的律师费、诉讼费、解决诉讼的其他所有花费、判决和罚款费用。

有一些州没有明确以制定法规定补偿理事，但理事可能有权根据普通法获得补偿。然而，大多数州没有明确理事在普通法下获得补偿的范围，而是适用"多少有点奇怪的慈善信托、代理或合同的相关规则"。[①] 但至少有一个法院认为普通法没有规定理事获得补偿的权利。[②]

理事违反注意义务但不符合获得补偿的条件或者依法所获补偿无法涵盖所有支出时，可以通过"法人理事和管理人员保险政策"（D&O）获得补偿。[③] 很多情况下，对理事来说保险金比补偿更有价值，因为非营利法人经常缺乏足够的资金去充分补偿理事。[④] 此外，补偿可能因理事会的敌意而无法实现，但保险金却无此顾虑，即使理事会不存在敌意也不会愿意用公益财产执行判决或补偿理事的律师费。[⑤]

在允许或要求补偿的 34 个州中，有 33 个州的法律规定了非营利法人有权为理事购买保险。[⑥] 保险范围取决于私洽的保险合同条款，除纽约州外，其他各州法律对此并不加以限制。纽约州法律规定若理事被判担责且为蓄意不当行为时，保险的赔付范围仅限于律师费。但在实践中，"法人理事和管理人员保险政策"已经将此作为免赔情形之一，所以纽约州的规定有些多余。[⑦] 即使法律没有限制，普通法原则也会限制保险赔付范围，因为欺诈或蓄意不合理行为是不能通过缔结保险合同而获得补偿的。[⑧]

有些州的成文法没有明确授权法人为理事购买保险，但在普通法中法人是有这一权力的。但是，但大多数州并没有明确普通法允许购买保险的范围。[⑨]

---

① *RMNCA*，§ 8. 50 introductory cmt. pt. 1.

② *Texas Society v. Fort Bend Chapter*，590 S. W. 2d 156（Tex. Civ. App. 1979）.

③ See generally Charles R. Tremper, *Reconsidering Legal Liability and Insurance for Non - profit Organizations*（Lincoln, Nebr. : Law College Education Services, 1989）.

④ Moody, "State Statutes," p. 775.

⑤ *RMNCA*，§ 8. 50 introductory cmt. pt. 2.

⑥ 只有北达科他州缺乏相关规定。怀俄明州授权了为理事购买保险。Wyo. Stat. § 17 - 19 - 857。

⑦ Moody, "State Statutes," p. 777.

⑧ Moody, "State Statutes," at 778.

⑨ *RMNCA*，§ 8. 50 introductory cmt. pt. 1.

# 通过程序限缩理事责任：举证责任的转移

一小部分州在非营利理事违反注意义务时，为起诉方设置了程序障碍，以缩小理事的责任。特别值得关注的是，有四个州规定了更高的证明标准，要求起诉方提供"清楚且有说服力的证据"证明被诉理事应当承担责任，而不是像绝大多数民事诉讼那样只要求"优势证据"。如此高的证明标准一般只适用于涉及侮辱、诽谤和儿童监护的诉讼。[①] 其他州的法律对理事违反注意义务的诉讼规定了更短的起诉时效。[②]

## 各州基于联邦税法做出的禁止性规定

2002 年，缅因州为了配合美国《示范非营利法人法（修订版）》的规定，修改了注意义务和利益冲突交易条款，规制了转让交易，并加强了州首席检察官对理事违反义务时的规制权力。[③] 部分立法司法委员会成员因担心公益组织支付过多薪酬、将慈善资产投资营利性子机构和合资企业，在法案中增加了一个特别条款。[④] 为了规制"不当使用公益法人资金或资产"，新规禁止公益法人（慈善组织）及其理事、管理人员在下列四种情形下转让或使用法人资产。（1）转让构成利益冲突交易，且交易不公平或无法依法证明交易公平。（2）转让行为构成对资金或资产的不正当使用，违反法律或转让法的相关规定。（3）向理事、管理人员或其他可以影响法人事务的人转让资产，构成"私人利益或超额利润超过财产或服务的公允价值"。（4）向营利性质的子机构或合营企业转让财产，除非公益法人理事会在转让或交付时是基于善意做出的决定且符合下列条件：（a）营利实体的组织与运营可以服务或支持转让人的慈善目的；（b）转让对慈善组织来说是公平的；（c）向营利实体的所有者或投资者分配的净收润与其投

---

① 见附录，表格三。See John J. Cound et al., *Civil Procedure: Cases and Materials*, 993（St. Paul: West Group, 7th ed., 1997）.

② Michigan, South Carolina, and Tennessee.

③ 2001 Me. Laws ch. 550（enacted March 25, 2002）.

④ Donald E. Quigly, "The Rules for Managing Nonprofit Corporations Are Changing Fast," 17 *Maine Bar Journal* 156（2002）.

资利益成比例；（d）营利实体在与其投资人、理事、管理人员或其他对其有重大影响的人员进行交易时没有取得超额利益。①

这些法律的颁布在当时是独一无二的。通过将《国内税收法典》501（c）条款禁止私利规定与4958条限制交易中的超额利益条款相融合，这些法律为州强化联邦标准提供了依据。这与1969年颁布法律规制私立基金会时的情况有异曲同工之处。而且，州法律还首次设法解决《国内税收法典》在规制慈善组织和营利组织组成合资企业时所面临的难题。这些法律为加强政府部门同州首席检察官之间的合作打下了基础，这一发展虽然总在实际运作中受到限制，但一直是双方所期待的进步。②

2003年4月，纽约州首席检察官将一份提案交给了立法机关，建议借鉴缅因州的立法方式，采纳美国《国内税收法典》4958条利益冲突条款规制纽约州的公益法人。具体来说，法人与州首席检察官可以认定法人与利害关系理事、管理人员间的交易无效，除非双方能证明在订立契约时交易对法人是公平且合理的。提案还包含了与《国内税收法典》相似的规定：如果履行了特定程序（包括无利害关系理事的投票），则可以假定交易是合理的。该提案还有一条独特的条款：州首席检察官有权要求利害关系理事、管理人员、投赞成票的理事补偿损失，其数额与违反《国内税收法典》4958条所面临的赔偿额相等。不论该慈善组织是否受4958条规制，也不论《国内税收法典》是否依法要求其赔偿，州首席检察官都有权力向其追索补偿。与《国内税收法典》不同，该提案可以适用于慈善组织之间的交易。该提案最后一条还要求如果慈善组织计划补偿管理人员或理事，应当提前30天通知州首席检察官。③

## 保护志愿理事免于承担侵权责任

19世纪后半叶到20世纪前半叶，在普通法和大多数州的规定中，慈善信托、公益法人及其代理人因过错给他人造成损害时，受害人无权要求用该公益

---

① Me. Rev. Stat. Ann. tit. 13 - B，§§718，721.

② 详见第七章。

③ S. 4836，2003 - 2004 Reg. Sess.（N. Y. 2003）.

团体的财产赔偿损失，通常是要求受托人赔偿。此不公平规定终于在 1940～1950 年之间被废除，截止到 1985 年，几乎所有州都取消或部分取消了此规定对慈善信托和公益法人的保护。[①] 但是随着对慈善组织提起诉讼数量的增加和诉讼规模的扩大，许多州的法官和立法者又让这一观念复兴，允许慈善组织部分免责或缩小其承担的责任，并试图为慈善组织中的个体提供法律保护。对理事和管理人员的保护已经众所周知。但是，很多州还通过专门立法保护特定慈善组织（如学校、大学）的志愿者以及体育节目或体育赛事中的志愿者。[②]

这股保护慈善组织志愿者的立法风潮随着 1997 年 6 月国会通过的一部联邦立法而达到顶峰。该法规定，非营利法人的志愿者因其行为给法人造成损害或者在代表法人履行职责时由于疏忽造成损失，只要该志愿者在职责范围内行事，且该损害不是"由于故意、刑事犯罪、重大过失、鲁莽草率、有意公然漠视他人的权利与安全造成的"，任何人不得向志愿者追偿。[③] 此法案的立法目的是避免频繁的诉讼让人们不愿意为非营利法人志愿服务。[④] 该联邦法案优先于州法适用，排除了州法中与其相冲突的条款。各州只有在非营利组织确保能够为因志愿者履职行为受损的受害人提供资金保障（如保险、扣押一定数额的资金）时，才有权力适用限制责任的规定。戴尔批评此规定，认为其助长了非营利组织管理人不负责任的可能性，破坏了长期的信托责任。[⑤]

## 对改革的建议

法院强化注意义务和忠实义务的权力被大大弱化。因为法律限缩了理事违

---

① Note, "Developments in the Law: Nonprofit Corporations," 105 *Harvard Law Review* 1578, 1680 - 1683 (1992).

② Id., at 1695.

③ 42 U. S. C. § 14503 (a) (3), codified by *Volunteer Protection Act of* 1997, Pub. L. No. 105 - 199, § 4, 111 Stat. 218, 219 (1997).

④ 104 Cong. Rec. H3118, 105th Cong. (May 21, 1997) (statement by Representative Inglis). Goldschmid, "Fiduciary Duties," 641.

⑤ Harvey Dale, "Address before the Century Association on the Occasion of the Tenth Anniversary of Peter Swords as President of the Nonprofit Coordinating Committee" (New York, November 17, 1997) (transcript on file with author).

反职责时承担责任的情形，且允许法人补偿应当负责任的理事，只要理事不存恶意即可。甚至在理事有恶意时，也允许法人为其解决麻烦。另外，法律还允许法人为其受托人提供和购买保险，使其免受经济损失。此趋势遭到了广泛批评，大家就注意义务和忠实义务方面提出了建议。

## 注意义务

同反对放松忠实义务标准的趋势相似，批评者们同样反对现行法律放松注意义务标准的趋势，担心这会助长公益基金管理中的粗心大意。菲什曼建议在涉及法人慈善职能和目的的决策中采用受托人标准，在不太重要的管理决策中适用较为宽松的法人标准。[①] 与此相似，博伊德建议对公益法人的理事适用更严格的信托标准，对互益法人的理事适用法人标准。[②] 作为第三个建议，他还提出信托标准应适用于小型非营利法人，大型非营利法人则适用法人标准。[③]

批评者除支持适用更严格的注意义务标准外，还提出因为非营利法人与营利法人不同，缺少能监督理事会的股东，在允许提起派生诉讼的州，原告不会因此而获得经济上的利益，这也会影响原告提起派生诉讼的积极性。[④]

Brody 建议法律规定理事承担责任的数额限制。最高额不能太高，以使理事愿意继续为非营利法人服务，也使州首席检察官和法院在认定违反注意义务时没有顾虑。但也不能太低，以使受托人履行职责时能够更加注意。[⑤]

Goldschmid 与 Brody 观点恰恰相反，为了驳斥他戏称的"低标准神话"，Goldschmid 指出 1980～1990 年，州法院对营利法人适用十分严格的注意义务标准，要求理事在监督和控制法人的各项政策和行为时履行高标准的注意义务。他指出在非营利领域中，注意义务标准之所以如此受到关注，与其说是注意义务标准低，不如说是根本没有履行注意义务。[⑥]

---

① Fishman, "Standards of Conduct," p. 414.

② Boyd, "Call to Reform," p. 744.

③ Id., at 745.

④ Fishman, "Standards of Conduct," pp. 408 – 409.

⑤ Evelyn Brody, "The Limits of Charity Fiduciary Law," 57 *Maryland Law Review* 1400, 1413 (1998).

⑥ Goldschmid, "Fiduciary Duties," p. 641.

## 忠实义务

DeMott 总结了五种常见的规制自我交易的方式：（1）绝对禁止若干自我交易的情形，这些情形与《国内税收法典》规制私立基金会的情形相类似，不管自我交易者是否意识到自己获利或法人是否因此有损失都要被罚款；（2）不论自我交易人是否获利，也不管法人是否受有损失，法人可撤销所有自我交易；（3）采用营利法人标准，除非能认定交易本身对法人完全公平外，交易可撤销；（4）只要遵守程序性规定，自我交易不可撤销，适用商业判断规则判断无利害关系理事的赞成票是否足够即可；（5）同美国证监会批准投资公司一样，由管理者批准若干自我交易。① 她总结道，与控制股东自我交易相似，公平测试是对非营利法人最有效的威慑，因为交易会受到司法审查并要求赞成交易者在订立契约时绝对认可交易对法人的公平性。②

Goldschmid 赞成适用公平检验，或者根据《公司治理规则》5.02 条进行司法审查的中级测试。他认为这比商业判断规则的"理性信赖"测试更严格、更具干预力。③ 他之所以得出这一结论是因为担心非营利理事会在这个缺乏质疑和严密分析的环境中相互妥协。④ 他指出因为非营利法人没有广泛披露义务要求、没有执行机制、没有私益诉讼、没有投票权、没有估价权利，也没有营利机构具有的可以降低风险的保护措施，上述担忧更为突出：

> 当因利益冲突或支配影响对非营利法人提起诉讼时，法院的审查应格外仔细。商业或家族关系、程序瑕疵等对营利法人来说的小问题，在涉及非营利组织时，要进行忠实义务标准审查（而不适用商业判断规则）。⑤

相反，Hansmann 在他 1981 年进行的非营利法人法研究中，呼吁绝对禁止

---

① Deborah A. DeMott, "Self – Dealing Transactions in Nonprofit Corporations," 1993 *Brooklyn Law Review* 131, 134 (1993).

② Id., at 143.

③ Goldschmid, "Fiduciary Duties," p. 639.

④ Id..

⑤ Id., At 651.

自我交易，[1] 但他后来修正了此观点，承认此观点太过严厉，并建议以一个更宽松的标准代替。

Wolff 在 1998 年的一项研究[2]中建议借鉴加利福尼亚州利益冲突法律规定中对程序保障的信赖，尤其是法人必须进行合理调查，以确定该交易是当时通过努力可以取得的对法人最有利的结果。[3] 他强烈建议修改非营利法人法，扩大利益冲突的范围，例如，利益冲突的范围不仅包括理事，还包括理事的家属，理事可以获得内幕消息的情形，以及因理事在两个或两个以上有竞争关系的非营利组织中担任受托人而导致的利益冲突。2002 年缅因州的一项立法部分采纳了 Wolff 的建议，禁止慈善组织及其管理人员、理事批准违反《国内税收法典》的分配计划，禁止进行为了私利的分配和超额利益分配。[4] 此举融合了州法标准和联邦法的标准，便于遵守和规制。

总之，大多数学者在研究绝大多数州关于忠实义务的规定后认为其标准太过宽松。现在司法对无利害关系理事投票通过的利益冲突交易缺乏监督，而一旦产生纠纷，又要根据商业判断规则的较高合理性标准进行判断。

赞成现有宽松标准的人认为非营利理事的自我交易同禁止利益冲突交易相比更利于慈善组织。许多情况下，自我交易是非营利法人获得商品和服务的唯一途径，否则就太过昂贵。特别是非营利法人通常很难从传统借贷人手中借到贷款，与理事进行交易是一个重要的资金来源。[5] 从经济学角度出发，自我交易是高效率的，交易成本低廉，理事也愿意与其任职的慈善组织达成最佳的

---

[1] Henry B. Hansmann, "Reforming Nonprofit Corporation Law," 129 *University of Pennsylvania Law Review* 569 – 570 (1981); Henry Hansmann, "The role of Nonprofit Enterprise," 89 *Yale Law Review* 835 (1980); Ronald A. Brand, "Investment Duties of Trustees of Charitable Trusts and Directors of Nonprofit Corporation: Applying the Law to Investments That Acknowledge Social and Moral Concerns," 1986 *Arizona State Law Jourl* 631, 658 – 659 (1986).

[2] Beverly M. Wolff, "Conflict of Interest on Nonprofit Boards: The Law and Institutional Policy" (1998) (on file with author).

[3] *Cal. Corp. Code*, § 5233.

[4] Me. Rev. Stat. Ann. tit. 5, § 194 – H.

[5] Fishman, "Standars of Conduct," p. 424; Note, "The Fiduciary Duties of Loyalty and Care Associated with the Directors and Trustees of Charitable Organizations," 64 *Virginia Law Review* 499, 458 (1978); Harvey, "Public – Spirited Defendant," p. 683.

交易，因为他们最清楚组织的经济状况如何。[①] 因而建议保留现存交易标准的人认为，增加理事自我交易的风险，总体上会导致对非营利法人有利的交易数量下降。

最后，通过对忠实义务和对注意义务的分析与评论，我们得出结论性建议：通过授权更多人提起诉讼的法规；不断加强州首席检察官的执法力度；呼吁对非营利组织交易进行更详细和更广泛的信息披露。至于联邦的规定比州的标准严苛，联邦限制自我交易的法律是否同样适用于免税慈善组织的受托人等事项将在下文继续论述。

---

① Fishman, "Standards of Conduct," p. 458; Note, "Developments," p. 1603.

# 第五章　国内税收法典

自 1909 年颁布第一部联邦税法以来，慈善组织在联邦税收体系下一直享有优惠待遇。该法案包括了对慈善组织的免税政策，要求被免税的慈善组织"必须仅以宗教、慈善或者教育为设立和运营的目的，保证其净收入不会使任何私人股东或个人获取受益"。[①] 从那时起，通过的每一部联邦税法都包含相似的描述，允许免税组织的捐赠人享有所得税税前抵扣资格。[②]

《国内税收法典》501（a）条款免除了许多组织机构的所得税。501（c）（3）条款对慈善组织的免税内容包括：

> 法人及任何社区机构、基金或者基金会，在设立和运作时仅以宗教、慈善、科研、公共安全检测、文学或者教育为目的；或是为了防止虐待儿童、动物，且任何私人股东或者个人不会从净收入获取收益；不以从事政治宣传或试图影响立法为主要活动，不代表任何公共职位的候选人参与或者干涉（包括以发表声明的方式）任何政治活动。

慈善组织的设立与运营存在各种各样的目的，501（c）条款列出了 23 种类型的慈善组织。这些组织均享有税收减免，但是，只有 501（c）（3）条款规定的慈善组织，某些墓地公司和 501（c）（19）条款规定的退伍军人组织，以及将赠与财物用于慈善目的的共济会，才享有让其捐赠者享受所得税税前抵扣的资格。[③]

---

① 1909 年公司税法，ch. 6，§ 38，36 Stat. 11，113（1909）。

② 见第二章。

③ 《国内税收法典》，$ 170（c）（2），（3），（4），（5）。

根据第 501 条其他款的规定，某些慈善组织也享有免税资格。具体来说，501（d）条款涵盖了宗教组织和使徒协会，（e）条款规定了合作性医疗服务组织，（f）条款适用于开展教育事务的合作性服务组织，（k）条款规定了儿童保健组织，以及（n）条款涵盖的 501（c）（3）条款下的慈善组织的慈善共同风险资金。第 501 条的其余部分包括适用于特定组织的规定。[1] 比如，（j）条款扩展了（c）（3）条款中规定的业余运动员组织的定义。1986 年颁布施行的（m）条款撤销了蓝十字蓝盾及其他提供商业性保险的组织的免税资格。[2]

根据 501（c）（4）条款规定被授予免税资格的社会保障机构，根据州法的规定，可以被视为慈善组织。与 501（c）（3）条款下的组织不同，501（c）（4）条款规定的慈善组织虽然也绝对禁止参与选举活动，但是在游说方面没有限制。按照 1976 年通过的第 504 条的规定，501（c）（3）条款中具有免税资格的组织若因违反 501（h）条款对限制游说的规定而失去免税资格，那么就无法以一个社会保障机构的身份享有 501（c）（4）条款规定的免税资格。[3]

第 501 条中列举的组织虽然享有所得税免税资格，但根据法典的其他条文，这些组织从事的其他活动所得可以被征税。对于慈善组织，第 511 条规定应对其从事的与可以免税的活动目的不相关的行为进行征税；[4] 与此类似，政治组织[5]、社会性俱乐部[6]及农场主合作机构[7]的投资或者其他类型的收入将被征收所得税[8]。

John Simon 在其颇具洞察力的论文《非营利法人的税收待遇：联邦和州税收政策评论》中，列举了非营利部门税收待遇的四点主要功能：支持、公平、

---

[1] See James J. McGovern, "The Exemption Provisions", 29 *Tax Lawyer* 523（1976），本书对于 1976 年以前这些规定的通过及其适用范围的情况有详细陈述。

[2] 《国内税收法典》，§501（m），通过 1986 年《税收改革法》法典化，Pub. L. No. 94 – 514，§1012（a），（b），100 Stat. 2085, 2390 – 2394（1986）。

[3] 《国内税收法典》，§504，通过 1986 年《税收改革法》法典化，Pub. L. No. 94 – 455，§1307（a）（2），90 Stat. 1520, 1721 – 1722（1986）。

[4] 《国内税收法典》，§511。

[5] 《国内税收法典》，§527。

[6] 《国内税收法典》，§501（c）（7）。

[7] 《国内税收法典》，§521。

[8] 《国内税收法典》，§527（b）；§1381；§512（a）（3）（A）。

监管、恪守边界①。恪守边界的功能部分在于努力避免非营利法人进入政府和商业机构的领域。政府边界通过联邦税法典加以规定，限制了非营利法人参与公共事务活动的渠道——这种限制对私立基金会来说是绝对的，对公共慈善机构来说则更为宽松一些。商业边界是通过限制所有慈善组织的商业活动和私立基金会的商业所有权来实现的。

法典中约束信托行为的规定包括了 Simon 所说的监管功能。② 这体现在：（1）501（c）（3）条款对慈善组织的定义中，即要求慈善组织仅能从事符合免税条款规定目的的活动，禁止"内部人"的任何获益，限制给予他人任何私有利益，依据本章法规对免税资格进行"组织性"和"运营性"检验；（2）对自我交易、高风险投资的禁止，以及对适用于特殊慈善组织——私立基金会应税费用的禁止；（3）第4958条中有关超额收益的规定，法典中的限制除包含联邦法规中"恪守边界"功能，还包括（a）禁止参与政治活动，（b）限制进行游说，（c）限制无关宗旨商业所得税，以及（d）限制通过解释有关"商业活动"③ 的法规、案例和规制而做出的某些约束。虽然设置这些规定的直接原因并非限制此类信托行为，但是这些规定影响着组织机构如何最好地履行免税目的、做出信托决定。这些条款的范围和影响将在本章的下文中加以讨论。

理解规制功能范围的一个基础就是要认识到，规制功能对待所有慈善组织的标准并不统一。慈善组织的区分也不是依据州法按照实体的组织特性分为信托、法人或者非法人组织。实际上，这一区分最早于 20 世纪 50 年代以报告形式呈现，后来通过1969 年的《税收改革法》正式得以确立。根据获取资源的不同来源，一部分慈善组织被称为"私立基金会"，私立基金会能够享受特别待遇但同时对它们的要求也更严苛，因为它们不用像其他慈善组织必须向普遍大

---

① John G. Simon, "The Tax Treatment of Nonprofit Organizations: A Review of Federal and State Policies," in *The Nonprofit Sector: A Research Handbook*, pp. 67, 68, 88 – 89 (Walter W. Powell ed., New Haven: Yale University Press, 1987).

② John G. Simon, "The Tax Treatment of Nonprofit Organizations: A Review of Federal and State Policies," in *The Nonprofit Sector: A Research Handbook*, pp. 67, 68, 88 – 89 (Walter W. Powell ed., New Haven: Yale University Press, 1987).

③ John G. Simon, "The Tax Treatment of Nonprofit Organizations: A Review of Federal and State Policies," in *The Nonprofit Sector: A Research Handbook*, pp. 67, 68, 88 – 89 (Walter W. Powell ed., New Haven: Yale University Press, 1987).

众寻求支持，所以不受那些加在慈善组织之上的非法律限制的约束。①

作为《纳税人权利法案2》的一部分，更多对信托行为具有深远意义的限制在1996年开始实施，但其有效日期一直可以追溯到1995年9月14日。② 这些限制适用于501（c）（3）条款中列举的除了私立基金会以外的所有组织。受影响的组织约占该条所罗列组织的93.5%。③ 第4958条规定的对超额收益交易征税的条款同样适用于501（c）（4）条款中罗列的组织。这些规则被人们普遍称为"中间制裁"，为联邦税务局强制执行忠实义务提供了有益的基础，这种忠实义务与州法规定的忠实义务在本质上是相似的。这些制裁方式，与1969年起对私立基金会采取的措施相似，都采用征收消费税形式，适用于那些可能对501（c）（3）条款下的组织（私立基金会除外）实施实质影响的人，同样也适用于501（c）（4）条款列明的组织与那些有意批准了应纳税交易的有关组织的受托人。与私立基金会的受托人绝对禁止自我交易的规定不同，这些惩罚只适用于那些获取了超额利益的交易内部人员。与私立基金会的另一个区别在于税收的对象为超额收益，而不是对整个交易征税。

这些规则构成了联邦税法中与州法的忠实义务和注意义务相对应的内容。在无州法规范的情况下，它们便是实施信托行为的唯一依据。同样重要的是，这些规则在所有的法院辖区都可适用，由此确立了一套全国性的最低行为标准。

## 免税慈善组织的设立目的

1959年6月22日通过的联邦税务局规范，将"慈善"定义为：

> 501（c）（3）条款中"慈善"一词使用的是人们普遍接受的法律意义，因此，它的含义不像501（c）（3）条款中对其他免税目的分别进行的解释那样受到限制，而且那些限制随着司法判决不断发展。"慈善"包括：救助穷

---

① 《国内税收法典》，§§4940 – 4945，通过1986年税收改革法典化，Pub. L. No. 91 – 172，§101，83 Stat. 487，499 – 515（1969）。

② 《国内税收法典》，§4958，通过《纳税人权利法案2》加以法典化，Pub. L. No. 104 – 168，§1311，110 Stat. 1452，1475 – 1479（1996）。

③ Murray S. Weitzman and Linda M. Lampkin，*The New Nonprofit Almanac and Desk Reference*，p. 125，Contents 5 – 1（New York：Jossey – Bass，2002）。

人、有困难的人及弱势群体；推动宗教进步；推动教育或科学发展；建造或维护公共建筑、遗迹和作品；减轻政府部门的负担；通过设立上述目的的组织提升社会福利，或者（1）缓解社区紧张局面，（2）消除偏见和歧视，（3）捍卫法律保障的人权和公民权利，或者（4）抵制社会堕落和青少年犯罪。①

从这一阐述中可以明显看出《公益用益法》的影响以及在定义上与州法的相似之处。法典中的定义是由联邦法院法官解释的，但这些解释并非闭门造车。有些案件甚至表明联邦法院的判决是在州法的基础之上做出来的。② 大多数此类案件之中，法院会为了解释特定慈善组织的宪章或者信托文件中的特定词语或术语而引用州法。

财政部法规第1.501（c）（3）-1（b）（5）条规定：

> 慈善组织的发源州的法律应对其条文（即章程、信托协议）中的术语进行解释。但是，如果任何组织主张这些术语依州法解释的含义与其普遍接受的意义不同，该组织必须通过清楚且令人信服的引用来加以证明。引用的范围包括相关法院判决、州首席检察官的意见，或者可适用的州法中的其他证据。

律师协会的大多数成员对于免税组织的实践依据的都是《国内税收法典》及其法规中的规定，这样就会避免在组织是否享有免税资格的问题上与税务官员发生争议。

对慈善范围的解释产生影响的一个基本问题是，如果一个组织的设立目的违反了公共政策原则，那么该组织还能否获得免税资格呢？这个问题产生于20世纪六七十年代，起因是当时一个原本享受免税待遇的私立学校，因一直奉行种族歧视，而在1967年被联邦税务局剥夺免税待遇。③ 1983年，在 *Bob Jones University v. United States*④ 案中，联邦最高法院维持了这一判决，认为只有满足

---

① Treas. Reg, §1.501（c）（3）-1（d）（2）（T. D. 6391）（1959）. "教育性的"和"科学性的"的定义包含在 Treas. Reg, §1.501（c）（3）-1（d）（3），（5）.

② *Gallagher v. Smith*, 223F. 2d, 218（3d Cir. 1955）；*Schoellkopf v. United States*, 124, F, 2d, 982（2d Cir. 1942）.

③ Rev. Rul. 67-325, 1967-2C. B. 13.

④ 461 U. S. 574（1983）.

慈善在普通法意义下的标准，即不违背公共政策，该慈善组织才能享有免税资格。法院承认，在某些情况下确定公共政策是很困难的，但很清楚的一点是在具体案件中，联邦税务局有权力也有能力判断是否违背公共政策。法院进一步指出宪法对宗教自由的保障并不限制判决的效力，所以该判决同样适用于教会学校与教派机构。[1]

有些免税目的一直是联邦税务局严密审查的对象。医疗卫生的规定是争议颇多的问题之一。《伊丽莎白法》[2] 提到，根据英国普通法，医疗卫生应被视为一种慈善目的。20 世纪 80 年代之前，人们普遍认为，医院的运营正如法规中规定的那样属于广义的慈善范畴。因为，从历史角度来讲，大多数的医院都是服务穷人的，因此没有必要去进一步定义医院哪些活动有权免税。[3] 然而，随着第二次世界大战的结束，商业医疗保险、联邦医疗保险和医疗赔付金成为支持医院运营的主要来源，因此联邦税务局不得不重新评估医院获得免税资格的标准，并且决定对穷人服务的规范在多大程度上是免税资格所必需的。

联邦税务局在 1956 年的一项税务规章中第一次直接地回应了这个问题，认为医院要想具备慈善性"必须在其财政能力的范围内为那些无力支付医疗费的人服务，而不仅仅是针对那些有能力支付并愿意支付的人"。[4] 这一阐释逐渐被定义为"慈善救护标准"；但它忽略了这样一个事实，那就是在《伊丽莎白法》中医疗卫生被规定为慈善目的之一。1969 年，这项决定被加以修正，修正后规定使有益于社区的医院可以获得免税资格，条件是其为公共利益而不是私人利益服务，而且向所有可以支付费用的人提供医疗救护，不管该费用是由病人、保险人还是由政府支付。[5] 证明医院提供社区福利的证据可以通过医院是否设有对全部人开放的急救室来确定，也可以通过表明它具有无利害关系的受托人和开放性医疗体系来证明，或通过展示医院开展的专为改善社区健康的项目来

---

[1] See Bruce R. Hoplins, *The Law of Tax-Exempt Organizations*, 98 n 86（New York：John Wiley & Sons, 7th, ed 1998）.

[2] Stat 43 Eliz. l, ch 4（1601）.

[3] Jill Horwitz, "Corporate Form of Hospitals：Behavior and Obligations," pp. 134－135（2002）（博士论文，哈佛大学）（存档），也见 Charles E. Rosenberg, *The Care of Strangers*：*The Rise of America's Hospital System*, pp. 244－248（Baltimore：Johns Hopkins University Press, 1987）。

[4] Rev. Rul, 56 185, 1956－1 C. B. 202.

[5] Rev. Rul, 56 76, 1956－1 C. B. 21.

证明。① 1983 年，这些要求被进一步加以修正，联邦税务局规定，若医院所在地拥有充足的急救室，那么该医院无须设立急救室。② 10 年后，也就是 1992 年，联邦税务局发表指导意见，再次说明了医院享受免税的要求：（1）医院理事会的主要成员不属于医院的行政人员或工作人员，（2）医院为开放性医疗机构，（3）提供对所有人开放的 24 小时急救室，（4）为具有负担能力的人提供非紧急医疗服务。③ 在联邦税务局发表 1956 年决定后，虽然国会在 20 世纪 90 年代引进了大量法案，欲将慈善医疗纳入免税强制性法规的内容之中，但是没有一项法案得以实施，④ 这个问题十多年以后也一直没有得到解决。⑤

对有需要的人提供救助是慈善这一法律概念的必要构成要件，然而在 2001 年年末，因帮助 "9·11" 事件中的受害者而设立的专项基金让这种观点引发了许多争议。当时，不仅是既存组织收到了前所未有的大数目捐款，全国各地也建立了成百上千的新组织参与到灾难救助中。为此，联邦税务局尝试阐明新建立的灾难救助组织的免税标准，以及既存组织的免税资格授予标准。在其最早的公开声明之中，联邦税务局暗示，在任何情况下，都要考虑受害人及其家庭的需要。⑥ 这一观点随后被加以修正，澄清道：如果慈善组织以减轻痛苦为目的，并出于符合客观标准的善意而付款，⑦ 那么慈善组织在提供经济援助时可以不考虑是否有救助需要。随后，国会在 2001 年 12 月 20 日通过了《恐怖主义受害者税收救济法案》，将上述标准法典化。⑧ 该法案及联邦税务局的决定也规定了私立基金会在何种情况下可以为其受灾难侵害的员工提供救济金，根据

---

① Internal Revenue Manual（IRM）7. 25. 3. 11. 1，Rev. Rul，56 185，1956 – 1 C. B. 202.

② Rev. Rul，83 – 157，1983 – 2 C. B. 94.

③ *Audit Guidelines for Hospitals*，Ann. 92 – 83，1992 – 22 I. R. B. 59.

④ Charity Care and Hospital Tax-Exempt Status Reform Act of 1991，H. R. 790，102d Cong，1st sess.（1991）；H. R. 1374，102d cong，also see Joint Committee on Taxation，*Proposals and Issues Relating on the Tax Exempt Status of Not-for-Profit Hospitals Including Descriptions of HR 1374 and HR 790*（*JCX* – 10 – 91），12 – 22（1991 – 7 – 9）.

⑤ *IHC Health Plans*，*Inc.* v. *Commissioner*，325 F. 3D 1188（10th cir. 2003）.

⑥ 慈善组织对最近的恐怖袭击的反应：众议院筹款委员会听证，系列 107 – 47，107th Cong，1st sess（2001）（stament of Steven T. Miller，Director，Exempt Organizations Division，Internal Revenue Service）。

⑦ Notice 2001 – 78，2001 – 50 I. R. B. 576.

⑧ *Victims of Terrorism Tax Relief Act of 2001*，Pub. L. No. 107 – 134，§ 104（a）（1），115 Stat. 2427，2431（2002）.

联邦税务局决定所形成的先例，法案考虑的是由公司型基金会向雇员及其家人提供救济金的能力。①

2002年年初，联邦税务局发表了一份修正声明，试图像2001年救助法案修正一样，重新阐述慈善组织提供灾难救助的普遍规则。该声明提出，向灾难受害者分配救济金的前提条件是受害者因灾难而需要经济救助，或是遭受痛苦并且需要危机咨询、救援服务或紧急救助。②

其他引发争议的对象有公益律师事务所提供的法律援助、③ 全天护理中心的运作、④ 非学校教育机构的活动、⑤ 科学研究活动、⑥ 出版、⑦ 低收入住房、社区经济发展、⑧ 环境保护⑨和艺术推广。⑩

总而言之，联邦税务局在对慈善的定义上很宽容，扩展了公共目的的范畴以便满足不断变化的社会需要。

## 免税的基本要求

### 组织检验

对于《国内税收法典》501（c）（3）条款中关于组织检验的规定，联邦税务局的规范予以重申。⑪ 这些规范包含了任何想要根据501（c）（3）条款获得

---

① Rev. Proc. 76 – 47, 1976 – 2 C. B. 670；Rev. Rul. 81 – 172, 1981 – 2 C. B. 217；Rev. Rul. 86 – 90, 1986 – 2 C. B. 184；Rev. Rul. 2003 – 32, 2003 – 14 I. R. B. 689.

② Internal Revenue Service, Publication 3833, *Disaster Relief-Providing Assistance through Charitable Organizations* (rev. ed. March 2002).

③ Rev. Rule. 75 – 74, 1975 – 1 C. B. 152.

④ I. R. C. §501 (k), codified by *Tax Reform Act of 1984*, Pub. L. No 98 – 369, §1032 (a), 98 Stat. 494, 1033 – 1034 (1984).

⑤ *Big Mama Rag*, *Inc*. v. *United States*, 631 F. 2d 1030 (D. C. Cir. 1980).

⑥ Rev. Rul. 65 – 60, 1965 – 1 C. B. 231；Treas. Reg. §1.501 (c) (3) – a (d) (5) (ⅲ) (c).

⑦ Rev. Rul. 67 – 4, 1967 – 1 C. B. 121

⑧ Rev. Proc. 96 – 32, 1996 – 1 C. B. 717；Rev. Rul. 74 – 587, 1974 – 2 C. B. 162；Rev. Rul. 77 – 111, 197701 C. B. 144.

⑨ Rev. Rul. 76 – 204, 1976 – 1 C. B. 152.

⑩ Rev. Rul. 64 – 175, 1964 – 1 C. B. 185.

⑪ Treas. Reg. §1.501 (c) (3) – 1 (b) (1) (ⅲ).

免税资格的组织的治理文件中必须涉及的相关规定。① 同时，这些规范也指出了组织治理文件中的何种条文将使该组织无法通过检验。② 虽然这些规范将《国内税收法典》中要求慈善组织专为免税之目的而设立中的"专为"解释为"实质为"，但是也同时规定，如果组织的治理文件明确允许其"从事、实施或者以其他方式做出与免税规定目的无关的活动或行为"，③ 该组织的免税资格将会被剥夺。因此，如果慈善组织的文件授权受托人从事制造业或运营社交俱乐部，那么该组织将丧失免税资格。④

为了通过组织检验，治理文件必须包含如下内容：在组织解散后，组织的财产将被分配给其他根据 501（c）（3）条款的规定免除所得税的组织。⑤ 如果在当地实施的州法之中存在类似要求，那么这个测试就会通过。在 1982 年，联邦税务局发布了一项税务规定，声明在堪萨斯州、加利福尼亚州、路易斯安那州、马萨诸塞州、明尼苏达州、密苏里州、俄亥俄州及俄克拉荷马州设立的非营利法人不需要有组织终止条款；而在其他所有州及哥伦比亚特区设立的法人，如果其设立章程中没有明确的组织终止条款，那么将无法通过组织检验。⑥ 该规定列举了允许遗嘱慈善信托通过组织测试的几个州，但也明确排除了生前慈善信托和非法人的非营利组织。实践中，很少有组织会依靠州法中的例外规定，相反其更倾向于在自己的治理文件中规定限制条款，后者更具有确定性。

至于信赖义务，联邦税务局反对含义广泛的条款，认为这样的条款会使受托人有借口违反免税条件。举例说明，若条款规定"受托人不应为因其善意实施的投资所造成的损失承担责任"，这样的条款法律是认可的，但是如果在"善意"后加上以下语句——"或除了故意不当行为以外的其他任何原因"，那么该组织的免税待遇将被取消。⑦

组织检验具有双重效果。它为联邦税务局提供了剥夺或者撤销免税待遇的

---

① Treas. Reg. §1.501（c）（3）–1（b）（1）（ⅰ）（a）–（b）.
② Treas. Reg. §1.501（c）（3）–1（b）（1）（ⅳ），（b）（3）.
③ Treas. Reg. §1.501（c）（3）–1（b）（1）（ⅲ）.
④ Treas. Reg. §1.501（c）（3）–1（b）（1）（ⅲ）.
⑤ Treas. Reg. §1.501（c）（3）–1（b）（4）.
⑥ Rev. Proc. 82–2, 1982–1 C. B. 367.
⑦ Berrien C. Eaton, Jr. et al., "How to Draft the Charter or Indenture of a Charity so as to Qualify for Federal Tax Exemption," *Practical Lawyer*, October 1962, at 13, 15, and November 1962, at 87.

基础；同时，它也为州政府执法官员提起受托人或理事因未遵守治理规范而违反信赖义务的诉讼提供了基础。

## 运营检验

运营检验被采纳为 501（c）（3）条款所含规范的一部分，以阐明组织能否获得免税资格并不仅仅考查组织的治理文件，也要考查组织在其进行的活动中是否满足免税条件。[①] 正如规范中提到的那样，该测试最重要的一个方面就是认识到虽然法律要求免税组织必须"专门为免税之目的而运行"，但是"如果其从事的活动主要是为了完成 501（c）（3）条款中阐明的免税目的"，那么该组织可被视为通过了运营检验。[②] 规范进一步指出，如果该组织从事免税目的之外的活动偏多，或者违反了利益分配禁止的规定，那么运营检验将不予通过。[③] 值得注意的是，虽然《国内税收法典》的标准用语是"专门地"，实际上规范制度将其改为"主要"，[④] 这也是对起草者意见的一种认可，因为要求适用更为严格的"专为"标准并不实际。

联邦税务局时常会提出积极的商业活动是否与免税规定相兼容的问题，提出这一问题依据的是许多批评人士所称的"商业原则"，虽然这一原则没有像其他规则一样体现在法典和其他法律中。更确切地说，从许多案例中我们可以推断出联邦税务局剥夺组织免税资格的原因是争议的慈善组织更像是在以商业组织的形式与营利公司进行竞争。[⑤] *Better Business Bureau of Washington*, *D. C.*, *Inc. v. United States*[⑥] 案便是最早涉及此问题的案例之一。最近，法院支持剥夺向非营利法人提供咨询服务的组织的免税资格，理由是其运作方式与营利性组织一样，而且提供的服务并无减价或者免费优惠措施。[⑦] 相比之下，在一个有关慈善组织的案件中，法院撤销了联邦税务局的剥夺免税待遇的决定。该案中，争议中的慈善组织向发展中国家的技术工人提供技术支持，以便提高他们营销

---

① Treas. Reg. § 1. 501（c）（3）－1（c）.

② Treas. Reg. § 1. 501（c）（3）－1（c）（1）.

③ Treas. Reg. § 1. 501（c）（3）－1（c）（1），（2）.

④ Treas. Reg. § 1. 501（c）（3）－1（c）（1）.

⑤ Hopkins, *Law of Tax – Exempt Organizations*, 629 – 643.

⑥ 326 U. S. 279（1945）.

⑦ *B. S. W. Group*, *Inc. v. Commissioner*, 70T. C. 352（1978）.

产品的能力，同时该组织购买、进口并出售这些工人制作的手工艺品。① 与此案类似，在另一个案例中，某宗教出版公司因通过出版一名知名作家的作品而大幅提高了销售额和利润的缘故被税务法院剥夺免税权利，但上诉法院撤销了税务法院的这一判决。② 从 2002 年年底开始，商业行为在何种程度上能够符合组织检验要求的问题一直未能解决。③

## 利益分配禁止

利益分配禁止是第一部法人税法的一部分，该法包括对某些具备宗教、慈善或教育目的的组织实行免税的规定。④ 利益分配禁止的规定仅适用于那些对机构存在个人利益的人，比如理事、管理人员或者雇员，而且只有当个人获得的利益与其为慈善组织提供的服务不相称时才会生效。所以，这并不是一个绝对禁止自我交易的规定；相反，这是一个以合理性为基础的标准，其合理性可通过公平交易证实。案件中发现的利益分配情形包括：（1）不合理的补偿金支付，不论是以过高薪酬的形式⑤或以"利润"比例为基础的计薪形式，⑥ 还是为内部人支付个人花销；（2）不合理的租金支付；⑦（3）以低于市价的利率或者不充足的担保向受其控制的捐赠人或者公司提供贷款；⑧（4）以过高价格购买动产或不动产；⑨（5）由组织承担个人的债务。⑩

利益分配的问题在不少案例中都有体现，第一个案例中某组织的主要目的

---

① *Aid to Artisans, Inc.* v. *Commissioner*, 71T. C. 202（1978）.

② *Presbyterian and Reformed Publishing Co.* v. *Commissioner*, 743F. 2d 148（3d Cir. 1984）.

③ See this chapter for additional discussion of this issue.

④ *Corporation Tax Act of 1909*, ch. 6, §38, 36Stat. 11, 113（1909）.

⑤ *Incorporated Trustees of the Gospel Worker Society* v. *United States*, 510F. Supp. 374（D. D. C. 1981）, aff' d, 672F. 2d894（D. C. Cir. 1981）, cert. denied, 456U. S. 944（1982）.

⑥ *Founding Church of Scientology* v. *United States*, 412F. 2d 1197（Ct. Cl. 1969）, cert. denied, 397 U. S. 1009（1970）; *Church of Scientology of California* v. *Commissioner*, 823F. 2d 1310（9th Cir. 1987）, cert. denied, 486U. S. 1015（1988）.

⑦ *Texas Trade School* v. *Commissioner*, 30T. C. 642（1958）, aff' d per curiam, 272F. 2d 168（5th Cir. 1959）.

⑧ *Lowry Hospital Association* v. *Commissioner*, 66T. C. 850（1976）.

⑨ *Hancock Academy of Savannah, Inc.* v. *Commissioner*, 69T. C. 488（1977）.

⑩ Rev. Rul. 67－5, 1967－1C. B. 123.

是为创办人的个人利益而推广创办人的理念和作品;[1] 第二个案例是一家慈善组织向参加电台节目的表演者提供私人帮助，而这个节目是由慈善组织的创办人导演的;[2] 第三个案例是以低于市场的合理价格将组织的资产卖给内部人士。[3] 在第三个案例中，联邦税务局认为根据州法的规定，此买卖违反了信赖义务，并且指出这是对利益分配进行裁定的基础。[4]

只有当利益被那些与组织有特殊、紧密关系的人获得时，利益分配的问题才会出现。这些人通常被称为"内部人士"，这也暗示了其与组织的特殊关系。这些人对组织具有足够的控制力或影响力，使其可以通过利用组织的收入或资产为自己谋取利益。[5] 内部人的身份判断并不是由其所获得的利益数量决定的。正如 Dale 所说："如果获得一定数量的利润会使接受者变为'内部人'，那么利益分配禁止的规定将会有把过多的私人收益规则纳入其中的危险。但是，很明显，两者是有区别的。"[6]

Dale 在让人们关注到法规措辞中固有的模糊性的同时，得出了判断是否存在利益分配应具体情况具体分析的结论。虽然有许多报道的案例都解释了利益分配禁止的规定，但是，他指出，对于理解、应用这些措辞来讲几乎没什么指导意义："一般情况下，即使描述考查问题很困难，但是决定禁止什么、不禁止什么是很容易的。"[7]

对于违反利益分配禁止规定的制裁便是剥夺违反组织的免税资格，不论涉及标的大小，这种制裁都会适用。在很大程度上，这是因为制裁的严厉性以及

---

[1]  Rev. Rul. 55 – 231, 1955 – 1 C. B. 72.

[2]  *Horace Heidt Foundation* v. *United States*, 170F. Supp. 634（Ct. Cl. 1959）. Cf. *Bob and Dolores Hope Charitable Foundation* v. *Riddell*, 61 – 1 U. S. T. C. 9437（S. D. Cal. 1961）.

[3]  Priv. Ltr. Rul 82 – 34 – 084（May 27, 1982）; Priv. Ltr. Rul. 91 – 30 – 002（undated）.

[4]  *State ex rel. Butterworth* v. *Anclote Manor Hospital, Inc.*, 566 So. 2d296（Fla. Dist. Ct. App. 1990）; see also *Est of Hawaii* v. *Commissioner*, 71 T. C. 1067（1979）, aff'd, 647F, 2d 170（9th Cir. 1981）; Tech. Adv. Mem. 94 – 51 – 001（December 23, 1994）（revoking exemption of *LAC Facilities*）; *LAC Facilities, In.* v. *United States*, No. 94 – 604T（Fed. Cl. Filed September 14, 1994）.

[5]  *Audit Guidelines for Hospitals*, Ann. 92 – 83 § 333. 2（2）, 1992 – 22 I. R. B. 59.

[6]  Harvey Dale, "Reflections on Inurement, Private Benefit, and Excess Benefit Transactions," n. 75［citing *American Campaign Academy* v. *Commissioner*, 92T. C. 1053, 1068 – 1069（1989）］（2001; on file with author）.

[7]  Id., at nn. 67, 68.

制裁将由慈善组织来承担而不是由不合理地获得利益的个人来承担的事实决定的。1996 年，国会同意对公共慈善机构及其受托人之间的某些自我交易行为适用超额利益限制制度。此项立法的范围和效果将在下文讨论。

## 对私人收益的限制

私人收益考查最初是在 1958 年颁布的《国内税收法典》501（c）（3）条款下的规定中予以确立的。[①] 有关的条文内容如下：

> 一个组织将不会视为专为（i）项下列明的目的而设立或者运作，除非其为公共利益而不是私人利益服务。所以，为了满足该项要求，组织必须明确它的设立与运营不是为了满足私人的利益，如指定人员、创始人或其家庭成员、组织的股东，或者直接、间接控制人。[②]

对上述规范进行解释的案例将此规范作为与利益分配禁止相分离的一个检测，认为，只有当授予个人的利益不仅仅是偶然时，才会视为违反了此规则。[③] 这与利益分配禁止是完全相反的，在利益分配禁止规则下，只要存在任何数量的禁止收益，组织便失去免税资格。此外，私人获益仅仅扩展到对"内部人"的支付，而利益分配禁止则适用于慈善组织赋予权益的任何人。正如 1991 年发表的一份律师备忘录中说明的那样，"没有私人获益并不意味着没有利益分配。也就是说，私人获益可以视为利益分配的子集。"[④]

有些解释利益分配禁止的案例支持剥夺免税资格的处罚，其理由是与慈善组织无关的私人实体会从其运营中获得利益。所以，在 *Ameican Campaign Academy v. Commissioner*[⑤] 案中，税法法院支持了一项剥夺一所共和党用来培训候选人和运动员的学校的免税资格的判决，指出虽然该协会的主要受益人是学生（其中

---

[①]　23Fed. Reg. 5192（T. D. 6301）（1958）.

[②]　Treas. Reg. §1.501（c）（3）–1（d）（1）（ii）.

[③]　*American Campaign Academy*, 92T. C. 1053（1989）.

[④]　Gen. Couns. Mem. 39, 862（November 21, 1991）（citing *American Campaign Academy*, 92T. C. at 1068 – 1069）; see also *Founding Church of Scientology*, 412 F. 2d 1197（Ct. Cl. 1969）; *Lowry Hospital Association*, 66T. C. 850（1976）; *People of God Community v. Commissioner*, 75T. C. 127（1980）.

[⑤]　92T. C. 1053（1989）.

包括一些候选人），但次要的受益人是该党的实体组织及全部候选人——这也是组织的目标。法院将此关系与为某特定产业或职业中的个人提供培训的组织分配的收益相区别，因为在后者的情况下，收益是在一个庞大的群体中广泛分配的。

与 *Ameican Campaign Academy* 一案不同，税务法院在 1980 年推翻了联邦税务局剥夺某组织免税资格的决定，该组织运营了一个艺术中心，可以提供课程、赞助展览，同时该组织也运营了一家博物馆和两个美术馆，以中间人的身份为当地艺术家进行作品的买卖。[①] 联邦税务局剥夺该组织免税资格的依据是该组织的行为与那些商业性的、营利性的艺术馆没有什么区别，它向特定个人提供的不仅仅是偶然的私人收益。但是，法院认为，该中心的商业活动附属于教育活动，因此其主要是为公共目的而非私人目的而服务的。

一直到 20 世纪 90 年代末，关于从慈善组织获得实质收益的人是否为内部人士，并由此决定引入利益分配禁止检测而非私人收益检测的问题一直持续着。在 *United Cancer Council，Inc. v. Commissioner*[②] 案中，法院判决一家融资公司不会因为占有大部分资金而成为内部人，这与税务法院之前的判决一致。在哪些情况下私人收益规定会与超额利益限制规定相冲突，这个问题会在下文中探讨。

针对私人收益的主张有许多案例和规定。其中一个是大量不合理支付，这种支付可能是以较低利率或者无利率方式向非"内部人"提供的个人贷款，也可能是给予非"内部人"的补偿和租金，还可能是允许个人获得组织财产利益的安排。在 1987 年的一份备忘录中，联邦税务局列明了不构成私人收益的各种补偿付款安排。[③] 最近的很多案例将私人收益与营利组织和非营利性组织间的合资经营联系起来考虑，在合营企业中，私人投资者拥有企业的股权利益，有权从中获得经济收益。这些将在下文的合营企业部分进行讨论。

需要注意的是，利益分配禁止并不延伸到对于捐赠人捐赠的否认。因此，

---

① *Goldsboro Art League，Inc. v. Commissioner*，75 T. C. 337（1980）.

② 165F. 3d 1173（7th Cir. 1999），rev' g and remanding 109T. C. 326（1997）. The case was remanded to the Tax Court for further consideration under the private benefit proscription. It was subsequently settled. Grant Williams，"Internal Revenue Service，Charity Settle Long – Standing Dispute，" *Chronicle of Philanthropy*，May 4，2000，at 39.

③ Gen. Couns. Mem. 39，670（October 14，1987）.

法律允许慈善组织可能通过非金钱利益的方式对出资人进行认可，如以赠与人的名字命名建筑、大学或者内部基金，只要不违反利益分配禁止。①

　　主张私人收益的许多规则和案例也都与利益分配禁止有关，在涉及内部人的案子中，法院的判决常倾向于适用私人收益限制的规定。第4958条规定了禁止向利益冲突人提供超额利益，随后利益分配禁止作为推翻免税的依据的重要性又减弱了，未来可能的情况是，作为联邦税务局的一项规制工具，私人收益限制的重要性将会不断增加。

## 适用于公共慈善机构的超额利益交易禁止

　　1996年，随着《国内税收法典》第4958条的通过，联邦税法对于免税的慈善组织的受托人和理事的信托行为的限制发生了非常深刻的变化。② 立法规定对某些从公共慈善机构获得的不劳而获的利益征收消费税，对那些明知应当禁止批准交易的受托人征税。立法部门遵循了1969年通过的适用于私立基金会的自我交易规范的形式，但是采取了很多更为宽容的限制和制裁。③ 这反映了立法部门想让《国内税收法典》变得更为灵活、允许改正错误以及避免不适当地剥夺免税资格。更重要的是，制裁应适用于那些损害组织利益而使自己获益的人，而不是制裁组织自身。④

　　超额利益限制适用于这样的案子，即某些被称为"利益冲突人"的私人个体在与"有关组织"交易的过程中获得"超额利益"。⑤ 相关术语将在下文中加

---

① See discussion in this chapter on income tax treatment of sponsorship payments.

② I. R. C. § 4958, codified by *Taxpayer Bill of Rights Act* 2, Pub. L. No. 104 – 168, § 1311, 110Stat. 1452, 1475 – 1479 (1996); see also Steven T. Miller, "Easier Compliance Is Goal of New Intermediate Sanction Regulations," 2001 *Tax Notes Today* 14 – 148 (January 22, 2001) (written by Director, Exempt Organizations, Internal Revenue Service, Washington, D. C.).

③ I. R. C. § § 4940 – 4945, codified by *Tax Reform Act of 1969*, Pub. L. No. 91 – 172, § 101, 83Stat: 487, 499 – 515 (1969).

④ Proposed regulations under section 4958 were issues by the Treasury Department on August 4, 1998 (63Fed. Reg. 41, 486); after periods for public comment and public hearings, temporary regulations were promulgated on January 1, 2001 (66Fed. Reg. 2144); and final regulations became effective on January 23, 2002 (67Fed. Reg. 3076).

⑤ I. R. C. § 4958 (a) (1).

以阐述。

## 利益冲突人

可能受到制裁的"利益冲突人"被定义为这样一些人，他们在交易开始前的五年内处于一种可以对免税组织、某些家庭成员、公司、信托及其他拥有35%以上控制权的实体产生"实质影响"的地位。[①]

根据相关法规的定义，利益冲突人包括组织理事会、受托人委员会等权力机构中有投票权的成员，包括理事长、首席执行官、营运总监、财务总监，以及与为某些健康医疗提供赞助的组织成员具有重要经济关系的人。[②] 法规也涵盖了某些对组织具体部门有控制权的个人，例如，在一所大学里，学院的主任监督着系里的人事，对学院的预算具有控制力，据此可以认定此人对学校来讲就是一个利益冲突人。[③]

法规从利益冲突人的定义中明确排除了501（c）（3）条款规定以外的组织和雇员，他们并未"受到过分补偿"，也不是组织的主要出资人。如果补偿金超过80000美元，将被视为过高，同时还需要考虑通货膨胀的因素。[④]

规范同时也列出了某些可以显示出实施实质影响力或无影响力的因素。在这些因素里，如果一个人具备以下因素，那么他就应被视为利益冲突人：（1）他是组织的创办人或主要出资人；（2）他的收益由其所控制的组织的利润决定；（3）有权控制或决定组织资本开支、运营预算或员工待遇；（4）具有管理权，或者是具有此项权利人的核心顾问，或者对组织、合伙、信托具有控制性利益关系的人。[⑤]

相比之下，在以下情况中的个人不会被认为具有实质影响：如果他在与宗教组织的联系中，遵守贫穷誓言的；如果他是独立缔约人，如律师、会计师或者投资顾问；或者如果他所获得的优惠待遇也提供给其他出资相当的捐赠人，

---

① I. R. C. § 4958 (f) (1) (A) - (C).

② Treas. Reg. § 53. 4958 - 3 (c).

③ Treas. Reg. § 53. 4958 - 3 (g) (ex. 8).

④ Treas. Reg. § 53. 4958 - 3 (d).

⑤ Treas. Reg. § 53. 4958 - 3 (e) (2) (i) - (iv), (vi).

并且此待遇只是作为组织做出的募捐活动的一部分。[1]

利益冲突人的家人包括该人的配偶、长辈、子女、孙子女、重孙子女，后代的配偶、兄弟姐妹及他们的配偶，利益冲突人控制35%以上投票权的公司，拥有35%以上收益权的合伙、信托及财产。在决定投票权时，理事或受托人享有的投票权不予考虑。[2]

在发生超额利益交易时，若组织的受托人在故意且缺少合理性的情形下批准了明知应被禁止的交易，该受托人将会被征收一种独立的、平行的消费税。[3] 组织管理人员包括高级管理人员、理事、受托人及其他实施同样权利的人，不论其头衔是什么。[4] 这种归类不包括家庭成员，受控制主体或独立缔约人。此外，为确保组织未支付超额利益而在有权批准交易的委员会中担任成员的人将被视为章程意义上的组织管理者。[5]

最终的法规同样规定：根据501（c）（4）条款享有免税待遇的组织，在某些情况下，可能会被视为所有可适用的组织的利益冲突人。[6] 这种行为范围的扩大目的是阻止501（c）（3）条款下的慈善组织向501（c）（4）条款下的社会福利机构提供超额利益的交易，因为这种做法的目的是规避法规对慈善组织的限制，如限制其游说行为。[7]

## 超额利益

超额利益是指由免税组织直接或间接提供给利益冲突人的一定数目的经济利益，它超过了财产的实际价值，或者超过了利益冲突人提供给组织的服务的价值。[8] 公平市场价值，指的是财产或者权利在潜在的买卖双方之间自愿转手的价格，它是确定付款是否产生超额利益的基石。[9] 免税组织向利益冲突人支

---

① Treas. Reg. §53.4958 – 3（e）（3）（i）–（v）.

② Treas. Reg. §53.4958 – 3（b）（1），（2）（i）–（ii）.

③ I. R. C. §4958（a）（2）.

④ I. R. C. §4958（f）（2）.

⑤ Treas. Reg. §53.4958 – 1（d）（2）（ii）.

⑥ Treas. Reg. §53.4958 – 2（a）（4）.

⑦ 67 Fed. Reg. 3076，3078（2002）.

⑧ I. R. C. §4958（c）（1）（A）.

⑨ Treas. Reg. §53.4958 – 4（b）（1）（i）.

付的或为其利益而支付的交易款、贷款及其他类型的付款均须征税，同时还有补偿及某些分配安排也是如此。①

根据法规的具体规定，如下三条被排除在超额利益的范畴之外：（1）因参加会议而产生的合理费用的报销款；（2）公众或志愿者因每年缴纳不超过75美元的会员费而享受到的利益；（3）利益冲突人因其所属的慈善团体在机构践行慈善目的时获得了机构帮助而个人取得的经济利益。②

如果慈善组织将支付给利益冲突人的钱款视为接受人的应纳税补偿款，那么利益冲突人获取的钱款可能就不构成超额利益。但若不是应纳税补偿，考虑到接受人并没有提供对价服务，该笔款项便成了无理由的支付。③ 在上述情况下，只有组织在支付时能够明确且令人信服地证明其打算将此款用于补偿，该支付才被视为补偿。④ 法律规范中包含了一些如何确定此种意图的合理方法。⑤

如果一家慈善组织购买的保险涵盖了第4958条下无纳税资格的管理人员、理事或员工的责任，那么保险费的成本便不属于超额利益，只要该费用被视为对利益冲突人的额外补偿，且对其补偿的总数在合理范围之内。⑥ 相反，因为理事和管理人员的责任保险（覆盖其他潜在的责任）不属于第4958条下的任何规定，购买此种责任保险不能被视为补偿。

在2001年通过现行法律规范以前，成为利益冲突人的原因是否包括其与免税组织签订的第一份合同，还是这种原因只能在合同履行后才会出现，这一问题一直无法得到解答。法律最终包含了这一情形，并将其称为"最初合同例外"，根据这个规定，在对雇佣合同进行协商时，个人的一方不会被视为"利益冲突"，其在该合同下获得的利益不受超额利益限制的约束。⑦ 然而，如果最初合同经过了重大修改，或者此人并未实质履行其在合同下的义务，那么此例外不再适用。⑧ 所以，一个人可以自由地与免税组织进行雇佣协议的协商，而

---

① Treas. Reg. § 53. 4958 – 4（a）.
② Treas. Reg. § 53. 4958 – 4（a）（4）（i）–（iv）.
③ Treas. Reg. § 53. 4958 – 4（b）（1）（ii）.
④ Treas. Reg. § 53. 4958 – 4（c）（1）.
⑤ Treas. Reg. § 53. 4958 – 4（c）（3）（i）（A）.
⑥ Treas. Reg. § 53. 4958 – 4（b）（1）（ii）（B）（2）.
⑦ Treas. Reg. § 53. 4958 – 4（a）（3）（iii）.
⑧ Treas. Reg. § 53. 4958 – 4（a）（3）（iv）.

不必担心自己随后会被认为获得了超额利益。

支付补偿金是协商超额利益最常见的交易方式。相应地，法律对第 4958 条涉及此问题的规定做了进一步细化。判断的一般原则是，如果针对提供类似服务的同类企业——不论该企业是否享受免税待遇，都支付同样款项的话，该补偿便被视为合理。[①] 立法限制超额利益的最初版本一份是由财政部准备，另一份是由独立部门向众议院筹款委员会提交，两个版本都规定具有可比性的数据只能源于提供相似服务的另一免税部门，以此为基础对免税部门间的补偿安排进行比较。[②] 但是《众议院报告》清楚地指出，比较的对象应同时包含营利组织和非营利组织。[③] 这极大地减弱了法律规定的影响力。

补偿概念的范围是广泛的，包括现金和非现金转让、工资、费用、红利和解雇费、延期付款、保险费和责任赔偿，以及其他需要纳税或不需要纳税的小额福利（包括医疗保险、残疾人保险及人身保险）。但是，补偿并不包括工作条件福利和其他微量小额福利，如停车、运输、偶尔的宴请或者私人使用雇主设备等。免税组织的付款，以及与其相关联的其他实体提供的经济利益，都属于补偿的范围。[④]

补偿是否过度的确定以合同订立之日的内容为准，若合同没有确定具体的补偿数额，则将依据订立日至付款日的所有情形来确定。如果订立后合同存在新的修改，那么确定补偿是否合理的时间为修改之日。[⑤]

## 利润分享安排

根据 4958（c）条款的规定，超额利益交易是指全部或部分由免税组织的活动收入决定交易人所获经济利益数额的所有交易，而这种经济利益根据 501

---

① Treas. Reg. §53. 4958 – 4（b）（1）（ii）.

② Tax Administration of Public Charities Exempt under Section 501（c）（3）: Hearings before the Subcommittee on Oversight of the House Committee on Ways and Means, Serial 103 – 39, 103d Cong., 1st Sess. (1993); Serial 103 – 72, 103d Cong., 2d Sess. (1994); Subcommittee on Oversight, House Ways and Means Committee, *Report on Reforms to Improve the Tax Rules Governing Public Charities* (WM-CP103 – 26), 103d Cong., 2d Sess. (1994).

③ H. R. Rep. No. 104 – 506, 104th Cong., 2d Sess., at 56n. 5 (1996).

④ Treas. Reg. §53. 4958 – 4（b）（1）（ii）（B）（1）－（2）.

⑤ Treas. Reg. §53. 4958 – 4（b）（2）.

（c）（3）和（4）条款的规定是禁止进行分配的，而且财政部起草的法规予以明确规定。① 1998年8月发表的建议性法规提出了判断收益共享交易何时构成超额利益的标准。② 作为对众多反对意见的答复，在现行的2001法律规范中，这部分规范被保留了下来。同时财政部宣布，在处理收益共享交易的具体规则出台之前，所有此类交易将会按照规范超额利益交易的一般规则去进行评估。③ 在最终的法律规范中，这部分被"保留"了；④ 还有一段评论表示财政部和联邦税务局将会继续监控收益共享的分配安排，并且将会在今后恰当时考虑发表单独的规则。⑤ 根据相关规定和财政部的解释可以清楚看到，501（c）（3）和（c）（4）条款规定的免税的一般标准仍将继续适用，因此即便利益冲突人从收益共享交易中获取的利益合理，也可能构成利益分配。法规阐明，"然而，很多违反利益分配禁止的情形同时也违反了第4958条的规定（例如，超过合理标准的赔偿）"。⑥

## 可加以反驳的合理性推定

与《纳税人权利法案2》一起通过的《众议院委员会报告》表明，最终的法规包括一种合理性推定，组织机构可以依靠这一推定得出如下假设：向利益冲突人支付的利益没有违反第4958条的规定。⑦ 最终的规范包含一项程序，组织如果遵守这个程序，就会建立起有利于自己的假设，而这成为联邦税务局判定付款为超额利益不得不解决的难题。⑧ 为了使自己能够享受这种假设的益处，在确定利益冲突人的补偿数目或者对其授予的任何金钱或其他利益时，组织机构必须遵循如下规定程序。（1）该组织在确定对价和补偿金数额时，必须获得类似可比交易的有关信息。如果组织的年总收入额低于100万美元，则只需获

---

① I. R. C. § 4958（c）.

② 63 Fed. Reg. 41, 486, 41, 492, 41, 503（1998）.

③ 66 Fed. Reg. 2144, 2152 – 2153（2001）.

④ Treas. Reg. § 53. 4958 – 5.

⑤ 67 Fed. Reg. 3076, 3082（2002）.

⑥ Id..

⑦ H. R. Rep. No. 104 – 506, 104th Cong., 2d Sess., at 56（1996）.

⑧ Treas. Reg. § 53. 4958 – 6.

得类似条件下三家可比组织的补偿信息即可;[1]（2）在批准交易的同时，该组织须将其所有术语、批准日期、参加投票会议的个人，以及所有与投票相关的情况记入档案，包括他们是否披露利益冲突的信息，以及获得的具有可比性信息的日期。如果在理事会或委员会的下一次会议之前已准备好相关的记录，且在准备好之后由理事会或委员会在一段合理时间内审议并批准，那么此记录将被视为已经同时得到批准;[2]（3）交易必须由管理机构或其委员会予以批准，其中的投票代表只能由那些与交易无利害关系的人组成。[3]

如果这些条件都满足了，只有当联邦税务局收集到其他的信息表明补偿是不合理的，或者交易的价格不是公平的市场价值时，才能依据第 4958 条征收相关的税。不履行程序并不会对任何组织产生任何不利结果，但是该组织将承担交易合理性的证明责任，然而，如果能确定这种推断，那么该证明责任将转由联邦税务局承担。[4]

### 对利益冲突人的征税

第 4958 条规定了对利益冲突人征收与其得利 25% 相等的消费税。[5] 但是，如果交易是源于合理原因，又无故意疏忽，而且在责令改正期限内改正了，那么财政部部长有权减少消费税的数额及其利息。[6] 改正期限被定义为：以交易开始日为起点，以通知违规的首次邮件到达之日或者第一次税收征收得以确定之日中较早的日期为终点，起点与终点之间的一段时间。[7]

如果对超额利益交易征收了消费税，而且交易没有及时得到"改正"或撤销，那么将会向利益冲突人征收相当于超额利益 200% 的第二次税金。[8] 改正可以通过尽可能地消除超额利益实现，采取其他可能的必要措施使组织恢复到尚未支付超额利益时的状况。除此之外其他的改正方式还包括通过返还本金

---

[1]　Treas. Reg. § 53. 4958 – 6（c）（2）（ii）.

[2]　Treas. Reg. § 53. 4958 – 6（c）（3）（i）（A）–（D）.

[3]　Treas. Reg. § 53. 4958 – 6（c）（3）（ii）.

[4]　Treas. Reg. § 53. 4958 – 6（b）.

[5]　I. R. C. § 4958（a）（1）.

[6]　I. R. C. § 4962（a）.

[7]　T. R. C. § 4963（e）.

[8]　I. R. C. § 4958（b）; Treas. Reg. § 53. 4958 – 7（a）.

利息（如果利益涉及财产的转移）、返还财产、调整现存的补偿协议（在补偿的情况下）以阻止更多的超额利益。如果被要求做出改正的组织不存在了，那么这些款项可以支付给改正日截止时起至少存在六个月以上的公共慈善机构。[①]

如果在联邦税务局针对第二次税收发出通知信件之日起 90 天内做出改正，则不予征收；已做出的征收决定将会被撤销；此外，如果税金已被收缴，则返还相应款额。[②]

## 对管理人员的征税

对组织管理人的征税数额为超额利益的 10%。如前所述，如果管理人能够明确证明自己不知道该交易涉及超额利益，不是有意参与其中，且其行为具有合理原因，该管理人便可能避免被征收消费税。[③] 对管理人员的征税额不得超过 1 万美元，且存在多个管理人承担共同连带责任的情形。[④] 管理人员可以通过证明他们并未批准该交易，或他们依靠律师、会计师、评估人员的意见而认为交易不构成超额利益来使自己免于承担责任。[⑤]

## 可以适用的组织

第 4958 条自实施以来一直适用于 501（c）（3）和（4）条款描述的组织，但是在法规实施之前，这是否意味着包括那些不考虑 501（a）条款而免于征税或不受税法约束的政府组织，例如，第 115 条中描述的组织？这还不是很清楚。[⑥] 最终的法规规定，如果可以根据 501（a）条款规定免税，或者根据第6033 条及其他法律规范无须提交年度纳税申报表，那么政府机构或者政府机构的附属机构作为合格的免税组织不受第 4958 条的制约。[⑦]

---

① Treas. Reg. § 53. 4958 – 7 (e).

② Treas. Reg. § 53. 4958 – 1 (c) (2) (iii); I. R. C. § § 4961 (a), 4962 (a), 6212.

③ I. R. C. § 4958 (a) (2).

④ I. R. C. § 4958 (d) (1), (2).

⑤ Treas. Reg. § 53. 4958 – 1 (d) (4) (iii).

⑥ 67 Fed. Reg. 3076, 3077 (2002).

⑦ Treas. Reg. § 53. 4958 – 2 (a) (2) (ii); see also 67 Fed. Reg. 3076, 3077 (2002).

## 适用超额利益限制的早期经验

在第 4958 条超额利益限制通过后的前三年里，联邦税务局对 3 家营利性公司和 5 名自然人做出了约计 9300 多万美元的制裁。所有这些制裁都是因为几家相关的免税医疗卫生机构向利益冲突人控制的营利组织转变而产生的，唯一需要考虑的是营利性组织对于免税组织财产和责任的认定。制裁数额是由获得相关资质的公共会计师的反向估价确定的。联邦税务局还剥夺了非营利组织的免税资格，理由是低于公平市场价值的交易会导致利益分配。2002 年 5 月 22 日，税务法院裁定对个人理事和受让的营利性家庭医疗卫生机构征税，但是拒绝维持剥夺出让方组织的免税资格。①

联邦税务局还对夏威夷的一家运作 Kamehameha 学校的信托（又名主教信托）的受托人实施了中间制裁，且撤销了该信托 1990 年之前的税收免税资格。1999 年 12 月 1 日，夏威夷遗嘱检验法院批准了一项和解协议，协议的一方是联邦税务局，另一方是由法院任命的受托人，他们替换因为违反信赖义务而被撤换的原先五位受托人。和解协议保留了受托人的免税资格，但是未解决中间制裁的问题。2000 年 12 月，媒体报道，一家保险公司为此信托愿意支付 2500 万美元来解决首席检察官与原受托人之间的争议，从而解决这方面的问题。② 随后，2001 年 1 月，《夏威夷星报》报道，称原受托人："每人支付联邦税务局几千美元来解决联邦机构所提出的问题，即他们认为前任理事会成员收取了超额补偿。原受托人并未披露他们支付的数额，但是据熟悉联邦税务局调查的消息来源介绍，该组织最近评估了每个受托人的超额税金额为 4 万美元。"③ 根据这篇报道，联邦税务局宣称，原受托人在 1990～1996 年之间每年应支付不超过 16 万美元的税款，而非他们每年接受的 100 多万美元。

① *Caracci* v. *Commissioner*，118 T. C. 379（2002）.

② Stephen G. Greene，"Insurer to Pay ＄25 - Million to Settle Dispute in Hawaii," *Chronicle of Philanthropy*，October 5，2000，at 42.

③ Rick Daysog，"Ex - Bishop Trustees Pay IRS in Settling Tax Claims," *Star - Bulletin*，January 4，2001，at 1；see also Carolyn D. Wright，"IRS Assesses Intermediate Sanctions against Bishop Estate Incumbent Trustees," 31 *Exempt Organization Tax Review* 155（2001）；Evelyn Brody，"Troubling Lessons from the Bishop Estate Settlement for Administering the New Intermediate Sanctions Regime," 32 *Exempt Organization Tax Review* 431（2001）.

2002 年 7 月，联邦税务局针对一家免税组织的创建人、主席和执行理事发布了一项技术性指导备忘录。该免税组织是为二手汽车销售主体的可税前抵扣的捐赠而设立的，它从其销售额中提取一定收益分发给其他免税慈善组织，而且它已经在超额薪酬支付、未登记贷款的偿付及其他一些自我交易方面进行了十次超额利益交易，按照第 4958 条的规定，利益冲突人和组织管理人应该纳税。[①]

## 第 4858 条和免税资格的撤销

在超额利益规范通过的同时，众议院筹款委员会的报告指出，制裁可以以"替代（或者附加于）对组织免税资格的撤销规定"的方式而加以适用。[②] 但是，在附注中，报告指出，一般而言，中间制裁适用的情况为超额利益没有累积到使人质疑其税收免税地位的程度，"在实践中，撤销免税资格，不论是否征收消费税，都只会在该组织不再以一家慈善组织的身份进行运营时发生"。[③]

1998 年 8 月，在法规建议稿的前言中列举了联邦税务局在决定是否撤销某特定组织的免税资格时应当考虑的四项因素：（1）该组织是否牵涉不断进行超额利益交易，（2）交易的规模和范围，（3）组织是否采取应对措施阻止情况的发生，（4）情况是否符合其他可适用的法律。[④] 现行法规条文的前言显示，联邦税务局在适用第 4958 条，501（c）（3）和（4）条款获得更多的经验后，将会发布更多的指引意见。[⑤]

在 2002 年 1 月发布的最终法规的前言中，联邦税务局说明，它将考虑继续增加和修改以上罗列的考虑因素直至新列表公布，在执行有关第 4958 条的案件时，税务局也将考虑所有相关的事实和情况。[⑥] 这些最终规范也规定，对于免税的所有实质性要求将继续适用，这样的话，无论一项特定交易按照第 4958 条

---

① Tech. Adv. Mem. 2002 – 43 – 057（July 2, 2002）; see also Tech. Adv. Mem. 2002 – 44 – 028（June 21, 2002）.

② H. R. Rep. No. 104 – 506, 10th Cong., 2d Sess., at 59（1996）.

③ Id. At 59 n. 15.

④ 63 Fed. Reg. 41, 486, 488 – 41, 489（1998）.

⑤ 66 Fed. Reg. 2144, 2155（2001）.

⑥ 67 Fed. Reg. 3076, 3082（2002）.

是否应当被征税，现存的原则和规定都一样可以适用，如对私人收益的限制。① 又如一项交易因为适用第 4958 - 4（a）（3）条款中的最初合同例外规定而不受超额利益限制的约束，那么在某些情况下，此交易根据私人收益限制规定，可能依然会损害组织的免税资格。

在 *Caracci v. Commissioner* 案②中，税务法院在支持了联邦税务局对违反第 4958 条的利益冲突人征税决定的同时，推翻了联邦税务局关于撤销涉及超额利益交易组织免税资格的决定。法院指出，撤销的问题受第 4958 条通过的影响，所依靠的立法历史显示，在其通过以后，撤销和实施中间制裁都将是不同寻常的案件。法院要求尤其注意这个事实，产生超额利益的交易只是每一个免税组织的单独交易，而且自从交易开始后，组织并未违反其免税目的而进行营运。更为重要的事实是，保留其免税资格可以使申请人做出法律允许的改正，如将受转让的资产返还给免税组织，这种替代解决方式在出让人失去免税资格时是无法适用的。相应地，免税规定保持不变的做法也与立法历史一致，与第 4961~4963 条的规定一致。联邦税务局对该决定提起上诉，但是 7 年以后又撤回了该上诉。③

税法中超额利益限制的补充规定表明联邦税务局的权力扩张到了对慈善受托人的规制，有权修改某些法定障碍使其成为有效的监管手段。但是，直到最后通过，超额利益规定仍非常模糊且充满漏洞，让人们不禁担心该规定是否能达到其阻止违反忠诚义务的最终效果。其中存在的两个主要限制是：第一，通过对营利性产业的过度补偿设置衡量标准，国会有效地消除了向利益冲突人支付的数额限制；第二，通过允许慈善组织购买保险来补偿利益冲突人缴纳的消费税，国会有效确保做错事的人不会对其款项承担个人责任。这就是联邦税务局与主教信托的受托人达成的和解协议的结果，虽然联邦税务局最早想要征收 6500 万美元的税款，④ 但每个受托人最终只支付了 4 万美元，其余由保险人支

---

① Treas. Reg. § 53. 4958 - 8.

② *Caracci v. Commissioner*, 118 T. C. 379（2002）. See text accompanying note 140.

③ "Government Drops Appeal in EO Revocation Case," 2002 *Tax Notes Today* 237 - 6（December 10, 2002）.

④ Stephen G. Greene, "Bishop Estate to Pay IRS ＄59 - Million but Retain Its Tax - Exempt Status," *Chronicle of Philanthropy*, January 13, 2000, at 50.

付。① 这些规定应当被加以修正，使责任直接施加于做错事的人身上。同时，制裁的存在应当服务于这样一个目的，即哪怕只是为了避免不良社会影响，也要制止理事、受托人和其他利益冲突人从其与慈善组织的交易中不公平获利的企图。②

## 私立基金会限制

1969 年《税收改革法》可以体现出税法在对待私立基金会态度上的巨大变化。有史以来第一次，国会直接将惩罚施加于组织管理人、主要出资人等从事了不符合免税资格的活动的行为人身上。这些限制体现在如下五个条文之中。第 4941 条，替换了第 503 条，规定了联邦忠实义务；第 4942 条替换了第 504 条，禁止不合理的收入积累；第 4943 条取代了第 504 条中关于投资的限制；第 4944 条，事实上对基金会确立了一种合理投资人的联邦规则；第 4945 条包含了对项目活动、授权过程、非联邦规范的限制等方面的内容。

第 4940 条对法律又增加了一条史无前例的规定，即对所有私立基金会的净投资收入征收 4% 的消费税。最初的法案税率定为 7.5%，但是被减少了，并被定性为一种审计费用。正如联合税收委员会解释的那样，"国会已经决定，私立基金会应当在支付政府费用方面承担一些责任，尤其是在大力实施有关免税组织的税法方面"。③ 但是联邦税务局的预算从未涵盖过对这一税收目的的拨款。

税率在 1978 年减少到 2%，因为有证据显示，这个比例将会随着免税组织规范的实行产生超过两倍的收入。④ 1984 年，国会进一步修改了第 4940 条的规定，允许基金会将税率降到 1%，如果它们以慈善为目的做出更多的投资。⑤ 有

---

① Daysog, "Ex – Bishop Trustees Pay IRS in Settling Tax Claims."

② Evelyn Brody, "A Taxing Time for the Bishop Estate: What Is the IRS Role in Charity Governance?" 21 *University of Hawaii Review* 537 (1999); Evelyn Brody, "Troubling Lessons from the Bishop Estate Settlement for Administering the New Intermediate Sanctions Regime."

③ Joint Committee on Taxation, *General Explanation of the Tax Reform Act of 1969* (JCS – 16 – 70), 29 (December 3, 1970).

④ *Revenue Act of 1978*, Pub. L. No. 95 – 600, §520 (a), 92Stat. 2763, 2884 (1978).

⑤ *Deficit Reduction Act of 1984*, Pub. L. No. 98 – 369, §303 (a), 98Stat. 494, 781 – 782 (1984).

人抱怨这种双层税收规定设计得很糟糕而且过于复杂，因此引发了修改的提议。① 最近的修改建议是将税率降到 1%，这也是 2003 年《慈善救助、恢复和授权法》和众议院引进的一个配套法案的一部分。② 克林顿政府在其 2001 年预算建议中提议用 1.25% 的统一税率替代现有的双层税率，但是没有被采纳。③

除了在投资所得及自我交易上的税收以外，违反这些规则的法律后果将由基金会及故意批准该禁止开销的管理人员承担。在自我交易的情况下，制裁行使的方式与适用于公共慈善机构的超额利益限制、自我交易人的征税及基金会管理人的征税的方式相似。如同超额利益限制的例子，禁止自我交易和高风险投资是联邦法中对州信托义务的对应规定，两者对免税组织都施加统一的、全国性的行为标准。

## 《国内税收法典》对私立基金会的定义

现行法对"私立基金会"的定义出现在 1969 年《税收改革法》509（a）条款中，一直保持不变地沿用至今。④ 如前所述，第 509（a）（1）条款以排除的方式定义了私立基金会的内涵。因此，这一术语包含了 501（c）（3）条款中列明的所有组织，除了：

1. 教堂和宗教协会；⑤

2. 有常驻教师和课程体系、能定期录取学生、开展常规教育活动的教育机构；⑥

3. 以提供医疗或救护、医学教育或研究为主要目标与功能的组织，如医院，以及公立学院或学校的捐赠基金；⑦

---

① Reed Abelson, "Some Foundations Choose to Curb Donations and Pay More Taxes," *New York Times*, February 24, 2000, at C1.

② S. 1924, 107th Cong., 2d Sess., §105 (2002); H. R. 7, 108th Cong., 1st Sess., §105 (2003).

③ Joint Committee on Taxation, *Description of Revenue Provisions Contained in the President's Fiscal Year 2002 Budget Proposal* (JSC - 2 - 00), 231 - 235 (March 6, 2000).

④ I. R. C. §509, codified by *Tax Reform Act of 1969*, Pub. L. No. 91 - 172, §101, 83 Stat. 487, 496 - 498 (1969). See Chapter 2 for the development of the distinction under prior statutes.

⑤ I. R. C. §509 (a) (1); §170 (b) (1) (A) (i).

⑥ I. R. C. §509 (a) (1); §170 (b) (1) (A) (ii).

⑦ I. R. C. §509 (a) (1); §170 (b) (1) (A) (iii).

4. 政府机构;①

5. 主要资助源于政府机构，或者直接、间接地源于一般大众捐款的组织，但是，组织履行免税目的的行为所获得的收入除外②（法律规范将"主要资助"定义为 1/3 以上的符合条件的资助，而"符合条件的资助"包括从其他公共支持的慈善组织和政府获得的全部捐款，但是不包括从任何个体捐献者或者私立基金会获得的 2% 以下的资助；而且还有一项事实和情形检测是，要求该组织至少有 10% 的资助源于一般大众）;③

6. 全部资助的 1/3 源于免税活动的收益和公众支持相结合的组织，但其投资所得不得超过 1/3，同时，对从任何独立的个人或实体中获得的免税目的收益有 1% 的限额;④

7. 其他公共慈善机构的支持性组织，特别是那些专为获得利益而设立和运作的、为履行义务去执行一个或更多特定目的的组织，而它们本身并不是私立基金会，它们由一个或更多支持性组织加以运作、监督或者控制，或者与其有某种联系，它们并不是由利益冲突人控制;⑤

8. 唯一的功能便是测试公共安全的组织。⑥

还有另外一种分类，叫作私人运营基金会,⑦ 这种实体有权获得公共慈善机构可以获得的有利的捐赠税前抵扣，同时受到税法第 42 条限制规定的制约，但这些支出要求相比其他对私立基金会的限制要更加宽松一些。

## 治理文件要求和终止规则

作为私立基金会限制的一项补充，1969 年《税收改革法》包含了可以确保识别基金会身份的条款。这可以通过一种假设实现，即假设所有组织在法律生效之日（1969 年 10 月 9 日）已存在，根据 501（c）（3）条款的规定具有免税资格的组织都被推定为私立基金会，除了那些年接收额少于 5000 美元的组织和

---

① I. R. C. §509（a）（1）；§170（b）（1）（A）（v）.

② I. R. C. §509（a）（1）；§170（b）（1）（A）（vi）.

③ Treas. Reg. §1.170A‑9（e）（2）‑（3），（6）（i），（7）.

④ I. R. C. §509（a）（2）；Treas. Reg. §1.509（a）‑3（a）（2）（ii），（3）.

⑤ I. R. C. §509（a）（3）.

⑥ I. R. C. §509（a）（4）.

⑦ I. R. C. §4942（j）（3）.

教堂，除非它们在 15 个月内向联邦税务局提交合理通知要求撤回此推定。① 在那天之后成立的组织将被给予 15 个月时间来提交免税申请，包括第 507 条要求的通知。② 然而，如果需要延长时限的话，还可以有另外 12 个月的申请期。③

为了与新的规则更好地适应，作为免税的一项条件，私立基金会被要求在其治理文件规范之中包括一项强制规定，即强制它们满足第 4942 条规定的支出条款，禁止它们采取第 4941 条、4953 条至 4945 条所规定的任何行为。④ 根据 1972 年通过的法规，如果一项有效的州法将这些要求都施加于所有的私人组织之上，在其管辖范围内的基金会将被视为满足了法律的要求。⑤ 截止到 1975 年，48 个州和哥伦比亚特区已经通过了此类立法，联邦税务局承认，在这些辖区之内的基金会被认为符合 508（e）条款的规定。⑥ 这些要求为州监管人员以未能遵守联邦规则为由提起的诉讼提供了依据，这也是联邦税务局与州的管理部门史无前例的合作典范。⑦

第 507 条也包含一种将州规定与联邦规定结合在一起的尝试。它对任何将终止的私立基金会都施加一种税，税额等同于该基金会从成立到终止期间所获得的所有免税利益，不管是所得税减免还是从赠与或不动产税中获得的免税利益——实际上，这是一种没收税。⑧ 可以采取以下两种方法之一以免除没收税：（1）基金会将其资产转移给公共慈善机构，这些公共慈善机构在财产转移日之前已经以该身份连续存续六个月以上，⑨（2）遵照联邦税务局发给有关州政府官员的通知，基金会在一年之内根据州法纠正自己行为并通知联邦税务局，以此来确保基金会的资产在州法院的命令之下为慈善目的而保存下来，而且联邦税务局接到通知说这种情况已经完成。⑩

---

① I. R. C § 508（a）; Treas. Reg. § 1. 508 - 1（a）（1），（2）.

② Treas. Reg. § 1. 508 - 1（a）（2）.

③ Rev. Proc. 92 - 85，§ 4. 01，1992 - 2C. B. 490.

④ I. R. C. § 508（C）.

⑤ Treas. Reg. § 1. 508 - 3（d）（T. TD. 7372）（1972）.

⑥ Rev. Rul. 75 - 38，1975 - 1C. B. 161. Atizona and New Mexico are the only states without such regulation.

⑦ See Chapter 7.

⑧ I. R. C § 507（a）.

⑨ I. R. C § 507（g）1.

⑩ I. R. C § 507（g）2.

这些规定的实施是很模糊的，导致大量私立基金会就其终止和合并事项请求联邦税务局专属信件裁定。在 2002 年 5 月，联邦税务局发布了一项税收规定，目的是澄清在哪些情况下私立基金会可以把其全部资产转移给一个或多个其他私立基金会，以及在尚不引发 507（e）条款所规定的终止税的情况下解散。此规定是可行的，只要其中一家受让人基金会同意像监控自己做出的资助一样继续监控所有由转让人做出的未尽资助。[1] 该规定的意义在于，只要基金会没有向联邦税务局提交其将终止的正式通知或者其在提交通知的当天已经没有资产，那么税金将会是零。2003 年 1 月，联邦税务局就私立基金会的终止问题发表了第二份税收规定，这一次是要试图澄清这些规则，根据该规定，组织可以在解散或者终止时将资产分配给一个之前已经存在的公共慈善机构，以规避第 507 条下的终止税。[2]

## 利益冲突人

对私立基金会征收消费税时，利益冲突人包括基金会管理人，基金会的主要捐赠人，拥有法人 20% 以上投票权、合伙中利润或信托受益权的所有者，作为基金会主要捐赠人的非法人企业，所有上述人员的家庭成员，任何利益冲突人拥有 35% 以上投票权、利润或受益权的公司或者其他经济实体。[3]

对利益冲突人还有另外一种分类，只适用于第 4941 条下禁止自我交易的目的，即特指政府官员。这一术语被定义在 4946（c）条款，包括国会或行政部门中的当选的政府官员、行政或司法部门的总统提名人，上述三类部门中薪酬较高或者次高的雇员，参议院年收入 2 万美元以上的雇员，以上这些人的私人助理或行政助理、秘书。[4]

主要捐赠人是指满足一定条件的任何人（除了个人，还包括公司、合伙、信托或者遗产管理），即向基金会捐赠 5000 美元以上，且其捐赠超过组织从创立时起至该 5000 美元捐赠完毕时所获总捐赠的 2% 以上。[5] 根据最初在 1969 年

---

[1]　Rev. Rul. 2002 – 28, 2002 – 20 I. R. B. 941

[2]　Rev. Rul. 2002 – 13, 2002 – 24 I. R. B. 1.

[3]　I. R. C. § 4946（a）; see also Treas. § 53. 4946 – 1（a）.

[4]　I. R. C. § 4946（C）; Treas. Reg. § 53. 4946 – 1（g）.

[5]　I. R. C. § 507（d）（2）.

通过的法案，主要捐赠人资格可以终身享有。1984 年修改了该规定，明确了主要捐赠人地位终止的情形，即当与其有关的人在 10 年内没有向基金会捐赠，也没有担当管理人员，而且经过联邦税务局确认，他自己及其家人的总捐赠额微不足道时，取消主要捐赠人地位。[1]

家庭成员包括利益冲突人的配偶、父母、子女、孙子女、重孙子女，以及子女、孙子女和重孙子女的配偶。"配偶"这个词语还包括寡妇、鳏夫和离婚的配偶，不管其是否再婚。与超额利益限制的规定不同，家庭成员不包括兄弟姐妹及其配偶。[2]

## 自我交易

自我交易规则主要源于 503 条之前的规定，但包含了一些不同的制裁措施。因此，自我交易行为包括私立基金会和利益冲突人之间的一切交易：财产的买卖、交换或者租赁，借钱或者增加欠款，货物、服务或者设施的购置，补偿金的支付，基金会财产或者受益转移给利益冲突人、由其使用或为其利益而使用。[3]

这个规则有一些很重要的例外：如果不收取费用，利益冲突人可以将财产租给私立基金会；同样，如果不收取利息或者其他费用，而且收益专为慈善目的，那么利益冲突人可以向基金会提供借款；如果没有费用要求，而且专门为慈善目的而使用，那么利益冲突人可以向基金会提供货物、服务或者其他设施。相反，私立基金会可以向利益冲突人提供货物、服务或者设施，条件是此供给并不比通过普通途径获得的待遇优惠。虽然对利益冲突人的补偿支付也被描述成一种自我交易，但若该服务是由普通个人而非政府官员向基金会提供的，则这种补偿支付不构成自我交易，条件是这些服务是实现基金会慈善目的所必需的，也是合理的，而且数目不过分。利益冲突人通过其对基金会的所得或者财产的使用而获得微小的利益，如以捐助者的名字命名一项特殊的基金或者建筑，

---

[1]　I. R. C. § 507 (d) (2) (c), codified by *Deficit Redution Act of 1984*, Pub. L. No. 98 – 369, § 313 (a), 98 Stat. 494, 786 – 787 (1984).

[2]　I. R. C. § 4946 (d); see also Treas. Reg. § 53. 4946 – 1 (h).

[3]　I. R. C. § 4941 (d) (1).

这本身并不视为自我交易。[①]

对于自我交易，对利益冲突人加征的最初税率为所涉资金的 5%；对于那些在明知的情况下仍然批准交易的管理人，除非该行为不是故意的，而且是有合理理由的，否则税率是所涉金额的 2.5%，不超过 1 万美元。[②] 如果没能及时做出改正，对利益冲突人将会加征所涉金额 200% 的税金，还有 50% 加在拒绝同意纠正的管理人身上，同样是 1 万美元封顶。[③]

所涉金额是指交易款项和任何交易的公平市场价值两者数目较大的一个，若为支付租金，则是支付款项和公平市场的租金之间的差额。然而，这与第4958 条的规定不同，税金只适用于超额利益的数额，而不是产生该利益的整个交易的数额。最初税的征收时间为每年或每年的一段期限，期限为自我交易最初行为发生时到联邦税务局的通知得到纠正或接受时，或者被征收税收时为止。[④]

改正要求尽可能地以各种方式修改交易行为，确保基金会不会处在比利益冲突人在最高信赖标准之下进行交易时更差的经济境况。最后，基金会管理人可以向律师咨询，请律师为其出具合理的、书面的法律意见书，以说明此交易不构成自我交易行为。[⑤]

如果存在故意、重复地违反这些规则的行为，或者违反其他任何私立基金会限制的行为，那么根据第 507 条的规定，基金会的税收免税资格就会被强制终止。而且，一旦发生这种情况，基金会将会遭受事实上的第三层征税，数额为基金会自接受捐款时起至今所接受的所有免税利益。因此，此项规定是作为一项没收税而加以运作的。[⑥] 与其他施加于私立基金会活动上的税目不同，无规定允许撤销第 4941 条规定的第一层税。[⑦]

第 4958 条和第 4941 条存在明显的区别。最基本的依据在于，对于私立基金会的自我交易的禁止是绝对的，而第 4958 条只有在利益冲突人收到超额

---

① I. R. C. §4941（d）（2）.

② I. R. C. §4941（a），（c）（2）.

③ I. R. C. §4941（b）.

④ I. R. C. §4941（e）.

⑤ I. R. C. §4941（e）（3）；Treas. Reg. §53.4941（a）–1（b）（6）.

⑥ I. R. C. §507（a）（2）（A）.

⑦ I. R. C. §4962（a）.

利益时才会适用。正如所提到的那样，与此区别相一致，第 4958 条下的税额是按照超额利益的数额来计算的，而第 4941 条的税是施加在所涉交易的全部数额上的。而且，政府官员不受超额利益限制的约束。私立基金会的主要捐赠人包括限制范围之内的所有人，不论这些限制是何时满足的，超额利益限制的规定与此相反，在此规定下，主要捐赠人地位是由超额利益交易之前的五年决定的。

自我交易条款的批评者指出这样的绝对禁止规定会阻止基金会参与那些虽与利益冲突人相关，但明显有利于基金会的交易活动。一个常见的例子就是利益冲突人将财产出租给基金会，即便租金低于市场价格，但是仍被禁止。2002年，美国律师协会税法部免税组织委员会创建的特别工作组建议修改绝对禁止规定，使其允许那些明显对基金会有益处、可以容易确定价值的交易。工作组还建议减少程序并修正处罚条款，如此一来就会像中间制裁那样，适用于超额利益的数额，而不是所涉的全部数额。最后一个建议是废除此条内容适用于政府官员的规定，这也是当时广泛接受的观点。[1]

为了平衡私立基金会和第 4958 条规定的公共慈善机构因自我交易所受的不同惩罚，众议院于 2003 年 9 月通过了一项法案，包括了一项条款，将第 4941 条中针对自我交易者的最初征税额从 5% 增加到 25%。[2] 但是，私立基金会税将仍然加在全部所涉的金额上，而不是超额利益数额，以至于，除非在最终通过之前加以修改，该项措施不会产生预期的效果。

## 强制性公益支出

国会于 20 世纪五六十年代进行调查时，就有人批评很多基金会在进行财产支出时不是以慈善为目的。[3] 为了回应这种批评，也为了取消基金会只能存在 40 年的寿命限制，在参议院的议案中（后来成为 1969 年《税收改革法》），国会通过了第 4942 条，要求私立基金会达到为其慈善目的每年做出最少限额的

---

[1] Exempt Organizations Committee, American Bar Association, "Report of task force on Revision and Simplification of rules Applicable to private foundations," 36 *Exempt Organization Tax Review* 262, 267 (2002).

[2] *Charitable Giving Act of 2003*, H. R. 7, § 105 (C), 108th Cong., 1st Sess. (2003).

[3] See Chapter 2.

支出。① 跟最初通过时一样，第4942条强制规定了年度公益支出，数额为基金会的净收入与基金会投资资产的公平市场价值的固定比例两者中较大的一个。最初的支付率被设定在基金会资产的6%，但是财政部不断地对其进行再次确认，以表明"财政部长或其代表认为6%是合适的，因为其计算根据是纳税年度前一年的利息和投资收益率与1969年的利息和投资收益率之间的可比性"。②

1971年的支出率保持在6%，1972年为5.5%，1973年为5.25%，在1974年和1975年增加到6%，从1975年12月31日起算的纳税年度开始，支出率被永久设定为5%。③ 1981年，在经过一段极端高利息率和相对的资产增长时期之后，第4952条被加以修订，删除了要求支出基金会调整后的净收入的要求，条件是这个数额要比最低投资回报高，但是要求支出基金会最低投资回报的数目，这个数目被永久设定为投资资产公平市场价值的5%。④

在决定最低投资收益时，法规要求必须每月都进行可随时兑现证券的估价。⑤ 在决定价值时，可能要考虑冻结及类似事实，但是冻结比例不得超过市场价值的10%。⑥ 没有进行公开交易的资产可以不用按月进行估价，但须按法律规定进行每五年一次的不动产价值评估。⑦

在计算最低投资回报时，要排除基金会实现免税目的所涉及的资产，⑧ 也要排除与项目有关的投资，这是一种特殊的资产分类，不受第4944条禁止进行高风险投资的约束。⑨ 完成免税目的的资产包括使用在免税活动之中的不动产和有形资产，比如，会议中心，向普通大众开放的艺术馆，不动产或者是其一

---

① I. R. C. §4942, codified by *Tax reform Act of 1969*, Pub. L. No. 91-172, §101 (B), 83 Stat. 487, 502-507 (1969).

② *Tax Reform Act of 1969*, Pub. L. No. 91-172, §101 (B), 83 Stat. 487, 503 (1969).

③ *Tax Reform Act of 1969*, Pub. L. No. 94-455, §1303, 90 Stat. 1520, 1715 (1976); see also Treas. Reg. §53. 4942 (a) -2 (c) (5).

④ *Economic Recovery Tax Act of 1981*, Pub. L. No. 97-34. §823, 95 Stat. 172, 351-352 (1981).

⑤ I. R. C. §4942 (e) (2) (A).

⑥ I. R. C. §4942 (e) (2) (B).

⑦ Treas. Reg. §53. 4942 (a) -2 (c) (4) (iv) (a), (b).

⑧ Treas. Reg. §53. 4942 (a) -2 (c) (4) (v).

⑨ Treas. Reg. §53. 4942 (a) -2 (c) (3) (ii) (d).

部分。① 法规还限制了可以扣除的现金数额为投资资产公平市场价值的 1.5%，除非基金会能够向联邦税务局证明，基金会需要更多的钱款来支付行政费用及其他与基金会免税活动直接相联系的正常、即时的支出。②

为了满足第 4942 条的要求，基金会必须在被要求支出的数额计算出来以后的纳税年度末按照该数额进行合理支出，事实上，这就是两年规则。如果一家基金会支出数额多于其一年的最低支出数额，多余的数额可以顺延递转，来抵扣未来五年内要支出的数额。③

合格的支出包括（1）支付给非私立基金会的费用，以及（2）在做出合格支出时所发生的合理的、必需的行政费用。④ 在 1985 年 1 月 1 日和 1990 年 12 月 31 日之间，为了确定是否符合第 4942 条的目的，可以被称为"合格支出"的行政性费用被施加了限制。这些支出也包括某些针对私立基金会的过度捐赠。⑤ 该条款包含了一项日落条款，根据此规定，它将于 1990 年 12 月 31 日后失效。⑥ 因为这些程序要求支出复杂而且对某些基金会产生了曲解，所以其被允许在日落日期失效。⑦

对未能完成支出的最初征税额是要求支出数额的 15%，该要求支出数额是指在第二个纳税年度或任何下一个纳税年度到来之前还未被支出的总数额。在改正期限截止时，基金会若未改正，则会面临另一个数额与剩余未支出数额相同的额外税金，其未支出数额的计算期限从纳税年度的第一天起，自联邦税务局发出首次征税的通知之日和确定最初征税之日的前一年当日之日期中较早的一个截止。⑧

基金会可以要求并且从联邦税务局接收事前的许可，为未来的使用"留出"一定金额，这些金额将会从其不超过五年的期限内可支出数额中扣除。为了获得批准，

---

① Treas. Reg. §53.4942（a）-2（c）（3）（ii）.

② Treas. Reg. §53.4942（a）-2（c）（43）（iv）.

③ I. R. C. §4942（g）（2）（D）.

④ I. R. C. §4942（g）（1）（A）.

⑤ I. R. C. §4942（g）（4）.

⑥ I. R. C. §4942（g）（4）（F）, codified by *Deficit Reduction Act of 1984*, Pub. l. no. 98 - 369, §304, 98, Stat. 494, 782 - 783（1984）.

⑦ 见第二章，描述了 2003 年提出允许所有支出计入最低分配限额的一项法律提案。

⑧ I. R. C. §4942（a），（b）.

基金会必须证明这些资金将投入一个项目，而在那段时间内首先完成资金的集聚可以更好地完成这一项目。或者，如果基金会在之前的几年里已经做出过若干少量支出，则基金会应证明项目在"留出"的那年是无法完成的。① 然而，要求裁定批准预留的数量很少，很明显，绝大多数基金会已经调整了自己的捐赠类型来满足支付要求。

第 4942 条包括了一项不太严厉的支付要求，适用于以积极实施项目构成其免税基础的基金会，又被称作"私立运作型基金会"。目前，这种基金会将其几乎所有（如 85%）的调整后净收入直接用于其免税行为的积极实践中，而不是向其他组织捐款，同时，私立运作型基金会也须满足与其资产或者支持相关的三项检测中的一项。②

除了更为宽容的支出规定，在接受公共慈善机构赠与的所得税处理办法方面，私立运作型基金会也享受了更为优厚的待遇，具体来讲是对现金和普通收入财产的捐赠有 50% 的限制，对资本获益财产捐赠有 30% 的限制，并且不要求捐献者降低其捐赠的价值来反映未实现的资本收益。③ 此外，私立基金会赠与私立运作型基金会的款项被视为符合条件的分配，满足了第 4942 条对支付要求的规定，④ 但是该款项受第 4945 条下的支出责任限制规定的制约。⑤

国会于 1984 年创设了私立运作型基金会的另外一种再分类，名为"免税运作型基金会"⑥。这种基金会一直作为组织机构的安全港，以公共慈善机构的身份运行多年，未能通过公众支持测试，但是因为其提供的服务和公共本质，此运作型基金会并不自动受第 4940 条税收⑦和第 4945 条支出责任规定的约束。⑧一个私立运作型基金会要想发展成为免税运作型基金会就必须拥有至少十年的

---

① I. R. C. § 4942 (g) (2) (B).

② I. R. C. § 4942 (j) (3).

③ I. R. C. § 170 (b) (1) (A) (vii).

④ I. R. C. § 4942 (g) (1) (A).

⑤ I. R. C. § 4942 (d) (4) (A).

⑥ I. R. C. § 4940 (d), codified by *Deficit Reduction Act of 1984*, Pub. l. no. 98 - 369, § 304, 98, Stat. 494, 778 - 781 (1984).

⑦ I. R. C. § 4940 (d).

⑧ I. R. C. § 4940 (d) (4) (A).

公众支持，由一个理事会管理，其中75%的成员不是利益冲突人且具有公共代表性，并在此段时间内没有任何管理人员被剥夺资格。① 似乎只有很少的组织机构适用该项规定。

根据普通法的信托原则，受托人有义务保持信托财产的经营性，而且除非信托条款另有规定，必须当期分配收益。② 在1969年支出规则通过时，许多慈善信托规定禁止对本金进行分配。《税收改革法》包括一些规定，如有效地要求受托人向法院申请批准修改信托条款，以此来使其符合第4942条。③ 在该法生效日期之后创建的信托没有免税资格，除非信托文件强制要求符合私立基金会的所有限制规定，这样州法就不会阻碍其符合要求。④ 事实上，成为《现代审慎投资人规则》基础的完全收益规则与支出规定的要求是一致的，相反，《统一机构基金管理法》则允许对未实现的增值进行分配。⑤ 但是，支出规则是不变的，比率本身具有任意性，该项要求对投资政策和资助都设定了限制。这已经成为私立基金会的一个更具争议性的限制之一，它经受着来自两方面的批评。批评一方面来自那些想让社会从免税组织上获得更多直接利益的人，另一方面来自那些想要降低支出率，以便确保未来的社会需求可以得到足够满足的人。⑥

## 超额持股

1969年通过的两项规定反映了国会对一些事实的反应，有证据表明一些基金会管理人员把基金会资产投资于一些企业，而其捐献人对企业也有利益，且运作该企业使其给予捐献人的利益多于给公众的利益。第4943条有效禁止基金

---

① I. R. C. § 4940（d）（2）.

② *Restatement（Second）of the Law of Trusts*，§ 611.

③ I. R. C. § 508（e）（2），codified by *Tax Reform Act of 1969*，Pub. L. No. 91－172，§ 101（a），83 Stat. 487，499（1969）.

④ I. R. C. § 508（e）（1）.

⑤ See chapter 4.

⑥ Donald W. Trotter etal.，*Spending Policies and Investment Planning for Foundations*：*A Structure for Determining a Foundation's Asset Mix*（New York：Council on Foundations，3d ed.，1999）；Lester M. Salamon，*Foundation Investment and Payout Performance*：*An Update*（New York：Council on Foundations，1991）.

会在任何捐赠人控制的经济企业中持有最低利益以上的利益，而第 4944 条限制了基金会投资的本质。

根据第 4943 条的规定，基金会及其利益冲突人被禁止在任何企业中拥有 20% 以上的股份。如果有证据证明该企业的实际控制权是由基金会和利益冲突人以外的其他人掌握，那么该限制将会从 20% 提高到 35%。[①] 另外还有一项安全港规定（即 2% 小股规则），不考虑其他人的持股，允许基金会拥有企业 2% 投票权的股份，以及不超过所有已发行股票价值的 2%。[②] 如果企业通过赠与或者遗赠收到的股份会使基金会持股超过限制，那么基金会从接收之日起有 5 年的时间来降低其持股比例，达到最低许可限制。此外，联邦税务局可以将 5 年的期限再延长 5 年，即如果基金会可以显示即使做出最大努力，也不太可能在最初的 5 年宽限期内处理掉这些股份。[③]

该法案于 1969 年 5 月 26 日生效，同样也对管理商业利益的时间安排做了详细的规定。[④] 虽然这些法律规定看起来复杂且难以实现，但对于其适用却没有太大的争议。

适用于持有股票的规则也同样适用于非公司企业股权，而类似的规则适用于合伙组织利益和个人独资企业。[⑤] 然而，那些被认为与基金会的免税目的"在功能上相关"的商业组织，和那些 95% 的毛收入源于股息、利息、资金及其他被动来源的商业组织，却被排除在商业企业的定义之外，因此不受第 4943 条限制的约束。[⑥]

对超额持股的最初征税额为持有总值的 5%，征税于纳税年度的最后一天做出，但是持股的价值以该年度内股价最高的那一天计算。如果其在改正期限内未得到处理，将会对基金会征收税额为 200% 超额持股价值的附加税。同时，对基金会管理人员没有单独的课税。[⑦]

超额持股规定遭到人们强烈的批评，最著名的是 John Simon 先后在 1973 年

---

① I. R. C. § 4943 (C) (2) (A) – (B).
② I. R. C. § 4943 (C) (2) (C).
③ I. R. C. § 4943 (C) (6), (7).
④ I. R. C. § 4943 (C) (4).
⑤ I. R. C. § 4943 (C) (3) (B).
⑥ I. R. C. § 4943 (d) (3).
⑦ I. R. C. § 4943 (a), (b).

和 1983 年的两次由众议院筹款委员会举行的关于私立基金会的听证会上发表的国会证言，他担心这种规定会对基金会的新生数量产生不利影响。① 2002 年美国律师协会工作组的成员分成了两派，一些人没有发现保留小股规则的合理性，而大部分人相信就限制而言小股规则还是有一些效力的，但是他们想让 2% 的最低要求增加到至少 5%，并且修改商业企业的定义以允许对合伙企业和有限责任公司进行合法的投资。②

## 高风险投资

第 4944 条规定，如果某些私立基金会做出的任一投资会危害到免税目的的实现，该私立基金会将会被征收一定税款。该条规定，如果管理人员未能在做出投资决定时尽到一般的商业注意和审慎（以当时的条件和事实情况下为标准）义务，或未能在基金会进行慈善活动时提供长期和短期的资金资助，那么该基金会就将会被多征税款。征税的决定会具体问题具体分析，但是会将该投资组合视为一个整体趋势来观察。③ 法规给出了投机性投资要接受周密检测的例子，如："证券差价交易、期货交易、石油和天然气利益投资，购买'卖权'、'买权'、'期权'，购买许可证，销售稀缺物品。"④ 这些规范还规定，任何州法都不能使任何人免税或者解除本条之下规定的义务，反之亦然。⑤

正如第 4942 条规范中描述的那样，对第 4944 条的规定具有免税资格的是"与项目有关的投资"（PRI），其主要目的是完成该组织的一个或多个免税目的，其次要目的是获得收益和财产增值。⑥ PRI 的例子包括在内陆城市荒废区域

---

① Private foundations：Hearings before the Subcommittee on Oversight of the House Committee on Ways and Means, 93d Cong., 1st. Sess., at 165 – 179（1973）；Tax Rules Governing private Foundations, 1983：Hearings before the Subcommittee on Oversight of the House Committee on Waysand Means, Serial 93 – 82, 98th Cong., 1st. Sess., pt. 2（1984）；see also John G. Simon，"The Regulation of American Foundations：Looking backward at the Tax Reform Act of 1969," 6 *Voluntas* 243（1995）.

② Exempt Organization Committee，"Report of Task Force," 268 – 269.

③ Treas. Reg. § 53. 4944 – 1（a）（2）.

④ Id.；see also Staff of Treasury Department，*Report on Private Foundations*, 89th Cong., 1st Sess., at 53 – 54（Committee on Finance, 1965）.

⑤ Treas. Reg. § 53. 4944 – 1（a）（2）.

⑥ I. R. C. § 4944（c）.

的投资，或者给那些为老年人建造并出租房屋的组织提供贷款。定性为 PRI 的投资将允许基金会无须为计算第 4940 条下的净投资收益所得税而考虑投资收益，[①] 即无须考虑基金会在第 4942 条下的最低投资申报[②]以及在第 4943 条下的超额持股。[③]

法规解释了第 4944 条的内容，即要求基金会对 PRI 适用"要是没有"的检验法，因此，无论投资与组织目的的实现之间有多么密切的联系，都排除了一切可能成功的投资。[④] 关于此标准的不确定性使许多基金会不敢进行与项目有关的投资，虽然此投资将会确定无疑地深化组织的免税目的。

第 4944 条下的税目的征收对象是基金会本身，数额为每年（或纳税期间）投资额的 5%，而且，如果没有改正，将会另外征收相当于投资额 25% 的附加税。[⑤] 关于第 42 条的其他规定，纳税期限从禁止投资做出的那天算起，以下述最早的日期为终止日期：差额通知的邮寄日期、税收评估确定的日期、款项被从高风险投资中去除的日期，该日期也是不适当投资应当出售或者做出其他处置的日期，以及法不禁止的资产收益再投资的日期。[⑥]

对任何明知是高风险投资而予以同意的管理人还要征收一种税，不是故意并且有合理理由的除外，数额为投资数额的 5%，每笔不合理的高风险投资的征税限额是 5000 美元。如果已经课征了最初税，而管理人拒绝改正，那么额外还会有一笔数额为投资额 5% 的税，限额为 1 万美元。[⑦] 各个管理人对税费承担共同连带责任，如果多次反复故意违反法规，将可以适用第 507 条的终止税。[⑧] 关于第 42 条的其他规定，管理人可以依赖顾问的意见，此种顾问既可以是律师，也可以是投资顾问。[⑨]

批评该规则的人认为，管理有关违反规则的案子并不在联邦税务局的权限

---

① Treas. Reg. § 53. 4940 – 1（f）（1）.
② Treas. Reg. § 53. 4942（a）– 2（c）（2），（3）（ii）（d）.
③ Treas. Reg. § 53. 4943 – 10（b）.
④ Treas. Reg. § 53. 4944 – 3（a）（2）（i）.
⑤ I. R. C. § 4944（a）（1），（b）（1）.
⑥ I. R. C. § 4944（e）.
⑦ I. R. C. § 4944（a）（2），（b）（2），（d）（2）.
⑧ I. R. C. § 4944（d）（1）.
⑨ Treas. Reg. § 53. 4944 – 1（b）（2）（v）.

之内。他们还认为，目前的规范与州法太不合拍，尤其是与《现代审慎投资人规则》的标准不相符。为表达这些观点，美国律师协会 2002 年工作组建议废除第 4944 条，或者取消对特定投资"密切核查"的引用以作为替代方案，扩大针对与项目有关的投资的例外规定，并阐明看似能获得高预计投资回报的项目不一定不符合 PRI 的要求。①

## 纳税支出

第 4941～4944 条是关于基金会的限制规定，结合管理人员的注意义务和忠实义务对基金会管理人员的职责进行了定义。与此不同，第 4945 条下的限制规定关涉的是他们履行基金会慈善目的的方式，这些限制在州法中并没有对应的规定。这些限制并不是财政部最初建议的一部分，也没有出现在 Reece、Cox 和 Patman 委员会的报告里。相反，正如第二章描述的那样，这些限制反映了国会对 1969 年《税收改革法》听证会期间所涉证言的相反举措，因为这些证言表明，鉴于某些基金会从事的活动，赋予其免税资格是有害的。

"纳税支出"有五种分类，据此，基金会本身及其管理人员也须承担纳税义务。其内容如下：

政府宣传和游说。4945（d）条款禁止基金会花费金钱进行间接游说或通过与立法机构的成员、雇员、其他任何政府官员，或可能参与立法的雇员的联系来试图影响立法。② 此处的立法仅指联邦、州或地方的立法机构制定的法案，由此使行政机构、司法机构、管理机构，以及准立法实体（不论其是选举产生的还是任命产生的）所作行为得以免除征税。③

有三项重要的例外：一个例外是游说过程中不得出现对党派倾向性的分析、研究或调查，以企图将这些信息传达给立法人员或者公众，其间基金会展示出"对有关事实的完全、公平的说明，使公众形成独立的意见"。④ 对广义的社会、经济等类似问题的讨论和调查也同样排除在游说的定义之外。⑤ 另一个例外是

① Exempt Organizations Committee，"Report of Task force，" 269 - 270.
② I. R. C. §4945（D）（1）.
③ Treas. Reg. §53.4945 - 2（a）.
④ Treas. Reg. §53.4945 - 2（d）（1）（ii）.
⑤ Treas. Reg. §53.4945 - 2（d）（4）.

法律允许为了回应政府部门对基金会的书面质询，可以花费一定数目的金钱为政府部门或独立委员会提供技术咨询。① 最后一项例外是在立法机构做出可能影响慈善组织的存在、能力和职责，影响其免税地位，减少其捐赠的决策之前，慈善组织到立法部门申诉或者与之进行沟通。② 只要基金会的资金没有被用作禁止的活动，如果受捐助人将其适用在基金会不禁止的开支上，那么他们就不会使基金会处于危险境地。

影响选举结果。应纳税花销的第二个类别便是那些用来影响某一特定选举结果或者为了推动选民登记所涉及的开支。③ 这项规定是多余的，因为它仅仅只是将 501（c）（3）条款下的基本免税要求又陈述了一遍。通过该规定是为了消除国会在听证会听取证言后的担心，因为该证言表示基金会的资金被用在某些敏感领域以资助投票人登记，或被用来公开宣扬某政治候选人的观点。④

对个人的捐赠。4945（d）（3）条款并不禁止对于个人的捐赠，这与禁止游说和政治活动不同。该条禁止的是私立基金会为个人的旅行、学习等活动进行捐赠的行为，且该捐赠并未取得联邦税务局事先的同意，亦未使联邦税务局相信，这些捐赠：（1）将会构成奖学金，且该奖学金不包括在受捐赠人的总收入之中，并且为满足 117（a）条款的要求将其用于具有免税、减税资格的组织，同时保证该奖学金的授予程序客观公正不具有歧视性；（2）将构成奖励或者奖金，也有资格根据 74（b）条款的规定从接受人的收入中排除；（3）将被用来"实现某一具体目，或者用来帮助发表报告或其他类似内容，抑或用以改善、提高受捐赠人的能力、技巧或者才智"。⑤ 参议院的报告解释称，设计该条款的目的是阻止基金会利用捐赠过程"方便个人出国旅行，获得工作之外的报酬，或者资助那些能助长某一政治观点的材料准备工作"。⑥

其他基金会的捐款。正如对个人捐赠的限制一样，第 4945 条对组织捐赠的限制并不是绝对的。事实上，所有给公共慈善机构的捐赠都不受第 42 条规定的

---

① Treas. Reg. §53. 4945 – 2（d）（2）.

② Treas. Reg. §53. 4945 – 2（d）（3）.

③ I. R. C. §4945（d）（2）.

④ S. Rep. No. 91 – 52, 91st Cong., 1st Sess., at454（1969）.

⑤ I. R. C. §4945（d）（3）, （g）.

⑥ S. Rep. No. 91 – 52, 91st Cong., 1st Sess., at 69（1969）.

约束，但被用于非慈善目的的除外。① 然而，对其他私立基金会的捐赠仍要纳税，除非基金会在做出捐赠时履行了所谓的"支出责任"。② 这要求基金会在决定捐赠前调查受捐赠人的可靠性，要求受捐赠人同意遵守相关限制并保证该款项只为特定目的使用，强制要求受赠人在执行捐赠的条款时提交进展报告。同样，做出捐赠的基金会必须向联邦税务局报告受赠人支配捐赠的开支情况。③

为了响应此限制，很多基金会采纳了相关政策的规定，而这些政策只允许基金会向公众慈善机构捐款。遵守这一规定的阻力并不像之前设想的那么大，这种实践一直坚持了下来。其中最大的一个困难在于对外国慈善组织的捐款，这些政策要求必须保证这些慈善组织满足非私立基金会的组织检验。同样麻烦的是要求基金会必须一直履行支出责任，直到所有的资金被花完为止，此规则的适用与对捐赠基金和资本设备的资助规划的适用并不一致。④

非慈善目的的支出。第4945条规定的第五类"应纳税"支出在性质上类似一个"杂物箱"，可以涵盖任何目的的的开支，但《国内税收法典》第170（c）（2）（B）条款中列明的目的除外，即此条款不适用以慈善为目的从而享受所得税减免的开支。⑤ 第4945条之下的规范包括了合理行政费用、支付税款或者投资目的的例外规定。⑥ 该禁止适用于向501（c）（3）条款下不具免税资格的组织做出的任一笔捐赠，除非能够满足以下条件：（1）捐赠构成一种直接的慈善行为或一种与项目有关的投资；（2）捐赠人在捐赠时承担了支出注意责任；而且（3）受捐赠人同意一直将捐赠资金或者其他资产单独存放，专门用以免税目的。⑦

违反第4945条的惩罚措施是对基金会及其管理人员征税。对于组织课征的最初税额是支出金额的10%，而第二层税额是支出数额的100%。⑧ 对于明知

---

① I. R. C. § 4945 (d) (4) (A).

② I. R. C. § 4945 (d) (4) (B).

③ I. R. C. § 4945 (h).

④ Exempt Organizations Committee, "Report of Task force," 270.

⑤ I. R. C. § 4945 (d) (5).

⑥ Treas. Reg. § 53. 4945 – 6 (b).

⑦ Treas. Reg. § 53. 4945 – 6 (c) (2).

⑧ I. R. C. § 4945 (a) (1), (b) (1).

但仍批准支出的管理人员的第一层税额是支出金额的2.5%，5000美元封顶，第二层是50%，1万美元封顶。[1] 如果能证明管理人员的行为不是故意且有合理原因，则管理人员不被征税。[2]

第4945条的规定正确无误地体现了何谓"矫枉过正"，应该被废止，且其废止丝毫不会损害联邦税务局监督基金会行为的能力。对其他条款的修订会进一步降低捐赠的行政性费用，让基金会更加有效地运作。美国律师协会工作组建议采纳这样一种规定，即如果能够表明支出是在善意的情况下做出的，并坚信这不违法，那么便允许减轻惩罚；协调用于旅行、研究学习等方面的捐赠与其他对个人捐赠的区别；取消对个人捐赠须提前申请的限制；废止适用于其他私立基金会的捐赠和其存续期间限制的支出责任要求。该工作组呼吁废止第4945条对游说的限制性规定，认为这一限制实属多余；最后还呼吁减少对技术侵犯行为课征的税收。[3]

## 第42章对慈善受托人的影响

表5－1列举了对第42章所涉税种的相关统计数据，这些数据可以反映出第42章涉及的征税规定对免税组织受托人的行为产生了何种影响。联邦税务局免税组织征税表显示了从1971年到1997年根据第4941~4945条规定征收的税款数额，正如4720表格体现的那样，违反这些规定时被要求提交的纳税文件将会被公布在基金会的年度税务申报信息和990PF表格上。未能遵守第4943条超额利益持股及第4944条高风险投资的规定而被征收的税额是最少的，根据这些规定对基金会管理人员征收的相应税款也同样是最少的。这一点表明管理人员懂得依规则行事，且遵守规则并非过分困难。然而，对未分配收益的征税情况却不同于上述结论，相比其他条款，该税种所征税额更大，而相反，因为违反纳税支出而征收的税额却相对较小。[4]

---

[1] I. R. C. §4945 (a) (2), (b) (2), (c) (2).

[2] I. R. C. §4945 (a) (2).

[3] Exempt Organizations Committee, "Report of Task force," 270 - 271.

[4] IRS Statistics of Income, "Exempt Organizations Excise Tax Collections," (fiscal years 1971 - 1997) (original on file with author).

表 5 - 1 免税组织征税情况

单位：千美元

| 财会年度 | IRC4941 | IRC4942 | IRC4943 | IRC4944 | IRC4945 |
|---|---|---|---|---|---|
| 1971 | 8 | * | 27 | * | 1 |
| 1972 | 45 | * | 51 | * | 7 |
| 1973 | 78 | 94 | 13 | 16 | 1 |
| 1974 | 229 | 160 | 3 | 8 | 8 |
| 1975 | 324 | 360 | 6 | * | 1 |
| 1976 | 310 | 950 | 9 | 102 | 95 |
| 1977 | 212 | 809 | 3 | * | 103 |
| 1978 | 6110[a] | 1265 | * | 2 | 79 |
| 1979 | 234 | 1306 | 24 | 3 | 130 |
| 1980 | 239 | 976 | 67 | 2 | 117 |
| 1981 | 2576[b] | 1158 | 44 | 4 | 150 |
| 1982 | 227 | 1619 | 36 | 4 | 142 |
| 1983 | 438 | 1041 | 61 | 8 | 119 |
| 1984 | 192 | 1184 | 118 | 1 | 292 |
| 1985 | N/A | N/A | N/A | N/A | N/A |
| 1986 | N/A | N/A | N/A | N/A | N/A |
| 1987 | N/A | N/A | N/A | N/A | N/A |
| 1988 | 597 | 1640 | 37 | 53 | 143 |
| 1989 | 1574 | 718 | 11 | 8 | 251 |
| 1990 | 171 | 1133 | 235 | 13 | 635 |
| 1991 | 695 | 4797 | 26 | 4 | 81 |
| 1992 | 1523 | 1388 | 19 | 1 | 137 |
| 1993 | 441 | 906 | 14 | * | 86 |
| 1994 | 449 | 3094 | 10 | 3 | 295 |
| 1995 | 293 | 633 | 1 | 2 | 113 |
| 1996 | 4308 | 641 | 3 | 117 | 35 |
| 1997 | 286 | 1912 | 51 | * | 42 |

注：

IRC4941：自我交易的征税。

IRC4942：未分配所得的征税。

IRC4943：超额持股的征税。

IRC4944：高风险慈善目的投资征税。

IRC4945：纳税支出的征税。

N/A：无数据。

＊ ＝小于 1000 美元。

a. 包括征收 410 万美元以上税款的个案。

b. 包括征收 200 万美元以上税款的个案。

### 协调第 42 章与超额利益规定

联邦税务局意识到私立基金会规则与超额利益规则间存在重叠之处，因此，于 2002 年 4 月向大众征求是否应当修改第 42 章关于私立基金会特许权税的规范以符合第 4958 条的最终规定的意见。① 联邦税务局特别指出，基金会管理人员依靠顾问意见证明特定交易不受禁止，这一安全港规则在范围上比第 4958 条规定还要狭窄。

## 参加政治活动的禁令

禁止参加政治活动的规定是绝对的。它是由 Lyndon B. Johnson 参议员为了阻止得克萨斯州私立基金会的行为于 1954 年提出并通过的，因为他相信该基金会在某次选举中为其对手提供了经济支持。② 虽然从表面上看，这是一项绝对的禁止，联邦税务局也这样认为，但是税务局长在 1987 年对国会做的一份报告上承认，在某些情况下，因行为不具备法律意义，可不受约束。③

2000 年，哥伦比亚特区上诉法院维持了撤销一家教堂免税资格的判决，该教堂在总统选举之日的前四天于两家全国发行的报纸上反对一位候选人募集可享受税前抵扣的捐款。法院认为，免税资格的撤销并未违反教堂的宗教自由，并未构成违反平等保护条款的选择性起诉。④ 巡回法院的判决表明教堂可以根据 501（c）（4）条款的规定设立一家具有免税资格的附属机构，然后它便可以建立独立的运营基金或政治行动委员会来参加政治活动，而同时也不会伤及自身的免税地位。

对政治活动的限制适用于组织机构本身，而不是其管理人、理事及以其

---

① Ann. 2002 −47，2002 −18 I. R. B. 1.

② 100 Cong. Rec. 9604（1954）.

③ Lobbying and Political Activities of Tax Exempt Organizations：Hearings before the Subcommittee on Oversight of the House Committee on Ways and Means，Serial 100 −5，100th Cong.，1st Sess，96 −97（statement of Lawrence B. Gibbs）；see also Joint Committee on Taxation，*Lobbying and political activities of Tax −Exempt Organizations*（JCS −5 −87）（March 11，1987）.

④ *Branch Ministries，Inc. v. Commissioner*，40F，Supp. 2D 15（DDC. 1999），aff'd，211 F. 3d 137（D. C. Cir. 2000）.

个人能力行事的雇员，除非该组织直接或间接地授权或认可了该行为。① 比如，在 1986 年，联邦税务局撤销了 Jimmy Swaggart Ministries 的免税资格，因为其主席 Jimmy Swaggart 在组织的一次官方会议和其部门的一份新闻通讯中公开支持 Pat Robertson 竞选主席职位。②

干扰选举是撤销免税资格的依据之一，除这项具体的禁止规定外，1987 年通过的第 4955 条规定了对某些有"政治性支出"的组织征税，对明知是政治性支出而予以批准的管理人征税，除非该批准不是故意且有合理原因。③ 对于私立基金会的收税，如果私立基金会没有及时进行纠正，将会对其征收追加税。④

## 对游说的限制

1934 年通过的游说限制⑤引发国会对一个名为全国经济联盟的组织采取相应措施。⑥ 麦戈文（McGovern）发现，与赞助人预想的改正滥用行为相比，游说禁止和政治活动禁止产生的影响要大得多。⑦ 值得注意的是，税法与实体财产法的主要不同在于税法拒绝给予以修改现行法为目的的组织以免税资格。因此，联邦政府的"恪守边界"的监管功能规制的区域是一个没有州法和州先例的领域。

如限制政治活动被质疑违宪一样，限制游说规定同样面临着合宪性挑战。⑧ 最著名的案例是 *Regan v. Taxation With Representation* 案，在此案中，联邦最高法

---

① Gen. Couns. Mem. 33，912（August 15，1968）.

② 此案随后以要求 Swaggart 先生做出公开声明的方式了结，组织的免税资格也恢复了。"Public Statement：Jimmy Swaggart Ministries，" 92 *Tax Notes Today* 31 – 31（February 11，1992）.

③ I. R. C. §4955，codified by *Omnibus Budget Reconciliation Act of 1987*，Pub. L. No. 10 – 23，§10712（a），101Stat. 1330，1330 – 465.

④ I. R. C. §4955（b）.

⑤ *Revenue Act of 1934*，Pub. L. No. 73 – 216，§101（6），48Stat. 680，700（1934）.

⑥ 78Cong. Rec. 5861（1934）.

⑦ James J. McGovern et al.，"The Final Lobbying Regulations：A Challenge for Both the IRS and Charities，" 48 *Tax Notes* 1305（1990）.

⑧ Frances R. Hill and Douglas M. Mancino，*Taxation of Exempt Organizations*，5. 02（New York：Warren，Gorham & Lamont，2002）.

院判决：限制慈善组织游说的规定并未违反言论自由，也没有违反平等权保护。[1] 法院认为，慈善组织的免税资格捐赠者的捐赠税前扣除资格在本质上享有的是联邦补贴，国会可以在不违反宪法权利的前提下选择支持一种行为而不支持另一种。[2]

在稍早的由第十一巡回上诉法院于 1972 年判决的 *United States v. Christian Echoes* 案中，[3] 法院支持了撤销一个通过出版月刊及其他文学作品鼓动读者针对一些立法事件采取行动的宗教组织的免税资格的判决，理由就是游说禁止并不违反该组织根据宪法第一、第四修正案所享有的权利。Fishman 和 Schwarz 提出报告，在 20 世纪 60 年代之前，游说禁止只是偶尔实施，但是在肯尼迪执政的早期，一项"意识形态组织"计划被提出来了，此案便是其自然产物。[4]

人们担心"实质性检测"太过模糊的规定会导致慈善组织只愿进行最低数量的游说，对于这一普遍担忧，国会于 1976 年通过了第 501（h）条款，规定慈善组织可以选择接受算术测试来决定其可以用于游说的支出额，而不是努力去遵守模糊的实质性测试标准。[5] 行使此权利的慈善组织要接受两部分测试来决定它们是否符合游说限制，一部分测试适用于全部支出，[6] 另一部分测试试图在立法方面影响立法而适用于前者的 25% 的支出。[7] 这些限制是建立在一种浮动费率基础上的，它适用于组织支出的全部数额。平均每四年进行一次计算；在任何一年中，总支出都有 100 万美元的限额。[8] 超过这一限额的组织要对多余

---

① 461. U. S. 540（1983）.

② Hill and Mancino, *Taxation of Exempt Organizations*, 5. 02 n. 33；Kathleen M. Sullivan, "Unconstitutional Conditions," 102 *Harvard Law Review* 1415（1989）.

③ 470 F. 2d 849（10th Cir. 1972）.

④ James J. Fishman and Stephen Schwarz, *Cases and Materials on Nonprofit Organizations*, 524（New York：Foundation Press, 2d ed., 2000）.

⑤ *Tax Reform Act of 1976*, Pub. L. No. 94 – 455, §1307（a）, 90 Stat. 1520, 1720 – 1721（1976）. See Joint Committee on Taxation, *Description of Present – Law Rules Relating to Political and Other Activities of Organizations Described in Section 501（c）（3）and Proposals Regarding Churches*（JCX – 39 – 02）（May 14, 2002）, for a summary of the limits on lobbying under the substantiality test and section 501（h）.

⑥ I. R. C. §4911（c）（2）.

⑦ I. R. C. §4911（c）（4）.

⑧ I. R. C. §4911（c）（2）.

的支出缴纳 25% 的税额，① 而且如果该组织四年内的平均支出超过总限制额或者间接游说限制的 150%，那么将失去免税资格。②

501（h）条款和第 4911 条下的对游说的定义可以在第 4911 条中找到。③ 联邦税务局在根据 501（c）（3）条款的实质性检测做出决定时，也考虑了这些规则，而且，这些规则与第 4945 条之下适用于私立基金会的规则相似。直接游说是指通过沟通交流来试图影响某个特定立法，包括影响立法机构的任何成员，或者其他可能参与法律法规制定的政府官员。④ 间接游说是指试图通过交流来影响普通大众或者部分大众。对直接游说，要求提到具体的立法，而且必须反映大众对该立法的看法。它们的区别在于，直接游说包括通过联系某一政府官员来号召其行动，提供立法者的信息供联系，以及提供在联系时可能用到的资料，或者明确告知此项立法具体立法人员的职位。⑤

"行动呼吁"的定义有一项很重要的例外，如果委员会或者立法者对一项"高度公开的立法事宜"进行投票之前的两个星期内，该慈善组织通过大众媒体对立法的一般性话题提出"观点"，或者鼓励公众就此立法的一般性话题跟立法者进行接触，那么该慈善组织就会被认为进行间接游说。如果慈善组织可以证明该交流是其定期在大众媒体上做出的，并没有考虑立法的时间，那么认定为间接游说的假设就可以被推翻。⑥

有五种交流方式不包括在游说的定义之内，它们构成了这些规则的主要例外。它们是：（1）没有党派性质的分析、研究或调查，可以包括某一特定议题，条件是有足够的信息允许接收人形成自己独立的结论，而且信息传播不应仅限于或针对只对某一议题中某个方面感兴趣的人；⑦（2）研究讨论一般的社会、经济及类似问题，只要不涉及特定法案的本质或者直接鼓励受众采取行动；⑧（3）应政府部门或独立委员会的书面要求，为其提供

---

① I. R. C. § 4911（a）（1）.

② I. R. C. § 501（h）（1）.

③ Treas. Reg. § 56. 4911 – 0 to – 10.

④ Treas. Reg. § 56. 4911 – 2（b）（1）.

⑤ Treas. Reg. § 56. 4911 – 2（b）（2）.

⑥ Treas. Reg. § 56. 4911 – 2（b）（5）（ii）.

⑦ Treas. Reg. § 56. 4911 – 2（c）（1）.

⑧ Treas. Reg. § 56. 4911 – 2（c）（2）.

技术咨询;① （4）出于自卫的游说，在立法机构做出可能影响慈善组织的存在、能力和职责，影响其免税地位、减少其捐赠的决策之前，慈善组织到立法部门申诉或者与之进行沟通;② 及 （5）与成员的交流，只要成员没有因此直接受到鼓励而去从事直接游说或间接游说，尽管这些成员可能因交流获悉立法者的姓名和地址而受到间接鼓励去从事游说。③

根据 501 （h）条款做出选择的组织比立法建议人预想的少很多，部分原因可能是为了保证规则的遵守而制定了复杂的档案记录制度，虽然有些人认为这要归因于大部分的组织都没有进行任何程度的游说活动。不幸的是，对因违反游说限制而征收的税额没有什么信息可供参考，使得评估该规定带来的影响非常困难。④

## 无关宗旨商业所得税

在 1950 年，为了回应免税的慈善组织与私人经济组织进行不公平竞争的指控，国会通过了一些适用于第 501 条下组织的法律，使它们在履行构成免税基础的目的不相关的活动时也要被征收所得税。⑤ 这些规定虽然没有直接规制信托行为，但对免税组织受托人做出决策有着重大意义，会影响经其授权的活动，也会影响开展这些活动的方式。

如果除了产生收益所得之外，对实现组织的免税目的没有做出重要贡献，该活动将被视为 "无关宗旨的" 活动;只有在经济活动与组织的免税目的之间存在明显联系时，它才会被视为实质上相关。⑥ 若要受到税法规制，此项活动必须具有贸易或商业特性，而且是 "经常进行" 的，而不是间断性的。⑦

---

① Treas. Reg. § 56. 4911 – 2 （c）（3）.

② Treas. Reg. § 56. 4911 – 2 （c）（4）.

③ Treas. Reg. § 56. 4911 – 5 （f）（6）.

④ Report on Strengthening Nonprofit Advocacy Project （May 2002）（joint project by OMB Watch, Tufts University, and Charity in the Public Interest）.

⑤ I. R. C. § § 511 – 513, codified by *Revenue Act of 1950*, Pub. L. No. 81 – 814, § 301, 64Stat. 906, 947 – 952 （1950）.

⑥ Treas. Reg. § 1. 513 – 1 （a）, （d）（1）.

⑦ Treas. Reg. § 1. 513 – 1 （a）, （c）（1）, （c）（2）（ii） – （iii）.

从以下途径获得的收入将从税收中排除，尽管这些途径可能被视为"无关宗旨"：（1）红利，利息，证券收入，货款利息，许可使用费，主要合同中所得，其他普通和正规投资所得；① （2）租金；② （3）贸易或者商业活动所得，其所有工作主要是由志愿者完成的，③ 或者主要为其成员、学生、病人、管理人员或雇员的便利而实施；④ （4）货物买卖的所得，接受捐赠获得。⑤

广告所得、某些贸易展销所得、租金、与营利性实体交换会员名单所得、以债务做担保的财产收购所得都要被征税。⑥ 该项税目还扩展到可以被视为在履行免税目的，但是超过履行免税目的的需求范围的商业性活动。⑦ 法规给出了一个开发利用的例子，有一个运行公共广播电台的组织，其主要精力用来实现免税目的，但是定期向广告商出售广告时间和广告服务。这个例子表明，商业广告人获得的收益源于不相关的贸易或经济活动。这与由学生运作的具有免税资格的大学报纸是不同的，这些学生也同样涉足广告业务，但区别在于学生开展的广告活动促进了学生的教育，而这与报纸的经营在某些方面是相关的。⑧

512（b）（13）条款修正了512（b）（1）到（3）条款，规定当利息、红利、租金及专利使用费是从慈善组织控制下的组织处获得时，不能享受免税资格。⑨ 一直到1997年年底，"控制下"被定义为享有80%的利益。同年通过的法律修正案将80%下调至50%，作为未来几年的控制比例，同时也将控制的定义扩展到结构性所有权规则，由此不仅从第一层控股子公司处获得的收入须纳税，从由第一层子公司控制的第二层子公司处获得的收入也需要纳税。⑩ 这些规定很好地限制了慈善组织通过将无关宗旨商业活动转移至受控子公司来逃避无关宗旨商业所得税的可能性。

---

① I. R. C. §512（b）（1）；Treas. Reg. §1. 512.（b）－1（a）（1）.

② I. R. C. §512（b）（3）.

③ I. R. C. §512（a）（1）.

④ I. R. C. §513（a）（2）.

⑤ I. R. C. §513（a）（3）.

⑥ I. R. C. §513（c），（d），（h），（i）；I. R. C. §514.

⑦ Treas. Reg. §1. 513－1（d）（4）（iv）.

⑧ Treas. Reg. §1. 513－1（d）（4）（iv）（exs. 4, 5）.

⑨ I. R. C. §512（b）（13）.

⑩ *Taxpayer Relief Act of 1997*, Pub. L. No. 105－34, §1041（a），111Stat. 788, 938－939（1997）.

根据第 514 条的规定, 无关宗旨商业所得税规则的范围被扩大至免税组织通过借贷而获得的可创造收益的财产, 但那些被用作履行免税目的的财产除外。[①] 该规定作为 1969 年《税收改革法》的一部分公布实施, 其立法背景是回应国会当时收到的一份证据材料, 这份证据表明大量的个人与其所控制的慈善组织之间从事着交易, 他们通过赊账从慈善组织处购得财产, 然后再租给卖家。[②]

第 514 条剥夺了无关宗旨商业收入中的积极收入的免税资格, 也剥夺了通过债务融资购得财产的创收的免税资格。因此, 慈善组织在计算无关宗旨商业收入应纳税所得额时需要计入由负债部分财产所获得的收入, 该负债额应与当年"平均收购负债"额相等, 且超过当年该财产调整之后的平均数。[③] 此项规则有一些很重要的例外, 尤其是主要用途与组织的免税目的相关的财产, 以及收入免税的贸易或者商业活动中使用的财产。[④] 这影响了不动产股份, 同时也扩展到其他涉及债务的特定投资。

2000 年, 联邦第二巡回上诉法院判决差额购买的证券所得收益要受无关宗旨商业所得税的约束, 未采纳慈善组织的主张, 即法院不认为该活动在实质上与该组织向其他慈善组织提供财政支持的免税功能相关。[⑤]

从无关宗旨商业应纳税特许使用所得的定义之中引申出来的免税一直让联邦税务局"头痛", 法院对这类免税案件做出的判决要比其他免税案件多出很多。法典本身或立法例都没有提供相应的指导。信用卡项目和邮件清单的出租是其中最具争议的问题。对此联邦税务局的意见是, 如果付款的目的不是"被动的", 那么该付款就不是专利税, 因此专利税不能包括对所有人提供的服务的

---

① I. R. C. §514 (b) (1), codified by *Tax Reform Act of 1969*, Pub. L. No. 91 – 172, §121, 83Stat. 487, 543 – 548 (1969).

② S. Rep. No. 91 – 552, 91st Cong., 1st Sess., at 62 – 63 (1969); H. R. Rep. No. 91 – 413, 91st Sess., at 44 – 46 (1969); see also Suzanne Ross McDowell, "Taxing Leveraged Investments of Charitable Organizations: What Is the Rationale?" 39 *Case Western Reserve Law Review* 705, 712 – 714 (1988); Suzanne Ross McDowell, "Taxation of Unrelated Debt – Financed Income," 34 *Exempt Organization Tax Review* 197 (2001).

③ I. R. C. §514 (a) (1).

④ I. R. C. §512 (b) (1).

⑤ *Henry E. and Nancy Horton Bartels Trust for the Benefit of the University of New Haven v. United States*, 209 F. 3d 147 (2d Cir. 2000).

补偿。<sup>①</sup> 在经历了法庭上的一系列失败之后，<sup>②</sup> 联邦税务局在 1999 年宣布推迟涉及信用卡和邮件清单案件的诉讼，依据的事实与那些赞成纳税人一方所持事实相似，由此以有利于慈善组织的方式解决问题。<sup>③</sup>

免税组织出版的杂志中做广告也引发了争议。第一个重要案件是在 1986 年判决的，解决的问题是：在含有与出版人的免税目的相关的文章和评论的期刊中做广告是否构成无关宗旨商业所得，尤其是在医疗期刊中的广告收益是否对美国医师学院——期刊出版者目的的履行起重要作用。最高法院认定如果广告内容与期刊内容相关，那么从包含医疗课题信息的广告销售中获取的收益被视为相关的，同时也判定争议收入需要进行纳税，未采纳联邦税务局的实质方法。<sup>④</sup>

根据"区分规则"，一项商业活动的组成部分将被分别对待，对相关性的判断也要在考察单个组成部分而不是整体商业活动的基础上做出。<sup>⑤</sup> 这项原则已经被联邦税务局运用在除广告领域之外的其他案件中。这对零售店的运营产生了较大的影响，比如，博物馆商店、大学校园书店，因为这些零售店必须确定并且能够证明其出售的每一件商品与该组织的免税目的之间存在联系。<sup>⑥</sup>

公司赞助也是让财政部和联邦税务局很难处理的一个问题。关于此项活动的规范意见稿最早于 1993 年 1 月提出。<sup>⑦</sup> 对这一意见稿的反对之声促使 1997 年《纳税人救济法》第 513（i）条款的实施，该条规定某些赞助不受无关宗旨商业所得税的限制。<sup>⑧</sup> 新的意见稿于 2000 年 3 月 1 日发布，<sup>⑨</sup> 最终的版本于 2002

---

① *Sierra Club，Inc.* v. *Commissioner*，86 F. 3d 1526（9th Cir. 1996）.

② Id.，*Mississippi State University Alumni，Inc.* v. *Commissioner*，T. C. Memo 1997 – 397（1997）；*Oregon State University Alumni Association* v. *Commissioner*，193 F. 3d 1098（1999）；*Common Cause* v. *Commissioner*，112 T. C. 332（1999）；*Planned Parenthood Federation of America，Inc.* v. *Commissioner*，77 T. C. Memo 1999 – 206（1999）.

③ Menorandum from Director，Exempt Organizations Division，to Acting EO Area Managers（December 16，1999）.

④ *United States* v. *American College of Physicians*，475 U. S. 834（1986）.

⑤ Treas. Reg. § 1. 513 – 1（b）.

⑥ Rev. Rul. 73 – 105，1973 – 1 C. B. 264.

⑦ 58 Fed. Reg. 5687（1993）.

⑧ I. R. C. § 513（i），codified by *Taxpayer Relief Act of 1997*，Pub. L. No. 105 – 34，§ 965，111Stat. 788，893 – 894（1997）. See Fishman and Schwarz，*Cases and Materials on Nonprofit Organizations*，795 – 797.

⑨ 65 Fed. Reg. 11012（2000）.

年 4 月 24 日通过，历时将近十年。① 该法最终规定，如果赞助者不会因出资而获得任何实质利益回报，那么该笔赞助不会被视为无关宗旨的商业收入。② "实质利益回报"指的是可能获得的任何利益，但不包括免税组织在活动中对赞助方名称或标志的使用，也不包括提供的不具有实质价值（判断标准为当时存在的联邦税务局的指导规定及最低标准）的商品或服务。③ 上述规则的重要性体现在，如果赞助商在贸易、商业活动中使用的标志和标语没有将其产品或服务同其竞争对手进行比较，那么对这些名称或标志的使用与认可便不会产生涉及无关宗旨商业所得税的问题。④ 如果赞助协议中赋予了赞助方买卖、分配、获得和使用其产品、服务与设施的排他性权利，那么构成独家供应商安排的那部分付款将不会被视为一项合格的赞助出资。⑤

20 世纪 90 年代末，联邦税务局开始关注差旅活动，并在 1998 年提出了法规建议稿，⑥ 法规最终于 2000 年 2 月 7 日公布施行。⑦ 它们提供了很多有关差旅的实例，适用区分规则，依据事实和各种情况而不是通过列举某些因素来决定其相关性。⑧

联邦税务局于 2000 年 10 月宣布征求公众对与免税组织进行互联网活动有关问题的意见，尤其关注的是无关宗旨商业所得规则对某些互联网活动的适用，以及这些活动与游说限制、政治活动限制之间的关系。这一举动显示了一系列的问题，暗示联邦税务局希望在现有规则的基础上发展新的政策，使免税组织能充分利用新技术去获得自己的利益。⑨

慈善组织实施的无关宗旨商业活动的程度是很难估计的。它看起来相对较

---

① 67 Fed. Reg. 20，433（2002）（effective April 25，2002，for payments solicited or received after December 31，1997）.

② Treas. Reg. §1.513－4（c）（1），67 Fed. Reg. 20，433（2002）.

③ Treas. Reg. §1.513－4（c）（2）（i），67 Fed. Reg. 20，433（2002）.

④ Treas. Reg. §1.513－4（c）（2）（iv），67 Fed. Reg. 20，433（2002）.

⑤ Treas. Reg. §1.513－4（c）（2）（vi），67 Fed. Reg. 20，433（2002）.

⑥ 63 Fed. Reg. 20，156（1998）.

⑦ 65 Fed. Reg. 5771（2000）.

⑧ Treas. Reg. §1.513－7；see also Sean Barnett et al.，"The Unrelated Business Income Tax：Current Developments，" in 2002 IRS *Continuing Professional Education Text*，195，195－196.

⑨ Ann. 2000－84，2000－2C. B. 285；see also Catherine E. Livingston，"Tax－Exempt Organizations and the Internet：Tax and Other Legal Issues，" 31 *Exempt Organization Tax Review* 419（2001）.

小，或者至少利润不是很高。所有免税组织无关宗旨商业收入总额在 1986 年为 5600 万美元，1992 年为 1.32 亿美元，1994 年是 1.915 亿美元，在 1995 年 2.775 亿美元，这其中只有不到 1/4 源于慈善组织。在 1995 年，慈善组织缴纳 的平均无关宗旨商业所得税不到 40 万美元；减免之后，只有 3187 家慈善组织 纳税。[1]

Hines 呼吁使用这些数据时要谨慎，他宣称，自我报告加上审计的不可靠性 可能导致组织少报商业活动，或者使这些活动看似没有实际的利润高。[2] 随着 不断用应纳税子机构来进行不相关活动，这种扭曲进一步加剧了，因为这些应 纳税所得被孤立于申报表之外，公众可能无法获取。

在 2000 年，Steuerle 提醒人们留意这样一个事实，虽然商业社会普遍认为 无关宗旨商业所得税给予非营利法人一种不公平的优势，但这种模式仍有许多 瑕疵。他指出所得税免税并非投入补贴，因为它并没有降低慈善组织采购货物 的成本，适用零税率的慈善组织跟适用 35% 税率的竞争者比较起来不见得更不 公平，就如同任何适用累进税率的个人，这些个人通过独资经营来从商或者通 过组织的形式（例如，合伙企业）来经营，收入又转给组织的所有人。[3] 同时， Steuerle 也不相信非营利法人会低价与营利性组织竞争，正如同其在被动投资中 也不会接受较低回报一样。[4] 因此，一种更为合适的无关宗旨商业收入的模式 是提供一种单一层次的税目，其税额与免税组织拥有股份的应纳税公司的利润 持平。

在 1999 年召开的一次关于无关宗旨商业所得税的会议上，参加者最后得出

---

[1] Evelyn Brody and Joseph Cordes, "The Unrelated Business Income Tax: All Bark and No Bite?" in Urban Institute-Hauser Center Emerging Issues in Philanthropy Brief (April 1999); Margaret Riley, "Unrelated Business Income of Nonprofit Organizations, 1994," IRS Statistics of Income Bulletin (Spring 1998), 111 – 132; Cecilia Hilgert and Melissa Whitten, "Charities and Other Tax-Exempt Organizations, 1995," IRS Statistics of Income Bulletin (Winter 1998 – 1999), 105 – 125.

[2] James R. Hines, Jr., "Non-Profit Business Activity and the Unrelated Business Income Tax," 13 *Tax Policy and the Economy* 57 (1999).

[3] Eugene Steuerle, "When Nonprofits Conduct Exempt Activities as Taxable Enterprises," in Urban Institute – Hauser Center Emerging Issues in Philanthropy Brief (November 2000).

[4] Id.; see also Joseph J. Cordes and Burton A. Weisbrod, "Differential Taxation of Nonprofits and the Commercialization of Nonprofit Revenues," 17 *Journal of Policy Analysis and Management* 195 (1998).

结论，无关宗旨商业所得税事实上已经"成为一种自愿税，最多担当一种'中间制裁'的角色，不会使慈善组织获得'太多无关宗旨商业所得'而失去税收免税的资格"。① 会议也同意了，国会不太可能撤销该税种或者采取重大改革。然而，可以做出相应调整改进。最需要的就是采用具有可行性的指导意见，规范在已征税和未征税活动之间进行收益与成本的分配，此领域的规则不是很清楚，而且实践中不同问题的差别很大。其他的意见是增加 1000 美元的减除标准，修正排除专利使用费的定义，并澄清如何认定一种商业活动"经常性开展"，这种认定对以网络为基础的商业活动具有特殊意义。

## 进行免税活动的合营企业和应纳税子机构

Simon 在 1984 年的一篇文章中对商业活动做出以下评论：

商业活动的问题逐渐成为 20 世纪 80 年代最突出的难题，因为各种各样的志愿组织已无力应对多重冲击：政府在社会服务和文化开销方面减少的比率……政府对非营利组织的拨款比率和合同资助的降低，而慈善捐赠水平还远远无法填补差额。假如预计准确的话，非营利组织已经一心扑到了创收中——对服务收费的依赖性不断上升，进入新的或者扩大商业运作（不论是否与非营利性组织的章程目的相关），以及获取可以产生现金流的资产，这与传统的通过被动投资持股的方式获取收入是截然不同的。②

那时，有限合伙制度的创设引发了人们主要的兴趣，这是一种由非营利法人设立并以普通合伙人身份加入的创造。有限合伙制度吸引了营利性投资人进入房地产企业或者戏剧公司，在这里，他们可以利用合伙企业销账来抵免个人应纳税所得。

此后 15 年里，商业活动的规模和范围有了巨大增长，尤其是那些涉及与以营利为目的的投资人合营的商业活动。医院及其他医疗机构更是如此，尽管在

---

① Brody and Cordes, "The Unrelated Business Income Tax," in *Emerging Issues in Philanthropy Brief*.

② John G. Simon, "The Tax Treatment of Nonprofit Organizations: A Review of Federal and State Policies," in *The Nonprofit Sector: A Research Handbook*, 67, 91.

20 世纪 90 年代末，一些非医疗卫生领域的免税组织建立了合资企业，通过其控制的应纳税法人与合伙企业去开展免税活动。① 引发上述变化的动机，有的是为了让应纳税组织得以支付比慈善性质的母机构认为合理的更高的工资，有的是为了允许管理人员和理事通过股权参与到合资企业中，有的却仅仅是为了吸引私人资本。

随着慈善性质的母机构为了保护自己的利益纷纷建立附属机构（无论是否享有免税待遇），医疗卫生领域的结构安排变得越来越复杂。这种趋势在最盛时被称为"全面医疗合营"，在其安排下，医院的整体资产和运作将会被转移至一家商业实体，医院和投资者是共同所有人，而医院在运营时便成为一个纳税实体。虽然这些安排早已声名狼藉，但似乎这种涉及医院一个或多个运作方面的所谓的附属合营企业却成为医疗卫生领域甚至整个免税领域中最具代表性的企业。

合资企业让联邦税务局"头痛"的一个问题主要集中在如何解释免税的"排他性测试"，联邦税务局最初采取的立场是：如果一家慈善组织控制了一个商业企业，不论该控制是通过控股还是通过占有大多数投票权的方式，该组织都不会只从事与免税目的有关的活动。它还指出，如果一个企业以合伙的形式运作，并为投资者提供最大的利益，那么合伙企业法就会对代表私营资本方利益的慈善组织课以重税，因为这将使慈善组织无法通过私人利益测试。

在早期的 *Plumstead Theatre Society, Inc. v. Commissioner* 案这一重要案例中，② 税务法院推翻了联邦税务局撤销一家慈善组织的免税资格的决定，该慈善组织为了筹集资金制作一部戏剧，组建了一家有限合伙，组织为普通合伙人，然后再将有限合伙的利益出售给个人投资者。在此决定中一个重要事实是，慈善组织保持了对合伙的控制，而合伙的活动又进一步加深了慈善组织免税目的的实现。这个案子实际上为那些想要进入安全的合资企业的慈善组织提供了蓝图，必要条件是慈善组织保持对商业实体活动的控制，并且保证附属机构的目的本身是慈善性的。

---

① Michael I. Sanders, *Partnerships and Joint Ventures Involving Tax – Exempt Organizations*, 1 (New York: John Wiley & Sons, 2d ed. , 2000) .

② 74 T. C. 1324 (1980), aff' d, 675F. 2d 244 (9th Cir. 1982) .

1998 年，人们对建立合资企业的兴趣日益高涨，为了应对这一趋势，也为了解决该趋势对免税组织损害程度的不确定性以及联邦税务局在处理医院合资企业时的困难，联邦税务局发布了一项税收规定，试图来澄清自己的立场。[①] 该税收规定将医院的资产和运营权转移给营利性合资企业的安排区分为两种，一个好一个坏，两者之间的区别在于免税组织对附属机构实施的控制程度以及慈善组织能否保证附属机构的免税目的不会遭受损害。

联邦第九巡回上诉法院在 *Redlands Surgical Services v. Commissioners* 案中支持了联邦税务局在税收规则中表明的对"全面医疗合资"的立场，[②] 认为一个由慈善组织完全所有的附属机构与一个营利机构在某有限责任公司中各持股 50% 的结构安排，给予营利机构一方的成员以不合规的私人利益，由此导致慈善组织的附属机构无资格免税，因为其不会完全为了慈善目的行事。

2002 年 6 月，某一联邦地区法院推翻了联邦税务局撤销一家公益医院免税资格的决定。本案中，该医院以其全部医院资产、医疗资产出资，与一家营利性医疗保健组织的附属机构一同组建了有限合伙企业。[③] 其中，医院和该营利性组织的附属机构为普通合伙人，且该附属机构担任管理合伙人。双方共有有限合伙利益，其中医院所占总比例为 45.9%。在协议规定下，每一个普通合伙人都有权任命医院理事会一半的成员，但只有医院有权任命主席并有权单方面撤换首席执行官。如若有限合伙企业未能按照税收决定 69 - 545（医院获得免税资格的条件之一）规定的社区利益标准去运行，那么医院有权解散合伙企业。[④] 联邦税务局的立场是，合伙协议没有构成有效的慈善，因为 St. David's（慈善性医院的名称）无法让合伙企业从事能够进一步加强慈善目的的活动，没有满足社区利益标准，而且管理人员也没有明确的职责去要求其按照社区利益标准运营各种设施。

在对慈善组织做出即决判决时，法院认为维持并控制社区委员会并不是医院免税的前提条件，但即便是的话，合伙协议赋予了慈善组织必要的控制权。依靠 Redlands 案，法院进一步阐述，慈善组织的控制权必须能够保障其

①　Rev. Rul. 98 - 15, 1998 - 1 C. B. 718.

②　113 T. C. No. 3 (1999), aff'd per curiam, 242 F. 3d904 (9th Cir. 2001).

③　*St. David's Health Care System, Inc. v. United States*, 2002 WL 1335230 (W. D. Tex. 2002).

④　Rev. Rul. 69 - 545, 1969 - 2 C. B. 117.

免税目的，且保证医院的运作仅以慈善为目的。

除了免税组织和营利企业建立的合资企业在不断增多之外，20 世纪 90 年代末，大量免税组织开始以营利性应纳税企业的身份开展某些活动，尽管以慈善组织身份从事这些活动会享受免税待遇。企业如此行为最主要的动机似乎在于增强吸引外部资金的能力，但在一些情况下，该动机更有可能是追求提供更高的工资及其他补偿奖励，或者是为了在私人参与者和非营利参与者之间重新分配控制权。应纳税公司实施的这些类型的活动包括远程学习项目、互联网企业、博物馆实施的复制品买卖、其他与艺术相关的活动，以及参与低收入家庭住房项目。① 虽然其规模与所涉资产的价值相对较小，但这些新型企业获得了媒体及律师协会的关注，这也可能会引发对某些非营利企业免税问题的质疑，这种质疑甚至可能会涉及整个第三部门的免税问题。②

因为《国内税收法典》对慈善组织的商业活动（与宗旨相关或者不相关）的数额是否有限制不明确，超过这一限制的组织是否无权享受免税待遇成为监管者面临的一个重要问题。虽然评论家和小型企业的代表一直不断地批评商业活动的数量，暗示应当存在对免税组织扩张的限制，但法律对此立场并没有明确的规定。例如，Spizer 争论道，缺乏实质限制"是适宜的，因为中间制裁、禁止利益分配、私人利益和'专为慈善目的运作'的限制对联邦税务局来说已经足够执行了"。③ 然而，他建议，联邦税务局和法院更为协调地使用这些工作——一个检测，用来衡量与宗旨相关的商业活动与免税活动是否匹配，以及与宗旨无关的商业活动在范围上与组织的资源是否相适应，该

---

① Eyal Press and Jennifer Washburn, "The Kept University," *Atlantic Monthly*, March 2000, at 39; Stephen Schwarz, "Federal Income Taxation of Investments by Nonprofit Organizations: Beyond a Primer," in *Conference: Taxing Charitable Investments*, 32 – 33 (New York University School of Law, National Center on Philanthropy and the Law, 2000).

② Steuerle, "When Nonprofits Conduct Exempt Activities as Taxable Enterprises," in *Emerging Issues in Philanthropy Brief*.

③ A. L. Spitzer, "'Milking the Cash Cow'; Commercial Activities Undertaken by Nonprofit Organizations: Analysis and Recommendations," *in Conference: Defining Charity—A View from the 21st Century* (New York University School of Law, National Center on Philanthropy and the Law, 2001); see also John D. Colombo, "Regulating Commercial Activity by Exempt Charities: Resurrecting the Commensurate-in-Scope Doctrine," 39 *Exempt Organization Tax Review* 341 (2003).

项检测是在 1964 年的一项税收裁定中被确立的。<sup>①</sup> 联邦税务局仍长期坚持其立场，认为与宗旨相关的商业活动应被加以鼓励并得以重申，可允许的合资企业活动的系数需要被加以定义。在定义做出时，如 Spitzer 建议的那种方法或许就足以成为一种规制工具。

## 《国内税收法典》在确保符合信托义务问题上的角色

联邦税务局作为全国范围内慈善性活动的规制角色一定不在国会议员的视野之内，国会议员在最初实施的所得税中通过投票向慈善组织赋予免税资格。事实上，联邦税务局成为信托行为的有效监管者自 1969 年才开始，但是不到 20 世纪末，这种权力便被扩展到大多数的慈善受托人。对于一个意料之外误打误撞的规制计划来说，其效用已经证明比之前预想的更为有效。这在很大程度上是因为植入法律的实用性，其对普通法原则的依靠，以及应对变化的慢节奏。可以将慈善组织规制划分为三个阶段：首先，确立了广泛定义的参数，并且依靠自我监督来保证可靠性；其次，在国会通过了无关宗旨商业所得税和游说限制的规定时，在免税组织与非免税组织间划清了界限；最后，规制功能被加以扩展，首先是在 1969 年通过了对私立基金会和其管理人员的限制，然后，在 1996 年，通过了对慈善受托人和某些相关当事人的超额利益限制，他们因为向内部人士提供超额利益而违反了忠实义务和注意义务。

这个进程是很缓慢的，也并不是没有大的变动。值得注意的是，扩大后的规范并没有对进入该领域进行限制；事实上，建立在 20 世纪末数量增长和资产价值的基础数据之上，规制的环境可以说非常具有孕育性，很适合规范的产生。

这并不是暗示不需要进行任何改进了。正如私立基金会所表现出来的变化，超额利益条款的限制也已经有了界定。撤销游说限制将会允许慈善组织为社会做出更有意义的贡献；但如果那是无法接受的，至少，国会也应当取消直接游说和间接游说之间的区别对待。对合资企业的待遇而言，慈善目的还是有必要的，这样的话，慈善组织就会明白并且可以在合法的活动规范系数内开展活动。

---

① Rev. Rul. 64 - 182, 1964 - 1 C. B. 186.

# 第六章 各州慈善组织法规

　　法院对以慈善为目的的信托机构赋予有效性，其逻辑依据在于受益人是普罗大众。然而，实践表明，数量众多（但是尚未确定）的受益人无法如私益信托受益人那样合理履行职责，因为后者是在本能的自我利益驱使下开展活动。早在《伊丽莎白法》通过前，法院在回应更换私益受益人这一需求时，考虑将其归属于国王名下。在信托之中，这种权利被表述为一种执行权。它一方面体现为一种义务，即监督承担信托资金管理职责的受托人的活动；另一方面也蕴含着一种权利，即提请法院注意任何看似需要纠正的滥用行为。因此，这种执行权在广义上意味着一种监督（或监管）的责任，但不包括规范的权利，也不包括指导慈善组织的日常事务或者法院行为的权利。首席检察官施行的执行权，以及法院行使的规范权，可以扩展到所有用于慈善目的的资产，不论其采取哪一种法律形式——公司、信托或者志愿组织。这些形式的本源均可在英美法系的基础框架中得以追溯。

　　还有其他的州政府部门有权在某些具体方面规制慈善组织的运作，比如，涉及学校、学院和大学事务的教育委员会，或者涉及医院和其他医疗保健设施工作的卫生部门。然而，除极少数例外，法院是唯一获得授权的确保慈善组织的管理人员履行信赖义务的国家部门。而且，首席检察官的权力几乎在所有方面都是专属的，以致州级慈善组织规制的效果主要取决于首席检察官履行其职责的方式。法院和首席检察官的职责在本章中分别描述为：保持法规得以遵循，限制其他个人起诉追究慈善组织受托人违反职责行为的责任，以及遵循其他州级政府部门的有限规范性职责。

# 法　院

法院所具有的广泛的衡平法权力使得司法人员在决定慈善组织事宜时具有潜在的主导地位。司法判决已经规范了有效慈善目的的类别，也限定了受托人的权限及其职责范围。甚至当这些权限必须在最具有立法普遍性的成文法律框架内实现时，法院也依然留有充分的解释余地。通过其解决争议的权力，法院划定了合理投资的界限。正是由法院来任命新的受托人，在某些情况下任命新的理事；也是由法院命令法人解散或者强迫转移法人的财产，决定受托人自我裁量权的范围，以及指导近似原则的适用。

在州范围之内，这些问题大多数都由州遗嘱检验法院或者由具有衡平司法权的一审法院管辖。规范上诉的程序规则如下：下级法院法官对事实的认定会被予以充分重视，在没有明显错误的情况下极少会被推翻。由此可见，慈善组织的问题主要由下级法院决定。

在许多州，遗嘱信托受托人被要求定期向监督法院提交报告以获取津贴。例如，在俄亥俄州，受托人被要求每两年至少提交一次报告，逐条列述收入、支出、分配、资产和投资的情况。[1] 在其他州，受托人可以依据其自我裁量权，提交报告获取津贴，但在他们辞职、被免职或者信托终止前，这种报告并非必需的。只有四个州没有对受托人的报告做出任何规定。内华达州颁布的《统一受托人报告法案》，[2] 要求遗嘱信托和非遗嘱信托的受托人每年向遗嘱检验法院提交相关的详细财政报告。这些报告同时也必须包括不存在自我交易的证据、未支付款诉求的声明，以及法院可能要求提供的其他事实。该法案明确规定适用于慈善信托。

虽然法院的权力在理论上十分广泛，但却极少付诸实践。一般慈善组织的产生和运行都不会与法院有任何联系。生前信托和慈善法人在所有州都可不经司法准许而创立。[3] 遗嘱信托（身后信托）的创立在法院的职权范围内，但除

---

① Ohio Rev. Code Ann. 2109. 30.

② Nev. Rev. Stat. 165. 010 – 165. 250.

③ 纽约州一直到 1970 年才要求司法准许，宾夕法尼亚州则是 1972 年。

非遗产继承人质疑遗嘱处置的有效性，否则法院只会认可相关文书的备案以及在遗嘱检验程序结束时资金转让给受托人。即使在那些遗嘱信托的受托人有义务定期向法院提交报告的州，法院与受托人的接触也仅是例行的。没有任何程序认定受托人未履行其报告义务。并且，法院报告的津贴问题本身几乎就是自动性的。法院没有自己的审计人员去核查报告的内容，① 而且除非相关方提出反对，否则法院将无任何异议地加以许可。

遗嘱检验法院规范慈善信托管理的权力在 1994 年马萨诸塞州审理的一个案件中得以重新确认，法院认为法规赋予首席检察官对慈善信托的执行权并不剥夺遗嘱检验法院的权力。相应地，遗嘱检验法院并不受首席检察官和慈善信托的受托人（被指控违反信赖义务）之间达成的和解协议的约束，同时，法院不仅可以要求受托人为其管理负责，还可以令和解协议的条款无效，其结果导致对受托人的诉讼数量激增。②

法院对慈善法人的权力来源归于两个因素：（1）存在一种信托，所有慈善性捐赠的受益人都不确定；以及（2）正式审查所有法人的权力，该权力派生于创立法人的权力，后者为其所在州所有。后者的概念源于罗马法并随后被英国君主采纳。③ 而今美国的每个州都通过制定法对其进行补充，赋予法院一定条件下解散法人的权力，即有证据显示某些行为超出法人的权力或宗旨，或者危害公共利益。④

如前所述，任何法院要行使的权力都被这样一个事实所限制，即法院只能审理那些由原告提请注意的争议，并同时被限制在被告提出的问题上。对此规则有两项例外：第一，慈善受托人普遍可以获得的，是要求法院对其职责的范围和解释进行指导的权利；⑤ 第二，在美国某些州，根据衡平法允许法院在某些情况下以其自己的动议行事（依职权行事）。然而，这种权力极少加以运用。马萨诸塞州高等法院在一个案子中解释了依职权行事的本质，该案涉及的是法

---

① 印第安纳州是个例外，该州每个法院的审计部分都交给会计师。

② Matter of Trust under Will of Fuller, 636N. E. 2d 1333（Mass. 1994）.

③ Roscoe Pound, "Visitorial Jurisdiction over Corporations in Equity," 49 *Harvard Law Review* 369（1936）.

④ *Model Business Corporation Act* 14. 30（2）（1995 revision）.

⑤ Matter of Jacobs, 487 N. Y. S. 2d 992（Surr. Ct. 1985）; see also Austin W. Scott and William F. Fratcher, *The law of trusts*, 394（Boston: little, brown 4th ed, 1987）.

院运用其权力开除某一受托人：

> 一般情况下，法院适当地保持消极状态，除非，当且仅当某一方提起诉讼并要求法院做出普遍认可的实践行为。但是法院拥有广泛的内在权力去维持公平，并采取一定程序保障公平。一旦法院已经采取司法行为，并基于其司法权的施行而对公众负责，以维持公平，那么在某些特殊的情况下依职权行事是法院的权力，也是法院的职责。①

然而，除了这种特殊的司法权以外，英美法系还依靠个人的自我利益来确保法律得以遵守。存在确定的关心自我利益的个人，是所有信赖关系的基本构成要件之一。法律构建十分规范，以致私益信托的受益人或商业性公司的股东被寄予厚望，去激发法院的执行机制。只有当衡平法院认可受益人的权利并且同意执行时，信托才发展为一种法律工具。现今，关心自我利益的受益人的存在，事实上成为保障私益信托有效性的前提要求之一。同样，我们期望信托受益人和公司股东的权力，能够与首席检察官发挥类似的作用，去推动执行慈善信托的合理管理。

慈善法有一个特别的区域，在这个区域，法院的权力几乎不受任何约束，即近似原则和偏差原则的应用。正如在第三章中所论述，近似原则适用的案件主要是慈善组织目的的实现遥不可及且不切实际；而偏差原则主要适用于达到目的所需的特别方法无法实现的案件。一旦出现以上情形，而且证据表明捐赠人丧失了撤销权，那么法院将被授权允许慈善组织的目的或方法作出与原始赠与相近的变更。选择替代者的能力必然不受任何限制，而且下级法院的判决不得被推翻，除非可以证明法官的行为有过失或不合理。

这意味着，采取近似原则和偏差原则裁判的结果之间存在着巨大差异，那些拒绝认定慈善目的不切实际或替代方案过窄的法院将受到批评。例如，在1999年，宾夕法尼亚州孤儿法院拒绝许可一家信托受托人提出的申请，该信托的设立目的在于经营一所学校"在可负担范围内为尽可能多的白种人男性孤儿提供抚养、帮助和教育"。该法院在1970年判决宣布种族限制无效，此时

---

① *Quincy Trust Co.* v. *Taylor*, 57 N. E 2d 573（Mass. 1944）；see also Scott and Fratcher, *Law of Trusts*, 200. 4.

（1999 年）受托人要求法院进行额外的修正。起初，该信托是由好时公司的控股股份提供资金支持，在提出申请时，资本总量已增至 50 亿美元，产生的收益远高于其运行的学校培养 1050 名学生所需要的费用。受托人要求法院批准其计划，使用部分收益建立一家科研机构，为贫困儿童提供教育。慈善学校校友、当地居民纷纷提出抗议，大量的教育机构则要求法院将资金转拨给它们。首席检察官也加入了反对申请的行列，最终法院拒绝了申请。[①]

在某些情况下，慈善组织及其受托人还可能触犯刑法，其中最常见的是盗窃和贪污。在此类性质的案件中，法院的权力源于那些定义犯罪、规定处罚的法规。刑法一般适用于所有的个人和公司；它不会对慈善组织做出区别对待，也不会将慈善受托人与其他为私人目的管理财产的人进行区分。唯一的例外在于对基于慈善目的所筹集的资金的限制，在有些州则包括刑事制裁，处罚那些误导公众将资金捐给慈善组织，以及捐给其他自视为慈善组织的机构的行为。违反这些规则的制裁包括罚款和监禁。在此类规则适用上，法院在成文法规定的救济中所具有的灵活性一般比其在运用衡平法权力时的灵活性要少。

# 首席检察官

引述最初于 1847 年制定的《马萨诸塞州普通法律》相关章节的规定，首席检察官的职责在于"确保给予或分配给公共慈善机构的资金得到合理利用，以及防止管理过程中的违规行为"，[②] 这种职责在法规文本中被规定成一种绝对义务，而现今则被几乎所有的州通过立法或司法判决的形式加以确认。有 37 个州通过立法的方式规定该职责。在印第安纳州，首席检察官的权力被限于就信托财务会计起诉；而在密西西比州、密苏里州、内布拉斯加州和怀俄明州，该权力只有在涉及具体公司交易时才可以行使；佛罗里达州的法律则赋予首席检察官起诉"非营利性组织的不正当行为"的权力。在权力被限制于处理具体公司交易的上述四个州中，首席检察官对慈善信托的执行权在判例法中得以认可，

---

① Daniel Golden, "Bittersweet Legacy", *Wall Street Journal*, August 12, 1999, at A23. See also *www. mhsaa. org/lib.*

② Mass. Gen. Laws ch. 12, 8.

印第安纳州和佛罗里达州同样如此。此外还有 12 个州首席检察官的执行权是通过判例法赋予的。①

直到 1999 年，新墨西哥州成为唯一无论在司法判决抑或立法上均未对执行权做出明确规定的州，无法确定慈善性资金相关职责是由首席检察官还是由其他公职人员承担。就在那年，新墨西哥州规范慈善目的的募捐法规被加以修正，声明"授权首席检察官监督、视察，及执行慈善组织的慈善目的"。② 无独有偶，在路易斯安那州，虽然其法规或判例法未授权首席检察官担任该角色，但却有法规规定在适用近似原则的程序进行公告时须将公告送交首席检察官。③

2002 年 1 月，弗吉尼亚州高等法院认定，首席检察官的联邦普通法执行权不适用于慈善法人，因此，首席检察官无权以自我交易、挥霍基金会财产和违反信赖义务为由提起诉讼，从而剥夺理事的职务或提供其他衡平法上的救济。④ 该判决基于对相关法规的解释之上，该相关法规赋予州法人委员会对非股份公司享有专属司法权，同时授权首席检察官行使普通法和制定法权力的对象限于某些非营利性医疗卫生组织，而不包括其他非营利性组织。本案中的反对意见表明，该相关法规在 1997 年通过的目的在于规范医疗卫生组织从非营利性向营利性转型，而非试图修改首席检察官的权力。然而，本案的判决却对首席检察官的权限产生影响，将其执行权缩限于慈善信托，而不包括慈善法人。

立法机关于 2002 年 4 月 8 日对该案做出了迅速回应，通过增加一项条款修改了《弗吉尼亚州法典》，实现的效果是：

> 在弗吉尼亚州注册或进行商业活动的慈善法人的资产，应被视为属于为公众设立的信托，其按照捐赠人意愿所确立的目的与规范文件或其他可适用的法律的表述相符。首席检察官对此类资产代表公众行使的权力，应该与其针对非注册慈善信托及其他慈善实体管理的资产行使的权力相同，包括为保护此类资产的公共利益而寻求司法救济的权力。⑤

---

① 见附录，表格一，第 1 栏。

② N. M. Stat. Ann. 57 – 22 – 9.

③ La. Rev. Stat. Ann. 9 – 2332.

④ *Virginia* v. *The JOCO Foundation*, 558 S. E. 2d 280（Va. 2002）.

⑤ Va. code Ann. 2. 2 – 507. 1 added by 2002 Va. Acts ch. 792（April 8, 2002）.

该法案的另一个章节确定，巡回法院将对慈善法人拥有与其他慈善实体相同的事件管辖权，"包括要求报告、任命接收人、支付赔偿金的权力，以及对慈善法人、管理人员、理事、代理人、员工或其他人做出禁令救济的权力，从而在必要时保护此类资产的公共利益"。①

一般而言，首席检察官对慈善组织的执行权同样适用于法人和信托。除却法律规定该权力（几乎所有州均采此做法，只有九个州将该权力赋予其他的州政府官员）之外，关于法人型慈善组织的执行权还表现为因某些违规行为而起诉解散公司。通常，解散程序被称为"许可程序"。一般情况下，许可强制性解散的充分理由包括：（1）滥用法人权力；（2）未能在一定年限内行使法人权力；（3）在获得法人特许经营时有欺诈行为；（4）未能在一定时间内提交年度报告；（5）在特定的一段时间内未能任命和维持注册代理人，或者在注册代理人变更之后未及时通知州官员。② 2002 年，田纳西州首席检察官在有证据显示两家慈善组织的理事和管理人员存在自我交易和资产转换时，成功提起申请，解散了这两家慈善组织，并且将其资产分配给其他慈善组织。③

加利福尼亚州首席检察官对慈善法人的权力在 1983 年被加以限制，当时加州立法机关修改了该州非营利法人法，将对医疗保健服务计划机构的规范权转移给法人委员会委员。④ 该修改所声称的目的在于解决此类慈善组织在管理规制上的权力叠加问题。在该法案通过几年之后，首席检察官针对一家医疗保健计划机构提起诉讼，要求执行法案通过前达成的一项和解协议。在 1990 年的一次判决中，法院认定该法案取代了有关医疗保健机构的所有普通法和制定法。⑤ 弗吉尼亚州和加利福尼亚州的情况是特殊的；其他州的情况都已经得到解决，自 1990 年起就肯定了首席检察官的权力，并且继续坚持下面要描述的排他性诉讼主体的观点。⑥

---

① Va. code Ann. 17. 1 – 513. 01. 1 added by 2002 Va. Acts ch. 792 （April 8，2002）.

② See, for example, *Revised Model Non-Profit Corporation Act*（RMNCA），14. 20，14. 30（1987）.

③ *Summers V. Cherokee Children and Family Services，Inc.*，2002 WL 31126636（Tenn. Ct. App. 2002）.

④ *California Assembly Bill 795*，1983 Cal. Stat. ch 1085，10 – 14 at 3879（rewriting Cal. / Corp. Code 10821）.

⑤ *Van de Kamp* v. *Gumbiner*，221 Cal. App. 3d 1260（1990）.

⑥ In re Estate of York，951 S. W. 2d 122（Tex. 1997）；*State* V. *Holden*，953 S. W. 2d 151（Mo. 1997）.

首席检察官的权力影响能否延伸至处于本州以外其他州的慈善财产尚未有定论。这个问题曾通过两个案例于 2002 年和 2003 年分别被提交至堪萨斯州和密苏里州的法院，这两个案子都涉及"中西部健康"的买卖和转让问题，"中西部健康"是中西部地区最大型的医疗保健系统，在前述两个州都拥有并经营数家医院。买卖交易的价格是 11.3 亿美元，其中的 8 亿美元将用来组建一个新的基金会，以满足本地区的医疗保健需求，而该基金会的受托人将会是"中西部健康"的理事。"中西部健康"原本要寻求两个州的法院批准该交易，但后来当首席检察官反对此交易时，该慈善组织对首席检察官干涉的权力产生质疑。随后该两州都寻求法院命令来解散该慈善组织、开除理事、任命接收人，并且，两州似乎都为争夺处置该交易收益的管辖权做好了准备。①

这个问题在 2003 年春得到解决，虽然密苏里基金会声明其建立目的在于满足堪萨斯州大都会区的医疗健康需求，但双方最终达成一致在该两州均建立基金会，并将其间的交易收益进行分配，从而将两州的潜在受益人纳入其中。密苏里州首席检察官保留了其对密苏里基金会异常广泛而持久的监督权，以及任命理事会 1/3 原始成员的权力②。堪萨斯州首席检察官和"中西部健康"之间达成的协议遵循了密苏里州协议的条款，但将受益人限制在堪萨斯州范围内。③

首席检察官可以要求法院采取执行信赖义务的行为范围与法院对违反信赖义务提供救济的权力范围一样广泛。他可以要求提交报告、开除受托人、解散法人、强制转让法人财产，或以上措施兼而用之。他可以要求法院强制慈善受托人补偿因失职造成的损失，并返还在管理信托期间获得的利益。他可以设法禁止受托人实施进一步的违法行为，或者禁止其继续某些特定诉讼。此外对于违反忠诚义务的交易，首席检察官也可以选择使其无效，除非他觉得有必要为公共利益而加以维持。首席检察官和受托人均可提起诉讼，要求修改或变通信

---

① For court documents filed by parties, see www. kasg. org/contens/litigation/main. htm *and* www. moago. org/health/index. html.

② 密苏里州首席检察官办公室，新闻处，"Nixon Announces Agreement with Health Midwest to Establish $700 Million Foundation for Health Care Needs"（2003 年 1 月 22 日）；See also Memorandum of Understanding（2003 年 1 月 22 日）available at *www. ago. state. mo. us/lawstuits*2003/012203 *healthmidwest. pdf*。

③ Office of Kansas Attorney General, Press Release, "Attorney General Kline Announces Settlement with Health Midwest"（March 13, 2003）.

托条款或资金的使用。① 在 2002 年，缅因州立法部门修改了规制利益交易冲突的规定，特别授权首席检察官可以起诉使交易无效，只要他有合理理由相信慈善组织涉及利益交易冲突，该交易既不公平也未依法得到批准。诉讼一般会提前通知慈善组织，除非"有必要阻止对公共利益即刻而不可逆转的损害"。② 几乎在每个州，都至少有几个案子涉及此类诉讼。在许多早期的此类案件中，诉讼通常都是由首席检察官对个人提起的，虽然一些评论家赞成使用关系人来扩大诉讼主体范围，但是这种情况确实很少见。③ 正如前面提到的，慈善受托人违反刑法并不会免于起诉，在大多数情况下，首席检察官和州地区检察官都被授权对此类违法行为进行起诉。

首席检察官的权力存在一些限制，有的是基于对其制定法权力的解读，其他的则是出于对慈善基金的保护而不允许干涉慈善组织的内部事务。关于制定法的限制，康涅狄格州高等法院于 2002 年判决，首席检察官无权在州政府支付的学费方面对特许学校的校长和财务官的自我交易提起诉讼。④ 相反，其在康州法律之下的权力限于保护捐赠资金，至于州政府支付方面的诉讼权力则交由州检察官行使。关于内部事务，纽约上诉法院在 1980 年判定，首席检察官没有资格起诉一企业法人及其理事违反信赖义务而漏报某一被告理事将股息给予若干慈善组织的行为。首席检察官代表几个被捐赠的慈善组织提起诉讼，声称是代表这些组织的最终受益人而行事。法院认可了首席检察官执行判决或要求适用慈善目的的权力，然而，本案中其所试图影响的事务是属于慈善组织的。法院认定没有法律会"授权对慈善法人的日常事务进行大范围的干涉"。⑤

与此相似，加州法院在 *City of Palm Springs* v. *Living Desert Reserve*⑥ 案中也对首席检察官的权力进行限制，该案涉及的是一个城市要求不动产归复的权

---

① Marion R. Fremont-Smith, "Enforceability and Sanctions," in *Conference: Governance of Nonprofit Organizations – Standards and Enforcement* (New York University School of Law, National Center on Philanthropy and the law, 1997).

② Me. Rev. Atat. Annn. Tit. 13 – B, 718 (8).

③ 见本章关于诉讼主体的讨论。

④ *Blumenthal* v. *Barnes*, 804 A. 2d 152 (Conn. 2002).

⑤ *Lefkowitz* v. *lebensfeld*, 415 NE 2d 919, 922 (N. Y. 1980).

⑥ 82 cal. / Rptr. 859 (Cal. App. 4th dist. 1999).

利，其接受该权益的明确条件在于将其永久用作沙漠野生动物保护区。法院认为，该转让并未创设慈善信托，因而，首席检察官不是该诉讼的必要当事人。

明尼苏达州首席检察官在 2001 年一次尝试中，成功操控了一家他认为经营不善的慈善组织理事会成员的任命，在 2003 年时做了类似的尝试，但结果却喜忧参半。在第一个案例中，在起诉的威胁下，慈善组织同意和解，把部分业务剥离给其下属机构，同时将由首席检察官根据法院许可任命八位"特别管理人员"组成该慈善组织的理事会。两年后，法院拒绝了慈善组织终止该和解协议的要求，认为该协议只能在首席检察官和慈善组织双方都同意的情况下终止。①在第二个案例中，首席检察官试图任命一家健康保护组织——健康合伙人——的理事会的两名成员，并将其中一位指定为理事会主席，尽管相关文件要求理事须为筹建人员。该慈善组织质疑首席检察官的建议，在 2003 年 6 月，州地方法院判决首席检察官指定的主席应被任命为特别管理人员，承担顾问的职责，为期一年，但其不能成为理事会成员。②

通过对上述诉讼、第四章中介绍的宾夕法尼亚州首席检察官在"好时"信托案中的诉讼，以及接下来将要介绍的马萨诸塞州首席检察官在波士顿红袜队买卖案中的诉讼和伊利诺伊州首席检察官在特拉基金会案中的诉讼进行分析评论，Storm 发现这些首席检察官"已经变成猎头，用他们自己挑选的理事会成员和管理人员——通常是其朋友、同事甚至是政治捐款人和同盟——来掌管丑闻缠身的慈善组织"。③ 与此类似，Brody 注意到，慈善执行领域各种轶事的传播呈现出她所谓的"州行为的令人烦恼的外部限制"。她从而得出结论：如果法定执行合理界限不清晰化，慈善组织在社会中的地位将会受到很大冲击。尤其需要注意，面对首席检察官的质询，慈善组织一般都会同意和解，而不愿损失捐款、合同、资助，以及员工和志愿者。她担心如果慈善组织在自主管理的事件上过快屈服于州政府的要求，不难发现慈善组织承担风险的意愿以及自愿性

---

① Glenn Howatt, "Medica Is Still Subject to Hatch," *Star Tribune*, August 16, 2003, at 1A.

② Patrick Reilly, "Health Plan Scrutiny; Ruling May Restrict oversight by Attorneys General," *Modern Healthcare*, June 23. 2003, at 44.

③ Stephanie Strom, "Strong – Arm Shaking of Charities Raises Ethics Qualms," *New York Times*, May 11, 2003, at 1. pg. 22.

理事会成员服务的意愿都将会大大降低。[①]

# 法规加强首席检察官的执行权力

第二次世界大战结束前，关于首席检察官执行权的法律著作极少受人关注，对慈善受托人提起的诉讼也很少。对执行权的兴趣因战后慈善组织的激增而得到提升。1947 年，美国州政府理事会对所有首席检察官进行了调查，涉及他们针对"慈善信托"的权力、职责以及运作。1952 年，在对 18 个州进行第二次调查后，33 个州的回复得到补充。直到 1950 年，只有新罕布什尔州通过立法补充了首席检察官的普通法执行职责，赋予其一定权力以获取其管辖范围内慈善组织活动的相关信息；同时，立法还扩大了首席检察官的调查权。[②] 还有 4 个州也报告了一些活动，但显而易见，它们很少或根本不涉及慈善组织的活动，或者说对这类活动不感兴趣。

《新罕布什尔州慈善受托人法》于 1943 年通过。[③] 此后没有州再制定颁布类似的立法文件，直到 1950 年罗德岛立法机关通过了一项事实上与新罕布什尔州相似的法案。[④] 随后，南卡罗莱纳州[⑤]和俄亥俄州[⑥]在 1953 年、马萨诸塞州在 1954[⑦]年也相继通过了类似法案。在同一时期，全国首席检察官联合会与统一州法全国委员会主席会议联合起草了《慈善目的受托人监督统一法案》（以下简称"《统一法案》"）[⑧]。该法案于 1954 年经委员会主席们采纳，后被美国律师协会批准。[⑨]

加州是第一个采纳《统一法案》的州，其在 1955 年颁布时规定了两年的试

---

① Evelyn Brody, "Whose Public? ——Parochialism and Paternalism in State Charity Law Enforcement" (on file with author).

② Eleanor K. Taylor, *Public Accountability of Foundations and Charitable Trusts*, 143 (New York: Russell Sage Foundation, 1953).

③ N. H. Rev. Stat. Ann. 7: 19, codified by 1943 N. H. Laws ch. 181.

④ R. I. Gen. /laws 18 - 9 - 8, codified by 1950R. I. Pub. Laws ch. 2617.

⑤ 1953 S. C. Acts 274.

⑥ Ohio Rev. Code Ann. 109. 24, codified by 1953 Ohio Laws.

⑦ Mass. Gen Laws ch. 12, 8C Codified by 1954 Mass. Acts ch. 529.

⑧ National Association of Attorneys General, *Conference Proceedings*, 91 (1946); Id., at 184 (1951); Id., at 155 (1952). See also Comment, "Supervision of Charitable Trusts," 21 *University of Chicago Law Review* 118 (1953).

⑨ *Uniform Supervision of Trustees for Charitable Purposes Act* (1954).

行期，后将该试行期延长至 1959 年，随后正式予以施行。① 爱荷华州在 1959 年批准了一项以罗德岛立法为模板的法案，但随后于 1965 年撤销了该法案②。《统一法案》于 1961 年在密歇根州③和伊利诺伊州通过④，于 1963 年在俄勒冈州通过⑤，使得当年具有登记和报告法规的州达到十个。纽约州于 1967 年通过与马萨诸塞州类似的法案⑥，华盛顿州也在同年采取了类似行为。⑦ 虽然该法案中与调查权相关的某些规定仍然有效，保持受托人登记的责任在 1993 年由首席检察官办公室转移给州务卿，州务卿同时还负责募捐的规范。⑧ 1997 年，与受托人登记相关的规定被撤销。⑨ 1969～1989 年，所有的州都没有相关立法活动，当时，明尼苏达州采纳了一个《慈善信托和受托人监督法案》，虽然没有提到《统一法案》，但包含了一些相似的条款。⑩

适用这些法规以及《统一法案》的一个主要不足在于，在作为适用对象的慈善组织的定义中没有明确包括慈善法人。新罕布什尔州和罗德岛法规对"慈善信托"的定义比较狭窄。与之相反，马萨诸塞州的法案适用于"联邦体内所有公共慈善机构"。⑪

《统一法案》第一条规定，其适用于"为慈善目的占有财产，并且州或首席检察官对其具有执行、监督权的所有受托人"。"受托人"⑫ 是指：

（a）按照慈善信托要求，占有财产的任何个人、个人组织、法人或者

① Cal. Gov't Code 12580 et seq. , enacted by 1955 Cal. Stat ch. 1820, extended by 1957 Cal. Stat. ch/2024, /codified by 1959 Cal. Stat. ch. 1258. See also Lisa M. Bell and Robert B. Bell, "Supervision of Charitable Trusts in California," 32 *Hastings Law Journal* 433 (1980).

② 1965 Iowa Acts (61 G. A) ch. 432, 69.

③ Mich. Comp. Law 14. 251, codified by 1961 Mich. Pub. Acts 101.

④ 1961 Ill. Laws 297.

⑤ 1963 Or. Laws ch. 583.

⑥ N. Y. Est. Powers & Trusts Law 8 – 1. 4.

⑦ Wash. Rev. Code 11. 110, codified by 1967 Wash. Laws ch. 53.

⑧ 1993 Wash. Laws ch. 471 (amending Wash. Rev/Code 19. 090, 11, 110).

⑨ 1997 Wash. Laws ch. 124 (effective July 27, 1997, repealing Wash Rev. Code 11. 110. 050, 11. 110. 073, 11. 110. 080).

⑩ Minn. Stat 501B33 – 45, codified by 1989 Minn. Laws ch. 340, art. 1. 25.

⑪ Mass. Gen. Laws ch. 12, 8.

⑫ *Uniform Supervision of Trustees for Charitable Purposes Act*, 1.

其他法律实体；（b）任何同意将财产用于与法人的一般目的不同的特定慈善法人目的的法人；（c）按照创建者的意愿或者经受托人的提议，为管理慈善信托而形成的法人。①

加州版《统一法案》的起草者们认识到（b）小项的模糊之处，于是改变了措辞，使法案适用于"为慈善目的占有财产的慈善法人或受托人"。② 另加一条将慈善法人定义为"根据本州法律、为慈善或人道目的而建立的任何非营利法人，以及在本州为此目的进行商业活动或者占有财产的任何他州的类似法人"。俄勒冈州的法案也采纳了类似措辞。

伊利诺伊州的首席检察官试图解决本州版《统一法案》的定义问题，方法是在1962年通过的规范的适用范围中明确规定为慈善目的接受财产的所有法人，不论是商业性的还是慈善性的，除非它属于该法案的例外规定。③ 该规范的合法性在下级法院被一个不满的慈善法人成功地加以质疑之后，首席检察官发起了另一项法案来具体说明该法案的适用范围。第二项法案于1963年通过，致使针对法院判决的上诉无效。④ 伊利诺伊州的法案现在适用于"为任何慈善目的或为此目的而占有财产"的所有法律实体。⑤ 纽约州和密歇根州法案规定受托人包括为慈善目的占有或管理财产的任何个人、个人组织、法人或者其他法律实体。与此不同，南卡罗莱纳州和罗德岛的法规只适用于慈善信托，并未尝试将其范围扩展到慈善法人，因此严重地限制了其有效性。新罕布什尔州法案中的类似条款在1997年被加以扩展，以致现在除了宗教组织以外所有的慈善组织都要进行登记和报告；不过，在提交报告的情况下，某些较小的慈善组织可免予登记。⑥

除了这些规定《统一法案》适用范围的条款以外，第3条列出了被该法案排除的慈善组织类型，包括政府实体，为宗教目的占有财产的宗教组织的官员，以及主要为教育、宗教或者医院的目的而设立和运行的慈善法人。Bogert 将排

① *Uniform Supervision of Trustees for Charitable Purposes Act*, 2.

② 1959 Cal. Stat. ch. 1258.

③ William G. Clark, "The News Charitable Trust Act," 50 *Illinois Bar Journal* 753 (1962).

④ 1963 Ill. Laws at 1462.

⑤ 760 Ill. Comp. Stat. 55/3.

⑥ N. H. Rev. Stat. Ann. 7：28（Ⅰ），（Ⅱ）.

除宗教性实体的原因归结为避免任何涉及立法合宪性的问题。① 该规定的结果是严重地限制了该法案的适用性，因为绝大多数慈善组织都属于"主要为教育、宗教或者医院的目的而设立和运行的慈善法人"。

明尼苏达州法案采纳了《信托法第二次重述》中对慈善信托的定义，但是声明："受托人"是指"为慈善目的负有管理或者控制财产职责的，具有各自行为能力或者共同行为能力的个人或团体，协会、基金会、受托人公司、法人或其他法律实体的理事、管理人员或其他代理人。"②

## 登记与报告要求

《统一法案》及与其类似的规范中一个主要的实质性规定在于受其约束的慈善组织在创建之后，或者在该法案生效后一段较短的时间内，须到首席检察官处登记，并且之后要向首席检察官办公室提交周期性财务报告，由此便建立了服务公众的报告登记制度。首席检察官被授权决定周期性财务报告的内容，以及发布有关存档要求的规则和规范。

除了根据《统一法案》的一般规定而被排除在外的组织，某些慈善组织也被免除备案责任，最常见的是宗教组织和政府实体。例如，在马萨诸塞州，一般规范适用于在本州建立的或者根据其他州的法律建立的公共慈善机构，除了美国全国性红十字会和 11 个指定的退伍军人组织。③ 然而，对"公共慈善机构——不论是法人或非法人——为宗教目的所占有的任何财产"，都没有登记注册和年度财政报告备案的要求。④ 现在新罕布什尔州法案的措辞与马萨诸塞州的十分相似。⑤

《纽约慈善目的受托人监督法案》从登记注册和报告要求中排除了 11 类机构：政府实体；被要求向国会或州立法机关提交报告的受托人；宗教组织；教育机构；医院；纽约州评议委员会特许的兄弟组织和退伍军人组织，校友组织，

---

① George G. Bogert and George T. Bogert, *The Law of Trusts and Trustees*, 411 n. 40（St. Paul: West Group, 3d ed., 1977）.

② Minn. Stat. 501B. 35（4）.

③ Mass. Gen. Laws ch. 12, 8E.

④ Mass. Gen. Laws ch. 12, 8F.

⑤ N. H. Rev. Stat. Ann. 7. 19（Ⅰ）, 7: 28（Ⅰ）,（Ⅱ）.

历史学会；有外州受托人的信托；有或有递延慈善利益的信托；根据法规规定可免除该义务的组织的赞助组织；公墓；以及某些家教会。①

加州的法案与纽约州的类似，排除了所有宗教组织、公墓、教育机构和医院，另外还排除了健康医疗服务计划部门。②

俄亥俄州要求具备完全投资利益的所有慈善信托进行登记和报告，除非这些组织根据首席检察官发布的规范被免除了该义务。然而，关于报告的规定不适用于宗教组织，具有教师、课程和长期固定的学生的教育机构，也不适用于年度总收入少于 5000 美元且总资产少于 1.5 万美元的组织③。伊利诺伊州具有相似的排除规定，但对小型组织的排除适用于那些任一年度收入小于 1.5 万美元或者资产少于 1.5 万美元的组织。④

明尼苏达州法案排除了总资产少于 2.5 万美元的组织、宗教组织、因被视为《国内税收法典》509（a）（3）条款所述宗教组织的赞助组织而免除联邦所得税的组织，以及根据明尼苏达州慈善组织法案的规定无须在首席检察官登记和备案的任何组织。该法案依次免除了宗教组织、某些教育组织、募捐仅限于会员或某一单独个体的组织、在一个会计年度内募捐对象少于 100 人的私立基金会的责任。

当第一份登记和报告法规颁布时，财务报告的范围很窄，而且只要求基本的信息。然而，为了满足联邦报告的要求，随着要求提交的信息范围不断扩展，州办公室意识到将报告表格与联邦 990 表格进行协调的必要性，所有免除联邦所得税的组织都被要求每年提交联邦信息申报，除了宗教组织和总收入少于 2.5 万美元的组织。⑤

根据 1969 年《税收改革法》规定，所有私立基金会都被要求向联邦税务局以及其所在州的首席检察官提交独立的信息申报表：990PF 表格。在那些不要求慈善组织提交财务报告的州，这些申报表会被接受，但是很少备案，以致无法马上得以检查。保持本州对慈善组织的登记制度的州发觉采用联邦表格来满

①　N. Y. Est. Powers & Trusts Law 8 – 1. 4.

②　Cal. Gov't Code 12583.

③　Ohio Rev. Code Ann. 109. 23.

④　760 Ⅲ. Comp. Stat. 55/4 – 6.

⑤　见第七章。

足其备案要求更为有利。但是，在几乎所有州，还要求提供满足州执行目的的额外信息。①

与其他州不同，马萨诸塞州要求慈善组织总收入超过 2.5 万美元时须提交经审计的财务报告，而不同于信托向遗嘱检验法院提交的备案报告。总收入超过 10 万美元但少于 25 万美元的慈善组织，可以通过提交附有注册会计师或者公共会计师评议报告的财务报告，替代审计。支持者认为，该规定确立了一种自我评价机制，从而减轻了经费不足的州政府部门的负担。其他人则认为，该要求成本过高，而且不适当地将资金从项目中转移出来，尤其是对较小的慈善组织来说。

有 39 个州将为慈善目的而筹集资金加以规范，对募捐组织、职业募捐人和募捐者都要求进行登记和财务报告。在有些州，报告需要提交州务卿或其他州政府部门进行备案。② 此类法规将在后面进行详细叙述。

在这 39 个州，包括要求向首席检察官提交报告的州，非营利性法人必须向州务卿提交创立的规制文书。在其他五个州，它们必须向法人委员会登记，而在其他一些州，它们必须向遗嘱检验法官、商业和经济发展委员会主席、市长，或者财政和税收部门登记。在加州、密西西比州、明尼苏达州和俄勒冈州，在免税申请备案之后，必须通知首席检察官。

除六个州以外，其他所有州的慈善法人必须定期地提交存续证书以备案。这其中的某些州，在一定年限后未备案将导致法人自动解散，虽然法人章程有可能在补交缺少的报告并支付拖欠的备案费用后得到恢复。

## 进行调查的权力

《慈善目的受托人监督统一法案》的第 8 条授权首席检察官调查受该法约束的组织的交易情况和关系，以判断为慈善目的而占有的财产是否得到适当管理。③ 类似的规定可见于其他州的法规。调查权包括检查宣誓人、要求参与听证会及提供文件的权力。首席检察官还被授权发布规则和规范以补充其在该法案下的权力。

---

① 见第五章。
② 许多规制慈善目的相关资金的法规都要求提交经过审计的财务报告。
③ *Uniform Supervision of Trustees for Charitable Purposes Act*, 8.

进行正式调查的权力虽然不经常使用，但它被视为传统执行权的必要补充。

加州特有的一条规则反映出该州立法机关试图减少州政府在执行法案规范时的成本。它规定任何判决州获胜的案件，法院须命令代表慈善组织、有责任或义务遵守判决规定的人，去支付州政府在进行诉讼调查和起诉中所发生的必然的合理费用。[①]

## 诉讼须通知首席检察官

一项被普遍视为慈善组织有效执行的前提规范是有关慈善利益的诉讼须通知首席检察官。37 个州已经制定了此类性质的法规。这些州中的大多数都要求诉讼程序和终止或解散申请要通知首席检察官。加州、马萨诸塞州、纽约州、罗德岛和得克萨斯州要求几乎所有涉及为慈善目的而占有资金的处置和管理的诉讼都必须通知首席检察官，包括遗嘱程序、遗嘱竞争人的和解以及遗产的管理和终止。在佐治亚州、密西西比州、密苏里州、蒙大拿州、内布拉斯加州、俄勒冈州、田纳西州、佛蒙特州和怀俄明州，派生诉讼也需要通知，法律另有规定的除外。[②]

在 15 个州中，慈善法人想自行解散也必须提前通知首席检察官，而且，在纽约州和马萨诸塞州，它们还必须通知州高等法院并得到其批准。在加州，慈善利益的遗嘱处置需要通知，并记录慈善目的财产的生前转让，首席检察官从而成为慈善信托和公益法人终止诉讼或者修正诉讼程序的必要当事人。[③]

在怀俄明州，慈善组织必须通知州务卿，而州务卿反过来要通知首席检察官。[④] 在其他的州中，解散的通知提交州务卿或其他创立文件备案的州官员处备案。因此，在绝大多数州中，没有对解散的监督——因此对保护被终止的慈善组织的资产有兴趣的州官员无任何监督权力。

唯一防止解散期间慈善组织的资金转移至私人的全国性措施是通过一项联邦规范产生的，其规定了获得免税资格的一个条件，就是根据相关的规范文件或者州法要求，在解散后，资产须被分配给其他免除联邦所得税的组织。[⑤] 这

---

① Cal. Gov't Code12597.
② 见附录，表格一，第 2 栏。
③ Cal. Prob. Code 17203.
④ Wyo. Stat. 17 - 19 - 630.
⑤ Treas. Reg. 1. 501（c）（3）-1（b）（4）.

一要求出现在除四个州之外的所有州的法规之中。

关于合并，28 个州明确禁止慈善组织与营利性法人合并。在另外 12 个州，在此类合并开始前，需要有法院的批准，在有些情况下，将法院程序通知首席检察官也是必需的。有八个州对合并没有限制。法人在跨州合并时必须解决一个问题，即存续法人的地位。在某些州，合并规范要求存续法人仍由慈善组织最初建立时所在的州管辖。如果两个州的法规都含有这个要求，合并就被有效地禁止了。在其他州，存续的法人只要在外州的司法管辖下构成慈善组织，就不需要留在原州。

在 16 个州中，如果慈善法人想处置其大体上所有的资产，必须向州官员提交通知，其中 15 个州要求提交给首席检察官，怀俄明州要求提交给州务卿，而后由州务卿通知首席检察官。纽约州要求要向首席检察官通知和获得法院的批准。亚利桑那州要求在买方不具免税资格，或者资产使用与法人的慈善目的不相关时，进行公告和听证。

## 首席检察官在转型方面的权力

要求将慈善组织的主要资产进行买卖或其他处置的行为提前通知首席检察官的法规，是 20 世纪 90 年代中期州官员的一项重要执行工具，当时慈善性医院和健康医疗机构的数量急剧增长，都在将资产卖给营利性法人，或者在交易中从非营利性转型为营利性，在许多情况下，慈善组织的资产最终落入私人之手。[1] 据估计，1990～1994 年，每年有 12～18 起医院转型，到 1995 年，这一数目增加到 44 起[2]。在 1997 年，有 50 起；在 1998 年，这一数目减少到 29 起，在 1999 年减少到 19 起。在同一时期，"相反的转型"，即从营利性连锁机构转换为非营利性医院的数量有了显著增加，在 1998 年发生了 25 起，1999 年 30 起。[3]

---

[1] Harvey J. Goldschmid, "The Fiduciary Duties of Nonprofit Directors and Officers: Paradoxes, Problems, and Proposed Reforms," in *Conference: Nonprofit Organizations——Standards and Enforcement* (New York University School of Law, National Center on Philanthropy and the Law, 1997).

[2] David Cutler and Jill Horwitz, "Converting Hospitals from Nonprofit to For – Profit Status: Why and What Effect?" in *The Changing Hospital Industry: Comparing Not-for Profit and For-Profit Institutions*, 55 – 56 (David Cutler ed., Chicago: University of Chicago Press, 2000).

[3] Deanna Bellandi, "Spinoffs, Big Deals Dominate in'99," *Modern Healthcare*, January 10, 2000, at 36.

在 2000～2002 年又有了进一步的减少。① 这些数据只适用于医院和健康医疗机构。有关蓝十字蓝盾计划机构的转型，以及其他类型慈善组织（例如，学校）转型的零星例子，也有了类似发展。就蓝十字蓝盾计划机构而言，其在 1995～2002 年，共有 14 起转型。②

在马萨诸塞州和纽约州，首席检察官办公室利用对财产处置的通知要求，连同对合并的限制来规范此类转型。然而，涉案金额的巨大、交易数量的高增速，加之某些州执行权程度的不确定性，使一些首席检察官单独或者通过全国首席检察官协会来寻求立法上的解决办法。结果是在 1996～2000 年，25 个州颁布了 30 部规制转型的法规，其中有几个规定与全国首席检察官协会在 1998 年批准的《非营利性健康医疗转型交易示范法案》的规定相同。规范的主题以及规制者的身份在各州之间存在巨大差异，尽管如此，它们都印证了要将州规范扩展至以往不受政府核查的交易上去的意愿。

这些法规中的一个共同要素在于要求提前审查要实施的转型，其间由一个或几个州官员判断非营利组织是否接受公平市场价值，以及确保没有任何私人获益的因素。八个州将独有的规范权授予首席检察官。另外的 11 个州，首席检察官与法人委员会主席、州务卿、保险监理专员或者负责监督公共医疗健康准入的州政府部门共同分享规制权。虽然 1997 年后转型数量的减少主要归结于经济因素，但无可否认，在许多情况下，不断增加的州规范也是一个重要因素。③

2002 年，缅因州颁布了一项转型法规，将资产价值在 5 万到 50 万美元之间的转型的许可权授予首席检察官，但是要求如果资产价值超过 50 万美元且首席检察官属于诉讼必要当事人时，就要经法院批准。对少于 5 万美元的资产，通知首席检察官就足够了。该法规对转型采取了广泛的定义，并在规制合并、重大资产出售及可能受新规范规制的主动解散的规范中加入了相互援用。④

---

① Irving Levin Associates, Inc., *The Health Care Acquisition Report* (2002).

② Information Provided by Community Catalyst, Boston.

③ Marion R. Fremont - Smith, "The Role of Government Regulation in the Creation and Operation of Conversion Foundations," 23 *Exempt Organization Tax Review* 37 (1999); see also Marion R. Fremont - Smith and Jonathan A. Lever, "Analysis and Perspective: State Regulation of Health Care Conversions and Conversion Foundations," 9 *Health Law Reporter* (BNA) no. 19, at 714 (2000) (Idaho, Massachusetts, and New Jersey enacted statutes after publication).

④ 2001 Me. Laws ch. 550 (enacted March 25, 2002), codified at Me. Rev. Atat. Ann. tt. 5, 194B - 194K.

# 首席检察官在州际冲突中的角色

## 在多个州运营的慈善组织

20 世纪 90 年代健康医疗服务的变化导致无数医院合并入有跨州业务的企业集团。在此之前，首席检察官对慈善组织行使规制权时，彼此间很少会发生冲突。然而，冲突的可能性是一直存在的。以下述三个案件为例。一些医院位于南达科他州、北达科他州和新墨西哥州，它们曾为亚利桑那州一家非营利法人——旗帜健康系统公司——所有。这些医院所在州的首席检察官都认为计划的买卖交易收益应被视为"社区资产"，因为它们是由社区内的居民捐赠的，或者享受了当地医院须缴纳不动产税的免税利益，这意味着这些收益应当用于整个社区的利益，而非更大的医疗健康系统本身。

"旗帜公司"在恰当的联邦地区法院提起了诉讼，试图禁止首席检察官干涉交易，并寻求获得宣告性判决：该收益不受慈善信托法的约束。在南达科他州的判决中，州最高法院根据联邦地区法院在一审中的意见，判决该资产应属于代表整个社区利益的法定信托机构，而不能用于其母公司的一般目的。[1] 与此相反，在北达科他州涉及的一起医院买卖案中，下级法院判决在"旗帜公司"和社区之间不存在任何信赖或者保密关系，因此否决了所有信托请求。[2] 北达科他州的首席检察官表示其将提起上诉，截至 2003 年 10 月 1 日，这个问题仍悬而未决。

在第三个案子中，新墨西哥州的首席检察官与"旗帜公司"在 2002 年 5 月达成和解协议，"旗帜公司"同意拿出 1150 万美元的出售收益去履行其在该州的义务，具体做法是，将其中 450 万美元分配给该州境内原受出售医院服务的与医疗相关的慈善组织，具体的受益人由首席检察官挑选；将 450 万美元用于履行"旗帜公司"在 Los Alamos 县的义务；250 万美元用于 Los Alamos 医疗中心的设备改良，同时承诺向该地区派遣医生。[3]

由于需要依靠当地的法律以及首席检察官个人的倾向，解决此类争议困难

---

[1] *Banner Health System v. Long*, 663 N. W. 2d 242（S. D. 2003）.

[2] *Banner Health System v. Stenehjem*, 2003 WL 501821（D. N. D. 2003）.

[3] Julie Piotrowski, "Banner, N. M. Strike a Deal," *Modern Healthcare*, June 3, 2002, at 20.

较大。迫切需要的是进一步统一各州之间规制慈善组织构成和运行的规范，尤其不能授予管理委员会任意自主改变其慈善目的的权力。

## 试图迁出发源州的慈善组织

涉及州际冲突的问题还有首席检察官是否有责任坚持慈善资产必须保留在其管辖区内，肯定的回答被 Brody 称为"狭隘主义"。[①] 2003 年评议的两个案件很好地说明了这个问题。一个案件涉及的是芝加哥的特拉美国艺术博物馆理事之间就其艺术收藏品处置的争议。首席检察官参加了理事会成员对创建者的遗孀及另外两名理事提起的诉讼，被告试图阻挠原告将收藏品搬到华盛顿并关闭博物馆的计划。在 2001 年，双方达成了和解协议，根据此协议，整个理事会将被替换，并且在至少 50 年内将藏品留在芝加哥。被告请求法庭判决确认和解协议条款。尽管在 2003 年 6 月基金会宣布博物馆将于 2004 年底关闭，并将其主要藏品长期租借给芝加哥艺术学院进行展出，但直到 2003 年 10 月该案件仍然悬而未决。[②]

在另一个案件中，与伊利诺伊州类似，堪萨斯州的首席检察官对门宁格诊所资产和业务从堪萨斯州向位于得克萨斯州的休斯敦转移的提案提出反对，声称对门宁格诊所的资产基于其所属的信托而具有司法管辖权，该信托基于慈善目的占有并使用该资产，将其用于在创立运营之初就要求的对广大病患提供的服务。[③] 2003 年 5 月，双方达成和解协议，在同意将其一半的堪萨斯州房地产销售收益分配给该州一家新的基金会并将其他部分资产分配给该州慈善组织的前提下，诊所被允许将业务转移到得克萨斯州。[④]

Brody 认为首席检察官的恰当角色定位并不明确。她认为最令人担心的是缺少足够的州官员去代表国家或者国际慈善组织的受益者，同时她发现在国家公共利益方面，重新定位将在很多情况下带来积极利益。[⑤] 这些案例也反映出州

---

[①] Brody, "Whose Public?"

[②] Id. ; Charles Storch and Jon Yates, "Terra Giving up, Closing Doors in'04: Treasures to Go to Art Institute," *Chicago Tribune*, June 21, 2003, at C1.

[③] Michael Hooper and Alicia Henrikson, "Stovall to Study Agreement," *Topeka - Capital - Journal*, December 6, 2002, at 11 A.

[④] Office of Kansas Attorney General, Press Release, "Attorney General Approves Menninger Settlement; Agreement Protects Interests of Kansas, Creates Mental Health Foundation" (May 14, 2003).

[⑤] Brody, "Whose Public?" at 32.

监管者强制执行的潜在问题，这些监管者由公众选举产生，因而在很多情况下倾向于支持或大或小的本地组织，而非支持其管辖权外的利益诉求。在首席检察官是由选举产生的 43 个州里情况都是如此。[①]

## 在发源州以外运营的慈善组织

当一家慈善组织在一个州创立而在另一个州运营，并且发源州的法律不同于运营州的法律时，法律适用就会产生冲突。当适用于信托的法律条文产生冲突时，由财产委托人指明适用哪个州的法律。如不指明，一般而言由信托主要管理部门所在地的法律规制管理事务，而由信托创立的最密切联系地的法律规制其财产处分问题。管理部门所在地取决于受托人的住所地、资产所在地以及信托的业务地。[②] 对企业法人而言，一个"内部事务管理条例"表明发源州的法律将用于规范他州公司（即被授权在其被兼并地以外的州活动的公司）的内部事务。但是，《冲突法第二次重述》不适用于非营利法人，并且相关判例法也少之又少。[③]

加州有一个相关案例，该案中上诉法院根据本州法律处理慈善法人是否有权开除理事的争议。[④] 法院认为，根据加州的法律，慈善信托的理事在很多情况下是受托人，尤其在考虑到他们的职责时；同时根据信托法学说，加州法律和行政管理理应得到适用。法院还认为，尽管根据公司法规定，发源州的法律适用于处理任命和罢免职员等内部事务，但本案中的慈善组织由加州居民创设，机构所在地在加州，所有资产和主要活动也均在加州，所以不能逃脱加州法律的监督。

在本州法律对信赖义务的规制比其管辖范围内的外州法人发源州法律更严格的情况下，理事会构成的法律适用问题对首席检察官至关重要。在加利福尼亚州、缅因州、新罕布什尔州等要求慈善组织包含一定数量的独立理事的州，

---

① 在阿拉斯加、夏威夷、新罕布什尔、新泽西和怀俄明州，首席检察官由州长任命，在缅因州由立法机关秘密投票选举产生，在田纳西州由州高级法院选举产生。见 *www. naag，org/naag/a-bout_ naag. php*。

② 见《统一信托法》§7（2001 年修订版）。

③ 《第二次冲突法重述》，ch. 13 introductory note（1969）。

④ *American Center for Education*，*Inc.* v. *Cavnar*，80 Cal. App. 3d 476（Cal. Ct. App. 1978）。

慈善组织理事会的构成一旦引发冲突，问题也会变得尖锐。

# 履行慈善受托人职责时的诉讼主体

普通法不但赋予首席检察官监督管理的权力与职责以确保慈善基金的使用，而且很大程度上避免其他公众参与此事。这样做的原因并不在于否定公众利益，而纯粹是考虑到如果受托人一直遭受骚扰诉讼的话，慈善基金的管理就难以进行，也无法找到担任这项工作的人选。一般来说，法院认为如果一个人除了社区成员的身份外与慈善组织毫无利益，那么他是无权起诉要求慈善组织履行职责的。这样的人要想起诉，就只能在首席检察官面前陈述事实，说服检察官诉讼是必要的。首席检察官有权指定这样的人为"告发人"，并授予其起诉的权利。首席检察官可以要求告发人支付诉讼费用，或者以此人同意支付所有费用为条件提起诉讼。[①]

加利福尼亚州的首席检察官将获得告发人地位的程序纳入规章。[②] 潜在的告发人必须请假以向首席检察官提出申请，提出确实有据的申诉以及事实以证明提起诉讼的必要。一旦申请通过，告发人须交纳保证金，并承诺支付所有费用。首席检察官全程掌控诉讼行为，可以随时取消、中断诉讼，或亲自接手起诉。在派生诉讼中，无此类告发人按规定起诉的通报案例。Fishman 认为这可能与要求其支付律师费有关。[③]

## 排除公众参与

在 20 世纪 60 年代以前，关于无权要求执行慈善信托的人能否强制要求首席检察官提出诉讼的法规尚不明确。[④] 多数意见认为个人无权做类似于发出指

---

① 参见 James J. Fishman, Stephen Schwarz, *Nonprofit Organizations: Cases and Materials*, 258 (New York: Foundation, 2d ed., 2002)，该书列举了一些授予非营利、非慈善组织告发人地位的案例。

② Cal. Admin. Code tit. 11, § § 1 - 2.

③ 见 James J. Fishman, "The Development of Nonprofit Corporation Law and an Agenda for Reform," 34 *Emory Law Journal* 617, 618 (1985)。

④ 参见 John G. Lees, "Governmental Supervision of Charitable Trusts," in *Current Trends in State Legislation* (1956 – 1957), 609、621 (Ann Arbor: University of Michigan Law School Legislative Research Center, 1957)。

令、强制要求首席检察官提起诉讼或允许他人以其名义进行诉讼的事情，[1] 也无权在没有证据表明首席检察官不提出诉讼的决定是随意的或未基于合理的政策考虑的情况下，强迫首席检察官重新审议其决定。[2] 在明尼苏达州法院 1940 年判决的 *Longcor v. City of Red Wing* 案法官的附带意见中[3]，法院表明如果首席检察官在材料充分的情况下拒绝起诉，那么私人也可以提起诉讼，但这只是相对于常规的一个例外。

关于发布指令强迫首席检察官重新审议不起诉慈善组织决定的可能性，是在 1955 年 *Ames v. Attorney General* 案判决中首次被提出的。[4] 该案的原告是哈佛大学的一群校友，他们要求马萨诸塞州首席检察官提起诉讼，自己作为告发人，指控哈佛大学身为阿诺德植物园（Arnold Arboretum）的受托人违反信托。起诉的目的是阻止哈佛大学拆除植物园以建大型的植物学图书馆和植物标本室。首席检察官在举行听证会后，认为哈佛大学的这一变更计划属于受托人的自由裁量权限范围，从而拒绝原告以其名义起诉。随后原告对首席检察官提起诉讼，试图强迫他基于原告查看的法规重新审议其决定，但法庭认为首席检察官的决定不属于司法上需要重新审议的范围，并最终驳回诉讼。

Karst 指出原告没有试图强迫首席检察官提起诉讼，而仅仅是要求检察官重新审议其决定，从而形成一项规则，允许发出指令强迫公职人员做出"行政的"而非"任意的"的行为。他从法院拒绝放宽公众发出指令的范围这一事实，推断出法院不会强制首席检察官起诉要求慈善组织履职。[5]

这些规则同样适用于对慈善法人提出诉讼的案件。例如，在 1964 年纽约州的一个案件中，在首席检察官拒绝提出或批准此类诉讼后，一般公众要求废除

---

① See Scott and Fratcher, *Law of Trust*, §391.

② Kenneth L. Karst, "The Efficiency of the Charitable Dollar: An Unfulfilled State Responsibility," 73 *Harvard Law Review* 433、449（1960）.

③ 289. N. W. 570（Minn. 1940）.

④ 124 N. E. 2d 511（Mass. 1955）.

⑤ 见 Karst "Charitable Dollar"，450。经过随后的行政调整，新任首席检察官同意原告（非官方称谓"阿诺德植物园之友"）作为告发人，以他的名义起诉。随后，法院判决被告哈佛大学胜诉。见 "*Attorney General v. President and Fellows of Harvard College*" 案，213 N. E. 2d 840（Mass. 1966）。

慈善法人章程的诉讼权被剥夺了。①

威斯康星州于 1945 年颁布的一项条例规定，如果首席检察官拒绝作为，任何十个或以上利益相关方提出申诉，就可以以州的名义要求慈善信托履职。该条例将"利益相关方"规定为信托的受益者，包括捐赠人、会员以及候选会员。② 没有相关通报案例或诉讼发生，随后该条例于 1969 年废除。③

首席检察官有的职责与其保护慈善基金的职责相矛盾是不足为奇的。这种情况时常在州税务局根据该州税法质疑慈善赠与的税收可抵扣程度时发生，首席检察官必须选择是代表州税务局还是充当公共利益的保护者，以最终保护慈善基金。1996 年弗吉尼亚州的一个案子就面临这种情况，立法机关通过一条法案，要求在医疗保险法人公司化的收益应上缴州财政，而非用于慈善目的。④ 因此，出售 Trigon（弗吉尼亚州蓝十字蓝盾）所得的 1.75 亿美元在弗吉尼亚州首席检察官的首肯下流入该州财政部。⑤

2001 年，纽约州出现了与弗吉尼亚州类似的情况，立法部门通过一项法规，允许出售帝国蓝十字蓝盾公司，同时要求将收益的 5% 作为慈善基金，剩下的 95% 作为"公共资产"，为州所用，尤其用于提高医疗卫生工作者的工资。⑥ 首席检察官没有公开参与此条例的审议。在法案通过后，他驳回了利益相关方对于该立法的质疑，并与保险监理专员统一立场，认为原告不具备诉讼主体资格，反对一些捐赠人和公益慈善组织试图通过法院解决此事。⑦

当首席检察官面临其职责冲突时，解决该困境的一个方法在于由州政府部门自身的法务专员或外聘律师代表该机关，首席检察官得以解脱，从而代表慈

---

① "*People v. American Society for Prevention of Cruelty to Animals*", 247 N. Y. S. 2d 487（App. Div. 1964）.

② Wis. Stat. § 231. 34.

③ 1969 Wis. Laws ch. 283, § 2.

④ Va. Code Ann. § 38. 2 - 1005. 1B. 3, 4.

⑤ Prehearing Brief of the Division of Consumer Counsel, Office of the Attorney General, Application of Blue Cross and Blue Shield of Virginia for Conversion from a Mutual Insurance Company to a Stock Corporation（August 30, 1996）（No. INS950103）.

⑥ N. Y. Ins. Law § 4301（j）（3）,（4）（B）,（5）, § 7317（k）, *Health Care Workforce Recruitment and Retention Act*, S. 6084/ A. 9610, 2002 N. Y. Laws ch. 1.

⑦ Brief for Defendant, 17 - 21, *Consumers Union of U. S. , Inc.* v. *State*, No. 118699/ 02（N. Y. Sup. Ct. , filed September 20, 2002）.

善利益。代表何方利益的选择权掌握在首席检察官手中，不受外部干涉。但是，一旦他选择站在慈善利益的对立面，对专属主体规则的严格解释会立即使公共利益落于下风。这绝不是制定该规则的目的。相应地，这恰恰表明诉讼主体规则需要修正，以确保有人得以提出诉讼。

## 确保某些利益相关方的诉讼主体地位

尽管法院不承认公众是就慈善组织违反职责时提出诉讼的适格当事人，也不许他们强迫首席检察官起诉，首席检察官的执行权并非专属的。当慈善信托的受益人在特定时期可以确定时，尽管在更长的时期可能无法确定，法院认可这些可确定的受益人为可以提出诉讼的适格当事人。一般来说，这些受益人若要成为适格当事人，他们就要证明自己有资格享受一般公众所不享有的得益于信托的好处。[①] 当信托专为某个小镇或教区的穷人而建时，法院允许小镇官员、教堂管理员，甚至居民、教会成员代表他们自己或其他潜在受益者提出诉讼。此类案例在 1601 年《慈善用益法》通过前就在大法官法庭记录上有记载，近年又出现了更多案例。[②]

还有另外一组案例，某些市民被例行授予诉讼主体地位，这些案例牵涉对政府实体（通常是市或者镇的政府）的起诉，要求其履行约定，将捐赠土地用于修建公园。[③] 法院更倾向于授予相邻业主诉讼资格，而在某些情况下，也将资格授予广大市民，以要求履行捐赠约定，修建、维护公园。当然，一方具有特殊利益最明显的案子，就是为慈善法人设立信托。在这种情况下法人得以对受托人起诉要求执行。

有时诉讼也由这样一群人提出：他们声称自己是受益人，因为他们是慈善组织的资助人、雇员（包括非营利保健计划机构的定期捐款人）。值得注意的是涉及哥伦比亚特区慈善组织的案例。1974 年哥伦比亚特区地方法院审理的

---

① 见《第二次冲突法重述》(1969)，§391 cmt. b。

② 引用自 Scott and Fratcher，*Law of Trusts*，§391。

③ 参见 Mary Grace Blaskoet al.，"Standing to Sue in the Charitable Sector，" *in Topics in Philanthropy*，1993 年版第 4 期，第 27 页（New York University School of Law，Program on Philanthropy and the Law）。作者将这些案例与起诉慈善组织的案例区分开来，"因为它们一般起诉的是政府或与政府密切相关的单位，通常扮演的是受托人的角色，而非起诉慈善组织"。Id.，at n. 369. 然而，不管受托人是个人还是政府部门，慈善信托条例适用于所有具有慈善目的的信托。

*Stern v. Lucy Webb Hayes National Training School* 案①是有关慈善组织理事职责权限的重要案例。该诉讼是根据《联邦民事诉讼规则》由锡布利医院病患提出的集体诉讼，这些病患在之前的判决中被认定为一个集体而未表示反对②。在早期的判决中，法院驳回了原告的反垄断索赔，但将他们认定为一个集体，可以针对医院违背忠实义务和注意义务而妨碍病人康复的行为提起诉讼。

该案判决在 1982 年哥伦比亚特区上诉法院审理的涉及诉讼主体的案件中起了重要作用。③ 诉讼由蓝十字蓝盾保健计划机构的捐款人提出，控告该机构以及三家充当受托人的银行。该机构为所有根据其与联邦政府订立的合同捐款的政府雇员提供保健福利金。这些捐款人的诉讼理由是他们与承保人的关系本质上是信托，因为该机构是非营利法人，本身应对作为机构活动受益人的捐款人履行信赖义务。原告称被告违反了信赖义务，因为该机构及其代理人在无息活期存款账户中的存款过多。下级法院对该诉讼不予受理，认为与政府签订的合同没有创建信托，而是建立了有关雇员的第三方受益人关系，并且考虑到该机构对原告没有信赖义务，因此认定原告没有资格提出诉讼。该法院丝毫没有把该机构作为慈善法人，也没有引用慈善法规。

上诉法院首次将该案与其之前支持美国作为"国父"有权起诉慈善法人的判决区分开来，这样一来，案件涉及的不是履行私权利，而是履行由法人自身性质产生的公权力。之后法院转向 *Stern* 案中的判决经验，发现按照备忘录上的意见，该下级法院对 *Stern* 案中的观点相当重视。以下是上诉法院的陈词：

> Greene 法官的备忘录意见反映出他相当不理解他的同事在 *Stern* 案子中的意见，既包括理事职责的履行对象问题，也包括谁有权要求其履职的相关问题。他将 *Stern* 案判决看作创建了"新型判例"，认为它代表着"基于信托理论的非营利法人理事归责原则的外部界限"。④

之后，上诉法院对 *Stern* 案审理的最初阶段做出了分析，当时法院认为原告

---

① 381 F. Supp. 1003 (D. D. C. 1974).

② 367 F. Supp. 536 (D. D. C. 1973).

③ *Christiansen v. National Savings and Trust Co.*, 683 F. 2d 520 (D. C. Cir. 1982).

④ *Christiansen v. National Savings and Trust Co.*, 683 F. 2d 527 (D. C. Cir. 1982).

没有资格对被告违反反垄断法的行为提出诉讼。法院认为："法院没有驳回违反信托的诉讼，而是允许他们起诉，但是要和所有被妨碍康复的人一起起诉。"[1]法院指出从记录上很难看出，是否有人向 Gesell 法官提议驳回除了反垄断之外的罪名，证实 Greene 法官在当前案件的解释"想多有理就多有理；考虑到有人应该有权起诉要求受托人履行职责，如果病患们不能，就没有别人能了……或者要求履行信赖义务，法律要求有人享有这种资格，除了病患们就没别人了"。[2]该案件的重要性在于批判了 *Stern* 案，尤其是注意到在 *Stern* 案中，诉讼主体资格一开始就被赋予原告，因为原告如果不能向违反职责的理事提出挑战，"就没有人能了"。[3]

第三个哥伦比亚特区的案件于 1990 年获判。这一案件的原告是妇女疗养院的病人，她们被授予主体资格，起诉阻止疗养院关闭。[4]

## 诉讼主体案例回顾

下文将对 1980～2001 年涉及诉讼主体资格的案例进行回顾，以确定影响法院判决的因素，以及法规适用过程中有无明显的倾向。在 1991～2001 年判决的 24 个案例中，有 6 例授予个人以诉讼主体资格，17 例否认其资格，还有一例被发回重审，对是否关涉公众利益进行认定。授予诉讼主体资格的案例包括：捐赠人的房地产管理员要求履行生前捐赠条款的 *Smithers* 案[5]，一个涉及公园相邻业主的案子[6]，两个指定的慈善受益人执行信托的案件[7]，捐赠人的孙子以及前受托人起诉的 *Hill* 案[8]，还有涉及 1828 年使两个平行理事会生效的特别法案的 *Washington Orphan Asylum* 案。[9] 在前两个案例中，首席检察官是诉讼的当事人，

---

[1] *Christiansen v. National Savings and Trust Co.*, 683 F. 2d 528 (D. C. Cir. 1982).

[2] Id.

[3] Id.

[4] *Hooker v. Edes Home*, 579 A. 2d 608 (D. C. 1990).

[5] *Smithers v. St. Luke's - Roosevelt Hospital Center*, 723 N. Y. S. 2d 426 (Surr. Ct. 2001).

[6] *Grabowski v. City of Bristol*, 1977 WL 375596 (Conn. Super.).

[7] *Parish of Jefferson v. Lafreniere Park Foundation*, 716 So. 2d 472 (La. App. 5th 1998); In re Estes Estate, 523 N. W. 2d 863 (Mich. Ct. App. 1993).

[8] Matter of Hill, 509 N. W. 2d 168 (Minn. Ct. App. 1993).

[9] *Board of Directors of Washington City Orphan Asylum v. Board of Trustees of Washington City Orphan Asylum*, 798 A. 2d 1068 (D. C. 2002).

此外，有两个案子他拒绝参与，还有两个案子他未被提及。在 *Hill* 案中法庭明确指出在缺乏愿意维护公共利益的当事人的情况下，诉愿人有足够的理由被授予主体资格。

17 个否认诉讼主体资格的案例包括：三个涉及校方和学生的案例、① 四个由捐赠人或其继承人起诉的案例、② 四个公园相邻业主起诉的案例、③ 两个县里建了医院的居民起诉的案例、④ 一个教会成员起诉的案例、⑤ 一个基金委员会起诉的案例、⑥ 一个前成员和教会受托人起诉的案例，⑦ 还有一个案例是一家医院起诉要求禁止另一家医院的转型，因为后一家医院不是成功的购买者。⑧ 在这些案例中有三个声称受托人违反忠实或注意义务，九个质疑受托人对捐赠条款的理解，还有一个质疑一家当地医院的合并。

发回进行进一步调查的案子涉及一个环境组织起诉信托基金对所有的林地管理不当。⑨

总的来看，依据原告要求的性质，而非原告和案件所涉及的慈善组织的关系，判定否认诉讼主体资格的案件还没有出现。

1980～1990 年有 13 起判决涉及起诉主体资格问题，其中六例中个人获得起诉权，七例被否决。获得起诉权的例子包括原告是疗养院病人的 *Hooker* 案，⑩

---

① *Warren* v. *University System of Georgia*, 544 S. E. 2d 190 ( Ga. Ct App. 2001 ); In re The Barnes Foundation, 648 A. 2d 123 ( Pa. Super. Ct. 1996 ); *Steeneck* v. *University of Bridgeport*, 668 A. 2d 688 ( Conn. 1995 ).

② In re Alaimo, 732 N. Y. S. 2d 819 ( App. Div. 2001 ); *Russell* v. *Yale University*, 737 A. 2d 941 ( Conn. App. Ct. 1999 ); *Arman* v. *Bank of America*, 74 Cal. App. 4th 697 ( Ct. App. 1999 ); *Carl J. Herzog* v. *University of Bridgeport*, 699 A. 2d 995 ( Conn. 1997 ).

③ *Homes* v. *Madison*, 1998 WL 712343 ( Conn. Super. Ct. ); *Three Bills, Inc.* v. *City of Parma*, 676 N. E. 2d 1273 ( Ohio App. Ct. 1996 ); *Hinton* v. *City of St. Joseph*, 889 S. W. 2d 854 ( Mo. 1994 ); In re Delong, 565 N. Y. S. 2d 569 ( App. Div. 1991 ).

④ *Cook* v. *Lloyd Noland Foundation, Inc.*, 825 So. 2d 83 ( Ala. 2001 ); *Plant* v. *Upper Valley Medical Center*, 1996 WL 185341 ( Ohio Ct. App. ).

⑤ *Weaver* v. *Wood*, 680 N. E. 2d 918 ( Mass. 1997 ).

⑥ In re McCune, 705 A. 2d 861 ( Pa. Super. Ct. 1997 ).

⑦ *Brock* v. *Bennett*, 443 S. E. 2d 409 ( S. C. App. Ct. 1994 ).

⑧ *State ex. rel Adventist Health Care System/Sunbelt Health Care Cory.* v. *Nashville Memorial Hospital. Inc.*, 914 S. W. 2d 903 ( Tenn. Ct. App. 1995 ).

⑨ Selkirk – Priest Basin Association, Inc. b. State ex rel. Andrus, 899 P. 2d 949 ( Idaho 1995 ).

⑩ *Hooker* v. *Edes*, 579 A. 2d 608 ( D. C. 1990 ).

一个有关城市公园的夏威夷案例，① 一个为捐赠人公司职员的利益而建立的慈善法人诉讼案，② 一个基督教青年会成员试图阻止不动产销售的案例，③ 一个寻找会计的慈善信托受托人诉讼案，④ 还有一家公司声称是另一家慈善组织受益人的案例。⑤ 其中没有一个案例称受托人违反忠实义务和注意义务，首席检察官也没有参与任何一个案件。在那些起诉权被否决的案例中，包括一例学生起诉的案例，⑥ 两例慈善法人成员起诉的案例，⑦ 还有一例纳税者控告博物馆受托人的案件。⑧ 剩下的包括已经提到的有关捐款人起诉联邦医疗保险计划机构的 *Christiansen* 案，⑨ 另一个案子是一家医院的原雇员称改制后的医院应对他们做出金钱赔偿，并称改制后的医院没有履行原来医院的慈善目的；⑩ 还有一个控告一家基金会的案例。⑪

在每一个个人获得起诉权的案件中，第一个也是最重要的因素是首席检察官或其他政府官员缺乏有效的执行力。其中的典型案例包括已提过的哥伦比亚特区的案例，尤其是 *Christiansen* 案，以及一些新泽西州的案例，该州规制慈善组织的法规本来就很少。

第二个影响法院批准诉讼资格的因素，在新泽西州以及其他区域的案例中可以体现，在于法院所面临的对信托条款的理解或者对近似原则或偏差原则投诉的问题，案件没有涉及对于受托人的负面评价。在牵涉近似原则适用的案例中，尤其当财产的受让者对是否终止或者解除捐赠存在争议时，法院允许利益相关方介入诉讼也不足为奇。⑫

---

① *Kapiolani Park* v. *City and County of Honolulu*, 751 P. 2d 1022（Haw. 1988）.

② *Alco Gravure, Inc.* v. *The Knapp Foundation*, 479 N. E. 2d 752（N. Y. 1985）.

③ *YMCA of the City of Washington* v. *Covington*, 484 A. 2d 589（D. C. 1984）.

④ Estate of Vanderbilt, 441 N. Y. S. 2d 153（Surr. Ct. 1981）.

⑤ *Valley Forge Historical Society* v. *Washington Memorial Chapel*, 426 A. 2d 1123（Pa. 1981）.

⑥ *Associated Students of the University of Oregon* v. *Oregon Investment Co.*, 728 P. 2d 30（Or. Ct. App. 1986）.

⑦ *Nacol* v. *State*, 795 S. W. 2d 810（Tex. 1990）; *Lopez* v. *Medford Community Center*, 424 N. E. 2d 229（Mass. 1981）.

⑧ *Hardman* v. *Feinstein*, 195 Cal. App. 3d 157（Cal. Ct. App. 1987）.

⑨ *Christiansen* v. *National Savings and Trust Co.*, 683 F. 2d 520（D. C. Cir. 1982）.

⑩ *Stallworth* v. *Andalusia Hosp., Inc.*, 470 So. 2d 1158（Ala. 1985）.

⑪ *Kemmerer* v. *John D. and Catherine T. MacArthur Foundation*, 594 F. Supp. 121（N. D. Ill. 1984）.

⑫ See Matter of Multiple Sclerosis Service Organization of New York, Inc., 496 N. E. 2d 861（N. Y. 1986）.

法院在这些案例中总结的第三个影响因素，在于存在损害受益群体或慈善资金永久流失的直接威胁。在疗养院即将关闭的 *Hooker* 案①中就存在这种威胁。而同样的考虑也存在于纽约州的 Alco Gravure 股份有限公司案中，该案中，作为一家慈善法人的受益人，该公司的雇员们获得了起诉受托人解散该法人并将财产转移到另一家法人的权利。②

此外，法院多半容易否决个人请求金钱赔偿的诉讼，包括声称慈善基金被转移诉讼。上文中提到的 *Kemmerer* 案、*Stallworth* 案，以及 *Nashville Memorial* 医院案都是此类案件。

当然，在判定授予利益相关方起诉要求慈善组织履职的资格时，法院面临的问题在于平衡纠正流弊和确保受托人正常工作而不受无端的滥诉或骚扰。理论上，首席检察官能够起到应有的作用。在大量的诉讼主体资格案件中，只有当首席检察官未能胜任时，法庭才会被迫放宽诉讼当事人资格以替代首席检察官位置。

立法机关发表言论致力于改变上述平衡的例子很少。例如，一项马萨诸塞州条例允许纳税人起诉任何城市、乡镇或其他下级部门要求其履行以慈善为目的的捐赠。然而，此类诉讼必须通知首席检察官，并允许其请假以介入案件。③这是一种特别形式的制定法。在美国的大多数州，如果首席检察官不作为，就没有其他的潜在受益者能够代替他，所以如果首席检察官不履行其职责，流弊就一直不能得到纠正。

在目前讨论的案例中，人们寻求获取诉讼资格以要求慈善组织履职的利益，即受益人或受托人的利益。然而，也有其他利益足以令法院授予诉讼主体地位。几个受托人中可能有一个起诉要求慈善信托履职或纠正失职行为。④同样地，理事也可能代表慈善法人控告其他理事。⑤有些案例甚至允许继任的受托人在了解前任的渎职行为后而提出诉讼。⑥

---

① *Hooker v. Edes*, 579 A. 2d 608（D. C. 1990）.

② *Alco Gravure, Inc. v. The Knapp Foundation*, 479 N. E. 2d 752（N. Y. 1985）.

③ Mass. Gen Laws ch. 214, §3.

④ *Eurich v. Korean Foundation*, 176 N. E. 2d 692（Ill. App. Ct. 1961）.

⑤ *Gilbert v. McLeod Infirmary*, 64 S. E. 2d 524（S. C. 1951）.

⑥ *Shattuck v. Wood Memorial Home, Inc.*, 66 N. E. 2d 568（Mass. 1946）.

　　看起来信托案件的相关规则能够适用于慈善法人继任理事的案件，但 1954 年加州上诉法院授予一家非营利法人主体资格，去起诉其创立者和前任理事、他的妻子，以及其他五个前任理事，以期收回在过去 11 年因投机买卖和管理不善被浪费的 300 多万美元。① Karst 强烈批判了该判决，② 1964 年加州高等法院在一次判决中大量引述 Karst 的观点，支持一家慈善法人的 3 个受托人控告其他 23 个受托人和首席检察官失职，③ 从而默认了 Karst 的指责。下级法院根据 *Pepperdine* 案的观点驳回诉讼，认为原告无权起诉且其控诉内容未能证实慈善信托存在失职。该州高等法院明确否决了被告的请求，认为该慈善组织属于法人，所应适用的法规与慈善信托不同，从而认为 *Pepperdine* 案被否决是"因为与此观点相悖"。④

　　如果允许慈善法人的成员或者股东控告其理事，其理论支持是双方的关系与盈利企业管理者和股东的关系衍生出的权利义务相同。⑤ 但是，在其他的案例中法院否认了起诉权，认为恰当管理问题或违反信赖义务牵涉的不是成员的私人利益，而是首席检察官所代表的公众利益。⑥ 1981 年和 1997 年两个马萨诸塞州案件的判决都支持了该观点。前一个案例中，法院对成员质疑理事执行机构慈善计划的权利，以及他们身为成员在公司大会上的投票权做出区分，认为他们有权按照组织章程或者法律规定起诉以保护个人权利，但是不会比其他公众有更多的权利要求理事会做出解释。⑦ 在第二个案例中，法院拒绝授权教会成员起诉理事违反注意义务，⑧ 认为须对有权参与管理的成员和仅仅有权参与活动的成员做出区分，后者包括该案件的请愿人以及为享受服务而参会的基督教青年会成员，以及很多被授予捐赠者成员资格的组织。

　　与赋予股东起诉董事权利的企业法人条例类似，《示范非营利法人法（修

---

① *George Pepperdine Foundation* v. *Pepperdine*, 271 P. 2d 600 (Cal. 1954).

② See Karst "Charitable Dollar," 444.

③ *Holt* v. *College of Osteopathic Physicians and Surgeons*, 394 P. 2d 932 (Cal. 1964).

④ *Holt* v. *College of Osteopathic Physicians and Surgeons*, 394 P. 2d 932 (Cal. 1964).

⑤ *Leeds* v. *Harrison*, 72 A. 2d 371 (N. J. Ch. 1950).

⑥ *Dillaway* v. *Burton*, 153 N. E. 13 (Mass. 1926); *Voelker* v. *St. Louis Mercantile Library Association*, 359 S. W. 2d 689 (Mo. 1962).

⑦ *Lopez* v. *Medford Community Center*, 424 N. E. 2d 229 (Mass. 1981).

⑧ *Weaver* v. *Wood*, 680 N. E. 2d 918 (Mass. 1997).

订版）》允许拥有5%投票权或50票（满足任何一项均可）的成员提起派生
诉讼。[①] 加州《非营利法人法》第5142条授权任何成员起诉禁止、纠正慈善信
托的失职行为，并因此获得赔偿。提出诉讼的先决条件包括交易出现问题时原
告是公司的成员且曾试图阻止理事会做出被控诉的行为，或曾陈述不应这样做
的正当理由，并且通知了首席检察官。应被告要求，法院可以令原告交纳最多
5万美元的保证金来支付合理费用，包括双方当事人的律师费。[②] 纽约州允许持
5%投票权及以上的任何成员提起派生诉讼，但是法令不包含任何与费用或保证
金相关的条款。[③] 在乔治亚州、伊利诺伊州和密歇根州可以找到类似的条款。[④]
但现在还没有根据这些条款做出判决的通报案例。

## 改革诉讼主体规则的提议

有人批评专属诉讼权的条文，认为需要放宽条件，指出事实上在那些首席
检察官没有积极履行执行权的州里，对慈善组织的管理缺乏有效监管。因此，
Hansmann认为应给予所有慈善事业的资助人（包括捐款人和"受益人"）上诉
权，其中"受益人"指的是类似医院病人或者大学生一样享受慈善服务的人。[⑤]

Blasko等人提出要拓宽特殊利益的概念，将更多的个体包括在内，并应制
定一个统一法典，对基于当事人的特殊利益是否有权提起诉讼做出一个界定。
法典应该包含法院基于特殊利益批准起诉的案件的影响因素，尤其是欺诈或不
正当行为，以及首席检察官无法提起诉讼的情况。[⑥]

Goldschmid也认为应该拓宽有权提起派生诉讼的群体，将捐款人、成员和
受益人包含在内，但他认为除了特殊情况外，所有的资金赔偿都应归于慈善组
织。他认为应当限制法院判决原告及其律师付费，只有当诉讼不合理或不合法
时，才应该判决由其支付诉讼费用。此外，只有原告诉讼获胜，判决结果对公
众有实质利益时，才应给予原告奖赏。他还建议法院和州监管者积极参与审议

---

① RMNCA，§6.3，见附录，表格一，第3栏。

② Cal. Corp. Code §5710.

③ N. Y. Not – for – Profit Corp. Law §623（a）.

④ Ga. Code Ann. §14 – 3 – 741; 805 Ill. Comp. Stat. 5/7. 80, § §450. 2491 – 2493.

⑤ Henry Hansmann, "Reforming Nonprofit Corporation," 129 *University of Pennsylvania Law Review* 497, 606 (1981).

⑥ Blasko, "Standing to Sue," 61 – 78.

判决是否公平，以及律师费用是否合理。①

　　Fishman 提议多利用告发人，建议以加州为典型，不过要建立基金用于支付律师费用，类似于已有的首席检察官监督下的为刑事案件提供法律顾问的基金。此外，他提议重组非营利理事会，将理事分为两部分：一部分为执行理事，负责日常管理，另一部分为管理顾问，负责监督管理层，其对公众、受益人和捐赠者负有主要的信赖义务。顾问与理事相比享有较少的管理权，他们有权挑选和解雇执行理事，制定其薪资标准，代表慈善组织提起诉讼，以及向资金捐赠人和受益人做年度报告。②

　　其他扩大诉讼主体的建议包括 Ben－Ner 和 Van Hoomissen 所提出的：成立一个新的"股东"群体，某些方面类似互益性法人的法人"成员"，并授权该群体选举理事、从理事处获取财务和项目信息，以及提起诉讼以确保理事会履行慈善组织的宗旨。③ 个人可因其捐赠人或服务享受者的身份而成为股东。

　　Manne 提出另一个建议：建立营利性企业，与慈善法人签订合同以监督其运行，这些企业能充当某种意义上的"私人首席检察官"，使之有权起诉纠正失职行为。④

　　还有一些人赞同保留普通法有关限制诉讼主体的规定。Arkinson 作为其中的一员，质疑首席检察官执行权的问题是否如被控诉的那样普遍和严重。他认为条例保护了慈善组织，使之避免遭受过度管理以及不必要的官司，在很多情况下，执行权的威胁是对不正当行为的一种有效遏制。⑤

　　同样地，Brody 对扩大诉讼主体范围法规的效力有所置疑。她认为不满的内部人员构成了州首席检察官的主要信息来源，并且怀疑私人主体是否比政府官员更有可能打赢官司。此外，她还质疑私人主体是否有能力充当称职的起诉人：

　　公众表现得对慈善组织的财政需求一无所知，许多人对非营利行业经

---

① Goldschmid, "Fiduciary Duties," 28.

② Fishman, "Development of Nonprofit Corporation Law," 672－684.

③ Avner Ben－Ner and Theresa Van Hoomissen, "The Governance of Nonprofit Organizations: Law and Public Policy," 4 *Nonprofit Management and Leadership* 393, 498－410 (1994).

④ Geoffrey A. Manne, "Agency Costs and the Oversight of Charitable Organizations," 1999 *Wisconsin Las School Review* 227 (1999).

⑤ Rob Arkinson, "Unsettled Standing: Who (Else) Should Enforce the Duties of Charitable Fiduciaries?" 23 *Journal of Corporation Law* 655, 683 (1998).

理领薪水感到惊奇，完全不知道慈善组织还有生产需求……不懂约束的公众无法实行有效监督，公众监管重点产生偏差会导致慈善组织效率低下或没有效率。[1]

## 视察权：捐赠者及其继承人的保留权利

在某些情况下，慈善组织的捐赠者或创立者也可能享有和首席检察官一样的执行权。根据罗马法的术语，fundatio incipiens 和 fundatio perficiens 一度被区分开来，前者是指国家批准特许，后者指个人捐赠资金。fundatio perficiens 有权要求慈善组织忠实履行职责，不仅能够在捐款时为信托管理制定规则，而且能够制定管理受托人的方法，以监督受托人诉讼以及纠正流弊。[2] 同样道理，当个人创立慈善法人给予其资产时，他有权保留或授予他人视察的权利。正如前述马萨诸塞州的案例[3]所描述的一样，视察权以创立者制定的规则为导向，是一种听取和判断所有组织成员问题的权力和职责，一般只用于组织内部管理。只要视察者没有越权，他的意见就是最终结果，但是当他越权时首席检察官就有权检举和罢免他。

除非明示预留，否则视察权不会顺延给继承人。况且大多数情况下这种预留限制很多，法院认为继承人和慈善组织的利益往往相抵触。[4]

2001 年颁布的《统一信托法》采纳了一项与一般规则以及《信托法第二次重述》第 391 条相悖的条款。《统一信托法》的第 405 条（c）款规定："其中，慈善信托的财产托管人可以起诉实施信托。"[5] 此条款标志着对捐款人

---

① Evelyn Brody, "Institutional Dissonance in the Nonprofit Sector," 41 *Villanova Law Review* 433, 502 (1996).

② Carl F. G. Zollman, *American Law of Charities*, 418（Milwaukee：Bruce Publishing, 1924）.

③ *Nelson* v. *Cushing*, 56 Mass.（2 Cush）519, 530（1848）.

④ Scott and Fratcher, *Law of Trusts*, §391.

⑤ 《统一信托法》（2001 年修订），§405（c）。see John H. Langbein "The Uniform Trust Code：Codi-fication of the Law of Trusts in the United States," 15 *Trust Law International* 66, 58（No. 2, 2002）；Ronald Chester, "Grantor Standing to Enforce Charitable Transfers under Section 405（C）of the Uniform Trust Code and Related Law：How Important Is It and How Extensive Should It Be?" 37 *Real Property, Probate and Trust Journal* 611（2003）.

资格的规定已经放宽，然而，在该条款推行前，捐赠人或其继承人的权利很少被承认。[1] 在马里兰州，遗赠人或者创始人的亲属依法有权执行教育或者慈善法人的捐款信托，[2] 在威斯康星州，信托的捐赠者被认为是符合条例制定目的的"利益相关方"，该条例允许在首席检察官不作为时，由十个利益相关人起诉执行。[3]

再看近期的案例，1993 年，明尼苏达州高等法院授权一个已被兼并的慈善信托的财产托管人之孙起诉，反对受托人批准修订法人章程中与继任受托人相关的条款。判决结果在某种程度上是基于首席检察官不参与诉讼的事实。[4] 该案件与一个于 1955 年判决的案件形成直接对比，在后一案例中，爱荷华州高等法院否认捐款人的遗孀及五个孩子的诉讼主体地位，他们想要起诉一所大学将资产转移到另一个教育机构。[5]

《统一机构基金管理法》（*UMIFA*）第 7 条允许慈善法人的管理层在得到捐赠人的同意后，放宽或部分放宽其制定的使用捐款或用捐赠基金投资的限制条件。[6] 该条款为 1997 年某基金会控告某大学的诉讼提供了法律依据，该基金会向该大学提供了总计 25 万美元的钱款设立医学相关专业的奖学金。在接受捐赠后不久，该大学就关闭了其护理学院，将该专项捐款基金与其一般基金合并。法院认为，《统一机构基金管理法》第 7 条的目的不是改变首席检察官的专属执行权、对慈善物资的使用进行限制，而且该法没有授予捐赠者额外的执行权。[7]

1960 年，Karst 认为应当允许创始人起诉，他指出，创始人是除了受益人之外最了解和关心慈善组织运行的人。然而，他对视察权提出强烈抗议，认为其趋向于减少慈善受托人的责任。[8] 当然，如果创始人在慈善组织管理和运行中有财产利益（例如，他在捐赠善款时提出条件，一旦条件满足，便要返还他的

---

[1] Karst, "Charitable Dollar".

[2] *Kerbow* v. *Frostburg State University Foundation*, 40 F. Supp. 2d 724 (D. Md. 1999).

[3] Wis. Stat. § 701.10.

[4] Matter of Hill, 509 N. W. 2d 168 (Minn. Ct. App. 1993).

[5] *Amundson* v. *Kletzing–McLaughlin Memorial Foundation College*, 73 N. W. 2d 114 (Iowa 1955).

[6] *Uniform Management of Institutional Funds Act*, § 7 (1972)；也参见第四章以及附录，表格二，第 17 栏。

[7] *Herzog Foundation* v. *University of Bridgeport*, 699 A. 2d 995 (Conn. 1997).

[8] Karst, "Charitable Dollar," p. 446.

财产，这样他和他的继承人或者遗产代理人就可以起诉要求返还财产)，个人可能试图行使对信托不利的权利，而不是履行信托。向其他慈善组织临时捐赠也有类似的问题。①

1961 年的一个案件产生了利益冲突的问题，俄勒冈州高等法院驳回了一家报社的员工和管理者有关遗嘱慈善信托的受托人管理不善的起诉，根据信托条款，这些员工和管理者享有在受托人出售股份时的优先购买权。法院认为原告的利益不足以允许其提起执行诉讼。②

2003 年，《统一机构基金管理法》在 47 各州和哥伦比亚特区生效，允许管理层在得到捐赠者书面同意的情况下，放宽或者部分放宽使用捐款或用其投资的限制。2002 年，统一州法起草委员会的委员修订意见中包含一个条款，类似于《统一信托法》给予捐赠者起诉权以要求对基金使用进行限制。③ 然而，委员会否决了该提议，因此，2003 年 8 月该草案初读时没有包括该条款。④

正如前文记载的有关诉讼主体资格的意见，法院一直驳回非创始人的捐赠者要求执行信托的起诉。⑤ 类比创始人要求执行信托的诉讼权，Karst 提议立法机关赋予捐赠者同样的权利，但同时要求提供相关保护措施。他提出应当规定捐赠者的捐款达到一定额度，或者在慈善组织的最近总捐款中占到一定比例。原告捐赠人须交付费用保证金，包括如果败诉要向受托人支付的律师费。此外，原告捐赠人还要在首席检察官面前陈述案件事实，在公开听证会上表明自己的观点，并且在诉讼之前做好败诉的准备。此外，尽管赞成胜诉时原告获得律师费，Karst 认为应禁止原告通过撤回诉讼等行为获取任何私利。⑥

2002～2003 年，有关捐赠人起诉要求执行捐赠限定条款的案件数量有所增加。例如，2002 年 12 月，于 1993 年向波士顿大学的受托人捐赠 300 万美元用于图书馆扩建的捐赠人之子声称要起诉收回资金，原因是波士顿大学没能履行

---

① *Trustees of Dartmouth College v. City of Quincy*, 118 N. E 2d 89 (Mass. 1954).

② *Agan v. United States National Funds Act*, 363 P. 2d 756 (Or. 1961).

③ *Uniform Management of Institutional Funds Act*, §8 (2002 年 11 月，临时修正案).

④ *Uniform Management of Institutional Funds Act* (2003 年 8 月，草案).

⑤ Zollman, *American Law of Charities*, 420.

⑥ Karst, "Charitable Dollar", p. 446.

捐赠条款。直到学校同意捐赠同样多的善款给原告指定的慈善组织，问题才得以解决。[1] 类似的案例还有 2003 年 7 月纽约大都会歌剧院的主要捐赠人之法定代理人控告剧院未履行捐赠条款，[2] 以及艾弗里·费舍尔（Avery Fisher）的后代声称若纽约爱乐乐团在有人出资翻新大楼时以其名义给艾弗里·费舍尔大厅重新命名，就起诉该乐团的案件。[3] 此外，2002 年夏天，普林斯顿大学某重要捐赠人的亲属起诉学校，以学校没有遵守捐赠条款为由，要求法院判令普林斯顿大学将 5.6 亿美元捐款转移给另一家慈善组织。[4]

通常情况下，尤其在有关私立基金会的案件中，捐赠人是几个受托人之一；但很多情况下，所有的或者至少大多数的受托人都来自同一个家族。另外，无论是默许还是疏忽，被发现参与违反职责行为的危险都会使很多共同受托人止步不前。在某些情况下，如果伴随着 Karst 提出的保护措施，赋予创始人或物质捐赠者以执行权具有一定价值。然而，其作用到底有多大仍有待商榷。也许，当首席检察官在涉及慈善事业时完全不作为或者不肯履行职责时，他们可以发挥巨大作用。

## 慈善案件的当事人

在涉及慈善组织的诉讼中决定站在哪一方，是"谁能起诉要求慈善组织执行"这一问题的重要附属问题。如果诉讼由首席检察官提出，通常是控告受托人、慈善法人理事或他们中的一部分人。如果诉讼请求使用近似原则，继承人也可能成为被告，除非法院拒绝使用该原则判令信托无效、继承者无权继承财产。如果是受托人或慈善组织理事提起诉讼，当事人的问题就更复杂了。在讨论中有必要区分"必要当事人"和"正当当事人"。最终的法院判决仅对参与诉讼并有机会陈述观点的人有约束力。这些人一旦参与了，也许会因质疑判决

---

① Patrick Healy, "BU Agrees to Give $3M from Mugar to Charities," *Boston Globe*, December 18, 2002, at A1.

② Robin Pogrebin, "Donor's Estate Sues Metropolitan Opera," *New York Times*, July 24, 2003, at B3.

③ Stephaine Strom, "Donors Add Watchdog Role to Relations with Charities," *New York Times*, March 29, 2003, at A8.

④ Stephen G. Greene, "Seeking Control in Court," *Chronicle of Philanthropy*, November 28, 2002, at 6.

结果而自己另行起诉，或者在另一场诉讼（涉及原诉讼）中试图提出同样的质疑。也就是说，由于所有案件涉及的问题都得到解决或者积极尝试解决，如果双方当事人不上诉，那么一旦上诉法院或者下级法院对案件做出裁决，就具有了既判力。[①]

## 必要当事人

"必要当事人"是指：与司法机关的裁判结果密切相关，以至于如果没有机会参与诉讼，司法判决就有违公平良知的个人。有时也用"必不可少的当事人"指代这种人。

在所有首席检察官有责任代表公众利益要求执行慈善资金宗旨的州里，首席检察官是要求慈善受托人履职或坚持慈善初衷的必要当事人。以下是 Tudor 关于慈善信托的经典论述中对该规定的描述：

> 代表王室的首席检察官是所有慈善受益人的保护者。他代表着受益权，因此，在所有起诉要求受益权的案例中，首席检察官都必须是诉讼的当事人。[②]

首席检察官在涉及慈善利益的案例中充当"必要当事人"的要求，是通过法规[③]、法院规则[④]或者先例[⑤]的方式加以确定的。马萨诸塞州高等法院在早期的案例中将有关首席检察官执行权的条例[⑥]解释为：首席检察官应是一系列涉及慈善利益诉讼的当事人。[⑦]

---

① *Restatement（Second）of the Law of Judgments*，§84（1980）.

② Owen Davis Tudor, *The Law of Charitable Trusts*, ch. 12, sec. Ⅱ（London：Sweet and Maxwell, 5th ed. 1930）.

③ 见附录，表格二，第2栏。

④ N. J. Superior Court Civil Practice Rule 4：28-4.

⑤ In re Pruner's Estate, 136 A. 2d 107（Pa. 1957）; *Trustees of New Castle Common v. Gordy*, 91 A. 2d 135（Del. Ch. 1952）; *Slate ex rel. Emmert v. University Trust Co.*, 74 N. E. 2d 833（Ind. Ct. App. 1947）, rev'd on other grounds, 86 N. E. 2d 450（Ind. 1949）; *Thurlow v. Berry*, 25 So. 2d 726（Ala. 1946）; *Dickey v. Voelker*, 11 S. W. 2d 278（Mo. 1928）.

⑥ Mass. Gen. Laws ch. 12, §8.

⑦ *President and Fellows of Harvard College v. Society for Promotion Theological Education*, 69 Mass.（3 Gray）280（1855）.

不管受益人如何一致同意，如果首席检察官不是当事人，那么就没有任何涉及公共慈善机构的诉讼可以对其产生约束力；一旦其成为诉讼当事人，受益人（除了公共利益外没有任何特殊或即时利益）就不能令诉讼无效。[1]

实际上，立法机关在1954年颁布的法规中，勒令所有公共慈善机构向首席检察官强制报告，从而重申了这一要求。法规的其中一条规定："首席检察官应该在所有按照第八条履行职责的诉讼中充当当事人。"[2] 加利福尼亚州、爱荷华州、密歇根州、新罕布什尔州、俄亥俄州、俄勒冈州、罗德岛以及得克萨斯州的法规中，也有类似的条款，扩大了首席检察官的监督权。[3]

然而，无论是立法还是司法判决，各州关于首席检察官必不可少的案件类型都不一致。在马萨诸塞州，法院对法规条款解释得很宽泛，每一个含慈善捐赠的遗嘱认证都必须通知首席检察官，因此他需要全程参与遗嘱认证和遗产清册的诉讼，以及所有有关信托的诉讼。[4]

纽约州将其法律解释为，首席检察官须参与涉及指示、遗嘱解释、和解批准、账目结算以及近似原则适用的诉讼。法律同时明确要求首席检察官参与法院批准慈善法人不动产买卖、抵押以及法人的建立和解散案件。然而，纽约州遗嘱检验法院规定，如果有明确指定的慈善受益人，例如，一个法人，首席检察官就不是诉讼的必要当事人。作为该规定的延伸，1980年纽约州上诉法院规定，首席检察官没有资格以接受公司股份捐赠的慈善法人的最终受益人之身份，控告发行股票的公司，强制其宣布将支付股息并以公平市价赎回股份。法院认为，允许这种行为相当于允许首席检察官站在慈善组织的角度要求其履行应遵守的职责。[5]

1962年，纽约州试图修订《民事诉讼法》（the Civil Practice Act）以及《遗嘱检验法院法》（the Surrogate's Courts Act），使之包含类似《蒂尔登法》（the Tilden Act）里的措辞，称首席检察官"代表着慈善信托最终受益人仅有的内在

---

① *Burbank* v. *Burbank*, 25 N. E. 427（Mass. 1890）.

② Mass. Gen. Laws第12章，§8 G.

③ 见附录，表格一，第1栏。

④ *Budin* v. *Levy*, 180 N. E. 2d 74（Mass. 1962）.

⑤ *Lefkowitz* v. *Lebensfeld*, 415 N. E. 2d 919（N. Y. 1980）.

法定权力"，从而确保他在所有关于慈善受益权的诉讼中都成为必要当事人，不过这并没有取得成功。尽管修订案遭遇失败，首席检察官办公室每年仍然作为当事人参与大量案件。①

加州法律规定的首席检察官参与案件的范围很广，然而法院认为，只有当捐赠构成信托且受托人非加州居民或法人，或受托人未在信托中被指明时，首席检察官才是遗嘱认证的必要当事人。这也是内布拉斯加州②和堪萨斯州③的观点。

伊利诺伊州法院在一起早期案件中称，首席检察官在受托人犯罪时是必要当事人，但是在其他情况下，如果捐赠指明了受托人，首席检察官就不是必要当事人。④ 在新罕布什尔州，首席检察官管理慈善信托的权力十分广泛，然而在1947年的一个案例中，法院称首席检察官不是涉及遗嘱妥协（compromise of a will）案的必要当事人：

> 是否应该将这些要求告知首席检察官涉及立法机关保持沉默的政策和程序问题。如果有必要告知首席检察官并征得他的同意，则需要立法确认。我们既没有听说过要求首席检察官认可所有的遗嘱认证的诉讼判决，也没有听说过要求遗嘱执行人在慈善信托设立之前管理财产的判例。⑤

然而，1959年颁布的一部法律规定，首席检察官在遗产执行人、债权人、遗产受赠人或者法定继承人间达成的任何直接或间接影响慈善利益的协议中充当必要当事人。⑥

宾夕法尼亚州法院与新罕布什尔州法院持相反的意见，在一些案例判决中指出，并非所有关于慈善组织的事宜都必须告知首席检察官。⑦ 根据这些判决，

---

① Marion R. Fremont - Smith, *Foundations and Government*: *State and Federal Law and Supervision*, 211 (New York: Russell Sage, 1965).

② *Rohlff* v. *German Old People's Home*, 10 N. W. 2d 686 (Neb. 1943), criticized by Scott and Fratcher, *Law of Trusts*, §391.

③ *Trautman* v. *De Boissiere Odd Fellow's Orphans' Home and Industrial School Association*, 71 P. 286 (Kan. 1903).

④ *Newberry* v. *Blatchford*, 54 A. 2d 367 (N. H. 1947).

⑤ *Burtman* v. *Butman*, 54 A. 2d 367 (N. H. 1947).

⑥ N. H. Rev. Stat. Ann. §556: 27.

⑦ In re Pruner's Estate, 136 A. 2d 107 (Pa. 1957); Garrison's Estate, 137 A. 2d 321 (Pa. 1958).

当地孤儿法院与首席检察官办公室合作，共同颁布条例，以推动相关要求的实施。首席检察官办公室每月会接到 50 到 100 个通知，并且要参与所有无指定慈善受益人（如某一法人）代表慈善利益的案件。[1]

1941 年，得克萨斯州法院审理了一起遗嘱解释的案件，该遗嘱涉及一家非法人型慈善基金会的利益，立遗嘱人将遗产赠予一家公共慈善机构并指明受托人，此时法院判定首席检察官不是必要当事人，但补充说明称："在涉及公众利益并影响慈善的有效性、管理、执行的诉讼中，首席检察官是必要当事人。"[2] 然而，1959 年，法律修改了这一规则。根据法律规定，涉及"所有以慈善为目的的捐赠和信托"时，首席检察官成为遗嘱终止、近似原则适用、遗嘱解释或者处理有关"慈善信托"的遗嘱争论时的诉讼必要当事人。[3] 针对适用该法律的所有案例，未经传票送达首席检察官而直接做出判决均为无效，不能强制执行，和解和妥协只有在首席检察官是一方当事人并参与达成该协议的情况下才有约束力。值得注意的是法律的第六条规定如下：

> 本条款旨在就有人认为普通法中存在的与此相关的不明之处进行解释。然而，此处涉及的问题不应被解释为或认定为对普通法赋予首席检察官的权利义务的限制。[4]

直到 1978 年，俄亥俄州《慈善信托条例》涵括了一个与得克萨斯州法规措辞类似的条款。[5] 然而由两个下级法院分别在 1956 年和 1961 年裁定的案件，却在慈善信托已经产生的情况下认为首席检察官不管是在遗嘱纠纷诉讼[6]还是在包含创立慈善信托条款的遗嘱诉讼[7]中都不是必要当事人。在第三个案例中，另一个县的上诉法院在裁定一起遗嘱解释时得出相反的结论。[8] 1978 年，界定首

---

[1] 电话采访 Larry Barth，宾夕法尼亚州慈善信托局局长（采访日期 2002 年 2 月 12 日）。

[2] *Miller* v. *Davis*, 150 S. W. 2d 973（Tex. 1941）.

[3] Tex. Rev. Civ. Stat. Ann. § 4412（a），现为 Tex. Prop. Code. Ann. § 123.001。

[4] Tex. Rev. Civ. Stat. Ann. § 4412（a），现为 Tex. Prop. Code. Ann. § 123.001。

[5] Ohio Rev. Code Ann. § 109.25（D）.

[6] *Spang* v. *Cleveland Trust Co.*，134 N. E. 2d 586（Ohio C. P. 1956）.

[7] *Baily* v. *McElroy*, 186 N. E. 2d 213（Ohio Prob. Ct. 1961）.

[8] *Blair* v. *Bouton*, 15 Ohio Op. 2d 474（1956）.

席检察官为信托诉讼必要当事人的法规得以修订，涵括了以"判定含慈善信托条款的遗嘱效力"为目的的诉讼。[①] 然而，1979 年的一个案例认为该条款不能让首席检察官在遗嘱争议涉及向慈善信托受托人无条件遗赠的案件中充当必要当事人，因为包含此项的遗嘱不能建立慈善信托。[②]

当私益信托受托人起诉要求账目结算或获取酬劳时，法院通常的程序是书面通知指明的可确定的受益人或者在报纸上进行公告（在存在未知受益人的情形下），同时，法院任命中立第三方为法定监护人来代表未出生或不确定的受益人的权利。若无人反对，则无须听证会即可完成账目结算。当涉及慈善利益时，除非受益人是指定的慈善法人，或法院或州法规要求此类诉讼须书面通知首席检察官，否则很难确保合理审查。另外，对抗制诉讼不足以保护慈善利益。

然而，要求书面通知首席检察官的州为数不多，但有些州规定，在信托被赋予慈善利益而不是在一个或者几个终身地产终止后的剩余慈善信托时，需要书面通知首席检察官。对这些情况进行审查十分必要。一些州确实有法律明确要求将所有账单复印件寄给首席检察官，例如，印第安纳州、[③] 威斯康星州[④]和内华达州。[⑤] 佛蒙特州要求慈善信托的受托人每年在地区法院把所在地的账目归档，如未能履行则被视为违反信托。该要求常常被忽视，无论是首席检察官还是法院均未对执行该规定做出任何努力。[⑥]

在弗吉尼亚州，法院在遗嘱认证中享有任命监督所有受益人和受托人的财会专员的司法权。该专员的职责包括单方账目结算、审查受托人债券、接收存货清单以及向法院报告所有此类受托人的交易。[⑦] 专员要求慈善信托的受托人每年与之清算账目。[⑧] 这样做在理论上看似足以代替首席检察官，并且至少对于那些没有制定法规定慈善利益代表的州来讲非常适宜。

---

① Ohio Rev. Code Ann. §109. 25（D）.

② *O'Neal* v. *Buckley*, 425 N. E. 2d 924（Ohio Ct. App. 1979）.

③ Ind. Stat. §30 – 4 – 5 – 12.

④ Wis. Stat. §701. 16（4）.

⑤ Nev. Rev. Stat. §165. 230.

⑥ Vt. Stat. Ann. tit. 14. §2501.

⑦ Va. Code Ann. §26 – 8.

⑧ Va. Code Ann. §55 – 29.

## 适当当事人

判定首席检察官在一起涉及慈善组织的诉讼中是否为适当当事人，与确定"必要当事人"相比，更加困难。根据定义，"适当当事人"是指与直接当事人的争议没有利益关系，但是与诉讼过程中可能涉及的事项有利益关系的人。原告在任何诉讼中都可能联合适当当事人。慈善受托人起诉时如果没能联合首席检察官，也许会导致无法解决案件中的所有问题，但不妨碍首席检察官在下次诉讼中提出这些问题。

有时，首席检察官会寻求法院批准其在非当事人的情况下参与慈善诉讼。在一些类别的案例中，法院否决了这一权利，但是没有明确的法规依据。如果受托人或者理事起诉要求履行合约或者获得侵权损害赔偿，或者有人向他们提出类似诉讼，那么首席检察官既不是必要当事人，也不是适当当事人。[①]

要求履行组织社员权的诉讼也有类似的情况，但同样地，法规并不明确。例如，在 *Leeds v. Harrision* 案中，[②] 一群基督教青年会成员与非成员控告该组织，理由是一项成员守则的规定与该组织慈善宗旨不符。法院要求首席检察官参与其中以代表该组织不确定的受益人。

此类案件的结果通常取决于法院对首席检察官地位的态度。在肯塔基州的一起案件中，法院否决了首席检察官干涉遗产调解诉讼的权利，[③] 然而在另一个类似的案例中，马萨诸塞州法院判定首席检察官既是适当当事人，又是必要当事人，并且在他介入之前拒绝做出判决。[④] 在依据纽约州法律判决的一个联邦案件中，法院批准了首席检察官要求参与一起由生前信托的财产委托人提起的诉讼，该委托人要求受托人计算并支付其本金和收益。[⑤] 然而，在 2002 年俄亥俄州的一个案例中，法院判定在由医院及其附属的医疗机构提出的诉讼中，首席检察官不是必要当事人，预审法庭的判决不会因其非当事人而无效。[⑥]

---

① Scott and Fratcher, *Law of Trust*, §391。

② *Leeds* v. *Harrison*, 7 N. J. Super. 558（1950）。

③ *Commonwealth* v. *Gardner*, 327 S. W. 2d 947（Ky. 1959）.

④ *Budin* v. *Levy*, 180 N. E. 2d 74（Mass. 1962）; see also In re Roberts' Estate, 373 P. 2d 165（Kan. 1962）.

⑤ *Grace* v. *Carroll*, 219 F. Supp. 270（S. D. N. Y 1963）.

⑥ *University Hospitals of Cleveland*, *Inc.* v. *Lynch*, 772 N. E. 2d 105（Ohio 2002）.

# 因诉讼时效和懈怠而禁止起诉

在私益信托的案例中，如果受益人同意或默认受托人违反信托的行为，或者太长时间未起诉受托人，那么受益人的起诉可能被阻却，否则让受托人承担责任是不公平的。[①] 后一种情况在制定法中称为"懈怠"（laches）。它源于衡平法原则，受到很多衡平法条款的弹性限制。使用该原则的重要限定条件是，它只适用于受益人明知或应知起诉原因的情况。在有关慈善信托的案件中，懈怠原则通常不适用于起诉要求受托人返还滥用资金的案件。马萨诸塞州高等法院称：

> 通常情况下，慈善基金会的一般条款不会规定将转移资金恢复原本用途的时限。[②]

在得克萨斯州[③]、哥伦比亚特区[④]以及加利福尼亚州[⑤]的法院判决中都可以发现类似观点。

在所有州和联邦政府的关于诉讼时效的法规中，都可以发现对起诉时间的限制。尽管美国最初颁布的关于诉讼时效的法规仅适用于成文法规定的诉讼而非衡平法的诉讼，但由于许多州取消了对衡平法和成文法的区分，以及在其他州特别诉讼时效法规使用的措辞，使这些法律条款除却少数州外普遍适用于前述两类诉讼。[⑥] 当诉讼时效法规适用于涉及违反信赖义务的案例时，它的明确执行有一个例外，诉讼时效仅在被告明知或应知构成渎职行为的事实时起算。同样的例外也存在于欺诈案中，且这两个例外显然都源自懈怠原则。

---

① 见《信托法第二次重述》，§§216，218，219。

② *Trustees of Andover Seminary v. Visitors*, 148 N. E. 900 (Mass. 1925).

③ *William Buchanan Foundation v. Shepperd*, 283 S. W. 2d 325 (Tex. Civ. App. 1955), rev'd by agreement of parties, 289 S. W. 2d 553 (Tex. 1956).

④ *Mt. Vernon Mortgage Corp v. United States*, 236 F. 2d 724 (D. C. Cir. 1956).

⑤ *Brown v. Memorial National Home Foundation*, 329 P. 2d 118 (Cal. Ct. App. 1958).

⑥ Note, "Developments in the Law of Statutes of Limitations," 63 *Harvard Law Review* 1177 (1950).

在很多州，对涉及慈善信托案件的诉讼时效的适用性尚不明确。Scott 称懈怠原则和诉讼时效都不会彻底禁止对要求纠正滥用慈善资金行为的起诉。① 哥伦比亚特区联邦法院在 *Mt. Vernon Mortgage Corporation v. United States* 案②就持这一观点，马萨诸塞州法院也认同这一观点。③ Bogert 解释道，之所以存在例外，是因为"慈善组织受益人的不确定性，以及首席检察官或利益相关方会容易忽略违反信托的可能性，除非记录所有现存的慈善组织并严格执行定期核算"。④

Bogert 的阐述引发了一些思考，如按照监管条例向首席检察官做出财政报告，并在报告中提及此类问题，是否足以触发诉讼时效，或者报告能否在其推迟诉讼的时间过长的情况下，引起首席检察官足够的注意，从而发现懈怠。此外，认为首席检察官没有足够人手合理审查报告也是一些州官员反对登记和报告法规的原因。同时，在提交给州的报告中，很少会直接清楚显示存在违反信赖义务的行为。

在英国，包括慈善信托受托人在内的所有受托人，都有权对问题发生后超过六年才提起的诉讼进行诉讼时效的抗辩，但是该法规明确规定不适用于欺骗性违反信托义务以及要求受托人返还私自挪用慈善财产的诉讼。然而，如果慈善资金的误用仅为无心之过，那么就不能强制受托人在起诉前或接到其行为受质疑的通知前偿还相关费用。⑤

适用诉讼时效案例的不足导致很多州的不确定性。加利福尼亚州于 1985 年修订了《慈善目的受托人监督统一法案》，将诉讼时效规定为十年，自起诉原因发生时起算。在该时效期间，首席检察官可以就执行慈善信托、为慈善目的向信托征集资金或者恢复慈善财产提起诉讼。⑥ 诉讼时效能否成为阻却起诉原因的不确定性成为实施信托的障碍，并且无法保证受益人的权利。有些州亟须立法解决这一问题。

---

① Scott and Fratcher, *Law of Trusts*, §392.

② *Mt. Vernon Mortgage Corp v. United States*, 236 F. 2d 724（D. C. Cir. 1956）.

③ *Trustees of Andover Seminary v. Visitors*, 148 N. E. 900（Mass. 1925）.

④ Bogert and Bogert, *Law of Trusts and Trustees*, §399.

⑤ George W. Keeton, 208（London：Sir Isaac Pitman and Sons, 1962）.

⑥ Cal. Gov't Code §12596.

# 有效的国家实施方案

《慈善目的受托人监督统一法案》以及包含类似条款的法律为首席检察官办公室监管部门的设立提供了哪些慈善组织需要注册和提交财政报告的答案。管理这类项目的部门受首席检察官助理的领导，部门成员可能包括律师、律师助理、审计师，在某些情况下还包括调查人员。每个办公室都存有慈善组织的登记簿，供大众审查有报告义务的慈善组织提交的财政报告。

不同的办公室有不同职责：完成注册工作；审查财政报告；调查起诉违反信托义务的行为；参加首席检察官为指定当事人的诉讼，如近似原则诉讼和解散程序诉讼；对募捐进行监管，包括监管和培训捐款人；保护慈善部门，推动受托人履行职责。

在许多州，可以从首席检察官办公室发表的刊物中找到改善慈善部门运作的例子，这些信息通常也能够从网上获取。其中包括对受托人职责的总结、遵守登记以及报告要求的指引。首席检察官在支持慈善部门时发挥积极作用的例子之一便是解决《财务会计准则》第117号公告与《统一机构基金管理法》中的州法规之间的冲突。[1]《统一机构基金管理法》允许慈善组织使用一部分捐赠基金本金，从而修正了传统信托法将花销限制在日常收入而不能使用捐赠基金的规定。然而，根据《财务会议准则》，会计行业将条款理解为所有的捐赠基金都可用，从而也能为债权人所请求。

为了回应慈善部门对这一解释做出说明的要求，马萨诸塞州首席检察官[2]于1995年、纽约州首席检察官[3]于2002年分别发表意见书，称根据州法律，可供花销的款项（也即可供债权人请求的款项），须是理事会明确因特定用途拨出的款项，且在理事会决定之前，债权人不能就捐赠基金的任何部分提出请求。

---

[1]　Financial Accounting Standards Board, Statement of Financial Accounting Standard No. 117, "Financial Statement of Not-for-Profit Organizations," 22.

[2]　"Attorney General's Position on FASB Statement of Financial Accounting Standards No. 117, 22 and Related G. L. c. 180A Issues," office of the Atcorney General, Massachusetts (June 7, 1995).

[3]　"New York State Attorney General Eliot Spitzer Advises Not-for-Profit Corporations on the Appropriation of Endowment Fund Appreciation," office of the Atcorney General (rev. October 2002), available at www. oag. state. ny. us/charities/endowment. pdf.

马萨诸塞州意见书还称，每年年底未使用完的拨款份额不得在来年继续使用，因此理事会不能预提一定比例财产为将来使用。最后，它还提出拨款不能溯及既往。

根据 1965 年、1977 年和 1994 年公开的首席检察官办公室运作的说明，他们的活动本质上没有明显改变。① 他们都在严格的预算下运行，尽管缺乏法律和会计支持。尽管存在这些不利条件，他们也取得一些成绩，尤其在保留慈善组织解散或转型后的资产，鼓励小型慈善组织解体或合并、改善管理等方面。

## 加利福尼亚州

加州于 1955 年颁布了《慈善目的受托人监督统一法案》。② 除了学校、医院和教堂，所有慈善组织与慈善信托一样都要登记。除非当年收入或资产未超过 2.5 万美元，所有已登记的慈善组织还须提交年度财政报告。慈善组织的募捐在郡县和城市一级得到规制，虽然专业的基金募集机构需要在首席检察官处注册登记、提供担保并提交财政报告。

截止到 2002 年年底，大约有 8.5 万家慈善组织登记注册。这些慈善组织的总资产超过了 2020 亿美元，收益达到 716 亿美元。其中有 1525 家慈善组织拥有资产超过 1000 万美元，7120 家拥有资产超过 100 万美元，有大约 13041 家慈善组织报告称资产超过 25 万美元。联邦信息的回复和一页纸的州表格就能满足年度档案记录的要求。1999 年，加州首席检察官建立了网站，其中有各种最新的联邦申报表，例如，990 表，990EZ 表，990PF 表，都可以搜索获得，这也使该州成为美国首个向公众提供便民信息的州。③ 2001 年，办公室估测从诈骗案中挽回损失 5000 万美元，从遗嘱案件中挽回损失 27 亿美元，从医院转型案件中通过补偿和提高出售价格挽回损失 3400 万美元。

---

① Fremont – Smith, *Foundations and Government*, 198 – 200, 233 – 260; Office of Ohio Attorney General, "The State of State Regulation of Charitable Trusts, Foundations, and Solicitations", in Commission on Private Philanthropy and Public Needs, Research Papers, Vol. 5, pt. 1, at 2705 (Department of Treasury, 1977); Harriet Bograd, The Role of State Attorneys General in Relation to Troubled Nonprofits (August 1994), available at www. charitychannel. com/forums/cyb – acc/resources/agrept. html。

② Gal. Gov't Code § 12580 et seq.

③ *Justice. Hdcdojnet*, state. ca. us/charitysr/default. asp.

截止到 2003 年 1 月，首席检察官办公室成员包括 10 名律师和 10 名审计师。其中，4 名律师、4 名审计师和 1 名行政管理助理在萨克拉曼多（美国加州首府）；2 名律师、1 名律师助理和 1 名审计师在旧金山；有 4 名律师和 4 名审计师在洛杉矶。1965 年，员工总计仅有 4 人；1974 年，有 8 名律师、10 名会计师和 2 名注册师；1996 年，律师数量增至 11 人。这些数据不包括位于萨克拉曼多登记处的行政人员。

## 纽约州

纽约州要求慈善组织向首席检察官办公室下属的慈善组织管理局进行设立登记，提交年度财政报告。被免除此类要求的慈善组织包括：宗教组织、《纽约州教育法》或特别法案规定的教育机构、医院、某些志愿者组织、校友组织、历史学会，以及总收益和总资产小于 2.5 万美元的组织。"慈善组织"应该包括慈善信托和以慈善为目的的非营利法人。带有慈善利益的房地产也同样需要登记。直到 1996 年以前，从公众和职业募捐人处募集基金的慈善组织都要到位于奥尔巴尼（纽约州首府）的独立部门进行登记和报告，这对组织机构和监管者而言都是负担。从那以后，所有的登记和报告事宜集中到了纽约市。要报告的慈善组织为三类，每类填写单独的表格，这三类包括：普通报告条款下的慈善组织；免于一般备案的募捐型慈善组织；同时需要满足双重条件的慈善组织。根据《2000 年度纽约州法律部门年报》，有 3.8 万家慈善组织在主管部门处登记；截至 2002 年年底，登记数量估计接近 4 万家。报告期间的任何时间都需要填写联邦税务申报的 990 表、990PF 表、990EZ 表、州的申报表、对资产采取安全措施的计划表。这些表格可供公众查阅。[1]

慈善组织管理局位于纽约市，在奥尔巴尼有一个分支机构，该分支机构由 1 名律师运作。虽然该部门人员编制不断变化，但从 20 世纪 90 年代开始就有 18 名律师和 6 名会计师。相比较 1974 年的 10 名员工和 1996 年的 13 名员工而言，有较大的发展。首席检察官办公室设有一个网站，其中包括申报表格的复制件、有关申请的法律规定的概括汇总、从业者和受托人的指导文件，以及近期慈善组织法律法规的发展概述。该部门为确保公正，提供的信息

---

[1]　Department of Law, New York State, *Annual Report*（2000）.

包括慈善组织解散程序、理事会成员的指导文件和影响特定活动（例如，抽奖）的法规总结。[1]

首席检察官办公室发布的年度报告包括慈善组织管理局活动的说明，涉及该年度慈善组织管理局参与的主要事务总结。该报告通常包括有关已解决且不太可能从其他地方获知的案件信息，虽然在有些情况下，首席检察官会出具公众意义上的解决方案。例如，与 Peter J. Schweitzer 基金会的两名理事协议获赔17 万美元。[2]

由于员工数量有限，该局被迫集中进入某些特定领域询问和调查，开展大众宣传以期达到更大规模的慈善组织体系。在 2001 年和 2002 年发布的报告中，关于异常或不当支出的报告、私立基金会自我交易的案例、多样化投资的失败、大量的员工薪酬支出等问题引发关注。慈善组织管理局向被质询的慈善组织投寄信件要求提交额外的信息，并且尽力在不诉诸法律的情况下解决纠纷。

2003 年 6 月，首席检察官 Eliot Spitzer 宣布，由其下属慈善组织管理局的 4 名审计师对该州 4.6 万个非营利性组织提交的财务报告进行抽检，有几十个组织引起监管部门的怀疑，而对其中超过 30 家的调查还在进行中。检测结果包括诸如薪酬过高、投资管理不善、利益冲突规则的违反以及向关联方提供贷款，等等。与这一宣告同时提出的还有一些提案，要求联邦和州对规制慈善组织的法律进行修改，主要针对募捐实践。[3] 与此同时，首席检察官起草了法案，在纽约州参议院进行介绍，这使纽约州关于利益冲突的法规更趋严格，并增加了首席检察官对此类违规行为的执行权。

在应对 2001 年 9 月 11 日的恐怖袭击中，首席检察官办公室联合慈善组织扮演了重要和不同寻常的角色。2001 年 9 月 26 日，首席检察官担负起了协调救援资金工作。他提出建立一个访问权受限的受害人数据库，旨在伸张公平正义，避免救援期间的统计重复与欺骗。IBM 捐赠了相关的设备，提供了与建立此数

---

[1]　www.oag.atate.ny.us/charities/charities.html.

[2]　Id.; see also William Josephson, "Recent Developments in Charities Law Enforcement," *New York Law Journal* (February 20, 2001).

[3]　Grant Williams, "Making Philanthrop Accountable: New York's Top Regulator Pushes for Far-Reaching Changes," *Chronicle of Philanthropy*, June 26, 2003, at 23; Frank Brieaddy, "Small Private Charities Targeted: Attorney General Says Some Foundations Need Better Administration," *Syracuse Post-Standard*, July 28, 2003, at A1.

据库有关的服务，另外两家公司，麦肯锡咨询公司和埃森哲咨询公司，也自愿无偿提供帮助。监管者意识到政府在法律上被禁止从其记录中向数据库提供相关信息，且已提前预料到有雇员遇难的公司以及主要的慈善组织会为数据库提供信息。然而，据称拥有最大的牺牲者名单、接收最大规模捐款的美国红十字会却拒绝合作，认为这将侵犯其客户隐私、使受害人无法得到帮助。次月，美国红十字会会长辞职，在机构做出一些调整后，理事会采纳了一项新的有关隐私的政策。之后红十字会与首席检察官签署了协议，参加到数据库建设中，但是要求数据库的进程情况不能被政府部门所干预。2001 年 12 月 14 日，一些非营利组织组成了一个联盟——"9·11 联合服务组织"，合作进行救援。虽然到真正运作花费了几个月时间，但最终达到了其预期目的。①

对首席检察官提议联合救援的最初反应显示出公众对他联络慈善活动的职责和权力的普遍误解。而纠纷的最终解决远远不止消除怀疑那么简单，它同时展示了政府和慈善组织合作的独特优点。

## 俄亥俄州

2002 年 12 月，俄亥俄州首席检察官下属的慈善法律处已经登记了大约 1.8 万个正在开展活动的慈善组织。1995 年以前，俄亥俄州有 10780 个登记在册的慈善组织，此后，登记数量以平均每年 1000 个递增。宗教组织、学校，以及年度总收入少于 5000 美元或资产少于 1.5 万美元的慈善组织可以免于注册和登记。

慈善法律处工作人员的职责包括代表首席检察官参与根据规制慈善组织、慈善募捐的州法律所提起的民事和行政诉讼；监督为慈善事业的博彩发放许可证，这一职责占据了工作人员大部分时间。然而，2003 年 1 月，一项新的立法颁布，授权首席检察官将其管理许可证发放权委托给其他任何州政府机构，这一变化大大减轻了该部门的负担。②

慈善法律处包括 6 名律师、5 名会计、7 名调查人员、8 名账务员协会成员

---

① Victoria B. Bjorklund, "Reflections on September *11* Legal Developments," *in September 11: Perspectives from the Field of Philanthropy* (New York: Foundation Center, 2002), 11 – 47.

② 2001 Ohio H. B. 512 (enacted January 2, 2003).

以及 5 名辅助人员。他们在该部门活动的各个环节中都发挥了积极作用。这其中包括出版俄亥俄州慈善基金会理事指南和基金会目录。

20 世纪 90 年代，医院的转型问题是慈善法律处的工作重点。到 1997 年，这个部门已经调查了 9 个非营利医院以及两个康复机构的转让，并宣称为慈善医疗卫生事业挽回 6 亿美元损失。其中一个例子是，当代表不同利益的州首席检察官对理事随后辞职表示关注时，一项出售社区医院的提议最终被废除。这个部门在 1997 年医院转型法案通过的过程中发挥了有益作用。[①] 值得注意的是首席检察官的立场，他将转让交易中的收益用于更广泛的慈善医疗保健目的，包括针对穷人的预防性医疗保健和其他的社区健康项目。这与其他诸如加州首席检察官认为医院转让收益必须用于医院的医疗事业而非更广泛目的的立场形成了鲜明的对比。

## 马萨诸塞州

马萨诸塞州首席检察官办公室下属的公共慈善机构管理局建于 1954 年。马萨诸塞州有覆盖面最广的报告制度：除了具有宗教目的的慈善组织外，所有的慈善组织都要向该局登记和提交年度财务报告。除此之外，所有向公众筹款的慈善组织都要进行单独登记，并提供募捐活动的补充信息。该管理局可接受联邦信息登记表。然而，总资助和收益在 10 万至 25 万美元的慈善组织也要求提交财务报告，并提供具有资质证书的注册会计师或公共会计师报告。如果总资助和收益超过 25 万美元，慈善组织就会被要求提供经审计的财务报表以及独立审计师的报告。私立基金会、遗嘱认证的信托、经州和联邦政府机构审计的信托则免除此要求。登记费从 35 美元至 250 美元不等，总资助和收益低于 100001 美元的慈善组织缴纳 35 美元，总资助和收益超过 50 万美元的慈善组织缴纳 250 美元。[②] 截至 2002 年底，公共慈善机构管理局局长估计有 4 万个福利机构登记在案，但是只有 2.2 万个慈善组织还在运转。公众可以在工作时间，从位于波士顿的该部门办公室获取年度报告，同时提供复印设备。

与其他州不同，马萨诸塞州的强制性年度报告要求提供更为具体的信息来

---

① Ohio Rev. Code Ann. 109.35.

② Mass Gen Laws ch.12, §§8E, 8F.

补充联邦信息反馈。这些信息包括捐赠汇总、总资助和收益、项目服务和补助、募捐资金的费用、管理和日常费用、支付给会员的费用、年终净资产或资金结余。除此之外，还需要提供该机构 5 名薪金最高的顾问名单、薪金、所提供服务的性质，包括律师、建筑师、会计、管理公司、投资顾问、募捐人和辩护人。此外，还需要提供主管和 4 个现任或前任理事、高管或薪金最高职员的类似信息；涉及支出或其他转移给相关方的支出信息，这些信息并没有包括在与薪金相关的信息之中；与相关各方和组织交易的详细信息；该年是否有捐赠人指定意愿的专项基金取消限制，诸如此类的资金是否已经出借给不受限制的专项。此外，还需要提供一个包含财务信息的单独报表，其中包括支付薪金的相关组织，以及其他没有上报的利益转移，诸如非现金捐赠和豁免的利息。相关方被界定为高管、理事、受托人、有管理职责的职员及上述人员的家庭成员，以及他们直接或间接控制或所有的、营利性或非营利性的任何实体。所有权被界定为具有超过 35% 的投票社员权或选票，如果相关的人数超过这个实体受托人的 35%，这个实体就被视为"受到控制"。

2003 年年底，这个政府部门有 15 个人，其中 5 个是律师，1 个是兼职，2 个是律师助理。这比 1996 年少了 2 名律师，主要归因于全州的预算削减。其他可以比较的数据包括 1965 年 2 名律师，1974 年 4 名律师，1996 年 7 名律师。

公共慈善机构管理局开拓了公共推广的领域，在 1964 年建立了一个委员会对原始申报表内容予以指导，然后尽力帮助公众理解报告要求、主管和受托人的责任、巩固发展小型慈善组织的重要性，以及帮助公众在恰当时适用近似原则和偏差原则。

在 20 世纪 90 年代两件受到全国新闻媒体关注的事件中，这个部门发挥了重要作用。第一个事件与 1985 年波士顿大学的受托人投资一家私立生物技术公司 Seragen 有关。这个公司是由波士顿大学教员中的科学家建立的。1989 年《波士顿环球报》报道，波士顿大学已经将其可掌控一般基金的 1/3 投入该公司，并且已经为该投资损失 1640 万美元。[1] 有传言说，这所大学的校长已经在这家脱胎于当初的生物技术小厂的公司购买了股票。[2] 1992 年 4 月，据媒体报

---

[1]　Massachusetts Office of Attorney General, Division of Public Charities, Form PC.

[2]　Peter G. Gosselin, "BU Writes Off $16M of Seragen Stake," *Boston Globe*, December 29, 1989.

道，这所大学实际上已经按照首席检察官办公室的要求，通过公司上市的方式减少对 Seragen 公司的投资。[1] 在这个时候，《波士顿环球报》指出，这所大学拥有 1200 万股份中的 880 万股，该 880 万股的价值是 8500 万美元。[2] 大约一年后，州首席检察官宣布他正在启动诉讼程序，来迫使这所大学在管理方面做出改进。[3] 1993 年 12 月双方达成和解协议解决该法律分歧，根据该协议，波士顿大学同意在管理和补偿决议规定的方式方面做出许多根本改变。[4] 四年后，据说这所大学在 Seragen 的 8500 万美元的投资只值 350 万美元。[5] 但 Seragen 公司没有采取什么措施来处置理事会或高管。[6]

2002 年马萨诸塞州公共慈善机构管理局再一次卷入了一场受到全国媒体关注的争议。这场争论源于州首席检察官反对控股者出售波士顿红袜棒球队的股权。这些股权的拥有者去世时将股份留给了一家遗嘱信托，条件是受托人出售该股份并将收益捐给股权所有者生前创立的慈善基金会。受托人采用了投标拍卖的方式，并将决定公告。在他们宣布了买家的身份后，首席检察官却提出反对，理由是他们选择的买家并不是出价最高的，他威胁说要申请禁令阻止出售。由于时间是新赛季即将来临之际，这对买卖双方都会非常不利。最终，指定的买家同意再支付 3000 万美元，并将其直接打给基金会而不是球队的少数所有者。基金会理事会还同意将其成员从 4 个增加到 9 个，并且新成员广泛代表公众。[7]

2002 年公共慈善机构管理局最关注的事是试图建立分支机构的慈善组织

---

[1] Brain C. Mooney, "Silber Flip – flops on Stock Ownership," *Boston Globe*, November1. 1990.

[2] Joan Vennochi, "The Private Sector," *Boston Globe*, April 3, 1992.

[3] Ronald Rosenberg, "Silber Invests $1M of Own Funds in Seragen Inc.," *Boston Globe*, May 22, 1992.

[4] Stephen Kurkjian and John H. Kennedy, "AG Pushes BU Reform, Rebuts Silber on Funds, $386, 700 in Proceeds Cited," *Boston Globe*, March 16, 1993.

[5] Alice December, "BU Trustees Agree to Increase Control," *Boston Globe*, December 15, 1993.

[6] Ronald Rosenberg, "Despite Losses, BU and Seragen Plow On," *Boston Globe*, December 21, 1997, at G1.

[7] "AG Reilly Announces Agreement to Bring $30 Million More to Charities from Sale of Red Sox" Office of Attorney General, News Release (January 16, 2002), available at www. ago. state. ma. us/press_ rel/bosoxdeal. asp; Beth Healy, "Foundation Faces Greater Oversight," *Boston Globe*, January 18, 2002, at C1.

（其中既有免税的，也有营利性质的）的数量剧增，通过这样的方式，慈善组织就可以将一些职能转移，如果是应纳税单位，则还会有私人投资者。虽然卫生保健机构几年前就已经可以加入各种类型的合资公司，但是具有其他目的的慈善组织仍然在寻求批准其同样可以做此类合并。公共慈善机构管理局的考虑与慈善组织及其分支机构间的关系有关，因为薪金是支付给主慈善组织与分支机构中的相同个体。关于年度财务报告中要求的相关各方和支付报酬的详细信息，被用于判定是否需要采取纠正行为。

### 其他州

伊利诺伊州慈善信托管理局（Division of Charitable Trusts）在 1998 年指出遭到起诉的慈善诈骗案数量在上一个十年增长了 66 个百分点，由 1988 年的 80 件增长到 1997 年的 133 件。[①] 其中绝大多数涉及从社区群体中窃用资金，这种情况主要归因于慈善组织的创立人和理事会成员缺乏经验，以及他们不能恰当地监督财务账户。伊利诺伊州首席检察官办公室有约 2 万个福利机构登记在册，每年平均要调查 500 个诈骗案件。

得克萨斯州现在并没有法律要求慈善组织登记和提交财务报告，这样一来，首席检察官办公室就只能依靠慈善组织以及监督捐赠的监管组织自愿提供的信息。1993 年首席检察官起草并支持一项议案要求进行登记和报告，但是根据首席检察官的说法，由于遭到某些宗教组织的反对，这项议案并没有获得通过。1993 年在对筹款委员会下属监督委员会的证词中，该州首席检察官明确指出了其办公室所认定的慈善组织滥用权力的行为。[②] 这些行为包括自我交易，慈善组织的资产浪费，医院不提供慈善救治，披着"宗教"外衣宣称对公共责任没有义务、也不遵守已应用于其他慈善组织的管理要求，以募捐为名的诈骗行为。这个州首席检察官办公室慈善信托局附属于消费者保护部门，它有 3 个律师、1 个调查人员和 1 个会计，负责管理大约 2.2 万个公共

---

① Darlene Gavron Stevens, "Club Treasuries Ripe for Raiding, Say Authorities; Fleecing of Non-Profit Groups Linked to Lax Financial Controls," *Chicago Tribune*, November 29, 1998, at C1.

② Tax Administration of Public Charities Exempt under Section 501 (c) (3): Hearings before the Subcommittee on Oversight of the House Committee on Ways and Means, Serial 10339, 103d Cong., 1st Sess. (1993) (statement of Dan Morales).

慈善机构。

现在美国共有 39 个州有法律要求向公众公开募捐的慈善组织进行登记和申报，但是没有对其他慈善组织提出类似要求。[1] 其中包括康涅狄格州、马里兰州、明尼苏达州、新墨西哥州和宾夕法尼亚州。在这些州，对非筹款慈善组织的规制持续递增，因此人手和预算紧缺。与之相反，亚利桑那州成了一个实际上并不存在慈善组织规制的州。在一篇 2002 年 5 月 16 日发表于《慈善纪事报》的文章中，引用了亚利桑那州首席检察官办公室下属消费者保护局首席顾问的一句话："在亚利桑那州我们不管理慈善组织……我并没有看到任何涉及非营利性法人管理的州法律或管理条例。"[2]

# 立法机构

通过制定法律和设置明确的行政、管理和司法机制管理慈善组织，制定广泛的公共政策，是美国和英国的立法机构的职责。从这个意义上讲，立法机构有了改变慈善事业发展方向的更为根本的动力。

立法机构可以建立起对法律体系至关重要的分界线。一个例子是，制定可以具体规定受托人费用范围的法律；另一个例子是，制定对受托人合适的投资进行列举的法律。此外，只有立法机构才能制定出彻底解决相关形势问题的一揽子方案，与此同时制定出管理这些方案的新办法。[3]

绝大多数州的信托法都源于普通法，并且在州高等法院的判决中都可以找到。在几个州，特别是加利福尼亚州、佐治亚州、路易斯安那州、蒙大拿州、北达科他州、俄克拉荷马州和得克萨斯州，立法机构都试图将这种普通法中的信托规定固定为具体的制定法，并以法典形式进行公布。然而，在除了路易斯安那州以外的所有这些州，普通法仍被用于解释相关法典，并对没有规定的部分进行补充。

州立法机构也会制定税法，在其所规定的特定情况下为慈善基金免税。立

---

[1] 见附录，表格一，第 15 栏。

[2] Harvey Lipman, "A Risky Mix for Charity," *Chronicle of Philanthropy*, May 16, 2002, at 29.

[3] J. Willard Hurst, *The Growth of American Law: The Law Makers* (Boston: Little, Brown, 1950).

法机构规定了创设和解散法人的程序。在有的州，立法机构被明确授权调查慈善法人的事宜。[①] 而所有州的立法机构为获得立法所需信息而实施调查的权力，都扩展到了慈善活动的整个范围。

对制定条款以取代普通法规则的立法权的主要限制，是美国宪法中非经正当程序不得危害契约和剥夺财产的禁止性规定。[②] 这些限制通常用于那些试图终止信托或法人，或者改变慈善目的的情况。然而，对受托人义务和权限的列举，通常不包括这些宪法限制，立法机构可以自主规定受托人报账的义务、受托人的薪金、信托投资的规制以及本金和收益之间的分配。在制定影响慈善管理的法案过程中，援引的宪法限制的一个特殊内容是其追溯既往的效力。只要法案不危害已订立的契约，也不违反正当程序条款，宪法就不会限制其追溯既往的效力。只有不与该禁止性规定冲突时，法案才会发挥预期效力。由此如果法案对其生效日期的措辞不明确，就会产生对立法目的的质疑。

立法机构制定执行程序的权力与其制定实体法律的权力一样广泛。虽然在一些州，州法院的设立会受到州宪法的约束，但所有州的立法机构有权分配管辖区域，指定审判地点，确定法庭的数量和期限，制定、修改和废除修正案，规定法庭程序。由此，立法机构有权决定哪些法院有权管辖慈善基金会，以及司法权的范围。

立法机构也可以决定在多大程度上授权首席检察官执行对慈善基金会的管理，也可以剥夺其执行权并将之授予其他的州官员，或者可以将这两种方式相结合。只有当州宪法和立法机构对首席检察官的职责和其他各方的诉讼地位保持沉默时，法院才能接受或否决涉及慈善受益人权利的普通法规则。

依赖法院改变现存法律的缺陷已经阐述过。立法机构在宪法限制的前提下，也自觉限制自身在做出主要变化和创新方面的自由，只是在采纳具体议案时发挥决定作用。这些限制源于立法程序的本质。由于立法者主要关注政府的运作和财政问题，以及与其选民保持联系，因此，需要具有说服力和明确的压力来引导他们在影响私人交易与关系的问题上采取行动。对新措施有组织的激烈反对常常导致他们不采取行动。根据已经采纳《慈善目的受托人监督统一法案》

---

① Minn. Stat. § 300. 63; S. D. Code § 11. 0106.

② *Trustees of Dartmouth College* v. *Woodward*, 17. U. S. （4 Wheat. ）518（1819）.

的那些州的经验，只有首席检察官的强烈支持，才能确保该法案的通过。该法案一经颁布，如果首席检察官提出修改，则需要在立法机构具有强大的话语权，以采纳其修改意见。

每个州独特的政治环境和政治问题当然也会影响立法机构对慈善基金规制的态度。然而，有足够的证据得出结论：利益匮乏可以通过几个强有力的途径予以克服。在俄亥俄州，首席检察官、银行界和司法系统联合起来支持颁布执行报告的条款；① 在伊利诺伊州，芝加哥律师协会下属信托委员会在1963年帮助州首席检察官成功地修改了伊利诺伊州《慈善目的受托人监督统一法案》。

虽然立法机构常常抵制州政府规制权的扩张，但在20世纪90年代晚期和2001年年初却出现了相反情况，当时21个州的立法机构通过立法规制医院和医疗卫生组织通过交易从非营利组织转向营利组织，在交易中，转型获得的收益并未用于慈善目的，而且医疗卫生组织的管理者会从中牟取私利。②

总之，在评价立法规制慈善组织活动问题的解决方法时，如果没有考虑这些政治现实，这些提议可能就会变得毫无意义。

## 其他州政府机构的监督

### 州务卿（Secretaries of State）和法人委员会（Corporation Commissions）

除首席检察官办公室外，州政府还有其他几个执行机构在某些方面有权监督慈善管理。对于慈善组织的管理规制，一度首先由那些颁发法人执照和监督法人活动的州政府机构实施。当前关于法人登记的法律的主要目的并不在于规制，虽然它们最初被视为确实具有此项功能。这些法律更多地具有授权法的性质，它们被用于授权政府以一种简便的方式管理创业家，或多或少利用法人机

---

① Ralph Klapp and Neva Wertz, "Supervision of Charitable Trusts in Ohio," 18 *Ohio State Law Journal* 181 (1957).

② Fremont – Smith and Lever, "Analysis and Perspective: State Regulation of Health Care Conversions," at 718 – 719 (Idaho, Massachusetts, and New Jersey enacted statutes after publication).

制去组织和操控其事业。逐渐地，这些一般登记条款的定义涵盖了非营利组织。所有法律起草都在促进形成法人登记的法案。

几乎所有州的公司法都含有强制性申报条款，这些条款代表了慈善法人监督权的另一种渊源。[①] 然而，除却少数几个州，几乎所有州的法人都只是需要报告目前的高级管理人员和他们的地址。即使是要求报告更多信息的州，也没有将慈善法人与其他非营利法人相区分，当然，在对报告内容或其真实性进行评估时，还是存在一定区分。没有进行登记可能导致非自愿性解散这个事实，实际上已经造成了州政府直接解散慈善法人，而未保证按近似原则分配资金，甚至在慈善组织停止运作前也没有对资金去向进行任何调查。

虽然在大多数州，经过其他州政府官员提议，首席检察官起诉解散停止运作的法人，但是他却极少能够获取相关信息，判断一个特定的法人是否出于慈善目的而建立，具有讽刺意义的是，可能就是因为他要求法院直接采取行动解散法人而不能适用近似原则的程序。关于解散法人的条款表明，政府的管制权完全不足以实现合适的目标。这些州缺乏足够的行政制度，甚至缺乏政府机构之间合作的机制，而这些机制对于保证慈善组织终止时恰当地处理资金是必需的。

政府同样缺乏足够的行政管理机制以实施相关条款，从而对法人理事的信赖义务施加限制，例如，禁止贷款给法人高级管理人员和理事，或者禁止分配红利给法人会员或理事。在几个州，州务卿被赋予明确特定的权力对任何根据非营利法人法建立的公司提出质询，只要质询是合理而恰当的，从而让他确定法人是否已经遵循了该法律的所有条款。[②] 这些法案通常规定对这些质询的回答应该是机密的。在其他州，这种检查公司事务的权力被赋予首席检察官、立法机构、州长，或上述几人。[③] 然而，他们却很少真正行动。

许多制定于 20 世纪 90 年代用于管理医院和其他卫生保健组织的法律，都

---

① 见附录，表格一，第 6 栏。

② 85 Ill. Rev. Stat. 105/101. 40；N. C. Gen. Stat. §55A－I－31；N. D. Cent. Code §10－33－141；see also *RMNCA*，§87.

③ Wis. Stat. §182. 220（the governor may request the attorney to investigate and present finding to legislature）；Minn. Stat. §300. 63（similar to Wisconsin but legislature may also conduct examination）；Nev. Rev. Stat. §82. 536（attorney general）；S. C. Code Ann. §33－31－171（attorney general）.

授予州法人委员会以规制权。例如，在加利福尼亚州，虽然对医院的规制权被指定给州首席检察官，[①] 但是法人委员会被赋予专属权力管理健康维护组织与蓝十字蓝盾组织（Blue Cross Blue Shield）的转型事宜。[②]

## 教育部、卫生部和类似部门

在有些州，诸如教育、卫生、社会服务、保险管理委员会这类管制机构，有权执行绩效标准，这些权力与首席检察官执行受托人与理事的义务标准的权力一样广。纽约州的评议委员会就是其中最有权力的一个，它有权"因不当行为、无能、失职，或者其认为法人没有或拒绝将其教育目的付诸实施，而开除法人受托人"。[③] 这项权力在 1996 年得以援用，在评议委员会记录的一起案件中，艾德菲大学的教职人员、学生和校友起诉宣称，该所大学的校长和理事会成员违背了他们的注意与信赖义务。艾德菲大学的校长和理事会成员质疑了个人向评议委员会请愿的权利，同时质疑评议委员会将其调查权赋予个人的权力。[④] 法院最终否决了该质疑，评议委员会听证会的结论是，校长和其余所有 19 个理事会成员（仅剩一人除外）都被开除。[⑤] 随后首席检察官提起诉讼，达成和解协议，该大学获得 340 万美元，其中 140 万美元来自受托人。[⑥]

在制定于 20 世纪 90 年代的规范转型事宜的法案中，各州公共卫生委员会和保险委员会委员在六种情况下被授予规制权，而在另外 12 种情况下，权力则被赋予在另外一个政府机构做事的首席检察官。[⑦]

跨州执行的困难在 2003 年涉及"护理第一"（CareFirst）的一场争议中得到例证，CareFirst 是马里兰州的一家非营利性健康保险公司，是蓝十字蓝盾计

---

[①] Cal. Crop. Code § § 5914 – 5919.

[②] Cal. Health & Safety Code § § 1399. 70 – 76.

[③] N. Y. Educ. Law § 226（4）.

[④] *Adelphi University* v. *Board of Regents of the State of New York*, 647 N. Y. 2d 678（Sup. Ct. 1996）.

[⑤] *The Committee to Save Adelphi* v. *Diamandopolous*, Board of Regents of the State of New York, 652 N. Y. 2d 837（App. Div. 1997）; see also N. Y. Not-for-Profit Corp. Law § 715.

[⑥] Samuel Maull, "Adelphi and Vacco Announce Financial Settlement with Former Trustees," *Associated Press*, November 18, 1998.

[⑦] Fremont – Smith, "Conversion Foundations," 47 – 51.

划在马里兰州、特拉华州和哥伦比亚特区的唯一成员。这家公司曾寻求马里兰保险委员会的批准，以完成转型。然而，委员会拒绝了这一申请，并发现其管理委员会违反了法规和州普通法规定的信赖义务，未能获取公平市场价格，没有进行尽职调查，也没有提出利益冲突。① 马里兰州议会肯定了保险委员会的观点，并在2003年4月一致通过了一项议案，要求CareFirst在五年内保持其非营利性，并提出了将21人的管理委员会中的12个马里兰州成员开除，其空缺由州长、众议院议长、参议院议长和另一人共同指定的提名委员会予以补充的方案。② 全国蓝十字蓝盾组织随后终止了CareFirst使用其商标的权利，CareFirst反过来起诉该州，质疑这项法案的合宪性。双方随后达成和解协议，稍稍修改了任命的程序，该协议获得联邦地方法院的批准。③

然而，这并没有解决问题。特拉华州的保险委员会理事计划召开一个秋季听证会，以此来决定是否应该要求特拉华州计划切断与CareFirst的联系，理由是马里兰州的立法和解决方案要求这个组织支持本州的捐献者超过其他州的。哥伦比亚特区的保险委员会理事同样质疑了马里兰州立法机构的权力，尤其是它阻止销售保险的权力。④ 这时，与美国班纳健康组织和达科他州、新墨西哥州的首席检察官所卷入的情形不同，联邦地方法院仍然对所有的CareFirst法人实体保留着司法权限。

## 对银行和信托公司的监督

由银行和信托公司作为受托人或者信托资金托管人进行管理的慈善信托，都要在各州法律和联邦法律下受到一定程度的监督，这些监督需要对所有账目进行年度审查。有些州的银行法包含对于信托资金的专章规定。例如，印第安

① Order In Re the Consolidated Application for the Conversion of CareFirst, Inc. and CareFirst of Maryland, Inc. to For-Profit Status and the Acquisition of CareFirst, Inc. by Well-Point Health Networks, Inc. , MIA No. 2003 – 02 – 032 ( March 5, 2003 ), available at www. mdinsurance. state. md. us/documents/MIA – 2003 – 02 – 032CareFirst.

② S. B. 772/H. B. 1179, 2003 Reg. Sess. ( Md. 2003 ).

③ Dan Thanh Dang, "CareFirst Settlement Accepted by Judge; Parties Endorse Proposal for Reforms That Preserves Affiliation with Blue Cross," *Baltimore Sun*, June 7, 2003, at 1A.

④ Bill Brubaker, "CareFirst Oversight Questioned: District Wary of Maryland Control over Nonprofit Health Insurer," *Washington Post*, July 7, 2003, at B1.

纳州专门将检查所有银行持有或控制的信托、受托基金、信托与地产账户，作为州政府对银行进行监督的常规职责。① 俄亥俄州的相关条款专门规定了银行持有的控制在信托范围但并未投资的信托资金，② 密西西比州的法律要求财产分离，并且要求银行对于其持有的信托财产分别登记、分别记账。③

## 税务部门

较之联邦税务机关，州税务部门对慈善活动的影响力较小。这在一定程度上归因于各州免税法案的性质，这些法案在组织创立时，就主要基于该组织的目的决定是否赋予其免税待遇，却很少或没有关注该组织随后的经营运转。与联邦法律的要求相比，各州免税法案侧重于组织测试，却忽视了经营运转测试。

州税务部门很少与其他州政府部门进行合作。当然，法院受理对州税务机构不利判决的上诉。在几乎所有州，首席检察官办公室是所有涉及州政府诉讼的法律顾问，这样就可以理解，首席检察官在税收方面代表州政府利益的职责会与他执行慈善基金的职责发生冲突。程序上的冲突在某些情况下可以通过让政府机构任命自己的律师，或者让自己的某个法务专员在这种场合下代表自己的方式得以解决，使首席检察官能够抽身代表慈善利益。然而，更为常见的是，在这种情况下，慈善捐赠针对的就是一个指定的能够代表自己利益的慈善法人，因而就不需要首席检察官进行干预、保护慈善利益。④

所有州都授权免除慈善组织缴纳州企业所得税和特许税。大多数州都采纳了与《国内税收法典》相同的免税条件。有些州，如加利福尼亚州，虽然采用了联邦标准，却要求慈善组织进行登记并获得单独的州免税决定证明。⑤ 在特拉华州，联邦税收免税与州税收免税是并行的，并且不需要单独的申请。⑥

亚利桑那州是唯一要求填写机构免税申报单的州。这个州的法律涵盖所有

① Ind. Stat. § 5 – 1025.

② Ohio Rev. Code Ann. § 1111：13.

③ Miss. Code Ann. § 81 – 5 – 33.

④ See, for example, *James E. Carroll* V. *Commissioner of Corporation and Taxation*, 179 N. E. 2d260 (Mass. 1961).

⑤ Cal. Rev. & Tax. Code § 23701.

⑥ Del. Code Ann. tit. 20, § 1 – 314 (b) (6).

慈善组织，除了宗教和教育法人、得到政府或公共基金支持的慈善组织，以及总收入不超过 2.5 万美元的慈善组织。一个慈善组织可以通过填写联邦信息申报单的方式遵守该法令。① 然而，税收部门与司法部并没有什么显著的合作。

首席检察官办公室与州税务官员之间的合作隐蔽地体现在加利福尼亚州、密歇根州和俄勒冈州的《慈善目的受托人监督统一法案》中。它要求根据法案接受慈善信托免税申请的所有州政府部门，与首席检察官一起，对收到的所有申请逐年进行登记。② 此外，在加利福尼亚州和俄勒冈州，不能根据《慈善目的受托人监督统一法案》的要求向首席检察官进行年度报告，成为在慈善组织不履行职责的一年或几年中终止享受免税政策的有力理由。③ 很明显要求这种类型合作的法律条款增加了首席检察官的管理效能和效力。

在那些财政收入主要依赖销售税的州，慈善组织通常会在购买用于慈善目的的商品时免税。在大多数州，免除销售税与免除其他的州税一样，都是因为该慈善组织根据《国内税收法典》501（c）（3）条款免除联邦所得税。并没有证据表明获得这些免税优惠是很困难的。

对州和地方不动产税的免除无疑对大多数慈善组织有着最重要的影响，这远远超过了免除州企业所得税的影响。有 38 个州根据本州宪法免除地方不动产税，对剩下的州而言，则是一个需要由立法机构进行裁量的问题。④ 近期，几个州试图通过采纳对"慈善组织"非常狭窄的定义，以限缩解释免税的慈善组织范围，由此引发争议，这点已在第二章有所叙述。这里体现了州税收部门的权力。这一权力在理论上也延伸至慈善组织信赖义务问题上，因为这些义务暗含在适于免税的慈善组织的定义中。税务官员之所以不能管理这种慈善活动，更多地归因于预算限制而不是其他因素。然而，如果税务官员决定在未来的任何时间实施这一权力的话，它仍会是进行控制的一个重要的保留来源。

---

① Ariz. Rev. Stat. Ann. § 43 – 1242.

② Cal. Gov't Code § 12594; Mich. Comp. Laws § 14. 254; Or. Rev. Stat. § 128. 730.

③ Cal. Rev. &Tax. Code § 23703; Or. Rev. Stat. § 128. 740.

④ Janne Gallagher, "Recent challengers to Property – Tax Exemption," in *Property Tax Exemption for Charities: Mapping the Battlefield* (Evelyn Brody ed. , Washington, D. C. : Urban Institute Press, 2002); see also Evelyn Brody, "Of Sovereignty and Subsidy: Conceptualizing the Charity Tax Exemption," 23 *Journal of Corporation Law* 585 (1998).

# 对慈善募捐的规制

对慈善募捐的规制传统上都是由城镇来实施的。"二战"后，人们越来越多地认识到需要在州的层面上对此类活动进行更为广泛的规制。到 20 世纪 60 年代中期，已经有 26 个州采纳了规制立法。其中 17 个州要求募捐组织提供年度或特殊财务报告，而有报酬的募捐人需要提供单独的报告。有 21 个州要求在募捐前获得许可或进行登记。城镇也常常要求挨家挨户筹款的募捐人在募捐前进行登记并获取许可。一些州法律和法令包含对募捐资金花销的限制，或者要求有一定量的钱用于募捐组织的慈善目的上。[①]

州政府尝试限制慈善组织在募捐方面的开支，成为 1980 ~ 2003 年美国最高法院判决的四个案件所涉及的问题。第一个案件 *Schaumburg v. Citizens for a Better Environment* 判决于 1980 年，[②] 在该案中，法院认为禁止未将至少 75% 的募捐款项用于"慈善目的"的挨户募捐的法令是不合宪的，其根据是违反了保护言论自由的《宪法第一修正案》。紧接着这个案件的是 1984 年的 *Secretary of State of Maryland v. Munson* 案，[③] 该案中，州法律将慈善组织募捐的成本开支限定在筹款总额的 25%，但是，如果慈善组织能够证明它能有效限制其用于募捐，就将允许州务卿取消该限制。法院再次发现这一法律违反了保障言论自由的条款，而豁免条款无法矫正这一缺陷。

在第三个例子中，即 *Riley v. National Federation of the Blind of North Carolina, Inc.* 案，[④] 法院推翻了北卡罗莱那州规制职业募捐人的募捐法令中的几项条款。这一法令：（1）包括一个假定，即募捐人的花销超过募捐总额的 35% 时，他就会被视为在不合理地致富，因此，他会相应被要求将超出部分返还给慈善组织；（2）要求职业募捐人在募捐时公开所募捐的资金有多大比重被转移

---

① Ellen Harris et al. "Fundraising into the 1990s: State Regulation of Charitable Solicitation after Riley," in *Topics in Philanthropy*, Vol. 1, at 20 - 22 (1998) (New York University School of Law, Program on Philanthropy and the Law).

② 444 U. S. 620 (1980).

③ 467 U. S. 947 (1984).

④ 487 U. S. 781 (1988).

给慈善组织的委托人等信息；（3）要求职业募捐人在募捐前获得资格证书，不包含如果申请证书被否决就立即进行行政或司法救济的条款。法院发现这些要求全都违反了《宪法第一修正案》：第一条是因为在防止诈骗方面，它并不充分符合国家的利益；第二条是因为危害了言论自由；第三条是因为它没有为迟延和滥用裁量权的行为提供救济。

第四个案件是 2003 年 5 月判决的 *Madigan v. Telemarketing Associates, Inc.* 案①，该案中，伊利诺伊州首席检察官对州高等法院以没有诉讼理由为由驳回起诉而进行上诉。② 控诉的理由是被告作为营利性的职业募捐公司，在进行电话募捐时代表慈善组织，意味着其捐款应该进一步用于慈善目的，但是因为被告收取的费用"数额过高，并且不合理地使用和浪费慈善资产"，而且被告并没有告知捐款人只有 15% 的募捐会留给慈善组织，所以这个募捐行为"是有意识的欺骗和实质上的欺诈"。该控诉后来被修改为，该募捐违反了伊利诺伊州规制慈善基金募捐的法规，该法规要求职业募捐人完整准确地指出募捐的目的。他声称，募捐人没有向捐款人说明捐款实际流向慈善组织的比例，表明募捐人实际上是以欺骗的方式在揽钱，由此违反了《伊利诺伊州消费者欺骗和诈骗商业实践法案》（*the Illinois Consumer Fraud and Deceptive Business Practice Act*）。

被告在其撤案动议中指出，他们的募捐行为是受到保护的言论，本案的控诉理由是一定比例的收益落入募捐人手中而没有主动对此向捐款者说明，但依照 *Riley* 案称其诈骗是站不住脚的。伊利诺伊州高等法院认为，首席检察官的控诉"核心是宪法不允许的通过收益百分比的方式对募捐人参与受保护的活动的能力予以限制"。③ 法院认为，首席检察官的控诉混淆了募捐的高额成本与诈骗，忽视了事实上募捐人也为公众提升对慈善组织的认识做出了贡献。

联邦最高法院一致通过决议推翻了伊利诺伊州高等法院的判决，认为《宪法第一修正案》并不保护欺骗行为，伊利诺伊州首席检察官的主张充分证明可能存在诈骗。联邦最高法院注意到，在个案中受过训练的诈骗行为和当募捐成本过高时禁止募捐之间还是存在着明显差异的。根据 *Schaumburg* 案和 *Riley* 案

---

① *Illinois ex rel. Madigan v. Telemarketing Associates, Inc.*, 123 S. Ct. 1829（2003）.

② *People ex rel. Ryan v. Telemarketing Associates, Inc.*, 763 N. E. 2d 289（Ill. 2001）, cert. granted, 123 ct. 512（2002）.

③ Id., 763 N. E. 2d at 363.

的判决，后一种类型的限制受到《宪法第一修正案》的保护，但是它并不保护有预谋的诈骗行为。联邦最高法院指出：

> 筹集资金的高额成本并没有在多大程度上造成欺骗行为。与潜在捐赠人联系时没有主动提及募捐人的花销，并不足以造成欺诈。但是这些限制解除了州确保其州内居民能够对其慈善赠与做出可靠选择的责任。当募捐人在捐款如何使用方面做出错误或误导性的陈述以欺骗捐款人时，各州可以根据先例及《宪法第一修正案》，确认诈骗行为。[①]

虽然前三个联邦最高法院的判决限制了州政府规制慈善募捐的权力，但对非营利法人和营利法人募捐行为的规制依然是州政府关注的主要问题。*Madigan* 案的判决再次激发了对涉及欺诈的诉讼兴趣。[②] 对规制募捐欺诈行为的关注，在一定程度上反映了保护消费者的普遍关注，这也是全国各州首席检察官办公室的主要活动。

2003 年，39 个州积极致力于规制慈善募捐。管理这些项目的责任被委派给各类政府官员。在 16 个州，关于募捐活动的报告须向州首席检察官备案；在 15 个州，虽然执行权掌握在首席检察官手中，但是这些报告由州务卿备案；在另外 8 个州，由消费者保护机构掌握该权，虽然在其中的 5 个州，首席检察官依然拥有普通法的执行权。[③]

规制慈善目的募捐的一个示范法案在 1986 年被全国首席检察官联合会（the National Association of Attorneys General）所采纳，该法案涵盖了几乎所有州法中的执行方式。[④] 打算在州内募捐的慈善组织被要求在募捐结束时或者每年进行登记并提交财务报告。22 个州要求，在申报期间那些获得超过固定数额（1 万至 25 万美元）收益的组织，要提交经审计的报告。某些州存在最低收入门槛，当慈善组织的收入低于该数额时将免于报告。职业募捐人也需要登记、申报，在某些情况下还要登记公债。近期，这些法令的范围已经扩展适用于商业共同投资者，也即那些从事有报酬的募捐活动和以慈善组织名义或为慈善目

---

① Madigan，123 S. Ct. at 1842.

② Williams，"Making Philanthropy Accountable," 23；Brieaddy，*Small Private Charities Targeted*，A1.

③ 见附录，表格一，第 16 栏。

④ *Model Solicitations Act*（1986）.

的提供商品和服务的人。[①]

正如已经提到的，执行权要么赋予了首席检察官，要么给了另一位州政府官员——大多数情况下是州务卿，在某些情况下，也可能是二者兼而有之。在新墨西哥州，募捐法律适用于除宗教组织外的所有慈善组织，无论它们是否进行公共募捐。唯一免于登记和申报要求的活动是教育机构和为那些遭受疾病或其他灾害的个人和群体举行的专门募捐活动。[②] 由联邦税务局在 2001 财政年度发布的《职业继续教育读本》中，有一篇卡尔·E. 爱默森（Karl E. Emerson）写的关于州级慈善募捐规定的文章。爱默森是宾夕法尼亚州务院慈善组织管理局局长。这篇文章对宾夕法尼亚州的相关法律条款和其执行方式进行了详细描述，有助于认识活动的内容以及规制者面临的问题。[③]

登记要求的多重性与多样性，以及差异巨大的豁免要求给好几个州的慈善组织带来沉重负担。为了解决多重登记的问题，代表慈善组织的几个全国性组织创建了《统一登记声明》（URS）作为"申报标准化项目"的一部分，其目的在于简化和减少对各州募捐法律的依赖。[④] 2003 年 1 月，36 个州同意采纳《统一登记声明》，虽然其中的 4 个州依然要求提供补充信息。除此之外，12 个州参加了这一项目以此来鼓励使用电子登记，这种登记方式得到国家慈善数据中心、全国首席检察官联合会，以及全国州级政府慈善监管官员协会的配合。

所有的募捐法规都免除了宗教组织登记申报责任，其中大多数也会对教育机构和医院免除该责任。在一些州，豁免也被赋予博物馆、只对成员募捐的会员组织、退伍军人组织、自愿灭火或营救组织、家长－教师组织。加利福尼亚州也对那些受到其他州政府机构管辖的信托法人实行登记豁免。[⑤] 与之相反，马萨诸塞州仅仅对宗教组织实施登记豁免。[⑥]

*Riley* 案判决之后尚未解决的一个问题是，州能否要求任何形式的募捐信息

---

① See, for example, Mass. Gen. Laws ch. 68, §18.

② N. M. Stat. §57 – 22 – 4.

③ Karl E. Emerson, "State Charitable Solicitation Statutes," 155 – 167, in *2001 Internal Revenue Service Continuing Professional Education Text*.

④ The Multi – State Filer Project, *The Uniform Registration Statement*, available at www. nonprofits. org/library/gov/urs/.

⑤ Cal. Gov't Code §12583.

⑥ Mass. Gen. Laws Ann. ch. 68, §20.

公开。马里兰州、纽约州、宾夕法尼亚州要求所有募捐材料必须包括一个声明，即慈善组织的财务信息可以通过申请从慈善组织或从州规制机构获得，此外还要附上可获得该信息的地址，[1] 由此试图避免宪法的不确定性。

各州在募捐方面的最近发展是利用互联网募捐。2000 年，全国首席检察官联合会与全国州级政府慈善监管官员协会发布的一个公共评论文书提出了"查尔斯顿原则"（the Charleston Principles），该原则汇集了各种相关情形，在这些情形下，互联网募捐会被认为在方式上足以要求慈善组织在各州募捐法令范围内活动。[2]

## 建议设立独立董事进行慈善监督

Karst 在一篇写于 1960 年的文章中建议：建立独立的州慈善委员会来承担监督慈善活动和管理政府控制经营的主要职责。他列举了这个委员会的职责，从而为有效的政府行为提供了实用的计划。他建议这个委员会：

（1）取代首席检察官的监督权，通过以下方式：（a）由其负责对本州所有慈善组织进行登记，（b）收集和评价所有登记慈善组织的定期报告，也可能存在例外，（c）调查可能的违反信赖义务的行为，（d）使需要纠正的滥用受托人职责的行为直接引起合适法院的关注；

（2）就下列问题向慈善组织的负责人提出建议并与之协商：（a）计划经营方案和挑选项目，（b）协调对资金的管理和投资；

（3）负责为老旧的慈善组织制定新方案，以及对效率低下的慈善组织进行合并；

（4）管理整个州的募捐控制体系，这一管理或者与多重管理相互协调或者取而代之；

（5）在州和联邦层面上与税务官员开展合作，向他们报告可能导致撤销免税资格的权力滥用。[3]

---

① N. Y. Exec. Law § 174 (b)；Pa. Stat. Ann. tit. 10，§ 162.13；Md. Bus. Reg. § 6 – 101.

② Charleston Principles, available at www. nasconet. org/stories/story reader $ 10.

③ Karst, "Charitable Dollar," 449.

自从 Karst 提出建议后的几年，公众就不再有明显兴趣要求州建立单独的规制机构。实际上，自从 1960 年 Karst 提出建议以来，只有三个州通过立法扩大了州的执行权，在 20 世纪 60 年代通过的两个法律曾经大大增加了州的执行权，但这两个法律随后被废除，其他相关方案数量也大大缩减。2003 年，人们的兴趣转向了联邦政府，随着联邦税务局扩展了它的执行力，学术关注也开始转向考虑建立一个集中的联邦慈善组织。对扩大州政府对受托人责任监督的兴趣不再，这与州政府规制慈善募捐的方案数量增长之间形成了鲜明的对比。即便如此，尽管州政府和部门代表努力协调州政府的慈善管理方案，使得《统一登记声明》被广泛接受，但是州政府在管理互联网募捐方面存在的困难，还是让人们开始重新考虑使用联邦立法的手段。

2003 年春，纽约州首席检察官对众议院筹款委员会（House Ways and Means Committee）提出的建议，对联邦规制慈善募捐意义最为深远。他建议立法修改《国内税收法典》，拒绝扣除慈善募捐的任何一部分以支付给职业募捐人，并要求慈善组织向潜在的捐赠人公开因为这些支付而被拒绝扣除的捐赠比重。[1] 这项措施可能会通过税法来施加限制，而这些限制根据 Riley 案及其所援引的前例是被禁止的，由此提出了宪法条件学说的效力问题，该问题迄今为止没有得到解决。[2]

---

[1] Williams, "Making Philanthropy Accountable," 23; Brieaddy, "Small Private Charities Targeted," A1.

[2] See generally Conference, *Emanations form Rust*: *The Impact on the Nonprofit Sector of the Doctrine of Unconstitutional Conditions* (New York University School of Law, National Center on Philanthropy and the Law, 1992); see also Kathleen M. Sullivan, "Unconstitutional Conditions," 102 *Harvard Law Review* 1415 (1989).

# 第七章　联邦政府与慈善组织监管

慈善组织是由各州创设的，而规范其设立、持续存续的权利、运营自由、财产性质的限制及其终止条件的法律一直以来并将继续由各州予以制定。然而，自 20 世纪 50 年代以来，联邦政府的监管权限得到扩张，使其成为规制的主导力量，并得以延伸到原本专属于各州管理的事务，而且在很多情况下，还会以税收减免为条件要求各州的规定符合联邦所要求的行为标准。

联邦税法的实体性规定已经在本书第五章做了介绍。本章主要阐述这些实体法的实施。联邦政府的作用主要体现在三个方面：首先，国会决定规制的性质和范围，担负双重任务。先通过调查获取有关信息，并在此基础上决定现实变化是否值得回应，然后再制定适应这些变化的实体性规定。其次，财政部通过颁布实施条例为立法建议和国会议案做准备。联邦税务局作为财政部的分支机构，直接负责实施这些法律和规定。最后，联邦最高法院解释这些法律和实施条例，审查它们的合宪性。司法从而掌握了终极权力，尽管法院所决定的问题只是政府规制领域中的一小部分。

## 国　会

关于慈善组织的联邦法规的性质和范围首先由国会予以决定，这从中反映出相对于其他社会部门而言，国会对规制慈善部门的重要性的关切。联邦政府逐渐通过税收监管体系发挥规制功能的做法，与其说是对税务部门职责的刻意安排，不如说纯属历史偶然。慈善组织（和其他免税主体）的监管职责曾经能够——现在依然能够——分配给司法部门（从而参照州层面的规制模式），或者分配给其他内阁部门；抑或设立一个独立机构，诸如证券交易委员会或联邦商务委员会。① 对下述两个问题的思考无疑是非常有趣的：联邦税务局的角色是否会因为性质改变被完全同化，以及由于联邦政府对税收系统完整性的考量导致其规制功能出现一分为二的现象，就如同英国一样。

本书第二章所介绍的联邦规制的历史显示：联邦税务局作为规制者在发展过程缺乏审慎思考，从 1950 年到 2000 年，联邦税务局的角色与这个部门的发展及其对更广泛的经济领域的潜在影响同步发展。尽管如今这个部门已经有所发展，然而国会对慈善组织运作的关注程度却并未相应提高。部分原因在于，国会通过调查活动发挥的作用弱化了；另外，税收法案制定过程改变了，与财政部的遭遇一样，众议院筹款委员会和参议院财政委员会在其中的作用被削弱了。②

税收法案制定过程的改变对于税收法律生效和修改产生的影响一方面体现在：1974 年采用了综合预算方法，综合计算每年的支出和目标收入，同时设立预算委员会来协助国会确定预算限额，并开发出预算调整程序来确保支出限额得到遵守。③ 其结果导致：对免税组织增强规制的努力往往遭到挫败，因为预算委员会和国会不会提供额外收入来支付加强规制活动的费用。这种改变也与 1969 年围绕制定私立基金会消费税条款的颇具争议的历史和国会内部对变革的论争形成了一种颇有趣味的对比。

税收法典的修改对慈善组织有所影响，1996 年开始对超额收益交易予以中间制裁，这提供了一个税收立法程序方面的绝佳实例。在联邦税务局、财政部、众议院筹款委员会、参议院财政委员会，以及最终国会参众两院均认可立法的必要性，且在法律调整范围和具体条文内容上达成一致的前提下，税收立法的论证、完善和落实没有产生争论。因此，这项立法为规制性立法及其日后的实施条例的制定程序提供了一个颇为有益的程序案例。

1989 年联邦税务局税收罚款特别工作组发表了一项报告，建议修改税收法

① David Ginsburg et al. , "Federal Oversight of Private Philanthropy," in department of Treasury, Commission on Private Philanthropy and Public Needs, *Research Papers*, Vol. 5, pt. 1, at 2575 (1977).

② Elizabeth Garrett, "The Congressional Budget Process: Strengthening the Party-in-Government," 100 *Columbia Law Review* 702 (2000).

③ *Congressional Budget and Impoundment Control Act of 1974*, Pub. L. No. 93 - 344, 88 Stat. 297 (1974).

典，借鉴私立基金会的相关规则，对于违反免税条件的行为予以惩罚，在不取消慈善组织免税资格的情况下确保违法行为得到纠正。① 政府专员将这项建议作为对国会的正式请求纳入 1993 年 7 月 15 日向联邦赋税委员会监督小组的报告之中。② 在此之前，1991 年有许多国会议员在提案中建议对于医疗卫生机构自我交易行为③或者未能提供紧急救援的行为④处以中间制裁，但这些提议在当时并未得到重视。

非营利部门中首先对政府专员提议做出回应的是独立部门，独立部门的理事会在 1993 年 10 月通过了一项包括中间制裁的法律草案。⑤ 然后，1993 年 11 月 22 日，一位筹款委员会委员——福特尼·皮特·斯塔克（Fortney Pete Stark）议员——提出了一项他在 1991 年所提议案的修改版议案，建议对于违反禁止利益分配原则和自我交易的行为课以消费税。⑥ 次年三月，在监督委员会提倡就税法 501（C）（3）和（4）条款下的组织向其内部人员提供超额收益的交易以课以消费税形式进行限制时，财政部官员据此进行了权衡。⑦ 监督委员会于 1994 年 5 月发布的报告肯定了这项提案，该报告还总结了 1993 年至 1994 年公共慈善机构听证会上收集到的证据。⑧ 一个月之后，参议院财政委员会发布了一份关于医疗改革的摘要，获得了勉强认可。该摘要包含了一项条款，该条款规定在医疗卫生机构违反信托义务和未能提供社区福利的情形下，可以对其处

① Executive Task Force, Commissioner's Penalty Study, Internal Revenue Service, R*eport on Civil Tax Penalties*, ch. 9, sec Ⅲ （1989）.

② Tax Administration of Public Charities Exempt under Section 501 （c）（3）: Hearings before the Subcommittee on Oversight of the House Committee on Ways and Means, Serial 103 – 39, 103d Cong., 1st Sess. （1991）. *Status Reform Act of 1991*, H. R. 790, 102dCong.

③ H. R. 4042, 102d Cong., 1st Sess. （1991）.

④ *Charity Care and Hospital Tax-Exempt Status Reform Act of 1991*, H. R. 790, 102d Cong., 1st Sess. （1991）.

⑤ Independent Sector, "Independent Sector Position on Possible Legislation Related to Performance and Accountability of Public Charities," 9 *Exempt Organization Tax Review* 151 （1994）.

⑥ H. R. 3697, 103d Cong., 1st Sess. （1993）.

⑦ Improved Compliance by Tax – exempt Organizations: Hearings before the Subcommittee on Oversight of the House Committee on Ways and Means, Serial 103 – 72, 103d Cong., 2d Sess. （1994）（statement of leslie B. Samuels, Assistant Secretary, Department of Treasury）.

⑧ Subcommittee on Oversight, House Committee on Ways and Means, *Report on Reforms to improve the Tax Rules Governing Public Charities*, WMCP 103 – 26 （1994）.

以中间制裁。① 然而，直到 1996 年财政部的中间制裁条款在做出一些修改之后作为《纳税人权利法案 2》的一部分通过审议之前，没有采取任何行动。② 值得注意的是，这篇摘要估算的预计收入为：1996 年、1997 年、1998 年为每年 400 万美元，1999 年、2000 年、2001 年为每年 500 万美元，2002 年为 600 万美元，总计为 3300 万美元。③

筹款委员会和财政委员会设有专职人员负责准备所有税收法案的配套报告。报告中包括对法案中条文的官方解释以及立法理由。美国众议院关于中间制裁的报告书就是个中典范，该报告的编制在一定程度上参考了财政部、联邦税务局和法院的文件，不仅对法案中的法律用语进行了解释，还充实了一些条文。例如，众议院关于中间制裁的报告书包含了一项对财政部的指令，要求财政部制定一套规则，对慈善组织向利益冲突人支付报酬的合理性推定提供依据，从而为财政部和联邦税务局确定了一项议事日程。④ 除了委员会全体参与的方式之外，为解决具体问题还不时成立各种专门委员会。帕特曼委员会（The Patman Committee）就是一个例子。该委员会作为皮克尔（Pickle）主席领导下的众议院监督专门委员会，在 1993 年很活跃。⑤ 最近，少数派参议员查尔斯·格拉斯勒（Charles Grassley）领导的参议院监督分委员会，在 12 个月的期限内，要求审计总署开展两项主要的调研，从不同的角度研究慈善组织的问责制和联邦税务局在规制慈善组织行为过程中的角色。⑥

税收联合委员会（The Joint Committee on Taxation）作为常设智囊团为国会筹款委员会和财政委员会服务，在技术问题上提供建议，评价立法议案的财政效应，在举办听证会前为委员会和分委员会准备背景材料，提供税收立法的摘

---

① Health Care Reform, Chairman's Mark (June 9. 1994) (Senate Finance Committee Print); see also *Health Security Act*, H. R. 3600, 103d cong., 1st Sess. (1994); Health Security Act, S. 2351, 103d Cong., 2d Sess. (1994).

② *Taxpayer Bill of Rights 2*, Pub. L. No. 1311, 110Stat. 1452, 1475 – 1479 (1996).

③ H. R. Rep. No. 104 – 506, 104th Cong., 2d Sess., at 64 (1996).

④ H. R. Rep. No. 104 – 506, 104th Cong., 2d Sess., at 57 (1996).

⑤ 参见第二章。

⑥ General Accounting Office, *Tax – Exempt Organizations*: *Improvements Possible in Public*, *IRS*, *and State Oversight of Charities* (GAO – 02 – 526) (April 2002); General Accounting Office, *Sepertember 11*: *More Effective Collaboration Could Enhance Charitable Organizations' Contributions in Disasters* (GAO – 03 – 259) (December 2002).

要，这些摘要日后收录在税收立法史中。① 举个例子，联合委员会准备了一份发表于 2002 年 5 月的报告，报告中介绍了限制政治和游说活动的规则，还包括两项未决法案的摘要，内容是使教会免受干预政治运动的禁止，这将在赋税委员会监督小组的听证会上讨论。②

2000 年，联合委员会发布了一项 1998 年的联邦税务局就结构调整和改革法案所批准的重要研究报告，研究对象是国内税法的保密和信息披露条款。这份报告的第二章包括一份长达 208 页的研究文件，该文件囊括了应用于免税组织的信息披露条款，以及意在扩大与联邦税务局决定相关的影响慈善组织的信息适用范围的广泛建议。③ 在准备立法草案的过程中，联合委员会的工作人员和参众两院立法顾问紧密协作，以确保立法草案能够准确反映国会的政策决定。

# 审计总署

审计总署作为国会的调查机构承担改进联邦政府职能和责任的任务。它的既定职责就是检查公共资金的使用，评估联邦项目和政策，向国会提供分析建议和其他协助。④ 审计总署接受税法起草委员会小组委员会主席安排的任务。从一开始，审计总署就在各种场合根据要求提供非营利法人的信息。1987 年，审计总署关于免税组织无关宗旨商业活动的研究是应税收联合委员会的要求而开展的，在当时十分有影响，⑤ 同样地，2002 年 4 月，它应参议院财政委员会少数派成员的要求发布了一份报告，内容包括联邦税务局和国会对非营利法人的监督以及改进建议。⑥

① *Revenue Act of 1926*，Pub. L. No. 69 – 20，1203，44Stat. 9，127 – 128（1926）.

② Joint Committee on Taxation，*Description of Present – Law Rules Relating to Political and Other Activities of Organizations Described in Section* 501（*C*）（3）*and Proposals Regarding Churches*（JCX – 29 – 02）（May 14，2002）.

③ Joint Committee on Taxation，*Study of Present – law Taxpayer Confidentiality and Disclosure Provisions as Required By Section 3802 of the Internal Revenue Service Restructuring and Disclosure Provisions Relating to Tax – Exempt Organizations*（JCS – 1 – 00）（January 28，2000）.

④ *Budget and Accounting Act of 1921*，Pub. L. No. 67 – 13，312，42 Stat. 20. 25 – 26（1921）.

⑤ General Accounting Office，*Tax Policy*：*Competition between Taxable Business and Tax – Exempt Organizations*（GAO/GGD – 87 – 40BR）（February 1987）.

⑥ General Accounting Office，*Improvements in Public*，*IRS*，*and State Oversight of Charities*.

# 财政部

财政部在规制非营利法人时具有双重角色。它负责制定和起草反映政府在税收和财政政策上立场的立法建议，指导联邦税务局的运营，参与联邦税务局的重大决策和事务、规章批准、规则和税务表格发布，以及在影响到联邦税务局的法律和立法方面进行协助。这些功能通过助理秘书长办公室（税收政策办公室）执行。① 这个办公室，反过来监督税收立法顾问局的运行，顾问局提供法律和政策分析，协助国内税收事务，包括规划政府的税收主动权，评价其他执行部门的税收提案，为国会税收立法委员会准备国内税收问题的材料，和国会的工作人员一起研究立法草案用语和立法史，并且在制定规章、颁布规则和其他方面提供行政协助。② 随着规章和规则的发展，这个办公室的职员和国家联邦税务局相关工作人员紧密协作。

与具体立法提案相关的行政决定就是在预算程序中形成的。而与免税组织相关的法典修正案，如果作为政府年度预算通过了将只能由财政部制定。除此之外的其他事项当然也需要修改预算，但只有在极罕见情形下才会发生。这意味着公众会预先知道影响非营利法人规制和管理方面的财政政策。

财政部对于规则的审查包括确保规则实体上的正确，但是财政部职员还得确保这些规则的明确性和一贯性。对公布的规则进行审查的目的在于：确保它们正确并且与现行的税收政策一致。如官方说明所述，每年有几百部规定出台。然而，大多数涉及税收政策办公室的规定需要通过税收立法顾问局的质询之后才能发布。税收立法顾问局的一位成员负责免税组织的相关事务已经成为一项惯例。③

根据 1998 年改组联邦税务局的规定，其首席顾问只向财政部总顾问报告法律建议或者仅与税收政策相关的税法解释，如立法建议和国际税法条约。④ 然

---

① Treasury Directive 27 – 10（October 15，1990）.

② Treasury Directive 27 – 10（October 15，1990）.

③ Treasury Directive 27 – 10（October 15，1990）.

④ I. R. C. §7803（b）（3）（B），codified by *Internal Revenue Service Restructuring and Reform Act of 1998*，Pub. L. No. 105 – 206，§1102（a），112Stat. 685，698（1998）.

而，当涉及不单纯与税收政策和税收诉讼相关的法律建议和税法解释时，他负有向联邦税务局行政长官和财政部总顾问双重报告的责任。[①] 正如与联邦税务局重组法案相配套的众议院会议报告所述，报告的内容涉及起草法规、税务规定和税收程序、技术咨询和其他相似的备忘录、专属信件裁决，以及发布的其他指引意见。[②] 联邦税务局顾问局的工作人员只向首席顾问汇报，而不向联邦税务局或财政部的其他人员汇报。[③]

## 法规颁布

决定纳税人纳税责任范围的法律渊源包括法律、法庭判决、法规、行政规章。尽管法规最初是由联邦税务局与财政部合作起草的，但最终由财政部以财政决定的形式公布。税收法规是由法律授权的，在财政部和联邦税务局处理纳税人的问题时具有法律效力。[④]

新财政法规的提案最初是发布在联邦公报上的。在接下来的最少 30 天里，有关各方会提交关于提案的意见、数据和论据。这一期间过后会立即公布最终法规，尽管在有些情况下条例草案会被修订或再次发布。当出台新法或者对现行法规进行重大修改时，由财政部就法规修订举行听证会已经成为一项惯例，以这种方式向相关公众提供陈述观点的平台，在一些情况下，还会发布进一步征求公众意见的修改提议。此外，当法规生效日期临近或者有时在通过立法之前，财政部会发布包括即时指导在内的临时性法规，纳税人在试行条例和最终条例出台之前可以参考这些法规。在许多情况下，尤其是当法规内容存在争议时，财政部会在试行条例和最终条例中加入序言，详细说明条例的起草过程以及财政部对公众意见的回应。

不能过分强调财政法规的重要性，纳税人在向税务法院、索赔法院和地方法院提起的退款诉讼中会质疑它的缺陷。虽然财政法规并不控制法院，但是法院也不能宣布它们无效，除非法院发现这些法规是武断的、反复无常的或者与国会的意图相左的。除此之外，法规和法律有相同的法律效力，同等程度地约

---

① I. R. C. § 7803（b）.

② H. R. Conf. Rep. No. 105 – 599, 105th Cong., 2d Sess., at 209（1998）.

③ I. R. C. § 7803（b）（4）.

④ I. R. C. § 7803（a）.

束纳税人和联邦税务局。纳税申报的指导意见和法规也具有同等效力。

　　财政部颁发法规的权力实质上是一种准立法权。对于征税而言，法规是必要的辅助手段，使用得当会最大程度地减少诉讼数量。遵循国会的意图并非一贯容易，尤其当制定与免税组织的商业活动相关的法规时更是如此。在"组织检验测试"[①] 下，免税组织根据章程可以从事"非实质性"数量的与其宗旨无关的商业活动，否则将失去免税资格。法规在界定"运营检验测试"[②] 时既包括主要活动测试，又包括非实质性活动测试，但是《国内税收法典》501（c）（3）－1（e）条款保留了主要活动测试，即当免税组织的主要目的并非从事与宗旨无关的贸易或商务活动时，准许其从事非实质性商业活动以促进免税目的的实现。[③] 法律法规的内部不一致给联邦税务局和免税组织都带来了问题；然而，如果国会未就免税组织可以从事的商业活动的程度（又不影响免税组织的免税资格的）做出进一步解释，法律法规内部存在冲突的情形会继续存在下去。

## 财政部对公布规章的监督

　　须经财政部就行政规章的主要事项同意之后，联邦税务局才可以就此制定规章。每年，来自联邦税务局和税收政策办公室的众议院议员制订优先指引计划，亦称业务计划，内容包括下一财政年度优先考虑的法规清单。2002～2003财政年度计划中，"免税组织"项下列出了七个获得优先指引的事项。其中五项由先前业务计划延续而来，包括私立基金会的终止，另外两项是新事宜，涉及对规范免税组织和营利组织组成合资企业，以及申请将无关宗旨商业所得税规则用于互联网活动做出指引。[④] 2003～2004财政年度计划对于501（c）（3）条款下的免税组织未做出重大政策调整。[⑤]

　　尽管与财政部税收立法委员会有紧密的合作，但提请审议的税收规则和程序草案由联邦税务局负责起草。然而，没有财政部长的批准不得发布任何法规。[⑥]

---

① Treas. Reg. §1.501（c）（3）－1（b）（iii）.
② Treas. Reg. §1.501（c）（3）－1（c）.
③ Treas. Reg. §1.501（c）（3）－1（e）.
④ Notice 2002－22, 2002－14 I. R. B. 731.
⑤ Notice 2003－26, 2003－18 I. R. B. 885.
⑥ T. D. O. No. 111－2, 1981－1 C. B. 698.

### 财政部税收征管监察长

1998 年联邦税务局体制改革之前，监察长的财政部办公室负责管理、监督和协调内部审计和涉及财政部（包括联邦税务局）的调查。[1] 然而，实际的内部调查和联邦税务局内部审计是联邦税务局总监察长办公室负责的。[2] 联邦税务局总监察长办公室改组后，它的权力和责任转移到新设置的财政部税收征管监察长，该税收征管监察长独立于财政部监察长。[3] 此项改革的目的是减少联邦税务局的政治压力，消除财政部与联邦税务局职责不清的情况。[4]

### 财政部反恐行动

2001 年"9·11"恐怖袭击后，政府查封了一些慈善组织的财产，理由是它们与恐怖组织有资金往来。[5] 试图解除资金冻结的诉讼活动都以失败告终，但没有任何公开信息表明这些慈善组织的免税资格受到影响。

2002 年 11 月财政部发布了名为《财政部关于避免资金流向恐怖组织的指引》的官方声明。声明中包括"一套供设在美国的慈善组织自愿遵守，以减少慈善基金流向恐怖组织的可能性的最佳实践指引"。[6] 在另外一份独立发布的公报中，财政部报告说已经制定一份指引，以满足穆斯林团体的要求，它们对政府将来的举措非常关切，也不知该如何面对捐款数额下降的局面。[7] 此外，财政部还计划向一些免税组织咨询，这些组织充当着公募型慈善组织的"看门狗"。

---

[1] *Inspector General Act Amendments of 1988*, Pub. L. No. 100 – 504, §102（f）, 102 Stat. 2515, 2518 – 2520（1988）.

[2] H. R. Conf. Rep. No. 105 – 599, 105th Cong. , 2d Sess. , at 218, 220（1998）.

[3] 5 U. S. C. §§2, 8D, 9, codified by *Internal Revenue Service Restructuring and Reform Act of 1998*, Pub. L. No. 105 – 206, §1103, 112 Stat. 685, 705 – 708（1998）.

[4] H. R. Conf. Rep. No. 105th Cong. , 2d Sess. , at 217 – 225（1998）.

[5] Hanna Rosin, "U. S. Raids Offices of 2 Muslim Charities; Groups Accused of Funding Terror," *Washington Post*, December 16, 2001, at A28.

[6] "U. S. Department of the Treasury Anti-Terrorist Financing Guidelines: Voluntary Best Practices for U. S. – Based Charities"（November 7, 2002）.

[7] Alan Cooperman, "In U. S. , Muslims Alter Their Giving; Those Observing Islamic Tenet Want to Aid Poor but Fear Prosecution," *Washington Post*, December 7, 2002, at A1.

指引的内容在第二章中已有阐述。从声明和公报中都无从得知联邦税务局是否参与了指引的起草过程。评论人士认为联邦税务局不太可能参加这一过程，因为指引并未遵循税法，而且指引中建议慈善组织"自愿"采纳的一些规定事实上是免税组织必须遵守的。到这一地步，指引具有很强的误导性，因此进行澄清就显得十分必要了。[①]

# 联邦税务局

直到20世纪70年代，联邦税务局才将免税慈善组织纳入应税主体的规制范畴。联邦税务局自身是依功能组织起来的，其最初的决策和审计的职责在区域主管的领导下由地区分署承担，区域总管向地域总监报告工作。专门负责免税组织事务的部门处理相关的决策和审计事务，但由于业绩是以税收增长来衡量的，所以许多部门都不愿负责这部分工作。技术咨询由总部的副署长办公室提供，那里有关于免税组织的专家。

在1969年起草税务改革法过程中，一些国会成员认识到将501（c）（3）条款下的组织分成私立基金会和公共慈善机构极大地增加了工作量，而且因实施适用于私立基金会的复杂的新条款带来了额外负担。为满足加强监督的需求，通过了《国内税收法典》4940条款。根据该条款，每年征收私立基金会净收入4%的消费税（后来降低到2%），使它们得以"分担部分政府开支，促进更广泛和灵活地推行与免税组织相关的税法"。[②] 具体实施中，税收带来了可观的收入，却都没有直接用于处理免税组织的人员开支。[③]

1974年的《职工退休收入保障法》（ERISA）包括对联邦税务局职责的重要调整，其目的在于改进关于雇员福利计划和免税组织的规范。[④] 对于这两个领域的税收监管由分管雇员计划和免税组织（简称"EP/EO"）的副署长领导

---

① "Guidelines for Charities on Terriorist Funding May Be Costly, Impractical, Say EO Peps," 2002 *Tax Today* 224 – 5 （November 20, 2002）.

② Joint Committee on Taxation, *General Explanation of Tax Reform Act of 1969* （JCS – 16 – 70）, 29 （December 3, 1970）.

③ H. R. Conf. Rep. No. 105 – 599, 105th Cong., 2d Sess., at 210 （1998）.

④ *Employee Retirement Income Security Act of 1974*, Pub. L. No. 93406, §1051, 88 Atat. 829. 951 – 952 （1974）.

下的一个专门的办公室负责。然而，在前副署长兼免税组织副首席顾问杰姆斯·麦戈文（James McGovern）看来，这样的组织结构存在严重缺陷。他把原因归结为如下事实：副署长虽然对员工计划和免税组织的监管享有程序性权限和预算资金支配权，但他无权监管那些在华盛顿办公室外负责实施项目的人员：

> 例如，检查免税组织的税务人员向分局主任报告，分局主任向区域总管报告，区域总管向地域总监报告。在这种架构下，副署长对负责实施EP/EO监管项目的税务员及其上级没有直接职权。相应地，副署长也无权监管联邦税务局服务中心主管或者操作EP/EO项目的员工。[1]

尽管有上述缺陷，副署长办公室仍被公认为对于建立、培养、拓展、创新自愿遵守的程序等方面具有重大意义。[2]

自1997年开始，联邦税务局为了更好地回应纳税人的需求，在调整税收管理体制方面进行了努力。1995年，全国联邦税务局改革委员会的设立标志着这一尝试已初步开展，且整整持续了一年。[3] 在此期间，委员会举行了12场听证会和500多次非公开协商。1997年6月公布的委员会报告建议联邦税务局进行机构改革，强化国会和政府部门对其运行的监管。[4] 实施建议的提案已经提交给了参众两院，众议院也于1997年11月通过了这项议案。[5] 在参议院通过议案之前，财政委员会就联邦税务局举行了一系列的听证会，听证会上对于税务人员滥用职权提出了严厉指责。正如2001年3月22日发布的国会研究报告所述，第107届国会组成伊始，关于机构调整和改革的制定法听证会"有效地改变了立法目的，增加了保护纳税人的举措"。[6]

---

[1] James J. McGovern, "The Tax Exempt and Government Entities Division – The Pathfinder," 27 *Exempt Organization Tax Review* 239, 243 (2000).

[2] James J. McGovern and Phil Brand, "EP/EO – One of the Most Innovative and Efficient Functions within the IRS," 76 *Tax Notes* 1099 (August 25, 1997).

[3] H. R. 2020, § 637, Pub. L. No. 104 – 52, 104th Cong., 1st Sess. (1995).

[4] National Commission on Restructuring the Internal Revenue Service, *A Vision for A New IRS* (June 25, 1997).

[5] *Internal Revenue Service Restructuring and Reform Act of 1997*, H. R. 2676, 105th Cong., 1 st Sess. (1997).

[6] Congressional Research Service, IRS: Status of Restructuring and Reform at the Opening of the 107th Congress (March 22, 2001).

## 联邦税务局重组之后对于免税组织的规制

1998 年 7 月有关重组联邦税务局的修正案正式通过。[1] 这一方案修改了联邦税务局原先三个层次的地域性架构，它将整个国家分为四大区域、33 个地区以及 10 个服务中心，根据地域划分来处理纳税人事务。不论规模多大或者问题有多么复杂，都由联邦税务局中央办公室统一管辖。[2] 除此之外，联邦税务局还建立了四个操作部门，分别满足特定的纳税群体需求，比如，自然人纳税人，中小企业，大型集团和免税组织。免税组织和政府运营（TE/GE）部门主要负责辅助管辖直接属于该部门的所有个人业务。免税组织和政府运营部门又划分为四个部分，分别处理：雇员计划、免税组织、政府机构以及用户账户服务。[3]

在重组过程中，不可缺少的一项工作是将纳税人进行纳税申报后的一系列问题归档，并尽早通知纳税人。为此，与纳税人之间的互动分为三个主要阶段：（1）归档前：用户教育及帮助。这涉及表格、出版物、网站、教育项目、电话跟踪、指导手册、专属信件管理以及重要信件提示。（2）归档：用户账户服务。这涉及收益处理、信用支付、用户犯错提示、账户咨询问答、用户信息修正、减轻处罚款项、偿还借款。（3）归档后：承诺审计后收益、承诺募捐处理、提出上诉、处理起诉纠纷、欺诈审查、检验。[4]

另外，在负责免税组织的部门中建立了三个下属部门，分别负责客户教育和推广服务，裁决和协议，以及审查。[5] 归档前策略主要由客户教育和推广服务部门负责，这一做法可行有效，可以延续重组之前已经由 EP/EO 部门进行的很多努力。[6] 它的主要任务是处理人所周知的指引意见的匮乏问题，这一问题已经困扰免税组织和税务人员多年。[7] 实际上，免税组织相关制度实施过程中

---

[1] *Internal Revenue Service Restructuring and Reform Act of 1998*, Pub. L. No. 105 – 206, 112 Stat. 685 (1998).

[2] Id., § 1001, 112 Stat. at 689.

[3] See general Internal Revenue Service, *IRS Organization Blueprint* (2000); Charles O. Rossotti, *Modernizing America's Tax Agency*, IRS Publication 3349 (1999).

[4] Rossotti, Modernizing America's Agency, 15.

[5] Internal Revenue Service, *IRS Organization Blueprint*, 5 – 14.

[6] Internal Revenue Service, *IRS Organization Blueprint*, 5 – 14.

[7] Id. ; see also Committee on Exemot Organizations, America Bar Assocíztion, "Comments on Compliance with the Tax Laws by Public Charities (White Paper)," 10 *Exemt Organization Tax Review* 29 (1994).

经常出现的问题是免税组织在纳税主体规制中的优先地位，这一问题还将继续持续下去。①

裁决和协议部门各自有两大组成部分：联邦税务局核准书将在辛辛那提市集中处理；专属信件裁决和技术咨询备忘录仍将在华盛顿进行处理。② 重组之前的促进自愿申报义务策略将继续得以执行和强化。目前面临的主要问题是缺乏对职员的技术支持（尤其是在国家办事处）。这很大程度上是因为 1974 年成立的 EP/EO 部门是联邦税务局的一个独立的功能机构，因此是仅有的易受联邦税务局机构精简影响的功能机构。③ 在 20 世纪 90 年代，裁决和协议部门缺乏实质有效的激励措施，造成了专业人士之间的巨大摩擦，尤其是 EP/EO 部门的律师不属于首席顾问办公室，因此未能获得与首席顾问办公室内的律师同样的待遇，使得这一状况进一步恶化。④

检验职能被认为是归档后策略的核心内容。联邦税务局中央办公室的全国范围内的大多数工作人员都参与这项工作。通过重组，原先的四个关键地区办事处被六个地域办事处取代，每个办事处各由一名独立主任管理，纯粹负责免税组织事务。此外还在达拉斯设立了免税组织检验总部，以维护国家统一和保持华盛顿以外的检验甄选过程。⑤ 缺乏足够的工作人员也是实施检验功能所面临的一个问题。在 1997 年 9 月的报告中，税务联合委员会指出，自 1974 年 EP/EO 部门成立以来，尽管年金计划和免税组织数量增加了一倍多，而且免税债券的监管责任也被添加到其管辖范围内，但是这一部门的工作人员数量基本上保持不变。⑥ 同样意见还出现在 2000 年 3 月的另一项联合委员会报告中。⑦

---

① McGovern, "The Tax Exempt and Government Entities Division – A Pathfinder," 244 – 246; Brain J. Menkes, "A Conversation with Evelyn Petschek," 25 *Exemt Organization Tax Review* 215 (1999).

② Internal Revenue Service, *IRS Organization Blueprint*, 5 – 22.

③ McGovern, "The Tax Exempt and Government Entities Division – A Pathfinder," 246.

④ McGovern, "The Tax Exempt and Government Entities Division – A Pathfinder," 246.

⑤ Internal Revenue Service, *IRS Organization Blueprint*, 5 – 27.

⑥ Joint Committee on Taxation, *Description and Analysis of Proposals Relating to the Recommendations of the National Commission on Executive Branch Governance and Congressional Oversight*（JCX – 44 – 97），60 – 62（September 16, 1997）.

⑦ Joint Committee on Taxation, *Report of Investigation of Allegations Relating to Internal Revenue Service Handling of Tax – Exempt Organization Matters*（JCS – 3 – 00），120 – 121（March 2000）.

2002 年 4 月会计总署发表了一份报告。[①] 表 7 - 1 取自 2000 年 3 月联合委员会的报告，列出了 1975 ~ 1999 年的财政预算。

**表 7 - 1　EP/EO 部门员工安置及政府预算**

| 财政年度 | 资助岗位（个） | 政府预算（百万美元） |
|---|---|---|
| 1975 | 2075 | 不详 |
| 1976 | 2175 | 不详 |
| 1977 | 2202 | 不详 |
| 1978 | 2292 | 62. 2 |
| 1979 | 1945 | 64. 1 |
| 1980 | 1870 | 66. 9 |
| 1981 | 1738 | 68. 9 |
| 1982 | 1640 | 55. 0 |
| 1983 | 1770 | 80. 8 |
| 1984 | 1906 | 90. 4 |
| 1985 | 1902 | 94. 3 |
| 1986 | 2099 | 99. 0 |
| 1987 | 2311 | 104. 9 |
| 1988 | 2562 | 120. 9 |
| 1989 | 2573 | 125. 8 |
| 1990 | 2432 | 132. 8 |
| 1991 | 2336 | 132. 3 |
| 1992 | 2461 | 140. 9 |
| 1993 | 2331 | 143. 1 |
| 1994 | 2305 | 129. 8 |
| 1995 | 2304 | 132. 5 |
| 1996 | 2197 | 128. 8 |
| 1997 | 2112 | 132. 5 |
| 1998 | 1980 | 132. 8 |
| 1999 | 1989 | 138. 1 |

---

① General Accounting Office, *Improvements in Public*, *IRS*, *and State Oversight of Charities*, 23.

此次重组还包括其他两个主要组成部分。首先，所有客户账户服务将集中在新成立的免税组织及政府运营部门（TE/GE 部门），并在犹他州奥格登集中归档。[①] 在此之前，纳税申报信息在全国各个服务中心都存在归档记录，这不便于集中管理，如 990 表格被认为是低优先级的工作就是明证。[②] 其次，在首席顾问办公室内设一个名为业务部门咨询的新职位，聘请精于免税组织法律的律师为免税组织及政府运营部门（TE/GE 部门）提供法律咨询服务。[③] 麦克文认为这是一个"非常重大的变化"，将在律师和监管者之间建立紧密的工作关系，促进相互信任。[④]

1999 年 12 月，TE/GE 部门的重组方案颁布，设立了第一个办事处，并任命 EP/EO 部门的前主任担任新设立的办事处负责人。[⑤] 在重组之前，联邦税务局通过了一个方案，即由新设在辛辛那提市的办公室负责集中处理税务核准书。人员和经费不足的问题仍然没有得到解决。为此，开始将审计部门的人员调往核准部门，核准功能又被分散到全国各地的相关部门。结果，对于免税组织事务毫无经验的人员被分配处理 1023 表格提交事宜，造成了信息处理不一致的问题。这种困难一直持续的原因在于，美国联邦税务局工作人员的职能结构从未改变。这意味着核准处人员晋升空间远低于审计处，导致人员流动困难，而且联邦税务局在招募新员工方面也没有多少空间。

为了处理这一状况，联邦税务局重新分配核准工作，该项工作由检验部门主任指派的专人负责并向其报告，让核准小组向裁决和协议部门报告。这一动议成为 2002 和 2003 年度 TE/GE 部门在实施指引意见时的首要任务。这两年计划中的另一项动议是重新设计税务核准系统，以提高处理税务核准事项的水平。[⑥] 实施税法的指引意见为联邦税务局每年的活动提供了蓝图，这对于公众和联邦税务局都同样重要。所有这些发展都说明一个庞大的官僚机构的重大变

---

① Internal Revenue Service, *IRS Organization Blueprint*, 5 – 15.

② McGovern, "The Tax Exempt and Government Entities Division – A Pathfinder," 249 – 250.

③ Internal Revenue Service, *IRS Organization Blueprint*, (1999, Phase IIA), 87 – 95.

④ McGovern, "The Tax Exempt and Government Entities Division – A Pathfinder," 250.

⑤ IRS News Release, IR – 99 – 101 (December 12, 1999).

⑥ Exempt Organizations Division, Internal Revenue Service, *Exempt Organizations（EO）Implementing Guidelines*（FY2002), 14（October 2001）; *Exempt Organizations Division, Internal Revenue Service, Exempt Organizations（EO）Implementing Guidelines*（FY2003), 26 – 32（September 2002).

革不可避免要遇到一些困难，尤其是一个具有特定功能和目标的部门很难轻易嵌入大机构的框架中去。

## 联邦税务局顾问的作用

联邦税务局首席顾问是该局的法律总监，须经参议院的提名和同意后由总统任命。[①] 他的职责和权力由财政部长设定，其中包括为税务长提供法律建议，为准备与审议法规和技术咨询备忘录提供法律观点，参与拟定和起草与联邦税务局相关的法律、规章和行政命令的准备工作，在税务法院代表税务长，决定哪些民事案件应当起诉，为具体起诉的司法部准备建议。[②]

1998 年，重组委员会呼吁在华盛顿首席顾问办公室设立业务部门顾问这一个新职位，主要为免税组织和政府运营部门提供法律咨询和代理。业务部门顾问向首席顾问报告，但是与免税组织和政府运营部门一起合作规划并参与管理。首席顾问办公室指派 25 名律师分布在四个大城市，其中包括在华盛顿的专家。这种安排使法律顾问与监管人员之间的关系比以往更加密切，被认为这将是为两者互动奠定信任基础的一种变革。[③]

TE/GE 部门成立两年后，作为部门主管的斯蒂文·T. 米勒（Steven T. Miller）所面临的挑战是必须重新组织核准程序，并开发出一个 990 表格的电子申报计划。处理税务核准事宜所遇到的主要阻碍是工作量和预算之间的悬殊差距。免税组织的申请从 1990 年的 52000 家上升到 2001 年的 86000 家，而此时由于人手严重不足，在辛辛那提的集中处理计划无法完全得到贯彻。根据米勒所说，人员从检测部门到核准部门的转移“使我们逐渐意识到联邦税务局绝不能对此熟视无睹，这样只会给自愿遵守带来阻碍”。[④]

## 免税组织和政府部门的咨询委员会

1999 年 7 月，作为重组的重要组成部分，联邦税务局宣称正在组建一个免

---

① I. R. C. § 7803（b）（1）.

② I. R. C. § 7803（b）（2）.

③ Internal Revenue Service, *IRS Organization Blueprint*, (1999, Phase IIA), 87 – 95.

④ Carolyn Wright Lafon and Chtistine J. Harris, "EO Division Faces Challenges Two Years into Reorganization," 35 *Exempt Organization Tax Review* 16 (2002).

税咨询委员会,为客户群体提供一个隶属于 TE/GE 部门管辖范围的公共代表平台,该委员会涉及员工计划、免税组织、免税债券、国家及地方政府。其中有18 个成员由财政部长直接任命,任期两年,联邦税务局为此还在公众中开展提名活动。根据《联邦咨询委员会法》(*Federal Advisory Committee Act*),咨询委员会向联邦税务局提出其意见时必须举行公开会议,会议日期必须提前至少 15 天在《联邦公报》上公布。①

2001 年 5 月委员会名单公布,包括美国律师协会免税组织委员会主席,宾夕法尼亚州慈善组织局局长,以及来自独立部门、美国天主教会、密歇根大学学术健康中心和美国传统基金会的代表。② 2003 年 5 月又任命了新的成员以填补空缺。其中两名来自免税组织,一名来自贸易协会,另一名来自大型基金会。③

2001 年 6 月委员会举行了一个方向性会议。④ 联邦税务局于 8 月宣布修改了委员会章程,并将名称修改为"免税组织和政府组织税务咨询委员会"(the Advisory Committee on Tax – Exempt and Government Entities),从而能更准确地反映其成员和宗旨。⑤ 咨询委员会第一次集体会议于 2002 年 6 月举行,五个项目组向该部门的专员及其高级领导提出了建议。这些免税组织项目涵盖了作为一个公共慈善机构的免税组织的整个生存周期,免税组织和政府运营部门的对外宣传,以及自愿修正程序。⑥ 委员会第二次会议于 2003 年 5 月 21 日召开,会议形成的决议建议改进裁定程序,并对免税组织滥用避税资格的行为实施规制。⑦

# 联邦税务局规制的组成部分

## 税收规则和税收程序

联邦税务局通过颁布税收规章来解释税收法典和法规,税收规章与涉及法

---

① 64 Fed. Reg. 39, 558 (1999).

② IRS News Release, IR – 2001 – 50 (May 8, 2001).

③ IRS News Release, IR – 2003 – 62 (May 7, 2003).

④ IRS News Release, IR – 2001 – 63 (July 16, 2001).

⑤ 66 Fed. Reg. 52, 655 (2001).

⑥ *Report of the Advisory Committee on Tax Exempt and Government Entities* (*ACT*) (June 21, 2002).

⑦ *Report of the Advisory Committee on Tax Exempt and Government Entities* (*ACT*) (May 21, 2003).

律和财政程序的财政规章一起构成税收规则。① 这些规章具有法律效力，因此也对联邦税务局有约束力。但是规章需要受到法院的司法审查，法院通过司法审查会发现有些规章过于宽泛，或者某些情况下存在违宪问题。每年年初颁布的税务程序会明确发布税务核准书、通知书的行政规则，签发这些文件应遵循的程序规则及可获得的技术咨询。② 自 20 世纪 90 年代以来，联邦税务局持续不断地饱受批评，这些批评指出联邦税务局怠于公布规则，对此批评，税务局官员将其主要归咎于缺乏训练有素的工作人员，而人员匮乏又归咎于 20 世纪 90 年代的资金缺乏和招人冻结。③ 多年来需要得到解决的问题滚动出现在年度优先指引计划中的现象，早已司空见惯。在联邦税务局重组进程中，相关努力终现端倪。事实上，2002 年公布规则数目大幅增加，尽管有五项事宜依然成为重复出现的问题。④

## 信息发布及通告

联邦税务局还能不时颁布具有法律效力的通知和公告。公告被永久发布在《汇总公告》（*Cumulative Bulletin*）上。这类公告包括对税收法典和法规提出修订意见，以及信息反馈内容和政策变化。比如 1999 年做出的一个裁定，停止对于"亲和卡"和通讯地址列表的无关宗旨商业所得税收入提起诉讼。⑤ 2002 年 6 月，众多免税组织和政府组织税务咨询委员的会议记录出现在免税组织部门公布的材料中，其中七个已经出版，五个正在出版，还有三个仍在计划中。⑥ 最近一次发布的是 1828 期——教会和宗教组织税收指引，这一指引到了 2003 年 8 月份就成为广泛适用的指导性文件。⑦

与此同时，公众也得以获得国内税收手册和专业培训讲稿，这些本来是为

① 26 C. F. R. §601. 201.

② Rev. Proc. 2003 – 8, 2003 – 1 I. R. B. 236.

③ Committee on Exempt Organization, American Bar Association, "Comments on Compliance with the Tax Laws by Public Charities（White Paper），" 10 *Exempt Organization Tax Review* 29（1994）.

④ Department of Treasury and Internal Revenue Service, *2002 – 2003 Priority Guidance Plan*（July 10, 2002）.

⑤ 26C. F. R §601. 201.

⑥ Mary Beth Braitman et al., "TE/GE Education and Outreach," *in Report of the Advisory Committee on Tax Exempt and Government Entities*（ACT）, Table V（June 21, 2002）.

⑦ Internal Revenue Service, Publication 1828.

税务人员准备的，但是现在却被相关各方广泛使用。联邦税务局还举行区域会议，为免税组织和专业人士展示在这一特定领域税收实践的复杂性。在 20 世纪 70 年代中期，这是针对免税组织工作的主要焦点，但是后来由于预算不足而未能持续开展，之后新办事处的成立及改组计划使这一工作得以恢复。[①] 在 2002 财政年度，联邦税务局计划针对中小型免税组织举行一个为期一天的会议，另外还将与慈善组织从业人员、全国律师协会以及全国慈善协会联合举办一次专题研讨会，该专题研讨会将关注医疗机构和高等院校的技术性问题。[②]

### 专属信件裁决，总法律顾问备忘录，以及技术咨询备忘录

由联邦税务局发行的相关规则通常被认为是"私下的"，因为未被作为先例援引，而且也不被作为法律渊源引用。[③] 在 1966 年《信息自由法》（*Freedom of Information Act*）通过之前，它们确实是非公开的，因为只有那些规则所适用的组织和个人，以及联邦税务局和财政部的工作人员才能获得这些规则。[④] 这些规则的可得性对于后来联邦税务局改变工作方式产生了深远影响。专属信件裁决的签发主要是为了回应那些就预期交易的税法上的结果而向联邦税务局进行书面询问的组织和个人。[⑤] 正如 4945（g）条款所规定的那样，限制私立基金会对个人进行捐赠，除非该捐赠事先获得联邦税务局的批准，这种批准将以专属信件裁决的形式签发。相反，技术咨询备忘录由国家办事处用于解答地区办事处人员寻求指导的问题。总顾问备忘录由联邦税务局首席法律顾问办公室提供，为国家办事处工作人员关于专属信件裁决或技术咨询法律指导方面的请求提供服务。它们涉及几乎所有情况下的新问题，特别是那些尚无先例的问题。在联邦税务局处理颇有争议的事项时，这些备忘录受到从业人员的密切关注。

### 联邦税务局方案的披露限制

《国内税收法典》6103、6104 和 6110 条款以及《信息自由法》都规定了

---

① Exempt Organization Division, Internal Revenue Service, *Exempt Organizations（EO）Implementing Guidelines（FY* 2003），19（September 2002）.

② Id., at 19 – 24.

③ Treas. Reg. §301.6110 – 2（a）.

④ 5 U.S.C. §552, codified by Act of July 4, 1966, Pub. L. No. 89 – 487, 80 Stat. 250（1966）.

⑤ Rev. Proc. 2003 – 8, 2003 – 1 I. R. B. 236, contains the schedule of fees for ruling requests.

联邦税务局的信息披露。6103 条款规定了信息披露的一般规则，明确纳税申报以及申报信息一般不向公众公开。"return"一词在法典中的解释很宽泛，包括："纳税申报或信息反馈；估计税额申报；要求退税，代表或者代理他人要求退税；对于纳税申报归档信息的补充或者修正，包括附表、附注或者附件。"[①]

6104 条款是 6103 条款规定免税组织纳税申报的例外。[②] 6104 条款规定个人及组织的隐私保护条款并不适用于这些免税组织。相应地，免税资格申请的批准、一些相关的文件，以及以不可编辑格式提交的纳税申报表格，也不受保密规则的保护。[③] 此外，根据 6110 条款的规定，书面格式的决定和相关背景材料以可以编辑的格式向公众公开。[④] 但是，本条不适用于涉及 6104 条款的事项。[⑤]

信息自由法案适用于所有政府机构，赋予每个人可以获得联邦机构的披露信息的权利，如果这些信息未受九个豁免披露条例或者三个实施条例中的任何一个保护的话。[⑥] 问题在于 6103 条款是否受这九个豁免条款的调整，这一直是引起诉讼的问题之一，而且当适用这一条款时，并不具备明确清晰的规则。因此，联邦税务局判定一个组织是否为私立基金会时并不需要基于信息是否披露。[⑦]

任何人可以向国家办事处或者区域办事处书面提出请求，要求查阅任何免税组织的 990 表格和相关文件。[⑧] 当然，财政部长有权拒绝公众获取特定文件，如果这些文件的信息披露会损害国家安全或者组织利益的话。[⑨] 但是，组织机构可以就是否能够获得相关资料提出上诉。[⑩] 这些规则适用于组织为支持 1023

---

① I. R. C. § 6103 (b) (1).

② I. R. C. § 6104 (d).

③ I. R. C. § § 6104 (a), 6104 (d).

④ I. R. C. § 6110 (a) – (c).

⑤ I. R. C. § 6110 (1).

⑥ 5 U. S. C § 552.

⑦ *Breuhaus* v. *IRS*, 609 F. 2d80 (2d Cir. 1979); *Belisle* v. *Commissioner*. 462 F. Supp. 460 (W. D. Okla. 1978).

⑧ Treas. Reg. § 301. 6104 (a) –5.

⑨ I. R. C. § 6104 (a) (1) (D); Treas. Reg. § 301. 6104 (a) –5.

⑩ I. R. C. § 6104 (a) (1) (D); Treas. Reg. § 301. 6104 (a) –5.

表格所提交的任何纸质材料，但是不适用于个人提交的其他文件。① 根据 6110 条款，任何书面决定和背景文件，也都可以向公众开放并接受监督。② 对于"书面决定"是否包括裁定书及和解协议（在联邦税务局的程序中被称为"结果协议"）这一问题上，出现了极大的争议。正如联合委员会报告指出的那样，"在 1999 年财政年度，联邦税务局和 501（c）条款下的组织达成 78 项结果协议，在 1998 财政年度，联邦税务局和 501（c）条款下的组织达成 72 项结果协议，在 1997 财政年度，联邦税务局和 501（c）条款下的组织达成 65 项结果协议。"③

如上所述，联邦税务局解释认为，否定免税申请的裁定，撤销或者修改先前免税申请的裁定以及与该裁定相关的技术性建议与私立基金会法律地位相关的任何文件和专属信件裁决，以及任何与免税资格相关但是与免税资格申请无关的裁定都不适用信息披露的相关规则。④ 2002 年 8 月，美国哥伦比亚特区法院维护了联邦税务局的立场，认为《信息自由法》并没有扩展适用于以专属信件裁决推翻或者撤销免税资格等，理由在于这些裁定并不属于 6110 条款中的"书面文件"，而是受 6103 条款保护的信息。⑤ 税收联合委员会的工作人员则在 2002 年关于信息披露的年报中建议任何有关免税申请的诉讼都应该披露。⑥

另外一些并不受《信息自由法》调整的联邦税务局的诉讼与结果协议有关。在结果协议中，有关文件记录了联邦税务局和组织及个人之间的纠纷解决办法，相关各方已经同意不再诉诸法院，若已向初等法院提出诉讼则终止申诉。⑦ 三项涉及大量进口问题的诉讼在 20 世纪 90 年代末通过结果协议得到解决。第一项与山达基教会（Church of Scientology）有关。第二项涉及美国癌症协会，第三项事关撤销毕舍普地产公司的税务豁免。公众通过新闻报告获悉了

---

① *Leherfeld v. Commissioner*，132 F. 3d 1463（D. C. Cir. 1998）.

② I. R. C. §6110（a）.

③ Joint Committee on Taxation，*Study of Disclosure Provisions Relating to Tax – Exempt Organizations*（JCS – 1 – 00），38 n. 97（January 28, 2000）.

④ Treas. Reg. §301. 6104（a）–1（i）.

⑤ *Tax Analysts v. IRS*. 2002 WL 1969317（D. D. C. 2002）.

⑥ Joint Committee on Taxation，*Disclosure Provisions Relating to Tax – Exempt Organizations*，86 – 87.

⑦ 26 C. F. R. §601. 202；see also *1993 IRS Continuing Professional Education Text*，263 – 293.

联邦税务局与山达基教会和毕舍普地产受托人的结果协议的内容,① 美国癌症协会的律师则公开了和解条款内容。② 此外,联邦税务局规定涉及医院的诉讼和解条款应予以公开。③ 1999 年,一家免税组织要求联邦税务局披露这些结果协议的努力终告失败。④ 2000 年 1 月,税收联合委员会在关于信息披露的年报中建议,所有联邦税务局与免税组织之间的结果协议都应披露给公众,但是这个建议受到了联邦税务局的反对,并未获得通过。⑤

# 司法部和司法部副部长

税务方面的诉讼分散在联邦系统中。司法部税务司负责处理根据联邦税法提起的、除了由税务法院管辖的所有民事诉讼。因此,司法部律师在联邦法院和联邦地区法院审理的退税诉讼、税收刑事案件和相关案件的上诉过程中代表联邦税务局,即使这些案件初审是在税务法院。

民事审判工作由六个地域的民事审判部门及联邦上诉法院承担。⑥ 上诉部门的职责包括在巡回上诉法院审理案件时建议向税务法院或区域法院提起上诉,以及就案件是否上诉到联邦最高法院向司法部副部长征询意见。⑦

司法部副部长认为,所有的案件最终都可以上诉到联邦最高法院。所有诉讼提交到最高法院之前,都由司法部副部长办公室来监督和处理,由此决定是否需要进行复审以及政府在具体案件中应该采取何种立场。⑧

---

① "Scientologists and IRS Settled for ＄12.5 Million," *Wall Street Journal*, December 30, 1997, at A12; "Closing Aggreement Between IRS and Church of Scientology," 97 *Tax Notes Today* 251 – 24 (December 31, 1997); "Bishop Esate Settles Revocation Issues through Closing Agreement," 1999 *Tax Notes Today* 235 – 20 (December 8, 1999).

② "United Cancer Council Closing Agreement Released," 2000 *Tax Notes Today* 75 – 12 (April 18, 2000).

③ "Hermann Hospital Closing Agreement Released," 94 *Tax Notes Today* 203 – 59 (October 17, 1994).

④ *Tax Analysts v. IRS*, 53 F. Supp. 2d 449 (D. D. C. 1999).

⑤ Joint Committee on Taxation, *Disclosure Provisions Relationg to Tax – Exempt Organizations*, 84 – 86.

⑥ Internal Revenue Manual (IRM) 35.16.2, available at *www. IRS. gov/irm/index, html*; see also 28 U. S. C. § §516 – 519.

⑦ IRM 35.16.2.7.

⑧ IRM 35.16.2.3.

2002 年 9 月，司法部刑事司反诈骗组做出不同寻常的一个举措——就那些为恐怖袭击受害者展开募捐活动的组织有可能实施的诈骗行为发布特别报告。报告呼吁人们注意冒充慈善组织开展募捐、邮件欺诈、电信欺诈、信用卡诈骗等都是触犯联邦法律的行为，同时提醒市民向联邦贸易委员会举报诈骗行为，司法部还总结出一份合格受赠组织的名单。[①]

司法部税务司也负责协助编制与诉讼问题相关的立法以及管理政策。[②]

# 法　院

私人组织和个人都有权通过多种途径就联邦税务局的决定向法院起诉，所有途径都由一些因素决定，包括陪审团审判的可取之处、对于法院对涉案问题熟悉程度的估计、在诉讼之前还是等待法院判决后支付税款更为合算。供慈善组织选择的求助途径有两个，其一是适用于所有纳税人的，其二是仅适用于免税组织的。

## 普遍适用的司法救济

纳税人和所有免税组织一旦用尽联邦税务局体系内的行政救济途径，有两种方法可以诉诸法院。第一种方法需要先缴纳税款，提出退税请求，一旦退税请求被驳回，那么就可以向地区法院或联邦索赔法院提出退款起诉。[③] 第二种方法则是向税务法院提起诉讼。[④] 选择第一种途径，起诉要求退款可能依然要经过同样的行政程序，接下来就会有不利的审计结果，换句话说，可能要举行非正式会议，收到在 30 天内填写正式抗议书的通知，如果有需要的话还得举行上诉部门会议，以及签署声明拒绝接受处罚的法定通知。但是，如果联邦税务局在收到退税要求后 6 个月内毫无作为，那么就不需要再等 90 天就能获得法院上诉状。无论是联邦地区法院或联邦索赔法院都可以接受这样的上诉。如果是向地区法院提起诉讼，起诉人还享有申请陪审团审判

---

① www. usdoj. gov/criminal/fraud/.

② U. S. Department of Justice, *United States Attorneys' Manual*, Title 6.

③ I. R. C. §7422; 28 U. S. C. §§1346 (a) (1), 1491.

④ I. R. C. §6213.

的权利。案件提交地区法院还是联邦索赔法院是由司法部税务司的律师来判断的。

第二种方法是向税务法院提起诉讼，这一途径无须预先缴纳税款，税务法院是一个在很多方面都以法院模式运行的独立行政委员会。[①] 在税务法院提起的诉讼将由联邦税务局的法律专员来处理。[②] 案件必须在收到补税通知书的90天内向税务法院提出申请，除非该组织尚未申诉或接受技术咨询，这种情况下该组织可以要求转向和解赔偿。[③]

## 宣告拒绝免税损失的判决程序

在1976年以前被剥夺了免税地位或面临撤销免税地位危险的组织并无有效渠道起诉联邦税务局。只有在被税务局要求补缴税款或者捐赠人税前抵扣被拒绝时才有救济途径。慈善组织被迫寻找一些途径来承担纳税义务，无论是所得税还是1983年前的社会安全税或失业保险税，即使这些途径可行，获得救济也都是数年之后的事情了。此外，若捐赠人的税前抵扣资格不被承认，慈善组织可以请求退税或向税务法院起诉联邦税务局，但是，这同样是一个漫长的、耗费巨大的程序，还有待捐赠人的合作。此外，也可以以免税组织的身份运作一年，希望引进联邦税务局的审计，并根据评税结果向税务法院或向联邦法院申请退款，但是这两者均不能提供迅速的补救办法。

1974年，联邦最高法院有两个重要判决，认为根据当时法律，确认诉讼难以适用于这些情形，建议通过立法解决这些问题。[④] 为了响应这些判决，同时也得益于大量免税组织的游说工作，国会最终通过决议，将《国内税收法典》第7428条作为1976年《税收改革法案》的一部分。[⑤] 该法案授权税务法院、美国哥伦比亚特区法院和联邦上诉法院适用确认诉讼来处理《国内税收法典》

---

[①]　I. R. C. §7441.

[②]　I. R. C. §7452.

[③]　I. R. C. §6213 (a).

[④]　*Bob Jones University v. Simon*, 416 U. S. 725 (1974)；*Alexander v. "Americans United," Inc.*, 416 U. S. 752 (1974).

[⑤]　I. R. C. §7248, codified by *Tax Reform Act of 1976*, Pub. L. No. 94 - 455. §1306 (a), 90.

501（c）（3）条款下慈善组织的法律地位问题，包括慈善捐赠税前抵扣，以及私立基金会、私立操作型基金会和公共慈善机构的资格认定。①

根据第 7428 条，只有在穷尽联邦税务局内部行政救济途径之后，或者针对包括联邦税务局初始管辖的免税申请的不利裁决进行上诉时才能诉诸法院。② 因此，免税组织必须证明它们已经基本上填写了 1023 表，在指定时间内提交了联邦税务局要求的所有其他信息，并向联邦税务局提出了申诉。③ 然而，法律规定联邦税务局必须在 270 天内做出最终决定。如果国家税务局未能遵照规定如此从事，或者免税组织已采取所有合理步骤以取得判决或裁定，那么该免税组织可以提出适用确认诉讼程序。④

税务法院通过了确认诉讼所适用的程序规则，根据规则，除了极少数情况外，法院开庭时只依据行政行为记录，不接受其他证据。⑤ 享有确认诉讼案件管辖权的其他法院是在具体情况具体分析的基础上适用这些规则的。这些程序性规则的功能在于将行政行为记录作为税务法院审理时最为重要的证据。

对于新设立的组织而言，确认诉讼程序中一个重要问题是，如果诉讼焦点是关于撤销组织的免税资格的，在法院做出最终判决前，向该组织捐赠不超过 1000 美元的捐赠人，依然可以享受所得税税前抵扣，即使该判决不利于免税组织。⑥

## 上诉法院

地区法院的裁决可上诉到其所在地的上诉巡回法院。⑦ 税务法院做出判决的上诉由慈善组织主要营业所在地的巡回法院受理。⑧ 联邦索赔法院做出的判决只能向联邦巡回法院的上诉法院上诉。⑨

---

① I. R. C. §7428（a）.

② I. R. C. §7428（b）（2）.

③ Rev. Proc. 90–27, §12, 1990–1 C. B. 514；26 C. F. R. §601. 201（n）（7）.

④ I. R. C. §7428（b）（2）.

⑤ Rules of Practice and Procedure, U. S. Tax Court, Title XXI, Rule 217（a）.

⑥ I. R. C. §7428（c）（2）.

⑦ 28 U. S. C. §1291.

⑧ I. R. C. §7482（b）（1）.

⑨ 28 U. S. C. §1295（a）（3）.

如果联邦税务局局长在税务法院败诉并决定不提出上诉，他可以宣布"默认"判决。默认判决意味着联邦税务局已经接受了法院做出的法律解释，并将在未来的案件中遵循这种做法。① 这可能需要对税法条例进行修正，默认宣告往往是条例要进行修改的信号。此外，做出不默认的决定表明联邦税务局不同意法院的解释，而且将来如果税务法院改变观点，税务局将就涉及同一问题的案件提起诉讼，或者会因相似的判决结果上诉到巡回法庭。②

联邦税务局局长并不必然默许巡回法院的单一判决。如果两个巡回法院的决定相互矛盾，税务局长可上诉至联邦最高法院，最高法院有望做出最终裁决。上诉法院推翻税务法院或地区法院判决的依据包括缺乏公平听证机会，没有足够的证据支持下级法院的裁决，或下级法院对于法律和宪法存有错误解读。

1999 年，就邮件地址列表许可和亲和信用卡的协议而获得的收入是否属于无关宗旨商业收入从而需要缴税而引发的诉讼中，联邦税务局在 7/8 的案件中败诉之后，在向免税组织的管理人员提供的一份备忘录中宣布，联邦税务局不再就类似的诉讼案件提出上诉，而且将以与现有的法庭决定相一致的方式处理问题突出的案件。备忘录中描述其中一个案子时表明了联邦税务局未在诉讼中提出的另外一种主张，这意味着这一问题有待进一步论证。③

最后上诉到联邦最高法院并非当事人的权利，而是由最高法院来决定是否移审某一具体案件。④ 一般来说，只有当案件涉及制定法之间的冲突，或者某一重大宪法问题，抑或重大公共利益问题时，最高法院才予以审理。1983 年，*Bob Jones University v. United States* 案⑤和 *Regan v. Taxation With Representation of Washington* 案⑥这两个在 20 世纪下半叶对慈善组织产生深远影响的案子都由联邦最高法院最终裁决。

---

① IRM 35. 12. 1. 1.

② IRM 35. 12. 1. 1.

③ Memorandum from Director, Exempt Organizations Division , to Acting EO Area Managers ( December 16, 1999).

④ I. R. C. §7482 (a); see also 28U. S. C. §1254.

⑤ 461 U. S. 574 (1983).

⑥ 461 U. S. 540 (1983).

# 现行税务条例

## 免税决定（1023 表格）

一个新设慈善组织若要获得《国内税收法典》501（c）（3）条款的地位而享受所得税免除政策，并且具备可以接收可以税前抵扣所得税、减免财产税和赠与税的捐赠的资格，就必须填写 1023 表格。若在组织成立的 27 个月内填写，免税可追溯至组织成立当日。若在此日期之后填写，则仅在决定做出之日起生效。[①] 501（c）（4）条款下的组织要求免税的则须填写 1024 表格。

慈善组织必须提交的材料包括：经过认证的组织设立文件复印件，说明组织的目标以及实现这些目标方式的声明文件，负责人、管理人员和受托人的姓名及其对于他们的预期津贴（如果有的话），该组织与其前身及其他现存组织的关系，前几年实际运作的财务数据或者至少未来两年的预期数据。这些材料将被用来决定其是否能够满足运营测试。如果该组织声称其不是私立基金会而且在将来也不会成为私立操作型基金会，那么就有义务说明在未来能够达到合适类别的标准，包括证明其是公共慈善机构的财务数据。[②] 在实践中，对于九类组织分别有要求不同的表格相适用，这九类组织分别为：教会，学校、学院和大学，医院和医疗研究机构，支持性组织，私立运作型基金会，老年人和残疾人宿舍，儿童护理组织，提供奖学金的组织和从营利性组织转变而来的组织。[③] 2002 年秋，联邦税务局发布了 1023 表格的修订草稿广泛听取公众意见。[④] 更改后的表格更易于理解和更易于通过电子数据方式填写。

众所周知，直到 20 世纪 90 年代早期，免税申请由各地处理，在出现新问题或者疑难案例时才由全国办公室处理。[⑤] 如 1997 年 10 月，所有的 1023 表格

---

[①]　Treas. Reg. §1.508 – 1（a）（2）（i）.

[②]　26 C. F. R. §601.201（n）；see also Internal Revenue Service, Publication 557, Tax – Eexmpt Status for Your Organization.

[③]　Form 1023, Schedules A Through I.

[④]　Ann. 2002 – 92, 2002 – 41 I. R. B. 709；Ann. 2002 – 103, 2002 – 45 I. R. B. 836.

[⑤]　26 C. F. R. §601.201（n）（1）（i）.

［以及在 501（c）条款下的其他组织申请免税所需要填写的 1024 表格］被发往肯塔基州的科文顿或者由毗邻的辛辛那提市国税办公室处理。① 除非明确要求由全国办公室处理，这些表格都会由接受申请的办公室办理或转至其他地区办公室处理。

被分派处理免税申请的审查机关若有进一步的问题，通过电话或邮件去联系申请组织的现象并不鲜见。联邦税务局制作了若干种信件表格，用来获取进一步的信息，对于某些组织有特殊要求时，更得如此，例如，提供奖学金的基金会和学校。②

2002 年 4 月，国家审计局发布关于慈善组织的调查报告，详细阐述了免税申请处理程序，其中提及联邦税务局审核过程最长期限为 120 天，但是实践中批准申请的平均时间是 91 天。从 1994 年开始，出现了用于紧急情况的特快程序，比如救灾和紧急情况。在这些案例中，属于这一情况的税务部门可自行决定是否批准请求。这份报告中透露，从 2001 年 9 月 11 日至 2002 年 3 月 20 日，联邦税务局在特快程序下批准了 262 个救灾组织的申请，平均处理时间仅为 7 天。③

除了确定申请组织的免税资格所需要的信息之外，1023 表格也要求填写充分的信息以确认该组织是否是符合 509（a）条款所定义的私立基金会。确认资格需要详细信息，对于申请公共慈善机构身份的组织而言，需要提供源自公众捐赠的收入占组织总收入百分比的数据，来表明其获得公众支持的程度。④ 对于这些组织来说，所获得的资质认定是暂时的，因为该种预先授予的资质将在组织成立五年后终止。届时它们会收到来自联邦税务局的 8734 表格，并要求它们必须通过相关的测试。2003 年 8 月，财政部税收管理监察长出具了一份报告，该报告评估了为了确定是否为 509 条款下的公共慈善机构而需要通过测试所适用的预先裁定后续跟进程序。监察长注意到了这个程序效率低下，所需要提供的信息与 990 表格高度重复，以及联邦税务局的计算机系统上关于那些在此程序中被重新分类的组织性质的信息并不总是准确的，因此他倡导变革，据

---

① Ann. 97 – 89，1997 – 36 I. R. B. 10.

② IRM 7. 4.

③ General Accounting Office, *Improvements in Public, IRS, and State Oversight of Charities*, 55 – 61.

④ I. R. C § 509（a）（1）–（2）；§ 170（b）（1）（a）（vi）.

称这些变革可以节省人力并使法规更易执行。①

预先裁定程序造成了管理难题，大多数小型组织不需要填写 990 表格和 990EZ 表格（信息登记表格），因此从记录上看也搞不清楚这些组织是否收到了表格，是否还在运营或只是没有回应。这种状况是在相关机构试图追踪那些填写了 1023 表格但因其年收入未达到 2.5 万美元申报门槛而无须填写年度报税表的组织时遇到的问题。联邦税务局代表们在 2002 年表达了对此问题的关注，他们尤为质疑在已经有电子报税的情况下，预先裁定程序的存在是否有必要，特别是考虑到该程序所要求填写的表格其实是 990 表格的程序 A 的一部分，而 990 表格需要进行年度申报。②

一种特别的确认程序准许进行集团裁定，即对在集团中扮演着母机构的组织进行裁定，其下有一群子机构处于该母机构的监管或控制之下。该集团中的成员机构必须是符合《国内税收法典》501（c）（3）条款规定的免税组织。成员机构不能是私立基金会或外国组织，并且必须和母公司进行同步的会计年度。加入到集团裁定的组织必须有组织文件表明其与母机构之间的隶属关系，不一定是法人章程，但必须书面同意加入集团的免税申请。这些子机构可以（而不是必须）单独填写纳税申报表，只要它们所有的财务信息和活动信息构成了母机构纳税申报信息的一部分。③

2002 年，有人表达了对于一些机构可能滥用集团裁定程序的担忧，例如，通过它们所控制的医疗系统和有限责任公司同时为免税成员和非免税成员提出免税申请。这种情形被列在 2002 财政年度的联邦税务局国债优先指导计划中，作为对联邦税务局担忧的一个认可。④

用户须为 1023 表格支付费用。在 2002 年执行的价目表中，总收入高于 1 万美元的组织需缴纳 465 美元，年收入低于 1 万美元的则需缴纳 150 美元。

---

① Treasury Inspector General for Tax Administration, Department of Treasury, *The Tax Exempt and Government Entities Division Could Improve the Efficiency of Its Advance Ruling Follow – up Process*, No. 2003 – 10 – 141（August 2003）.

② "Roundtable Discussion with Tom Miller, Marc Owens, and Celia Roady," 7 EO *Tax Journal* 11, 17（February 2002）.

③ Rev. Proc. 80 – 27, 1980 – 1 C. B. 677.

④ "Roundtable Discussion with Tom Miller, Marc Owens, and Celia Roady," 14; Department of Treasury and Internal Revenue Service, 2002 – 2003 *Priority Guidance Plan*（July 10, 2002）.

2002 年，免税组织的其他裁定申请的费用是 1775 美元，除非该组织的毛收入低于 15 万美元，在这种情况下，费用为 500 美元。[1]

虽然未曾有过先例，联邦税务局还是主张一旦某个组织获得免税资格，就不得自愿放弃。[2] 税法典、法规和规章均未提供该主张的法律基础，但直到 2002 年年底，尚未有人对此提出异议。[3] Hill 和 Mancino 比较了联邦税务局和州检察长的主张，检察长将一个为慈善目的建立的从慈善组织的资产视为慈善信托。[4] 但是，信托法保护为慈善目的而捐赠的永久性财产，与之相反，联邦税法并不提供保护，而且在此情况下免税资格可能被撤销。

考虑到 2001 年和 2002 年归档的史无前例的免税申请数量，以及只有少量的经过训练的处理免税申请的职员，一些评论员建议修改免税流程以允许律师或会计签署 1023 表格以表明组织符合免税资格。这个建议并没有得到广泛支持，因为由有资质进行代理的顾问代理机构的比例相对较小，而且，毫无疑问专家们也犹豫不决是否值得为这种代理承担潜在的责任。

## 信息披露与纳税申报

免税组织的年度报告制度建立于 1942 年，[5] 但直到 1950 年财政部才发布了第一份 4 页的 990 - A 表，这是至今仍在使用的 990 表格和 990PF 表格的雏形。1950 年《税收法案》[6] 要求这些表格应当向社会公布。

990 表格现在依然被沿用。依据 501（c）（3）条款获得免税的公共慈善机构以及其他依据 501（a）条款[7]获得免税资格的所有组织都需要填写 990 表格。根据 501（h）条款，清单 A——作为 990 表的附件——必须附在 990 表格后面，以列表说明薪酬最高的五名雇员的薪金，收入最高的五名职业服务提供者，自我交易，资助计划，反歧视规则，以及与关联组织的交易信息。2002

---

[1]　Rev. Proc. 2003 - 8, 2003 - 1I. R. B. 236.

[2]　Priv. Ltr. Rul. 91 - 41 - 050 (July 16, 1991).

[3]　Gen. Couns. Mem. 37, 165 (June 14, 1997); Priv. Ltr. Rul. 94 - 14 - 002 (June 29, 1993).

[4]　Frances R. Hill and Douglas M. Mancino, *Taxation of Exempt Orgations*, 32. 02 (1) (e) (New York: Warren, Gorham & Lamont, 2002).

[5]　T. D. 5125, 1942 - 2C. B. 101; T. D. 5177, 1942 - 2C. B. 123.

[6]　*Revenue Act of 1950*, Pub. L. No. 81 - 814, § 341, 64 Stat. 906, 960 (1950); see also Chapter 2.

[7]　I. R. C. § 6033 (a); see also IRM 7. 8. 2, ch. 48.

年的 990 表格添加了一个新清单 B，要求慈善组织报告在本报告年度里收到的与大额捐款有关的捐赠人姓名/名称、地址、数额以及其他信息。这项报告的目的是，在向社会公布信息以前，让联邦税务局更容易将清单 B 中的信息和根据《国内税收法典》6104（b）条款的要求需要向公众公开的 990 表格中的其他信息分离。

报告年度年收入少于 10 万美元和年终总资产少于 25 万美元的公共慈善机构在该年度年底应填写一份 2 页的 990EZ 表格，符合条件的组织同样要填写清单 A。私立基金会须填写 990 表格 PF。[①] 另外，根据《国内税收法典》第 42 条规定需要纳税的私人基金会应当提交 4720 表格；根据第 4911 条规定超过游说的支出而需要纳税，以及根据第 4958 条规定的利益冲突人或者组织管理者因超额收益交易而需要纳税的公共慈善机构，也应当填写 4720 表格。[②]

在组织的免税资格被溯及既往地撤销时或者根据第 42 条的规定被征税时，990 表格、990EZ 表格和 990EP 表格的填写足以启动适用相关法律。及时提交表格也足以启动对于慈善组织无关宗旨商业所得税的法律适用，只要表格包含能够披露潜在无关宗旨商业活动收入的信息，且这种信息披露系出于善意。[③]

1998 年《重建法案》（*Restructuring Act*）的目标之一就是到 2007 年之前 80% 的纳税申报实现电子化。[④] 联邦税务局的初步调查表明，80% 的 990 表格和 990EZ 表格由软件自动生成，从而减轻了填写负担，同时使用者能够更简单和快捷地查询数据。同样的，在 2002 年 3 月，联邦税务局宣布其正在收集来自免税组织、州立法部门、研究和监督机构、专业人员和软件公司等的反馈。联邦税务局想了解电子填单是否会对填写造成负担；什么因素会促进或者阻碍使用电子填表；电子填单的设计能否满足如州规定等多种填单的需要；为满足电子填单需要，现有单据形式应如何调整以适应电子化填单需要。联邦税务局宣布

---

① Treas. Reg. § 1.6033 – 2（a）（2）（i）.

② I. R. C. § 6033（b）（11）; Peter Swords, "The Importance of the Form 990," 33 *Tax Exempt Organization Tax Review* 33（2001）.

③ Rev. Rul. 69 – 247, 1969 – 1 C. B. 303.

④ Ann. 2002 – 27, 2002 – 11 I. R. B. 629.

于 2003 年 10 月开始电子表格的试用计划，预计 2004 年开始处理 2003 年的纳税申报数据。①

不属于私立基金会同时纳税年度毛收入不超过 25 万美元的组织免于填写 990 表格和 990EZ 表格。② 这里的收入是广义上的收入，③ 基于本年以及之前两年的纳税收入计算。④ 同样免于填写表格的还有教会、某些宗教组织以及宗教附属组织，以及 501（d）条款所规定的宗教组织和信徒组织。⑤ 一个尚未收到确认其免税地位通知的组织，若已经填写了 1023 表格，应当在等待决定通知的同时填写 990 表格以及 990PF 表格。⑥ 然而，在其提交 1023 表格前，联邦税务局只接受纳税申报表。⑦

所有的纳税申报应当在该组织的会计年度过后的第 5 个月的 15 日之前做出，⑧ 联邦税务局将会在收到 2758 表格后接受组织延期申请。990 表格以及 990PF、EZ 表格的及时填写可能会影响会计周期的变化。⑨ 这些纳税申报向俄勒冈州、犹他州和联邦税务局服务中心申请。⑩

990 表格在非营利组织的财务报告中起到"举足轻重"的作用。不仅因为它是联邦税务局的原始信息来源，而且因为它被用作州慈善组织办公室年度报告的依据，同时它也是第三部门研究的基础数据来源；20 世纪 90 年代以来，990 表格可在互联网上通过指南星网站和某些州慈善组织管理局网站供公众查阅，为潜在捐款者提供了原始数据。随着电子提交的出现，990 表格的获得更为便利。

990 表格的重要性使其存在的缺陷也更为明显。最大的问题在于它与财务审计报告不一致。990 表格所提供的信息是财务审计报告中所欠缺的，同样，

---

① Ann. 2002 – 27, 2002 – 11 I. R. B. 629.

② I. R. C. §6033（a）（2）（A）（ii）依据 Ann82 – 88, 1982 – 25 I. R. B. 23 修改。

③ Treas. Reg. §1. 6033 – 2（g）（4）.

④ Treas. Reg. §1. 6033 – 2（g）（3）（iii）.

⑤ I. R. C. §6033（a）（2）（A）.

⑥ Treas. Reg. §1. 6033 – 2（c）.

⑦ IRS Information Release, INFO – 2000 – 0260（2000 – 8 – 31）; Rev. Proc. 2003 – 4, 2003 – IRB. 123; Rev. Proc. 2003 – 5, 2003 – 1 IRB. 163.

⑧ I. R. C. §6072（b）; see also Treas. Reg. §1. 6033 – 2（e）.

⑨ Rev. Proc 85 – 58, 1958 – 2C. B. 740.

⑩ Ann. 93 – 36, 1996 – 29 I. R. B. 18.

财务审计报告中的某些数据也没法在 990 表格中得到体现。990 表格的信息以现金为基础，而财务审计报告则以权责发生制为基础，这就意味着要求各组织事实上要建立两套会计系统或者至少每年都要将信息从一种系统转化为另一系统。为了减轻负担，在众多非营利组织的支持下，① "非营利法人统一财务报告系统" 在 2000 年得以发布。该系统包含满足 990 表格的信息和财务审计报告需要的数据的《统一会计报表》。然而，这一财务报告系统依然不能完成两个基本报告系统的进一步整合。若要有意义的公共信息被更大规模地使用，那么这种报告系统的进一步改进势在必行。

在 2002 年 9 月对 990 表格修改建议的发布过程中，慈善组织的财务报告不断凸显一个问题：990 表格必须符合美国注册会计师协会要求的会计准则。② 需要特别关注的是 SOP98 - 2 中所表述的规则，这项规则适用于包含教育内容的募捐活动。通常情况下，募捐被认为是一种 "联合活动"，组织需要在免税活动和募捐活动之间分配成本。在这条规则下，如果一个组织雇用募捐人且募捐人的报酬与其所募资金总额挂钩且其报酬占到募捐成本的 50% 以上，那么整个支出应当算为募捐成本，均不得被视为免税活动的支出。③ 反对者声称，这项规定导致免税活动支出方面信息报告既不全面也不准确，而且导致募捐成本极高。④

直至 2000 年，私立基金会才被要求在面向公众发行的报纸上刊登一份可以提供 990PF 表格以备公众查询的声明，该声明的复印件需要附在 990PF 表格之后。⑤ 由于 1998 年《免税延期法案》规定了新的信息披露条款，⑥ 上述要求发布通知的规定在 2000 年 3 月 13 日被废除。对于被当作私立基金会一样对待的

---

① Russy D. Sumariwalla and Wilson C. Levis, *Unified Financial Reporting System for Not - for Profit Organization* (San Francisco: Jossey Bass, 2000).

② Ann. 2002 - 87, 2002 - 39 I. R. B. 624.

③ American Institute of Certified Public Accountants (AICPA), "Accounting for Costs of Activities of Not - for - Profit Organizations and State and Local Governmental Entities That Include Fund Raising," SOP 98 - 2 (1998).

④ "Attorenys Ask IRS Not to Require Form 990 Filers to Follow SOP 98 - 2," 2003 *Tax Notes Today* 20 - 38 (January 30, 2003).

⑤ *Tax Reform Act of 1969*, Pub. L. No91 - 172, §101 (e) (3), 83Stat. 487, 523 - 524 (1969).

⑥ *The Relief Extention Act of 1998*, Pub. L. No. 105 - 277 §1044, 112 Stat 2681, 2681 - 888, 2681 - 890 (1998).

某些慈善信托和受第 42 条规定调整的利益分享信托则另有特殊规定。①

所有因从事无关宗旨商业活动获得 1000 美元以上收入的慈善组织都需要填写 990T 表格。② 它需要与 990 表格和 990PE 表格③同时提交给俄勒冈州服务中心。④ 无关宗旨商业所得税和私立基金会的投资收入应按季度进行课税。⑤

运营活动或组织的变更必须作为 990 表格或 990PF 表格的一部分进行报告，包括组织的清算、解散、终止或实质缩减。⑥ 毛收入不超过 5000 美元的公共慈善机构、教会以及其他宗教组织不受此条约束。⑦

对于不提交纳税申报表或者提交的纳税申报表不准确、不完整的，惩罚措施如下：年度总收入在 100 万美元以下的组织，每迟延一个工作日，处以每天 20 美元的罚款，最高限额为 1 万美元。年度总收入超过 100 万美元的组织，则处以每天 100 美元的罚款，最高不超过 5 万美元。⑧ 如果组织有未提交报告的正当理由，联邦税务局可以酌情减少罚金。⑨ 若无正当理由且在联邦税务局要求下依然没有提交纳税申报表的，⑩ 对负有责任的个人给予相同数量的罚款惩罚。适用于所有纳税人的缴税不足、欺诈、犯罪等行为的具体罚则也同样适用于免税慈善组织。⑪

2002 年审计总署报告中介绍了联邦税务局检查 990 表格的操作程序。⑫ 2000 年 4 月，作为联邦税务局重建的一部分，检查活动集中于达拉斯。变革目的旨在促进连续性、合作和资源利用。⑬ 检查纳税申报的方法有两种：一种是将基础信息录入主文件，经计算机自动分析以确认纳税申报是否"貌似存在问

① Rev. Proc. 83 – 32, 1983 – 1 C. B. 723.

② I. R. C. § 6012 (a) (2); Treas. Reg. § 1. 6012 – 2 (e), see also Treas. Reg. § 1. 6033 – 2 (J).

③ I. R. C. § 6072 (e).

④ Ann. 93 – 36, 1996 – 29 I. R. B. 18.

⑤ IRM 7. 8. 2., ch. 48. 11.

⑥ I. R. C. § 6043 (b) Treas. Reg. § 1. 6043 – 3.

⑦ I. R. C. § 6043 (b) (1) Treas. Reg. § 1. 6043 – 3 (b).

⑧ I. R. C.. § 6652 (c) (1) (A).

⑨ I. R. C.. § 6652 (c) (3), Treas. Reg. § 301. 6552 – 2 (f).

⑩ I. R. C.. § 6652 (c) (1) (B).

⑪ I. R. C.. § 6662, 6664, 7201, 7206 and 7207; see also Michal Saltzman, *IRS Practice and Procedure*, ch. 7A (Boston: Warren, Gotham & Lamont, 2d ed; 1991).

⑫ General Accounting Office, *Improvements in Public*, IRS, and State Oversight of Charities, 62 – 68.

⑬ General Accounting Office, *Improvements in Public*, IRS, and State Oversight of Charities, 62.

题",这种方法会导致税收计算机化或使免税资格发生变化;[1] 第二种是将纳税申报的抽查建立在"普通大众、法人、私人部门和公共部门的职员"推荐的基础之上。这些推荐由纳税申报分类专家进行分析,以决定这些信息是否足以让人相信该被抽查的组织存在不符合法律规定的情况。某些推荐会由一个三人委员会继续复审,该委员会有权决定是否对该纳税申报进行抽查。这一类别的推荐包括来自议员、白宫、联邦税务局等推荐人所提出的教会或者"媒体关注"的问题,或者被认为"具有政治性和敏感性"的问题。[2]

2000 年,议会税收联合委员会调查了一项针对联邦税务局在处理免税组织问题上受到不当影响的指控。在委员会报告中,委员们不认为联邦税务局存有过错。他们认为:没有让人信服的证据说明被抽查的组织受到了不公正对待,也没有证据显示检查是在支持被抽查组织及其利害关系人的观点上进行的,更没有证据表明克林顿政府对于抽查程序进行了干预。[3]

在联邦税务局重建后,对于免税组织进行规制方面第一项进展就是将免税组织融入市场领域的部分分离出来。这些部分被区别对待,并勾勒出慈善组织违反法律的行为。在宣布这项进展时,联邦税务局就组织的分类进行了咨询,并且已经制定完成了各类组织的检查清单,不仅向免税组织提供指引,而且指导和帮助税务部门检查某一分类组织。[4] 2002 年 4 月,35 个分类被认定,其中包括 20 类慈善组织。[5] 2003 财政年度,联邦税务局计划将注意力集中于下述七个类别:高校、医院、互助组织、509(a)(3)条款下的组织、艺术人道主义组织、私立基金会,以及敬老院。对于每个类别,都要求集中对基金会的基本情况、表格填写要求,无关宗旨商业所得税、游说和政治活动进行检查。[6]

第二项进展是设立免税组织合规委员会,旨在为免税组织部门的理事们提供咨询。这个委员会成员构成广泛,包括来自以下部门的管理人员和工作

---

[1] General Accounting Office, *Improvements in Public*, *IRS*, *and State Oversight of Charities*, 62 – 63.

[2] General Accounting Office, *Improvements in Public*, *IRS*, *and State Oversight of Charities*, 63.

[3] Joint Committee on Taxation, *Investigation of Allegations Relating to Internal Revenue Service Handling of Tax – Exempt Organization Matters*, 7; see also Chapter 2.

[4] Announcement reprinted at 36 *Exempt Organization Tax Review* 73 (2002).

[5] LaFon and Harris, "EO Division Faces Challenges," 17.

[6] Exempt Organizations Division, Internal Revenue Service, *Exempt Organizations (EO) Implementing Guidelines (FY2003)*, 47 – 48 (2002.9).

人员：税务检查部门、免税组织规制和合同部门，以及免税组织/政府部门管理署。

20 世纪 90 年代以来，联邦税务局在规制慈善组织方面的功能受到诸多批评，这些批评无一例外地指向其无所作为。审计总署在 2002 年的免税组织研究报告中指出，1996～2001 财政年度，年度纳税申报增长达到 25% 的同时，对免税组织进行检查的数量却下降了 25%。[①] 这一变化归因于联邦税务局调整工作优先处理能够产生财政收入的活动，同时期联邦税务局资源减少，财政部门工作重心从审计转移至处理不断增长的免税申请。报告指出市场领域方法有可能改变这种局面。[②]

2003 年 6 月，联邦税务局宣称设立了一个新的合规管理机构，即免税组织合规机构（位于奥格登市），旨在通过被称为"软接触"的途径提高联邦税务局在免税组织领域的出现率。"软接触"表现为向免税组织发出一些不需要回复的信件，信件中提供的信息包括联邦税务局"将组织分配到可能会想要查询自己的运作以及合规运作情况的地区"。这个合规机构还被授权进行有限范围的检查。[③] 这也是解决人员短缺问题的一种方法，但这种方法并未明确信件或检查是否包含要求进行审计，以及是否需要遵循相关程序。

## 记录保留

第 6001 条规定所有 501（a）条款下的免税组织都须保留记录，尤其是永久性财务账簿和年度纳税申报中要求披露的那些内容。[④] 这些记录一般被要求在纳税组织内保留三年以上，自应税日或交税日起算。[⑤]

## 文件获得和披露要求

一旦一个慈善组织收到获得免税资格的决定书，其提交的 1023 表格，免税

---

① General Accounting Office, *Improvements in Public*, *IRS*, *and State Oversight of Chartities*, 21.

② General Accounting Office, *Improvements in Public*, *IRS*, *and State Oversight of Chartities*, 23.

③ "Top IRS Officials Provide EO Outlook, Update," *Exempt Organizations Reports*, 347 号，（2003 年 6 月 13 日）。

④ Treas. Reg. §1.6001 – 1（c）.

⑤ Treas. Reg. §31.6001 – 1（e）（2）.

申请书以及与此同时提交的支持性文件，该组织的纳税申报信息，公众都可以由联邦税务局获得。[①] 具体而言，这些信息都可以在联邦税务局服务中心或者全国办公室通过书面申请获得。[②] 如果一个组织能够向联邦税务局表明在其所提交的 1023 表格以及与此同时提交的材料中，可由公众获得的信息涉及商业秘密、专利，或相似的将会影响组织利益的资料，联邦税务局将会撤回这些信息。[③] 任何和组织税收优惠相关的技术咨询书都可以由公众查阅，这些信息可以在全国办公室和联邦税务局信息自由阅读室中获得。[④] 然而，任何撤销或者改变原有决定书的信件，和 1023 表格有关的对于组织不利的决定，以及由联邦税务局签署或者归档的对于组织的私立基金会或者私立运作型基金会身份的否定决定是不向公众公开的。[⑤]

免税慈善组织同样也被要求向公众披露相关信息。[⑥] 总的来说有以下三方面要求：（1）日常工作时间内，能够在组织的主要办公地点和地区办公地点无偿查阅到组织的 1023 表格和纳税申报信息。可以查询年度纳税申报表的时间为其应当公布或实际公布后三年内。（2）对于获得（1）项中应当披露的材料的要求，免税慈善组织必须无偿提供复印件，但是可以收取合理的复印或邮寄费用。[⑦] 但是，如果某些资料"随处可得"的话，慈善组织就没有必要提供复印件。所谓"随处可得"，包括在组织的网站上获得，或者与其他免税组织的类似文件一起构成数据库的一部分在其他组织的网站上可供获得。[⑧] 对于回应要求获得复印件请求的合理反馈时间以及认定"随处可得"的相关因素也有相关规定。另外，某特定组织可以声称受到骚扰而免于满足上述要求。[⑨]

由于意识到互联网的广泛运用对 990 表格的传播起到了推波助澜的作用，

---

① I. R. C. § 6104（d）.

② Treas. Reg. § 301. 6104 –（a）–6（a）.

③ I. R. C. § 6104（a）（1）（D）；Treas. Reg. § 301. 6104 –（a）–5.

④ 说明 92 – 28，1992 – 25 I. R. B. 5。

⑤ Treas. Reg. § 301. 6104 –（a）–1（i）.

⑥ Treas. Reg. § 301. 6104 –（a）–1.

⑦ Treas. Reg. § 301. 6104 –（d）–1（a）. 2003 年 7 月 9 日发布的临时法案与法案建议稿明确免税组织被授权收取和信息自由法案下相同的费用。不交费将得不到慈善组织相关文件的前 100 页，这种规则同样适用于政府机构。68Fed. Reg. 40，768（2003）.

⑧ Treas. Reg. § 301. 6104（d）–2.

⑨ Treas. Reg. § 301. 6104（d）–3.

2000 年版本的 990 表格中增加了 B 清单，用以报告捐赠者信息及其捐赠的性质。使用独立清单的目的是避免这些信息向公众披露，而且联邦税务局也是这样声明的。但是当该表格公布时，联邦税务局却规定，B 清单也不能免于公众的监督，只是可以隐去捐赠者的名字和地址。[1] 这种做法遭到了律师界的强烈抗议，但这项政策没有因此改变。[2]

明知而不提交纳税申报表的人也被视同未能履行信息披露义务而被处罚。处罚措施包括每迟延一个工作日缴纳 20 美元的罚金，每项罚款金额不超过 1 万美元。[3] 个人有正当理由的，可以免于处罚。故意不遵守上述要求的，加处 5000 美元的罚金。[4]

## 审计程序

联邦税务局进行不同种类的免税组织检查。其中最没有指导性和最不正式的当属通信检查。通信检查由在某一地区的税务部门通过邮件进行检查。[5] 办公室检查则在地区办公室进行，慈善组织的代表应当携带文件到办公室并提前准备回答税务部门提出的问题。[6] 实地检查是指在慈善组织办公地深入地检查所有慈善组织为纳税申报而准备的基础性账簿和记录。[7] 各项检查的重点是检查组织是否符合免税条件，是否负有无关宗旨商业所得税缴税义务，以及根据第 4958 条或者第 42 条的规定需要缴纳私立基金会税，是否符合其他提交文件的规定或关于信息披露的特殊规则，以及纳税申报信息是否完整。[8]

免税组织共同检验项目（以下简称"CEP"）更适用于检测资产和毛收入达到 5000 万美元以上的组织，控制性组织或者关联组织的成员，以及全国性

---

[1] Carolyn Wright LaFon, "Form 990 Schedule B Is Publicly Available, Despite Statements to the Contrary," 2001 *Tax Notes Today* 219 – 3（November 13, 2001）.

[2] "Clovin Letter to Miller on Form 990 Disclosure," 2002 *Tax Notes Today* 31 – 41（February 14, 2002）.

[3] I. R. C. § 6652（c）（1）（C），（d）.

[4] I. R. C. § 6685.

[5] IRM 4252（2）.

[6] I. R. C. § 7065（a）；Treas. Reg. § 301.7605 – 1（d）（2）（i）.

[7] I. R. C. § 7065（a）；Treas. Reg. § 301.7605 – 1（d）（3）（i）.

[8] 参见 IRM7.8.1。

组织。① 审计组成员包括项目执行经理、电脑审计专家、经济学家、资产评估师、国际税收管理部门人员、律师、所得税管理部门人员，以及免税组织管理部门人员。② 他们对被抽查的免税组织，被免税组织有效控制的实体，或者与免税组织有附属关系但非控制下的组织进行复核。③ 免税组织雇员的个人所得税纳税申报同样要受到检查。④ 地区顾问将参与审计，全国办公室的代表和主任顾问作为建议者参与审计。⑤

CEP 检查有预设的计划步骤。组织的事前纳税申报和其他联邦税务局可以获得的信息，包括媒体报道，由项目负责人复核以决定检查的广度和深度。然后审查组织的账簿和记录来发现是否存在违法违规或者异常的情形。项目负责人之后列出需要检查的部分，预备审计的程序，以及检查每个区域的大致时间安排。这样就制定出一个检查计划，其中一部分送达到被抽查的组织。⑥ 下一个步骤是与慈善组织代表召开检查预备会议，此时，组织被通知需要根据第 6662 条的规定补缴税金，以及如果想避免先缴纳税金的话需要在审计最开始时提供信息。⑦ 随后，一张书面检查清单将开列给慈善组织，包括在预备会上达成的协议和做出的检查安排，检查范围的表述，检查进行的时间地点，以及慈善组织应该提供的相关档案材料。在审计过程中，联邦税务局依然会要求慈善组织填写提供信息的文件以及做出相应的调整措施。⑧

在 CEP 审计时，检查机构倾向于在发现问题的时候而不是等待审计结果出来后才寻求技术咨询。一般而言，在免税组织管理部门检查之后，如果复查机构认为需要寻找技术咨询，在相关各方均认可的情况下，可以建议召开预案提交会议。在两种情形下，请求做出技术咨询是强制性的：第一种情况是根据7805（b）条款做出税收减免；第二种情况是免税资格的授予，或者是私立基

---

① IRM7.6.2，ch.4.

② IRM7.6.2，ch 4.3.

③ IRM7.6.2，ch 4.3.

④ IRM7.6.2，ch 4.8.5.

⑤ IRM7.6.2，chs 4.1，4.5.

⑥ IRM7.6.2，chs 4.7.5.1，4.12.

⑦ IRM7.6.2，chs 4.12.4.13.

⑧ Id..

金会法律地位的确认。因为在这两种情况下没有发布程序性规定，也没有理由相信存在违反规定的情形。[①] 在 CEP 审计期间，总顾问办公室将会提出实地监查建议，实地监查既不通知纳税人也没有纳税人参加，尽管这些备忘录被要求随后进行披露。被抽查的慈善组织也可以在实地监查或 CEP 审计过程中的任何时候提出寻求技术咨询的请求。这些请求将可能涉及法律、工程、评估等问题，可以是程序性问题，也可以是技术性问题。

如果技术咨询对纳税人不利，检查机构可以将问题提出来，复议人员随后可以通过诉讼来解决这些问题。但是如果这些技术咨询有利于纳税人，地区复议人就必须以和技术咨询相同的方法解决问题。这一方法具有溯及力。[②] 在每个日历年的开始，联邦税务局会以提问和回答的格式列出一份财政程序规定，明确何时和如何对于免税组织事务做出技术咨询，以及纳税人在提出技术咨询请求时的权利。[③]

2001 年，联邦税务局的一份官方报告指出，在 1991～2001 财政年度期间，联邦税务局确认通过 202 个 CEP 审计案例挽回 428861317 美元的损失，平均每个案例为 2123076 美元。在至少 10 个以上检查中都出现的问题包括：（1）无关宗旨商业所得税纳税申报的税务损失；（2）在雇佣税案例中雇员相对于独立签约人的税务案件；（3）990T 表格中的娱乐消费，这些开支在法人和信托中被予以免税处理以及预扣税。[④] 据此可得到的推断（已经由其他进行了 CEP 审计的医院和高校报告得到肯定）是，联邦税务局所揭示的足以导致丧失免税资格的滥用情况只是冰山一角。的确，这些问题与雇佣税以及无关宗旨商业所得税有关。

1980～2002 年，联邦税务局对于免税组织进行了一场被称为"纳税人合规检测"的活动（以下简称"TCMP"），对于特定种类的组织进行专项审计。审计的目的在于提高免税组织的自愿合规，这是通过采用分析检查数据来评估联邦税务局的表现。这些数据同样用来提高纳税申报抽查的质量，同时也进行资源分配、教育项目以及报告表格有效性的评估。[⑤] 在 20 世纪 80 年代，对于私立

---

① Rev. Proc 2003 – 5, §5. 04 , 2003 – 1 I. R. B. 163.

② 26 C. F. R. 601. 106.

③ Rev. Proc 2003 – 5, 2003 – 1 I. R. B. 163.

④ "IRS Officials Discuss Developments in Exempt Bond Office," Exempt Organization Reports, *Tax Exempt Advisor*, November 9, 2001, at 2.

⑤ IRM4806, MT4800 – 146（March 9, 1992）.

基金会进行的合规检测得出的结论认为私立基金会的自愿合规水平较高。这样，联邦税务局就可以削减对私立基金会进行审计的数量，并将资源更多地用到其他领域中去。① 然而，在 2001 年，联邦税务局宣布，这个项目终止，理由在于这一项目不够灵活因而无法实现重建法案的新目标。②

多年来，联邦税务局制定了适用于某些类别组织的审计指引。这些指引最先为税务人员提供内部指导，既然《信息自由法案》的适用意味着这些指引也是那些受影响的组织所依赖的规则，尽管其不具有先例效力。其中最重要的是对医院、学院和大学的审计指引。③

如前文所述，争端的解决或检查的终结措施被称为结果协议。这是对于特定问题责任认定的最终协议。④ 最终协议明确了检查中出现的问题的结论以及对于未来同样问题的指引。⑤ 如果在审计过程中没有形成结果协议或者未能就出现的问题提出任何解决措施，慈善组织将会收到检查部门的一份报告，在全盘考虑所提出的解决方案之后，慈善组织可以同意某一基于事实、法律解释和法律适用的并不完全确定的解决方案。双方都能够评估诉讼风险。⑥ 如果依然没有形成解决方案，慈善组织将会收到检查部门的报告和要求组织在 30 天内提起复议的通知。若想获得复议，慈善组织必须以书面形式向地区上诉办公室解释提出的解决方案的不可取之处。如果慈善组织最终决定不申请行政复议，它应当要求联邦税务局开具一份具有法律效力的补缴税款的通知，慈善组织可以在 90 天内向税收法庭提起申请。如果不提出申请，那么原解决方案将被认为是最终结果。⑦

第 7611 条规定了适用于教会审计的另一套规则，这套规则限制了联邦税务局就组织的免税资格、无关宗旨商业所得税以及该组织是否在进行其他应纳税

---

① Hill and Mancino, *Taxation of Exempt Organizations*, [34.05].

② "Edited Transcript of the January 18, 2002 ABA Tax Sevtion Exempt Organizations Committee Meeting," 35 *Exempt Organizaiont Tax Review* 327, 341 (2001).

③ Examination Guidelines for Hospitals, Ann 92 – 83, 1993 – 22 I. R. B. 59; Final Examination Guidelines Regarding Colleges and Universities, Ann. 94 – 112, 1994 – 37 I. R. B. 36.

④ I. R. C. §7121 (b).

⑤ 1993 *IRS Continuing Professional Education Text*, 263 – 293.

⑥ IRS Fact Sheet, FS – 97 – 09 (February 26, 1997).

⑦ IRM 8. 16. 1.

活动进行询问的职权。① 这些规则极大地限定了联邦税务局询问教会的税收地位（或者义务）的职责以及实施检查的程度。②

在税收联合委员会于 2000 年 3 月发布的关于联邦税务局审计程序的调查报告中，工作人员认为尽管对于教会审计的限制有效地避免了联邦税务局对于教会实施不必要的检查，但是这一审计程序规定也导致即使在有确凿证据证明教会存在违规活动的情形下，联邦税务局也很难启动对教会的调查程序，甚至无法对于教会从事的违规活动进行训诫。工作人员得出结论认为，如果变更程序，应当允许联邦税务局即便不启动对于整个教会的税务检查，也可以对于特定教会组织进行训诫或者开展其他活动。③

## 上诉程序

《国内税务法典》601.106 条款规定了对于审计结果的上诉程序，无论审计结果是撤销还是修改组织的免税资格。④ 如上文所述，申诉具体包括对审计报告的书面异议，以及在收到通知之后 30 天内向地区上诉办公室要求建议的申请。书面申诉状须包括事实陈述、适用法律、支持慈善组织的主张，以及是否需要召开会议的明确表示。另外，联邦税务局重建开始后，纳税人可以就一个或者多个未曾解决的问题向上诉办公室的检查或者征税部门要求获得建议。但是上诉程序不适用于对免税身份、私立基金会身份、与教会审计相关问题，以及对于某些基金会规定的检查。⑤

申诉状由核心地区的工作人员审阅，有召开会议请求的，会议也将在该地区召开。上诉程序是非正式的，不需要宣誓仪式。地区上诉办公室可能会重新做出审议决定，但是如果未重新做出决定，会将问题提交给合适的上诉办公室主任。地区上诉办公室随后会通知慈善组织并签发合适的决定书。如果上诉办

---

① I. R. C. §7611；Treas. Reg. §301.7611 - 1.

② Joint Committee on Taxation, *Investigation of Allegations Relating to Internal Revenue Service Handling of Tax-Exempt Organization Matters*, 18 - 19, 22.

③ Joint Committee on Taxation, *Investigation of Allegations Relating to Internal Revenue Service Handling of Tax-Exempt Organization Matters*, 22.

④ 26 C. F. R. §601.106, as amplified by Rev. Proc. 90 - 27 §10, 1990 - 1 C. B. 514, and Rev. Proc. 2003 - 8, 2003 - 1 I. R. B. 236.

⑤ Rev. Proc. 99 - 28, 1999 - 2 C. B. 109.

公室要采取的措施与之前的技术咨询或者全国办公室的规章不符，预做出的决定要通过地区上诉指导办公室提交给 TE/GE 专门委员会。如果申诉人认为全国办公室的结论是错误的，应立即做出重新决定的要求。在任何情形下，TE/GE 专门委员会的决定都会约束上诉人，关于这一程序的例外情形是：对于基于全国办公室向地区办公室做出的技术咨询而做出的地区性决定，慈善组织不能进行申诉。①

联邦税务局 TE/GE 重建工作的一部分是 1999 年提出的两项创新措施：一者，设立为本部门以及其他执行者提供高级技术咨询的助理专员职位；二者，处理复杂疑难案件时为确保公正和技术准确性的独立审议制度。② 2003 年春，咨询者的角色受到公众的广泛关注，那时媒体曝光了联邦税务局恢复了与前任白宫发言人纽特·金瑞奇（Newt Gingrich）关系密切的两个组织的免税资格。这两个组织由于不正当地迎合了共和党的利益，分别于 1996 年和 2000 年被撤销免税资格。1996 年公务员行动标准白宫委员会就这两个组织与发言人之间的关系问题举行了听证会并得出结论：该发言人不正当地利用其中一个组织为使自己的政治活动委员会获益的一个项目提供资助。联邦税务局否认了在恢复该组织的免税地位时受到了政治影响，但是拒绝披露和此项决定有关的任何内部文件。③

# 诉讼主体地位

第三人就适用联邦税法规制免税组织而提起诉讼的权利受到限制，如同在州法下第三人对于慈善受托人提起诉讼权利受到限制。近几年来，有利害关系的第三人对于联邦税务局在规制免税组织方面的行为提出过大量挑战，但是均未成功，原因包括案件与宪法第三条规定之间存在抵触。能够成为这类案件原告需要满足的基本条件是：原告遭受事实上的损失；这种损失可归咎于被告的行为；若没有被告的行为则不会造成原告的损失。

① IRM8.16.1.
② IRS Neus Release, IR－2001－34（March 14, 2001）.
③ Christine J. Harris, "Talk with IRS Reps Offers More Insight in to Review of Gingrich Groups," 2003 *Tax Notes Today* 118－4（June 19, 2003）.

1989 年，对于美国上诉法院第二巡回法庭审理的美国天主教会议的经典案件，联邦最高法院最终否决了从巡回法庭调取本案进行审理的请求。<sup>①</sup> 最高法院认为，堕胎权社团、人权组织、牧师和个人纳税者就美国天主教会的免税资格提出诉讼，理由在于它们认为美国天主教会从事与堕胎问题相关的政治活动，因此违背了免税条件，但是本案的原告不享有就此问题提起诉讼的权利。最高法院建议，如果某一问题没有适格原告提起诉讼意味着这类问题更适合由议会处理。根据本案中原告所代表的利益范围，授予第三人挑战税前抵扣资格诉讼地位的可能性变得非常小。

美国地区法院于 1998 年对于纽约东区法院所提交的一个案件的决定中，确认了一般私人对慈善组织的诉讼障碍。该案中，一自然人以两个免税基金会为被告提起诉讼，要求他们根据第 6104 条规定向公众公开纳税申报表以备查询。法庭根据文意解释和历史解释指出，议会并不使个人获得诉讼地位，且税法规定需要查询的信息可直接从服务机构获得，强制执行罚款的权力只能由财政部授予。<sup>②</sup>

## 其他规制慈善组织的联邦机构

除了联邦税务局之外，还有很多联邦机构监督慈善组织的活动或者与其有牵连。审计总署 2002 年关于慈善组织监管的报告回顾了五个联邦机构的活动，以及联邦税务局在慈善组织监管方面与它们的合作程度。<sup>③</sup> 第一个机构是联邦调查局。报告指出联邦调查局通过其经济犯罪部门试图减少国内国际电信诈骗的经济损失。这一行动涉及慈善组织，因为联邦调查局对于诈骗活动的指控与联邦政府采购、合同、资助项目相关。在 2001 年 9 月 11 日以后，联邦调查局开始常规化调查慈善组织与恐怖活动有关的诈骗活动。这并非慈善组织专门类型调查，也与联邦税务局无关。<sup>④</sup>

---

① 885F. 2d 1020（2d Cir. 1989），cert denied sub nom. *Abortion Rights Mobilization*, *Inc.* *v.* *United States Catholic Conference*, 495 U. S. 918（1990）.

② *Schuloff* V. *Queens College Foundation*, *Inc.* , 994F. Supp. 425（E. D. N. Y. 1998）.

③ General Accounting Office, *Improvements in Public*, *IRS*, *and State Oversight of Charities*, 69 – 71.

④ General Accounting Office, *Improvements in Public*, *IRS*, *and State Oversight of Charities*, 69.

第二个机构是联邦应急管理署（以下简称"FEMA"）。FEMA 的工作包括联系慈善组织共同进行灾难救援。[1] 这些灾难救援工作大多通过一个独立的免税组织——全国救灾志愿组织联盟（National Voluntary Organizations Active in Disaster）以及联合劝募机构（United Way）完成。尽管 FEMA 并不在评估慈善组织或提供建议方面参与联邦税务局的工作，但是联邦税务局在救灾捐赠的财务方面为 FEMA 提供培训。[2]

第三个机构是联邦贸易委员会（以下简称"FTC"）。FTC 负责实施反垄断法及消费者权益保护法，其传统职责没有延伸到对于慈善诈骗的规制。[3] 1977 年费勒委员会的建议稿建议将 FTC 的权限扩展至管理慈善募捐，这项建议从那时起被无数次提及，但是至今未能引起议会的兴趣。[4] 美国 2001 年《爱国者法案》第 1011 条关于"危害美国慈善罪"的规定将 FTC 的权限延伸至电信欺诈和消费者欺诈，要求任何通过电信开展慈善募捐活动的人明确表明致电目的和及时披露信息。[5]。

随后，行政法规确认，这项法案并没有将 FTC 的管辖范围扩展到慈善组织，FTC 只对营利组织为慈善组织募集资金的行为进行规制。[6] FTC 参与了一家名为"消费者警卫"（Consumer Sentinel）的监督网站的活动，该网站成员基本上都来自执法机构。[7] 网站列举了消费者投诉和与诈骗有关的调查，FTC 可以根据这些投诉采取行动。审计总署报告指出，FTC 根据州首席检察官的建议采取行动，但是除了对偶尔出现的犯罪开展调查工作，FTC 并不与联邦税务

---

[1] Reorganization Plan No. 3 of 1978, 43 Fed. Reg. 41, 943（1978）; Executive Order 12127, 44Fed. Reg. 19, 367（1979）; Federal Emergency Management Agency, 44Fed. Reg. 25. 797（1979）.

[2] General Accounting Office, *Improvements in Public*, *IRS*, and *State Oversight of Charities*, 69 - 70.

[3] 15U. S. C. § 45; see also Charitable Contributions for September 11 - Protecting against Fraud, Waste, and Abuse: Hearing before the Subcommittee on Oversight and Investigations of the House Committee on Evergy and Commerce, Serial 107 - 67, 107th Cong. , 1st Sess. , 90 - 95（2001）.

[4] Adam Yarmolinsky, Marion R. Fremont - Smith, "Judicial Remedies and Related Topics," in Department of Treasury, Commission on Private Philanthropy and Public Needs, *Research Papers*, Vol. 5, pt. 1, 2697, 2703 - 2704（1977）.

[5] Uniting and Strengthening America By providing Appropriate Tools Required to Intercept and Obstruct Terrorism Act of 2001（*USA Patriot Act*）, Pub. L. No. 107 - 56, § 1011, 115 Stat. 272. 397（2001）.

[6] 67 Fed. Reg. 4492（January 20, 2002）,（proposed regulations）; 16CFR pt. 310（2002）（final regulation）see also www. ftc. gov/opa/2002/ 12/donotcall. htm.

[7] www. consumer. gov/sentinel/.

局共同执法。① 2003 年 2 月，FTC 与司法部进行了第一次公众听证（至今共举行了五次），这些听证的主题都围绕着医疗卫生领域融资和资金分配的法律和政策的解释。其中，议题包括医院合并、医院非营利性的重要性、国家行动的边界，以及对委员会消费者保护条款的解读。② FTC 在医疗合并以及合资企业活动的反垄断问题方面发挥了重要的监督作用，而且看起来这一作用越来越明显。

第四个机构是美国邮政检查部门。如果诈骗涉及邮件，美国邮政检查部门同样负有打击诈骗活动的责任。③ 相应的，该部门就有规制以发送邮件方式开展的慈善募捐活动的权限。它同样参与到消费者权益保护的相关行动中来，但它并不与联邦税务局合作开展调查，除非是对免税组织免税资格的有效性提起的调查，或者联邦税务局的介入成为必要。④

第五个机构是人事资源管理局，负责监督联邦联合行动（Combined Federal Campain），州雇员可以据此选择慈善组织提出捐献的申请。⑤ 根据审计总署的报告，人力资源管理局既不直接审计慈善组织，也不向联邦税务局寻求帮助以定义欺诈性慈善组织。⑥

# 联邦与州的合作

1969 年生效 6104（c）条款的立法目的在于通过联邦税务局和首席检察官以及其他管理慈善组织的相关部门之间的信息共享来改善慈善组织规制。⑦ 在此规定生效之前，联邦税务局的权限仅为向州税务机构提供税务信息，而后者不能向其他州政府部门提供这些信息。6104（c）条款要求联邦税务局将拒绝或撤销免税资格的有关决定通知给各州有权实施 501（c）（3）条款的机构。财政

---

① General Accounting Office, *Improvements in Public, IRS, and State Oversight of Charities*, 70.

② 67 Fed. Reg. 68, 672（2002）; see also www. ftc. gov/ogc/healthcarehearings/index. htm.

③ 18 U. S. C § 1341.

④ General Accounting Office, *Improvements in Public, IRS, and State Oversight of Charities*, 70.

⑤ 3. 5C. F. R. § 950. 101et seq.

⑥ General Accounting Office, *Improvements in Public, IRS, and State Oversight of Charities*, 71.

⑦ I. R. C. § 6104（C）; 编入 1969 年《税收改革法》中，Pub. L. No. 91 – 172, § 101（e）（2），83Stat. 487, 548（1969）。

法规将这项规定中的"决定"定义为最终决定，然而，除非经过所有行政审查，否则任何决定都不是最终的。[①]

这就意味着，直到联邦税务局开始纠正权力滥用之前，州相关部门在绝大多数情况下都得不到信息，而在此期间，慈善组织的慈善财产受托人可能已经将财产处分或者转移出州辖区，或者采取其他途径使州无法开展适当的纠正行动。另外，信息不共享使州政府部门与联邦部门共同采取针对慈善组织的行动极其困难。这个问题在联邦税务局审计毕舍普地产公司时显得尤为突出。正如伊芙琳·布罗迪（Evelyn Brody）描述的那样：

> 在最近一次关于州慈善规制机构和联邦税务局之间关系的研讨会上，夏威夷的前首席检察官布朗斯特（Bronste）非常困惑地表示，她不知道她在调查毕舍普地产公司财产时是否重复进行了联邦税务局的工作；她认为现任理事向她的办公室和联邦税务局提供了相互矛盾的信息；她想获得某些文件的要求也被现任理事拒绝（该机构首先根据税法主张保密）。[②]

由税收联合委员会 2000 年对免税组织有关的信息披露条款进行的研究显示，当任何一个组织在联邦税务局做出决定之前撤回申请时，联邦税务局都不允许向州机构提供任何信息通知，原因在于这样一种撤回并不被认为是最终决定。[③]

审计总署在 2002 年 4 月关于免税组织的报告中提出了克服这些缺点的立法建议。[④] 这得到了财政部的高度认同，这一立法建议表达了对纳税人信息保密的关切，同时表达了与国会、联邦税务局、州慈善组织管理部门在未来一起制定类似法律的愿望。审计总署推荐实施的条款包含在 2002 年《慈善救助、恢复和授权法案》中，并得到财政部和其他州政府的支持。它同样包含在 2003 年 4 月参议院提出的 2003 年《慈善救助、恢复和授权法案》当中。该条款允许向适格的州政府官员以通知形式披露以下信息：对组织免税资格确认的拒绝，免税

---

① Treas. Reg. §301.6104（c）–1（c）.

② Evelyn Brody, "A Taxing Time for the Bishop Estate: What Is the I. R. S. Role in Charity Governance?" 21 *Hawaii Law Review* 537, 547（1999）.

③ Joint Committee on Taxation, Disclosure Provisions Relating to Tax – Exempt Organizations, 103 – 104.

④ General Accounting Office, *Improvements in Public, IRS, and State Oversight of Charities*, 34.

资格的撤销，根据第507条和第42章所认定的私立基金会的不足，根据第4958条认定的超额收益。然而，披露的条件是，必须由适格的州政府官员根据州法规制免税组织的目的和需要，以书面形式提出申请。另外，如果检查和披露"便于与此类组织免税法律地位相关的联邦或州问题的解决"，财政部长将会被授权提供纳税申报信息。相应的，该法案再一次收效甚微：要求州方面先提出申请且向州方面披露的信息极为有限；州对于"此类组织免税法律地位相关的"问题事先所知甚少；州所关心的不是组织的免税资格，而是保护慈善利益、纠正慈善受托人的错误行为和对慈善募捐进行规制。①

---

① 2002 年《慈善救助、恢复和授权法案》，H. R. 7 § 205，107th Cong.，2d Sess（2002 年 6 月 16 日）；2003 年《慈善救助、恢复和授权法案》，S. 476. § 205，108th Cong.，1st Sess.（2003）。See S. Rep. No. 107 − 211，107th Cong.，2d Sess.，37 − 40（2002）.

# 第八章　慈善组织法律法规的完善

尽管法律对慈善受托人有诸多限制，但对于如何履践其使命，法律则赋予其极大自由。只要受托人严格忠于慈善组织的宗旨，法律就毫无用武之地了。法律既没有告诉受托人怎么去具体操作，也没有规定慈善款项支出的先后顺序，更没有授权通过何种方式实现目的。当然，适用于其他社会成员的限制也同样适用于慈善受托人。慈善受托人不能偷盗，也不能触犯其他刑法条款。他们不能采取与公共政策相左的行动，比如令人生厌的基于种族和宗教的歧视。除了近似原则和偏离原则，法律规定的慈善受托人的义务在本质上是消极的。他们既不得从慈善组织的财产中获取个人利益，也不得在实现慈善组织的宗旨时疏忽大意。这些都是最基本的要求，慈善部门被赋予这样的自由很大程度上是为了鼓励慈善行为。

对规范慈善组织的法律进行效果评估，既要顾及法律对于慈善组织活动自由的影响程度，又要确保慈善组织是为了公共利益开展活动。需要思考这些问题：遵循某项限制对于慈善组织而言是否很困难？某项限制是否会扼杀创新？某项限制是否能赢得公众的支持？前面的章节已经详细说明了规范慈善组织的法律以及法律的实施途径。在本章中，我们将重新审视这些法律法规，对其有效性进行评价并提出完善建议。

## 双轨制的作用

对慈善组织进行规制的一个显著特征就是双重规制，即由联邦和州两个层次的法律规范及其实施活动同时进行规制，两者在很大程度上并行不悖。相应地，我们将对两者分别进行考察，发现两者之间的差异，在哪里融合便于更有效率地规制，然后考察单一的法律体系是否更为合适，如果只存在一个法律体系，那么哪一套法律体系将会被保存下来。

慈善组织根据州立法创设，由其所在地的州进行管辖，并根据该州法律成立和终止。这些法律规范的内容包括慈善组织得以设立的慈善目的的界定以及对受托人行为的限制。州法院在很大范围内拥有对违法行为的制裁权，以纠正慈善组织的违法行为，并确保其遵纪守法。

在慈善组织创立方面，州立法限制并不多。任何人完全可以成立一个宣言信托，只要他确定慈善目的，指定自己或者他人为受托人，捐赠哪怕只有十美元的资金，就设立了一个有效的慈善组织。若要设立慈善法人，一个或数个发起人需要向州政府提交包含下述内容的申请表：慈善组织名称、慈善目的、理事会成员和职员的姓名、获得表决通过的章程、年会日期、财政年度的选择。发起人还须缴纳归档费。在某些州，材料申报和缴费都可以通过网络完成。收到材料后，州政府官员批准组织章程后，慈善法人便告设立。

然而，根据州法设立慈善组织仅仅是千里之行的第一步。大多数慈善组织，尤其是中小型慈善组织首先要考虑的，是确保能够享受到联邦税收的豁免，并且获得捐赠税前抵扣的资格。此外，在几乎所有州，获得所得税和消费税减免都属于联邦税法调整的范围，因此符合联邦税收减免条件至关重要。尽管享有地方财产税减免无须遵循联邦税法的规定，但是几乎没有一个慈善组织自愿选择放弃联邦税收的减免。大型慈善组织最后会考虑发行税收减免债券，在很多情况下，这甚至比税收减免更为重要。

直到 20 世纪 70 年代左右，联邦和州的规制目的各不相同，所采取的实施方法也有所不同。州法院执掌着对于违法行为的惩罚，而联邦税务局拥有的处罚权仅仅是撤销慈善组织的税收减免资格，这对于很多慈善组织而言无伤大雅。20 世纪 60 年代中期，联邦法律制度的这一缺陷被充分认识到。1969 年，这一制度缺陷得到极其有限的弥补，即在关于私立基金会的相关规定中得到修正，而当时私立基金会仅占到慈善组织总数的 5%。同年的《税收改革法》规定了对于自我交易的处罚，即该交易发生在违法者和明知交易违法还批准该交易的基金会管理者之间。议会同样修正了税法法典，规定当州法院判决保全基金会的财产时，联邦税务局有权对于屡次实施严重违反新规定行为的慈善组织取消免税资格，并且可以即时追缴已经减免的税款。由此可见，在相同情形下，州层面所提供的补救措施远远胜于撤销免税资格的处罚措施，撤销免税身份只是将慈善组织的财产充公，对于违法者而言，并没有因此受到联邦法律的惩罚，他们今后的行为也未受到任何限制。

将近 30 年后，中间制裁作为执法工具的价值被广泛知晓。在第二部《纳税人权利法案 2》（*Taxpayer Bill of Right* 2）中，议会对公共慈善机构以及 501（c）（4）条款下的社会福利机构规定了自我交易限制。对违反这些新规定行为的处罚与适用于私立基金会自我交易的处罚相似，即在自我交易情况下，对因自我交易而获得超额利益的慈善组织的内部人员，以及在知情情况下批准此类交易的慈善组织的管理人征收惩罚税。超额利益规则体现了联邦规制的主要扩张，并非仅仅因为这些救济措施的性质，还因为这一规则确立了实质上和州法平行的普遍信赖义务，从而使两套规制系统日益趋同。由于旨在惩罚个人而非慈善组织，这些条款改变了对于享受免税资格的慈善组织的规制思路，使其从主要保护税收制度的完整性转向同时兼顾确保慈善基金不流失。

1969 年《税收改革法》同时包含了一项通过鼓励联邦税务局和州政府之间的合作以改善慈善组织规制的条款。禁止联邦税务局披露纳税人信息的一般规则得以修订，即在涉及慈善组织的特定案件中，允许联邦税务局人员向州检察官提交涉及慈善组织的特定案件的信息，就如同其可以与向州税收机构提交相关信息一样。然而，修正案未能达到预期效果，其对于联邦税务局提供信息有所限制，即只有当联邦事务结束之后方可提供。这项限制基本上使该条款名存实亡。当联邦税务局可以向州检察官提供信息时，慈善资产可能已经早被用于私人目的。立法对于这一限制的弥补由联合税收委员会于 2000 年在对信息披露的规定进行评估的报告中提出的，对于第 6104 条的进一步修改意见成为国会 2002 年所讨论法案的一部分，但是这一法案未获通过。同样的条款包含在 2003 年 CARE 法案之中，该法案于 2003 年 4 月经参议院通过。①

---

① 见第七章。

# 规制慈善组织和信赖义务的州法律

## 设立慈善法人的法律

只有两个州有关于非营利法人设立、运行和解散的法律。这些法律鼓励设立新慈善组织，规则较为简单直接。州法院或者州行政管理部门有权拒绝颁发法人设立许可，比如因为其目的未被认定为慈善目的。如今没有任何一个州规定慈善组织必须在设立之前获得州政府的许可。

1987 年，由美国律师协会编制的在 12 个州适用并在另外 11 个州以修正案形式适用的《示范非营利法人法》包含了简单易懂的规制慈善组织运行的条款。示范法将非慈善组织分为三个不同的类别：公共利益、互惠利益、宗教组织。个人被赋予选择慈善组织治理方式的自由，包括确定受托人和理事会人数及任职期限、召集会议方式、法定人数、投票权、撤换管理人员或者理事会成员有关的规则，以及免责条款的适用。

2002 年年底，只有加利福尼亚州、缅因州、新罕布什尔州对理事会的组成加以限制。加利福尼亚州和缅因州规定，由非营利法人提供报酬的人及其家庭成员担任该组织理事的，不得超过理事总数的 49%。新罕布什尔州要求每个非营利法人中，至少 5 名理事不属于同一家庭或者相互之间有血亲或姻亲关系。[1] 其他州也采用了与此性质相同的条款，2002 年通过的 Sabanes-Oxley 法案采纳了与适用于公众公司几乎相同的规定，即要求审计委员会须全部由"独立理事"[2] 组成。这一规则对于从事复杂经营活动的慈善组织，例如，医院或者大学等比较适合，但对于大多数慈善组织而言，"独立理事"的设置是不必要的负担。

授予非营利法人职员和理事权限的法律规定旨在鼓励组织的独立性。理事被授权可以设立委员会并将其报告作为决策依据。他们可以（而不是必须）建立执行委员会。同理，也可以设立审计委员会。事实上，随着 Sarbanes-Oxley 法案的通过，很多慈善组织自愿建立了执行委员会和审计委员会。

---

① 见第三章。

② Sarbanes-Qxley Act of 2002，Pub. L. No. 107 – 204，116 Stat. 745（2002）。

为数不多的对公益法人运行的规定几乎都集中在规制组织终止或者进行大额交易时的慈善资产处置上。公益法人终止的，有 16 个州的立法要求提前通知州首席检察官，有三个州规定公益法人的终止须获得法院许可。在 36 个州，需要通知慈善组织建立时备案的州务卿或其他州官员，但是和首席检察官不同的是，州官员无权强制要求非营利法人向其他慈善组织转移剩余资金，因而导致该条款流于形式。另外，有 16 个州规定，计划出售慈善组织的大部分资产时，须事先通知州首席检察官。①

此类旨在保护慈善组织资产的条款的重要性在 20 世纪 90 年代方得到广泛认识，当时大量医院在慈善目的的掩盖下进行营利活动，以远低于市场价值的价格向私人出售资产。② 有三个州的法律禁止慈善组织变更为营利目的，另有十个州规定得到法院或首席检察官的许可后方可变更为营利目的。这些规定适用于全部慈善法人。另外，有 25 个州有专门立法明确禁止公共医疗机构变更为以营利为目的。

## 注意义务

注意义务要求慈善组织职员和理事应该尽到合理标准的注意义务，实际上保护了慈善组织受托人免于承担疏忽大意的法律责任。注意义务在实施中的缺陷并非源于其表述，而是在适用商业判断规则情形下，难以根据这一标准去判断经营失败的责任。商业判断规则轻易不予适用，除非发生极端情形。商业判断规则是在商业公司的语境下发展起来的，在商业公司中，理事受到倾向冒险而获得利益的股东的监督。但是在慈善组织中并无此种情形，因为慈善组织须遵循禁止利润分配规则，而且其不得为任何私人谋取经济利益。另外，美国法学会《公司治理规则》4.01 条款中的商业判断规则，只有理事会或高级职员的行为被认为在当时的情景中是合理的，且有明显运用的判断过程，商业判断规则才起保护作用。其他无密切关系的理事只需遵守 4.01（a）条款所规定的注意义务。

对于大多数慈善组织而言，理事应该尽到多大程度的注意义务是一个非常尖锐的问题。因为某人对慈善组织具有特殊贡献才被选为理事的情形是司空见

---

① 见附录，表格一，第 9 栏，第 12 栏。
② 见本章下文和第六章。

惯的：他具有专业技能，或者他是社区代表，再或者他是潜在捐款者。如果这些人未能像理事会其他成员那样参加会议并尽到注意义务，在大多数情况下也是能够得到理解的。① 针对这一情况，有人提议重新定义这些理事的义务，使其成为一个特殊群体，这一群体不用承担和其他理事相同程度的注意义务。更好的解决方式是赋予这些人以荣誉头衔，或者若慈善法人是有会员的，将他们选举为会员，而不是以理事的标准来要求他们。

注意义务不仅适用于组织的管理，也适用于慈善资产的投资。1990 年，美国法学会《现代谨慎投资人规则》得以通过并被《信托法第三次重述》和《统一谨慎投资人法》所吸收，投资标准也得到修订。② 这项规则将现代投资理论和实践运用到信托法中，扩展了慈善组织的投资范围。它允许投资者自由投资于一系列资产并将他们的权限转委托给职业经理人。但是这些规则并不意味着他们可以不履行应尽的注意义务。新世纪慈善基金会（Foundation for New Era Philanthropy）案件中，由于没有尽到注意义务，很多慈善组织陷入旁氏骗局，最终导致了慈善组织巨额财产的损失，该基金会管理人也因此触犯刑法。③

分散投资的义务在《重申谨慎投资人规则》第 227 条（B）项规定的投资多样性中被重新提及。内容如下："在决定或实施投资决策前，受托人有义务分散投资信托财产，除非在某种具体情况下谨慎的投资人不应这样做。"遗憾的是，信托法重述中对分散投资义务的定义不具备可操作性。1990 年代及 2000 年代早期，为数不少的慈善组织由于没有分散投资而遭受损失的案子启示人们：分散投资义务需要进一步修改或者澄清。被广泛提及的例子包括艾摩利（Emory）大学在 2000 年不当投资可口可乐的股票④；天普（Temple）大学 2000 年有 50% 的资产组合投资于债券；⑤ 芝加哥艺术学院的理事会批准了一笔从总资产

---

① Judith R. Raidel, "Expanding the Governance Construct: Functions and Contributions of Nonprofit Adivisory Groups," 27 *Nonprofit and Voluntary Sector Quarterly* 421 (1998).

② 见第四章。

③ Joseph Slobodzian, "Bennet Gets 12yeats for New Ear Scam," *National Law Journal*, October 6, 1997, at A8.

④ John Hechinger, "Emory U Gets a Lesson in Subtraction as Coke's Stock Fails to Make the Grade," *Wall Street Journal*, 2000. 1. 28.

⑤ Holly M. Sanders, "Temple University Shifts Investments to Stocks," *Chicago Tribune*, Bloomberg News, 2000. 9. 29.

6.5 亿美元中拿出 4 亿美元投资对冲基金的决策，而其中一笔 2300 万美元的投资在 2001 年 6 月化为乌有，另外的 2000 万美元极度危险[1]；帕卡德基金会（Packard Foundation）持有的惠普公司股票从 1999 年的 130 亿美元缩水到 2002 年 10 月的 38 亿美元。[2]

《统一机构基金管理法》（UMIFA）颁布于 1972 年，比信托法重述早了 20 年。这项法案使慈善组织财产受托人免于遵循现代投资原则，尤其是确立了总体回报标准。但是，这只适用于捐赠基金（endowment），导致的异常结果就是：同一慈善组织将根据其资金是否动用本金而适用两种不同的规则。UMIFA 已不合时宜，尤其在关于投资标准的规定上。另外 UMIFA 未能明确捐赠基金是否以及在什么样的情况下可以为贷款提供担保。在大多数州，此类担保必须获得首席检察官的批准，有些情况下还需要获得法院批准。这样的要求应该普遍适用，尤其是未对受托人违反注意义务的责任条款进行修改前。UMIFA 对于其所适用的慈善组织的界定是非常模糊的，这对慈善组织和监管者带来了困扰。由于立法本身的不完备，2003 年统一州法委员会初步通过了 UMIFA 的修改，澄清并拓宽了"机构"的定义范围并采纳了《统一谨慎投资人法》的条款，但是修正的法案中依然没有涉及一个慈善组织是否不能以捐赠基金为贷款提供担保。该法案最终须经 2004 年的第二次投票方能通过。

尽管上文中提到的 *Sarbanes-Oxley* 法案意在改革大型、公共贸易组织的治理方式，但是大多数慈善组织宣称，它们自愿采用与此法案限制一致的措施。执法者同样认真分析 *Sarbanes-Oxley* 法案以确定他们在处理慈善组织注意义务方面的合规水平。[3] 早在 2003 年，纽约州首席检察官引进了为应对有关部门的反对而适当修改了的与 *Sarbanes-Oxley* 法案内容相似的法案，但是，2003 年 9 月首席检察官宣布，法案生效之前尚须进行进一步研究。[4]

---

① Thomas A Corfman and Barbara Rose Chico Tribune, 2001.12.16, C1.

② Stephanie Strom, "Cultural Groups and Charities Are Feeling Each Bump on Wall Street," *New York Times*, October 11, 2002, at A27.

③ See, for example, John L. Pulley, "Drexel U. Adopts Provisions of a Tough New Corporate Financial – Reporting Law, but Skeptics Warn Colleges against Moving Too Fast," *Chronicle of Higher Education*, June 13, 2003, at 27.

④ 首席检察官及州慈善官员联合会，2003 年度慈善信托和募捐论坛（布鲁克林，2003 年 9 月 15 日），见第二章。

　　*Sarbanes-Oxley* 法案禁止组织向其理事和管理人员借贷的规定与很多州适用于非营利法人的规定相似，这一规定应该适用于更广泛的领域。*Sarbanes-Oxley* 法案中其他条款将会提供对大型慈善组织有意义的限制，但对小型慈善组织来说适用这些条款成本非常高，几乎没有效果或不太合适。适用于非营利法人时，*Sarbanes-Oxley* 法案最大的危险源于这些条款被认为能够解决一切问题，导致不再关注一些将促使监管程序更有意义的基本改变。

## 忠实义务

　　除了少数例外情况外，州法明确规定了慈善组织管理人员、理事和受托人的行为标准，以防止他们不择手段以牺牲慈善组织利益为代价来实现私人利益。但各州法律未能规定对违法行为的有效罚则，这一缺陷严重影响了执法效果。现有法规最主要的缺点包括：（1）允许进行自我交易，即使未能提供交易公平的事实；（2）除严重疏忽大意的过失外，运用商业判断规则免除其他过失责任；（3）容忍宽泛的补偿，导致即便在上述人员恶意的情况下，也可以因为非营利法人为其购买的保险而免于承担赔偿责任。这些措施被沿用的合理性在于这样一种旧观念：不能苛求志愿者，以及除非有责任限制规则的保护，人们出于恐惧都不愿意担任慈善组织的理事或信托人。没有任何证据表明后一理由成立，但其提供了为慈善组织受托人保留这些免责条款的合理理由。[1]

　　改革忠实义务的建议各种各样，从进一步放宽标准到禁止所有自我交易。其中，被最广泛接受的改革建议由 Goldschmid 提出。Goldschmid 要求交易对法人来说是公平的，法院调查交易应依据"忠实标准"而并非商业判断规则。[2]另外，各州应当废除阻止理事会撤销一项已经通过的自我交易的法律规定，若理事事后发现这项交易对于非营利法人而言是不公平交易时。这项规则与1996年生效的《国内税收法典》第4958条规定的超额利益交易限制规则相反，《国内税收法典》未对由内部人控制的慈善组织提供任何保护。

---

①　见第四章。

②　Harey J. Goldschmid, "The Fiduciary Duties of Nonprofit Directors and Officers: Paradoxes, Problems, and Proposed Reforms," 23 *Journal of Corporation Law* 631, 651 (1998).

忠实义务涉及商法中的公平交易，需要澄清"利益冲突交易"或者"独立"第三人的概念。法律并未明确说明"利益冲突交易"只适用于财务意义上冲突还是可以延伸到非财务方面的情形。例如，一个人同时担任两个慈善组织的理事，在寻求从某个募捐者募集捐款或者有意购买某项不动产时就不可避免地产生"利益冲突交易"。但是在大多数情况下，冲突并非源于存在竞争关系的慈善组织，因而不需要法律的过多介入。现实生活中，也很难见到同一个人同时就职于两个医院、两个博物馆或者学校的理事会。然而，有时这种"利益冲突交易"给慈善组织带来一些棘手的不容忽视的问题。一个可能的解决办法就是参考州政府和商业机构的做法，采用一套道德标准或非强制性声明来解决不严重的冲突和没有财务纠葛的分歧。① 这些标准或者政策中应当包括处罚措施，但是这些处罚措施应由慈善组织而不是法院来实施。

"独立理事"的定义也同样需要澄清，尤其需要明确是否包含捐款者或其他经常与慈善组织进行交易的人士，如咨询专家和专业人士等。但凡这些人被包括在内，那么就需要重新界定关系的范围。《国内税收法典》第 42 条及其实施条例中就自我交易及超额利益的规定可作为参考。

## 补偿，责任保险和责任保护

慈善组织若想吸引有才识的志愿者作为其受托人，具备为理事提供补偿的能力被认为是非常必要的。在 31 个州，非营利法人的管理人员和理事作为当事人被追究违反注意义务时，由非营利法人支付律师费以及其他费用。在少数州，因判决的赔偿和罚款不能得到补偿，但是将近一半的州允许对诉讼和解的数额进行补偿。与补偿如出一辙的是，非营利法人还可以购买保险，用以偿付对理事和管理人员的诉讼赔偿以及应诉中的律师费。除非案件中理事和管理人员是恶意的，保险的涵盖范围将会使慈善组织及其受托人免于受到针对个人的处罚，在理事和管理人员是恶意的案件中，保险赔偿会补偿律师费和其他费用的差额。保险公司还允许提前支付一定数量来支付费用。Brody 指出，首席检察官貌似密切关注和解方式的政策限制，在诉讼标的为 2500 万美元的 *Bishop Estate* 一案中

---

① See, for example, Mass. Gen. Laws. Ann. ch. 268A § 23.

（2500 万美元是理事和管理人员责任的限额），款项的一半进入慈善组织，而另一半则支付了律师费。①

在商业组织中，经股东决议通过，可以为受托人的经济赔偿责任设置最高限额（即封顶条款）甚至完全免除其责任，尤其是在受托人违反注意义务的情况下。有些州将商业组织的这一规则也纳入慈善组织的章程之中。《示范非营利法人法（修订版）》包含了一个选择性适用条款，允许慈善组织章程中包含这样的责任保护条款。在涉及违反注意义务的案件中，布罗迪（Brody）指出，只有这样的规定才可能是有益的：风险低至能够吸引理事，但是又高到能让慈善组织受托人认真对待其职责。② 此外，重大过失在任何情况下都不应免除责任追究，对重大过失责任追究到什么程度还有待进一步探索。

根据新闻报道，在纽约州首席检察官和艾德菲大学关于其受托人被纽约大学董事会免除职务一案中，州首席检察官拒绝适用学校的理事和管理人员责任条款来支付对受托人的 123 万美元罚款和 40 万美元诉讼费用③。显然，如果这项措施可行，那么封顶条款将失去作用。

加利福尼亚州非营利法人法规定，在州首席检察官介入的情况下，非营利法人的补偿权限应予以特殊限制。在其他州，如果被告在诉讼中处于有利地位，补偿是强制性的。如果不是，根据一般规则，法院将会根据情形决定补偿数额。在和解案件中，经首席检察官核准，或者由大多数无利害关系股东或成员认定此人出于善意，且他合理地相信自己采用了对非营利法人利益最大化的方式，补偿被允许用来偿还诉讼费用和和解的赔偿。类似于这样性质的条款将会在某些案件中减轻理事和管理人员的负担，但是并没有为他们违反信赖义务的行为提供免责全险。

## 近似原则，偏差原则，权限修改

近似原则，尽管稍有不同，但是适用于 49 个州的慈善信托和慈善法人。近似原则授予法院在下述情形下改变慈善组织原始目的的权限：在慈善组织变得

---

① Evelyn Brody, "The Legal Framework for Nonprofit Organizations," 19 – 20 ( on file with author).

② Evelyn Brody, "The Legal Framework for Nonprofit Organizations," 21.

③ David M. Halbfinger, "Lawsuits over Ouster of Adelphi Chief Are Settled," *New York Tmes*, November 18, 1998, at B1.

不合法、目的不可能、不实际时，或者在有些州，出现《信托法第三次重述》和《统一信托法》中规定的持续经营成本过高的情形时①。根据普通法，新目的和原始目的应当"尽可能一致"，但是这一标准有了松动，根据《信托法第三次重述》和《统一信托法》的规定，只要求适用时"合理近似于指定目的"。另外，《信托法第三次重述》明确规定了当慈善组织终止时，近似规则也适用于向慈善组织的捐赠。传统法律也要求有证据显示捐赠者或者委托人具有一般的慈善目的，这一要求在23个州依然沿用，但在其他州已经被废止了。

与近似原则同理的是偏差原则，这项原则同样适用于私人和慈善信托。它允许法院修订信托的管理条款或分配条款，或者允许受托人偏离这些条款，如果有委托人未能预料到的情形发生，而修改这些条款或者偏离这些条款将更好地实现信托目的。另外，当受托人知道或应当知道实际情况发生变化需要适用偏差原则时，他有请求法院适用该原则的义务。近似原则和偏差原则经常被混淆，例如，南卡罗莱纳州的法院拒绝近似原则的适用，但是却适用偏差原则修改信托目的。②

尽管《信托法第三次重述》规定了受托人有在符合条件的情况下适用偏差原则的义务，但是对于近似原则却没有类似规定。实际上，这一义务隐含在受托人的忠实义务之中。私益信托中，忠实义务是受托人向受益人应该承担的义务。但是对于慈善组织而言，忠实义务转变为受托人为不特定受益人的利益而实现信托目的的义务。因此，在继续实现原信托目的变得不可能、不实际或者不经济的情形下，除非依照近似原则改变信托目的，否则受托人就无法完成对不特定受益人的义务。在很多州，制定法对此问题的厘清是非常有帮助的。在英国，根据制定法，在条件成熟时，受托人有适用近似原则来保护信托资产的义务。

Kurtz 曾经就遵循慈善组织原有宗旨的义务做过清晰阐述，纽约州的一个法院在受理某一受托人申请批准出售某项资产时还曾援引了这一阐述。③ 忠诚义务的传统解释明确表明：该义务包含了当原有目的不能继续执行时修改目的的

① 见附录，表格二。
② 见第三章。
③ Daniel L. Kurtz, *Board Liability: A Guide for Nonprofit Directors*, 84 – 85（Mt. Kisco, N. Y.: Moyer Bell, 1989）; Matter of Manhattan Eye, Ear and Throat Hospital, 715 N. Y. S. 2d 575.

义务，以保证慈善资金继续适当地被用于公共利益的目的。若条件成就，首席检察官可以主动依职权适用近似原则，但是，受托人应当懂得这是他们应该履行的义务之一，而不是坐等州政府来履行。

在没有得到法院准许的情况下，非营利法人的理事或者会员能否改变组织的原始目的，或者说是否无须向法庭申请即可适用近似原则或偏差原则，这曾经是一个问题。马萨诸塞州的一个案件确立了限制擅自修改目的的规则。在该案中，运作一家医院的慈善组织试图修改自身目的使其能进行任何有助于公共健康的活动。对于这个案件，法院认为，既然该组织的章程没有限制修改目的权限的规定，那么该非营利法人可以改变其目的；但是，如果理事将目的改变前收到的捐助资产用于目的改变之后的经营活动，将被视为违反了信赖义务。在否决医院提出的、其享有不受任何限制改变目的的权限这一主张时，法院阐述道："首席检察官确信无疑地在其简单回答中洞察到'那些为流浪动物建立家园的组织未曾预见到，有一天这个慈善组织将会通过变更目的变为活体解剖研究中心'。"[①]

2003 年，在关于两个医院改变目的的案件中，法院做出了截然相反的判决，体现了司法机关在这个问题上的意见分歧。争议焦点集中在慈善组织的非限定性资产，而非受目的限制的基金。在其中一个案子的判决中，法院对慈善组织的权限做了狭义解释，阻止它们擅自适用近似规则和偏差原则，因而未经法院准许不得进行预定的资产销售。在另外一个案件中，法院采用了普通公司法原则，理事会在其权限范围内，修订慈善目的、变卖资产、处置组织的非限定性资金不受任何限制。[②] 在一些已经通过关于目的转变法律的州，这个问题越发复杂，因为法律对医疗服务机构改变目的和运行方法进行了限制，而这些限制并不必然适用于其他慈善组织。

在英国，对于慈善法人和慈善信托统一适用信托规则，因此这些都没有成为问题，但是美国的法律历史却没有如此清晰。就慈善部门规制的有效性和时效性而言，英国规定对慈善组织一律适用近似原则和偏差原则，不管其财产来

---

① *Attorney General* v. *Hahnmenann Hospital*, 494 N. E. 2d 1011, 1021 n 18 (Mass 1986).

② *Banner Health System* v. *Long*, 663 N. W. 2d 242 (S. D. 2003); *Banner Health System* v. *Stenehjem*, 2003 WL501821 (D. N. D2003).

源也不管其是否受到目的限制。然而，与英国法律传统不同的是，在美国，需区分情形分别适用近似原则和偏差原则。慈善资产应得到保护，不该单纯因采取的形式不同而导致资产去向不同。

## 会员的权利和义务

大多数互益组织由与组织治理有某种权利关系的会员组成。同样，还有不计其数的由会员组成的公益组织。在一些情形下，会员是理事希望可以捐款或能提供其他形式支持的个人，出于控制理事会规模的考虑，这样的人又不适合作为理事。各州法律和判例法认为会员有权投票选举理事、修改章程、进行质询。在一些州，会员被赋予改变组织目的并修订章程的权利。有很多案例都是会员诉理事未履行应尽义务或保护组织财产的。这些案件在下文将有具体阐释。

在会员义务方面，没有任何先例，也鲜有评论。在 20 世纪 80 年代到 90 年代，会员义务的重要性出乎意料地凸显出来。这期间，许多慈善组织，尤其是医院，将自己的组织重组为以一个母机构为中心并控制一系列子机构的架构，其中一些子机构可以获得税收减免，另外一些则应纳税。在营利领域，母机构可以通过持有股份控制子机构。对非营利法人的成员和商事组织中的股东进行类比，一个非营利性的母机构能够成为每个非营利子机构的唯一会员，享有推选理事、批准同子机构管理运行有关的方案、修改章程及其细则的权利。一旦开始运营，当母机构和子机构之间存在利益冲突时，没有法规预先明确这单一会员的忠实义务向谁履行。由母机构作为单一会员推选出来的子机构的理事也面临同样问题：他们应该对母机构还是子机构承担信赖义务？截至 2003 年，这个问题尚未得到解决，相互冲突的利益使做出决定步履艰难。①

## 捐赠者的权利

根据普通法，捐赠者只享有在做出捐赠行为时所保留的权利。如果他未曾保留任何权利，一旦捐赠完成，捐赠者并不具有诉求慈善组织或者理事履行捐

---

① Dana Brakman Peiser, "Decision – Makers without Duties: Defining the Duties of Parent Corporations Acting as Sole Corporate Members in Nonprofit Health Care Systems," 53 *Rutgers Law Review* 979 (2001)；另见第三章。

赠条款的法律地位。实践中，如果捐赠者保留归复财产的权利，除非归复财产的可能性小到可以忽略不计，否则捐赠将会被认为不符合免税目的，捐赠者也将不能享受减免财产的所得税、财产税和赠与税的权利。捐赠者如果既想监督捐赠的款物，又不想以牺牲税收减免优惠为代价，应该在契约中写明如果最初接受捐赠的慈善组织不能履行捐赠约定的条款，此项捐赠资产将被转移给另外的慈善组织。

UMIFA 的原始版本允许捐赠者放宽他们在机构性基金上所设置的限制，但是没有给予他们修改限制条款的权利或者请求法院强制实施限制条款的诉讼主体地位。与此相反，2000 年生效的《统一信托法》授予了捐献者修改捐赠条款的权利并赋予其诉讼主体地位。2003 年，意欲吸收《统一信托法》相关条款来修改 UMIFA 的提议被 UMIFA 编撰委员会否决，因而在 2003 年 8 月一读通过的 UMIFA 草稿中没有出现这些内容。

社区基金会素来设有"捐赠者专项基金"，"捐赠者专项基金"是指根据捐赠者或者其授权的人的建议决定用途的专项资金。1992 年以来，大量商业投资公司基金遵循了这样的运作模式。它们设立了"捐赠者专项基金"，由它们来担任这些基金的受托人，由于这些基金数量庞大而且来源分散，因此又符合公共慈善机构的条件。2003 年 5 月发布的一项调查统计表明，35 亿美元的资金控制在 12 个商业性的捐赠者专项基金中，其中 24 亿美元由富达慈善基金会（Fidelity Investment Charitable Gift Fund）拥有，该基金会是"捐赠者专项基金"的首创者。另外 49 个社区基金会控制的捐赠者专项基金总价达 49 亿美元。[①] 据慈善事业年鉴统计，富达慈善基金会在 2001～2002 年收到 10 亿美元捐款，收到私人捐款的数额仅次于童子军（salvation army）。[②] 捐赠者专项基金捐赠数额的增长速度是惊人的，意味着这种方式已经成为募集善款的重要工具。

在 20 世纪 90 年代，很多基金会和个人捐赠者将它们的捐赠界定为"公益创投"（venture philanthropy），以区别于传统慈善。因为资助方参与程度不同，

---

① Maimi D. Larose and Brad Wolverton, "Donor-Adivised Funds Experience Drop in Contributions, Survey Finds," *Chronicle of Philanthropy*, 2003. 5. 15.

② Elizabeth Greene et al. , "The Tide Turns: Donations to Big Charities in Uncertain Economic Climate," *Chronicle of Philanthropy*, October 31, 2002, at 28; Nicole Lewis, Meg Sommerfeld, "Donations to Big Groups Rose 13% in 2000." *Chronicle of Philanthropy*, November 1, 2001, at 35.

公益创投的资助者声称将引入风险投资机制。这种性质的慈善捐赠需要对公益创投基金资助的组织的决策高度参与，随着项目的逐渐发展，要求对方提供详尽的最新财务信息，在某些情况下，理事会为捐赠者保留一个席位是必需的。[①]

所有这些最新发展折射出对待慈善捐赠以及慈善资产支出的新态度，即与普通法规定背道而驰的态度：强调重要性不断加强的捐赠者。如果这种趋势继续下去的话，作为慈善法中基本内容的对于捐赠者权利的限制可能有所改变，尽管与这种发展相伴随的是财政部和议会自 20 世纪 60 年代开始就呼吁反对捐赠者控制慈善组织。

# 关于慈善组织的州立法

## 首席检察官的规制义务

在州层面，规制慈善组织的义务由不特定受益人的代表——首席检察官履行。然而，首席检察官作为不特定受益人代表的方式仅存在于 12 个州，在规制慈善组织受托人行为方面起到积极作用。1991 年，Dale 这样描述州层面的规制："在大多数州，首席检察官办公室的慈善组织部门不作为，效率低下，人手不足，在有些州，这些问题兼有之。"[②] 十年以后，这些问题依然存在，在监督受托人违反注意义务和忠实义务方面和确保慈善资金根据慈善目的使用方面尤为突出。值得注意的是，在规制慈善募捐方面，上述问题没有那么严重。慈善募捐是慈善活动的一个方面，受其他的法律法规规制，并在 50 个州中的 39 个州以及哥伦比亚特区作为消费者保护的一部分，由首席检察官或州慈善部门管辖。慈善募捐相关法规非常健全，与规定信赖义务的法规相比，得以更好地在大多数州实施。另外，慈善募捐规范得到更好的普及，公众对此也有更好的理解。

---

① Christine Letts et al. , *High Performance Nonprofit Organizations*：*Managing Upstream for Greater Impact* (New York：Eiley, 1999)；William P. Ryan et al. "Problem Boards or Board Problem？" *The Nonprofit Quarterly* (Summer 2003).

② Harvey P. Dale, "Diversity, Accountability, and Compliance in the Nonprofit Sector," *Norman A. Sugarman Memorial Lecture*, Mandel Center for Nonprofit Organizations, Case Western Reserve University, Cleveland, Ohio (March 20, 1991).

下文将不再专门讨论慈善募捐问题，除非在讨论慈善项目和信息公开要求的时候有所重叠。在伊利诺伊州、马萨诸塞州、密歇根州、纽约州和俄亥俄州，首席检察官负责慈善组织的管理以及与其他政府机构的协调工作。在康涅狄格州、马里兰州和宾夕法尼亚州，只有某些从事募捐的慈善组织需要登记并向首席检察官提交年度财务报告。在这些州；私立基金会，首席检察官没有对其辖区内所有慈善组织的全面记录也没有任何组织的财务活动信息；私立基金会需要向州政府提供联邦政府信息反馈的复印件，公开募捐的慈善组织需要登记和报告。加利福尼亚州要求所有类型的慈善组织登记和提供财务报告，职业募捐人也必须登记，而募捐的慈善组织由各市、镇来管理。在南卡罗莱纳州和罗德岛，登记和报告的要求只适用于慈善信托，而非慈善法人；在明尼苏达州，公开募捐的组织被要求报告详细信息，其他慈善组织被要求提交联邦纳税申报表，如果没有的话，应当提交经过审计的财务报告。[①]

各州在规制忠实义务方面的利益激励并不高。1965 年，新英格兰地区三个州的法律规定了慈善组织的报告义务，加利福尼亚州、伊利诺伊州、密歇根州、俄亥俄州和南卡罗莱纳州要求慈善组织注册并提交报告，迄今这些州依然沿用这种做法。爱荷华州有相似的法定要求，但现在被废止了。自 1965 年以来，唯有明尼苏达州和纽约州采纳了慈善组织的报告制度，因此与 40 年前相比，由立法规定忠实义务的州只增加了一个。由于大多数慈善组织在这些州中设立并运作，所以这些法令的影响范围比想象中要广。问题在于那些积极进行规制的州和对此不闻不问的州之间存在差异，由此导致的矛盾使得规制非常困难。

《慈善目的受托人监督统一法案》1954 年由国家会议委员会（National Conference of Commissions）吸纳到统一法中。然而，该法案对慈善法人的定义存在严重瑕疵。伊利诺伊州和密歇根州的立法修正了这项法律规定，将慈善组织定义为包括慈善法人和慈善信托，加利福尼亚州的法律也在颁布实施之前进行了类似修改。俄亥俄州采用了与加利福尼亚州相同的表述。[②]

这些法律的合理性在于：对于首席检察官而言，不可能在不知道慈善组织身份及其运作信息的情况下管理这些慈善组织。除了登记和报告义务的要求，

---

① 见第六章和附录，表格一。
② 见第六章。

法律赋予首席检察官广泛权力以履行其职责：包括调查不合理使用慈善基金、传唤目击证人、举行听证、签署法令等。其他各州法律也规定向首席检察官通知所有的有关慈善组织的诉讼（包括慈善资金的处置），在一些案件中，首席检察官被视为诉讼的必要当事人。大多数州的法律规定在对慈善组织财产清算、合并和实质处分时，既要求通知首席检察官也需要得到其许可。

简而言之，法律赋予了首席检察官规制慈善组织广泛的职权，但是首席检察官在具体实践中存在人员有限且资金不足的困难。缺乏必要支持反映出对首席检察官的忽视，但这并非常态。最主要的原因是，对于首席检察官的财政资助都不充足。比如，纽约有4万个经登记的慈善组织需要向首席检察官的慈善办公室提交报告，而这一办公室只有18个工作人员。在加利福尼亚州，首席检察官有3个办公室，而工作人员的总数仅为10人。独立慈善组织的登记机构设在萨克拉曼多，所有的年度报告都提交到那里。2003年2月，慈善组织总登记备案数量已经达到8.5万个。上述这些已经是人员配备最好、运作最为积极的首席检察官了。伊利诺伊州、马萨诸塞州、密歇根州、俄亥俄州的首席检察官办公室规模更小。在罗德岛，只有一名律师被指派兼职处理一些信托事务。

此外，还有其他22个州立法要求向公众募集捐款的慈善组织进行登记和报告。这些规定中的部分由首席检察官执行，部分则由州务卿和其他的州官员执行。其中很多州，如宾夕法尼亚州、康涅狄格州和新墨西哥州，首席检察官可以根据向公众募集善款的慈善组织的报告中所提供的信息对慈善组织提起诉讼。这些州的慈善组织管理者被认为明白慈善受托人的注意义务，并将在适当情形下为保护慈善资金而采取法律途径。然而，由于资源有限，对慈善组织违反信赖义务的情况进行日常监管是不大可能的。

针对上述情况，有人建议通过缴费来支持各州的规制活动，而且确实有很多州要求慈善组织每年缴费。但是，联邦政府向私立基金会征税是为联邦税务局提供审计免税组织的资金，而议会和州立法机构一贯反对为特定目的留出资金，以保持他们的总体控制权。

在评估州规制的有效性方面，20世纪90年代末，两种趋势的差异变得越来越明显。

第一种趋势是，借助首席检察官的威力迫使慈善组织接受条件比法律要求或法院判定更为严格的和解。广泛流传的例子是马萨诸塞州首席检察官和波士顿大学受托人关于将学校的资产投资于一个刚起步企业的纠纷之和解。在和解的条款下，受托人不得不同意改变组织最基本治理结构的条款。这些条款包括：规定理事和受托人的固定任职期限；给予会员和慈善组织员工提名和选举受托人的权利；要求理事会采用特别程序批准理事长的薪水。新成立的组织并不受这些条款的限制，而法院也没有强制执行这些条款的先例。

这并不意味和解本身是徒劳无用的。在很多个案中，和解在改善慈善组织的同时也避免了善意的慈善组织受托人陷入尴尬处境，同时和解节约了公共资金和慈善资金。采用和解最主要的缺点是，和解条款很少公之于众，所以，在多大程度上能改正慈善组织的缺陷，以及和解的处罚程度与法院判决的处罚程度相差多少是难以衡量的。

第二个趋势与第一个趋势紧密相关，即首席检察官监管慈善组织活动的政治化倾向。早期的一个例子发生在1990年，波士顿大学的校长进行马萨诸塞州州长竞选时因自我交易而受指控。最近的例子是宾夕法尼亚州首席检察官在2002年夏秋竞选州长时对下述个案进行了全国范围内的宣传：他基于受托人不仅对学校运营负有责任，还对所在社区负有责任的理由，阻止某学校的受托人变卖其控制的价值13.5亿美元的好时食品公司的股票。最终结果是，受托人放弃了卖掉股票的原计划，并得到首席检察官的同意解除了信托关系。不久以后，州立法部门修正了谨慎投资人规则，要求慈善受托人在类似情形下需要考虑他们慈善目的实施地所在社区的需要，这与普通法原则迥然不同。[①]

还有一个改革涉及的问题将同时影响州和联邦税务局，也就是要求慈善组织登记备案的信息的性质。自20世纪80年代开始，州首席检察官和州慈善组织主管官员与联邦税务局合作，这使得慈善组织向联邦和州政府提交的文件更加完善，大多数州接受了990表格，并根据各州实际情况做出相应调整。在一些对捐款有法律规定的州中，有33个州接受了以990表格作为开头的统一报告表格。这在很大程度上减轻了文件提交者的负担，尽管并没有消除慈善组织在进行跨州筹款时须分别提交报告的麻烦。

州慈善监督的本质是管控，但也具有促进作用。例如，马萨诸塞州的法律

---

① 见第四章。

规定"首席检察官有'保证公共慈善机构的资金得到合理使用……以及在管理中预防违反职责'的义务……"① 在有些州的不同时期，首席检察官将自己视为慈善组织的"天敌"，并把行为局限在监管和处罚慈善组织及其受托人。然而，在大多数州，首席检察官在执法方面是积极的，他把自己视为第三部门的支持者，将完善慈善组织的治理作为自己的义务。1950～1970年，第一批行政法规生效，人们不断努力地厘清慈善组织并教育慈善受托人履行其义务，包括登记和提交财务报告的义务。在此期间，很多小型信托被认为收入仅能够维持日常费用和受托人的开销。各州鼓励并在某些情况下向法院提起诉讼以重整这些小型信托，或者对其适用类似原则改变其目的。

很多首席检察官积极教育受信托人履行他们应尽的义务并改善提交报告的程序。首席检察官定期发布出版物和简报，为慈善受托人召开会议，借助互联网发布活动和能够提供帮助的信息。1962年，马萨诸塞州公共慈善机构部门建立了由慈善和财政委员、律师、会计师、专业筹款人、公共领袖组成的咨询委员会，他们定期与首席检察官及其工作人员讨论热点问题并提出改进的方法。继任的首席检察官沿用了这一做法，其他州也纷纷效仿，伊利诺伊州最近也采用了这样的做法。首席检察官与慈善界合作卓有成效的例子是，为了处理"9·11事件"遇难者及遇难者家属的捐献款项支付，2001年在纽约成立了首席检察官与慈善界合作的团队。

## 诉讼主体地位

在普通法系中，首席检察官被授予了申请强制执行慈善资产的专有诉讼主体资格。一般人，除非他们能够证明与慈善组织有特定利害关系，将不得因慈善受托人没有尽到应尽义务而对其提起诉讼。这种规定的合理性在于，如果慈善组织的受托人和理事可以被任何一个人起诉的话，他们在执行事务时将处处受制。另外，不允许无利害关系人因促使首席检察官对慈善组织提起诉讼而对其提起诉讼。这意味着，在州的层面，如果首席检察官不对慈善组织采取强制措施，那么法院对此也无能为力。共同受托人和理事有诉讼主体地位，在一些州，会员也有诉讼主体地位，法院对排他性诉讼主体的规则放松了限制，在一

---

① Mass Gen Laws ch. 12，§8.

些情况下，允许捐赠者及其继承人、医院的患者、公园的相邻房产业主或校友提起诉讼，但在实践中，诉讼主体资格被否认的数量多于主体资格得以确认的数量。在大多数允许私人主体提起诉讼的案件中，法庭决定的主要因素为首席检察官无力或不愿诉讼。①

在法律文献中，诉讼主体范围的扩大受到了很多关注。一些人建议扩大诉讼主体范围，另一些人则认为扩大诉讼主体范围将会鼓励人们进行无关紧要的诉讼，从而使慈善受托人分散精力，而且打官司的花销将耗费慈善资金。毋庸置疑，扩大诉讼人的范围将会鼓励无利害关系人（受赠予人、潜在受益人或没有赠予关系的任何人等）利用法院强制受托人和理事应诉。最好的解决办法是由具有利害关系的首席检察官提起诉讼以改正这些错误做法。如果他相信诉讼有益且他自己不愿意亲自诉讼时，首席检察官可以允许个人以自己名义提起起诉。

在一种情况下，放宽诉讼主体地位是合理的。在这种情况下，首席检察官因履行宪法规定的义务，作为州政府的代理人成为一方当事人，而另一方当事人是慈善组织。在这样的案件中，首席检察官可以代表或保护慈善利益，并安排其他机构来代理州政府。如果他选择不代表慈善组织利益的一方，那么诉讼主体资格限制原则将不再适用，以确保慈善组织的利益能够得到体现。

## 其他规制慈善组织行为的州政府部门

首席检察官不是规制慈善组织及其受托人行为的唯一机构，尽管其权限比其他政府部门所享有的权限要宽泛得多。州务卿、公司法律顾问起草组织章程，并通过每年报告组织活动情况监督组织运作。教育委员会（在纽约州被称为州立大学委员会）对教育组织享有广泛的监管权。教育委员会权限范围于 1995 年在艾德菲大学一案中予以明确。此案件中，学生、教职员工对受托人违反注意义务和忠实义务提起诉讼，诉讼的结果为只保留一个原受托人的资格，撤销了其他所有受托人的资格，并对其进行罚款。②

---

① 见第六章。

② Jack Sirica, "Suit Filed v. Adelpi President" *Newsday*, October 20, 1995, A66; David M. Halbfinger, "Lawsuit over Ouster of Adelpi Chief Are Settled," *New York Times*, November 18, 1998, at B1.

州税收部门有权免除慈善组织的州所得税和销售税，不动产税和个人财产税也属于地方政府的管辖范围。在几乎所有的案件中，各州都遵循联邦的决定进行税收豁免。然而，在财产税方面，州减免时没有必要遵循联邦的规定，宾夕法尼亚州和犹他州试图对医院和公共卫生医疗机构征税的历史证明了这一点。看起来地方税收依然存在大问题，除非通过向那些机构间接施加压力来支付费用，以替代税收，否则不易解决。

州认证机构、反垄断部门、破产法院、消费者保护部门也有权对慈善组织实施规制。没有任何一个机构有能力改变整个部门，也没有一个机构能够完全有能力规制慈善受托人的行为。

# 规制慈善组织及其受托人的联邦法律

## 《国内税收法典》的规定

尽管各州法律已经规定了慈善组织的成立、解散及其基本义务权利，在实践中，是由联邦政府尤其是联邦税务局来规制非营利部门，这一惯例自 20 世纪的后半期被确定下来。联邦规制体系的重要性怎样强调都不过分。我们注意到，2/3 的州对于慈善组织的规制作用微弱，甚至可以忽略不计，即使在 11 个有积极的强制执行活动的州，也得符合联邦法律所确立的最低程度的合规标准。

## 对于法律和法规修改的建议

《国内税收法典》第五章规定了关于慈善组织所得税免除以及公益捐赠税前抵扣资格的要求，第七章规定了联邦税务局规制慈善组织的方式。规制中存在的许多缺陷和实质修改建议均来自或者针对以上两章。和州法规定一样，总的说来，直到 1996 年超额利益限制条款出台，《国内税收法典》规定的限制对保护慈善资金来说是适当的。在此之前，只有私立基金会的管理者和主要捐赠人被禁止自我交易，并且对于他们有适当的惩罚，这种惩罚不针对组织。私立基金会，只占 501（c）（3）条款下免税组织总数的 5%，其余 95% 组织的勤勉义务由 501（c）（3）条款规定，这些禁止私人分配和私人利益的条款在语言表述上非常糟糕，规定的惩罚仅为撤销慈善组织的免税地位，而对导致这一结果的自然人没有具体惩罚措施。由于联邦税务局向州检察官提供信息的限制，对个人及时提起诉讼以及慈善组织财产合理保护方面没有任何有效办法。

《国内税收法典》限制了慈善受托人的行为，这首先体现在享有免税资格的慈善组织的定义中，随后的条款规定了慈善组织的组织和运行必须完全出于免税目的才能获得免税资格。法典规定了禁止利润分配条款，在实施条例中也有类似的禁止"私人利益"的条款。

组织检验在某种程度上确立了慈善组织运营的标准，要求运用治理机制限制慈善受托人贯彻慈善目的的行为。实施条例不允许进行扩张解释，要求慈善组织章程中明确终止时其资产会转移到其他免税慈善组织，否则该慈善组织将丧失免税资格。法典和实施条例禁止慈善组织的章程明确允许慈善组织从事非减免目的的活动，除非该活动对组织运行必不可少。这一规定改变了《国内税收法典》要求慈善组织必须"完全"按照免税目的进行活动的规定，取而代之的是只要"实质上"依照免税目的即可。

运营检验。只要慈善组织主要从事实现免税目的的活动，那么该慈善组织就会被认为完全出于免税目的而运营；如果某一慈善组织所进行的非免税目的非实质活动超过一定程度，或者违反了禁止利润分配规则，该慈善组织就将无法通过运营检验。禁止利润分配规则适用于理事、管理人员、雇员和其他"内部人"，以及适用于向慈善组织提供服务而获得的不相当的报酬。禁止利润分配规则在适用时面临两个困难：适用对象的不确定性和支付的利益达到什么程度会违反禁止性规定的不确定性。对于规制者来说，问题更为复杂，因为任何利润分配都可以被撤销。这与禁止私人获益规则不同，只有当私人获得的利益成为实质性时，才被认为违反了禁止私人获益规则。禁止私人获益规则适用于任何人，并非仅仅内部人。从这个意义上而言，禁止利润分配规则事实上是从属于禁止私人获益规则。

认识到依靠《国内税收法典》关于免税慈善组织的规定来规制受托人行为方面存在的问题，议会通过了超额利益禁止条款。可以预见的是，随着超额利益禁止条款处罚措施的通过，禁止利润分配规则的重要性将会降低。由于私人利益的界定依然不清晰，而撤销作为最终处罚措施也并不适当，对于规制者而言，这可能并非令人满意的局面。

超额利益禁止条款有两个主要的缺陷在实施条例中无法得到解决。第一个缺陷是如何确定薪酬是否超额，议会历史非常清楚地表明，慈善组织可以参考私人部门（市场领域）的数据，而非仅仅拘囿于第三部门。20 世纪 90 年代末，管理层薪酬迅速增长，并未受到接踵而来的经济低迷的影响。这一条款实质上取消了大多数大型慈善组织提供薪酬的限制。已有证据显示，《国内税收法典》的规定提高了薪酬水平。我们需要在慈善组织与私人雇主间寻找平衡点，或许可以限制可比较的等级水平，或者至少将高薪酬排除在外，对此，也已经有证据显示，高薪酬与慈善领域所考核的绩效并无关联。[①]

第二个缺点涉及不称职人员（尤其是慈善组织的管理人员）的补偿。只要被认为是对受托人的补偿，慈善组织为理事和管理人员支付的责任保险金就既不被认为是超额利益，也不会被认为是因为违反规定而被征收消费税后所适用的保险赔偿。这种允许保险理赔的曲解源于毕舍普地产与联邦税务局的和解案，在该案中，每个受托人赔偿了 4 万美元，而所报道的总额为 1.4 亿美元的罚金却源于毕舍普地产的保险赔偿。[②] 州层面的法律限制是更为可取的，但是无法被广泛适用。相应地，当慈善组织管理人员被处罚款时，在法庭审理中未能胜诉，或者案件是通过和解解决的但有证据表明这些人员对慈善组织存在恶意和损害时，限制保险赔付的适用是合理的。加利福尼亚州法律规定，如果首席检察官、法院，以及无利害关系理事和会员认定慈善组织管理人员是善意的，并且有理由相信他们是为了慈善组织利益最大化而采取行动，那么就可以予以保险赔偿。《国内税收法典》应当引入相似的判断标准来解决问题。

除了这些修改，联邦税务局还需要对税法实施条例第 4958 条款在下述情形下的适用给予指引：其一，利润分享安排；其二，违反超额利益禁止条款的适用与因违反禁止利润分配规则和禁止私人获益规则而取消慈善组织免税资格之间的关系。在 2002 年审结的 *Caracci v. Commissioner* 一案中，[③] 税务法院支持了向不称职的个人征消费税，但是拒绝撤销涉案慈善组织的免税资格。这个案子

---

① Peter Frumkin, "Are Nonprofit CEOs Overpaid," *The Public Interest*, 83, 88（Winter 2001）; see also John Cassidy, "The Greed Cycle," *The New York*, September 23, 2002, at 64; Patrick McGeehan, "Again, Money Follows the Pinstripes," *New York Times*, April 6, 2003, at §3, p. 1.

② Rich Daysog, "Ex-Bishop Trustees Pay IRS in Settlling Tax Claims," *Star-Bulletin* January 4, 2001, at 1.

③ *Caracci v. Commissioner*, 118 T. C. 379（2002）.

对联邦税务局的启示在于：法院并不愿意将撤销慈善组织的免税资格作为一种处罚措施，尤其是在有证据显示情况已经得到改正且不会再犯的情形下。这样的结果无疑是积极的。

在此案中，法院也援用了第 4958 条款的另一规定，这确立了对于慈善资产价值新的评估方法。本案的被告，即利益相关方的家庭成员和三个 S 型公司从非营利法人处购买资产，它们可以选择在 90 天的期限内向免税组织返还财产，此案中，法院表明考虑取消课征消费税。联邦税务局对这个案件提起上诉，但是不久以后，司法部发布文件撤回了上诉。一些评论者强烈反对取消课征消费税的权限，他们认为，若取消对违反税法的人员课征消费税的做法大行其道，那么就没有办法对他们进行有效的惩罚，因为即便撤销了交易，在很多情况下，他们依然是慈善组织的管理者。因而，取消课征消费税的规定在慈善组织的重整为保护慈善资金之需时受到欢迎，但是这以牺牲法律的威慑作用为代价。第 507 条款的规定更为可取，根据该条款，如果州法院已经采用了包括免除慈善组织管理者职务的适当行动，那么就可以免于对私立基金征收终止税。

2002 年，联邦税务局就私立基金会同样适用关于公共慈善机构向内部人提供超额利益的规定征求修改意见。让议会同意对税法第 42 章做出重大修改，以允许私立基金会与公共慈善机构受到同样待遇的做法看起来并不可能，做出一些小修小补还是可行的。《国内税收法典》对于本质上并非私立基金会的支持性组织的定义是最为复杂的，而这部分的实施条例增加了问题的复杂性。另外，对于家庭成员，没有必要区别公共慈善机构和私立基金会而使用不同定义。

与其在关于私立基金会的规定中一概禁止自我交易，不如多思考根据税法第 4958 条款的规定基于超额利益的数额征税。对于税法第 4942 条款规定的最低公益支出规则，在 2000 年经济衰退前，很多人建议提高支出率，无论是通过提高支出比例，还是禁止将行政费用计入合格支出之中。

2003 年春，这场争论变得白热化，争论使慈善行业分裂为资助者和被资助者。关于适当的最低公益支出比例的辩论并未停止而且看起来好像永远不会偃旗息鼓，这就像回答如人们是否应该降低现在的生活标准而为将来未雨绸缪地存钱的问题一样，如果答案是肯定的话，那么对于比例该是多少，人们怎么计算货币的时间价值，以及市场在未来会变成什么样等无法回答的问题也一样不易得出答案。在这场辩论中，提高最低公益支出比例的支持者，如同他们在 20

世纪 80 年代中期所持的主张所表明的一样，并不考虑这些问题，只专注于理事会成员超高薪酬上，并且将这些事例予以公开。其实他们所关注的问题有望通过下列途径得到妥善解决：强化税法第 4941 条和第 4945 条关于禁止自我交易的规定和对于课税支出的界定。

有观点认为，应当废止第 4944 条禁止高风险投资的规定，理由在于这一条款并不宜由联邦税务局予以实施，而最好由各州实施。从目前最多不过十四五个州实施这一规定的实际情况来看，如此修订被采用的可能性非常小。现在最为迫切的是，对实施条例进行修改，采用现代谨慎投资人规则作为行为标准，另外，课税支出条款应该适度从宽适用以消除资助与合同之间的区别，允许基金会向其他基金会进行资助，就如同基金会可以向公共慈善基机构进行资助一样。此外，基金会投资收入征税的规定应被废止。对基金会的投资收入征税只起到了下述作用：减少基金会向其他慈善组织的捐款数量或直接用于公共目的捐款数量。或者，对基金会所征收的税应专项用于支持联邦税务局对免税组织的管理，这也是这项税的原本目的。

然而，应当做出重大修改的不是禁止性规定的细节问题，而是违反禁止自我交易规定的处罚。在每一件案子中，涉案慈善组织被处以缴纳惩罚税时总会被削弱其募款能力。应当取消这些惩罚措施，改而对使基金会陷入不当交易的基金会管理人员采用更有意义的惩罚措施。法律也规定了对批准高风险投资和违反课税支出规定的管理人员处以惩罚税的条款，但是，这些惩罚税仅适用于管理人员明知他的行为违反了法律的禁止性规范且他的批准出于真实意思表示，而且不存在合理理由的情形。联邦税务局要证明这些，负担非常重。更有意义的惩罚措施是处罚知道或应当知道却依然批准了不当交易的管理人员。另外，也没有理由对于未能达到最低公益支出比例和超额持股行为不进行类似处罚，因为这两项内容也都属于管理人员的职责范围。修订时也应该考虑允许免于课征惩罚税（如果损害人恢复原状的），尽管适用类似于《国内税收法典》第 507 条的规定更为理想，根据该条款，可以对违反税法的受托人予以撤职。

《国内税收法典》中还有其他适用于慈善组织的条款需要修改或者废止。尽管这些条款不直接针对慈善受托人的行为，但是也应予以提及。影响最深远的将是取消对政府游说的限制，这样慈善组织能更好地为社会做贡献。然而，让议会接受这一修改是不大现实的，出于简便，议会似乎乐于不区分直接政府游说和草根游说，这种不区分的提议已经在 2003 年被国会和上议院批准。① 禁止参与政治运动和政府游说限制相关，但二者其实是不同的。2002 年，允许教堂支持公职人员竞选的游说力度很大。就在这项法令即将通过的时候，许多保守的教堂领袖开始反对，他们认为，教堂应保持与政治活动的距离。修改意见的法案也被白宫否决。②

要求议会采取行动的其他问题还包括：《国内税收法典》中被认为是慈善目的的救灾的界定。2001 年《恐怖活动受害者免税法》确立了单独的独特的只适用于"9·11"受害者的标准。在将来适用此法案并将其与其他法案相区别将会非常困难，这种不连续性在其他紧急情况下将更加复杂。

无关宗旨商业收入所得税的规定整体是有效的，尽管有很多声音要求修正这一规定。最重要的修改意见包括以下两个方面：一者，澄清可从特许权使用费里予以扣除的范围，二者，建立一个统一的、有效的规则，对慈善组织的支出在免税活动和那些需要征纳无关宗旨商业收入所得税的活动之间进行区分。③

此外，合资企业究竟应被作为免税实体还是作为非免税实体对待？这一领域的问题最初源于联邦税务局对合伙法条文的错误理解，涉及商法人董事的义务以及一个子公司的活动在多大程度上归于其母公司等问题。

上述问题所隐含的免税慈善组织的"商业活动"范围的界定尚未解决。反对慈善组织可以从事不受限制的"商业活动"的主张基于对"不公平竞争"和分散慈善受托人从事免税目的活动精力的担忧。然而，无关宗旨商业所得税条款就是针对不公平竞争现象而做出的规定并且能够有效应对这个问题，但是，这一规定对于消除慈善受托人分散精力的担忧却起不到什么作用。现行规定似乎没有对慈善组织所能从事的与宗旨相关和与宗旨无关的活动的合适限度进行规定。对于与宗旨相关的活动而言，联邦税务局的立场是，一旦一个商业行为被认为与免税目的相关，那么市场化程度越高，该组织就越被认为可以实现其免税目的。对于与宗旨无关的活动而言，下述做法会很妥当：适用《国内税收

---

① *Charitable Giving Act of 2003*，H. R. 7 § 206, 108th Cong. , 1st Sess. （2003）；*CARE Act of 2003*，S. 476， § 303, 108th Cong 1st Sess (2003).

② *Houses of Worship Political Speech Protection Act*，H. R. 2357, 107th Cong. , 1st Sess, （2001）.

③ Henry Hansmann, "Unfair Competition and the Unrelated Business Income Tax," 75 *Virginia Law Review* 60S (1989).

法典》实施条例中的主要目的测试，并同时辅以商业活动相对于与宗旨相关活动的程度测试。但是这并不能回应来自小企业部门及评论者的反对意见，因为他们相信应该基于实现目的的不同方式来区分私人部门和慈善部门。

Hill 提出了称为非偏离限制（non-diversion constrain）的解决此问题的另一种方法，即对组织内部的"偏离交易"进行课税，"偏离交易"被界定为有目的进行投资的支出，而非基于免税目的的支出。[①]

Bok 在 2003 年的高等教育商业化研究中，从一个担忧商业活动侵蚀学术标准和制度完整性的大学领导（而非税收征管者）的角度，详述了对于营利活动日益密切的关注，尤其在竞技体育、科学研究和大学继续教育等领域。有证据表明，对商业投资的热情于 1999 年后随经济形势变化有所减弱，这或许反映了第三部门或从事营利活动的慈善组织因投资所带来的问题改变了态度。[②]

## 财务报告

联邦和州在监管慈善组织方面都存在的主要缺陷是，严重依赖监管框架下的第三部门的财务报告。对于信息披露的方式，在第三部门、会计师和会计师协会之间存在根本性分歧。另外，已经报备的报告中有很高的错误率，而且还有些文件本身并不完整。尽管第三部门，尤其在 20 世纪 90 年代以后，试图通过教育培训以改进报告的质量，但是并没有任何改进的迹象。另外，2002 年城市学院进行的两项财务状况调查显示，72% 的组织雇用外部专业人员来填写990 表格，这些外部人员都是注册会计师，他们中将近70% 服务于本地或地区的会计师事务所，这些事务所常常有专门的非营利业务部门[③]。在这项调查以前，人们认为高错误率的原因是慈善组织自己准备这些财务文件。基于这篇报告的发现和结论，针对职业人群的教育问题应该重新提上日程。

用电子方式制作的财务报告被认为更加准确，而且软件能够确保信息完整无遗漏。联邦税务局 2002 年 3 月宣布，从 2004 年 1 月开始全部使用统一的 990

---

① Frances R. Hill, "Targeting Exemption for Charitable Efficiency: Designing a Nondiversion Constraint," 56 *Southern Methodist University Law Review* 675 (2003).

② Derek Bok, *Universities in the Marketplace: The Commercialization of Higher Education* (Princeton: Princeton University Press, 2003).

③ Zina Poletz et al., *Charities Ready and Willing to E-file: Final Report* (Urban Institute, June 2002).

电子表格；990EZ 表格作为改进版也受到支持者的欢迎。在美国慈善统计中心和指南星系统的帮助下，在准备阶段专门设计了一个项目，宾夕法尼亚州和科罗拉多州的慈善组织在 2001 年年底就可以以电子形式向联邦税务局和州申请减免税，其他 10 个州也正在实施电子填表项目。立法者预期，这样将会极大程度地减少不完整表格和填写内容不适当的表格数量。

尽管电子填表能降低错误率，但不能从根本上弥补报告系统的缺陷：专业会计人员将适用于营利组织的会计法则适用于非营利法人时并没有意识到两者的差异，并且在适用于非营利法人时没有统一的标准。被广泛接受的会计准则（GAPP）没有提及这一准则适用于慈善组织的特殊情形，比如说对限制性资金的适当报告方式。另外，990 表格所要求的信息与财务审计报告中的信息不相符。在最基本的层面上，990 表格以现金收付记账法为基础，而财务审计报告则基于权责发生制；和会计准则相比，990 表格不要求披露审计时提出的问题，以及理事和雇员的个人信息；理事和雇员的薪酬在 990 表格中有所显示，但是在财务审计报告中并没有体现。

在一些州，要求所有的慈善组织或向公众募集善款的组织提供财务审计报表。这些报告必须和 990 表格的复印件以及其他的报告表格一起提交。在这些州，公众通过向州慈善办公室申请可以获得慈善组织的财务审计报告。在联邦层面，联邦报告可以经过申请或通过指南在互联网上获得；在加利福尼亚和新墨西哥等一些州，可以在慈善办公室的网页上获得。[①]

要求慈善组织提供财务报告被认为是自我监管的一种方式，一些州的监管者确信这提高了组织绩效。其他有些人却关注这些要求给小型慈善组织所带来的负担，因为需要满足提供两套财务报表的要求：一套满足审计需要，另外一套满足州或联邦的规定。两套系统需要统一是毋庸置疑的，解决方式将在下文的联邦报告要求评析中予以介绍。

## 非营利组织私有化的影响

Fremont - Smith 和 Kosaras 回顾了 1995～2002 年媒体所报道的慈善受托人的违法违规行为，发现一小群慈善组织之所以设立，就是为了执行政府在住房、

---

① 见第六章。

抵押贷款援助、成人和儿童午餐等领域的资助项目（甚至政府资助是这些组织的唯一资金来源）。[1] 这些项目的管理人犯罪率高，很多人还是累犯，也许会导致更加严厉的监管，尽管这一现象也显示了对于获得资助的慈善组织的筛选不够充分。筛选问题引起了联邦政府采购部门的严重关注。这一问题同样需要引起慈善部门的关注，鉴于 20 世纪初以来慈善部门私有化程度日益提高，这一趋势还将延续下去。[2]

## 慈善组织的联邦监管：联邦税务局作为管理者

在第一次所得税立法中，议会议员投票支持减免慈善组织税时肯定没有预料到，联邦税务局将会变成全国范围内慈善组织监管的最重要机构。联邦监管经过了四个主要阶段。第一阶段，为完成自我治理任务，确立了理事会的考量因素。第二阶段，1950 年无关宗旨商业所得税的实施，确立了免税实体和非免税实体之间的界限。第三阶段，随着 1969 年关于私立基金会限制性规定的通过，监管职能得到加强。第四阶段，1996 年，法律规定对于自我交易的中间惩罚适用于公共慈善机构，联邦税务局监管职能得到扩展，这些条款已经改变了慈善组织处理利益冲突的决策方式。

这些限制能否最终改变慈善受托人的行为在一段时间内尚不可知，但也不可能完全不产生任何影响。在处理慈善受托人违反信赖义务的有关案件中，法律若修改为允许联邦税务局与州官员进行有效合作将会有更好的效果。如果州首席检察官能够主动监管受损害的慈善组织的活动，那么实施条例第 4958 条的休眠性规定将会变得非常有意义。州法院完善了联邦立法，无论是通过签署禁令、撤销慈善受托人的职务还是通过要求慈善组织重组。这些措施的执行将促进各州强化监管，使州和联邦层面的管制都更为有效。

在一个并非有意要监管受托人信赖义务的规制框架内，而且其建立健全很

---

[1]  Marion R. Fremont – Smith and Andras Kosaras，"Wrongdoing by Officers and Directors of Charities：A Survey of Press Reports 1995 – 2002," 42 *Exempt Organization Tax Review* 25（2003）.

[2]  See generally Mark H. Moore，"Introduction to Symposium：Public Values in an Era of Privatization," 116 *Harvard Law Review* 1212（2003）；Martha Minow，"Public and Private Partnerships：Accounting for the New Religion," 116 *Harvard Law Review* 1229（2003）.

大程度上并非刻意为之，联邦通过联邦税务局实现的监管比预期的更加有效。其中缘由众多：法律对于组织和运营慈善组织的规定提供了在选择组织形式和运行方式方面的极大灵活性；联邦法律吸收了州普通法中的很多原则，而不是另外建立一系列标准；随着时间的推移，州和联邦的法律修订循序渐进以便于慈善部门逐渐适应变化。这一过程中并非没有突兀的变化。值得指出的是，不断增加的联邦法规没有限制慈善部门的成长，相反，若根据原始统计数据的数量增长以及 20 世纪末慈善部门的资产总值来衡量，制度环境是有史以来最好的。

妨碍联邦税务局履行监督受托人行为有效性职责的最大障碍是广泛存在的官僚作风，以及资金不足，尤其从 20 世纪 90 年代初开始。1975 年，负责免税组织事务的行政人员数量是 2075 人。1997 年，这个数据增加了 25 达到 2100 人，而与此同时，负有报告义务的免税组织从 70 万剧增至 110 万。不幸的是，1998 年国会通过的《联邦税务局重组和改革方案》并没有随着慈善部门的扩大而增加行政人员数量，因而在原先较好环境下的行政人员数量安排转变成了桎梏。免税组织部门一直面临人事不足和计算机系统过时的问题。在一个地方集中处理免税申请的计划，从重组开始的四年后尚未完成。导致在税收准则和程序方面缺少指引，未能改善报表格式，并且核查次数已经减少到了影响制度完整性的程度。20 世纪 90 年代初，联邦税务局缺少指引的现象引起了广泛关注。在 1974～1997 年联邦税务局发布的 433 个免税组织准则中，有 406 个准则是在 1974～1983 年之间发布的，而此后的 14 年只发布了 27 个准则。[1] 尽管在部门重组后试图增加指引总量，但是没有任何迹象表明这一情况有所改善。

## 改变所在地法的立法建议

鉴于联邦和州的监管存在缺陷，有人提议由其他政府机构来进行监管。尽管在 20 世纪 50 年代，有人建议将监管授权给各州，但是自那时以来，非营利部门发展迅猛、复杂性增加，同时又伴随着非营利部门运行过程中对联邦利益

---

① 见第七章。

的损害，而各州未能有效实施规制，使这一问题变得毫无实际意义。于是问题就变为：对非营利法人的规制是否应该从联邦税务局转移到另外一个现已存在的机构或部门，或者转移至一个新设立的部门。这些可能性在 20 世纪 70 年代受到了法勒委员会的关注，在 1975 年的年终报告中，其坚定地认为联邦税务局适宜作为慈善组织的监管机构。委员会提议对法律进行修订以便更好地执法，尤其是增加适用于受托人和公共慈善机构理事自我交易的禁止性规定。委员会也倾向于授予联邦法庭类似于州法院所享有的纠正违法行为的衡平法上的权限，包括撤销受托人的职责、提名继任者以及禁止慈善组织的某些行为等。委员会也呼吁，在州法院能纠正慈善组织的违法行为，并且比联邦税务局更为有效地恢复原状的情况下，立法能够允许联邦税务局让位于州监管者采取行动。这些意见在某种程度上已经得到实践。①

法勒委员会同样建议成立一个独立的准政府机构：由国会设立但是不具有政府权力，其职责就在于通过资助研究来支持慈善部门，并且作为慈善部门与国会、管理部门进行沟通的代言人，这一提议是法勒委员会从 Yarmolinsky 和 Fremont – Smith 向其提交的一份研究报告中提炼出来的。② 慈善部门在是否支持这一问题上的立场是对立的，但意识到了面对国会和公众时慈善部门作为代言人的价值。论战的最终结果是 1980 年 3 月建立了由国家志愿者组织和国家慈善组织协会合并组成的独立部门（IR）。新机构的责任是构建由法勒委员会设想的准政府机构，但不同的是，独立部门是完全志愿性质的。2002 年，独立部门拥有大约 700 个成员，代表了慈善部门全部的伞状组织和大量的单独组织。独立部门变成了慈善部门的首要发言人。在影响监管方面起到重要作用的典型例子有：《国内税收法典》501（h）条款的执行——501（h）条款规定了公共慈善机构如何确保遵守政治游说的限制性规定，以及 1996 年超额利益条款的实施。

最经常被提起的改进监管的建议是：将监管职能从联邦税务局转移到与英国慈善委员会相似的新的独立实体，或者使该实体作为财政部、证券交易委员

---

① 见第一章。

② Adam Yarmolinsky and Marion R. Fremont-Smith, "Preserving the Private Voluntary Sector: A Proposal for A Public Advisory Commission on Philanthropy," in Department of Treasury, Commission on Private Philanthropy and Public Needs, *Research Papers*, Vol. 5, 2957 (1977).

会或者其他机构的一个独立部门。替代方案还有，一些批评者建议将监管权赋予某个特定目的的机构，或者将一些特定的权限赋予一些已经设立的机构（诸如将监管医院的权限授予健康和人力服务委员会，将监管学校、学院和大学的权限授予教育部），或者授予给新设立的机构。Keating 和 Frumkin 要求建立一个独立会计委员会负责接收或审查来自慈善组织的经过审计的财务报告，[①] 而 Goldschmid 则认为，在管控健康护理机构以及其他大型医疗机构运行方面，类似于证券交易委员会的权限是必需的。[②]

Fleishman 于 1999 年力主应做出改变[③]。他倾向于建立一个独立机构，参照证券交易委员会或者联邦贸易委员会的模式，执行非营利法人行政法规的所有方面而不仅仅是税收减免、捐赠税前抵扣、无关宗旨商业所得税有关的决定。由于这些问题是整体税收程序不可或缺的部分，而且不考虑联邦税务局在这个领域多年积累的经验是不明智的，所以他建议在保留联邦税务局的前提下，新建立一个美国慈善管理委员会承担如下最基本的责任：

> 要密切关注非营利组织的程序性运行而非实体性功能，以向公众保证税收减免未被用作欺诈或非法目的的挡箭牌。美国慈善管理委员会委员将被赋予调查违法违规行为的权力，有权发出传票，可以自主提起民事或刑事诉讼。美国慈善管理委员会委员将监管州际慈善募捐活动、制定指引，并披露慈善捐款的必要信息，保证慈善募捐不用于诈骗。美国慈善管理委员会委员将负责监督非营利部门作为整体的作用，收集数据，创建关于这个部门的数据库，开展对这个部门各个方面的研究，定期向议会报告整个部门的运作情况，签署规章以指导这个部门遵守法律，对于可能被认为更

① Elithbeth Keating and Peter Frumkin, "Reengineering Nonprofit Financial Accountability: Toward a More Reliable Foundation for Regulation," 63, *Public Administration Review* 1, 12 – 13 (2003); see also Regina E. Herzlinger and Denise Nitterhouse, *Financial Accounting and Managerial Control for Nonprofit Organizations* (Cincinnati: South – Western Publishing Co., 1994); National Health Council, *Standards of Accounting and Financial Reporting for Voluntary Health and Welfare Organizations* (1964).

② Harvey J. Goldschmid, "The Fiduciary Duties of Nonprofit Directors and Officers: Paradoxes, Problems, and Proposed Reforms," 23 *Journal of Corporation Law* 631 – 651 (1998).

③ Jeol L. Fleishman, "Pulic Trust in Not-for-Profit Organizations and the Need for Regulatory Reform," in *Philanthropy and the Nonprofit Sector in a Changing America*, 172 (Charles T. Clotfelter and Thomas Ehrlich. eds., Bloomington: Indiana University Press, 1999).

合理的立法修改提供建议。①

在此提案下，联邦税务局将有权初审慈善组织的税收减免资格并依然是接受财务报告表格的主要机构。Fleishman 承认，作为独立的机构，美国慈善管理委员会的执法能力不足，而如果作为联邦税务局的一部分，强制执行措施将能够得到更好的实施。他的建议尽管没有包括对州法规的修改，但是他也强烈建议授权新的机构，如果其在州层面能够更好执行法律的话。

Fishman 则建议通过建立州慈善咨询委员会，或者在纽约和加利福尼亚等一些较大的州建立区域性的慈善咨询委员会，以扩展州层面的监管。这些慈善咨询委员会将在州首席检察官的控制和指导之下开展工作。慈善咨询委员会由 15 名不授薪的市民（其中，8 名由州长指定，7 名由首席检察官指定）组成，由一名助理首席检察官担任行政主管。慈善咨询委员会的主要职责是回应民众的投诉，由此它得以举行听证、要求提供文件和传唤证人。它可以公开免除慈善组织的责任、同意和解，或者将问题交给首席检察官处理。② 如果这项提议得到通过，那么势必加剧各州之间业已存在的不统一性。另外，委员会是否能如 Fishman 所建议成立并以最小成本运行也是值得怀疑的。一个更为根本的反对意见是这些建议将导致规制程序政治化，而不是在现有的框架内由州首席检察官享有排他的监管权。

在慈善募捐活动规制方面，法勒委员会建议在财政部内部设立一个联邦机构，以监管跨州的慈善资金的募集活动，同时加强跨州资金募集的规制。委员会拒绝授予联邦税务局在这一领域的额外权限，或者设置一个类似于证券交易委员会的独立机构。Yarmolinsky 和本书作者向法勒委员会建议，联邦贸易委员会是最为合适的机构，因为它本来就享有处理虚假广告的权限。③ 这项建议经修订后在 20 世纪 90 年代末修改关于电话推销的法规时被再次提出。2001 年 10 月，议会开始执行美国《爱国者法案》，该法案包括了联邦贸易委员会的管辖

---

① Jeol L. Fleishman, "Pulic Trust in Not-for-Profit Organizations and the Need for Regulatory Reform," in *Philanthropy and the Nonprofit Sector in a Changing America*, 189.

② James J. Fishman, "Improving Charities Accountability," 62 *Maryland Law Review* 218 (2003).

③ Adam Yarmolinsky, Marion R. Fremont-Smith, "Judicial Remedies and Related Topics," in Department of Treasury, Commission on Private Philanthropy and Public Needs, *Research Papers*, Vol. 5, 2697, 2703 – 2704 (1977).

范围扩展到非营利组织通过电话推销进行慈善募捐的规定，并对于欺诈性慈善募捐进行了限定。2002 年 12 月，根据该法案通过的规章最终确定，该法案没有修订联邦贸易委员会管辖的界限，联邦贸易委员会的规章仅延伸到非营利组织以慈善为目的募捐活动。①

一个多世纪以来，英国的慈善组织由独立的慈善委员会监管。慈善委员会享有广泛的监管权，包括对慈善组织受托人的准司法权。它在慈善组织免税资格方面的决定被美国税务部门广泛接受。尽管相似的监管框架对美国来说可能有巨大作用，但由此认为国会将会撤销联邦税务局对于慈善组织或其他免税组织的监管的想法无疑太过天真。税收系统的完整性在很大程度上依赖于这样一种保障：这种完整性不会被因免税组织受损。另外，正如联邦税务局的批评者所承认的，慈善组织的免税问题，与无关宗旨商业所得税、因慈善捐赠而享有的所得税、财产税、赠与税的税前抵扣等有关。联邦层面的多头监管将会产生第三种管理框架，这无疑会带来不可计量的复杂性和拖延。从这个角度审视，对现有监管框架进行实质性改变的可行性不大。

在比较研究英国慈善监管体系时，我们必须注意到，英国慈善监管体系并不由其国内税务部门主导。和美国相比，英国纳税人的捐赠抵扣额度是非常有限的。2001 年年底，在慈善委员会登记的慈善组织有 18.8 万个，其中 2.7 万个是经登记的慈善组织的分支机构或者子机构。而其中 42012 个慈善组织的年收入在 1000 英镑以下，将近 6 万个慈善组织的收入在 1001 镑到 10 万英镑之间。另外，一部分院校、教堂和非常小的慈善组织不要求登记。② 因而，慈善委员会的监管途径与联邦税务局所享有的权限迥然不同，反而在某些方面和加利福尼亚州的规定比较相近。

还有一些积极的因素要求将对慈善组织的监管职责保留在联邦税务局。20世纪 70 年代早期反对联邦税务局的主要原因在于监管人员经培训对于税务征收轻车熟路，但是并不监管组织税收问题之外的活动。当 1974 年国会通过雇员计划/雇员退休收入保障法之免税组织部分时，这一现象得以改变。新监管框架的

---

① 16 C. F. R. pt 310 (2002).

② Stategy Unit Report, Gabinet Office, Private Action, Public Benefit: A Review of Charities and the Wider Not-for-Profit Sector, 13 – 27 (September 2002), available at www. strategyunit. gov. uk.

建构确保了对于免税组织的年金计划给予足够的联邦监管，而且顺理成章地将免税组织作为一个整体来进行规制——包括慈善组织和其他非营利组织。1999年重构时，EP/EO 部门作为一个独立的管理部门得以保留，这增强了政府组织的职能，因而导致了在助理委员领导下的新 TE/GE（免税组织和政府组织）部门的创建。这保证了监管人员对于妥善处理全国范围内的免税组织的问题和需求具备充分的知识和经验。

实际上，联邦税务局在面对政治压力时的表现可圈可点。无法保证新设的机构，无论是独立的还是作为其他政府部门的构成部分，能够在坚持独立性方面达到联邦税务局所表现的程度。这一优势不能丢弃。联邦税务局现在正努力完善提供给公众的信息的性质和程度，提高管理效率，出台更多的指引，和州立法者建立更有意义的合作，以体现保持现有监管框架的智慧。

# 慈善部门的角色

对于社会任何一个部分进行规制的讨论都会不可避免地将自律作为政府规制的替代，或者至少是补充。慈善部门内的确存在行使着规制功能的机构，特别是某些组织，它们对具有共同目的的慈善组织，例如，教育机构、医院和其他卫生机构、特定职业和募捐组织等，进行认证。无须惊讶的是，没有出现任何一个具有实施自律框架权限的组织。本书不建议根据组织目的将第三部门进行分类以及实施为此所能采取的措施，除非所适用的标准太过宽泛而使分类本身丧失意义。

为了改善第三部门及其组成部分而成立的一些志愿组织，在教育第三部门和公众方面能够起到重要作用，以明确这一部门的角色和责任，并提高实践标准。

## 现有基础设施的组织化构成

法勒委员会建立准政府机构以监督和鼓励非营利部门的主张未能获得普遍赞同，但是产生了建立新的非政府组织的动力，其目的是填补法勒委员会所预见的对于第三部门的支持作用。独立部门，作为新的组织，就如上文所描述的那样，于 1980 年由两个已经存在的非营利组织——国家志愿者组织和国家慈善联合会合并而成。

在 John Gardner 主席和 Brain O'Connell 会长领导下，独立部门变成非营利部门的代言人，并在提高慈善组织治理水平、增加捐赠数额和志愿服务方面发挥领导作用。成员由最开始的 50 个扩大到五年后的 600 多个，独立部门的资金来源有了保障。截至 2002 年年底，独立部门的成员数量是 700 个，囊括了几乎能够代表第三部门各个组成部分的全国性组织。独立部门代表非营利组织进行政府游说的工作是非常成功的。它就慈善募捐所涉及的问题向联邦最高法院提交了专家意见书，并在全国范围内进行提高慈善募捐能力的培训和教育活动。1991 年，独立部门通过名为《不能强制的服从》的声明颁布了道德准则。2002年，此声明重印并在更大范围内得以传播，与此一起传播的还有配套的标准、准则和原则，大量的方方面面的非营利法人和慈善组织都采纳了这些标准。①

在推动自律方面，独立部门采用了 1999 年程序，此程序下，任何一个成员组织被认为违反了章程规定的规则的，将会被取消成员资格。但成功运用这些规则的案例鲜为人知。

独立部门建立同时，捐赠者团体（Donee Group）的工作由国家慈善委员会接管，国家慈善委员会由 Pablo Einsberg 领导，他同时也是捐赠者团体的主要发言人。国家慈善委员会继续将捐赠者团体作为基金会、企业资助项目和联合劝募机构的批评者，得到了 200 多个成员的支持。2003 年，在提高基金会的支出比例方面，国家慈善委员会以身作则。

其他全国性的影响整个非营利部门的组织包括：理事会资源组织（Broad Source），即过去的全国非营利组织理事会中心，其任务是提高治理实践；全国非营利组织咨询委员会，该委员会要求成员符合行为标准并公布了道德准则；成立于 2000 年的全国非营利企业中心，致力于提高非营利组织的管理实践；还有美国城市研究所非营利和慈善中心、艾斯本研究所（Aspen Institute），两者都进行和支持关于第三部门的重要研究。

关注第三部门中某个领域的全国性组织包括基金会咨询会、促进和支持教

---

① "Compendium of Standards, Codes, and Principles of Nonprofit and Philanthropic Organizations," available at www. independentsector. org/issues/accountability/standards. html; see also Evelyn Brody et al., "Standard Materials on Trustee Ethics," in *Legal Problems in Museum Administration*: *ALI – ABA Course of Study Materials*（1998）.

育委员会、美国医院联合会、全国健康委员会、美国博物馆协会、天主教慈善组织、美国路德教服务会。还有一些外部监督组织在全国范围内活动，一般被称为"慈善看门狗"。这些组织监督和分析那些进行公募的慈善组织信息。它们包括：2001 年建立的 BBB Wise Giving 联盟，该联盟由国家慈善信息局和更好事务管理局下属的慈善咨询服务所合并而来，前者成立于 1918 年，后者成立于 20 世纪 70 年代中期；建立于 1992 年的美国慈善研究所；2001 年建立的慈善导航者，分析公开募捐组织根据联邦税务局 990 表格要求提交的信息。1994 年后，随着指南星的设立，信息变得广泛易得，维护指南星的机构是一个非营利组织，与美国城市研究所和联邦税务局合作之后，非营利组织可以通过网络直接填写提交 990 表格。

同样还有很多地区、州和地方层面设立的非营利组织得以建立以促进第三部门的表现，非营利协会全国委员会（National Council of Nonprofit Association）是一个包括州和地区协会的覆盖各州的非营利组织的支持网络。2 万多个地方性协会成为该委员会的集体会员，委员会还制定了会员标准。与纽约律师协会的做法相似，委员会于 1999 年确定了首席检察官在非营利法人设立时的权限，即帮助国家其他机构提供法律服务和教育项目。

其他要求达到最低标准的全国性协会还包括：由 900 多成员组成的福音教会财务理事会（Evangelical Council for Financial Accountability）；"广泛行动"（Inter Action）组织，该组织由多于 150 个的以美国为基础的活动内容涉及国际发展、灾难救助、难民帮助的组织联合设立；建立于 1921 年的学院和大学治理委员会，该委员会已经有 1800 所学院和大学加入；土地信托联合会，由 750 个土地信托资助，为全国 1200 多个土地信托确定标准；职业基金募集人联合会，其前身为基金募集执行经理全国委员会，是一个超过 154 个分会、2 万名成员的全国性组织，该组织要求成员遵守标准并对进入这个行业的人员授予资质。

自律的还涉及公共问责制度的改进。这包括改进报告的内容，包括政府要求的和自愿提供的；加强大众对内容的理解，扩大信息的获取范围。1999 年，联邦税务局将慈善组织制作报告表格以备公众查阅的要求变为在互联网上可以查到免税申报信息。尽管这是指在指南星上可以获得复印件，这却意味着更加及时的信息公开是可行的。伴随着这些变化，美国城市研究所和独立部门一起承担着主要的公共教育责任，以改善 990 表格的报告质量。

## 机构监督和非营利行为研究

伴随着慈善组织的不断增多，监督、促进和研究第三部门的组织数量也在增加。以美国为例，2003 年，在美国募捐联合会（American Association of Fund – Raising Counsel）自 1955 年以来发行关于慈善组织的年报《捐助美国》中，列举了 80 种非营利部门的信息来源。[①]《慈善年鉴》出现于 1988 年，最后变成了一项行业标准，订阅者达到 4.5 万人。与之相似的《高等教育年鉴》也成为教育领域的标杆。《非营利组织时报》有 3.4 万个订阅者，而《非营利组织季刊》，作为新英格兰州第三部门教育项目的一部分，也有 7000 个订阅者。基金会委员会、责任公益国家委员会，还有理事会资源组织也发行刊物。很多网站提供第三部门的信息。[②] 如前所述，指南星使非营利组织可以通过互联网向联邦税务局提交报告。

2003 年 1 月，有 72 个机构和研究中心关注慈善部门，包括 38 个非营利学术中心，其中包括在耶鲁大学、霍普金斯大学、印第安纳大学和杜克大学中所设立的研究中心，纽约大学的慈善与法律研究中心，哈佛大学豪瑟非营利组织研究中心。独立的研究中心包括艾斯本研究所、美国城市研究所、布鲁克林研究所、基金会中心，以及原先的基金会图书馆中心等。职业性协会也得以建立，包括非营利法人和志愿行动研究协会（ARNOVA），出版了《非营利组织和志愿部门季刊》；国际第三部门研究协会，出版了《志愿者》和《国际非营利组织和志愿行动月刊》。[③]

据估计，在 2002 年 9 月，有 240 所大学和学院开设了非营利组织管理课程，66 所大学和学院开设了不计学分课程，146 所学院和学校在研究生院开设此类课程。另外，700 个不属于任何机构的组织提供非学位的指导和技术上的帮助。[④]

---

① *AAFRC*, Trust for Philanthropy, Giving USA 2003, 203 – 209.

② For a list Compiled by the Chronicle of Philanthropy, see philanthropy. com/free/resources/social/.

③ For a list Compiled by Independent Sector, see www. indenpendentsector. org/pathfinder/resources/ index. html.

④ Roseanne M. Misabella, "Nonprofit Management Education: Current Offerings in University Based Programs," available at private. shu. edu/ ~ mirabero/Kellegg. html.

## 绩效评估

在慈善组织规制方面，联邦税务局和各州采用一系列财务标准来衡量法律法规的执行情况。忠实义务要求不能牺牲慈善组织以获得个人利益，注意义务则根据慈善组织资金所处的风险状态来衡量。一种新的公共利益被称为"公益创投"，这一概念重新界定资助者和潜在受资助方之间的相互作用，资助者像自身将进行商业投资一样对项目计划进行评估，资助者参与受资助方日常工作并最终评估工作结果，就如同投资人在营利领域所做的那样。很多慈善组织试图将结果测评运用于评估实现使命的程度和对受益人的影响。

医院和医疗保健机构在 20 世纪 90 年代末大规模转变为营利组织，这一现象的出现和非营利医院与营利医院的比较研究密切相关，研究得出的结论是，非营利医院与营利医院没有什么差别，财务数据甚至表明营利医院比非营利医院表现得更好。这项研究为推翻非营利医院的免税资格提供了合理性，引发了法律学者和税收学者的激烈争辩。在 2003 年 8 月出版的研究报告中，Horwitz 从各自提供服务满足大众需要的角度比较了非营利医院、营利医院和公办医院。她得出的结论是，法人组织形式差异导致各种医院在提供特定医疗服务方面的差异很大，从而为非营利医院税收减免提供了新的正当性理由。她的建议除了在公共医疗服务提供的争议中具有重要意义之外，在研究慈善部门其他领域时，也提供了一种极有价值的评价方法。①

有些学者和有些为潜在捐赠人的利益而评估慈善组织的机构呼吁在政府要求的信息之外增加非财务方面的评估，也就是说，除了得到财务报告之外，其还想获得绩效结果。在一些极端情况下，一些人主张，如果慈善组织不执行使命并未达到符合标准的效率和影响，将失去免税地位及其他公共利益。采纳这种性质的要求会引起第三部门及其和政府关系的重大转变。在政府本身是资助者的情形下，这些新要求将会非常适当，并且很容易规定在资助条款或者合同中。在其他情形下，将会在规制框架中引入主观分析，这种发展将会遏制创新，并将慈善领域的努力降低到最安全却同时也是最墨守成规的水平。绩效评估是

① Jill R. Horwitz, "Why We Need the Independent Sector: The Behavior, Law, and Ethics of Not-for-Profit Hospitals," 50 *UCLA Law Review* 1345 (2003).

自律的最好方法，尤其当这项计量结果的"科学性"很完美时，但是绩效评估不宜成为政府的规定，除非由作为资助方的政府对接受资助的效果进行评估。

## 慈善组织法律和规制的未来展望

本书自始至终就如何完善慈善组织法律和规制提出建议，并在本章做了总结。在关于慈善受托人行为规范的实体法方面，最大变化莫过于 20 世纪末删除了对慈善组织受托人予以全面免责的规定。在规制方面，最需要的是为州行政机关和联邦税务局提供充足资金以便于它们有效履行职责。这两大变化互相交织。一方面，如果政府没有实现变革的有效工具，那么政府就无法进行规制。另一方面，如果慈善组织受托人认为政府不会履行规制职责，那么他们醉心于攫取私人利益或者在管理中不负责任的行为也不会有任何改变。本书所提出的建议并未要求第三部门的行为或者政府的角色做出重大改变。实际上，这些建议肯定了现有制度的合理性，既要保证慈善组织受托人在管理中的自由，又要确保慈善资金不得用于私人目的或被不当使用。非营利部门之所以能够生存和发展，是因为公众相信其能够恪守宗旨。尽管其他变革建议将会提高第三部门的绩效，并且提供更好的法治环境，但是这两个建议是最必要的，以此让公众确信法律对受托人行为制定了高标准、规制者将会实施这些法律，从而保证第三部门获得公众的持续支持。

# 附　录

表格一　规制慈善组织设立、管理及解散的各州法律

（表 1~8 栏）

| 州名 | 1<br>首席检察官的权限 | 2<br>在与慈善组织相关诉讼中，是否需要通知首席检察官 | 3<br>诉讼地位 | 4<br>非营利法人是否有区别于其他法人的公共利益行为 | 5<br>设立慈善组织时是否需要向州务卿填写提交治理文件 | 6<br>是否需要向州务卿按期报告法人地位 | 7<br>定期向首席检察官报告 | 8<br>州是否被赋予解散非营利法人的权限 |
|---|---|---|---|---|---|---|---|---|
| 亚拉巴马 | 对公共慈善机构的执法是普通法上的职责。State ex rel. v. Bibb, 173 So. 74 (1937) | 否 | 会员和理事可以起诉组织，即便没有权利和能力。§ 10 - 3A - 21 | 否 | 设立非营利法人时需要，遗嘱检验法官必须向州务卿提交章程。§ 10 - 3A - 62 | 不需要 | 不需要 | 是，首席检察官巡回法院诉讼。§ 10 - 3A - 146; § 10 - 3A - 147 |
| 阿拉斯加 | 介入与慈善信托受托人合同行为相关的诉讼 | 否 | 法规和案件中没有阐述 | 否 | 设立非营利法人时需要向商务部提交。§ 10.20.156 | 向商务部报告。§ 10.20.620 | 不需要 | 是，商务部。§ 10.20.325 |

续表

| | 1 | 2 | 3 | 4 | 5 | 6 | 7 | 8 |
|---|---|---|---|---|---|---|---|---|
| 亚利桑那 | Collier v. Bd. of Mat'l Missions of Presbyterian Church, 464, P.2d1015 (1970). 当引用其他案件证明首席检察官是适格主体时，没有确定首席检察官是否为慈善组织信托执法的适格主体 | 否 | 法规和案件中没有阐述 | 否 | 是的，非营利法人向公司委员会提交。§10-3201 | 向公司委员会提交。§10-11622 | 不需要 | 是，首席检察官巡回法院诉讼。§10-11430 公司委员会。§10-11420 |
| 阿肯色 | 适用于公共慈善信托或慈善组织执法。State v. Van Buren School Dist., 89 S. W. 2d 605 (1936) | 否 | 法规和案件中没有阐述 | 有 | 是的，非营利法人向州务卿提交。§4-33-202 | 非营利法人向州务卿提交。§4-33-202 | 不需要 | 是，首席检察官巡回法院诉讼。§4-33-1430 州务卿。§4-33-1420 |
| 加利福尼亚 | 监管慈善信托。§12598 调查交易以及慈善人和受托人的关系。《政府法》§12598 | 有，要求首席检察官注意有关慈善组织利益的条款。《遗嘱检验法》§17203 | 组织组织会员、高管、理事违反慈善信托诉讼。《公司法》§5142 | 有 | 是的，慈善组织和慈善信托受托人必须向首席检察官提交组织章程或者信托工具。§12585 | 向官员或州务卿陈述。《公司法》§6210 | 慈善组织提交信托财务报告。《政府法》§12586 | 首席检察官上诉。《公司法》§6511 |
| 科罗拉多 | 成文法规和普通法授予首席检察官监督慈善、教育、宗教等非营利相关信托方面的权利。§24-31-101 (5) | 否 | 会员或者理事可以诉讼非营利法人或者其高管、理事。§7-126-401 | 否 | 是的，向州务卿提交。§7-136-107 | 向州务卿报告。§7-136-107 | 不需要 | 是的，首席检察官巡回法院诉讼。§7-134-301-302 州务卿。§7-134-420 |

441

续表

| | 1 | 2 | 3 | 4 | 5 | 6 | 7 | 8 |
|---|---|---|---|---|---|---|---|---|
| 康涅狄格 | 在保护受赠财产、公共慈善目的设备时代表公共利益 | 有对于超过150000美元的慈善信托终结的规定 | Carl J. Herzog Foundation, Inc. v. University of Bridgeport, 699A 2d 995 (1997) | 州没有对非营利法人的单独立法，但是有对于非营利股份公司的单独条款 | 是的，向州务卿提交。§33-1243 | 向州务卿报告。§33-1243 | 不需要 | 首席检察官进行的本质为获取调查令的上诉。§33-1187 |
| 特拉华 | 监督慈善组织依照规范运作。Wier v. Howard Hughes Medical Inst., 407A 2d 1051 (1979) | 是的，针对近似原则的诉讼或解散小型信托。Tit2 §3541-3542 | Wier v. Howard Hughes Medical Inst., 407A 2d1051 (1979) | 否 | 是的，非营利法人向公司委员会提交。Tit8, §101 | 每年向州务卿报告。Tit. 8, §502 | 不需要 | 偶然出现首席检察官诉讼。Tit. 8, §284 |
| 哥伦比亚特区 | 代表慈善组织不知名获捐赠人提起诉讼。U.S v. Mount Vernon Mortgage Corp., 128F Supp.629 (1954) | 否 | Hooker v. Edes Home, 579A2d 608 (1990); Stern v. Lucy Webb Hays Training School, 367 F. Supp.536 (1973) ("Sibley Hospital") | 否 | 是的，非营利法人向州务卿提交。§29-532 | 向州务卿报告。§29-584 | 不需要 | 民事法庭。§29-554 |
| 佛罗里达 | 在确定慈善信托被适当管理中保护公共利益。State of Dekaware v. Belin, 453 So. 2d 1177 (1984) | 否 | State v. Anclote Manor Hosp., Inc. 566 So 2d 296 (1990) | 否 | 是的，非营利法人向州有关部门提交。§617.02011 | 向州有关部门门报告。§617.1622 | 不需要 | 法律事务部巡回诉讼。§617.1430 州有关部门。§617.1420 |

续表

| | 1 | 2 | 3 | 4 | 5 | 6 | 7 | 8 |
|---|---|---|---|---|---|---|---|---|
| 佐治亚 | 在所有与管理以及处置慈善信托法律事务中代表本州受益人利益。§53-12-115 | 有，在代表所有受益人利益的所有案件中，若适用近似原则的，而且包括慈善信托中受益人的利益保护 | 会员和理事可一起提起派生诉讼。§14-3-741 | 自愿解散、清算、出售资产、并购方面慈善组织和非营利法人有区别 | 是的，向州务卿提交。§14-3-201 | 是的，向州务卿报告。§14-3-1622 | 不需要 | 首席检察官诉讼优先条款。§14-3-1430 州务卿。§14-3-1420 |
| 夏威夷 | 作为慈善信托的监护人。Kapiolani Park Preservation Society v. City and County of Honolulu, 751P.2d 1022 (1988) | 否 | Kapiolani Park Preservation Society v. City and County of Honolulu, 751P. 2d 1022 (1988) | 否 | 是的，非营利法人向商务部消费者事务部提交。§414D-3 | 向商务部消费者事务部报告。§414D-308 | 不需要 | 商务部消费者事务部主管。§414D-248 |
| 爱达荷 | 监管慈善组织、个人以慈善信托为目的的财产。§67-1401 | 如果财产包括慈善信托，应当向首席检察官提交一份分配计划。§15-3-1009 | 理事可以提起派生诉讼。§30-3-44 | 否 | 是的，非营利法人向州务卿提交。§30-3-18 | 向州务卿报告。§30-3-136 | 不需要 | 州务卿。§30-3-115A |
| 伊利诺伊 | 调查交易与受托人关系以决定是否遵从慈善目的。Ch.760, 55/9 | 针对类似原则，或者小型信托解散的诉讼。Ch.750, 55/15.5 | 会员可以提起派生诉讼。Ch.805.105/107.80 | 否 | 是的，慈善组织和慈善信托必须在首席检察官处注册。Ch760, 55/5 非营利法人注册。Ch805, 105/102.10 | 州务卿。Ch805, 105/114.05 | 受托人必须向首席检察官提交年度书面报告。Ch760, 55/7 | 首席检察官巡回法院诉讼。Ch, 805.105/112.50 州务卿。Ch, 805.105/112.35 |

续表

| | 1 | 2 | 3 | 4 | 5 | 6 | 7 | 8 |
|---|---|---|---|---|---|---|---|---|
| 印第安纳 | 代表公共受益人的利益就信托会计问题起诉。§30-4-5-12 支持有关慈善信托的诉讼。Boice V. Mallers, 96N. E. 2d 342 (1950) | §30-4-6-6 | 法规和案件中没有阐述 | 公共利益组织和其他非营利法人的区别与自愿清算和出售资产条款无关 | 是的，非营利法人提交。向州务卿提交。§23-17-3-1 | 非营利法人向州务卿报告。§23-17-27-8 | 不需要，但是如果财产或资金用于公共福利，受托人必须每年提交书面确认报告。§§30-4-5-12, 13 | 首席检察官巡回法院诉讼。§23-17-24-1 州务卿。§23-17-23-1 |
| 爱荷华 | 慈善组织登记的核准、调查财产或者慈善信托是否符合合法律规定。§633.303 | 以遗嘱设立信托的，需要通过遗嘱检验法院，或者提交相关文件设立慈善信托。§633.303 | 法规和案件中没有阐述 | 否 | 是的，非营利法人提交。向州务卿提交。§504A.30 | 向州务卿报告。§504A.83 | 不需要 | 首席检察官巡回法院诉讼。§504A.53 州务卿。§504A.87 |
| 塔萨斯 | 当公共慈善基金有损失或者不当管理危险时介入并提供保护。Roberts, 373P. 2d 165 (1962), Troutman v. DeBoissiere, 66Kan. 1 (1903) | 类似原则诉讼。§59-22a01 | 法规和案件中没有阐述 | 没有单独的慈善组织法，但在并购条款上区分慈善组织和慈善股份公司 | 是的，非营利法人向州务卿提交。§16-6001 | 向州务卿报告。§17-7504 | 不需要 | 首席检察官进行的本质为调查令的巡回法院诉讼。§17-6812 |

续表

| | 1 | 2 | 3 | 4 | 5 | 6 | 7 | 8 |
|---|---|---|---|---|---|---|---|---|
| 肯塔基 | 监管已经建立的慈善组织的管理，阻止受托人对基金的浪费和不当的得到实现。Comm ex rel. Ferguson v. Gardner，327S. W. 2d 947 (1959) | 否 | 法规和案件中没有阐述 | | 是的，非营利法人向州务卿提交。§ 273.243 | 向州务卿报告。§ 273.3671 | 不需要 | 首席检察官巡回法院诉讼。§ 273.320 州务卿。§ 273.318 每年州务卿核查检察官首席检察官要清算的所有组织的名称。§ 273.323 |
| 路易斯安那 | 在法律法规中没有阐述 | 类似原则诉讼请求，没有特定的人，一般的受遗赠者，被捐赠人在场。§ 9.2332 | 法规和案件中没有阐述 | 并购和修改条款方面区分慈善方面利益和互惠利益组织 | 是的，非营利法人向州务卿提交。§ 12.205 | 向州务卿报告。§ 12.205.1 | 不需要 | 首席检察官诉讼。§ 12: 292.1 州务卿 § 12: 262.1 |
| 缅因 | 执行公共慈善目的基金申请，防止公共慈善基金管理受托人违反信任约定。Tit, 5. § 194 | 否 | 法规和案件中没有阐述 | 否 | 是的，非营利法人向州务卿提交。13 - B，§ 404 | 向州务卿报告。Tit 13 - B § 1301 | 不需要 | 首席检察官诉讼。Tit. 13 - B，§ 1105 |

续表

| | 1 | 2 | 3 | 4 | 5 | 6 | 7 | 8 |
|---|---|---|---|---|---|---|---|---|
| 马里兰 | 为使慈善组织符合慈善目的而对其发起诉讼。Est &Trusts, §14-301 | 否 | 慈善信托有关个人可以提起要求强制执行的诉讼。Est. Trusts §14-301 | 否 | 是的，非营利人向 Corp. & Ass'n §2-102 税务部提交。 | 税务部以及商业和经济发展委员会 §3-503 | 不需要 | 评估和纳税部门门废除组织章程。商业和经济发展委员会 §3-503 |
| 马萨诸塞 | 执行基金的合理使用、防止公共慈善基金管理受托人违反信托约定。Ch, 12 §8 | 慈善和慈善组织有关的诉讼中，首席检察官应该区分代表方。Ch.12 §8G | Weaver v. Wood, 680 N.E.2d 918 (1997) | 没有，公共慈善机构和非营利法人在清算和合并时有时有区别 | 是的，公共慈善必须向首席检察官提交申请。（公共慈善部）Ch.12 §8E 非营利法人向州务卿提交。Ch.180, §3 | 向州务卿报告。Ch.180, §26A | 公共慈善管理人员必须每年向首席检察官提交书面报告。Ch.12, §8F | 首席检察官高等法院诉讼。Ch.180, §11B 州务卿。Ch.180, §26A |
| 密歇根 | 控制并代表本州所有的公民即慈善信托中不确定的受益人，通过法庭正当程序执行信托。§14.254 | 处理解散或者清算慈善组织、分配其财产、修改或者便利慈善目的的诉讼中，首席检察官是一方当事人。§12, 254 | 会员可以提起派生诉讼。§45-2491; Green Charitable Trust v. Jaffe, 431 N.W.2d 492 (1988) | 慈善组织和非营利法人的区别在于自愿解散时 | 是的，非营利法人向商务部提交。§14.255, §450.2201, §450.2131 | 公司委员会。§450.2911 | 受托人必须提交慈善目的和管理的资产性质的报告。§14.256 | 首席检察官巡回法院诉讼。§450.2821 商务部 §450.2831 §450.2922 |

续表

| | 1 | 2 | 3 | 4 | 5 | 6 | 7 | 8 |
|---|---|---|---|---|---|---|---|---|
| 明尼苏达 | 进行慈善组织管理和受信托人的调查,决定慈善组织的财产是否用于慈善目的。§501B.40 | 首席检察官必须被通知并有权作为一方当事人参与诉讼。§501B.41 | Hill, 509 N.W.2d 168 (1993) | 慈善组织和非营利法人的区别在于自愿解散时 | 慈善信托(包括年度任何时候慈善目的资产多于25000美元的组织)必须向首席检察官或者提交公司章程工具。§501B.37 非营利法人向首席检察官提交。§317A.105 | 向州务卿报告。§317A.823 | 慈善信托(包括资产超过25000美元的慈善组织)必须每年向首席检察官备案返税情况,如果没有申请免税,则应当提交资产负债表和收入支出表 | 首席检察官巡回法院诉讼。§317A.751 州务卿可以出于监管调查因行政解散成立三年以下的组织以及首席检察官可以 §317A.827 |
| 密西西比 | 代表公众进行慈善组织有关诉讼。Mississippi Children's Home Society v. City of Jackson, 93 So.2d 483 (1957) | 有,非营利法人法授权首席检察官向其他人提起诉讼。§79-11-133 | 会员利理事可提起派生诉讼。§79-11-193 | 否 | 是的,非营利法人向州务卿提交。§79-111-139 | 向州务卿报告。§79-11-391 | 不需要 | 首席检察官巡回法院诉讼。§79-11-355 州Sec. §79-11-347 |
| 密苏里 | 代表公众进行和公共慈善基金有关的诉讼。Murphey v. Dalton, 314S.W.2d726 (1958) | 为维护公共利益组织提起诉讼或者将资产作为慈善信托的互惠组织。§355.221 | 会员或者理事可以进行对慈善组织获得有利判决的诉讼。§355.221 | 有 | 是的,非营利法人向州务卿提交。§355.096 | 向州务卿报告。§355.856 | 不需要 | 首席检察官巡回法院诉讼。§355.726 州务卿。§355.706 |

续表

| | 1 | 2 | 3 | 4 | 5 | 6 | 7 | 8 |
|---|---|---|---|---|---|---|---|---|
| 蒙大拿 | 执行慈善信托。§72-35-315 | 针对包含公共利益或组织资产的派生诉讼由慈善信托者经营的互惠组织。§35-2-1302 | 首席检察官、共同受托人或有特别利害关系的个人可以执行慈善信托的诉讼，但是没有特别利害关系的信托人及其代表人和继承人没有这样的权利。§72-33-503 | 有 | 是的，非营利法人向州务卿提交。§35-2-212 | 向州务卿报告。§35-2-904 | 不需要 | 首席检察官地区法院诉讼。§35-2-728 |
| 内布拉斯加 | 执行慈善信托有关的诉讼。Estate of Grblny, 147 Neb. 117 (1946) | 有，启动任何非营利法人法授权的诉讼。§21-1918 | 为了非营利法人获得对其有利的判块，任何会员和理事都可以提起诉讼。§21-1949 | 有 | 是的，非营利法人向州务卿提交。§21-1920 | 向州务卿报告。§21-19-172 | 不需要 | 首席检察官地区法院诉讼。§21-19, 141 州 Sec. §21-19, 137 |
| 内华达 | 代表公众确认组织为了公共利益，或者组织持有慈善信托 | 有，针对由于慈善信托受托人违反合同的诉讼 | 首席检察官指派任何检察官或首席人员可以提起因损害或者对慈善信托违约、偏离原目的的诉讼 | 否 | 是的，非营利法人向州务卿提交。§82.081 | 向州务卿报告。§82.193 | 不需要 | 首席检察官地区法院诉讼。§82.486 |

续表

| | 1 | 2 | 3 | 4 | 5 | 6 | 7 | 8 |
|---|---|---|---|---|---|---|---|---|
| 新罕布什尔 | 执行和监管、管理和慈善信托执行，慈善募捐，销售广告有关的权利 | 除非通知首席检察官，任何慈善组织不得解散 | 法规和案件中没有阐述 | 自愿解散时，慈善组织和志愿组织有区别 | 是的，受托人收到慈善目的财产必须向首席检察官提交一份信托工具。§7：28 | 向州务卿报告。§292：25 | | 若组织有更新，州务卿可以撤销章程。§292：25 |
| 新泽西 | 执行公共慈善是普通法规定的义务。Grassman，561A 2d 1210 (1989) | 告知首席检察官有关慈善目的的遗嘱 | City of Paterson v. Paterson General Hosp.，235A 2d487 (1967) | 否 | 是的，非营利法人先向首席检察官再向州务卿提交。§15A：4–5 | 向州务卿报告。§15A：4–5 | 不需要 | 首席检察官上诉。§15A：12–11 |
| 新墨西哥 | 首席检察官被授权监督确保组织用于慈善目的 | 否 | 法规和案件中没有阐述 | 否 | 是的，非营利法人向公司委员会提交。§53–8–30 | 公司委员会 §53–8–82 | 见 Col. 15 | 地区法院，但是只适用于会员、理事、债权人。§53–8–55 |
| 纽约 | 代表慈善财产处置的受益人，通过诉讼实现权利。Est. Powers & Trusts Law §8–1.1 (f) 因合规性提起诉讼、组织和慈善部门适用的其他关系行政管理。Est. Powers & Trusts Law §8–1.4 (m) | 任何慈善信托受托人提出关于管理和运用信托财产收入的请求。Est. Powers & Trusts Law §8–1.4 (e) | 会员可以提起派生诉讼。《非营利法人法》§623；Gravure Inc. v. Knapp Foundation，479N. E. 2d 752 (1985) | 有 | 每个受托人必须向首席检察官提供信托工具的副本，包括名称、权限、义务，除非依据慈善募捐规定已经进行了注册。Est. Powers & Trusts Law §8–1.4 非营利法人必须向州务卿提交公司资质申请。《非营利法人法》§402，404 | 不需要 | 每个信托人应当提交文书面报告说明慈善组织的资产运用于慈善目的的。同样适用于慈善募捐。《不动产与信托法》§8–1.4 (f) | 首席检察官提起对非营利法人的诉讼。§112 (2) 首席检察官提起诉讼。《非营利法人法》§1101 |

续表

| | 1 | 2 | 3 | 4 | 5 | 6 | 7 | 8 |
|---|---|---|---|---|---|---|---|---|
| 北卡罗来纳 | 执行任何转移、赠与、授权或慈善用途和目的的工具。§36A-5 | 任何运用类似原则的诉讼必须通知首席检察官。§36A-53 | 会员和理事可以提起派生诉讼。§55A-7-40 | 否 | 是的，非营利法人向州务卿提交。§55A-1-20 | 不需要 | 不需要 | 首席检察官上诉。§55-14-30 |
| 北达科他 | 代表公共和慈善信托利益的一方。§59-04-02 首席检察官被授予广泛的调查权利。§10-33-123 | 慈善组织或者其会员罢免理事的诉讼。§10-33-37 | 非营利法人和会员可以提起诉讼理事。§10-33-37 | 否 | 是的，非营利法人向州务卿提交。§10-33-08 | 向州务卿报告。§10-33-139 | 慈善信托从事银行业务应当提前向首席检察官提交一份承诺。§6-08.2-04 | 首席检察官诉讼。§10-33-107 州务卿。§10-33-13 |
| 俄亥俄 | 确定或执行有关慈善信托行为的诉讼。§109.26 | 首席检察官作为一方必须出庭而且处理所有解散慈善组织并适用类似原则的所有诉讼。§109.25 | Plant v. Upper Valley Medical Ctr. Inc., 1996 WL185341 | 合并时，慈善组织和非营利法人有区别 | 每个在本州注册或活动的慈善组织应当到首席检察官处注册。§109.26 非营利法人向州务卿提交。§1702.04 | 向州务卿提交继续存在说明 | 慈善信托人必须到首席检察官处注册，交年度报告。§109.31 | 首席检察官进行的本质为调查令的诉讼。§1702.52 |

续表

| | 1 | 2 | 3 | 4 | 5 | 6 | 7 | 8 |
|---|---|---|---|---|---|---|---|---|
| 俄克拉何马 | 执行慈善信托是普通法的职责，法规要求首席检察官诉讼前慈善信托合同纠纷通知。Sarkeys v. Independent School Dist. No. 40, Cleveland County, 592 P. 2d 529 (1979) | 对任何慈善组织信托受托人提起的合同纠纷诉讼。Tit 60, §175.18 | Sarkeys v. Independent School Dist No. 40, Cleveland County, 592 P. 2d 529 (1979) | 州没有非营利法人法 | 是的，非营利法人向州务卿提交。Tit. 18, §1005 | 不需要 | 不需要 | 首席检察官地方法院诉讼。Tit. 18, §1104 |
| 俄勒冈 | 调查交易，慈善组织和受信托人的关系以确定组织或慈善用于慈善目的的基金的。§128.650 | 有，注意由首席检察官提起的但确由其他主体参与的非营利法人诉讼 | 会员或者理事可以提起派生诉讼。§65.174 非营利法人的权利受到组织会员和理事诉讼的影响 | 有 | 每个慈善组织和受托人收到慈善为目的财产，官备案必须向首席检察官提交到的财产、公司章程、信托合同或其他工具。§65.004 | 向州务卿报告。§65.787 | 每个慈善组织和慈善信托和首席检察官提交一份财务报告。§128.670 | 首席检察官巡回法院诉讼。§65.661 州务卿。§65.647 |
| 宾夕法尼亚 | 介入慈善赠与和信托的任何诉讼 | 类似先例原则的通知。Tit20, §6110 | McCune 705 A 2 d 861 | 否 | 是的，非营利法人向州务卿提交。Tit. 15 §6308 | 向州务卿报告。Tit. 15, §5110 | 不需要 | 首席检察官诉讼。Tit. 15, §5502 |
| 罗德艾兰 | 监管并执行资金的合理用途并防止违约 | 有，影响慈善信托的司法诉讼 | 法规和案件中没有阐述 | 否 | 是的，慈善信托到首席检察官处注册。§18-9-7 非营利法人到州务卿处备案。§7-6-35 | 向州务卿报告。§7-6-90 | 慈善信托。§18-9-13 | 州务卿。§7-6-60 |

451

续表

| | 1 | 2 | 3 | 4 | 5 | 6 | 7 | 8 |
|---|---|---|---|---|---|---|---|---|
| 南卡罗来纳 | 执行公共慈善目的基金申请。Prop. Code § 123.002. | 由其他主体提起的诉讼。§ 33–31–170 | 授权派生诉讼但是法规没有明确规定提起的主体。§ 33–31–630 | 有 | 受托人在创建信托的60日内在首席检察官处备案。§ 62–7–501 是的，向州务卿提交。§ 33–31–201 | 不需要 | 慈善信托受托人应当向首席检察官提交年度报告。§ 62–7–502 | 首席检察官通过州中级法院提起诉讼。§ 33–31–1430 州务卿。§ 33–31–1420 |
| 南达科他 | 代表慈善信托受益人在适当的诉讼过程中执行信托。§ 55–9–5 | 由于合同纠纷的慈善信托受托人纠纷。§ 55–4–20 | 法规和案件中没有阐述 | 否 | 是的，非营利法人向州务卿提交。§ 57–22–21 | 向州务卿报告。§ 47–24–6 | 不需要 | 首席检察官诉讼。§ 47–26–16 |
| 田纳西 | 巡回法院可以要求首席检察官和报告人作为代表受益人、潜在受益人，以及州所有居民的一方。§ 48–56–401 | 在包含公共利益组织中，派生诉讼中的原告应当通知首席检察官。§ 48–56–401 | 会员或者理事可以提起派生诉讼。§ 48–56–401 | 有 | 是的，非营利法人向州务卿提交。§ 48–52–101 | 向州务卿报告。§ 48–66–203 | 不需要 | 首席检察官诉讼。§ 48–64–301 州 Sec § 48–64–201 |
| 得克萨斯 | 参与到和解协议、合同，或与慈善信托相关的判决中。Prop. Code § 123.002. | 任何人提起的和慈善信托有关的诉讼应当通知首席检察官。Prop. Code § 123.003. | Gray v. Saint Mattews Cathedral Endowment Fund, Inc. 544 S. W. 2d 488 (1976) | 否 | 是的，非营利法人向州务卿提交。《修订民法》396–3.03 | 若州务卿要求。《民法》修订版 1396–9.01 | 不需要 | 首席检察官地区法院诉讼。《修订民法》1396–7.01 州务卿。《修订民法》1396–7.01 |

续表

| | 1 | 2 | 3 | 4 | 5 | 6 | 7 | 8 |
|---|---|---|---|---|---|---|---|---|
| 犹他 | 同意受托人修改政府管理方式，请求法院放宽受托人的权限。§§59-18-107,108 | 否，并享有赋予受托人选择受赠者的权力。§59-18-109 | 法规和案件中没有阐述 | 否 | 是的，非营利法人依照商法提交到公司委员会。§16-6a-105 | 需要，向公司委员会报告。§16-6a-107 | 不需要 | 首席检察官第三地区法院诉讼。§16-6a-1414 |
| 佛蒙特 | 采取行动迫使那些掌有财富公益组织或者一般营利组织的受托人每年向遗嘱检验法院提交财政报告。Tir.14,§§2501-2502 | 如果诉讼过程涉及公益财产，原告在进一步的诉讼行动中应通知首席检察官。Tir.11B,§6.40 | 会员和理事有权起诉诉讼。Tir.11B,§6.40 | 有，但是公益组织与其他非营利法人的区别与是否自愿解散没有关系。 | 是的，非营利法人向州务卿提交。Tir.11B,§2.01 | 需要，向州务卿报告。Tir.11B,§16.22 | 不需要 | 首席检察官高等法院诉讼。Tir.11B,§14.30 在首席检察官授意下由州组织处理公益的案件。Tir.11B,14.20-21 |
| 维吉尼亚 | 在涉及慈善财产的案件中代表公共利益。Tauber v. Com.,499 S.E.2d 839 (1998) | 有。§2.2-507.1 | 法规和案件中没有阐述 | 不详。该州政府没有关于非营利法，但公司法允许非股份公司 | 是的，非营利法人向公司委员会提交。§13.1-818 | 需要，向公司委员会报告。§13.1-936 | 不需要 | 公司委员会。§13.1-915 如遇到不能提交年度运营报告的情况，则自动终止。§13.1-914 |
| 华盛顿 | 调查受托机构及其相关单位是否依法注册，并且有权调查受托机构的性质和附属于慈善组织的分支机构。§11.110.100 | 有，涉及或影响慈善信托组织的案件，以及从事违法的角度讲，首席检察官能够是公共受益人的合适及必须的代表。§11.110.120 | 法规和案件中没有阐述 | 有，但公益组织与其营利非营利法人与关于财产和合并的条款设有关系。 | 是的，受托人向州务卿提交。§11.110.051 非营利法人必须到州秘书处登记。§11.110.100 | 每一受托人须向州务卿提交一份公布的纳税申报单。§11.110.070 | 不需要 | 首席检察官向高等法院提诉讼。§24.03.250 州务卿。§24.03.302 |

| | 1 | 2 | 3 | 4 | 5 | 6 | 7 | 8 |
|---|---|---|---|---|---|---|---|---|
| 西弗吉尼亚 | 对慈善信托组织施加影响。可参见先例：*Goetz v. Old Nat'l Bank of Mations-berg*, 84 S. E. 2d 759 (1954) | 否 | 法规和案件中没有阐述 | 否 | 是的，受托人向州务卿提交。§31E-1-120 | 需要。§31D-1-101 | 不需要 | 首席检察官高等法院诉讼。§31E-13-1330 |
| 威斯康星 | 首席检察官自行对慈善信托组织施加影响，或在首席检察官的指导下由其他人进行诉讼。§701.10 (3) (a) (2) | 有，涉及慈善信托的诉讼。§701.10 (3) (a) (4) (b) | 会员和理事有权提起诉讼。§181.0741 | 否 | 是的，非营利法人向财务部提交。§181.0201 | 需要，向财务部汇报。§181.1622 | 依照遗嘱的慈善信托受托人须到法院处备案年度会计报告，然后向首席检察官提交复印件。§701.16 (4) | 首席检察官巡回法院诉讼。§181.1430 财务部。§181.1420 |
| 怀俄明 | 依据普通法。遵循先例：*Town of Cody v. Buffalo Bill Memorial Ass'n*, 196 P. 2d 369 (1948) | 如果案件审理涉及公益组织，或者一般营利组织的公益财产，原告在派生诉讼中应申请法律顾问，或州务卿之后通知州首席检察官。§17-19-630 | 会员和理事有权上诉。§17-19-630 | 有 | 是的，受托人向州务卿提交。§17-19-201 | 需要，向州务卿报告。§17-19-1630 | 不需要 | 首席检察官地区法院诉讼。§17-19-1430 州务卿。§17-19-1420 |

（第9～17栏）

| 州名 | 9 | 10 | 11 | 12 | 13 | 14 | 15 | 16 | 17 |
|---|---|---|---|---|---|---|---|---|---|
| | 自愿解散是否需要提请州政府 | 解散后的财产是否分配给其他慈善组织 | 近似原则 | 固定资产出售时是否通知首席检察官 | 合并的限制 | 从公益组织转型为其他形式的有限责任组织形式的限制 | 成文法是否规定需要注册及年度报告法律规范 | 能够对法律条文实施加影响的政府部门 | 其他法律条文和注意事项 |
| 亚拉巴马 | 需要，向相关法官提请。§10-3A-140 | 是。§10-3A-141 | 有。§35-4-251 | 是。§10-3A-120 | 非营利法人只能与其他非营利法人合并。§10-3A-100 | 不详。§10-3A-80 | 需要。§13A-9-70至76 | 首席检察官 | 《统一机构基金管理法》§16-61A-1-8 |
| 阿拉斯加 | 需要，向贸易或经济委员会提请。§10.20.290, 315 | 是。§10.20.295 | 没有成文法或判例 | 否。§10.20.280 | 非营利法人只能与其他非营利法人合并。§10.20.216 | 不详。§10.20.171 | 需要。§45.68.010.至900 | 首席检察官 | |
| 亚利桑那 | 需要，在公司委员会处备案文件。§10-11401 | 是。§10-11405 | 有。§10-10413（采用《统一信托法》） | 否。§10-11202 | 否。§10-11101 | 不详。§10-11101-11003 | 需要。§44-6551至-6561 | 州务卿、首席检察官 | 《统一机构基金管理法》§10-11801-11807 |

| | 9 | 10 | 11 | 12 | 13 | 14 | 15 | 16 | 17 |
|---|---|---|---|---|---|---|---|---|---|
| 阿肯色 | 需要,在州务卿处备案解散文件。§4-33-1401 | 是。§4-33-150 | 有。Lowery v. Jones, 611 S. W. 2d 759 (1981) 以下先例适用于法人。Trevathan v. Ringgold Noland Foundation, 410 S. W. 2d 132 (1967) | 否。§4-33-1202 | 需要大法官法庭的批准。§4-33-1102 | 否。§4-33-1001 | 需要。§§4-28-401-410 | 首席检察官 | 《统一机构基金管理法》§§28-69-601-611 |
| 加利福尼亚 | 需要,若公益组织通过投票解散,必须向首席检察官出具资质证明。《公司法》§6611 | 是,所有的财产应当根据公司章程或者法律进行分配。《公司法》§6716 | 有。In re Estate of Gatlin, 16 Cal. App. 3d 644 (1971) 以下先例适用于法人。Lynch v. Spilman, 431 P. 2d 636 (1967) | 是。《公司法》§5913 | 有,公益组织与非公益组织合并必须得到首席检察官的同意。《公司法》§6010 | 有,公益组织修订章程需征得首席检察官同意。《公司法》§5813.5 | 需要。《政府法》§§12580-12599 | 首席检察官 | 《统一机构基金管理法》《遗嘱法》§§18500至18509 宗教组织的非组织形式也适用。《公司法》§9130 |
| 科罗拉多 | 需要,在州务卿处备案解散文件。§§7-134-101-103 | 是。§7-134-105 | 有。In re Estate of Vallery, 883P. 2d 24 (1993) | 否。§7-132-102 | 有,非营利法人只能与其他非营利法人合并。§7-131-101 | 不详。§7-130-201 | 需要。§§6-16-101-113 | 州务卿 | 《统一机构基金管理法》§§15-1-1101-1109 |

续表

| | 9 | 10 | 11 | 12 | 13 | 14 | 15 | 16 | 17 |
|---|---|---|---|---|---|---|---|---|---|
| 康涅狄格 | 需要，在州务卿处备案解散文件。§§ 33 – 1170 – 1172 宗教组织不需要提诸任何资料。§ 33 – 264 (e) | 否。§ 33 – 1176 | 有。Smith Mem' l Home, Inc. V. Clarine Nardi Riddle, 1990 Conn. Super. LEXIS 1498 以下先例适用于法人。MacCurdy Salisbury Educational Fund v. Killian, 309 A. 2d 11 (Super. Ct. 19730 | 否。§ 33 – 1166 | 有，非股份公司只能与其他非股份公司合并。§ 33 – 1155 | 不详。§§ 33 – 1140 – 1143 | 需要。§§ 21a – 190a – 190k | 消费者保护协会 | 《统一机构基金管理法》§ § 45a – 526 – 543 |
| 特拉华 | 需要，在州务卿处备案解散文件。Tit. 8, §§ 275 – 276 | 否。Tit. 8, § § 275 – 285 | 有。Tit. 12, § 3541 | 否。Tit. 8, § 271 | 有。Tit. 8, §§ 255, 257 | 不详 | 不需要 | 不详 | 《统一机构基金管理法》Tit. 12, § § 4701 – 4708 宗教组织的非组织形式也适用。Tit. 27, § 101 |
| 哥伦比亚特区 | 需要。§ § 29 – 548 – 553 | 否。§ 29 – 549 | 有。Noel v. Olds, 138 F. 2d 581 (1943) | 否。§ 29 – 547 | 有，非营利法人只能与其他非营利法人合并。§ 29 – 540 | 不详。§ 29 – 537 | 需要。§ § 2 – 701 – 714 | 市长和地方议会。§ 2 – 712 | 《统一机构基金管理法》§ 44 – 1601 – 1609 |

续表

| | 9 | 10 | 11 | 12 | 13 | 14 | 15 | 16 | 17 |
|---|---|---|---|---|---|---|---|---|---|
| 佛罗里达 | 需要，在州部门处备案解散文件。§617.403 | 是。§617.1406 | 有。In re Williams' Estate, 59 So. 2d 13 (1952) | 否。§617.1202 | 有，非营利法人只能与其他非营利法人合并。§617.1101 | 不详 | 需要。§§496.401－4255 | 农业和消费服务部门。§496.420 | 《统一机构基金管理法》§240.127 |
| 乔治亚 | 需要，公益组织必须通知首席检察官。§14-3-1403 | 是。§14-3-1403 | 有。§53-12-113 | 是。§14-3-1202 | 有。§14-3-1102 | 不详。§14-3-1041（b） | 需要。§§43-17-1-23 | 州务卿 | 《统一机构基金管理法》§44-15-1-9 |
| 夏威夷 | 需要，向商业与消费者事务部门直接提请。§414D-241 | 否 | 有。In re Estate of Chun Quan Yee Hop, 469 P. 2d 183 (1970)（正式声明） | 否 | 否。§414D-201 | 不详 | 不需要 | 商业和消费者事务部 | 《统一机构基金管理法》§571D-1-11 宗教组织的非组织形式也适用。§419-1-9 |
| 爱达荷 | 需要，在州务卿处备案解散文件。§§30-3-110-112 | 是，如果法律和内部章程中没有相应的条款，解散的组织可以向501（c）（3）实体或它的成员分配财产。§30-3-113 | 有。§68-1204 | 否。§30-3-107 | 否。§30-3-100 | 不详。§30-3-89 | 不需要 | 不详 | 《统一机构基金管理法》§§33-5001-5008 |

续表

| | 9 | 10 | 11 | 12 | 13 | 14 | 15 | 16 | 17 |
|---|---|---|---|---|---|---|---|---|---|
| 伊利诺伊 | 需要，在州务卿处备案解散文件。Ch. 805, 105/112. 20 | 是。Ch. 805, 105/112. 16 | 有。Ch. 805, 105/112. 20 以下先例适用于组织，Bertram v. Berger, 274 N. E. 2d 667（App. Ct. 1971）; Riverton Area Fire Protection Dist. v. Riverton Volunteer Fire Dept., 566 N. E. 2d 1015（App. Ct. 1991） | 否。Ch. 805, 105/111. 60 | 非营利法人只能与其他非营利法人合并。Ch. 805, 105/111. 05 | 不详。Ch. 805, 105/110. 05 | 需要。Ch. 225, 460/0. 01 -/23 | 首席检察官 | 《统一机构基金管理法》Ch. 760, 50, /1 -/10 |
| 印第安纳 | 需要，在州务卿处备案解散文件。§ 23 -17 -22 -1 | 是，若组织为公益性质或宗教性质且无相关法律及内部章程。§ 23 -17 -22 -5 | 有。§ 23 -17 -22 -1 | 否 | 公益或宗教组织之间合并时才不需要征得高等法院同意。§ 23 -17 -19 -2 | 否 | 不需要 | 不详 | 《统一机构基金管理法》§ § 30 -2 -12 -1 -13 |
| 爱荷华 | 需要，在州务卿处备案解散文件。§ § 504A. 47 -52 | 是。§ 504A. 48 | 有。§ 633. 5102 | 否。§ 504A. 46 | 非营利法人只能与其他非营利法人合并。§ 504A. 40 | 不详。§ 504A. 34 | 不需要 | 不详 | 《统一机构基金管理法》§ 540A. 1 -9 |

续表

| | 9 | 10 | 11 | 12 | 13 | 14 | 15 | 16 | 17 |
|---|---|---|---|---|---|---|---|---|---|
| 堪萨斯 | 需要，向州务卿提交解散证明。§17-6805 | 是。§17-6805a | 有。§59-22a01 | 否。§17-6801 | 慈善非股份公司不能与其他非股份公司合并。§17-6707 | 不详。§17-6602 | 需要。§17-1759-1775 | 州务卿、首席检察官，以及地区检察官。 | 《统一机构基金管理法》§58-3601-3610 |
| 肯塔基 | 需要，在州务卿处备案解散文件。§273.300-313 | 是。§273.303 | 有。Hampton v. O'Rear, 215 S. W. 2d 539 (1948) | 否。§273.297 | 非营利法人只能与其他非营利法人合并。§273.277 | 不详。 | 需要。§367.650-670 | 首席检察官。 | 《统一机构基金管理法》§273.510至-590 |
| 路易斯安那 | 需要，向州务卿提交解散证明。§12:250 | 是。§12:249 | 有。§9:2331 | 否。§12:247 | 有。§12:242 | 不详。§12:237 | 不需要。 | 不详。 | 《统一机构基金管理法》§9:2337.1-8 |
| 缅因 | 需要，在州务卿处预先备案文件。Tit. 13-B, §1101 | 是。Tit. 13-B, §1104 | 有。In re Estate of Thompson, 414A. 2d 881 (1980) | 是。Tit. 13-B, §1001 变更的特殊限制。Tit. 13-B, §802 (5) | 非营利法人与其他非营利法人合并。Tit. 13-B, §901 | 否 | 需要。Tit. 9, §§5001-5016 | 经济调整委员会，首席检察官。 | 《统一机构基金管理法》Tit. 13 §§4100-4110 |

续表

| | 9 | 10 | 11 | 12 | 13 | 14 | 15 | 16 | 17 |
|---|---|---|---|---|---|---|---|---|---|
| 马里兰 | 需要，向评估和税收部门提请。Corps. & Ass'n《公司与组织法》§ 3 - 407 | 是。《公司与组织法》§ 5 - 209 | 有。《不动产与信托法》§ 14 - 302;《公司与组织法》§ 5 - 209 以下先例适用于法人。Miller v. Mercantile - Safe Deposit & Trust Co., 168 A. 2d 184 (1961) | 否。《公司与组织法》§ 3 - 105 | 非股份公司和其他非股份公司合并。《公司与组织法》§ 5 - 207 | 不详 | 需要。Bus. Reg.《商事登记条例》§ 6 - 101 - 701 | 州务卿、首席检察官 | 《统一机构基金管理法》《不动产与信托法》§§ 15 - 401 - 409 |
| 马萨诸塞 | 需要，向首席法官提交申请。Ch. 180, § 11A | 是。Ch. 180, § 11A | 有。Ch. 214, § 10B; Ch. 12, § 8K 以下先例适用于法人。Attorney General v. Hahnemann Hospital, 494 N. E. 2d 1011 (1986) | 否。Ch. 180, § 8A | 有，非营利法人合并后仍然是一个公共慈善机构。Ch. 180, § 10 | 不详 | 需要。Ch. 68, § 18 - 35 | （公共慈善机构所在地区的）首席检察官 | 《统一机构基金管理法》Ch. 180A, § 1 - 11 |
| 密歇根 | 需要。§ 450.251 | 是。§ 450.2855 | 有。§ 14.254; In re Rood, 200 N. W. 2d 728 (1972) | 否。§ 450.2753 | 非营利法人只能与其他非营利法人合并。§ 450.2701 | 不详 | 需要。§ 400.271 - 293 | 首席检察官 | 《统一机构基金管理法》§ 451.1201 - 1210 |

续表

| | 9 | 10 | 11 | 12 | 13 | 14 | 15 | 16 | 17 |
|---|---|---|---|---|---|---|---|---|---|
| 明尼苏达 | 需要，在首席检察官处预先备文件。§317A. 811 | 是，为慈善目的而持有的财产符合慈善信托的近似原则（见第11栏）。§317A. 735 | 有。§501B. 31 以下先例适用于法人：Gethsemani Lutheran Church v. Zacho, 104N. W. 2d 645 (1960) | 是。§317A. 811 | 因501（c）（3）条款获得豁免的慈善信托机构和公益组织必须于合并前通知首席检察官。§317A. 811 | 不详 | 需要。§309.50-72 | 首席检察官 | 《统一机构基金管理法》§309.62-71 宗教组织的非组织形式也适用。§315.21 |
| 密西西比 | 需要，在首席检察官提请或备案解散文件。§§79-11-335-337 | 否。§79-11-341 | 有。Allgood v. Bradford, 473 So. 2d 402 (1985) | 否。§79-11-331 | 否。§79-11-319 | 不详 | 需要。§§79-11-501-529 | 州务卿，首席检察官，以及地区检察官。§79-11-519 | 《统一机构基金管理法》§79-11-31 |
| 密苏里 | 需要，向首席检察官提请或在州务卿处备案解散文件前提请。§655.676 | 是，若为公益组织且治理文书没有法律规范。§355.691 | 有。Comfort v. Higgins, 576S. W. 2d 331 (1971)；St. Louis Mercantile Library Assoc.，359S. W. 2d 689 (1962) | 是。§355.656 | 若诉讼程序已通知首席检察官，则公益组织合并不需要巡回法庭的许可。§355.621 | 否 | 需要。§§407.450-478 | 首席检察官 | 《统一机构基金管理法》§402.010-060 |

续表

| | 9 | 10 | 11 | 12 | 13 | 14 | 15 | 16 | 17 |
|---|---|---|---|---|---|---|---|---|---|
| 蒙大拿 | 需要，向首席检察官提请或在向州务卿送交解散文件前提请。§35-2-722 | 是。§35-2-727 | 有。§72-33-504 | 是。§35-2-617 | 若诉讼程序已通知首席检察官，则公益或者宗教组织之间的合并法庭不需要的许可。§35-2-609 | 否 | 不需要 | 不详 | 《统一机构基金管理法》§72-30-101-207 |
| 内布拉斯加 | 需要，在首席检察官或者州务卿处（《解散法》公布以前）备案解散文件。§21-19,131 | 是。§21-19,134 | 有。L.B.130, Reg.Sess.(2003)（被《统一信托法》采纳） | 是。§21-19,126 | 若诉讼程序已通知首席检察官，则公益或者宗教组织之间的合并法庭不需要的许可。§21-19,119 | 否 | 不需要 | 不详 | 《统一机构基金管理法》§58-601-609 |
| 内华达 | 需要，向州务卿提交解散的资质证明。§82.446 | 是。§82.461 | 有。Su See v. Peck, 160 P.18 (1916)（正式声明） | 否。§82.436 | 否。§92A.160 | 不详 | 不需要 | 不详 | 《统一机构基金管理法》§164.500 |

续表

| | 9 | 10 | 11 | 12 | 13 | 14 | 15 | 16 | 17 |
|---|---|---|---|---|---|---|---|---|---|
| 新罕布什尔 | 需要，向首席检察官提出，但由高等法院或于向高等法院的上诉法院的申请。§292：9 | 否。§292：2 | 有。§547：3－d；§498：4－a | 否 | 志愿（无偿）组织只能与同等性质的组织合并。§292：7 | 不详。§292：7 | 需要。§7：24；§7：28；§7：28－b，－c，－d，以及f | 首席检察官 | 《统一机构基金管理法》§292.B：1－B：9 |
| 新泽西 | 需要，先从州务卿处申请营业执照归档，再由其转交给首席检察官。§15A：12－7 | 是。§15A：12－8 | 有。Sharpless v. Monthly Meeting of Religious Soc. of Friends, 548 A. 2d 1157 (1988) | 否。§15A：10－11 | 非营利法人只能与其他非营利法人合并。§15A：0－1 | 不详 | 需要。§45：17－18 | 首席检察官 | 《统一机构基金管理法》§§15：18－15－24 《非营利宗教组织的形式》§16：1－1 |
| 新墨西哥 | 需要，在公司委员会处备案解散文件。§53－8－52 | 需要。§53－8－48 | 有。§46A－4－413（被《统一信托法》采纳） | 否。§53－8－46 | 非营利法人只能与其他非营利法人合并。§53－8－41 | 不详 | 需要。§57－22－1－11 | 首席检察官 | 《统一机构基金管理法》§46－9－1－12 |
| 纽约 | 需要、高等法院和州务卿预先批准（有首席检察官通告的情况下）。《非营利法人法》§1002 | 是。《非营利法人法》§1005 | 有。《财产权力与信托法》§8－1.1 (c)《非营利法人法》§513 (b) §522 | 是。《非营利法人法》§510－511 | 检察官通告后需要高等法院批准。《非营利法人法》§907 | 否 | 需要。《执行法规》§171－a－177 | 首席检察官 | 《统一机构基金管理法》§§102, 512, 514, 522 |

续表

| | 9 | 10 | 11 | 12 | 13 | 14 | 15 | 16 | 17 |
|---|---|---|---|---|---|---|---|---|---|
| 北卡罗来纳 | 需要，向州务卿提交解散的资质证明。§55A-14-04 | 是。§55A-14-03 | 有。§36A-53 | 是。§55A-12-02 | 除了慈善组织或宗教组织与其他组织合并与需要高等法院批准。§55A-11-02 | 否 | 需要。Ch. 131F | 州务卿、首席检察官 | 《统一机构基金管理法》§§36B-1-10 |
| 北达科他 | 需要，向州务卿提交证明。§10-33-122 | 是。§10-33-95；§10-33-105 | 未定。Mercy Hosp. Of Williston v. Stillwell, 358 N. W. 2d 506 (1984) | 是。§10-33-122 | 非营利法人只能与其他非营利法人合并。§10-33-85 | 否。§10-33-14 | 需要。§§50-22-01-05 | 州务卿、首席检察官，以及州检察官 | 《统一机构基金管理法》§15-67-01-09 |
| 俄亥俄 | 需要，向州务卿提交解散证明。§1702.47 | 是。§1702.49 | 有。§109.25 | 是。§1702.39 | 慈善组织只能与其他慈善组织合并。§1702.41 | 不详 | 需要。§1716.01-99 | 首席检察官 | 《统一机构基金管理法》§§1715.51-59 |
| 俄克拉荷马 | 需要，向州务卿提交解散证明。Tit. 18, §1096 | 否。§§1096-1099 | 有。Tit. 60, §602 | 是。Tit. 18, §1092 | 慈善非股份公司不能与其他非股份公司合并。Tit. 18, §1084 | 不详 | 需要。§552.118 | 州务卿、首席检察官，以及地区检察官 | 《统一机构基金管理法》Tit. 60, §300.1-10 |

续表

| | 9 | 10 | 11 | 12 | 13 | 14 | 15 | 16 | 17 |
|---|---|---|---|---|---|---|---|---|---|
| 俄勒冈 | 需要。§65.627 | 是，如果法律没有规定，则公益组织或宗教组织根据501(c)(3)'s 受到地区组织的相应限制。§65.637 | 有。Good Samaritan Hosp. and Medical Center v. U.S. Nat'l. Bank, 425 P.2d 541 (1967) | 是。§65.534 | 公益组织或宗教组织之间的合并可以不经过首席检察官巡回法庭回法院批准。§65.484 | 有。§65.431 | 需要。§§128.610-891 | 首席检察官 | 《统一机构基金管理法》§§128.310-355 |
| 宾夕法尼亚 | 需要，在州务卿处备案解散文件。Tit.15, §5977 | 是。Tit.15, §5547 | 有。Tit.20, §6110(A) Tit.15, §5547 | 否。Tit.15, §5930 | 非营利法人只能与其他非营利法人合并。Tit.15, §5921 | 不详 | 需要。Tit.10, §§162.1.22 | 州务卿，首席检察官，以及地区检察官 | |
| 罗德岛 | 需要，在州务卿处备案解散文件。§7-6-55 | 是。§7-6-51 | 有。§18-4-1 | 否。§7-6-49 | 否。§7-6-43 | 不详 | 需要。§§5-53-1-18 | 商务管理部，首席检察官 | 《统一机构基金管理法》§§18-12-1-9 |
| 南卡罗来纳 | 需要，向首席检察官提请或向州务卿送交解散文件前提请。§33-31-1406 | 是，若为公益组织且自治理文书没有法律规范。§33-31-1102 | 州法院一直抗拒这个原则。Collin McK Grant Home v. Medlock, 349 S.E.2d 655 (App. Ct. 1986) | 是。§33-31-1202 | 有。§33-31-1102 | 有。§33-31-1001 | 需要。§§33-56-10-200 | 州务卿 | 《统一机构基金管理法》§34-6-1-80 |

续表

| | 9 | 10 | 11 | 12 | 13 | 14 | 15 | 16 | 17 |
|---|---|---|---|---|---|---|---|---|---|
| 南达科他 | 需要，在州务卿处备案解散文件。§47-26-10 | 是。§47-26-5 | 有。§55-9-4 | 否。§47-25-28 | 非营利法人只能与其他非营利法人合并。§47-25-1 | 不详 | 不需要。§37-3-1 | 不详 | |
| 田纳西 | 需要，向首席检察官或州务卿送交解散文件前提请。§48-64-103 | 是。§48-64-106 | 有。§35-13-106 | 是。§48-62-102 | 公益组织之间合并无须经法院同意。§48-61-102 | 否 | 需要。§§48-101-5-1-521 | 州务卿、首席检察官 | 《统一机构基金管理法》§35-10-101-109 |
| 得克萨斯 | 需要，在州务卿处备案解散文件。《民法修订版》art.1396-06.6 | 是，除非组织章程里有提及。《民法修订版》art.1396-6.02 | 有。In re Bishiop College, 151 BR 394 (1993) 以下先例适用于组织： Blocker v. Texas, 718 S.W. 2d 409（App. Ct. 1986） | 否。《民法修订版》art.1396-5.09 | 非营利法人只能与其他非营利法人合并。《民法修订版》art.1396-5.01 | 不详 | 需要，根据法律执行行令，对慈善退伍军人组织、公共卫组织、全保卫电话推销以及电话推销适用。《民法修订版》art.9023e | 州务卿、首席检察官 | 《统一机构基金管理法》§163.001-009 |
| 尤他 | 需要，根据《商法》备案解散文件。§16-6a-1403 | 是。§16-6a-1405 | 有。In re Gerber, 652 P.2d 937 (1982) | 否。§16-6a-1201 | 非营利法人只能与其他非营利法人合并。§16-6a-1101 | 否 | 需要。§§13-22-1-23 | 商务部消费者保护部 | 《统一机构基金管理法》§13-29-1-8 |

续表

| | 9 | 10 | 11 | 12 | 13 | 14 | 15 | 16 | 17 |
|---|---|---|---|---|---|---|---|---|---|
| 佛蒙特 | 需要，在州务卿处备案章程。Tit. 11B, §14.01 | 是。Tit. 11B, §14.05 | 有。Tit. 14, §2328 | 是。Tit. 11B, §12.02 | 有。Tit. 11B, §11.02 | 否 | 不需要。Tit. 9, §2471 | 不详 | 《统一机构基金管理法》Tit. 14, §§3401 – 3407 |
| 弗吉尼亚 | 需要，在公司会员会备案散文件。§13.1 – 904 | 是。§13.1 – 907 | 有。§55 – 31 | 否。§13.1 – 900 | 否。§13.1 – 898.1 | 不详。非股份公司禁止转换成股份公司。§13.1 – 941 | 需要。§§57 – 48 – 69 | 农业与消费者服务部长、首席检察官、独立检察官，或者任何城市、城镇的检察官 | 《统一机构基金管理法》§§55 – 268，1 – 10 |
| 华盛顿 | 需要，先向首席检察官提请再在州务卿处备案解散文件。§24.03.220 | 是。§24.03.225 | 有。Puget Sound Nat'l Bank of Tacoma v. Easterday, 350 P. 2d 444 (1960) | 是。§24.03.215 | 有。§24.03.185 | 否 | 需要。§§19.09.010 – 915 | 州务卿、首席检察官 | 《统一机构基金管理法》§24.44.010 – 900 |

续表

| | 9 | 10 | 11 | 12 | 13 | 14 | 15 | 16 | 17 |
|---|---|---|---|---|---|---|---|---|---|
| 西弗吉尼亚 | 需要，解散文件无须向州务卿备案。§31E-13-1303 | 是。§31E-13-1309 | 有。§35-2-2 | 否。§31E-13-1201 | 非营利法人只能与其他非营利法人合并。§31E-11-1101 | 否 | 需要 §29-19-1-16 | 州务卿、首席检察官 | 《统一机构基金管理法》§44-6A-1-8 |
| 威斯康星 | 需要，在财务机构部备案解散文件。§181.1403 | 是。§181.1405 | 有。§701.10(2)(a) | 否。§181.1202 | 有。§181.1101 | 不详 | 需要 §440.41-48 | 管理与许可部、首席检察官 | 《统一机构基金管理法》§112.10《非组织宗教组织的形式》§187.01 |
| 怀俄明 | 需要，向州务卿提请。§17-19-1403 | 是。§17-19-1406 | 有。§4-10-414 | 是，通过州务卿批准。§17-19-1202 | 公益或者宗教组织之间合并无须经地区法院批准。§17-19-1102 | 否 | 不需要 | 不详 | 《统一机构基金管理法》§17-7-201-205 |

表格二　各州法律中近似原则适用于完全转让和信托的情况

| 州名 | 被成文法、判例法或法官判例例吸收 (49) | 概括故意 | | | 标准 | | |
| --- | --- | --- | --- | --- | --- | --- | --- |
| | | 需要具备 (23) | 推定具备 (P) 或推定不具备 (E) (9) | 根据推论得出 (15) | 不可能或不可行的 (6) | 不适当的、浪费的或其他 (10) | 促进小型信托的进程 (16) |
| 亚拉巴马 | 是 (S) (T) | 是 | | | 是 | | |
| 阿拉斯加 | 是 | | | | | | 是 |
| 亚利桑那 | 是 | | P | | 是 | 是 | |
| 阿肯色 | 是 | 是 | | | 是 | | |
| 加利福尼亚 | 是 | | | 是 | 是 | | |
| 科罗拉多 | 是 | | | 是 | 是 | | 是 |
| 康涅狄格 | 是 (S) | | | 是 | 是 | | |
| 特拉华 | 是 | 是 | E | | 是 | 是 | |
| 哥伦比亚特区 | 是 | 是 | | | 是 | | |
| 佛罗里达 | 是 (S) | 是 | | | 是 | | |
| 佐治亚 | 是 (S) | | P | | 是 | | |
| 夏威夷 | 是 (D) | | | | 是 | | |
| 爱达荷 | 是 (S)[1] | | | 是 | 是 | 是[2] | 是 |
| 伊利诺伊 | 是 (S)[1] | | | 是 | 是 | 是[3] | 是 |
| 印第安纳 | 是 (S) (T) | 是[4] | | | 是 | | |
| 爱荷华 | 是 (S) | 是 | | | 是 | | |
| 堪萨斯 | 是 (S) | | | 是 | 是 | | |
| 肯塔基 | 是 (S) | 是 | | | 是 | | 是 |
| 路易斯安那 | 是 (S) | | | 是 | 是 | | |
| 缅因 | 是 (T) | | | 是 | 是 | | |

续表

| 州　名 | 被成文法、判例法或法官判例所吸收 (49) | 概括故意 | | | 标　准 | | |
|---|---|---|---|---|---|---|---|
| | | 需要具备 (23) | 推定具备 (P) 或不具备 (E) (9) | 根据推论得出 (15) | 不可能或不可行的 (6) | 不适当的、浪费的或其他 (10) | 促进小型信托的进程 (16) |
| 马里兰 | 是 (S) | 是 | | | 是 | | |
| 马萨诸塞 | 是 (S) | | P | | 是 | | |
| 密歇根 | 是 (T) | 是 | | | 是 | | |
| 明尼苏达 | 是 (S) | 是 | | 是 | 是 | 是 | |
| 密西西比 | 是 | 是 | | | 是 | | |
| 密苏里 | 是 | | | | 是 | | |
| 蒙大拿 | 是 (S) (T) | 是 | P | 是 | 是 | | |
| 内布拉斯加 | 是 (SU) | | | | 是 | | |
| 内华达 | 是 (D) | | | | 是 | 是 | 是 |
| 新罕布什尔 | 是 (S) (T) | | | | 是 | 是[5] | 是 |
| 新泽西 | 是 | | P | 是 | 是 | | |
| 新墨西哥 | 是 (SU) | | | 是 | 是 | 是 | 是 |
| 纽约 | 是 (S) | | | 是[6] | 是 | | 是 |
| 北卡罗来纳 | 是 (S) | | | 是 | | | |
| 北达科他 | 是 | | | | | | |
| 俄亥俄 | 是 (S) | 是 | | | 是 | | |
| 俄克拉何马 | 是 (T) | 是 | | | 是 | | |
| 俄勒冈 | 是 (S) | 是 | E | | 是 | | |
| 宾夕法尼亚 | 是 (S) | | | 是 | 是 | | 是 |
| 罗德岛 | 是 (S) | | | | 是 | | 是 |
| 南卡罗来纳 | 是 (DV) | | | | 是 | | |

续表

| 州名 | 被成文法、判例法或法官判例吸收 (49) | 概括成意 | | | 不可能或不可行的 (6) | 标准 | | 促进小型信托的进程 (16) |
| | | 需要具备 (23) | 推定具备(E)或不具备(P)(9) | 根据推论得出 (15) | | 不适当的或其他 | 浪费的 (10) | |
|---|---|---|---|---|---|---|---|---|
| 南达科他 | 是 (S) (T) | 是 | | 是[7] | 是 | | 是 | |
| 田纳西 | 是 (S) | 是 | | | 是 | | | |
| 得克萨斯 | 是 (S) | 是 | | | 是 | | | |
| 犹他 | 是 (S) | | | 是 | 是 | | | |
| 佛蒙特 | 是 (S) (T) | | P | | 是 | | | |
| 弗吉尼亚 | 是 (S) | 是 | | | 是 | | | 是 |
| 华盛顿 | | 是 | | | 是 | | | |
| 西弗吉尼亚 | 是 (S) | 是 | | | 是 | | | |
| 威斯康星 | 是 (S) | | | | 是 | | | 是 |
| 怀俄明 | 是 (T) (SU) | | P | | 是 | | 是 | 是 |

备注：在阿肯色、加利福尼亚、康涅狄格、伊利诺伊、马里兰、马萨诸塞、明尼苏达、纽约、密苏里（准近似原则）、田纳西西州、近似原则适用于慈善组织的普通资产。同时，除了特拉华，密西西比以及俄克拉荷马州之外，所有州的成文法都要求慈善组织解散时要将财产转移给其他慈善善法人。

(S)：被成文法吸收。
(SU)：统一信托法。
(T)："该原则只适用于信托，不适用于所有权转让。
(D)：被法官判例采纳。
(DV)：适用偏差原则

1. 受托人不需要获得法院的批准，但需要征得首席检察官的同意。
2. "由于情势变更与（信托）目的相冲突，所以目的不能实现。"
3. "与社会慈善需要不相协调。"
4. 现存的继承人或者指定的受益人可以出示证据来表明继承人或者受益人的观点是设立人的意愿。
5. "执行时公共利益已经过时，无效或者带有偏见。"
6. 若捐赠者在世则须征求其意见。
7. 若捐赠者在世并精神正常则须征求其意见。

表格三　各州法律中的信赖义务

| 州名 | 非营利法人法 | 忠实义务（通过日期） | 贷款 | 注意义务（通过日期） | 信赖 | 有限责任 | 可选择的责任减免 | 赔偿和保险 |
|---|---|---|---|---|---|---|---|---|
| 亚拉巴马 | Tit. 10, Ch. 3A [MA] | §10-2B-8.60[b] 及以下 | §10-3A-45 | §10-2B-8.30[b] | §10-2B-8.30[b] | §10-11-3 | | §10-2B-8.51[b] |
| 阿拉斯加 | Tit. 10, Ch. 20 [RMNCA] | §10.06.478[b] | §10.20.141 | §10.06.450[b] | §10.06.450[b] | | §10.20.151 | |
| 亚利桑那 | Tit. 10, Chs. 22 至 40 | §10-3860 及以下 (1999) | | §10-3830 (1999) | §10-3830 | | §10-3230 | §10-3851 及以下 |
| 阿肯色 | Tit. 4, Subt. 3, Ch. 33 [RMNCA] | §4-33-831 (1993) | §4-33-832 | §4-33-830 (1993) | §4-33-830 | | | §4-33-851 及以下 |
| 加利福尼亚 | 公司法, Tit. 1, Div. 2 [RMNCA (mod)] | §5233 (1980) | §5236 | §5231 (1980) | §5231 | | | §5238 |
| 科罗拉多 | Tit. 7, Art. 121 及以下 [RMNCA] | §7-128-501 (1998) | §7-128-501 | §7-128-401 (1998) | §7-128-401 | §13-21-116 | §7-128-402 | §7-129-102 及以下 |
| 康涅狄格 | Tit. 33, Ch. 602 | §33-1127 及以下 (1997) | §33-1106 | §33-1104 (1997) | §33-1104 | §52-557m | §33-1026 | §33-1117 及以下 |
| 特拉华 | 无 | Tit. 8, §144[b] | | | Tit. 8, §141[b] | Tit. 10, §8133 | Tit. 8, §102[b] | |

续表

| 州名 | 非营利法人法 | 忠实义务（通过日期） | 贷款 | 注意义务（通过日期） | 信赖 | 有限责任 | 可选择的责任减免 | 赔偿和保险 |
|---|---|---|---|---|---|---|---|---|
| 哥伦比亚特区 | Pt. 5, Tit. 29, Ch. 3 [MA] | | § 29 – 301.28 | | | § 29 – 301.113 | Tit. 8, § 102[b] | |
| 佛罗里达 | Tit. 36, Ch. 617 | § 617.0832 (1990) | § 617.0833 | § 617.0830 (1990) | § 617.0830 | § 617.0834 | | § 617.0831 |
| 佐治亚 | Tit. 1, Ch. 3 [RMNCA (mod)] | § 14 – 3 – 860 及以下 (1991) | | § 14 – 3 – 830 (1991) | § 14 – 3 – 830 | | § 14 – 3 – 202 | § 14 – 3 – 831 及以下 |
| 夏威夷 | Div. 2, Tit. 23, Ch. 414D [RMNCA (mod)] | § 414D – 150 (2002) | § 414D – 151 | § 414D – 149 (2002) | § 414D – 149 | § 414D – 32 | | § 414D – 160 及以下 |
| 爱达荷 | Tit. 30, Ch. 3 [RMNCA (mod)] | § 30 – 3 – 81 (1993) | § 30 – 3 – 82 | § 30 – 3 – 80 (1993) | § 30 – 3 – 80 | § 6 – 1605 | | § 30 – 3 – 88 |
| 伊利诺伊 | Ch. 805, Art. 105 | § 105/108.60 (1987) | § 105/108.80 | | | § 105/108.70 | | § 105/108.75 |
| 印第安纳 | Tit. 23, Art. 17 [RMNCA (mod)] | § 23 – 17 – 13 – 2 (1991) | § 23 – 17 – 13 – 3 | § 23 – 17 – 13 – 1 (1991) | § 23 – 17 – 13 – 1 | § 34 – 30 – 4 – 1 | | § 23 – 17 – 16 – 8 及以下 |
| 爱荷华 | Tit. 12, Subt. 5, Ch | | § 504A. 27 | § 490.830[b] (1991) | § 490.830[b] | § 504A. 101 | | |
| 堪萨斯 | 无 | § 17 – 6304[b] | | | § 17 – 6301[b] | § 60 – 3601 | § 17 – 6002[b] | |

续表

| 州名 | 非营利法人法 | 忠实义务（通过日期） | 贷款 | 注意义务（通过日期） | 信赖 | 有限责任 | 可选择的责任减免 | 赔偿和保险 |
|---|---|---|---|---|---|---|---|---|
| 肯塔基 | Tit. 23, Ch. 273 | §273.219 (1988) | §273.241 | §273.215 (1988) | §273.215 | §411.200 | §273.248 | |
| 路易斯安那 | Tit. 12, Ch. 2 | §12:228 (1969) | | §12:226 (1969) | §12:226 | §9:2792.1 | | §12:227 |
| 缅因 | Tit. 13-B [RMNCA (mod)] | Tit. 13-B, §718 (2002) | Tit. 13-B, §712 | Tit. 13-B, §717 (2002) | Tit. 13-B §717 | Tit. 14, §158-A | | Tit. 13-B, §714 |
| 马里兰 | 公司法 Tit. 5, Subt. 2 | §2-419b | | §2-405.1b (1989) | §2-405.1b | §5-406 | §2-405.2b | |
| 马萨诸塞 | Pt. I, Tit. 22, Ch. 180 | | | Ch. 180, §6C (1989) | Ch. 180, §6C | | Ch. 180, §3 | |
| 密歇根 | Ch. 450 | | §450.2545 及以下 (1983) | §450.2548 | §450.2541 (1983) | | §450.2209 | §450.2521 及以下 |
| 明尼苏达 | 公司法 Ch. 317A [RMNCA (mod)] | §317A.225 (1989) | §317A.501 | §317A.251 (1989) | §317A.251 | | | §317A.521 |
| 密西西比 | Tit. 79, Ch. 11 | §79-11-269 (1988) | | §79-11-267 (1988) | §79-11-267 | | | §79-11-281 |
| 密苏里 | Tit. 23, Ch. 355 [RMNCA] | §355.416 (1995) | §355.421 | | §355.426 | | | §355.476 |

续表

| 州名 | 非营利法人法 | 忠实义务（通过日期） | 贷款 | 注意义务（通过日期） | 信赖 | 有限责任 | 可选择的责任减免 | 赔偿和保险 |
|---|---|---|---|---|---|---|---|---|
| 蒙大拿 | Tit. 35, Ch. 2 [RMNCA] | §35-2-418 (1991) | §35-2-435 | §35-2-416 (1991) | §35-2-416 | §27-1-732 | §35-2-213 | §35-2-447 及以下 |
| 内布拉斯加 | Ch. 21, Art. 19 [RMNCA] | §21-1987 (1996) | §21-1988 | §21-1986 (1996) | §21-1986 | | | §21-1997 及以下 |
| 内华达 | Tit. 7, Ch. 82 | §82.226 (1991) | | §82.221 (1991) | §82.221 | §82.221 | | §82.541 |
| 新罕布什尔 | Tit. 27, Ch. 292 | §293-A: 8.31[b] | | §293-A: 8.30[b] (1987) | §293-A: 8.30[b] | | | |
| 新泽西 | Tit. 15A [MA] | §14A: 6-8[b] | §15A: 6-11 | §15A: 6-14 (1983) | §15A: 6-14 | §2A: 53A-7.1 | §15A: 2-8 | §15A: 3-4 |
| 新墨西哥 | Ch. 53, Art. 8 | §53-11-40.1[b] | §53-8-29 | §53-8-25.1 (1987) | §53-8-25.1 | §53-8-25.2 | | |
| 纽约 | Ch. 35 | Ch. 35, §715 (1969) | Ch. 35, §716 | Ch. 35, §717 (1969) | Ch. 35, §717 | | | Ch. 35, §722, 726 |
| 北卡罗来纳 | Ch. 55A [RMNCA (mod)] | §55A-8-31 (1986) | §55A-8-32 | §55A-8-30 (1986) | §55A-8-30 | §55A-8-60 | §55A-2-02 | §55A-8-51 及以下 |
| 北达科他 | Tit. 10, Ch. 33 [RMNCA] | §10-33-46 (1997) | §10-33-82 | §10-33-45 (1997) | §10-33-45 | §10-33-47 | | §10-33-84 |
| 俄亥俄 | Tit. 17, Ch. 1702 | §1702.301 (1988) | §1702.55 | §1702.30 (1988) | §1702.30 | §1702.30 | | |

续表

| 州名 | 非营利法人法 | 忠实义务（通过日期） | 贷款 | 注意义务（通过日期） | 信赖 | 有限责任 | 可选择的责任减免 | 赔偿和保险 |
|---|---|---|---|---|---|---|---|---|
| 俄克拉何马 | Tit. 18, Ch. 19 | Tit. 18 §1030 b | | | | Tit. 18, §867 | | |
| 俄勒冈 | Tit. 7, Ch. 365 [RMNCA] | §65.361 (1989) | §65.364 | §65.357 (1989) | §65.357 | §65.369 | §65.047 | §65.391 及以下 |
| 宾夕法尼亚 | Tit. 15, Pt. 2, Sub-pt. C | Tit. 15, §1728 b | | Tit.15, §5712 (1990) | Tit. 15, §5712 | | Tit. 15, §5713 | Tit. 15, §5741 及以下 |
| 罗德岛 | Tit. 7, Ch. 6 | §7-6-26.1 (1989) | §7-6-32 | §7-6-22 (1984) | §7-6-22 | §7-6-9 | §7-6-34 | §7-6-6 |
| 南卡罗来纳 | Tit. 33, Ch. 31 [RMNCA] | §33-31-831 (1994) | §33-31-832 | §33-31-830 (1994) | §33-31-830 | §33-31-834 | | §33-31-835 |
| 南达科他 | Tit. 47, Chs. 22 至 26 | | | | | §47-23-29 | | |
| 田纳西 | Tit. 48 [RMNCA] | §48-58-302 (1987) | §48-58-303 | §48-58-301 (1987) | §48-58-301 | §48-58-601 | | §48 - 58 - 502 及以下 |
| 得克萨斯 | 民法 Stat., Tit. 32, Ch. 9 [MA] | §1396-2.30 (1994) | §1396-2.25 | §1396-2.28 (1994) | §1396-2.28 | §1396-2.22 | §1396-7.06 | §1396-2.22A |

续表

| 州名 | 非营利法人法 | 忠实义务（通过日期） | 贷款 | 注意义务（通过日期） | 信赖 | 有限责任 | 可选择的责任减免 | 赔偿和保险 |
|---|---|---|---|---|---|---|---|---|
| 犹他 | Tit. 16, Ch. 6a [RMNCA (mod)] | §16-61-825 (2001) | §16-6a-825 | §16-6a-822 (2001) | §16-6a-822 | §16-6a-822 | §16-6a-823 | §16-6a-901及以下 |
| 佛蒙特 | Tit. 11-B [RMNCA] | Tit. 11-B, §8.31 | Tit. 11-B, §8.32 | Tit. 11-B, §8.30 | Tit. 11-B, §8.30 | | | Tit. 11-B, §8.51及以下 |
| 弗吉尼亚 | Tit. 13.1, Ch. 10 [MA] | §13.1-871 (1950) | | §13.1-870 (1985) | §13.1-870 | §13.1-870.1 | | §13.1-876及以下 |
| 华盛顿 | Tit. 24, Ch. 24.03 [RMNCA] | §23B.08.700b及以下 | §24.03.140 | §24.03.127 (1986) | §24.03.127 | | §24.03.127025 | §24.03.043 |
| 西弗吉尼亚 | Ch. 31E, Art. 1 [RMNCA (mod)] | §31E-8-860 (2002) | | §31E-8-830 (2002) | §31E-8-830 | §31E-8-831 | §31E-2-202 | §31E-8-850及以下 |
| 威斯康星 | Ch. 181 [MA] | §181.0831 (1999) | §181.0832 | | §181.0850 | §181.0855 | | §181.0872 |
| 怀俄明 | Tit. 17, Ch. 19 [RMN-CA] | §17-19-831 (1992) | §17-19-832 | §17-16-830b | §17-16-830b | | | |

备注：注释"b"表示该成文法属于该州的商事公司法。

[MA]：示范非营利法人法（1952），各州颁布或修改采用。

[RMNCA]：示范非营利法人法（修订版）（1987）。

[RMNCA (mod)]：示范非营利法人法（修订版）（1987），各州修改后采用。

# 案例索引 *

---

\* 本案例索引来自原著，为方便读者，此处索引页码为原著页码。——译者注

# 索 引 *

Abelson, Reed, 265n

Abuses in administration of charities: allegations of abuse of tax exemption in 1940s and 1950s, 58–59; charges of Congressman Patman in 1960s, 72–76, 78; Congress and, 58–61; press reports of 1995–2003, 13–15; Reece Committee on foundations and, 71–72, 280; report on foundation trustee fees (2003), 147; Treasury Department report on foundations (1965), 76–77, 78

Accountability, 1–2

Accumulation of income. *See* Charitable corporations; Charitable trusts

Adelphi University, 14, 366, 437–438, 449

Affirmative action, 103–104, 123–124, 182

Ahn, Christine, 147n

Alabama: Model Act Concerning the Administration of Charitable Trusts, Devises, and Bequests, 173; regulation of fund-raising, 370–374, 444–445

Alaska: abolition of Rule Against Perpetuities, 135; regulation of fund-raising, 370–374, 444–445

Allegheny Health System, 14

Amendment, of articles of organization, by-laws, trust instruments. *See* Charitable corporations; Charitable trusts. *See also Appendix Table 1*

American Association of Fund-Raising Counsel, 469

American Association of Museums, 468

American Bar Association (ABA): Exempt Organization Committee of the Section on Taxation, 114, 394; Section on Business Law adoption of Revised Model Nonprofit Corporation Act (RMNCA), 151, 431;

2002 Task Force on private foundations, 279, 283, 453–455

American Institute of Certified Public Accountants (AICPA), 411

American Law Institute, 190; Principles of Corporate Governance, 205–206, 215, 432; Project on Principles of the Law of Nonprofit Organizations, 48

American National Red Cross, 315, 355

Andrews, F. Emerson, 21n, 71n, 72n

Anglo-Saxon Law, 22, 133n

Appellate courts, 403–405; appeal from Court of Federal Claims, or District Court, 404; appeal from the Tax Court, 404; certiorari and, 404–405

Arizona: adoption of Uniform Trust Code, 174; filing of tax returns by exempt organizations, 368–370; notice to attorney general of disposition of substantial assets of charitable corporations, 319; regulation of fund-raising, 370–374, 444–445

Arkansas, regulation of fund-raising, 370–374, 444–445

Arnsberger, Paul, 1n

Articles of Organization. *See* Corporations

Art Institute of Chicago, 434

Aspen Institute, 467, 469

Association for Research on Nonprofit Organizations and Voluntary Action (ARNOVA), 469

Association of Fund Raising Professionals, 468

Association of Governing Boards of Colleges and Universities, 468

Atkinson, Rob, 337

Attorney general, 323n; as adversary to charities, 327–328, 447; common law

* 本索引来自原著，为方便读者，此处索引页码为原著页码。——译者注

# 译后记

  《非营利组织的治理：联邦与州的法律与规制》一书的翻译终于付梓，内心却没有感到丝毫轻松。从立项到翻译完成，再到出版，五个春秋悄然而过。或许对于人类历史而言，五年不值一哂，不过一瞬间而已；但是对于一个人而言，尤其对于我而言，却是已从"惑"跨越到"不惑"。

  犹记得，十年前远赴美国，在深秋的纽黑文，一边惊叹于秋色之美，一边在图书馆里苦苦寻求美国非营利组织法的文献资料。完成博士论文《非营利法人治理结构研究》之后，我对于非营利组织的财产规则和财税制度发生了浓厚兴趣，所以一到美国便如饥似渴地四处翻找文献，探一究竟。而当时，国内法学院并无非营利组织法这一门课程，中文文献中对于非营利组织法的相关研究也未及展开。发现这一本书，有点如获至宝的感觉。因为此书内容全面、信息量大，既有英美非营利组织法的前世今生，又有美国非营利组织法的系统勾勒；既有法律规则的解释说明，又有实践案例的适用规则；既有美国联邦层面的规制路径，又有各州层面的监管实践。于平实中揭示法律与规制的原理，于历史中凸显规则演变之轨迹，并预言其发展趋势。我将其作为探寻英美非营利组织法的主要凭据之一，并继而发现更多值得深入研究的问题。一年之后回到国内，任教于北京大学法学院，并率先开课讲授非营利组织法。我是幸运的，因为恰逢中国非营利组织蓬勃发展的时期，法律环境却又存在诸多需要改进之处，丰富的现实如海水涨潮一般，将大量法律问题迅猛地冲到我面前，需要及时予以回应和研究，甚至不给太多的思考时间。

  书到用时方恨少，我总是感喟自己功力之不足，比较法的路径时时得以应用。比较法研究并非非要借鉴某国之经验，而是拓展自身思维的有效方法。当看到面临同样或者类似问题时，各国立法者、司法者和执法者所采取的不同立场和措施，除了感叹人类智慧所呈现的多样性，也忍不住臣服于人类理性中惊人的一致性。顺理成章的任务就是研究在中国语境下，究竟哪一种更有移植可能和本土化的生命力。此书成了我案头不可或缺的工具书。随着国内学界对于非营利组织法研究兴趣的提升以及中文研究文献的增多，我发现一个问题，即各种文献对于美国相关制度的介绍大多显得有些零碎和片面，导致在政策研究时，争论各方都只引用对自己一方有利的"美国法律规定"。我由此萌生了一个念头：如果能够翻译一本系统介绍美国非营利组织法的原著，可能有助于澄清误区，达成共识。于是玛丽恩女士的这本书成为了我的首选。此书英文版自出版以来便大受肯定和赞誉，所以我无需锦上添花，相信读者在阅读过程中也会获得我曾经获得的收益，得出他们自己的判断。我唯一担心的是，原书的智慧会不会因为我的翻译而过滤掉太多。如果真的要我评价此书，那么我的回答将是：我希望自己在有生之年，能够写一本中国非营利组织法律与规制。

翻译是吃力不讨好的事情，尤其在英语几乎已经成为每个研究者必备语言的时代。原先合作者的退出，让此项工作显得更为艰难。而且翻译过程中，我经历人生中的诸多悲喜，有很多次想放弃。好在有一群可爱的学生，他们在翻译前期准备和后期细节校对方面的辅助大大减轻了我的压力，而且激励我前行。在此我要感谢这些同学们，他们是：刘晓敏、高明、高原、王超辉、蒋睿、王晓姝、楚子琪、冯紫灿和高雪莲；感谢社科文献出版社的刘骁军女士，没有你温和而坚定的督促，此书很可能胎死腹中；感谢比尔及梅琳达·盖茨基金会的资助，感谢你们的慷慨和对我一贯的信任和支持。

最后要感谢我的家人。感谢我的父母，在古稀之年远离家乡，看护我和我的孩子；感谢我的先生，总是毫无怨言地纵容我的一切；感谢我的女儿，带给我前所未有的生命体验和愉悦，让我有机会重新成长一次。

也谢谢这个时代，感谢以自己的行动诠释更美好社会的非营利组织的实践者们，让我的生命无比充实和富有使命感。

金锦萍

2015 年底于北京大学陈明楼

**图书在版编目(CIP)数据**

非营利组织的治理:联邦与州的法律与规制/(美)

弗莱蒙特-史密斯著;金锦萍译.—北京:社会科学

文献出版社,2016.4

ISBN 978-7-5097-8246-0

Ⅰ.①非⋯　Ⅱ.①弗⋯②金⋯⋯　Ⅲ.①社会团体-

行政管理-行政法-研究-美国　Ⅳ.①D971.221

中国版本图书馆 CIP 数据核字(2015)第 257501 号

## 非营利组织的治理
###　——联邦与州的法律与规制

著　　者／玛丽恩·R. 弗莱蒙特-史密斯

译　　者／金锦萍

出 版 人／谢寿光

项目统筹／刘骁军

责任编辑／李娟娟　赵瑞红　关晶焱

出　　版／社会科学文献出版社·学术资源建设办公室(010)59367161
　　　　　　地址:北京市北三环中路甲29号院华龙大厦　邮编:100029
　　　　　　网址:www.ssap.com.cn

发　　行／市场营销中心(010)59367081　59367018

印　　装／三河市尚艺印装有限公司

规　　格／开　本:787mm×1092mm　1/16
　　　　　　印　张:32.75　字　数:550千字

版　　次／2016年4月第1版　2016年4月第1次印刷

书　　号／ISBN 978-7-5097-8246-0

著作权合同
登 记 号／图字01-2015-7110号

定　　价／128.00元